Fourth Edition
The Act of Teaching
DONALD R. CRUICKSHANK DEBORAH BAINER JENKINS KIM K. METCALF

Fourth Edition

教育科学精品教材译丛

The Act of Teaching

教师指南（第四版）

[美] 唐纳德·R.克里克山克
德博拉·贝纳·詹金斯　著
金·K.梅特卡夫

祝　平　译

凤凰出版传媒集团
江蘇教育出版社

著作权合同登记图字：10－2006－266 号

图书在版编目(CIP)数据

教师指南/(美)克里克山克(Cruickshank，D. R.)等著；祝平译. —南京：江苏教育出版社，2007. 12
(教育科学精品教材译丛)
ISBN 978－7－5343－8368－7

Ⅰ. 教…　Ⅱ. ①克…②祝…　Ⅲ. 教师—工作—教材　Ⅳ. G451

中国版本图书馆 CIP 数据核字(2007)第 190685 号

教育科学精品教材译丛

教师指南(第四版)

The Act of Teaching(Fourth Edition)

[美] 唐纳德·R. 克里克山克　德博拉·贝纳·詹金斯　金·K. 梅特卡夫　**著**

祝　平　**译**

责任编辑　孙兴春

出版　凤凰出版传媒集团
　　　江苏教育出版社
(南京市马家街 31 号，邮政编码：210009　网址：www. 1088. com. cn)
发行　江苏省新华书店
照排　南京展望文化发展有限公司
印刷　江苏淮阴新华印刷厂
开本　1/16　　印张 37　　字数 756 000
2007 年 12 月第 1 版　2007 年 12 月第 1 次印刷
印数　1－5 000 册
ISBN 978－7－5343－8368－7
定价　62. 00 元
批发电话 025－83260760，83260768
邮购电话 025－85400774，8008289797
短信咨询 10602585420909
E-mail　jsep@vip. 163. com
盗版举报 025－83204538
苏教版图书若有印装错误，可向承印厂调换。
提供盗版线索者给予重奖。

作 者 简 介

唐纳德·R. 克里克山克(Donald R. Cruickshank)

唐纳德·R. 克里克山克先后毕业于纽约州立大学布法罗分校和罗彻斯特大学并获得学位。曾在罗彻斯特的一些学校做过教师、督导和校长,之后在纽约州立大学、田纳西大学惠洛克学院和俄亥俄州立大学担任教学和管理工作。克里克山克教授曾以福尔布莱特-海耶斯(Fulbright-Hayes)高级学者身份访问澳大利亚和巴西,并曾在泰国教育部和联合国驻曼谷办事处任职。此外,他还分别在亚洲开发银行马尼拉总部和印尼办事处工作过,在澳大利亚、巴西、加拿大、英格兰、苏格兰、泰国和威尔士以及美国和波多黎各等地执教并举办过讲座。撰写了多篇文章和百科全书条目,本书是其第九本著作。其最著名的举措是开创了模拟课堂和反思性教学的先河,并致力于研究教师问题和教师自我认识。他培养的研究生已获得七项优秀论文奖,在教学、学术、服务和管理领域都颇有建树。

德博拉·贝纳·詹金斯(Deborah Bainer Jenkins)

黛博拉·贝纳·詹金斯是西佐治亚州立大学课程和指导教授。获日内瓦大学生物学学士学位、俄亥俄州立大学环境教育学硕士和教师教育学博士学位。目前,她的教学主要围绕学校发展和改革。詹金斯博士以学校为基础,以提高科学指导水平为宗旨,开展了广泛的友好合作项目。发表过许多篇文章,并以自己对教师职业发展、合作关系和学校发展的研究为素材,与他人合写过许多关于这些方面的书。曾获俄亥俄州立大学杰出教学奖和学术奖以及社区服务奖。

金·K. 梅特卡夫(Kim K. Metcalf)

金·K. 梅特卡夫博士是印第安纳州布卢明顿市门罗县学区评估部门主任。在担任该职务前,他是印第安纳大学具有终身职位的教育学教授,同时也是印第安纳评估中心主任。获俄亥俄州立大学教师教育学文学硕士学位、教育学研究和评估博士学位。曾当过音乐教师和行政人员。作为评估部门主任,他负责全社区数据的收集和使用。

教育科学精品教材译丛

总序

作为高校教师，我们中的许多人常常为教育科学教材的陈旧落后而痛心疾首；作为教育学人，我们中的许多人也常常对经济学、社会学等显学学科教材建设的突飞猛进而称美不已。

于是，我们坐卧不安，我们摩拳擦掌，我们立志超越，我们走到了一起。经过几年的努力，涵盖当代高等学校教育学专业的全部主干课程的大型海外教材《教育科学精品教材译丛》(下面简称《译丛》)终于呈现在读者面前。

许多年来，我国高等师范教育和高等学校教育学专业课程改革的步伐极为缓慢，师范教育的教育学、心理学、教材教法这三门课程多年不变，教育学专业的课程内容陈旧，课程的选择空间相当狭小。可以说，改变高等师范教育课程和高等学校教育学课程的落后状况，是《译丛》最基本的宗旨。

另一方面，随着教育事业改革的深化，教育实践中产生的问题日益复杂，解决这些问题需要极为丰富的教育科学知识和能力。《译丛》追求的另一宗旨正是通过奉献世界上最先进的教育科学知识体系，促进我国教育事业改革的深化。

在过去的几年中，高等学校课程改革已经取得了相当明显的成效。深化课程改革的一条重要途径是引进国外尤其是发达国家的高校教材，借此提高教育质量和增进学生的学习能力。《译丛》的宗旨和思路与我国高校教材改革的这种方向是一致的，而且是高校教材改革过程的组成部分。

促进学术交流，是《译丛》向往的又一宗旨。学术沟通的障碍，表征是交际语言，而深层原因则是学术语言与学术规范。《译丛》希望通过引进国外的教育科学知识体系和贯穿其中的研究方法与表达方式，促进我国教育科学学术事业的进步，并为其走向世界奠定基础和开辟道路。

《译丛》是建国以来从海外引进的规模最大、门类最全的教育学科教材，被国内媒体称为“又一次重要的拿来主义”。在科教兴国的基本国策背景下，它所蕴涵的巨大社会意义已经超出教材本身。因此，《译丛》的编委会和出版者——江苏教育出版社对此高度重视，并为此做了大量的细致而扎实的工作。第一，组建了强大的编委会和翻译队伍。《译丛》的编委会阵容强大，有各师范大学的博士生导师、教授以及一批海外教育专家；主要翻译人员和审校者均是教育科学专业的博士或教育科学领域的教授，其中一些译者长期旅居国外，并从事教育科学专业的研究和教学工作，他们均在教育科学领域具有相当深厚的积累，可以确保《译丛》的翻译质量。第二，精心筛选选题。《译丛》的入选图书品质上乘，所有选题皆经中、日、美等国专家反复磋商论证，精选而成。其中一些书目为国外学术机构所推荐，在国外大学拥有广泛的学术声誉。许多教材一版再版，最多的已达十五版。

我们希望，这套教材能成为国内教育科学的替代课本或重要参考书，同时也能作为各地教师继续教育的重要资料。

我们期待，这套教材能给中国教育理论界带来一些观念和方法上的启示，为我国的教育科学的教学和研究，尤其是教材编写工作提供一定的借鉴。

我们相信，这套教材会得到许多中小学教师、校长、教育行政机关干部、教育科学研究人员、教育专业的研究生以及高校在校学生的关注和选用。

当然，我们更希望、更期待的是创新和超越。希望和期待我国的教育科学工作者编写出高水平的、具有中国特色的教材。站得更高才能看得更远，看得更远才能做得更好，希望我们这套教材能使中国教育理论界有一个更高的起点，使中国的教师和师范学生有一个开阔的视野。需要说明的是，原书附有大量的索引，但为降低图书成本，减轻读者负担，我们只好割爱，敬请诸君谅解。

我们欢迎各种形式的参与和合作，欢迎专家和读者随时为我们荐书，随时提出各种建议和评论。

《教育科学精品教材译丛》编委会

二〇〇二年四月

前 言

本书是如何形成的

本书的内容有几个来源：一是教育考试服务中心(ETS)进行的研究，调查合格的新教师应当知道哪些知识、能够做什么；二是全美教师职业标准管理委员会(National Board for Professional Teaching Standards，NBPTS)进行的研究，调查称职的、经验丰富的教师应当知道哪些知识、能够做什么；三是从事新教师培训工作的专家的建议，还有师范专业的教育家和学者的个人经验。

怎样才算一名合格的新教师？我们参考了 ETS 研究者雷诺兹(Reynolds，1992)[1]的建议和 ETS 教师实践能力测验Ⅲ[2]的标准。

雷诺兹浏览了有关学习教学知识以及教师行为的研究文献。她总结道，第一次走进课堂的新教师必须对上课内容了如指掌，渴望了解自己的学生和所在学校，掌握教学方法论，并且打算反思自己的教学行为和学生的行为。不久之后，他们就能够有效地设计教学并授课，这些课有助于学生将新知识和已学知识联系起来；他们能够和学生建立良好关系，用有利于学习的方式安排教室的自然环境和社会环境，用各种测量工具评估学生的学习情况并对教学作相应的调整；他们反思教学的能力得到提高。

教师实践能力测验Ⅲ™标准，也叫衡量新教师的标准，要

〔1〕 Reynolds，A.，《怎样才算一名合格的新教师?》(*What Is a Competent Beginning Teacher?*)载《教育研究评论》(*Review of Educational Research*)，629(1)，1～35页，1992年春。

〔2〕 教育考试服务中心，《教师实践能力系列测验：新教师的专业评估》(*The Praxis Series：Professional Assessment of Beginning Teachers*)，《教师实践能力测验Ⅲ：课堂表现评估指导》(*Praxis Ⅲ：The Classroom Performance Assessments Orientation Guide*)，1995，普林斯顿，新泽西：Author出版社。

求新教师熟悉学生的背景、知识和经历；了解所学知识、已学知识和将学知识之间的联系；能够选择符合课程目标和学生需求的教学方法、活动和材料；能够制定或选择适当的评价策略，营造公平的课堂氛围；与学生建立并维持良好的关系；向学生表达有挑战性的学习期望；制定并维持一贯的学生行为标准；维持有利于学习的安全氛围；明确教学目标和教学步骤；讲课内容清晰；鼓励学生拓宽思路；监督学生的理解情况并给予反馈意见；有效利用时间；思考教学目标是否得到很好的实现；展示效能感；建立良好的人际关系；与家长、监护人保持联络。

怎样才算一名称职的经验丰富的教师？**全美教师职业标准管理委员会(NBPTS)**〔1〕的建立就是为了给经验丰富的教师制定“严格的高标准”。为了达到这一目的，委员会主要由优秀教师组成，此外还有儿童发展、师范教育和课程领域的专家。随后，针对小学、中学、高中乃至大学教师的标准先后制定出来。例如，中期儿童教育(7～12岁)的教师要了解并能够做到以下内容：了解学生的能力、兴趣和渴望；正确判断学生要学习哪些重要的知识；营造关爱他人、包容一切、激发学习积极性的安全氛围；帮助学生尊重差异；制作并使用丰富的形式多样的学习材料；帮助学生将不同学科领域的知识融会贯通，了解他们所学知识和周围世界的联系；知道并能够使用各种教学方法，以便为学生提供多条学习路径；了解不同评估方法的优缺点；和监护人形成积极的关系；定期反思教学实践的质量和有效性；努力提高学校声誉，了解更多教育方面的知识，从事更多教学实践。

本书的特别之处在于：

全面 第一部分将读者引入教学的情境之中——为什么教师要这样教学，教师在变化的社会中面临的挑战，学生的多样化，有关学习的理论学派以及教师如何了解和激励学生学习。

第二部分将读者引导到教学行为本身，思考如何进行教学设计，如何使用八种强有力的教学方法以及如何评价学生的学习。

第三部分探索了有效教师——在当今多样化的课堂上，有效教师和反思型教师的个人特征和技巧。本部分的重点是对有效教学至关重要的讲课技巧以及管理课堂的技巧。

教学实践手册提供了实践重要教学技巧、反思型教学和解决问题技巧的机会。我们鼓励学生将所学的各种知识运用于实践，包括对教师职业的理解、学生多样化、学习理论、学习动机、教学设计、教学方法、有效教学和反思型教学，以及解决问题的方法。

内容独特 除了关注一些在学习教学时经常会遇到的话题，本书很多章节还讨论了以下话题：

- 影响教学方法的因素(第一章)

〔1〕 www.nbpts.org/standards/framework.pdf

● 阐明不同类型的学习如何产生的各大理论学派(第四章)
● 教师如何挖掘学生的潜力,更好地激励他们学习(第五章)
● 对不同教学方法的需求(第七章和第八章)
● 评估学生学习和使用评估信息的各种方法(第九章)
● 对好教师的各种定义(第十章和第十一章)
● 达到有效教学的个人特征和技能(第十章和第十一章)
● 组织和管理当今复杂的课堂环境的策略(第十二章)
● 在当今多样化的课堂上防止发生纪律问题的策略(第十二章)
● 教师面临的挑战以及如何应对这些挑战(第十三章)

有特色　本书具有很多同类图书没有的特色。

●"反思"是贯穿全书的重点。每章结尾有"待讨论的主题和问题",可供读者思考对所学内容有何看法;每章结尾的"理论付诸实践的活动",供读者在反思中完成任务;《教学实践手册》中还有反思型教学的练习。

●"研究聚光灯"栏目中包含对重要话题的最新发现,例如班级规模、多文化教学、教学目标、不同教学方法、有效教师的讲课、有效的讨论、合作学习、探索学习以及对表扬的运用。

●"要点"栏目主要包括对最佳实践方法的建议,例如家长如何帮助孩子在学校取得成功,如何认识受虐待的学生,如何激励面临学业危险的学生,怎样才算一个成功的个别化教育计划(IEP),如何认识和促进对多元智慧理论的运用,如何应对学习程度不同的学生,如何作精彩的解释,怎样在课堂上运用技术,如何管理爱出风头的学生,如何消除同家长的分歧,如何应对有特殊需要的学生。

●"案例"阐释说明了一些概念,如面临学业危险的学生,在混合班学习的学生、患有注意力缺损/多动症的学生、教学的个人化、合作式学习、概念学习以及直接指导。

●"课堂计划"栏目解释说明了第七章和第八章的每一种教学方法。

● 网络链接,精心挑选的互联网网址链接,提供相关扩展信息。

及时而且以研究为基础　我们谨慎地选用对教学和学习进行的可靠研究得出的结果,而非基于作者们的偏见和个人行为。

便于教师使用　教师手册包含每一章的基本原理、目标、非常详细的每章大纲、关键概念、额外的学习活动和额外资源,如相关的电影和录像以及幻灯片。试题库提供多项选择题、定义题、问答题和简短回答题。本书的许多特色都给学生提供了进行有意义学习的机会。

第四版的新内容

技术部分的内容有所扩展　新增加的内容有:计算机辅助教学、电脑演示讲解、软件浏览、远程教育、制作电子档案、将科技运用于评估和评定等级以及管理学生在课堂上对技术的使用。

学生多样化部分的内容有所扩展　新增加的内容有：贫困学生、有特殊需要的学生、不同的学习能力、有天赋的学生、有才能的学生以及英语语言学生。

扩展了重要话题和研究　第四版增加了100多项新的研究。此外，还增加了大脑研究、高风险考试、《不让一个孩子掉队法案》、家庭对教育的影响、各州标准及其发展、如何应对恃强凌弱的现象，以及将干预作为一种管理策略。

更换了关于反思的章节位置　第十四章"有效教师的反思技巧"替换了原来第十章"对教学的反思"。

本书的补充

学生使用的补充材料是在线学习中心，网址是 www. mhhe. com/cruickshank4e。这个在线学习中心包括一个配有小测验和实践材料的"学生学习指导"、"案例研究"、真实课堂的"录像片段"、相关网站的链接，以及 Power Web 的文章和新闻订阅服务。

如何更好地使用本书

请花一点时间大概了解这本书的内容。以下方法可能会有帮助：

本书包含几个部分。**第一部分：教学的背景**可以使你更好地了解自己，了解有关人类学习的知识。**第二部分：教学行为**重点讨论称职的教师必须履行的职责：教学设计、讲课和评估。**第三部分：有效的教师**研究了称职的教师所需的个人特征和专业能力，包括课堂管理技巧。最后，**教学实践手册**为你设计了各种活动，旨在帮助你锻炼特定的教学技巧，提高你的反思能力，从教学实践中学习的能力以及更好地解决课堂问题的能力。

接下来，注意图、表、案例、"研究聚光灯"和"要点"等栏目。它们是用来强化、总结你学到的内容，或用来补充新信息的。

每一章都有一个**本章小结**，还有**关键词**、**待讨论的主题和问题**、**理论付诸实践的活动和参考书目**。

待讨论的主题和问题包括一些供课堂辩论的主题，或者教师们提供的课堂问题。你会发现很多主题和问题都很有挑战性，发人深省。

理论付诸实践的活动是一个关键部分，将帮助你把刚刚学到的知识运用于实践。其中许多活动都会形成结果，可供你收录到教学档案中。

我们建议你在读每一章之前先把所有的组成部分浏览一遍，但这一次要仔细阅读供反思的问题、本章小结、主题和问题以及理论付诸实践的活动。这样做有助于你学习后面的内容。

准备开始

在开始教学生涯之前，我们至少要思考两个问题。首先，为什么我们想当老师？我们的理由是否充足，是否有说服力？为了帮助我们思考这个问题，下面有一个“为什么当老师?”的练习。

我们要思考的第二个问题是我们接受的专业教育的价值。有人说我们只需要了解所教学科的知识就可以了。然而，几乎每一位在职教师都不同意这个观点，认为所教学科的知识是必要条件，但并不能保证你成为一名优秀的教师。要知道一位主任教师是怎么看待这个问题的，请看下面的短文“为什么我们必须学习教学方法”。

你为什么想当老师

祝贺你！你即将成为孩子、家长和监护人生活中一位非常重要的人物。

此时，思考人们选择教师职业的理由，以及哪个理由最贴近你的想法，恐怕是件意味深长的事。将你的理由和其他人共享，也会很有意思。最后，还可以将你的理由诉诸笔端，并把写好的文章收藏到教学档案里。

这里列出了 12 条理由，或许你还能想到其他的。

我为什么想当老师

- 我想当老师，因为我想为社会作出贡献。
- 我想当老师，因为这是一份光荣的职业。
- 我想当老师，因为我想帮助他人取得成功。
- 我想当老师，因为我喜欢和孩子们在一起。
- 我想当老师，因为我喜欢当学生，喜欢学习。
- 我想当老师，因为我喜欢一门学科，并且希望其他人也和我一样。
- 我想当老师，因为这份工作很有挑战性。
- 我想当老师，因为我发现教书让人快乐。
- 我想当老师，因为可以磨炼我的个性和创造力。
- 我想当老师，因为可以施展我的能力。
- 我想当老师，因为可以和很多人打交道。
- 我想当老师，因为教书能提供一种安全、令人满意的生活方式。

为什么我们需要了解比所教学科更多的知识

要成为一名优秀的教师，只了解所教学科的知识还远远不够。

下面是一位主任教师的陈述，可以清楚地说明这一点。

为什么我们必须学习教学方法

全国英语教师委员会(National Council of Teachers of English)主席利拉·克里斯坦伯里(Leila Christenbury)讲述了为什么学习教学方法如此重要。初次踏上工作岗位时,她拥有英语专业的学士学位和硕士学位,在英语这一学科领域拥有丰富的知识储备,但她没有接受过专业的教师培训。她写道:

> 我精通文学和文学理论……我也熟悉文学史……但这显然是不够的。我对什么不了解?我对人们如何学习一无所知!尤其是那些和我截然不同的人,那些学习动机不明确的人……我不知道该怎么去教他们。我不知道如何组织课堂讨论,如何分小组。我从来没出过任何形式的试卷,也没考虑过怎么给学生评定等级,怎么评价学生。我原本以为这些事情都是水到渠成的。简言之,我不懂教育学。我是个优秀生,所以我以为我会自动转变成一名优秀教师。可许多年过去了,这个转变都没有发生……学习教育学是教师取得成功不可或缺的一部分……教学行为、对教学的思考以及对学习的思考,绝对是重中之重。……通过学习教育学,我们了解到教学是一项复杂的事业,它要求教师掌握丰富的知识,了解学生的需要,真正愿意采纳多方意见并做出调整……而最终惟一重要的事情是:促进学生的学习……显然,美国学生应当拥有这样的教师:他们知识渊博,是各自学科领域的专家,而且知道自己在教什么。他们知识渊博,懂得教学方法,懂得如何满足每个学生的需求,懂得如何使学习成为一个有效、持久、体现个性的过程。(摘自利拉·克里斯坦伯里一篇刊登在美国各家报纸上的社论,2002 年 6 月 18 日)

目 录

第一部分

教学的背景

我们将分五章介绍教学背景，借此机会帮助你了解自己、了解你的学生以及你和学生的学习方法。在第一章“影响教学方法的因素”里，你将了解个人特征、受教育的经历和未来的工作环境三者将如何影响你的教学方法。在第二章“社会变化给教学带来的挑战”里，你将了解社会变化如何影响美国的人口、家庭、儿童和青少年以及学校。第三章“教育多样化的学生”将帮助你了解为何学生各不相同。第四章“关于教学和学习的三大理论学派”将帮助你了解几种关于人类学习方法的杰出理论，以及这些理论对教师的价值和用途。最后，第五章“了解你的学生并激励他们学习”将告诉你如何发现学生的长处并激励他们学习。

第一章 影响教学方法的因素

你知道吗，你当学生的时间已经超过了 15 000 个小时？这期间，你接触到各种类型的教师。你是否想知道他们为什么形成这样的教学风格？是否想知道他们为什么采用这样的教学方法？你想过自己将来会成为什么样的教师吗？本章我们将讨论影响你的老师，并且有可能影响你的教学的三类因素，见图 1－1。

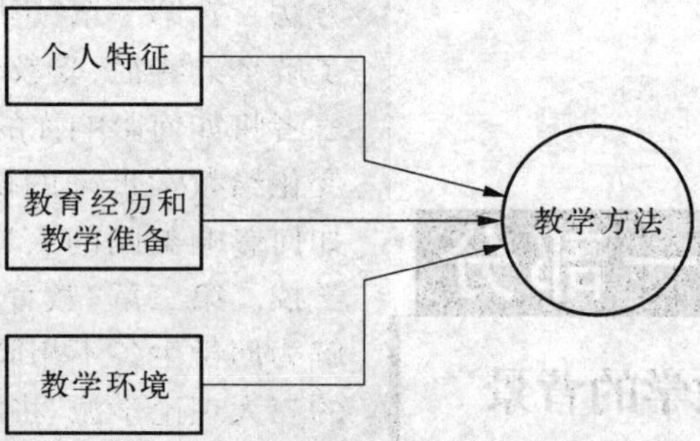

图 1－1 影响教学方法的因素

一类是你的**个人特征**，例如性别、年龄、经历、个性以及信仰。第二类是你的**教育经历和教学准备**，包括受教育的经历、你喜欢的受教育的方式、你喜欢的教学方式、你对学科的了解，以及在教育学方面的知识储备。最后一类影响因素是**教学环境**，或者说授课的情境。它包括学生种类、班级风气和规模、教学设备和教学材料的有无、授课时间的长短、授课内容以及盛行的关于最佳教学方法的观点。

个人特征

在很大程度上，你的个人特征决定了你会成为什么样的教师。我们用图 1－2 表示上面一段提及的这些特征，包括性别、年龄、经历、个性和理念。

性别对教学的影响

在当今世界，我们经常听到人们谈论性别和性别差异，因此我们觉得读者会对男教师和女教师在课堂上的差异感兴趣。

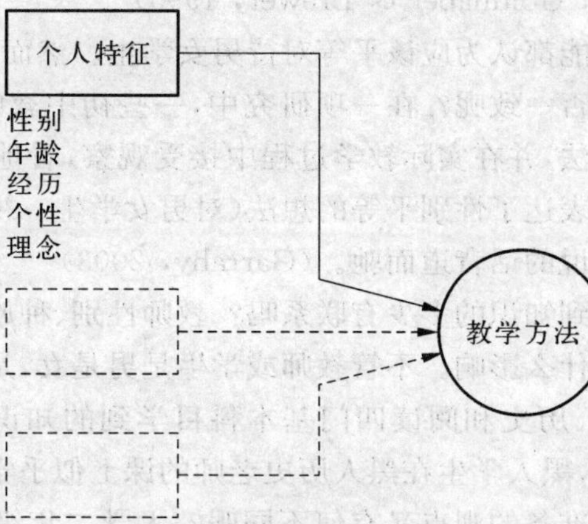

图 1-2 影响教学的个人特征

各项研究似乎都表明：一般来说，男教师看上去更加盛气凌人，喜爱发号施令；因而，男教师的课堂组织得更有条理，一切都在他们的控制之下（Dunkin，1987；Weiner，1995）。他们也不怎么关注那些存在行为问题、需要专门辅导的学生。如果学生本身就不需要辅导，这样做是对的；可如果学生需要辅导却不予理睬，就很糟糕了。（McIntyre，1988）

这些研究还表明，女教师往往会去营造“更温馨”的教学环境，较能容忍学生的不良行为（与男教师相反，女教师拥有更多需要专门辅导的学生）。此外，在女教师的课堂上，学生更有可能提出问题或发表言论，他们的回答大多正确率不高，而且通过猜答案来投机取巧。女教师更频繁地表扬学生，也更有可能在学生回答不出来时给出正确答案。邓金(Dunkin)对此下了这样的结论：女教师的课堂更温馨，更侧重关怀学生；而男教师的课堂组织得更有条理，更有目的性。寇特(Coulter，1987)在性别差异的问题上也发表了类似观点。他发现，女教师“更温柔，更受学生的爱戴，不像男教师那么高高在上”。他还提到，这些性别差异在初中教师身上表现得比小学教师更突出。(591 页)

同样，学生年龄较小的女教师认为，男孩上课更积极、嗓门更大、更有进取心，但爱出风头、不那么好教、不好对付；相反，她们认为女孩比较文静、爱说话、敏感。（Hyun & Tyler，1999）

男女教师都对男孩予以更多关注，认为男孩更主动，有更强的自主学习能力，还认为男孩比女孩聪明，但都会经常惩罚和批评男孩。男女教师都对女孩不抱太高期望，只要她们表现良好、衣着整洁便给予表扬。

男教师和女教师会相应地更看重男学生或女学生吗？一般来说，男女学生在教师心目中的地位是一样的，除了一种情况：白人男教师认为白人女学生能力较差，具体

原因不详。(Ehrenberg, Goldhaber & Brewer, 1995)

如今大多数教师可能都认为应该平等对待男女学生。然而,教师关于性别平等的理论和他们实际行动是否一致呢?在一项研究中,一些初中教师接受了采访,了解他们对性别平等问题的看法,并在实际教学过程中接受观察,看他们的行动和言辞是否一致。尽管这些教师都表达了性别平等的想法(对男女学生一视同仁),但他们的行为都在不同程度上和他们说的话背道而驰。(Garrahy, 2003)

教师性别和学生学到知识的多少有联系吗?教师性别、种族或民族对学生学了多少知识似乎都不会产生什么影响。不管教师或学生是男是女,是白人、黑人,还是西班牙人,学生在数学、科学、历史和阅读四门基本科目学到的知识一样多。(Ehrenberg 等,1995)惟一例外的是,黑人学生在黑人历史老师的课上似乎学得更多。

男性和女性对教学准备的观点又有何不同呢?大学二年级的教育专业女学生更加乐观,认为学习教育学知识能使自己成为更优秀的教师,她们更有可能采用对学生有帮助的教学方法、承担辅导特殊学生的任务,对教学抱有实际的期望。但当她们真正成为教师,要实现更实际的期望时,就不那么自信了。(Kalaian & Freeman, 1994)

年龄和经验对教学的影响

有些研究是关于年龄和教学时间长短会如何影响教学以及学生对我们的看法。这些研究表明:

● 总的来说,执教时间不满三年的教师,教学效果不尽如人意。然而,这部分人会稳步取得进步,第五年时达到最佳表现;此后,教学效果略微有所退步。(Darling-Hammond, 2000)

● 公立学校年轻而缺乏经验的教师比年长而经验丰富的教师更容易自我满足。(Perie & Baker, 1997)

● 万事不经尝试,不知难易,因此,尽管新教师乐于接受新鲜事物的行为容易被理解为他们缺乏鉴别能力,但他们往往更容易接受创新、善于变通。(Barnes, 1987)

● 新教师更能控制课堂、对学生更威严的原因或许有几个方面:首先,师资培训专家、教学导师、校长等经常建议新教师严格对待学生——"不到放假,不要对学生太友善"。其次,新教师在第一堂课上很可能摆出一副威严的样子,以免学生放松警惕,今后不好管理。(Fuller & Brown, 1975)

● 同样,新教师往往要承担非常艰巨的教学任务,有可能"遇到对学习不怎么感兴趣、爱捣乱的学生"。(Kagan, 1992)

● 年轻而缺乏经验的教师关注的不是教学,而是教学中个人魅力以及社交能力的体现。他们努力工作,往往是为了在学生中树立自己独特的教学形象,他们更关心学生的爱好,而不是花时间去教导学生、关注学生的点滴进步。(Artiles, Mostert &

Tankersley, 1994; Housner & Griffey, 1985; Szpiczka, 1990)

● 许多新来的实习教师刚开始满怀信心,可真正接触教学时就不那么自信了。理想遭遇现实时,这种结果是可想而知的。(Coulter, 1987; Cruickshank, 1990)

个性对教学的影响

个性一词通常指一个人特有的性格和行为特征的总和。没有哪两个人会具有完全相同的个性,双胞胎也不例外。自然而然地,我们的个性影响我们的一切所作所为,包括教学。

假设你是个热心肠,反应敏捷、老成持重、热情洋溢、乐于冒险、坚持不懈、充满好奇、善于积累经验,对模棱两可的事情有足够的容忍力,你兴趣广泛,喜欢创新。那么,这些性格和行为特征会如何影响你的教学行为以及你和学生的关系呢?如果缺少了这些个性,你的课堂又会是何种情形呢?

在决定如何教一门课程或几门课程时,个性的需求显得尤其具有影响力。例如,如果我们想在课堂上占据主导地位,或许就会选择将自己置于教室正前方或正中,比如采取讲授式的上课形式。如果我们想让学生占主导地位,或许就会采取讨论或探索学习的形式。

一些研究结果就是有关教师个性的。寇特(1987)指出,教育学专业的学生比非专业学生更注重人本身以及人际关系的处理。莫里森(Morrison)和麦金太尔(McIntyre)(1973)得出了类似的结论,认为教师比从事其他大多数行业的人更加以人为本。这两项研究都提到一点,即比起其他人,教师对收入高低并不那么计较。作为一项服务于人的职业,教师似乎对建立和维持人与人之间相互帮助的关系更感兴趣。(Powell, 1992)

寇特还发现,和经验丰富的教师比起来,教育学专业的学生更加开明、更理想化,对K—12学生(**指幼儿园孩子到12年级的学生——译者注**)的学习更有帮助。但是,某些教育学专业学生在实习期间给学生上课时,这些性格特征也和自信心一样减弱了。真实课堂带给他们的震撼或许是他们发生态度转变的部分原因。尽管这一现象令人不安,但我们不能忘记一个事实,即每种职业都会遭遇现实带来的冲击。

皮格(Pige)和马叟(Marso)(1987)在即将成为教师的人身上发现了有关他们态度的一些东西。他们提到,大学一年级的教育学专业学生和从小立志当教师的人似乎都对教学怀有积极的态度。然而,他们发现教育学专业的学生对于以下这些事情感兴趣:例如从教学中获得满足感,让学生遵守纪律,备课以及有能力控制课堂。而让人担心的是,他们会缺少足够的教学资料,不能满足不同学生的要求。这个问题我们将在下一章讨论。

研究聚光灯 1.1
教师的哪些个性特点深受学生喜爱

我们发给 11 岁到 15 岁的学生一张单子，上面列出了可能对学生学习态度有积极影响的教师性格。下面是学生认为“非常重要”的教师性格排名，以及持此种观点的学生的比例(Zamorski & Haydn, 2002)。

和学生“正常”交流 (63.0%)
友好(63.0%)
热情(54.3%)
有幽默感(52.2%)
允许学生在学习时谈话(50.0%)
赞扬和鼓励学生(45.7%)
彬彬有礼(45.4%)
随和(45.3%)
严格(34.8%)

理念对教学的影响

不同的教师对学生、课程以及教学本身都持有各种各样不同的理念。例如，有的教师可能认为应当每天都给学生布置作业。有的理念可能有坚实的基础，有的或许是个人的偏见、误解或完全错误的观念。

由于理念直接影响我们的所有行为，尤其是影响教学，因此人们做了许多关于教师理念的研究。有的研究试图发现教师到底持有何种理念，有的研究则探寻理念和教学方法之间的关系。还有的研究教师的理念能在多大程度上得到改变。

教师都持有哪些理念？勃洛克(Block)和黑兹立波(Hazelip)(1995)归纳如下：教师普遍认为，学习能力强的学生不会发生太多行为问题和学习问题；应当对学生区别对待(也就是能力相当的学生一起上课)；好学生能掌握更复杂、更抽象的概念；好学生和差生应有不同的课程安排；只要肯花时间，得到更多帮助，笨学生可以和聪明的学生学得一样好，等等。布勒(Buehler)和斯诺曼(Snowman)(2002)则有如下发现：长相可爱的学生更聪明，更有能力，更受欢迎；女生比男生听话；非少数民族学生比少数民族学生学习更好。李(Li,1999)的发现是，男教师和女教师都认为数学是男生擅长的学科，他们对男生的期望更高，甚至过高估计男生的数学水平。所罗门(Solomon, 1996)发现，和在郊区任教的教师相比，在较穷困的学区任教的教师往往认为学校氛围过于消极颓废，而且他们也不那么信任学生，甚至对学生的能力心存怀疑。

不管这些理念是否正确，一些调查教师理念和教师行为之间关系的研究发现，教师们常常按照自己的理念行事。那些相信学生能学好的教师会教授更多内容，希望学生有更好的表现，反之亦然。（Ormrod，2002）持有以上所列一部分理念的教师更重视树立权威和加强对课堂的控制，较少组织学生开展课堂活动。显然，这些理念是学生学习和进步之路上巨大的绊脚石，见要点 1.1。

研究聚光灯 1.2
成功的教师需要技巧和自信

你觉得你的教学成功吗？影响教学的另一个因素就是我们到底对自己有多少信心，是否认为自己是称职的教师——即能很好地组织教学和开展教学。这一特点叫做**教师的效能感**（teacher sense of efficacy）。在其他条件都相同的情况下，较高的效能感使我们比缺乏自信的人能更好地应对并设法完成一项任务。设想一下两位教学潜力相差无几、效能感却不同的教师，更自信的那位教师很可能表现得更出色。同样，设想一下两位罚球技术不相上下的篮球选手，自信心更充分的那位选手在真正的比赛中罚球的命中率很有可能更高。因此，如果你对自己的教学技巧更有信心，你很可能在课堂上发挥得更出色。然而，自信不能取代教学技巧的缺乏。仅仅因为我们相信自己很优秀，并不能使我们成为优秀的人。自信只是让我们发挥出自己真正的潜力，缺乏自信则让我们显得能力不足。

我们发现，和缺乏自信的教师相比较时，那些对自身教学能力具有较高效能感的教师在设计教学时更周密、更有条理，他们对学生更感兴趣，给予学生更多关注，他们值得信赖，思想开放，对教学的满意度更高。而且，充满自信的教师和学生的学习之间还存在紧密联系。（Goddard & Hoy，2004）

同样，一所学校所有教员的整体效能感也很重要。“该研究……表明，强烈的**集体效能感**可以提高教师个人的效能感，反之亦然”。（Goddard 等，第 10 页）因此，假如你所在的学校具有较高的集体效能感，你的自我效能也将得到提高。提高集体效能感的方法之一是教师对学校的重大决策有影响力。

要点 1.1
别让理念成为你的拦路虎

当你开始为正式成为一名教师做准备时，你对许多事物满怀一大堆理念，包括学生以及如何教学生。这些理念相当有活力，不容易轻易改变。理念如同一个过滤器。当接收到的新信息和我们的理念相一致时，我们往往接受它；而当新信息和理念发生冲突时，我们往往摒弃它或至少将它遗忘。(Kane, Sandretto & Heath, 2002)下面这个例子就说明了理念会如何影响教学：

> 如果教师认为学生不如想象的那么善于学习，就会减少他们回答问题的时间，不帮助他们回答问题，很少给予表扬，更多的是进行批评，将这些学生安排到离自己远一些的地方就座，布置给他们较为容易的作业，并且对他们不甚友好。(Good & Brophy, 2002)相反，“对学生寄予厚望的教师会教给学生更多知识，并且以更和蔼的方式进行教学……(他们还)往往给(学生)更多回答问题的机会，(更积极地)给他们反馈”。(Rosenthal, 2003)

因此，请仔细审视你对学习、教学和教育的理念。尽你所能地想清楚你信奉的是什么，然后试着去判断这个理念到底是对的还是只不过是个人偏见。千万别这样想：“别用事实来混淆我的理念。”

遗憾的是，即便教师尝试纠正错误的看法或负面的(事实上有可能是正确的)观点，他们的理念还是不容易发生改变。(Nettle, 1998)

显然，你需要清楚自己对学生、教学和学习持有的理念以及这些理念会对教学和学生的学习产生什么影响。

教育经历和教学准备

影响教学的第二类因素是你的教育经历，包括你的受教育经历，你喜欢如何接受教育，你所喜爱的教学方法，你对所教学科的知识水平以及你正在学习的各项教学准备知识，见图 1－3。

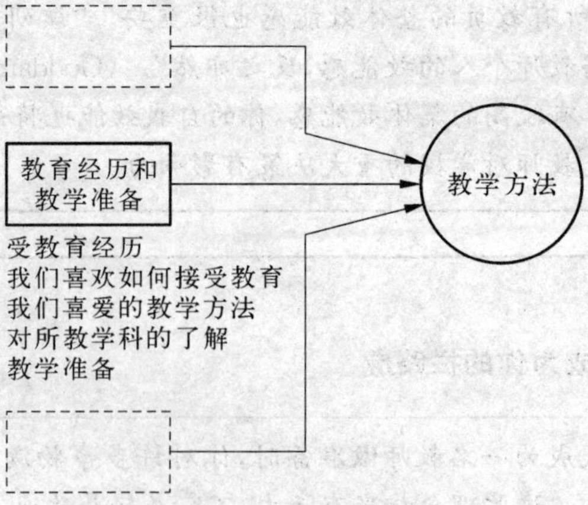

图 1－3 影响教学的教育经历

受教育的经历对教学的影响

如果说“你是怎么受教育的，你就怎么当老师”，那么你肯定会模仿你的老师们的教学方法，他们大多数是你从幼儿园到12年级所遇到的老师。有人对K—12教师做过调查，发现了他们主要采取两种教学形式：直接教学和间接教学。**直接教学**（direct teaching），也称**讲授式教学**（expository teaching），多出现在教师向学生灌输信息、给予学生指导以及批评学生的课堂上（Dunkin & Biddle，1982）。从定义上看，“直接教学”意味着课堂以教师为中心，或者说由教师所控制，完全由教师来决定教学内容、教学时间以及教学方法。采取直接教学法的教师往往（1）制定明确的教学目标；（2）使用按单元编排的有连贯性的教材；（3）规定学生该做什么，如何去做；（4）按照既定目标监督并检测学生的进步情况，向学生提供反馈，纠正他们的错误；（5）给学生充分的时间去学习布置的内容。尽管直接教学听起来残酷而不近人情，但其实并不一定需要如此。回忆一下，你或许能想起一些教师，他们虽采用了直接教学法，可偶尔也有独创的点子，言辞也会激励人心，甚至不乏幽默感。

另一种教学形式称为**间接教学**（indirect teaching），多见于喜爱激励学生学习的教师。例如，这些教师或许会提供给学生一段经历或一大堆信息，然后帮助学生从中得出他们自己的结论。比如，采取直接教学法的教师会向学生灌输有关世界难民问题的知识息，鼓励学生针对信息进行讨论，然后对目前解决此问题的方法予以评价；而采取间接教学法的教师可能会让学生自己去搜集关于难民问题的信息，并让学生对这个问题的解决方法提出更多建议。采取间接教学法的教师似乎更加认识到不同学生具有的差异性，并能充分利用这些差异性。他们的教学往往更民主、更灵活（Dunkin & Biddle，1982，97～98）。采取间接教学法的教师往往（1）制定的教学目标比较宽泛；（2）使用更多不同的教材；（3）给学生布置任务，但允许学生自己决定如何完成该任务；（4）在学生需要帮助时给予协调和指导；（5）给学生充足的时间来完成任务并思考该任务的价值。

在第四章“学习和教学的三大理论学派”，你将了解更多关于直接教学和间接教学的内容。

你会采取何种教学形式，部分地取决于你在受教育时所接触到的教学形式。的确，经历就是我们的老师。

喜爱的学习方法对教学的影响

在你的记忆中，肯定有几个你最喜爱的老师。喜欢他们的理由五花八门。首先，他们教学方法可能正对你的胃口，让你学习起来更如鱼得水。例如，假如你喜爱阅读，他们就布置大量的阅读作业。假如你喜欢参与社会活动，通过与人交流才能达到最好学习效果，他们就布置大量小组活动。换句话说，你“最喜爱的”老师很可能就是用你最喜爱的学习方法教育了你。因此，你将来的教学很有可能既体现你自己的学习方法，又体现你老师的教学方法。当然，这对学习方法不同于你的学生来说，就是件麻烦事。然而，教师作为一个群体喜欢如何接受教育，对于这个问题的研究结果少之又少。史吉菩(Skipper，1985)研究了教育学专业学生的喜好，发现大学一年级的专业学生喜欢和其他同学一起学习，不喜欢独自上讲台发言，喜欢有组织的课堂教学，认为最重要的目标是培养自己独立学习的能力。第三章将进一步讨论学习方法。

喜爱的教学方法对教学的影响

正如我们提到的，你对教学方法的喜好有可能受学习经历的影响。比如说，如果你本人曾得益于直接教学法或间接教学法，就有可能有意无意地得出这样的结论：你的学生也会喜欢这种教学方法。当然，你在第二章和第三章会读到，课堂上的学生是形色各异的，学习方法也是各不相同。问题是教学方法到底要服务于谁，是作为教师的你还是学生，还是两者兼顾。

塞奥瑞克(Zahorik，1990)认为，每个教育学专业的学生都有自己喜爱的教学方法，师资培训专家应当帮他们确定最喜爱哪种教学方法并更有效地使用这种方法。因此，我们不是要帮你掌握各种教学技能和策略，而是只教你你最喜爱的那些教学方法。塞奥瑞克觉得，要判断你的喜好，得先了解你持有的教育和教学理念，然后才能决定哪种教学方法最能服务于这些理念。

为了了解你的教育和教学理念，塞奥瑞克请你思考以下这些问题：(1) 你对学生有何认识？(2) 你认为知识应当起什么作用？(3) 教师在课堂上起什么作用？(4) 哪种教学方法最适用于你目前对以上问题的看法？

对所教学科的了解对教学的影响

教师要对所教的学科有广泛的了解，这似乎是天经地义的事情。然而，仅仅拥有充足的学科知识并不能确保你成为一个好教师，不能保证学生达到最佳学习效果。假如充足的学科知识就等于好教师，那么拥有本领域最先进知识的教师将拥有学习最好的学生。可事与愿违，对教师学科知识的研究没能发现这种必然联系。没错，我们都遇到过这样的教师：他们对所教学科有深入透彻的了解，可就是没有帮我们学好这门课，他们心有余而力不足。

但是，格罗斯曼(Grossman，1995)认为，教师对知识的掌握仍然影响他们的教学内容以及教学方法。例如，在决定授课内容时，我们有可能滔滔不绝地讲述我们比较熟悉的知识，而对我们知之甚少的领域轻描淡写地一带而过。(许多州要求某些课程必须有相当长的课时量，一部分原因就是为了确保这些课程得到讲授）此外，如果我们对授课内容相当了解，我们就更有可能向学生提出更尖锐、更富有挑战性的问题。

我们认为，熟悉所教的学科还有其他一些好处：使我们对授课内容更感兴趣，怀有更大热情，使我们能够向学生介绍该学科的知识是如何发展的（比如科学家为此做出的贡献），使我们能够向学生阐明该学科和其他学科之间的关系（如数学和科学的关系），使我们能采用直接教学法和间接教学法，使我们更好地担任学生学习的帮手。除此以外，知识渊博的教师较少地依赖课本，更善于运用其他学习资料。

教学准备对教学的影响

影响教学的另一个因素是你学到的**教育学的**（pedagogical）知识。专业的教育学教育包括教育学的背景学科——心理学、哲学和社会学——以及这些学科的衍生学科，即教育心理学和社会学的应用领域、儿童和青少年培养，以及教育学（如何备课、讲课、评估学习效果）。为从事教师行业所接受的专业教育，其程度和质量都将影响教学的质量和形式。一些研究表明，对教学方法有一定了解的话，会在以下方面产生有益影响：诸如课堂教学表现、领导和学生给予的评估，以及在某些情况下，学生的学习效果（Darling-Hammond，2000）。你对备课、讲课、评估学习的知识和技能了解越多，学生的学习效果越好。那些教育学知识储备不够丰富的教师只好凭着直觉行事，这些人注定只能在反复试验中摸索教学方法。如前所述，凯根（Kagan，1992）发现，新教师由于对学生缺乏了解，不熟悉教学，“往往越来越专横，对学生严加看管。由于他们把注意力都放在了管理课堂秩序上，设计的教学计划不是为了促进学生学习，而是如何管教学生的不良行为。”（145 页）

教学知识和技能对成为一名合格的教师来说是非常关键的，除此之外你还要对教学、学校、学生持积极的态度，K—12 学校的教师乃至大学教师都需要培养和强化这种积极态度。（Cole & Knowles，1993）

教育学专业的学生和教育院校的毕业生能够在同龄人中脱颖而出，原因就在于他们受过专门的教学培训。这些人为从事教师行业做了更充分的准备，会对学生产生更积极、更直接的影响，因此他们自然而然地备受公立学校和私立学校的青睐。

环境

最后一类影响教学的因素是工作场所的环境。几个条件会影响你的工作场所，从而影响你的教学方法，它们包括：（1）学生数量和种类；（2）班级规模和教室大小；（3）有无充足的教材和先进的教学设备；（4）授课时间；（5）你所教学科的性质；（6）国内的教育要求。（见图 1-4）

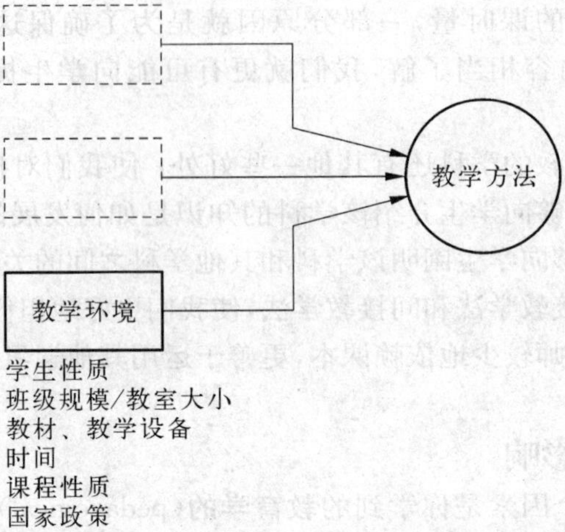

图 1－4 影响教学的环境因素

学生差异对教学的影响

在第二章和第三章，我们将提醒你，学生差异是每所学校、每个课堂都存在的现象。作为教师，你必须认识到这种差异（不管是经济、文化、性别、发展，还是其他什么差异）并将其作为问题的一个方面加以考虑。

由于你对学生还没有足够的管理能力，甚至缺乏此种能力，我们强烈建议你先去了解他们，并且无论其好坏都接受他们。不巧的是，新教师通常缺乏认识学生的差异并采取相应对策的能力。他们更容易主观地把一个班的学生看做一个整齐划一、没有任何区别的整体，而事实并非如此（Cruickshank & Callahan，1983）。对新教师来说，一个班的学生看起来似乎都差不多。然而，随着你对儿童发展的研究不断深入并获得教学经验，你可能会逐渐看到和接受学生之间的差异，并且对他们施以不同的教学方法。到了这个时候，即使是个别学生也将明显影响到你的教学安排和教学方法。

案例 1.1 是由一位一年级的教师写的，这个故事说明，许多教师的确不管学生是好是坏都能接受他们，并且能从学生那里学到一些东西。

案例 1.1
给戴斯蒙德的一封信

亲爱的戴斯蒙德：

现在的你已经是个步入社会的年轻人了，可能已经忘了我，你一年级时的老师，可我还记得你。你的模样如此清晰，仿佛正站在我面前。我记得你有一头金发，一双褐色的大眼睛,脸上还有几点雀斑。你个子很高,站在教室后面,看着面前同学们的脑袋的情景又浮现在我的脑海里。那次你发誓没干坏事,可我还是罚你站到了后面。我记得你的微笑,你的泪水,你握紧的拳头,你沉重的靴子,还有你生气时说的那些话。

也许你并不知道,当时的我刚刚走上教师的岗位,而像你这样的学生我还是头一回遇到;也许你是知道的。可我到现在才知道,和你共度的那一年会成为我教学生涯中最难忘的经历之一;我到现在才知道,在我的教学生涯中会有那么多和你相似的学生,至少每年有一个。

你还记得吗,每天早上你都是一副心不甘情不愿的样子走到课桌前,然后把课本扔到地上?你还记得吗,我对此的反应?每一天都是新的挑战。我经常晚上哭着回到家,计划着第二天怎么对付你往地上扔书的行为。今天,我会严厉一点儿,行使我当老师的特权,第二天我又会设法故意忽视你。第三天可能我会表扬你扔书的声音比以往小。我相信,猜想接下来老师会怎么对付你,对你来说肯定是件很好玩的事。但是我已经下定决心要继续努力想法子。说实话,那一年我花在了解你身上的时间比我写布告栏的时间还多。

也许那一年发生的其他事情也开始回到你的记忆中了。发生了那么多事,我知道我从中学到的东西比你从中得到的教训还要多得多。你被锁在了存衣柜里的那件事在我的脑海中尤为清晰。

当时,学生们课间休息后和平常一样吵吵闹闹地回到教室。我记得看到其他班学生都是排成笔直的队伍安静地走进教室,心里还在想到底该怎么管管这排队进教室的事。大部分同学都坐下之后,我们听到走廊里传来四声尖叫声,好像是从什么东西里面传出来的。尖叫声很快又变成了喊叫声,那时我才意识到发生了什么。我试图打开你的存衣柜,可你的外套夹在了门缝里,我根本开不动那扇门。我大声叫来了管理员,求他帮我尽可能地把门掰开。我注意到,当得知被锁在柜子里的人是你时,他那紧张的神情立刻放松了。还记得吗,你在男厕所发起"谁尿得最高"的比赛时,他有多么恼火?之后的几分钟好像格外漫长,你终于脱险了。门被打开的一刹那,你跳了出来,径直投向我的怀抱。我一把抱住了你,感觉到你在瑟瑟发抖。生平第一次,我把你当成了一个孩子,而不是让我怀疑自己是否适合当老师的根源。

所以,每年对付那些和你相似的学生时,我都会想起存衣柜的故事。这件事让我懂得了不管我们做出多么强硬的行为,我们都有害怕的东西。我还懂得了认识到你们的恐惧何在并不意味着我能借此机会要挟你们,而是应当利用你们的这种恐惧端正你们的行为。自此我加倍努力地去研究儿童的行为,而不是总在事后想办法收拾残局。

我希望,你在后来的学习生涯中有幸遇到了一些已经懂得这些道理的老师。感谢你为我上了一课。

来源:俄亥俄州约翰镇(Johnstown),Searforce 小学的教师凯西·塔塔姆

研究并解决该案例

1. 哪些个人因素有可能影响了这位老师对戴斯蒙德的看法和做法?
2. 如果戴斯蒙德是你的学生,你认为哪些个人因素会影响你对他的行为?

班级规模和教室大小对教学的影响

想象一下,你正在教大概 40 个甚至更多的学生。这种情况在全世界许多课堂上都是司空见惯的。在某种程度上,班级规模决定了你的教学方法。在这样一个拥挤复杂的环境中,你更有可能把学生看做一个整体,并采用讲授式教学方法。相反,学生数量较少、教学环境较为简单的情况下,教师和学生可以进行更多的交流。因此,规模较小的班级更有可能体现个别化教学和小组教学的特征。但是,即便不考虑班级规模,学生的优劣也会影响你的教学。例如,如果面对的是一些勤奋好学的学生,不管是大班教学还是小班教学,教师都能采取多种教学方法。相反,如果是些不专心学习的学生,人数再少,教师也会一筹莫展。

班级规模似乎还影响学生的学习效果。对班级规模进行的研究都表明,小班教学效果更好(Bracey, 1999)。格拉斯(Glass,1987)提道:"班级规模和学生学业进步之间的关系相当紧密。班级人数的大量减少(减少三分之一到一半)会使学生的学习效果大幅度提高,通常提高到非教师能力所及的程度。"(544 页)

具体来说,年龄较小的学生在小班(少于 20 个学生)受教育的时间越长,将来在学业上越成功。如果学生本身学习不够好,在小班受教育时间长了之后,将来取得学业成功的可能性就越大。而且,年龄较小的学生在小班上课得到的好处会伴随他们继续更高年级的学习。(Biddle & Berliner, 2003)

总之,在班级规模对教学和学习的影响这个问题上,我们了解了哪些,未知的又是哪些?我们知道,班级规模影响教学方法。我们还知道小班教学方法有助于学生的学习。现在迫切需要知道的是,教师到底在小班使用了什么教学方法,才使学生在学习上突飞猛进?

互联网上有一些专门讨论班级规模的网站,请参考"教育工作者的咨询台"(Educator's Reference Book)这个网站。

教室的大小也会影响教学。比起拥挤的教室,宽敞的空间可以使你采用更多的教学手段。教室越大,每个人的私人空间也越大。应当指出的是,对教学全身心投入的教师即使面对着众多的学生和狭小的教室空间,也能找到使自己的教学更加生动有效的方法。

研究聚光灯 1.3
小班教学对学习的影响

一项在田纳西州进行的“晨星计划”(Star Project)(**全称是“师生比例改进研究计划”——译者注**)调查发现,在小班(13～17 个学生)学习的幼儿园至三年级儿童具有相当大的优势。具体而言,总的来说他们所有功课的考试成绩都更好。随后又进行了一项研究,目的是调查小班学习带来的优势能否持续到他们进入高年级。调查结果表明,一般而言,在幼儿园到三年级期间参加过为期一年小班学习的学生,到了四年级、六年级或八年级,学习成绩和此前参加大班学习的学生不相上下。参加过为期两年小班学习的成绩则略高一些。在小班学过三年的学生到了高年级则仍然保持相当好的成绩。(Finn, Gerber, Achilles & Boyd-Zaharias, 2001)

加州政府采纳了班级规模影响学生学习的观点,将小学的班级规模从平均 30 人减少到了 20 人。评估证实,参加小班学习的学生比在大班学习的学生成绩略高一些。此外,教师们也反映,他们管束学生纪律的时间减少了,花在教学上的时间更多了。(Strecher, et al,2001)

教材和教学设备对教学的影响

在缺乏教材的情况下,巧妇也难为无米之炊。一个库藏丰富的“贮藏间”(在这里指教室)可以为教学提供广泛的空间。到所谓的发展中国家走一圈,你会发现,没有足够教材甚至连课本都没有的话,教师在教学方法以及教学内容上会受到严重限制。例如,在东非地区的马赛,儿童教师主要是一些受过教育的部落男子,而这些教师几乎没有太多教学资料可利用。在这种国家以及美国较为贫困的地区,学生得合用课桌和课本,没什么文具,也没有什么视听设备。和美国其他地区的课堂比较一下吧,后者几乎拥有全部教学资源——各种课本、参考资料、电视以及电脑。因此,较为贫困地区的学校通常只能利用贫瘠的资源给学生讲课。相比之下,在经济实力较好的学校,教师可以选择使用各种资源,而且可以采用各种教学方法。

时间对教学的影响

一堂课的时间是有限的,因此,时间,或者说缺少时间,会对教学方法产生严重影响。时间充裕,你就可以采取更间接的教学策略——例如实验和讨论。时间不够,你就不得不更直接地告诉学生,通过这堂课他们需要了解什么。因为要在短时间内灌输大量信息的话,这是一个比较高效的方法。当然,学生的负担就加大了,他们需要去推敲、理解并记住这些信息。

要记住：如何安排教学时间是一件极其重要的事。一小时的课堂时间可能会让学生受益匪浅，也可能虚度。假如你能在那一小时里让学生积极参与和投入到课堂中来，他们就会学有所得（Smyth，1987）。第四章、第十章和第十三章介绍了有关时间问题的重要观点。

教学目标的类型对教学的影响

在第六章"教学设计"中，你将了解三种教学目标类型：认知、情感和动作技能。下面是每种类型的例子：

1. 学生知道6的7倍等于42（6×7=42）。这就是认知目标，主要是让学生动脑筋。

2. 学生能握住画笔画出某一笔。这是动作技能目标，主要是达到身体的灵活性。

3. 学生喜爱听交响乐。这个目标需要学生能"感受"某种事物，这就是情感目标。

目标的性质也会影响你的教学方法。看出来了吗，不同教学目标需要你采用不同的教学方法。例如，假如教学目标是帮助学生理解为什么6的7倍是42，就要用探索法或建构性教学法。如果要教学生如何握画笔和使用画笔，向学生做示范似乎比较恰当。如果想让学生喜爱交响乐，你或许会更多地让学生去倾听和欣赏。

国家政策对教学的影响

下面两个例子将说明国家政策如何影响教学：

为了使教学成果占据世界第一的位置，联邦法案提出《不让一个孩子掉队》这个目标就是要确保所有儿童学好阅读和数学这两门课。为了达到这个目标，学生要定期参加考试，而且学校和教师要对学生的考试成绩负责。这样一来，生源较差的学校就不太可能达到国家教育标准。因此，这些学校的教师经常进行"应试教学"，即教给学生考试要考的内容。其结果就是教师更有可能采用本书讲到的**直接教学**，以及第八章将要涉及的**直接指导**（direct instruction）。

为了推广科技的运用，教室里都安上了电脑，这给教师施加了压力，他们既要学会操作电脑，又要教学生如何操作电脑。因此，你得学会基于电脑的教学方法，即更多地强调**独立学习**（independent study）以及**个别化指导**（individualized instruction），这些在第七章都将涉及。

研究聚光灯 1.4

教育学专业学生的理念将如何影响教学

正式成为教师之前的经历会如何影响我们对教学的看法和教学方式？鲍威尔(Powell,1992)进行了一项研究来寻找答案。42 名教育学毕业生参加了这项研究：其中有 17 名较传统的学生将教书作为他们首选的职业，另 25 名学生在决定当教师之前曾有过其他工作经历。

第一天是总体方法课，每人要填写一份自我调查问卷，把联想到的关于教学的词都写下来并归类，例如**备课**、**动机**、**解释**、**知识**等词，从而形成一张教学“概念图”。第二周，每个人相互进行简短教学的情景被录制下来。此后，调查者让大家讨论为何他们在教学过程中做某些事情，例如为何他们要问学生这些问题？就这样，调查者让他们反思了自己的行为，而且更重要的是，反思了他们这样做的原因。接下来，调查者对这些毕业生进行采访，讨论他们以前的工作经历，在课堂以外的场所发生的教学经历，进一步讨论概念图，解释备课过程。之后，他们观看自己讲课录像的选段，调查者还让他们回忆是什么因素导致他们做出那些行为。

研究结果表明，我们在开始教学生涯时会受到以下因素的影响：

- K—12 的学生经历和上大学的经历。例如以往教师对自己的影响。马克说，他的上课方式就是受“我以前的老师”的影响。
- 教育学专业的学习。例如，亚伦说他备课时采用的观点就是从以前教育课上学来的。
- 理念和价值观体系。例如，吉尔认为“教师的任务不仅仅是教坐在座位上的学生那么简单。学生是一个活生生的人，一个有真正需要的人”。
- 个人学习方法。例如，克里斯蒂在课堂上使用海报，并解释说“当我的视觉受到冲击时我会对要学的东西更感兴趣”。
- 有关学生的理念。例如，舍莉说“学生也会有助于课堂教学”，以及“教师应当信任学生”。

这些毕业生还提到其他一些影响教学观念以及教学方法的因素，包括：个人需求，以往的工作经历，在教室以外场所发生的教学经历(例如在教堂进行讲道)，从事教育事业的亲戚，为人父母的经历，以及对所教科目的了解。

哪些因素可能影响到教师的具体做法

下面是一项研究的一些发现，该研究的内容是教师是如何进行教学的(美国教育部，1999)。你认为教师为什么会有如下行为？上述哪一个“影响教学的因素”导致了下列每种教学行为？

● 几乎所有教师都既采用全班整体指导又采用个别化指导方法。

● 86％的教师采用小组指导方法，其中多半为低年级教师。

● 63％的教师采取讲授式教学方法。

● 约三分之二的教师让学生在课堂上做练习。

● 三分之二的教师布置练习作为家庭作业。

● 大多数教师经常使用书面材料（包括课本、补充阅读材料、练习册和教学大纲）。

● 三分之二的教师让学生解释所学知识和现实世界到底有何联系。

● 小学教师更可能让学生来作解释，为的是了解学生是否真正理解所学知识。

● 如果学生学习能力较低，教师往往更多地在课堂上使用备受推荐的新做法，而如果学生善于学习，教师往往将这些新做法结合到家庭作业中去。

● 在学生大部分来自低收入家庭的学校里，教师更有可能采用讨论和锻炼动手能力的教学方法。

● 在学生大部分来自低收入家庭的学校里，教师更有可能让学生在校内做一些枯燥的练习或以此为家庭作业。

● 经验较少的教师更有可能使用受到推荐的新做法。

● 拥有硕士学位的教师更有可能让学生做小组项目、开展讨论、使用补充资料和计算器，并鼓励他们将所学知识运用于实践。

几点思考

工作环境、以往受教育的经历以及个人特征都将影响教学。只有理解了这一点，你对自身和教学的洞察力才会有所加深。你将更加意识到，作为一个个体同时也作为一名教师，你到底是什么样的，以及你为何采取现在所使用的教学方法。这样，你才会更加聪慧，能提出更深刻的问题，例如：我的个人特征会对教学产生好的影响还是不良影响？我以往的受教育经历将有助于还是阻碍我和我的学生？我如何最充分地利用教学环境？如果能回答这些问题，那么你已经快要成为一名善于反思的专业教师了。你的教学将不会受历史、传统或冲动的误导，而是在洞察力的指导下顺利前进。

本章小结

● 个人特征、受教育经历以及工作环境都会影响教学。

● 影响教学的个人特征包括性别、年龄、经历、个性和理念。尽管男女教师在教学方法上区别不大，但男教师的课堂似乎更注重任务的完成，更严肃、更有条理；而女教师的课堂似乎更包容、更注重关怀学生。

● 教师的某些差异和年龄以及经历有关。许多教师在从事教学几年后达到教学顶峰状态。新教师似乎更严格、更看重权威，也许这是由于他们上大学时的教授和目前的同事对其敲了警钟，也有可能是他们的不安全感使得他们认为学生难以管束。

● 独特的个性需求或特点也会影响教学。由于你的某种个性，你会以特有的方式进行教学。与此同时，许多教师都有一些共同特点，如信守诺言、希望与人为善，都渴求取得教学上的成功。无论如何，你的个性和需求会在课堂上充分展现，使你的课堂成为一道独特的风景。

● 以往的受教育经历也会影响教学。你所接受的教育方法相当重要，因为初为人师者都会模仿自己以前的老师的行为。如果你的老师大多数采用“直接讲授”的方法，那么，你或许也会这么做，不管这种方法是好是坏。

● 你的个人学习喜好会使你认为你的学生也想用你的方法来学习。

● 随着对所教学科的理解加深，你的自信和教学能力也会增长，很有可能学生将学会并欣赏你教的学科知识。

● 教学准备的范围和质量都将影响教学。专业知识和技能使你更英明、更机敏，使你把重心放在教学上而不是看管学生上。

● 工作的环境也将影响教学。认识并接受学生的差异，并对教学进行相应的调整，这种能力变得越来越重要。

● 随着班级规模的增长，和单个学生乃至和整个班的不同学生打交道变得更加困难。同样，教室的大小、教材和教学设备的有无以及上课时间都对教学环境产生影响。

● 不同教学目标要求采取不同的教学方法，而且通常也要求不同的教学环境。

● 国家政策会影响教学方法。例如，由于要求所有学生都通过某项全国考试，教师们只好更多地采用直接教学法。此外，由于要求所有学生都懂电脑，教师们更侧重独立学习和个别化指导两种教学方法。

关键词

教师的效能感	直接教学	讲授式教学
间接教学	教育学的	直接指导
独立学习	个别化指导	

待讨论的主题和问题

主题

以下是一些供大家辩论的主题：

1. 校方是否应当对准教师进行筛选，根据其个人特征或经历以及教学准备判断他是否适合教师这个职业？

2. 哪种个人特征(性别、年龄、经历、个性、理念)最为关键?

3. 哪种经历和教学准备最为关键?

4. 应当如何利用教学环境,使之发挥最佳优势?

问题

以下问题是由教师们提出的。如何解决这些问题?

1. 男女生当然应该得到公平对待,可我发觉自己总是受到模式化印象的影响。我知道我不该这样,可就是控制不住。

2. 一些教师在我看来特别有个性,有时这似乎使他们更受学生欢迎。我比较内向,比较严肃,但我的学生也学得很好,甚至比他们的学生更好。然而,我知道学生希望我更友好一点,更热情奔放一点。

3. 我想让自己相信:所有学生都能学得很好。但长期以来我看到的是孩子们具有不同的能力水平和学习动机。我希望他们所有人都能学业有成,但总觉得自己是在尝试不可能完成的任务。

4. 教学方法如此之多,但我发现自己只依赖于其中的一两种。我这是怎么了?

5. 我最要好的朋友在郊区一所新建的学校当老师。去参观他的教室时我立刻感觉到这就是我想工作的地方。与此同时,我也知道,眼下只有市区学校才有一些就业机会,可那里生源不会太好,学校和教室也没那么新。我还有其他的担心,因为我听说郊区学校可能教材短缺,而且教师们还得调动每个学生的积极性。

理论付诸实践的活动

活动1.1:教师个人刻画和分析

描述一下你觉得你会是个什么样的老师。作为一位教师,我觉得我会是:

____

____

现在,描述一下你认为本章提到的一些因素或其他章节提到的因素会如何影响你的教学行为。

活动1.2:教学导师的自我描述

假如你正在实习,把你的自我描述给你的教学导师看,看他有何反应。也许他会乐于谈谈自己,谈谈哪些因素对他的教学产生了影响。你能发现其他影响教师课堂行为的因素吗?

第二章 社会变化给教学带来的挑战

作为一位教师，你需要了解影响教学和学习的社会变化。在本章，我们将探讨其中四种变化：人口的变化、家庭的变化、儿童时期和青少年时期的性质变化，以及学校的变化。只有了解了这四个方面的变化并能在教学过程中加以考虑，你才能增加学生成功的机会，增加自己的教学满意度。

美国人口的变化

2004 年，美国人口为 2.93 亿，这个数字正在持续增长，尤以西班牙人和亚洲人这两个少数民族人口的增长最为显著。因此美国学生人数会越来越多，学生在文化和种族上的差异也越来越大。与此同时，人口也正在向老龄化发展。

少数民族人口的增长

美国是由来自不同文化和种族背景的移民在保持各自民族性的前提下组成的一个紧密融合的社会。每一批移民都带来不同的生产力和道德标准，使得美国的种族和民族结构处于不断变化中。最近的一项统计表明，美国种族和民族构成是这样的：

白人 71.9%

黑人 12.1%

西班牙人 11.5%

亚洲人、太平洋岛人、美印第安人、阿拉斯加人 4.5%

然而，预计到了 2025 年，这个构成会变成：

白人 62%

黑人 12.8%

西班牙人 18.2%

亚洲人及其他 7%

这段时间里，预计会发生什么变化呢？首先，白人的比例会下降 10 个百分点。其次，西班牙人的数目将超过黑人，占总人口的 18%。再次，亚洲人及其他人口的百分比将急剧增长。第四，三分之一的美国人口将由少数民族组成。总而言之，在今后的五十年里，每年美国人口增长的数目中，一半以上都将是西班牙人和亚洲人。（2000 年美国人口普查）

少数民族人口的分布

在今后的25年里，预计少数民族聚居区将在美国各个角落发展起来。发展最快的地区在南部、西南部和西部。到2025年，在加州、夏威夷、新墨西哥、得克萨斯和哥伦比亚区，少数民族预计占该地区人口的一半甚至一半以上。此外，纽约、马里兰、新泽西、阿拉斯加和路易斯安那等地区的少数民族人口将超过40%。（2000年美国人口普查）

其他值得注意的人口变化

儿童的比例越来越低而老年人的比例越来越高

儿童数量持续增长，但儿童在总人口中的比例在减少。目前，儿童大约占总人口的26%。到2025年，该数字预计下降到24%。然而，和少数民族人口分布不均一样，儿童人口分布也不均匀。因此，一些州和地区的儿童人口增长更快，而其他州的儿童人口有可能下降。

整个国家也在走向衰老。除了少数民族人口有较高增长，另一呈现高增长趋势的是55岁以上的人口。这些人包括了婴儿潮时期降生的一代，从1990年到2000年的十年时间里，他们以40%的速度增长。这一代人不仅正在衰老，而且其寿命预计也将达到新高。

在人口普查网站可以搜索到更多关于人口的信息。

人口变化对教师的意义

少数民族人口的增长以及美国的老龄化，这些人口的剧烈变化带给教师的是挑战。你将面对的这一代人在民族和种族上的差异是前所未有的。别的不说，你的学生可能英语基础特别薄弱，每五个学生中可能有一个是来自移民者的家庭。由于大多数少数民族学生生活在某些特定区域，尤其是市中心，你或许可以在这些地区找到更多就业机会。

不久，20%的美国人将成为老年人，他们靠固定的收入生活，膝下无儿无女。他们会坚信教育的重要性吗？他们会同意发行学校债券，认为此举是开办学校以及发放教师工资的基本途径吗？我们希望你能在学生和你所在社区的老年人之间搭建沟通的桥梁，向他们展示学校的力量以及教学项目的价值。

我们更好地应对人口变化以及人口变化给教学带来的挑战。（Olson，2000）

家庭的变化

从远古时候起，家庭一直都是一个让儿童健康成长、接受教育和享受安乐生活的基本单位；确实，家庭是任何社会的核心组成部分。在美国，家庭的结构和功能在最近30年里经历了深刻变化（Hamburg，1995）。让我们来看一看。

家庭的发展趋势

既然家庭对青少年的成长如此重要，那么了解当今美国家庭发生的变化就是很有裨益的。首先，由于妇女不再生育那么多孩子，美国家庭规模越来越小，孩子们的兄弟姐妹也越来越少。其次，父母的年龄往往比孩子大许多，因为越来越多的人很晚才结婚。第三，家庭风格也发生了变化。例如，传统的家庭模式——即父亲养家糊口，母亲操持家务、养育子女——越来越少，取而代之的是越来越多的单亲家庭。[社会政策研究中心(Center for the Study of Social Policy)，1992]。家庭风格的变化部分是由于双亲都有工作(因此缺少操持家务的人)，但主要是由于约 50%的离婚率。离婚导致的后果是，和父母一起生活的儿童比例下降到了这样一个程度：超过四分之一的美国家庭都是单亲家庭，五分之二的白人儿童和五分之三的黑人儿童将经历父母的第二次离婚。而且由此带来的后果是学习成绩下降、辍学率升高、过早发生性行为，生育和结婚的年龄都相应提前。如此高的离婚率也意味着30%～40%的家庭属于再婚家庭，再婚又通常形成混合型家庭(“他的孩子、她的孩子，还有他们的孩子”生活在一起)。双亲家庭也的确有略微回归的趋势。和已婚的父母(包括继父)一起生活的儿童的比例在 20 世纪 90 年代末期仍然保持稳定。也许更重要的是，和单身母亲一起生活的儿童比例下降了(Dionne，2001)。其他家庭类型还有单身领养家庭(单身人士收养一个或几个孩子)，数目也在增长中。还有一个越来越普遍的现象是祖父母抚养孙儿。如果想了解更多关于家庭的信息，请访问美国人口普查办公室官方网站的报告。

哈克(Hacker，1982)和波普诺(Popenoe，1993)将人们对传统家庭态度的变化归咎于人们不愿承担家庭义务，不愿受家庭约束。支持这一论点的证据包括：人们不再有耐心维持不尽如人意的婚姻，以及不再愿意把时间、金钱和精力花在家庭生活上。然而，也有人认为，家庭风格的转变仅仅体现了我们逐渐认可了不同的生活方式(Suranski，1992)，体现了妇女加入就业行列并得到报酬(Fraser，1989)。

最终的问题是，各种家庭类型有没有很好地履行传统家庭的职能——抚养、关爱儿童并为他们营造亲密的氛围、传承文化，做儿童的经济后盾？包括洪堡(Hamburg，1992)和弗雷泽(Fraser，1989)在内的人士总结说，转变后的美国家庭在很大程度上尚未做好准备来应对抚养子女的挑战。因此，他们号召政府卫生保健机构、学校和志愿组织伸出援手。孔茨(Coontz，2000)等人则认为每种家庭都有可以发挥的优势和可以避免的弱点。加拿大的读者们可以从“加拿大的家庭发展趋势”这个网站上了解到有关加拿大的信息。

家庭对教育的影响

我们都知道这句谚语：“有其父必有其子。”还有：“苹果落地，离树不远。”也许有人告诉过你，说你和你父亲或母亲简直就是一个模子里刻出来的。对于父母以各种方式影响子女这一点，人们几乎很少发生争议。例如，从成千上万7年级到12年级学生中收集的数据表明：

● 十几岁的青少年越是觉得父母关心自己，越不容易过早发生性行为、吸烟或者滥用毒品或药物。

● 一些重要时刻——上学前、放学后和晚餐时——家长如果在场，青少年各种不良行为出现的几率就低。

● 无论家庭收入多少、家庭类型和家庭种族如何，家长对子女学习成绩好、不发生性行为等期望对青少年具有深刻影响。(Resnick，1997)

我们已知，家庭对青少年学业进步的影响主要表现在以下几个方面：(1) 家庭的社交和经济背景和儿童的学业进步有关；(2) 学校和教师能够帮助学生克服社交和经济上的困难；(3) 社交或经济上有困难但家庭文化根基牢固的学生也能学得很好；(4) 学生的学业进步和家庭成员构成相关。

家庭的社会经济地位以及成绩差距

家庭的**社会经济地位**(socioeconomic status, SES)对孩子的学业进步有重要影响。衡量一个家庭的社会经济地位，主要看家长或监护人的受教育状况、职业地位和收入。家长受过大学教育，是所谓的白领，收入比一般家庭高的话，他们的孩子就被称做来自较高社会经济地位的家庭。而家长如果中学都没有读完，是蓝领，收入低于一般水平的话，孩子则来自低社会经济地位家庭。

一般来说，来自高社会经济地位的孩子学习成绩更好，身体也更健康。可为什么会这样呢？原因很简单，较高社会经济地位的家庭更有能力也更有可能为孩子提供适合学习和健康成长的环境。例如，在享有较高社会经济地位的家庭，孩子能较早接触更丰富的语言。在一个父母从事专门职业的家庭里，学前儿童每小时能听到2 000个单词；在工人家庭，能听到1 000个单词；而在依靠福利生活的家庭，只能听到600个单词。到三岁时，从事专门职业的家庭的儿童比依靠福利生活的家庭的儿童多听3 000万个单词(Hart & Risley, 2003)。同样，在享有较高社会经济地位的家庭，和孩子进行的交谈包含更多提问和解释，父母会对孩子做了什么事情、做得好不好给予更多积极的反馈。而且，享有较高社会经济地位的家庭能提供给孩子阅读资料、电脑、学习场所和丰富的暑假生活[Bracey，1995；Jencks, et al，1972；美国卫生、教育和福利部(U. S. DHEW)，1966；Walberg & Fowler, 1987]。

多数人认为，只要学校重视语言和阅读指导，来自较低社会经济地位家庭的儿童在语言和阅读能力上的不足可以得到弥补。还有人建议将最有教学成效的教师安排在这些学校任教，发给他们奖金。可目前普遍的做法是，年轻而缺乏经验的教师被派往这些学校任教。

既然来自较高社会经济地位家庭的孩子在家中接受更好更多的教育，那么他们在学习上超过来自较低社会经济地位家庭的孩子就不足为奇了。顺便提一句，在每学年上学期间，来自较低社会经济地位家庭的孩子能在学业上跟上来自较高社会经济地位家庭的孩子，但或许是由于他们暑期学习环境较差，每到假期其学业就会退步(Bracey, 2002)。为了弥补这一**成绩差距**(achievement gap)，学校正在试行许多项目，主要服务于来自较低社会经济地位家庭的孩子，如暑假活动、免费早午餐、课外辅导、第二课堂活动、周六补习班和小班教学。要了解一些项目将如何缩小成绩差距，请访问城市教育网站上的ERIC数据交换中心。

有人认为文化差异是造成成绩差距的部分原因。例如，就连不同肤色的学生，如一个白人学生和一个黑人学生，虽然都来自相似的上中产阶级家庭，在同一所学校学习，仍然存在成绩差距。孩子成绩不理想，父母自然会深表担忧并想知道为什么。参见研究聚光灯2.1。

研究聚光灯2.1

家长是造成不同种族学生成绩差距的罪魁祸首吗？

一项题为《一个富裕郊区的美国黑人学生》(*Black American Students in an Affluent Suburb*, Ogbu & Davis, 2003)的调查报告总结了对俄亥俄州谢克岗一个多种族混居的上中产阶级郊区的调查结果。结果表明，即使享有同样的家教优势，家庭关系也同样稳定，但许多黑人学生的学习落后于白人学生和亚裔美国学生。

黑人家长便发问了："到底是什么原因？"奥格布(Ogbu)和戴维斯(Davis)的回答是，家长就是原因之一。这两位调查者发现，黑人家长通常不参与学校活动，花在督促孩子学习上的时间也少。另一个原因就是学生自身。这些学生也承认自己没有花太多精力在学习上，上课不听讲，学习态度不认真。此外，两位调查者还奉劝黑人学生，不要把行为榜样局限在黑人运动员、黑人演员和黑人说唱歌手中。

专栏作家克拉伦斯·佩奇(Clarence Page)和托马斯·索维尔(Thomas Sowell)都看过奥格布写的书。索维尔(2003)同意奥格布的观点，认为很多黑人学生和他们的家庭重视的事情不仅对学习没有帮助，而且分散注意力，其中包括和学习无关的一些活动诸如体育和娱乐，他还认为黑人儿童过多地把时间花在和朋友闲逛或者煲电话粥上。索维尔还引用了麦克沃特(McWhorter)的书《输掉比赛》(*Losing the Race*, 2001)中提到的另一个障碍：若黑人学生开展的活动总是得到肯定，可能会削弱他们尽自己最大努力的动机。

佩奇(2003)则作出如下思考："通过勇敢真诚地面对……现实，我们(家长)可以鼓励黑人青少年树立良好的个人形象，这将有助于使他们不仅以自己的篮球技术或是唱说唱乐本领为荣，而且看到自己的聪明才智。"

如果家庭无法提供充分的支持该怎么办

当家庭无力或未能为孩子提供有利于学习的家庭环境时，就可能导致孩子在学业上的退步。让我们想想为什么一些家庭不能达到这些要求。原因有：（1）家长可能没有意识到自己对孩子的学习会产生影响；（2）他们可能不知道该做些什么，或不知道如何营造有利于学习的环境；（3）他们可能忙于处理家庭问题。

应当使家长意识到他们的影响

作为教师，你应当让所有家长和监护人认识到他们对孩子的学业进步起重要作用。然而，要达到这个目标，你可能需要纠正一些错误的看法。你可能会发现一些家长认为“教育子女不是他们的事，而是学校的事”。一些家长可能自己上学期间有过不愉快经历，至今仍耿耿于怀。还有一些家长可能对孩子正在学习的知识望而却步，觉得要帮助孩子学习，他们心有余而力不足。要纠正这些对孩子学习毫无帮助的想法的确是个挑战。因此，家长和监护人一定要承担起责任，为孩子做好一切学习准备。

家长应当知道如何使家成为有利于学习的场所

在帮助家长认识到他们对孩子学习产生的影响后，你还需要教会他们如何营造一个适合学习的家庭环境。研究聚光灯 2.2 提供了许多创意，同时还介绍了学校协助家长的各种方法。

研究聚光灯 2.2
家长如何帮助孩子取得学业进步，而学校如何给家长这方面的指导

家长可以采取以下方法帮助孩子取得学业进步（Marzano，2003；Molner，2002；Thorkildsen & Stein，1998）。

营造一个适合学习的家庭氛围：

- 向孩子阐明学习的重要性。
- 鼓励孩子读书。
- 找一个适合学习的场所。
- 经常和孩子讨论学校布置的作业。
- 鼓励孩子完成各种作业。
- 对孩子的学习进步寄予厚望。
- 鼓励孩子的自信心。

- 和孩子保持良好关系。
- 支持并参与学校举办的家长活动。

学校可以帮助家长：

- 家长需要来自学校和教师源源不断的强大支持，低收入家长尤其需要这种支持。
- 当学校为家长提供各种项目，提高家长的阅读技巧，减轻家长的经济压力，满足健康和营养需要时，家长和孩子似乎都能从中获益。
- 低收入家庭的孩子在接受课余辅导，暑期活动或整年的教育后，得到的益处尤为明显。

在这些方法中，家长积极参与学校活动就是对孩子的一种支持。家长对学校活动的参与和更好的学习成绩一直以来都有紧密联系，孩子也能从中获得更多乐趣。在6年级到12年级之间，父亲的参与似乎尤为有帮助[全国教育数据中心(National Center for Education Statistics)，1997]。要了解更多关于家长参与的信息，请登录全国家庭参与联合会的网站。

一些人认为即使家长知道教育的重要性，但在实际生活中他们或许未能真正落实这一点。例如，在聚光灯2.1中我们看到，有人调查了为什么来自上中产阶级家庭的孩子学习成绩会落在别人后面，结果显示，这是因为这些孩子的家长没有完全投入到孩子的家庭教育和学校教育中去。

一些社会经济地位较低的家庭排除万难

在以来自较低社会经济地位家庭的孩子为主的学校里，亚洲学生(越南、老挝和中国学生)往往比其他同学学习成绩更优秀(Caplan, Choy & Whitmore, 1991)。既然他们上的是同一所学校，又是同一个老师教的，怎么会有这样的不同呢？答案在于不同的家庭文化。亚洲人即使家庭不够富有或不完整，似乎仍然能取得更好的学业成就。为什么呢？最重要的一个原因就是，亚洲家长只希望孩子得A——而白人家长认为孩子得B也可以接受——黑人家长则认为得个C就不错了(Thernstrom & Thernstrom, 2003)。社会经济地位较低的移民家庭具有悠久文化和家庭传统，有限的英语水平，他们的子女似乎认识到，要成为学业和生活中的成功者，不能靠运气或出生，而是靠勤奋。(见要点2.1)

家庭需要得到帮助来迎接挑战

一些家庭不能帮助孩子取得学业进步的第三个原因是，有时他们面临的问题压得他们喘不过气来。除了受教育水平低，收入低等问题外，可能还包括滥用药物和毒品、肉体和精神疾病、照顾老人的压力、缺少教育子女的知识和技能、夫妻关系破裂等这些问题。让我们来研究这些问题。

要点 2.1

亚裔孩子更聪明吗

一般来说，亚裔孩子及其家庭无论在学校还是在生活中都显得特别优秀。他们：

- 只占总人口的5%，但占最顶尖大学入学率的15%以上。
- 他们的学术能力测验(SAT)成绩在所有民族中名列前茅。
- 中学平均积分点(grade point average)是最高的，国家水平测试中成绩也是最高的。
- 获得学位的人比例较高。
- 拥有最高的经济收入中位数(median income)。

对于如此杰出的学习成绩，研究者已经给出了以下一些原因：

- 亚裔家庭把教育当成通向成功的一块跳板，取得成功就意味着不再遭受歧视。(十个亚裔美国家庭中有八个家庭宁愿卖掉房子、挨饿受冻也要供孩子上学)
- 教育是家庭基本价值观的体现，比约会、运动和看电视等其他任何事情都重要。家长们经常包揽了所有家务活，让孩子安心学习。孩子学习好坏，反映出家教的好坏。学习不好是件羞耻的事。
- 家长积极参与孩子的教育。

来源：Breckenridge, T. (2003年12月7日),《亚裔儿童更聪明吗?》(*Are Asian Kids Smarter Than Everyone Else?*)《克利夫兰实话报》(*Cleveland Plain Dealer*), 2003年12月7日A12版。

家庭构成和学业进步的关系

孩子是来自单亲低社会经济地位家庭还是双亲低社会经济地位家庭，和他的学习成绩和在校表现紧密相连。一项调查在比较了成千上万来自低收入家庭的中小学生后，对他们的学习成绩和问题作了以下总结。这些孩子有的是来自养父母家庭，有的来自单亲家庭，有的来自双亲家庭。

- 76%、21%和3%的孩子分别来自双亲家庭、单亲家庭和其他(如养父母)家庭。
- 学业有成的学生有相当多一部分来自双亲家庭。
- 来自单亲家庭的相当一部分小学生学习极其拖拉。
- 违反校规的学生大部分和单亲或亲戚一起生活，或和养父母一起生活。
- 来自单亲家庭和“其他”家庭的学生留校察看的几率是双亲家庭学生的两倍。
- 所有被开除的学生都来自单亲家庭。

- 40%的辍学者来自单亲家庭。(Brown，1980)

同样，一项对100万名学生进行的调查显示，生长在单亲家庭的学生患心理疾病和吸毒成瘾的概率是双亲家庭学生的两倍。(Weitloft，Hjern，Haglund & Rosen，2003)

家庭起着重要作用

没错，学生和教师的生活不可避免地和家庭、家长以及其他监护人联系在一起。在第十三章你就会读到，和这些具有重要意义的人建立和维持良好关系是大多数教师的头等大事。教师们都充分意识到家长和社区对学生学习成绩和课堂表现产生的影响。一项名为“大都市生活”(Metropolitan Life，1992)的调查在美国教师中展开，调查结果表明，65%的教师声称缺少家长的支持构成了一大问题。(见表2-1)

表2-1　缺乏家长的支持——学生学习能力最严重的阻碍

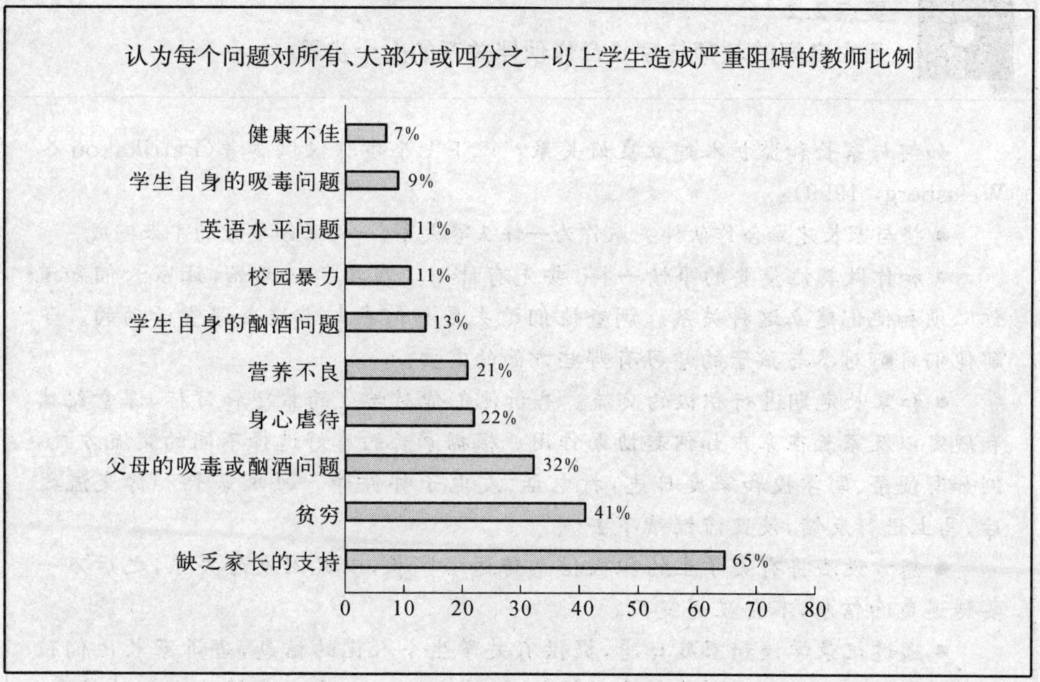

【资料来源】《大都市生活》,《准备好了吗：年级准备：教师对当今教育问题的看法》(*Ready or not: Grade level preparedness: Teachers' Views on Current Issues in Education*)，纽约：大都市生活保险公司。

在类似的一次调查中，80%的教师认为，应当把推动家长参与孩子的教育提到全国教育日程上来，而且要作为头等大事来解决。(Richardson，1993)

对中学生进行的调查证实了家长对孩子学业进步所起的重要作用。在得A和B

的学生中,87%的人说他们的父母经常帮助他们完成家庭作业;另一方面,得分低于C的学生说他们的父母甚至不和他们讨论学校生活。(《大都市生活》,1998)

专栏作家威廉·拉斯贝利(William Raspberry)认为,父母应当学习如何做一个称职的家长,尤其是那些自己都没有接受过良好家教的年轻人,比如"第二代和第三代15岁就当妈的人"(Raspberry, 1998)。此外,他还认为每个社区都应当定期开办一系列学习班,让子女尚年幼的家长学习一些技巧,以便子女将来上学时派上用场。拉斯贝利尤其认为家长应当学习如何向孩子灌输正确的学习态度和良好的学习习惯,如耐心、毅力和自尊,使得孩子在学校的学习能顺利进行,尤为重要的是逐渐培养他们对阅读和学习的热爱。(Raspberry, 1993)

取得学业进步的一个公式就是**家长的努力+教师的努力=更大的学业进步。**

要点 2.2
建立良好的教师与家长合作伙伴关系的七个步骤

如何与家长和监护人建立良好关系?以下七个步骤仅供参考(Patrikakou & Weissberg, 1999):

- 将与家长建立合作伙伴关系作为一件头等大事、一件必须要做的事来完成。
- 和你做其他重要的事情一样,要先有计划。在学年一开始,让家长们知道你必须和他们建立这种关系。调查他们过去是如何参与学校或课堂活动的。了解他们目前对参与孩子的学习有哪些方面的需要。
- 和家长定期进行积极的交流。告诉他们你对学生的希望和目标,课堂纪律和规定以及家长在家中如何起协助作用。根据家长的喜好选择不同的交流方式,例如写便条、写学校和家庭日志,打电话、发电子邮件等。每次家长和你交流之后,马上进行反馈,使交流继续下去。
- 想方设法将有关学生的积极信息传达给家长,以巩固友好关系,之后万一要传递负面信息,不会显得突兀。
- 通过记录学校和家庭日志,提供有关学生个人化的信息,告诉家长他们孩子的兴趣、优缺点,你对学生某方面的担忧,家长也在日志中告诉你类似的信息。好好利用家长会。
- 向家长和监护人提供实用的建议,指导他们如何帮助孩子学习。具体说就是告诉他们在家可以做哪些事情来帮助孩子学习。
- 反思你的合作伙伴计划并进行调整,从而让家长更多地参与到孩子的教育中来,帮助孩子获得学业进步乃至社交成就。

家庭变化和家庭影响的意义

随着人们结婚年龄的推迟，女性越来越多地从事家庭以外的工作，越来越多的孩子和父母年龄差距非常大，这些年老的父母可能没什么时间和精力来抚养孩子。许多为工作奔波的父母很可能日程繁忙，和孩子在一起的时间很少，很难自己主宰时间。教师需要理解这种情况，尽全力在不影响孩子学习成绩的前提下帮助满足家庭需要。同时，由于越来越多的学生可能有过父母分居、离婚或再婚的经历，需要思考除了学习以外的其他事情，因此教师应当善解人意，给予学生情感上的支持和帮助。由于大量学生目前生活在单亲家庭和混合型家庭，教师应当认可各种家庭类型并在课堂上提及家庭时不要遗漏任何一种类型。在这里，虚心接受显得尤为重要。

由于大量学生生活在单亲家庭，教师还应当考虑到他们可能没有什么经济来源，还可能缺乏监督。这种情况通常导致学生缺少学习资料，家庭作业完成得一塌糊涂。那些学习成绩和表现最为糟糕的学生往往来自单亲家庭、穷困潦倒的家庭，或者学生有先天性疾病、家长没有受过中学以上的教育，以及有精神病史或酗酒史的家庭。

由于家庭对学业进步具有如此强大的影响，教师应当意识到家庭为学生提供适合学习的环境是件多么重要的事情。当家庭无力提供这种环境时，我们应当帮忙想办法并给予支持。此外，学校和教师应当付出额外的努力来补偿学生，这样一来，这些学生和其他同学的成绩差距才能缩小。

最后，由于目前儿童人口在总人口中呈下降趋势，教师们应当在社区宣传生儿育女的好处，为所有儿童争取更好的服务设施。

儿童时期和青少年时期的性质发生的变化

美国正在变化中，个人成长的过程也在变化中。下面这些新闻标题正是当今在美国人抚养子女状况的惨淡写照："更多儿童生活在贫困中"，"对八年级学生的调查发现，20%为学业无成的高危人群"，"挂钥匙的孩子更有可能吸烟、喝酒"，"学生更爱看电视而不是看书"，"五年级学生组织抗议活动"，"未成年人犯强奸案的数目在增加"。

你可能觉得这些标题是在虚张声势，夸大其词。然而在大多数情况下这些新闻报道都是以政府报告和科学研究为根据的（Fuchs & Reklis，1992）。你可能会心存这样的怀疑：这些问题恐怕多发生在少数民族和穷人身上，因为尽管青少年总人口在减少，但这两者部分的青少年人口增长是最快的。然而，虽然非少数民族学生和家境较为富裕的青少年较少受到这些问题的困扰，却受到其他问题的困扰。让我们简单看一看对当今儿童产生影响的一些问题。

贫困家庭的儿童

在美国，超过17%的儿童家境贫寒［美国社区调查（American Community Survey），

2003]。造成儿童家庭贫困的原因可能是失业、低收入、福利待遇差、单亲家长以及未成年单身母亲(Biddle，1997)。此外，贫困家庭的儿童很可能居住条件差、医疗和牙齿保健不到位、饮食不够营养、衣不蔽体、去不起日托所、缺乏教育，而且经常搬家——所有这些因素都和良好的学习表现相冲突。(Viadero，2000)

有相当一部分贫困学生还是少数民族。和白人儿童以及亚裔儿童比起来，西班牙裔儿童和黑人儿童生长于低收入家庭的几率分别是前者的两倍和三倍。(Viadero，2000)

问题是学校和教师能否“拯救穷人”。到目前为止，仍然没有确定的答案。以下是《纽约时报》记者特劳伯在一次调查后得出的结论(Traub，2000)：

● 没有什么证据表明，任何现行的(教育改革)策略能缩小哪怕一丁点儿较低社会经济地位家庭儿童和生活在郊区、富有家庭儿童之间的整体成绩差距。

● 有些教育改革项目只有暂时的作用，但没有持续性的效果。

● 扩大对学生的开支后，问题仍然难以解决。美国许多问题最严重的校区花在每个学生身上的钱比附近的中产阶级社区要多得多。

特劳伯总结道：“有理由相信，学校能给局面带来一些变化，但目前他们做得还很不够。”

那么，你能做些什么来帮助这些学生？这里有来自一位教育家的一些想法。他对指导你成为贫困学生的“明星教师”特别感兴趣(Haberman，1995)。

● 尽可能地让学习成为一件有意思、值得做的事情。

● 让学生清楚地知道，学习本身是件重要的事，而不仅仅是为了将来找到工作而学。

● 教导学生时的态度要温柔，要对学生和蔼。

● 永远相信学生有学习能力，并尝试用各种方法教学生。

● 要忍耐，不要凭主观臆断行事。

● 坦诚对人，善解人意。

● 维持有利于教学的安全的课堂环境。

● 教给学生正确的行为，而不是在不当行为发生后惩罚学生。

● 尽量不要轻易受打击。

这里还有一些帮助穷困学生的想法，尤其是针对黑人学生、西班牙裔学生和一些混血儿学生。

● 要认为所有的孩子都有学习主动性，即使他们可能看起来并非如此。

● 给予真正有效的指导。

● 鼓励学生。

● 教给学生具体的知识和技巧，帮助他们在重要考试中发挥出色。

● 给予他们各种各样的支持，无论是人力支持还是物质支持。因为他们一般没有什么校外的学习资源和经历。(Ferguson，2002)

要了解更多关于贫困儿童的信息，请访问国家贫困儿童中心(National Center for

Children in Poverty)网站。

缺乏家长监督的儿童

约三分之二的美国儿童生活在双亲家庭，且大多和亲生父母生活在一起。然而，这其中有很多孩子和单亲家庭的孩子一样，无人照看或是只能上日托所。造成这一现象的原因有这么几个。首先，和以往不同的是，现在的父母都有自己的工作。此外，超过半数处于工作年龄的女性都忙于自己的工作。当然，单亲家庭数量的增长也对此现象的产生有一定影响。(见研究聚光灯 2.3)

研究聚光灯 2.3
独自在家

根据人口普查办公室的数据，700 万年龄在 5 岁到 14 岁之间的儿童由于父母要上班或者其他原因，经常独自在家。

- 儿童独自在家的时间为平均每周 6 个小时。
- 50%的儿童没有家长看护的时间每周少于 5 小时。13%的儿童每周无人照看的时间超过 10 小时。
- 独自在家的情况在中学生中比在小学生中更普遍。
- 家庭收入越高，儿童独自在家的情况越多。

来源：K. Smith，(2000)，《1995 年秋：谁来管管孩子们？谁来安排照看儿童?》(*Who's Minding the Kids? Child Care Arrangements: Fall* 1995)，华盛顿特区：美国人口普查办公室，2000。

不管是出于何种原因，绝大多数的孩子都得不到家长全天候的看护[社会政策研究中心(Center for the Study of Social Policy)，1992]。这就意味着家长和监护人只好从亲戚、朋友和日托所阿姨等人那里寻求帮助，找他们来照看孩子。许多家长还希望 7 岁至 13 岁之间的孩子能自己照顾自己。经常独自在家的孩子称为**钥匙儿童**(latchkey children)。事实上，家长们频繁将孩子送往日托所以及让他们独自在家的做法已经盛行开来，如今的儿童经常被称为“日托的一代”，有的人甚至认为当今的儿童已经基本上被家长抛弃了。(Louv，1990)

有时，“钥匙儿童”把图书馆当成了避难所。一项对 125 名图书管理员进行的调查(Dowd，1990)表明，76%的人看到相当多无人照看的孩子放学后待在图书馆里。到了周末，50%的人看到无人监督的孩子。据称，10 岁到 12 岁这个年龄段的孩子似乎最爱把图书馆当成避难所。既然该年龄段中 20%的孩子都得独自在家,上述调查结果就是可想而知的了。[城市学院(Urban Institute),2002]

处于父母之外的人的监督下,或者根本无人监督,会有什么样的影响?尽管对于日托所的影响目前还没有什么总结性数据,但一些人还是深表担忧。生活在日托所的婴儿或幼童和母亲的关系似乎更不稳定,日托所人员频繁的更替导致儿童成长过程中所受教育不够连贯。在家庭以外的场所得到照顾的孩子由于更频繁地接触大人和小孩,更可能生病。(Wingert & Kantrowitz, 1990)

同样地,独自在家对孩子产生什么影响,目前也没有定论。然而,一项对大约 5 000 名八年级学生进行的调查(Dwyer et al,1990)引起了人们的担忧。杜威(Dwyer)和助手报告说,有 68%的学生在放学后至少有一段时间需要独自在家。把这些钥匙儿童和有家长监督的孩子做比较,前者遭受压力、和家庭产生冲突、认为父母做得太过分、把自己叫做冒险者的可能性是后者的两倍。此外,他们更爱发火,逃课的次数更多,独自待着时更感害怕,更经常地参加派对。他们喝烈性酒、吸烟和吸食大麻的几率也是后者的两倍。部分研究结果也表明,钥匙儿童能更好地自我调节,更加独立。那些小学便成为钥匙儿童的八年级学生更有可能去冒险(独立)和参加派对(善于社交)。但是,这样的孩子滥用药物和毒品的可能性是有家长监督的同龄人的三倍。到了初中才开始独自在家的孩子滥用药物和毒品的可能性是有家长监督的同龄人的两倍。(Weisman, 1990)

当然,如果有一位家长在家或两位家长都在家,并不意味着孩子一定能得到很好的监督。而且,不同的儿童需要不同的监督。

最近,已婚母亲在家照顾孩子的情况正在增长。(Fields, 2003)

受虐待和被疏忽的儿童

我们看看报纸、杂志或电视就能清楚意识到现在虐待儿童的现象太普遍了。据估计,每年大约有 200 万儿童遭到虐待或被家长忽视。在公法第 93～247 条中,虐待和疏忽的定义是“负责 18 岁以下儿童身心健康的人对儿童进行身体或精神上的伤害、性虐待、疏忽或虐待,以致对该儿童的身心健康造成损害或构成威胁”的行为[《1974 年预防虐待和疏忽儿童以及处理法案》(*Child Abuse Prevention and Treatment Act of* 1974)]。一般来说,虐待和疏忽儿童的家长自身在儿童时代也是受害者;贫穷带来的压力也是原因之一,还有失业、婚姻问题、孤立、家长的受教育程度不高、缺少有关抚养孩子的知识,以及充满暴力的环境。(Kauffman, 2000; Gelardo & Sanford, 1987)

所有 50 个州都颁布了法令,要求教师一发现可疑案例就举报。要点 2. 3 就是儿童遭受身体和性虐待以及疏忽的一些蛛丝马迹。想了解更多信息,请访问国家受虐待和被疏忽儿童数据交换中心(National Clearinghouse on Abused and Neglected Children)网站。

要点 2.3
如何辨认受虐待或被疏忽的儿童

遭受虐待或被疏忽的儿童

- 在生理和情感需求方面似乎与他人有别。
- 家长认为他们与其他孩子不一样,或者认为他们是坏孩子。
- 害怕家长。
- 身上有淤青、鞭痕、伤口或其他没有得到医疗处理的皮肤外伤。
- 得不到足够的食物、营养以及医疗服务。
- 家长监督不够。
- 长期不注意个人卫生。
- 有极端表现(如有的孩子经常哭,有的从不哭;有的孩子好斗,有的孩子过于顺从)。
- 对身体接触保持警惕,尤其是和成年人的身体接触。
- 行为会发生突然变化。
- 有无法诊断的学习问题。
- 习惯性逃学或迟到,由于受外伤较多可能缺课的时间也较长。
- 容易疲劳,经常在课堂上睡着。
- 经常穿着古怪,来掩盖胳膊和腿上的伤疤和淤青。

要了解更多信息,请访问预防虐待儿童(Child Abuse Prevention)网站。

危险儿童

如果你班里有学生在备受折磨的环境中成长,那么他们面临着成绩退步和辍学的危险。我们已知的这些环境包括贫穷、缺乏监督、虐待和疏忽。危险儿童的共同特点是:

- 生活在单亲家庭。
- 长期在家无人看管。
- 父(母)亲收入很低。
- 父(母)亲受教育程度低。
- 英语水平低。
- 兄弟姐妹中有的已辍学。
- 上课出勤率低。
- 对自己采取“放任自流”的态度,如吊儿郎当,故意拖拉或举止出格。
- 学习成绩差。

● 留过级。
● 对上学兴趣不大，也不指望自己能毕业。

案例 2.1 讲述了对一个危险儿童亚伦的研究，哪些因素导致他陷入危险？

案例 2.1
亚伦，一个危险儿

亚伦·爱伦是个 11 岁的小男孩，上六年级。和同年级学生比起来，他的个头不算高大，体格清瘦。每次上学他都穿得干净而体面。

亚伦和母亲生活在一个低收入社区。家里只有三个房间，面积不大，母子俩靠公共救济生活。亚伦是独生子，父母离异。母亲很乐意谈谈自己的儿子。她似乎对儿子过于关心，但同时又承认自己已经管不了儿子了。这个夏天她找了份保姆的活来贴补家用。

亚伦的父亲目前在蹲监狱，在亚伦 6 岁时他就抛弃了这个家。这就意味着亚伦的生活中一直缺少一个男性榜样。因此，他和 24 岁的舅舅特别要好。这位舅舅没有工作，和他母亲一起生活，要什么有什么，而且还经常惹麻烦。这给亚伦造成了很坏的影响。去年，舅舅在一次酒吧枪杀事件中丧命。于是亚伦从此再也没有男性榜样可以效仿。

亚伦在家也是衣来伸手饭来张口，想去哪就去哪。他骑车去过好多地方，如果要去的地方太远，就坐公共汽车。他和年长一些的孩子在一起混，铁哥儿们大多在上初中，离他上的小学两个街区、离他家一个街区远。亚伦在同龄人中相当受欢迎。他没有犯罪记录，但警察因为他做的各种事和他谈过话、警告过他。母亲也说他好几次在偷东西的时候被抓，有一次还在纵火现场被逮个正着。每当他惹了什么麻烦，母亲都会救儿子于水火，然后和他谈话，希望他别再惹是生非。她还威胁过儿子，说要是他还不痛改前非，“就把他送到拘留所去，吓唬吓唬他，这样他才会洗心革面”。

亚伦历年的学校档案表明，他的智商和一般人无异，但他的表现远远低于现在就读的三年级学生水平。他似乎对学习不感兴趣，一副“学不学无所谓”的态度。他曾多次说自己不喜欢上学，要不是妈妈非逼着他来的话他才不会来。他旷课的次数也越来越多。当他对学习完全失去兴趣时，他就成了老师眼中的问题学生。他不断地扰乱课堂秩序，经常给叫到办公室去。可到目前为止，办公室训话似乎对他不起任何作用。

最近，亚伦的表现越来越差。他对自己的学习不屑一顾。学校联系亚伦的母亲时，她说自己已经无能为力了，基本上已经放弃对亚伦的管教。在过去的五个到六个星期里，班主任生病了，先后来了六个代课教师，这对班上所有学生都造成了影响，代课老师无法容忍任何不规矩的行为，因而亚伦挨批的次数比以往更多了。学校，以及这个处于混乱状态的教室，在亚伦面前摆了一道大难题。

来源：Barbara Dahmke，俄亥俄州哥伦比亚区 Grandview Heights 中学。

调查并解决这个案例：

1. 本章讲到的哪些因素使亚伦陷入危险？
2. 为亚伦的学校和教师设计一个行动计划，以便对亚伦的学习产生积极影响，使他在学习上获得成就感。

一项对全国约 25 000 个八年级学生进行的研究为我们揭开了危险青少年的面纱。[《美国八年级学生概况》(*A Profile of American 8th Graders*)，1990]该研究显示，约有一半的学生受到至少一项上述因素的影响！五分之一的学生有两项和两项以上危险因素。该研究还注意到，这样的学生危险程度尤其高。当然，随着危险因素的增加，成绩退步和辍学的可能性也相应增加。

少数民族学生更容易受危险因素的影响。例如，黑人学生来自低收入家庭和单亲家庭的几率是白人学生的两倍。西班牙裔学生的英语熟练程度(English proficiency，LEP)比起白人学生差了一大截，家长未受过中学教育的可能性更大。

当然，一些孩子即使不受贫穷、单亲家庭、缺乏照看等因素的影响，也仍然处于危险中。为何一些看起来颇有优势的孩子却学习成绩不佳，这个问题总是让人难以理解。在研究中接受采访的八年级学生给出了这样一些答案：一半的人说学校很无聊，他们课前从不预习，还有一半学生说自己几乎从来不和家长讨论功课。

一项对 9 000 多名 6 岁到 17 岁学生的研究得出了另外一个危险因素。除了已经提到的常见危险因素如贫穷、单亲家庭或缺少家长监督，经常搬家的学生中——1 年级到 12 年级期间至少搬家 6 次——有 77%可能产生异常行为，35%可能留级。(Cohen, 1993)

沃纳(Werner)和史密斯(Smith)(1994)对 200 名处于高度危险的夏威夷儿童进行了跟踪调查，一直持续到他们成年。这些生于贫困家庭的儿童身处三大危险因素：生来健康差，父母没有受过中学教育，家族有酗酒或精神病史。研究者还发现，约三分之二的高危险儿童在 10 岁之前都有严重的学习或行为方面的问题，18 岁之前有犯罪记录，精神问题或未婚先孕。然而，他们发现有犯罪记录的儿童如果是和双亲一起生活，成年后犯罪的几率会大大降低。他们还发现那些曾患精神疾病而后得到康复的人在青少年时期几乎都生活在双亲家庭，这个数字是生活在单亲家庭的人的两倍。尽管环境不同，每个案例的情况也有所不同，但看起来家庭的良好经济状况和完整性是帮助 K～12 年级学生有较好的学习表现、适应社会的两大重要因素。

幸运的是，一部分危险儿童最后还是回归了正途。沃纳和史密斯报告说，三分之一的孩子到18岁时在学习过程中逐渐发展成为合格、充满自信、有爱心的人。

具有挫折忍受力的儿童

具有挫折忍受力的儿童(resilient children)往往在成长过程中拥有一位对其谆谆教诲的人(不一定是父母),在幼儿时期他们的脾气就相当好。马森(Masten)、贝斯特(Best)和加姆希(Garmezy)(1991)还发现,在成年人看来,这样的儿童更具有吸引力。而且,他们的智商都很高,善于解决问题,长大之后能轻而易举地在教堂、青年社团或俱乐部,或是在朋友或亲戚家中,找到除家庭之外的能带来稳定和支持的良好环境(见案例2.2)。约翰斯·霍普金斯大学(Johns Hopkins)和雪城大学(Syracuse)(Winfield,1991)的研究者们声称,这种对挫折的忍受能力是可以得到培养的,比如让黑人小孩儿参加体育活动。沃纳和史密斯告诉我们,一些学校和教师也能帮助危险儿童成为具有挫折忍受力的儿童。例如,他们说如果学校和教师到四年级时帮助危险儿童提高阅读能力,这些孩子以后学习成绩变好的可能性更大。

案例 2.2
马修:一个具有挫折忍受力的家伙

马修·卡丁纳尔是个危险儿童。幸运的是,他又是个具有挫折忍受力的孩子。最近他从杜兰大学毕业,即将进入加利福尼亚大学欧文分校攻读社会学硕士学位。

谁会想到呢?他14岁时曾住在流浪汉避难所,后来被赶了出来。之后他在农田里和一家超市后头落过脚。上高中时,他要倒三趟公共汽车才能到学校。

好几次他都想过辍学,因为学校"不是穷人去的地方",他说:"一张车票,一位支持你学习的校长,就是莫大的帮助。"

这样的一个孩子是如何获得优异成绩,获得"鹰级童军"(Eagle Scout)称号的呢?马修的幸运之处在于,他认识到了"学习是重获新生和获得权利的惟一途径"。他这样描述自己:"(幸运的是),我(比一些无家可归的少年)得到了更好的教育,这使我对未来有了不同的看法。"

来源:Vail,K.(2003年6月),《心的方向》(*Where the Heart Is*),《美国学校公告期刊》(*American School Board Journal*),190(6),1~8。

调查并解决这个案例:

1. 哪些因素可以解释马修的忍受力?
2. 制定一个可以帮助你的学生更具挫折忍受力的计划。

我们如何更好地教育面临学业失败的学生呢？在要点 2.4 中，奥德曼（Alderman，1990）为我们提供了一些启示。欲知更多信息，请登录国家危险儿童研究所（National Institute of At-Risk Students）网站。

要点 2.4
激励危险学生

奥德曼（1999）提到，教师必须永远清醒地认识到，要对学生进行激励，尤其在学生处于危险的时候。她的结论是，危险学生的教师面临一项尤为有纪念意义的任务，那就是帮助这些自我期望值很低、无助的孩子走出失败的怪圈。在对激励学生的研究进行回顾后，奥德曼提出了以下建议：

- 相信自己有能力在学习上帮助这些孩子。
- 对危险青少年怀抱高度的期望值。让他们知道你想并希望他们取得成功。
- 帮助危险学生制定可以达到的具体目标，帮助他们记录自己的点滴进步。
- 帮助孩子们制定达到这些目标的策略。
- 让孩子们认识到，成功是离不开努力的。
- 让孩子们知道到底他们做的哪些事情使他们成功。

繁忙的儿童

为儿童争取权利者认为，孩子就是孩子，不应该让他们过早地上学，在幼龄就让他们面对正式的学习要求。艾尔金德（Elkind，2001）和波兹曼（Postman，1994）就是其中的代表人物。他们谴责为了让孩子很早接受教育而缩短甚至剥夺其和家人共享天伦之乐的时间这种做法。造成孩子从儿童时代就学习繁忙的因素有：家长都忙于工作，电视的影响，以及日渐膨胀的物质主义。家长都有工作的话，和孩子在一起的时间就少了，即使是有限的时间也会由于成年人生活中的压力和疲惫而受影响。

当然，电视既有好处也有坏处。一些研究儿童发展的人至今仍在为电视对儿童的影响争论不休。然而，众所周知，儿童和成年人一样会模仿看到的事物。而他们所看到的无非是些扭曲和夸张了的暴力、凶杀、冷漠和性行为。据说，电视将少年儿童过去不容易发现的成年人的所有秘密大白于天下。因此，喜欢尝试模仿成年人行为的青少年儿童可能在电视的影响下进行暴力和亲密的性行为。幸运的是，人们为此还是作了一些努力（尽管还没有得到大众的普遍支持），提供更多电视节目来满足儿童的正常发展需要和兴趣。

物质主义是指把舒适、乐趣和财富当成人生最高追求目标和价值观的一种信条。

如今的社会充斥着人们对物质的需要，比如更好的工作、假期、房子、汽车和娱乐。信奉物质主义的家长更有可能希望自己的孩子也能无论做什么都成功，也和自己一样获得"美好生活"。这样，孩子就会一直不停地处于繁忙状态，参加各种各样的活动，仅仅是为了参加而参加（去获得），而非为了达到这些活动的目的（得到乐趣）。因而，在某种程度上，儿童的繁忙是因为家长在背后的催促。但是，像艾尔金德（1989）这样的争取儿童权利者为我们敲响了警钟，他说：我们过高估计了成年时期，过低估计了儿童时期，以至于成年人的压力正在对儿童造成伤害。

对学习不感兴趣的儿童

在"危险儿童"那部分，我们得知在一项研究中（《美国八年级学生概况》，1990）一半的八年级学生认为学校是个无聊的地方。在另一项对加利福尼亚和威斯康星州2 000名高中生的研究中，40%的学生说他们对学习不感兴趣——觉得乏味，每天在学校就是打发时间。厌倦情绪是由多方原因导致的，其中包括对生活的不满（Reim，1997）。在学校，厌倦情绪表现为看和上课无关的书，白日做梦，做其他科目的作业，以及和同学说悄悄话（Plucker & Omdal，1997）。对学习失去兴趣的学生说，朋友对自己的在校表现和滥用毒品的影响比父母在家的正面积极教育影响更深。但是，研究者们发现，如果学生家长意志坚定，富有爱心，受人尊敬，学生会更积极地学习。

除了受朋友潜移默化的负面影响，这些学生常常还忙于和学习无关的事情。三分之二的十几岁孩子打工，其中有一半人每周工作 15 个小时以上。不打工时，他们每周有 20～25 个小时是和朋友在一起瞎混（Steinberg，Brown & Dornbusch，1996）。要点 2.5 就教师如何激励这些学生提出了一些建议。

要点 2.5

激励对学习不感兴趣的学生

普吕克（Plucker）和奥姆达尔（Omdal，1997）提到，当学生不觉得要学的东西有什么挑战性，或者没有看到其实用性，教师可以：

- 判断学生对学习内容的了解程度。
- 发现这些学生的兴趣所在，设法将学习内容和他们的兴趣挂钩。
- 帮助学生运用他们学到的知识，或让他们看到这些知识如何得到了运用。将所学知识和现实生活中的情景或问题相联系。
- 让学生深思，对他们所学知识进行系统的、批判性的、创新的思考。
- 给学生布置的作业要让他们有选择余地：在可能的情况下，让他们用自己喜欢的方法去学习。

特纳(Turner)和其他研究者(2002)调查了1 000多名六年级学生,发现当教师有以下行为时,学生会更投入于学习:

- 增进学生对知识的了解、让学生体会到课堂的乐趣并付出自己的努力。
- 讨论课程的重要方面。
- 不羞辱学生,而是帮助学生理解问题。
- 对学生犯的错误做出反应。
- 解释答案。
- 让学生互相帮助。

学校的变化

在过去的几十年里,美国一直在试图对付层出不穷的科学、经济和教育挑战。请见图2-1的图示。

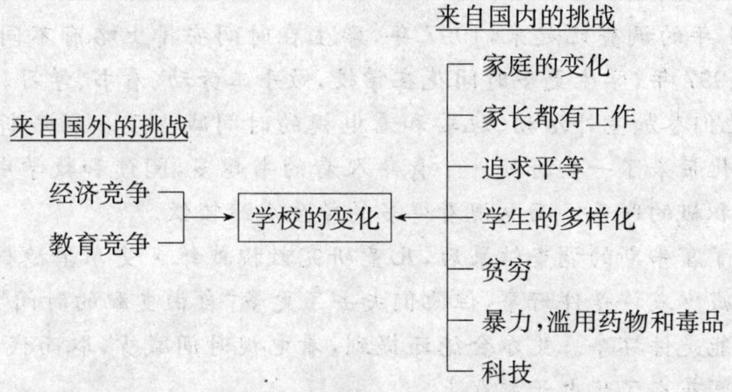

图2-1　学校面对的外部挑战和内部挑战

不管挑战是什么,挑战来自何方,美国人都希望他们的公立学校能"弥补所有的不足。"大多数美国学校都已经接受了这些挑战,并因此对自身进行了各种改革。下面我们简单介绍学校接受的部分挑战以及学校如何迎接这些挑战。

挑战1——促进平等

对平等的追求正在彻底改变社会和学校。可能你就是在"机会面前人人平等"这一概念蓬勃发展的时期长大的。也许你已经对这一概念如何影响教育再熟悉不过了:例如,它引发了学校和课堂的废除种族歧视运动,消除了大多数男女分校的学校,让需要特殊教育的学生参与课堂学习,为不懂英语或英语能力较差的学生开设专门的辅导,以及形成多种族教育体系,等等。平等带来的挑战渗透到了每位教师的日常生活中。它要求你先发制人，时刻保持警觉，让所有学生享受平等机会，得到平等待遇。

挑战 2——达到世界级的学术标准

美国面临着一个难题，那就是保障公民仍然享有目前的生活水平。在全球经济竞争异常激烈的时候，美国的地位正在下降，导致这一现象的部分原因是国外教育水平的提高，还有一个原因就是国内教育水平的下降。分析家们经常在比较学生测试成绩后指出，美国学生的成绩并不是世界数一数二的。(Stevenson, Chen & Lee, 1993) 学校正在试图用各种办法迎接挑战，如引进更严密的新型课程，将教学效果最佳的学校的一些做法介绍到教学效果较差的学校，使用更先进的教学手段等。你还会发现学生的考试次数也越来越多，目的是为了更及时了解学生取得的进步。

研究聚光灯 2.4
12 年级以下的学生(含)如何安排时间，以及时间安排和学习的关系

和 1981 年的调查比起来，1997 年，学生在时间安排上略有不同(Hofferth, 1998)。在 1997 年，学生更多时间花在学校，做手工劳动、看书、学习、参加体育活动。相反，他们参加室外活动、玩耍和看电视的时间减少了。霍弗斯(Hofferth)认为这些变化带来了一些好处——青年人看的书越多，阅读和数学成绩就越高，两者有一种积极的联系。而电视看得多的学生成绩较低。

在研究了霍弗斯的调查结果后，儿童研究教授戴维·艾尔金德提出，儿童看电视的时间减少或许是件好事，但他们失去了更多“自由支配的时间”(Jacobson, 1998)，这可能是件坏事。艾尔金德还提到，看电视时间减少，取而代之的会不会是更多的时间花在了玩电子游戏上。

挑战 3——支持家长

自古以来，家长做学校的后援是天经地义的事。可不久前，人们却要求学校做家长的后援。学校要在上学前和放学后照顾学生的安全。一些老师天还没亮就开始一天的工作，直到太阳落山才下班。而且，要和都在工作的家长交流变得更加困难，已经没几个家长愿意做学校的志愿工作者了。这样一来，学生不太可能接受到他们需要的教育，因此你必须做好准备倾听他们的要求，在课余时间帮助他们。

挑战 4——提倡多元化

在这个人口发生巨大变化的美国，你会发现学生也更加多样化。第三章就是关于学生的多样化的。通过接受这一事实，甚至提倡多样化的价值并使之更加丰富，学校正在对多样化做出积极回应。

挑战 5——运用科技

社会越来越依赖于科技，学校也面临培养教师和学生运用科技的挑战。虽然这个进程还比较缓慢，但学校已经在迎接这一挑战。一些学校建立了自己的电视台，教学生如何播音、制作节目。同样，许多学校在图书馆和教室里都安装了电脑。然而，大多数学校还在为一个问题困扰，那就是如何帮助学生具备甄选电视节目的能力，而不是仅仅把电脑当成玩游戏的工具。

作为一名未来的教师，你必须随时了解学校面临的所有挑战。而且，你必须采取适当行动迎接这些挑战。你可以通过支持学校作出的努力来达到这一目标，最重要的是安排好课堂教学。具体地说，在安排课程和指导时，你必须随时抓住机会促进平等，提倡多元化，照顾儿童的特殊需要，促进更高学习水平，运用科技，并对学生家长和社区提供支持。

几点思考

作为“人类灵魂的工程师”，我们必须尽可能从整体上多了解学生，尤其是学龄儿童。而目前，太多的儿童正在贫穷中挣扎。平均下来，每五个学生中就有一个可能缺乏营养，健康差，没有接收过学前教育，有时可能无家可归。因此，你必须把学生的身体、精神和情绪状况都考虑进去，有必要的话还要随时准备参加学校和社区组织的儿童服务活动。由于家境贫寒的儿童及其家庭的生活更得不到政治保障，教师和学校必须提供透明、有力、持续性的支持。

遗憾的是，由于一些孩子缺少家长监督，班里会出现生病、迟到、焦虑或孤单的学生，为此你也要做好准备。在不过分干涉学生家庭的情况下，你可能还需要和独自在家的儿童随时保持联系。要确保他们处于安全状态，遇到问题或紧急情况时知道怎么处理。同样，由于现在虐待儿童和忽视儿童的事件越来越多，你还要观察蛛丝马迹，一旦发现违反学校政策的可疑情况就上报。还要注意精疲力竭的孩子，家长给了他们过多压力，总是催促他们，希望他们迅速“成功”。最后，设法找到方法激励那些不爱学习的孩子。

本章小结

● 要成为一个有效的教师，你必须意识并考虑到我们这个瞬息万变的社会的显著特点。这些特点包括：少数民族人口的增加，儿童数量占总人口比例的下降，家庭类型越来越多样化，家庭对儿童在校学习的影响，太多儿童生活在贫困中，缺少必要的监督，被忽视、遭虐待、被催促，或者对学校和学习失去兴趣。

● 美国的少数民族人口正在迅速增长。到 2025 年，预计白人比例将进一步减少，西班牙裔美国人将超过黑人，亚裔美国人的比例将接近 10%。超过三分之一的美国人不是白人。人口的变化给教师带来的挑战是：学生种族和民族差异更大，其中许多学生的英语水平有限。

● 美国家庭也呈现出多样化风格，有传统家庭、再婚家庭、混合型家庭和单身收养家庭。为努力实现抚养和关心子女、建立亲密关系、传承文化和提供经济支持等家庭功能，每种家庭都对其家庭成员构成了不同挑战。

● 美国家庭也在发生变化。成家立业的时间推迟，家庭规模更小，不够稳定，出现单亲家庭的可能性越来越大。

● 家庭背景、收入、家长受教育水平和学习成绩之间有紧密联系。来自低收入、单亲家庭的儿童更有可能成绩差，在学校惹是生非。具有多重危险因素的儿童更有可能遇到严重的学习问题或行为问题。此外，如果他们来自单亲家庭，则更有可能参与犯罪活动，若有精神问题，康复的可能性较小。

● 某些家庭因素似乎对学习有积极影响：家长给予孩子较多关注，参与孩子的学习，对孩子期望较高，家长的社会经济地位以及家长参与学校活动。

● 越来越多的孩子（尤其是少数民族孩子）在贫困中成长、缺少父母的监督、据报道遭受虐待和忽视、在成长过程中被过分催促。

● 你要面对的挑战是在课堂内促进平等，提供给学生一流的教育，支持家长，提倡多元化和运用科技。

关键词

社会经济地位(SES)	成绩差距
钥匙儿童	具有挫折忍耐力的儿童

待讨论的主题和问题

主题

以下是让大家辩论的主题。

1. 你认为教师是否需要关注教学的社会文化背景？

2. 你认为什么样的家庭最适合孩子成长？

3. 学校如何帮助家庭对孩子的教育产生更积极的影响？

4. 学校和教师何时应当承担本应由家庭承担的职责，如抚养、关心孩子或建立亲密关系？

5. 学校和教师如何克服贫穷、缺少家长监督、忽视或虐待儿童、对孩子学习期望不高、先入为主的性别观念、物质主义等其他负面因素造成的影响？

6. 当学生处于危险，教师的干预如何才是适度的？

问题

以下是由教师们提出的问题。如何解决这些问题？

问题 1： 今天学校开学，一个孩子哭着进了教室。她没戴手套，没穿靴子，头上包了一块很薄的围巾。穿得这么少，她都快冻僵了。家里没有暖气，所以她的双手、耳朵和脚冻得冰凉。

问题 2： 今天一大清早就很糟糕。许多孩子流鼻涕，眼睛红肿，看起来昏昏欲睡。一些孩子的家长清晨还在上班，或者在睡觉，所以这些孩子没有吃早饭就出门了。

问题 3： 开始上课了，可许多孩子没有纸笔。因为快到月底了，家长们的福利金已经用完了。

问题 4： 有个学生来自移民家庭，减法学得不好，其他学生便拿他取乐。这个学生以为大家对他有种族歧视，变得愤愤不平，对周围人总是小心提防。

问题 5： 班上有几个来自非英语国家的孩子。他们很听话但需要过多的个别关注，而我却没有时间应付他们。

问题 6： 一个男生不愿意离开教室，怕其他学校的男生在外面伺机杀他。他说周末发生的一起事件导致他有这个念头。

问题 7： 一个男孩走进教室时右手缠着布条，显得很痛苦。他说是他母亲的男朋友抓起他的手放在了烤箱上。

问题 8： 体育课上的一个女生为自己不能参加跳交谊舞而备感沮丧，起因是她父母不允许她跳舞。

理论付诸实践的活动

活动 2.1：人口、家庭多样化和家庭环境对教学的指导意义

在读本章时，请列出你所学到的知识点以及它们对课堂实践的指导意义。如：

学习要点

我国人口在民族和种族构成上都发生了越来越大的变化。

可能的指导意义

我将和白人、黑人、西班牙人和亚洲人一起工作，要想工作取得成效，我需要了解如何同来自不同文化背景的儿童交流。

活动 2.2：在一个日新月异的社会中开展教学

就下面这个话题写一两段话："在一个人口和家庭多元化的社会环境下开展教学之我见。"

活动 2.3：在一个日新月异的社会中为教学做准备

就下面这个话题写一两段话："在一个多元化的社会环境下我需要了解哪些知识、要学会做些什么，以及我如何获得必要的知识和技能。"

活动 2.4：收集教师们的观点

和教师们谈谈如何在一个日新月异的社会中开展教学。问问他们：

- 你注意到学校附近居民区的人口变化了吗？
- 你注意到学生家庭的变化了吗？
- 如果答案是肯定的，你认为这些变化对学生有何影响？
- 学校正在如何应对人口和家庭变化带来的挑战？应对结果如何？

第三章 教育多样化的学生

第二章研究了在我们这个瞬息万变的社会，你作为教师将面临的各种挑战。你遇到的第一个挑战是要满足来自不同文化的、数量越来越多的少数民族学生的需要。其次，家庭本质的变化也给你带来挑战。你要理解各种家庭模式并去适应这些模式。第三个挑战是，你要做好准备去了解和教导较为贫困的学生以及没有得到充分监督的学生、被虐待或遭忽视的学生、面临辍学的危险学生、被催促和对学习不感兴趣的学生。最后，你还要促进平等，提供给学生一流的教育，支持家长，提倡多元化和运用科技。

在本章，我们要探索一个或许是最重要的挑战——了解学生的多样化并为此做准备。因此，你将了解学生在社会经济、文化、性别、发展、学习方式和能力方面有哪些差异。掌握了这些知识将使你适应学生的差异，甚至为这些差异感到欣喜。

学生的差异

> 放眼望去，你看到的是黑人学生、白人学生、亚裔学生、西班牙裔学生、土著人学生，还有很多其他民族的学生。这说明了什么？说明学校就是一个小社区。我们生活在一个充满变化的时代，我们必须学习对方的长处，这是非常重要的一点。在学校内部营造一个安全健康的环境，这就是我们的目标。你从哪里来，这无关紧要；你父母有多少钱，这无关紧要；你是什么肤色，这也无关紧要；你信仰什么宗教，你是男是女，都无关紧要。一旦踏进校门，你就理所当然地受到别人的尊敬，这就是我们的目标。
> （北卡罗来纳州 Wake 县教学督导比尔·迈克尼尔对参加“学生差异峰会”的学生发表的演讲，2002 年 9 月。）

学生的差异是所有学校和课堂都存在的现象。而且学生的不同之处多得超乎我们的想象。要让教学具有成效，教师必须意识到一些重要的差异并在安排课程和开展教学时把这些差异都考虑到。如果我们只教书本知识而对学生一无所知，这样的教学是不成功的。我们来看看你会发现哪些差异。可参考图 3－1。

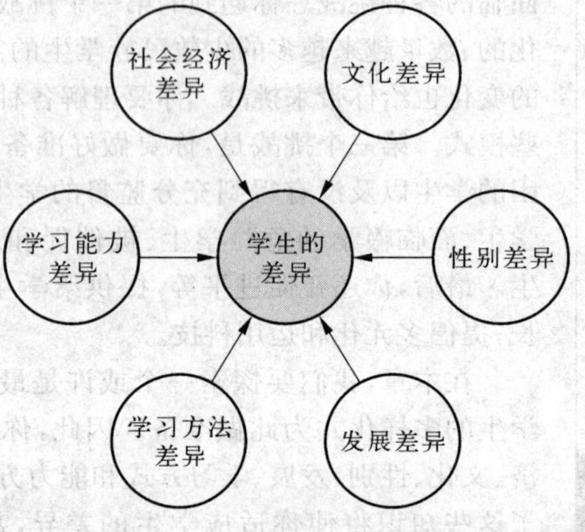

图 3－1 学生的六种差异

社会经济差异

如今，美国的贫富差距比 20 世纪 40 年代对此有记载以来的任何时候都要大。2002 年人口普查发现，富人占有 81％的总收入。（美国人口普查办公室，2002）由此产生的负面影响对贫穷儿童来说无异于一场灾难。他们有可能是私生子女，生活在单身母亲家庭，住在租来的房子里，或者无家可归，母亲在外工作，面临医疗问题和牙科疾病，较早发生性行为，更多地参与犯罪、暴力和吸毒。[特别委员会（Selected Committee），1989]

在第二章我们了解到，来自较低社会经济地位的儿童在学习上处于劣势。他们往往生活在对教育投入不够的社区和州，老师待遇较低；他们学习成绩差，被认为不够聪明，辍学率较高。此外，他们有可能没受过基本的学前教育，比如不认识字母、数字或颜色。

在第二章，我们提到超过 17％的儿童在贫困线下挣扎。更为严峻的是，有 1 200 万儿童每晚露宿街头。科佐尔（Kozol，1990）将这些青少年叫做“新一代贫民”，他们在百日咳、肺结核等传染病肆虐的环境中成长，拖着疲惫的身躯来到学校，上课不能集中精力，身上还散发着“贫穷的气味——臭汗、污垢和尿的味道”。几乎没有哪个老师愿意教这些贫困生，而且由于他们多聚居在大城市和农村地区，这些地方的学校很难吸引教师前来任教。只有 6％的新教师打算在收入较低的学校教书，那里的学生大多无家可归。[《你和制度》（*You and the System*），1990]

幸运的是，目前社会上有一些对贫困儿童怀有特别关注的维权组织，其中规模最大的是儿童保护基金会（the Children’s Defense Fund）。其他还有美国议程

(American Agenda)、经济发展委员会(The Committee for Economic Development)和全美游民联盟(the National Coalition for the Homeless)。针对贫困儿童的相关计划有：提供专门的救济食品，育前保健，为儿童接种疫苗和进行早期教育。"起步计划"(Head Start)就是一个为3岁到4岁的贫困儿童设计的学前教育计划，它是一种补偿性的教育，能使相应资金到位，以帮助提高儿童的阅读和数学技能。

教育来自较低社会经济地位的儿童

要帮助贫困儿童，有三件事情是根本。首先，社区和学校的早期介入是最基本的。联合专栏作家琼·贝克(Joan Beck)在回应《美国医疗联合会会刊》(*Journal of the American Medical Association*)的一篇调查报告时写道：

> 我怎样表达才显得语气更重呢？帮助儿童取得学业进步最有效的方式就是：通过在婴儿出生后几年里让孩子感受家庭的关爱和支持……来提高他们基本的学习能力。"(1990年)

其次，由于贫困儿童通常都感到无法控制自己的生活，所以我们必须付出巨大努力来让他们产生**效能感**(efficacy)——即能够掌握自己命运的感觉。所有儿童都应当感到自己是有价值的，他们是很重要的！最后，由于贫困儿童经常存在教育上的缺陷，通过以下做法，你可以提高他们的学习成绩：

- 对他们寄予厚望，认为他们能够而且一定能学好。
- 尊重每位学生的背景、文化和语言风格。
- 帮助他们理解所学知识。
- 教给他们思考和解决问题的技能。
- 设计有趣而且能让他们参与的学习过程。
- 制定并维持对其课堂行为的高期望。
- 尽一切可能让不同水平的学生接受混合教学。
- 提供个别指导(Cruickshank, 1990; Knapp, Turnbull & Shields, 1990)

尽管混合教学和分班教学哪个更可取还没有定论，但在很大程度上，以上做法对任何儿童教育工作者来说都是很好的建议。

文化差异

一个群体有共同的语言、价值观、传统和行为的话，这个群体就拥有共同的文化。大多数人都分享这种文化时，它就被称为主流文化。例如，我们现在有美国主流文化和加拿大主流文化。但在一个主流文化内部会有无数亚文化，即有一部分群体的语言、价值观、传统和行为有异于主流文化。因此，在占主导地位的美国文化或加拿大文化中，就存在少数民族的亚文化，如墨西哥裔美国人文化和法裔加拿大人文化。为了取得良好的教学效果，你需要意识到学生的文化差异，尤其是亚文化之间的差异。举个例子，如果你说所有西班牙裔儿童喜爱交友或者所有黑人儿童热爱并擅长体育运动，这种概括过于简单(Gutierrez & Rogoff，2003)。长相、说话方式或行为相似的儿童在很多方面未必相似，甚至学习方式也不一样。

尽管所谓的亚文化学生与主流文化学生有些不同之处，但这并不是说亚文化儿童学习就一定差。不过，在研究中，如果亚文化学生既来自较低社会经济地位又正好是少数民族或少数人种，他们的成绩一般不那么理想。这反映了一个事实，即不管是否来自亚文化，低社会经济地位家庭通常都无力或未能给孩子提供早期教育和学前教育，而中上阶层家庭则做到了。海顿(Headden，1997)举了这样一个例子：西班牙裔儿童的辍学率接近41%，但三分之一的西班牙裔儿童生活在贫困中而且"从上学一开始起点就相当低：他们很少有上过学前班的，父母通常没有受过很好的教育，甚至是文盲，平时根本不读书报给孩子听"(64页)。这再次证明了学习差是经济造成的，而不是文化。

奥斯本(Osborne，1997)发现，自尊心方面的文化差异较为奇怪。一般来说，白人、西班牙裔或黑人孩子，无论男女，在八年级时都在学习上有突出表现。然而，他们升入中学后，自尊心和学习成绩都会下降。在收集近25 000名学生的数据进行分析后，奥斯本发现，不知为何，黑人学生虽然比其他学生分数低很多，但他们仍然对自己持最乐观的态度。奥斯本提到，总的说来，黑人学生无论在什么年龄都是所有人中自尊心最强的，但得到了12年级，男孩的自尊心在很大程度上不取决于学习成绩的高低。即使学习成绩相对较低，他们的自尊心仍然较强。"随着时间的推移，他们把学校从自尊心这座天平上搬了下来。"黑人男生为何没有其他孩子那么关注学业，这个问题还不清楚。这一结果强调了教师一定要关心这些学生的学习需求。

亚文化学生在学校里遇到的一大问题是，学校政策、课程安排和教学通常体现的是主流文化，正好和他们在家中学到的价值观和行为相冲突。例如，西班牙裔和黑人学生习惯了大家一起学习、相互帮助的学习方式，而学校往往让学生相互竞争、独立学习。

教育少数民族学生

在上一章你了解到，少数民族学生(除亚裔学生和从加勒比各国移民来的黑人学生)一般来说学习成绩较差。这种成绩差异在入学伊始就出现了，在小学阶段差距更加拉大，在中学阶段继续存在。因此，提高少数民族学生的成绩这个问题亟须优先得到解决。问题是，如何解决？一些人认为少数民族学生缺乏教学资源、合格的教师，得到的教学质量差，被安排在较差的班级学习，没有什么机会听内容较难的课，受更严厉的纪律约束。然而，在伊利诺伊州埃文斯通、新泽西州蒙特克莱尔和俄亥俄州谢克岗这些主要由中上阶层密集居住的市郊,成绩差距照样存在。还有人认为是家庭文化造成了成绩差距。蒙特克莱尔全国有色人种协会(NAACP)主席詹姆斯·哈里斯(James Harris)说:"黑人家长在各个教育阶段对孩子学习的参与都不够积极。"(Johnston & Viadero, 2000)金伯利·吉布森(Kimberly Gibson)认为这是低收入的黑人家长的过错——身为黑人并不能成为学习不好的挡箭牌。具体来说,她担心的是黑人学生认为取得好的学习成绩"不合常理,是白人学生的做法"(Gibson, 2000)。一位名叫谢丽尔·约翰逊的家长认为,问题的原因一部分在于教师给黑人儿童设定了较低的成绩要求(Viadero, 2000)。最后,许多人认为导致成绩差距存在的原因是少数民族学生和主流民族学生都没能认识到少数民族和多样化的价值。

学校和教师正在作出不懈努力,尊重多样化甚至鼓励其健康发展,联邦法案就是他们努力的一个方面,例如《双语教学法案》(*Bilingual Education Act*)。该法案支持在低年级先巩固学生的母语(如西班牙语)然后逐渐在二年级或三年级教学生英语。这样一来,学生不仅学到了主流语言,而且也捍卫和重视母语。教育英语熟练程度有限(LEP)的儿童还有其他一些点子,请参考要点 3.1。

要点 3.1

教育英语熟练程度有限的学生

教师要想方设法帮助英语熟练程度有限的学生提高英语水平。下面是你要记住的事情和对实际教学的一些建议。

要记住的事情:

- 孩子年龄越小,越容易学好新的语言。
- 家长和孩子本人说母语越流利,越容易学好新的语言。
- 母语的发音和书写较为接近英语的话,学生更容易学好英语。
- 儿童学交际语言比学学术语言更快、更容易。
- 文化上的口头差异和非口头差异可能会产生误导。(如:在西方文化中,当一个孩子心照不宣地朝一位教师微笑,往往表示一种理解;在非西方文化中,同样的举动可能是迷惑不解或沮丧的意思。)

教师可以按照下面的建议去做:

- 了解你这部分学生。
- 如果会导致局面尴尬,则不要强迫他们说英语。
- 使用视觉辅助。图片通常能把意思表达清楚。
- 让他们参与各项学习活动,这些活动要求他们付诸行动,而不是光坐在那里听讲。

- 给他们足够的准备时间，用英语作答。
- 他们没有听懂时，不要急于纠正，而应该说："你没有理解，没关系……"
- 把提纲或笔记发下去，这样他们就能跟上你的讲课了。
- 教给他们阅读技巧——略读、概括要点、从标题推测内容、列生词表、写读后感、总结大意等。

来源：格兰克在线(Glencoe Online)，http：//www. glencoe. com/sec/teachingtoday/educationupclose. phtml/24.

Aardvark 英语论坛

http：//www. englishforum. com/00/

互联网英语教学杂志

http：//iteslj. org/

很多学校正在尝试开展各种以多文化教育为主题的活动。卡斯尼(Cushner)、麦克里兰(McClelland)和沙福德(Safford，2003)描述了其中四类：

- **文化差异性教学活动。**这些活动主要是帮助学生"发展和捍卫自己的文化特征"，同时帮助他们在主流文化中培养自己的能力。让学生对自己形成积极的看法是这些活动的核心目标。
- **人际关系活动。**这些活动的意图是帮助"不同背景的学生在自我感觉良好的状态下学会更有效和他人进行交流"。
- **单一群体学习活动。**这些活动主要以少数民族学生为对象，旨在促进这些群体的特性发展和成绩进步。因此，学生们可以对黑人、土著和西班牙裔人进行研究。
- **多文化教育活动。**为了让所有学生都意识到不同文化及其贡献，多文化教育活动出台了。通过聚焦少数民族音乐、艺术或文学，以及少数民族在美洲的历史，这些活动对亚文化进行了深入剖析。要点 3.2 更具体地解释了多文化教育活动。

要点 3.2
多文化教育活动

多文化教育活动的倡导者们认为，学校一直以来持以欧洲为中心的狭隘观点，把注意力几乎都只放在欧洲血统美国人的学习成绩上。因此，开展多文化教育活动是很有必要的。根据加利福尼亚大学河滨分校的卡洛斯-科尔特斯的观点，这一活动应当至少集中于美国的五大少数民族：土著人、黑人、拉丁美洲人、亚洲人和欧洲人。华盛顿大学的詹姆斯·班克斯还认为，学生必须从多角度学习和探索移民、跨文化交流和种族主义等概念。

进行多文化教育还必须采取多文化教学方法。班克斯和其他学者认为，由于来自不同文化的学生可能喜欢不同的学习方法，因此教师必须使用各种教学方法。例如，来自北佛罗里达大学的G.普里切·史密斯提到，西班牙裔学生往往属于场敏感型(field-sensitive)学生。(这一概念将在本章后面的《学习风格差异》部分中讲到)同样，汉普敦大学的黛安娜·波德利·苏伯认为，大多数黑人学生喜欢集体合作、锻炼动手能力的学习方法，见第七章。

来源：S. Willis，多文化教学(Multicultural teaching)，《课程更新》(*Curriculum Update*)，1～8。

关于如何教少数民族学生的建议，请见研究聚光灯 3.1。

研究聚光灯 3.1
提高少数民族学生的成绩

对教少数民族学生的教师进行的研究发现，凡是卓有成效的教师都符合以下要求，学生受益也最多：

- 对每个孩子都很关心；
- 了解学生在校内外的表现；
- 和学生建立一定关系，以便帮助自己理解来自学生家庭的信仰和价值观；
- 允许学生保持各自的身份——让他们以自己的传统为荣；
- 接受并适应学生的差异；
- 在备课时考虑到学生的文化差异和语言差异；
- 激励学生的自尊心；
- 提高对学生的期望值；
- 相信学生能学会，会学好；
- 让学生体验学习带来的成就感；
- 向学生说明完成手头任务的重要性；
- 使用各种教学方法；
- 使用能促进学生学习的教学方法；
- 找出学生认为最有效的学习方法，并针对这些学习方法实施教学；
- 给学生布置任务；
- 对努力学习的学生给予表扬；
- 检查学生对知识的理解情况；

- 公开评论学生取得的进步;
- 提供给学生可以保存的书本;
- 让学生逐渐适应独立学习;
- 帮助学生理解学校要做到的行为和需要遵守的规定;
- 让家长、监护人以及兄长或姐姐参与到学生的学习中来;
- 提供课后辅导;
- 不断提高自身的教学技能。

来源:J. Burnette (1999);T. Quindlin (2002 年 8 月)

性别差异

性别差异这部分探讨的是性别角色、男性和女性的认知差异,以及教师对男女生的不同反应。

人很小就能意识到自己的**性别角色**(gender roles)。韦恩(Wynn)和弗莱奇(Fletcher,1987)认为这发生在学前和幼儿园时期。在这一时期,大多数男孩开始参加户外活动、进行体育锻炼,玩一些具有攻击性的游戏,而大多数女孩更喜欢艺术、玩洋娃娃、跳舞(Carter, 1987)。适当学习一些各自的性别角色的确有益,但人们正在努力避免让性别角色模式化——即鼓励女孩的依赖心理和被动心理,而让男孩变得富有攻击性、不轻易流露内心世界。许多人希望儿童形成更平衡的性别角色,把通常认为只属于某一性别而对两性来说都很有价值的特征相结合,比如自信心。人们认为这样的儿童具有高度的**心理上的两性同体**(psychological androgyny),比只具备单性特征的人更适应社会。有大量证据可以证明这一点。(Dusek, 1987)

研究表明,男孩和女孩在认知特点上存在差异;问题在于为何存在差异以及差异的多少。斯莱文(Slavin,2002)报告说女性通常表现出更出色的口头表达能力而男性通常在视觉能力和空间能力上表现更优异。斯诺曼和比赫勒(Biehler,2002)提到,在小学之前,性别差异表现在男女生的认知能力和整体行为上。女孩经常在口头表达的流利程度、拼写、写作、阅读和数学演算方面比男孩好。男孩则更擅长数学推理、空间关系和洞察问题。然而,要注意到的是,性别差异其实并不十分明显,而每种性别内部的个体差异却相当大。经过对 165 个研究的分析,海德(Hyde)和林(Linn,1988)得出这样的结论:口头表达能力方面的性别差异根本微不足道。教育测试服务机构(Educational Testing Service,1997)在对更多研究进行验证分析后,得出了相同结论。

塔尼(Tannen,1991)和其他学者研究了为什么男性和女性对课堂的参与存在差异。她认为，男孩通过玩耍和集体活动学会在公开场合发言，所以他们在课堂上发言更积极。在这些集体活动中，地位较高的男生对地位低的男生呼来喝去。相反，女孩则习惯在私下使用语言和好友分享秘密，因此她们在课堂上发言不多。古德(Good)和布罗菲(Brophy)(1999)认为，性别差异不是由基因决定的，而是后天习得的。他说："当社会开始希望男孩和女孩在各个不同领域做出相同成绩时，我们才可能看到性别差异的存在。"(604 页)

教师对性别差异的反应

教师和学校似乎是造成性别差异的原因之一。一些教师不怎么关注女生，很少给她们学习上的帮助，对她们期望不高(Levy, denBock, Wubbels & Brecklemans, 2003)。男生受较多批评和指责，而女生往往因为一些鲁莽的行为立刻受到惩罚，如在没有得到老师允许的情况下大声说出答案(Slavin, 2002)。古德和布罗菲还讲到教师区别对待不同性别的其他例子：教师给予女生冷冰冰的反馈而给男生生动具体的反馈。他们有时在女生面前示范复杂的任务，而只是口头指导男生怎么完成任务。他们要求女生注意外表和礼仪而鼓励男生努力学习取得好成绩。总的来看，教师更多地和男生发生交流。

女生较多的班级似乎对学习有积极影响，见研究聚光灯 3.2。反过来，男孩似乎不如女生适应学校学习，见要点 3.3。

研究聚光灯 3.2
女孩带来了变化

女孩对男孩产生什么样的学习影响？霍克斯比(Hoxby,2002)发现，小学期间，班上女孩较多时，不论男女，阅读成绩都较好。这可能是因为所有学生均为女生的班级一般来说比所有学生均为男生的班级阅读成绩更好。

班上女孩较多时，不论男女，数学成绩也较好。原因不太好找，因为数学好的通常是男孩。霍克斯比认为这一反常现象可能是以下任何一个原因造成的：女孩较多的班级课堂秩序好，学习不会受太多干扰；在女孩较多的班级里，女孩可能会把数学看成是女性学科，因而对数学更感兴趣；女孩更好的阅读技能在学数学时可能也是个有利条件。

霍克斯比的研究提出了有趣的问题。在其他学科或其他年级段，研究结果会是一样的吗？如果班上男孩较多，学哪门学科时男孩对两性能同时产生积极影响？

要点 3.3
如今的男孩是怎么了

对男孩来说，一切都那么不顺利。从上小学起，他们在身体发育上就较女孩落后两年，天生好动的性格使他们不愿意老老实实坐着听课。到后来，他们很可能成为特殊教育班级的学生，被诊断出患有多动症，很难控制自己的情绪，不尽全力学习，产生阅读障碍，不重视学校教育，动辄辍学，很少有能够大学毕业，往往"自食其果"，自杀的可能性更大，对投票兴趣不大，眼睁睁看着自己的收入越来越少。男孩们似乎陷入了万劫不复的地狱。

就在不久以前，女孩才是让人担忧的对象。然而，由于女性运动的发展和教师对女生态度的转变，使得课堂气氛更有利于女生，于是女孩们来了个三百六十度大变样。而且，加伯利诺(Garbarino，2000)提到，从女性的天性看，"她们能更好地适应现代社会对人的要求——集中注意力，遵守规章，口才出众，善于处理人际关系"。

怎么办？建议如下：让家长和教师知道这个问题，安排适当的阅读辅导，调整教学方法使之更适合男学生，锻炼男生的社交能力，帮助他们学会控制情绪，改变他们对学习和学习成绩的消极态度，不要让他们沉迷于电视和电子游戏中的暴力镜头，让更多男性进入教师队伍、担当男孩的行为榜样，为男生建立援助组织等。一些人担心，解决了男孩问题后又会产生女孩问题。然而，大多数人认为为男孩女孩提供平等机会是可以实现的。

来源：《今日美国》(*USA Today*)17A 版，《男孩的学习大滑坡亟须更多关注》(*Boy's Academic Slide Calls for Accelerated Attention*)，2003 年 12 月 22 日；M. Conlin(2003 年 5 月 26 日)，《新的性别差异》(*The New Gender Gap*)，《商业周刊在线》(*Business Week Online*)。

为性别平等而教学

塔尼(1991)提出以下建议来帮助消除课堂上的性别差异。有时，不必让学生"批评"一个想法或一篇文章，而是问问他们对这些想法或文章有何"感受"；不必非得要求学生举手才能回答问题，而是鼓励他们有任何想法就说出来。当然，偶尔也可以让学生和具有相同特点的同性学生一起学习。

一位优秀的教师能够充分意识到性别差异的存在，并在课堂教学上平等对待男女生。我们当然不会因为性别而不让学生参加学校活动或取得进步。布罗菲(1995)甚至还提出，我们不仅应当对男女生一视同仁，而且应当进行补偿性教学(例如，更多地让女生回答数学问题和自然科学问题)，来改变由于对不同性别的不同期望所带来的性别差异。

男女分班

既然存在性别差异，为什么不把男女生分开教学呢？男女分班和分校教学的模式过去曾出现过，现在又有卷土重来的迹象。目前有一小部分男女分开教学的公立学校和少数将男女生分开上数学和自然课的实验班。尽管学校发生了这些变化，取得的结果却各异。例如，一所西雅图小学改为男女分班上课后，学生的阅读成绩翻了两番，纪律问题则骤减。位于亚特兰大的小马丁路德金中学也正在尝试分班教学。那里的教师声称，新的教学方法颇有成效：学生的课堂表现更规矩了，更加全神贯注，女生也穿得不那么暴露了。学生们说：没有了（男生的）干扰，学习效率提高了；教室里全是女生，上课更有意思。相反，加利福尼亚州有 12 所男女分班教学的学校则惨遭失败。(Donsky，2003)

性取向差异

如果你的学生正处于青春期，你应当特别注意，你班里的一些学生可能比较关注性取向的问题。因此，按照美国小儿科学会（The American Academy of Pediatrics）的建议，你应当私下为学生提供实际、及时、客观的信息。

此外，我们都知道，男同性恋和女同性恋青少年可能遭到周围人的诬蔑、孤立，甚至遭到家长和监护人的憎恨。同龄人会残忍地叫骂他们，甚至对他们进行身体上的攻击。家长和监护人可能对他们百般挑剔和折磨，甚至抛弃他们。这些对孩子意义重大的人如此对待他们，可能会导致学生孤立无援、离家出走、无家可归、精神抑郁，以及滥用毒品和药物。同性恋青少年的自杀率往往较高，反映了他们面临的危机。因此，学校和教师正在寻找处理这一敏感话题的方法，以保证同性恋学生也能在安全的学校环境中生活。

比克摩尔(Bickmore，1999)认为，即使听众是小学生，和他们讨论性的话题也是非常重要的，这和讨论其他人类差异以及人们如何容纳这些差异没有太大区别。她认为，通过电视、电影、新闻等媒介的传播，同性恋这个问题已经赤裸裸地呈现在儿童面前。儿童的天性决定了他们渴望了解世界，因此我们不能轻易忽视这个问题。她还认为小学生的课堂就是一个微型社会，如果这个社会中所有成员都能在相互尊重的基础上和不同人交流不同观点，这个社会就会变得更具有包容性。

发展差异

不同年龄段的学生在发展中存在差异，同年龄段的学生也存在差异。换句话说，10 岁的儿童不仅和 15 岁的儿童不一样，他们相互之间也有很多不同。这些心理、认知和道德差异在儿童发展和教育心理课本中都有详细记载。斯诺曼和比赫勒(2002)列举了关于发展的相关理论,还从中得出对教学的启示。每一项理论都强调学生必须经历可预测的发展阶段,应当针对每个学生的发展水平开展有效的教学。

心理发展

埃里克森(Erikson,1993)指出,成年人已具备的个性和社会特征来源于过去经历的某些生活阶段。在那个过程中,我们解决了积极特征和被动特征的对立冲突——如信任和怀疑、大方与羞怯、进取与内疚、勤奋与自卑、得到认同和失去自我、前进与停滞,还有亲密与孤立。当我们形成更多积极特征时,健康的个性就产生了。也就是说,我们更加值得信赖、更有自信、更加上进、更具有创造力、更了解自己的性别角色和职业角色。

斯诺曼和比赫勒(2002)建议我们通过以下途径帮助学生形成更多积极的个性:

- 给学龄前儿童更多活动自由、在引导下参与实践,不要责备他们。
- 开展培养学龄前儿童上进心和成就感的活动,同时对他们的提问和行动表示理解。
- 给小学生布置他们力所能及的任务,并在任务完成后给予奖赏,鼓励自我竞争和合作精神。
- 帮助中学生认识自我,接受自己的长相,思考自己的性别角色,探索和确立未来从事的职业。

教育者们认为,健康个性的一个关键因素就是**自尊心**(self-esteem),指我们对自身价值的判断,或对自己的肯定程度。我们在文化差异部分已经提到了这一点。不过,自尊心强虽然是件好事,但和更好的学习成绩并无直接联系(Kohn, 1994)。因此,学校开展了增强自尊心的活动,并不一定就能提高学生成绩。学业进步更多地和学生的自尊心挂钩,而只有通过实际学习取得了进步才能建立这种自尊心。换句话说,如果想让学生相信他们能取得进步,我们必须保证他们正在体验学习上的成功,除此以外没有其他更简单的方法。

埃文斯(Evans,1999)认为,近来人们过于强调增强自尊心,这样做反而有害。他对一些教师和家长做法提出了质疑,例如:为了让学生自我感觉良好,或者不伤害学生的感情,他们对和学习无关的事情予以过多表扬,放松对学生的纪律约束,即使学生表现得“自私、吝啬、懒惰或粗鲁”或者学生的行为让人无法接受时也三缄其口。埃文斯提到,一些教师甚至不愿意表扬个别成绩好的学生,怕这样做会伤其他学生的心。这种掩盖真相甚至误导学生的做法,使得学生既丧失了羞耻感,也丧失了荣誉感。

认知发展

皮亚杰(Piaget,1997)及其同事指出,人的认知发展要经历四个阶段:感官驱动期、前执行期、具体执行期和正式执行期。而且，所有人都会经历这四个阶段，只是速度不同。在**感官驱动期**（sensorimotor stage）（从出生到2岁），认知能力主要通过使用感官和活动身体而得到发展。在**前执行期**（preoperational）或叫**前逻辑期**（prelogical stage）（2岁到7岁），儿童通过个人经历、通过探索和使用真实的物体以及学会读、写、算及其他基本知识和技能来获得认知发展。这一阶段，儿童开始使用单词和数字等符号来描述事物。

到了**具体执行期**（concrete operational stage）（7岁到11岁），儿童已经能够进行逻辑思考。他们开始理解能量守恒定律（即能量既不能创造也不能消灭，而只能从一种形式转换成另一种形式）。他们还能将物体分门别类，根据大小、长度或重量等特征来摆放物体。

到了**正式执行期**（formal operational stage）（11岁以上），儿童能更经常地进行抽象思维，"用脑子"思考问题。在这一阶段，学生能够理解更抽象的数学概念，如概率。他们还能使用复杂的语言形式，如谚语、比喻和讽刺。

为了充分利用对认知发展已有的认识，斯诺曼和比赫勒（2002）建议，作为一名教师，你应该：

- 判断学生所处的认知阶段；
- 从这些阶段出发来安排教学；
- 开展大量锻炼动手能力的活动，让学生操作物体；
- 将认知发展超前的学生和滞后的学生编排在一起学习，这样学生们就能共同思考、相互学习；
- 鼓励学生之间共享将他们用来理解概念或得出结论的思考过程。

道德发展

皮亚杰（1997）和柯尔伯格（Kohlberg，1981）还就**道德发展**（moral development）的问题提出了各自的看法。皮亚杰称，儿童能够进行两种类型的道德推理：强制性道德观和合作性道德观。6岁儿童一般处于**强制性道德观**（morality of constraint），意思是他们把规则看成是神圣而不可变的东西：每个人都应无一例外地以同样方式遵守规则。而12岁儿童一般处于**合作性道德观**（morality of cooperation）。他们认为规则是活的，可以有例外。6岁儿童比12岁儿童更固执地认为一旦破坏了规则就要受到惩罚。相反，12岁儿童会考虑是什么原因导致规则被破坏，而且还担心错误的行为会破坏一些共同的社会约定。

柯尔伯格（1981）也指出，儿童的道德推理经历几个发展过程。他最初将道德发展分成三个层次，每个层次包含两个阶段。在第一层次中，9岁和9岁以下的儿童只是为了免受惩罚才不去惹麻烦。在第二层次中，9岁儿童直至20岁循规蹈矩的原因是他们认识到规则的制定就是为了维持安全和秩序。最高层次只有相当少的 20 岁以上的成年人才能达到。他们理解、接受并遵守那些巩固社会规则和传统的道德规范。

作为教师，我们可以通过组织学生开展对道德两难困境和道德问题（如死刑）的讨论，从而促进学生的道德发展。此外，让学生参与课堂规则的制定和维护也是一个极好的方法，他们可以通过制定对人们进行约束的道德规范，模拟这一思考过程。

学习风格差异

我们十分清楚自己对哪些知识感兴趣，喜欢以何种方式学习（见第一章）。有的人喜欢研究人文科学（艺术、音乐、历史、哲学、语言），有的人喜欢研究社会和行为科学（社会学、人类学、心理学）、自然科学或数学。此外，我们获得信息和加工信息的方法也各不相同。有的喜欢独立工作，有的喜欢团队合作。有的人对视觉信息接受得更快，有的人对听觉信息更敏感。俗话说："八仙过海，各显神通。"

儿童早在四五岁时便开始表现出学习风格的偏好。有的喜欢一个人看书，有的喜欢从事社会研究方面的小组研究，而有的可能喜欢参加操作物体和做实验的科学活动。

多年来，心理学家和教育者们尝试更好地了解、描述和衡量个体的学习偏好和风格。因此，许多不同观点产生了，许多用来描述这些风格的术语也诞生了。一些术语包含的意义相当宽泛（Della-Dora & Blanchard，1979）。例如，我们的**学习风格**（learning style）也可以说成"学习个性"，是我们在实际学习过程中使用的一种连贯的行为和表现模式。

最为大家所熟悉的衡量和描述学习风格的词是**认知风格**（cognitive style），指个体处理大范围的认知任务时采取的一贯方法（Dembo，2000）。熟悉以下这些认知风格差异将有助于你更灵活地计划和完成授课任务，并对出现的任何问题做出迅速反应。

概念速度

我们都知道人有冲动型和思考型之分。这些人的区别就在于**概念速度**（conceptual tempo）的不同。冲动型的人工作节奏快，做决定迅速，做事情缺乏深谋远虑。因此，这种人对待工作似乎比较粗心，经常手忙脚乱。由于他们没有看清说明或者没有坚持到底，任务可能完成得不好。正因为此，冲动型学生往往很难胜任需要分析和关注细节的学业任务。

冲动型学生喜欢快速地学习，而思考型学生由于在得出答案之前要考虑好几种可能性，可能会在学习上花很长时间，思来想去才下决定。他们关心的不是速度，而是答案的准确度和答案的质量。有时，由于思考型学生过于谨小慎微，他们得到的评价不高。他们可能完不成全部任务，但已经完成的那部分可能几近完美。思考型学生可能很少参加课堂讨论，被老师叫到名字时也很少能及时做出回答。其实他们还在思考答案呢！

伍尔福克(Woolfolk，2003)则指出，不是每一个工作节奏快的人都属于冲动型。“只是一些人非常聪明，理解能力极强”(150页)。节奏慢的人也未必一定是思考型的；他们有可能不够聪明，理解能力较差。她提到，一些人属于快速而准确型，一些人属于慢而不准确型。

随着年龄的增长，儿童会变得越来越善于思考，这是成长中一个必经过程。然而他们的冲动型或是思考型认知风格基本保持不变。通过先思考后回答，或说服自己逐步完成一项复杂任务，儿童能变得更加善于思考。(Meichenbaum，1999)

场敏感型和场独立型学生[威特金(Witkin)等，1962，1981]

这是认知学习风格的一部分，学生在这方面也各有不同。有的学生从整体把握局势，看到的是整个结构。他们“只见森林”，而不见树木。这种儿童称为**场敏感型**(field-sensitive)或**场依存型**(field-dependent)。不能读懂图表、不会组装东西的学生就属于场敏感型。

场敏感型的学生有这样一些共同点；他们往往比较合群，喜欢和人打交道。其次，他们擅长学习包含社会内容的知识，例如社会研究、社会科学和文学。第三，他们很少注意细节，如果给他们的材料不够系统化，他们会不知道从何下手。例如，场敏感型的学生可能对数学中的文字问题感到头痛，因为他们区别不出哪些信息是有用的哪些是无用的。最后，场敏感型学生对表扬等激励学习的方式更敏感，容易受批评的影响。

另一部分学生叫做**场独立型**(field-independent)学生。他们更关注“树木”，即细节。他们的特点是：好奇心强、自信、不墨守成规。而且，他们喜欢工作，能更好地处理欠系统化的任务，如解决问题。他们的缺点可能是不擅长学习社会知识、不擅长与人合作。和场依存型学生比起来，他们不那么在乎表扬，也不容易受批评的影响。

一些研究(Fritz，1992)表明，男孩通常属于场独立型，这可能和不同的抚养模式有关。此外，一些人认为场敏感型和文化传统有关。例如，据称墨西哥裔和黑人年轻人比美国白人更具有场敏感型(Ramerez & Price-Williams，1974)。尽管随时间的推移，人们在这种认知风格上的表现或强或弱，但每个人往往只能属于其中的一种，而不会两者兼具。

集合思维和分散思维

第三种认知风格叫做集合思维和分散思维。善于独立、灵活地思考、想像力丰富的人一般更具创造力。这种人有时被称为**分散思维者**(divergent thinkers),因为他们在完成任务或解决问题时能想出不同办法。习惯用传统、常规的方法思考的人则被称为**集合思维者**(convergent thinkers)。他们寻求单一的、逻辑的回答。面对铅笔有何用途这个问题,集合思维者的回答是,铅笔是用来写字的。分散思维者则可能补充说,铅笔可用来在纸上扎出小洞,用来把橡皮泥碾平,或者用来做弹弓的把手。

认知形态取向/优点

认知风格的第四类是指运用不同感官模式来理解各种体验和从事学习(Keefe & Farrell, 1990)。例如,一些学生喜欢通过看到信息的方式来学习,即视觉型学习。你可能听朋友这么说过:"我只相信眼见为实。"这种人通过阅读或观看示范能够更好地学习知识。一些人依赖听觉来学习,他们只有听到信息才能学到知识。听阐述得非常详尽的讲座或者听课文的磁带对他们来说是有效的学习方法。肌肉运动知觉型或接触型学生学习时需要全身心的投入。那些得掰着手指做算术或者需要操作物件来学习的学生通常都属于这一类。

邓恩(Dunn)兄弟和普赖斯(Price,2001)认为,我们必须判断每个学生喜欢哪种学习风格,并相应地调整教学。正是出于这个目的,他们设计了《学习风格评估表》(*Learning Style Inventory*)。库伯(Kolb,1985)也设计了另一份《学习风格评估表》。你可以在学习风格(Learning Style)网站上测出自己属于何种学习风格。

尽管学习风格这个想法对许多管理者和教育者都很有吸引力,但完全建立在学习风格基础上、支持课程安排或教学改革的研究"充其量还在黑暗中摸索"(O'Neil, 1990)。然而,关于学习风格的研究还是提供了一些能指导教师工作的重要知识。其中包括:认识到人各有差异;学生会对不同教学方法产生不同反应;我们需要尊重班级中每个学生的个体差异。(Brandt, 1990)

最后,最重要的一点是,在第一章也提到过,我们必须意识到教师的学习风格和教学风格基本上是相吻合的。因此,我们通常会以为学生喜欢我们的学习风格。错了!要使教学卓有成效,我们必须开展各种各样的学习活动。在课堂上,多样化才真正是"生活的调味品。"

学习能力差异

我们知道每个人的学习成绩都不同。造成这种差异的原因有很多。例如,在第二章我们知道家庭对学生的学习有很大影响。在本章我们思考了其他影响学生成绩的因素,如英语熟练程度、少数民族身份、性别、个人发展和学习风格。然而我们还在学习能力方面存在差异。

学生的聪明才智

通常我们认为学生的聪明才智仅仅是指他们的智力能力。我们普遍都认为这种能力体现在他们的语文和逻辑推理能力上。但是，一些心理学家（Gardner，1988，1993；Gardner & Hatch，1989）提醒我们，学生具有多重能力。除了语文和逻辑推算能力，他们还具有空间、肢体运作、音乐、人际关系、自我了解和模式识别方面的能力（称为智力），见要点 3.4。

要点 3.4
八种智力

● **语言智力**指使用语言（包括母语或其他语言）表达所思所想和理解他人的能力。诗人是真正的语言天才，不过，作家、演讲家、发言人、律师或语言对其非常重要的人，其语言智力都相当突出。

● 具有高度发达的**逻辑—数学智力**的人能理解某些因果关系的内在规律，科学家、数学家和逻辑学家都属于此类。

● **空间智力**指想象空间世界的能力——比如船员航行于广阔的海洋或飞机驾驶员翱翔于天空；象棋选手或雕刻家在一个较狭小的空间世界里发挥想像力。空间智力可以在艺术或科学领域得到使用。如果你对艺术具有空间感，你可能会成为画家、雕刻家或建筑师，而不太可能成为音乐家或作家。类似地，像解剖学或地志学等科学领域也强调空间智力。

● **肢体运作智力**指使用全身或部分身体——手、手指、胳膊等——来解决问题，制作东西，或从事生产。最明显的例子是从事体育或表演艺术的人士，尤其是舞蹈或演艺。

● **音乐智力**指用音乐进行思考、理解音乐风格、识别风格、记住风格甚至熟练操作这些风格的能力。具有高度音乐智力的人不仅能轻易记住音乐，而且音乐会在他们脑中一直挥之不去，在他们的生活中无处不在。有的人会说："是的，音乐是非常重要，但它是一种才能，不是智力。"我说："好吧，我们就管它叫才能。"但是，这样一来我们在讨论所有人类能力时就不能谈"智力"这个词了。可你知道吗，莫扎特可是极其聪明的一个人！

● **人际关系智力**即一种理解他人的能力。我们都需要这种能力，但倘若你是位教师、临床医生、销售人员或政治家，这种能力就具有非同寻常的价值。任何与人打交道的工作都需要人际关系智力。

● **内省智力**指自我理解的能力：知道自己是谁，能做什么，想做什么，对事情做何反应，哪些事情需要规避，以及哪些事情值得追求。如果一个人非常了解自己，他周围的人会受到他的吸引，因为这种人往往会把事情办好。他们通常都知道哪些是自己能做、哪些是不能做的，他们如果需要帮助，知道该向谁求助。

● **自然观察智力**指区分生物（动植物）的能力以及对自然界其他形态（云、石头的布局）的敏感度。这种能力在人类进化过程中显然具有重大价值，那时人们在打猎、收集食物和耕种时都需要这种智力。而今这种智力对植物学家或厨师仍然非常重要。我怀疑我们的消费社会也充分发挥了自然观察智力，从人们对汽车、运动鞋、化妆种类等等的区分上可见一斑。某些学科非常重视的风格辨认能力可能也运用了自然观察智力。

来源：Checkley, K. （1997 年 9 月）在《前七种智力和第八种智力》（*The First Seven and the Eighth*）中引用 H. Gardner 的部分，《教育者的领导才能》（*Educational Leadership*），55(1)，8～13。

要了解加德纳的**多元智力理论**（multiple theory of intelligence），我们有必要先了解他对智力一词的定义。智力是指解决问题或制作有价值的东西的能力。这种能力必须符合三个条件：大脑必须有支持该能力存在的证据，当事人必须特别擅长或特别不擅长此项能力，人和动物都拥有和需要这种能力（Checkley，1977）。

因此，加德纳和其他学者希望教师们认识到不同学生的不同能力差异并进行针对性的教学。让我们来研究一个例子——人际关系能力，或叫理解他人的能力。

我们都知道，理解他人并与他人和睦相处是一种重要的人类能力。高科技人才云集的贝尔实验室称，它最有价值、最有工作成效的电子工程师都具有超常的合作能力、移情能力、人际关系能力和达成共识的能力。加德纳把这种特性称为人际智力，但我们往往把它称做**情商**（emotional intelligence）或 **EQ**，见要点 3.4。

不幸的是，美国青少年的情商正在下降，低情商的儿童更有可能桀骜不驯，挑起争斗，参与不法活动，发生末婚先孕的行为（Goleman，1997）。为了改变这一趋势，耶鲁儿童研究中心（Yale Child Study Centre）正在为 K—12 教师开设课程，教他们帮助学生培养控制冲动情绪、表达恻隐之心、和他人合作、专注于工作、追求目标和解决冲突的能力。从伊利亚斯（Elias）等人（1997）那里你可以了解到更多关于情商的信息。

加德纳认为，包括情商在内，人至少有八种智力。因此他建议教师们通过不同方法向学生介绍和分析话题。例如，假设要讨论的话题是“冲突”，教师可以给学生讲一个关于冲突的故事，展开关于什么是冲突的正式辩论，让学生模拟星球大战中的冲突，或者让学生用艺术方式表现冲突——“请大家把‘冲突’画出来。你觉得它是什么样子的？”这些策略开辟了个性化的多重教学方法。加德纳认为，一所学校想成为好学校，必须严肃对待学习差异。在这样一所学校里，教师为适应学生的不同智力而开设课程、开展教学和学习评估。

迪斯尼学习伙伴(Disney Learning Partnership)网站上有大量关于该理论的信息。

有特殊需要的儿童

何谓特殊？**特殊性**(exceptionality)这个说法通常用来描述教导有特殊心理、生理、社会或情感特征的儿童。这类儿童可能天资聪慧，也可能天生有缺陷。

有天赋的和有才能的学生

“有天赋和有才能”这个概念的定义再简单不过了。从传统意义上说，**有天赋的学生**(gifted learners)在学一门或几门必修学科上具备特殊能力，如数学、自然科学、语言艺术、社会科学或外语。这类学生经常被视为“容易教的学生”。**有才能的学生**(talented learners)在不很重要的必修学科或非必修学科上具备特殊能力，如艺术、音乐、体育、舞蹈或戏剧。如果我们按照前面提到过的加德纳对“智力”更广义的定义(见要点 3.4)，还应该加上具有领导者潜力或具有深刻自我理解能力的学生。尽管这些人具有巨大的潜力，但由于人们(包括家长，教师或他们自己)对其预期过低、他们自己妄自菲薄，缺少挑战，由此产生厌倦情绪，害怕被同龄人孤立等原因，这些具有天赋和才能的学生往往无法取得太大成就。这些人可能会表现出部分以下特征：

- 思路敏捷而准确；
- 有系统地进行学习；
- 能产生具有创意的想法；
- 能找到别人无法发现的模式和解决方法；
- 有创造力；
- 理智的判断能力；
- 敏感而具有恻隐之心；
- 有技能，做事灵活；
- 有领导能力；
- 热情；
- 有一定造诣。

现在的趋势是，相当一部分有天赋和才能的学生来自较低社会经济地位家庭。然而，人们都认同一点，即许多这样的学生都没有得到周围人的认可，甚至完全没有人注意到他们。有的可能被注意到了，可最终还是没能取得成功。例如，公认的具有音乐天赋的儿童可能因为家境贫穷或者交通不便而放弃了继续深造的机会，见案例 3.1。

案例 3.1
有天赋却遭遗忘

迪文七岁了，住在一个中等城市中一座摇摇欲坠的房子里，对面是一家当铺。有只浣熊老是啃他们卧室的天花板，他和哥哥只好睡在外面那个房间里，躺在光秃秃的床垫上。

在一次智力测试中，迪文比99%的学生得分都高，而且是学校里惟一有资格进入神童班学习的黑人学生。一年级时他就能将方块摆出复杂的构造，能解答为高年级学生设计的逻辑问题。

然而，今年他所在的校区不再开设神童班。迪文现在总在教室最后一排白日做梦，很少抬起头来听课。他的成绩单上全是不及格，他经常不交作业，四次被勒令退学。母亲说他产生了厌学情绪，需要“一对一的辅导”。

专家们说，当有天赋的儿童的智力需求得不到满足时，一些人就会产生行为问题。

来源：D. Golden，《人才流失：采取行动，不让有天赋的学生掉队》(*Brain Drain: Initiative to Leave No Child Behind Leaves Out Gifted*)，《华尔街时报》(*Wall Street Journal*)，CCXLII(126)，2003年12月29日，A1、A6版。

调查并解决此案例：

1. 哪些因素使人们认为迪文具有天赋？
2. 没有了神童班，你怎么处理像迪文这样的学生？

给教师的提示

时常留意具有天赋或才能特征的学生。一旦确认这些学生的确具有天赋或才能，就着手培养。可以采取以下方法：

- 让他们承担更复杂、要求更高的任务。
- 让他们更深层次地进行学习和思考。例如，让他们参加更高层次的认知、情感、动作技能的学习(见第六章“学习成果种类”那部分)。
- 加快他们的课程进度。
- 满足他们的情感和社会需要。

下面的例子就讲述了一所中学的班级项目如何发挥了最有才能的学生的潜力。

让最有才能的学生在电台一展风采

全班学生讨论了“伟大的生命”这个主题，阅读了有关纳尔逊·曼德拉(Nelson Mandela)的生平。老师让最有才能的学生分析不同文体(自传、传记或历史记载)的特点,目的是让学生明白每种文体如何使用语言来达到表达效果。全班同学都要就自己所选的一个人物(可以是真实的也可以是虚构的)写一个短篇传记,而最有才能的学生还要为一个电台节目编写10～15分钟的台词,评价此人的成就。该节目被录制了下来并在全班面前播放。因此,最有才能的学生需要做的是:挑选合适的事件加以解说和评论,编写对话来衔接这些事件,录制节目,并在班上展示。

来源:"如何教育有天赋和有才能的学生"(Guidance on teaching the gifted+talented)网站。Http://www.nc.uk.net/gt/english/examples_12/index.htm

残障儿童

我们通常将具有某种"障碍"或"残疾"的人分门别类,即使这种做法会使这些人蒙受耻辱。分类的意图在于促使人们采取行动满足这些人在认知、感觉、情绪或行为方面的特殊需要。特殊需要的类别包括生理损伤(整形外科上的残疾、癫痫症、小儿麻痹);视觉和听觉损伤(弱视,视力基本丧失);清晰度障碍(口吃、发声问题);行为障碍(行为失常、焦虑—退缩行为、幼稚行为);过渡活跃、学习困难和智力底下等。现在我们越来越多地用"受挑战"一词来形容这些儿童,而不是用"残障"一词。下面是关于一些最明显的儿童障碍的信息。

马里奥:一个患注意力缺损/多动症的儿童

马里奥今年十岁。七岁时,他被确诊患上了注意力缺损/多动症(AD/HD)。当时,他让每个人都手足无措。在学校,他根本坐不下来,也不能保持安静。在家,他不完成作业也不做家务。他还做让人害怕的事情,比如从窗户爬到屋顶,不看来往车辆就横穿马路。

现在情况好多了。马里奥接受了一位资深专家的测试,找出他的优点和他会在哪些事情上惹麻烦。家长和老师想方设法帮助他渡过学校这一难关。马里奥无法安静地坐在座位上,于是他现在有时可以站着做作业。他还负责打扫教室、清理粉笔槽。老师将他的课分成几个部分,让他每次学一个内容。这些方法帮助了马里奥集中精力学习。

在家里,情况也有了改善。现在他的父母知道了他如此好动的原因。当他出色地完成某件事情时,父母就会立刻予以表扬。他们甚至用一个奖励计划来鼓励良好表现。他们在墙上贴了一张表,只要马里奥表现好就可以得到"好孩子分"。得满十分后他可以选择想玩什么就玩什么。孩子患注意力缺损/多动症对许多家庭来说仍然是个挑战,但情况已经开始好转,见案例3.2。

案例 3.2
达斯提，一个患 AD/HD 的儿童

家在芝加哥的达斯提·纳西七岁了，长着天使般的脸蛋和一头金发。一天早晨 5 点，从梦中醒来的纳西开始大发脾气。他先是号啕大哭，然后乱踢东西。身上的每寸肌肉都跟着他一起疯狂抖动。最后，30 分钟后，纳西完全恢复了常态，下楼去吃早餐。母亲正在厨房里忙碌着，过度兴奋的纳西从橱柜里拽出来一盒 Kix 牌麦片，然后坐到椅子上。

可今天早上他显然无法安静地坐着。抓出一把麦片后，他开始踢盒子，把那些小圆玉米片撒得屋里到处都是。接下来，他把注意力转向了电视机——更确切地说是电视机柜。因为那上面铺着一张跳棋纸。于是达斯提开始一点点地撕那张纸。然后他又被地上撒落的麦片吸引住了，开始踩碎麦片。这时母亲进行了干预。她用镇静而坚定的语气要求儿子取来簸箕把垃圾打扫干净。达斯提拿来了簸箕，却忘了接下来要做什么。没过多久他就把簸箕大卸八块。他下一个计划是：从卫生间抓三大卷卫生纸，沿屋子绕上几圈。

这才刚到 7:30，他那在医学院教死亡学课程的母亲已经精疲力竭，累得半死。达斯提这天下午 4 点要去看医生，医生曾嘱咐她，别给达斯提吃平时经常吃的控制过度兴奋和注意力不集中问题的药……可要是不给他吃药，这一天会是多么漫长啊！

来源：C. Wallis，《过度活跃的生活》(*Life in Overdrive*)，《时代周刊》(*Time*)，144(3)，50 页。

调查并解决这个案例：

1. 是什么原因让达斯提患上 AD/HD？
2. 如果他是你的学生，你在课堂上会如何对待他？

关于注意力缺损/多动症

患**注意力缺损/多动症**(Attention-Deficit/Hyperactivity Disorder，**AD/HD**)的人很难安分地坐好、控制自己的行为、集中注意力。这些问题通常在七岁之前就开始了，但有可能直到成年才被发现。每 100 个儿童中有 5 个可能患有 AD/HD，男孩患病的几率是女孩的三倍。罹患该病的人有三大症状：注意力分散，非常活跃(称为多度兴奋)，先行后思(称为冲动)。患 AD/HD 的学生可分三类：

(1) **注意力分散型 AD/HD 儿童**无法集中注意力。他们经常：

- 对细节不加关注；

● 玩耍或学习时都不能集中精力；

● 上课开小差，不能完成作业或家务；

● 无法组织任务和活动；

● 很容易分散注意力；

● 经常丢失东西，如玩具、作业和课本。

(2) **过度兴奋—冲动型儿童**总是一副忙碌的样子(异常活跃)。然而，随着年龄的增长，活跃程度可能会有所下降。这些儿童经常先行动后思考(冲动)。例如，他们可能不看路况就横穿马路，或爬到非常高的树上。之后他们才会惊讶地发现自己处在非常危险的境地，而又不知如何摆脱困境。过度兴奋和冲动似乎总是同时出现。这类人：

● 坐立不安；

● 在不该站起来的时候站起来；

● 经常四处跑动或攀爬树木；

● 无法安静地玩耍；

● 说个不停；

● 别人的问题还没问完，他的答案已经脱口而出；

● 不能忍受排队等候；

● 打断别人说话；

● 别人做游戏时他爱插上一脚。

(3) **综合型儿童**同时具有以上两种类型儿童的症状。他们既无法集中精力，又过度兴奋，无法控制自己的冲动。

AD/HD 行为会导致儿童在家、在学校以及和朋友相处时产生问题。因此，许多患有 AD/HD 的儿童感到焦虑、缺乏自信、情绪低沉。这些感受不是 AD/HD 的症状，而是由于在家和学校一次又一次地制造问题带来的。

给教师的提示

要记住，所有儿童有时都会开小差，冲动行事，过分活跃。而且，患焦虑、沮丧或神经功能紊乱的儿童也可能出现类似症状。而对患 AD/HD 的儿童来说，这些行为就是诊断他们是否患病的标准。不幸的是，目前还没有能完全治愈 AD/HD 的药物。但是，AD/HD 的症状是可以得到控制的。以下是家长和教师能做的事：

● 了解更多关于 AD/HD 的知识。

● 制定适应儿童不同需要的教学计划。找出哪些事情是某位学生觉得难以做到的。例如，有些患 AD/HD 的学生可能在开始学习时有困难，有的学生可能在结束一项学习任务、开始另一项任务时有困难。每个学生都需要不同的帮助。

● 帮助学生控制自己的行为。将规则、时间表和布置的作业张贴出来。意思清楚明白的规则和惯例对学生有很大帮助。让学生在规定的时间里完成规定的任务，让他们注意到时间表上的变化。

● 向学生示范如何使用作业本和每天的时间表。教给他们学习技巧和学习策略，并定期进行强化。

● 帮助学生调整身体活动（如，允许学生站立着做作业或到黑板前来写）。定期按时间表安排课间休息。

● 让学生在安静的环境中考试，这样不容易受干扰。

● 确保一步一步地给予学生指导，同时学生也遵守这些指导。用口头和书面的指导方式。将每一步作为一项任务来完成的话也能让许多患 AD/HD 的学生受益。

● 让学生在电脑上学习。

● 和家长合作，根据每个学生的不同需要制定教学计划，并加以执行。定期和家长交流学生在家和在校的情况。

● 对学生要寄予厚望，但同时也要乐于尝试新的方法。耐心一点。让学生有更多取得进步的机会。

如果对 AD/HD 学生不闻不问，他们遭受学业失败、滥用毒品和药物、违法犯罪的比率会相当高。而且，长此以往，他们的朋友会越来越少，家长成为备受指责的对象。

[以上大部分内容改编自国家残疾儿童传播中心（National Dissemination Center for Children with Disabilities）网站]

交流障碍：语言和听觉

如果一个学生对语言的掌握或语言技能方面远远落后于其他学生，他就属于交流能力滞后。约有 5%的儿童有某种交流障碍，占所有需要特殊教育人口的 20%。造成这种障碍的原因有很多种。语言障碍指人无法发某些音或发声方法有问题。常见的障碍包括口吃，混淆如 l 和 r 的发音，音高、音量或音质有问题。语言和听觉障碍会让当事人感到孤立，需要医疗专家和专门的教育工作者对他们进行帮助。

给教师的提示

● 了解更多关于交流障碍的知识。

● 和专家交流看法。

● 按照专家建议的步骤进行教学。

● 在教有语言障碍的学生时：让他们谈论自己感兴趣的东西，提一些需要他们思考的问题，多问“怎样”和“为什么”，给他们充分的时间考虑，鼓励他们提问，表扬他们在语言上的进步。

● 在教有语言障碍的学生时，尽力保证教室里的声音传播没有阻碍，让这些孩子坐在听得最清楚的位置，尽量面对着他们讲课，还可以考虑使用麦克风，让学生佩戴听筒。

有学习障碍的莎拉

莎拉一年级时，老师开始教学生如何朗读。看到莎拉遇到许多困难，家长着实大吃一惊。她是个聪明好学的孩子，因此家长认为朗读对她而言是件轻而易举的事。可事实并非如此。她不会读字母，也不会拼读单词。

莎拉的问题持续到了二年级。她仍然不会朗读，而且在写作上也出现了问题。学校征求莎拉母亲的意见，希望给莎拉作个评估，看看问题到底出在哪里。莎拉的母亲同意了。

学校在评估后发现，莎拉存在学习障碍。她立即得到了专门帮助。

目前莎拉仍在接受专门帮助。每天她都在一位朗读专家和一位资料室老师的帮助下学习。她现在已经四年级了，进步非常快！她正在努力学习，要把自己的朗读和写作提高到这个年级应有的水平。在学校的帮助下，她的学习一直很不错。

关于学习障碍

存在学习障碍的人的共同特点是，其能力和成绩之间存在较大差距。他们的成绩低得出人意料。**学习障碍(LD)**是指一个其他方面都很正常的人在听、说、读、写、拼写、思考和数学运算等方面存在障碍。(《残障个体教育法案》，*Individuals with Disabilities Education Act*)据估计，约8%的学龄人口存在学习障碍。而且，50%接受特殊教育的学生都属于此列。学习障碍人各有异：有的人可能某些学科学得好，某些学得一团糟。上面的例子中的莎拉就在朗读和写作方面有问题。有的人可能无法理解数学逻辑，或者听不懂别人在说什么。记住，存在学习障碍的学生在其他方面是相当正常的：他们不笨也不懒。导致学习障碍的原因有很多，而且还有待深入了解。可能和遗传、父母酗酒和吸毒、出生前没有得到医疗护理、早产、长时间接触含铅物质、糖尿病或脑膜炎、大脑构造差异等有关。存在学习障碍的学生有可能：

● 很难学习新技能和记忆新信息；
● 无法跟随指导；
● 无法在截止日期前完成任务；
● 很难把作业做得整洁而有条理；
● 难以理解谈话规则；
● 很难做到排队等候；

● 说一些不恰当的话；
● 难以适应课程或班级的转换；
● 难以和同龄人一起玩耍和相处；
● 很晚才学会说话；
● 学习字母表、押韵的单词有困难，无法将字母和读音联系起来；
● 读错单词；
● 无法说完整的句子；
● 单词量有限，要学的东西很多；
● 很难准确朗读——大声朗读时出许多错——经常重复和停顿；
● 无法理解读到的东西；
● 记不住字母所发的音，或者辨别不出听到的单词有细微差别；
● 不会复述故事；
● 组织说话内容时有困难，或者写作或谈话时想不起来要用的词；
● 拼写存在极大问题；
● 字迹潦草，握笔姿势难看；
● 拼命想通过书面文字来表达想法；
● 不能理解笑话、连环画和讽刺；
● 不会做数学题；
● 混淆数学符号，读错数字；
● 拼命想描画或复制。

给教师的提示

如果学生在学习听、说、读、写或做数学题时出现预料不到的问题，教师应当找出原因。总的来说，若教师怀疑学生存在学习障碍，应当：

● 了解更多关于学习障碍的知识。
● 和包括特殊教育教师在内的专家进行交流。
● 检查学生的成绩单。（见第五章《学生档案》）
● 将学习任务分成几个步骤，给学生口头和书面的指导。
● 给学生更长时间来完成作业或测试。
● 让有朗读问题的学生使用和课文配套的磁带［可从失明及阅障人士录音图书馆(Recording for the Blind and Dyslexic)获取这些资料］。
● 让有听力问题的学生从同学那里借笔记或使用录音机。
● 让有写作问题的学生使用装有特殊软件的电脑，借助这些软件检查学生的拼写、语法或识别语言。

● 了解不同的测试方法，选择能真正测试有学习障碍的学生所学知识的合适的测试方法。

● 教给学生组织技巧、学习技巧和学习策略。这对所有学生都有帮助，但对学习障碍学生尤为有用。

● 和家长一起制定能满足学生需要的教育计划。

● 和家长建立长期关系。通过定期交流，交流学生在学校的进步情况。

很难解释是什么导致了学习障碍，也没有什么彻底的治疗方法。但如果对这些学生进行恰当的引导，指导他们如何运用技巧、基本理解策略和通过课文阅读进行推测的方法，学生能够得到巨大的帮助。

［以上大部分内容改编自国家残疾儿童传播中心和特殊儿童委员会学习障碍部(Division for Learning Disabilities of the Council for Exceptional Children)网站］

由于早期教育非常关键，为青少年提供激励性的学习环境便至关重要。美国国家卫生院(National Institute of Health)认为，除了要激励学生学习，还要发现需要特殊教育的儿童。遗憾的是，大多数可能因特殊教育而获益的儿童直到大约九岁才接受特殊教育。(Pipho，1997)

根据《残障儿童教育法案》(*the Education for All Handicapped Children Act*，公法第94～142条)，现在更名为《残障个体教育法案》(*Individuals with Disabilities Education Act*，公法第101～476条，公法第105～117条)，残障儿童应当得到有可能的最好的——即"限制性最小"，或"最具包容性的"——座位安排，并配备由专业人士组成的辅导小组。一个限制性最小的环境指尽可能正常的环境，即残障儿童在普通班级里上全天的或大半天课，这个过程被称为主流教学(见案例3.3)。辅导小组包括教师、学校的心理专家或特殊教育教师等任何提供学习或生理帮助的人，包括家长。一项正式的个别化教育计划(Individualized Educational Plan，简称IEP)由这个包括家长在内的辅导小组建立起来，并在课堂上得到运用。作为教师，你要协助制定IEP计划，关心班里有特殊需要的学生，帮助他们顺利达成IEP中制定的目标(见要点3.5)。

案例 3.3

凯蒂：一个参与主流教学的学生

凯蒂是个患小儿麻痹症的孩子，在路易斯·迪菲里斯的英语课上学习。迪菲里斯担心的事情不止一件：她从未教过残障学生，怕凯蒂不敢张嘴说，而且她不知道班里同学会对凯蒂作何反应。

凯蒂却既不担心也不难为情。她不希望得到别人的同情或受到任何形式的特殊对待。

迪菲里斯女士很快又开始担心凯蒂能不能对付得了即将到来的口头汇报。于是她问凯蒂，是否愿意换一个作业。凯蒂坚持说她能行。到了作汇报那天，轮到凯蒂时，看到这个女孩“笨拙地走到教室前面”，迪菲里斯的心都悬了起来。她这样回忆道：

> 一开始，真的像我担心的那样。在头几分钟里凯蒂结结巴巴地发着言，学生们有的坐在那儿低头盯着课桌，有的朝旁边的同学尴尬地使眼色……又过了几分钟，每个学生都开始相互窃窃私语。(640 页)

然而，正当老师准备插话的时候，班干部文斯面向大家，要大家“安静，注意听”之后，其他学生开始正视凯蒂，集中精力听她想要表达什么。令人激动的是，凯蒂结束汇报时，全班同学一起为她鼓掌。凯蒂的眼里闪烁着泪光。

凯蒂对自己的信心，以及迪菲里斯女士所称的“班级奇迹”，坚定了她对教学和对学生的信念。

来源：L. 迪菲里斯(1989 年 4 月)，《教学中的奇妙因素》(*The Bibbidibobbidiboo Factor in Teaching*)，PhiDelta Kappan，70(8)，第 639～641 页。

调查并解决此案例

1. 哪些“对教师的提示”适用于凯蒂？
2. 为迪菲里斯女士制定一个能帮助凯蒂的计划。

要点 3.5

一个好的个别化教育计划

- 必须建立在对学生进行周详评估的基础上。
- 必须说明为何该计划如此必要，并包含一个时间表，列出需要实现的各个目标。
- 必须由直接指导学生的小组来制定，如教师、导师、社会工作者、临床医生。
- 必须阐明需要教哪些知识、教学方法、教学者、教学地点、教学开始时间、结束时间、何时进行复习、如何提供特殊教育和相关服务，以及学生将如何在尽可能最正常的环境中接受教育。
- 计划必须在大会上得到讨论并最终通过。大会应由正规班级教师、特殊教育教师、学区代表参加，有可能的话学生本人也参加。
- 有必要的话，家长或监护人也应当参加。

由于特殊需要儿童为数众多,问题各异,我们强烈建议未来的教师们学习特殊课程设计。在美国有些州,这门课是必修的。

最后,学生在兴趣和自我认识方面也各不相同。对学习感兴趣、觉得一切尽在自己掌握之中、觉得自己"很好"的学生,成绩更优秀,也更愿意学。因此,有利于培养学生学习能力的关键因素是智力、心理成熟、兴趣和自我认识。

对教师的指导意义

教师能够取得教学成果,很大一部分原因是他们关心学生,能适应学生的多样化。王(Wang,1998)告诉我们,"使教学适应学生的不同背景和需要才是最有效的教学方法。采用这种方法才能了解每个学生的学习情况……然后修改教学方法,继续满足学生需要。(39 页)"教学效果差的教师往往注意不到班上学生的差异。他们会把整个班看成一个相似的群体。尽管这样一来教学就简单多了,可如果你要从新教师成长为更有经验的教师,就必须认识到学生在社会经济、文化、发展、性别、特殊性、学习风格和学习能力等方面都存在差异。总而言之,学校需要这样的教师:

- 关心贫困儿童,愿意教贫困生(这意味着愿意在市中心和远郊学校任教);
- 接受、欣赏不同的文化特征,并促进其发展;
- 帮助参与个别化教育计划的学生;
- 提高少数民族学生的学习水平;
- 促进两性协调发展;
- 为学生提供有益的经历,帮助他们形成积极的个性;
- 教学中考虑到学生的不同认知发展水平;
- 鼓励学生的道德发展;
- 关心并辅导有特殊需要的学生;
- 让学生的学习风格、思考风格和认知风格以及各种智力得到自由发展;
- 帮助学生认识到:命运在自己的控制之中。

几点思考

本章介绍了学生的差异性及其带来的挑战。只有当你意识到每个学生都是独特的个体,并在教学中时刻考虑到这一点,你才有可能提高他们的学习成绩、帮助他们取得社会成就。这样,他们才会记住你,觉得是你让他们的生活发生了改变。但愿你曾经也有过这样一位或几位老师,他们对你很感兴趣,对你特别关心。把这种优良作风传下去吧!

本章小结

● 要取得教学成果，你必须了解学生差异的各个方面，并随时考虑到这些差异。

● 学生在社会经济地位上存在差异，这对贫困学生的影响非常大。他们有可能是私生子，生活在单亲或监护人家庭，住在租来的房子里，无家可归，医疗和牙科问题得不到保障，过早发生性行为，更多地参与犯罪、暴力和滥用毒品的活动。来自较低社会经济地位的儿童更有可能缺少学前教育，学习成绩较差。

● 为了帮助来自较低社会经济地位的学生，你必须联合所有家长、监护人和能派上用场的学区力量，向学生灌输效能感（即他们完全有能力操纵自己的命运），对他们的学习和行为寄予厚望，让课堂生动有趣，教给学生思考和解决问题的能力，帮助他们理解所学知识，提供个别帮助，尊重他们的文化背景。

● 学生存在文化差异。如果来自较低社会经济地位的学生正好又是少数民族学生，这些学生往往学习成绩较差，如上文所述。

● 遗憾的是，学校的课程通常很少提到某些少数民族文化对美国主流文化作出的贡献。我们的教学方法可能会和少数民族学生在家中学到的价值观和行为相矛盾。

● 为了从教育和个人角度帮助存在文化差异的学生，你可能要在帮助他们提高英语熟练程度的同时不破坏其文化，肯定其文化曾作出的贡献，帮助他们形成积极的自尊心，让他们把精力放在学习上。

● 儿童也表现出真实而健康的性别差异。然而，要避免长期存在的性别模式，比如认为男孩好斗、不善于表达情感，女孩依赖性强，比较被动。对男女生区别对待可能会对他们不利。

● 男孩和女孩的确存在一些学习差异，但平均而言这些差异并不大，反而是同一性别内部的个体差异更大。

● 性取向的问题也存在，并在青少年时期开始凸显。要帮助那些忧心忡忡的学生或可能遭到同龄人、家长或监护人的羞辱、被孤立的学生。既然媒体不避讳对同性恋的描述，那么最好还是帮助各年龄段的儿童认识这个问题。

● 学生的发展差异体现在几个方面——心理、认知和道德。例如，从心理上说，儿童的自尊心各不相同。在认知方面，他们的智力发展也不同。从道德上说，他们对规则的认识也不同。必须从发展的角度来了解学生，帮助他们的能力得到更进一步发展。

● 儿童在心理、感情和精神方面存在差异。在这些方面有出色表现的儿童被认为具有天赋。而存在缺陷的人被认为残疾、"受挑战"或有特殊需要。人们更多地关注后者，尤其是通过一系列措施帮助他们取得学业进步，如提供激励性的学习环境，将他们安排在普通班级上课，实施详细制定的个别化教育计划。

● 学生集中注意力的能力也存在差异。那些不能集中注意力的学生通常被称为注意力缺损。他们很容易分散注意力，在学习和社交上存在问题。你需要对出现注意力缺损迹象的学生提高警惕，想方设法让注意力缺损的学生多参与学习。

● 学生喜欢学新知识，喜欢采用不同的学习方法。有的人喜欢某门课程而不喜欢另一门课程。有的人喜欢群体学习，有的人喜欢独立学习。有的人属于冲动型，喜欢匆忙完成作业；有的人属于思考型，要花很长时间才能完成任务。有的人属于场敏感型，他们比较合群，某些学科（如社会研究、社会科学、文学）学得更好。有的人属于场独立型，他们好奇心重，不喜欢循规蹈矩，似乎更喜欢完成解决问题的任务。

● 儿童的差异还表现在他们的思维方式（是集合思维还是分散思维）以及他们的认知形态取向上。集合思维型儿童寻找问题的惟一正确解答，而分散思维型儿童更愿意找出许多不同答案。有的人喜欢通过视觉刺激来学习，有的人通过听觉。

● 儿童的学习能力也不同。他们具有多种不同智力，如语言智力和逻辑—数学智力。儿童在学习能力差异上的另一表现是人际关系智力，即他们与人合作、表露恻隐之心、控制冲动和解决冲突的能力。

● 学生在发展上存在差异，即心理发展、认知发展和道德发展。教师通过帮助学生树立健康的个性，为学生创造适合每个人认知水平的有益的学习机会，帮助他们思考道德问题和道德困境。

● 学生在生理、社交、情感和智力需要方面存在差异。有的人具有超常能力和天赋，而有的人具有特殊需要。有的人似乎有自己喜爱的学习方式。教师需要识别这些特殊的学生和他们的学习偏好，并对教学进行相应的调整。

● 学生对学校的适应能力各不相同。有的学生学习能力很强，生活在有助于学习的环境中，上的学校也是一流的。有的人则相反。通过识别和奖励拥有不同智力的学生，教师可以对他们产生深远影响。

关键词

效能感	性别角色	心理上的两性同体
自尊心	感官驱动期	前执行期，前逻辑期
具体执行期	正式执行期	道德发展
强制性道德观	合作性道德观	学习风格
认知风格	概念速度	场敏感型
场依存型	场独立型	分散思维者
集合思维者	多元智力理论	情商或 EQ
有天赋的学生	有才能的学生	残障儿童
注意力缺损/多动症		

待讨论的主题和问题

主题

以下是供大家辩论的一些主题。

1. 你认为教师能适应学生如此多的差异吗？

2. 在你看来，哪些是教师需要适应的最重要的差异（社会经济差异、文化差异、性别差异、性取向差异、发展差异、学习风格差异、学习能力差异）？

3. 是否应该按照相似性和差异对学生进行分类？例如，按照文化背景、性别、发展、学习风格或学习能力对学生进行分类有哪些缺点？哪些优点？

4. 你准备好教多样化的学生了吗？你如何提高教多样化学生的教学能力？

问题

以下是老师提出的一些相关的日常问题，一字不差地记录在这里。你会如何解决？

问题 1：阿提斯跟你说，你不喜欢他。

问题 2：提普的母亲觉得儿子几乎没有什么自尊心。

问题 3：每次布置作业的结果总是一些孩子提前完成，而另一些孩子完成得不够理想。

问题 4：女孩们抱怨说你总是叫男孩回答问题，给他们特权。

问题 5：詹姆士面对自己的成绩单垂头丧气。他说："我真的非常努力，可我还是得这么点分数。我不干了！"

问题 6：金伯利的母亲不希望女儿在朗读能力较低的那个小组学习。

理论付诸实践的活动

活动 3.1：教多样化学生的个人感受

就"我认为该如何教多样化的学生"为题写一小段话。和其他教师比较你们的想法。

活动 3.2：五种学生类型

有人将学生分为五大类型（Good & Power，1976）。你如何教育每类学生？

1. 成功型。这些学生成绩优秀。他们学习很努力，很少惹麻烦。他们喜欢上学，尊敬老师。

2. 社交型。比起学习，这些学生对学校的社交活动更感兴趣。他们受人欢迎，待人友善。他们的社交可能会带来问题。

3. 敌视型。这些学生可能对学校和教师公开表现出敌意，也可能为人消极、性格孤僻。

4. 依赖型。这些学生在情绪和学习方面感到不安。他们需要别人的认可和帮助。

5. 虚幻型。这些学生很安静，独来独往，很少出现在公共场合，也很少公开发表言论。

我认为班里哪些学生属于这五大类型，我将如何教育他们：

1. 成功型________________

2. 社交型________________

3. 敌视型________________

4. 依赖型________________

5. 虚幻型________________

活动 3.3：获取教师对学生多样化的观点

与一位或更多位教师交谈，交流对学生多样化问题的看法。你可以问他们以下问题：

- 你认为来自不同社会经济地位的儿童有哪些差异？
- 你认为不同文化背景的儿童有哪些差异？
- 教主流文化学生和教少数民族学生有何不同？
- 教男生和教女生有何不同？
- 你认为学生有何发展差异（如个性、自尊心、思考能力、道德观）？
- 什么样的学生有特殊需要？你如何满足这些需要？
- 你的学生喜欢哪些不同的学习方法？他们的学习能力有何不同？
- 所有这些差异对你的教学有何影响？

活动 3.4：学生多样化对教学的启示

在读完本章后，列出 5～10 项你所学到的主要内容及其对课堂教学可能带来的启示。例如：

学到的主要内容：

1. 学生在许多方面存在差异。

……

可能带来的启示：

1. 要成为一名优秀教师，我需要了解学生存在哪些差异，我如何适应这些差异。如果对所有学生永远采用一成不变的教学方法，我当然不可能把他们教好。

……

第四章 关于教学和学习的三大理论学派

你当学生时是否遇到过这种情况：老师在讲课，但并不是所有学生都在听课？等你当了老师，这种情况也可能发生。这时，问问你自己："我哪些地方需要改进？"希望问了这个问题之后，你能给出答案。答案就在于有关学习的理论——即我们对学习的了解。这就是为什么本章内容对你教学成功如此重要的原因。如果能将这些理论付诸实践，你在教学上就会所向披靡。

首先要提醒你的是，关于学习的理论如此之多，要全盘收录那是不可能的。正如维特罗克(Wittrock，1987，69 页)提到的："教学模式主要来源于行为学派、认知学派和人本学派。"因此本书仅对这三大理论学派加以阐述和归纳，请见图 4－1。尽管三大学派看上去相互独立，但其实彼此之间有许多相通的地方。

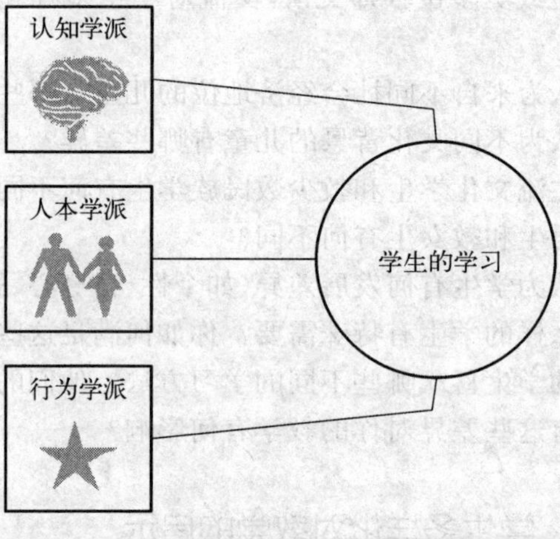

注意：三大学派在某些观点上存在共识，因而并非完全独立。

图 4－1　帮助我们了解学生如何学习的三大理论学派

读完本章后，你应该就能理解和描述每一个学派的观点，以及各自对教学的启示；在一些教学实践中找到这三大理论学派的根源；比较三大学派的相似点和不同点，并说明你将运用其中的哪些观点。

认知学派

我们先来研究认知学派，它建立在认知科学的基础上。

该学科兴起于20世纪60年代，是研究人如何思考的。具体而言，认知科学家们试图彻底了解在人类学习的过程中大脑发生的一切。他们提出了两个具有重要意义且影响深远的观点——信息加工和有意义学习来帮助我们了解人类是如何思考和记忆的。

信息加工（information processing）研究大脑如何获取和储存信息，并在需要时提取信息。因此，了解信息加工过程并能有效运用，就能帮助学生更好地获取和记忆信息。**有意义学习**（meaningful learning）研究的是如何最有效地组织、构建和教授新信息，从而使之得到运用，比如用来解决问题。我们来看看这两种存在差异而又时有重叠的观点。

信息加工

如果你学过心理学或教育心理学，你就知道认知科学家——那些对信息加工感兴趣的人——研究的是我们如何留意、识别、转化、储存和提取信息。他们用各种图解来说明他们认为信息是如何得到加工的，如图4-2。这类图解表明，尽管我们每天会遇到很多刺激，我们只会注意到其中一小部分。在注意到的这些刺激中，一些会被立即忘记，而剩下的会进入短时记忆。**短时记忆**（short-term memory），顾名思义，只能在短短的几秒钟里储存数量和种类都极其有限的信息。当这些刺激进入我们的短时记忆时，我们随后只要用到了这部分信息，就会将之转移到长时记忆中并保存下来。顾名思义，**长时记忆**（long-term memory）能在较长时间内保存信息。我们不再使用的信息就不会进入长时记忆，而是丢失了，好像从一开始就没有出现过一样。我们接触过的很多信息都是由于没有得到恰当的储存或使用而丢失。

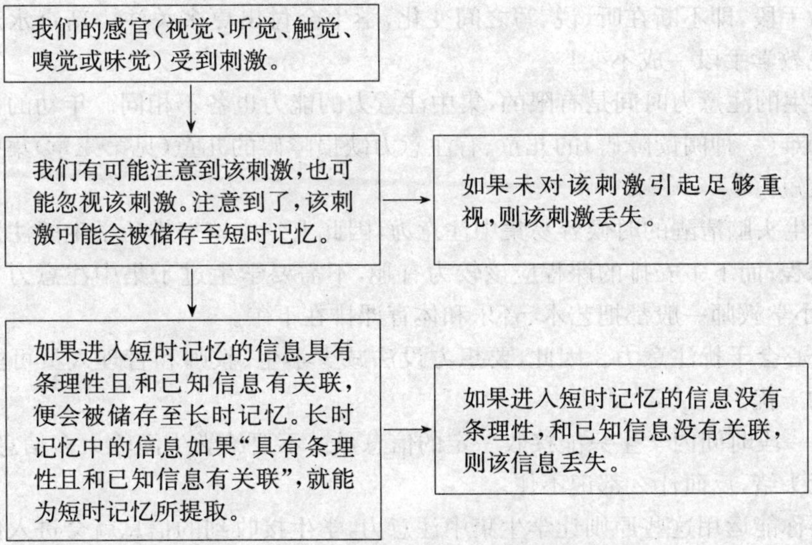

图4-2 学生如何记忆或丢失信息

电脑也拥有短时记忆和长时记忆。举个例子,如果我们在因特网上搜索关键词“学习理论”,我们可以找到三大理论学派——认知学派、人本学派和行为学派。如果我们在关机前不命令电脑“保存”该信息,该信息就丢失了,因为它只储存在了电脑的短时记忆中。然而,如果我们让电脑保存该信息,比如存放在一个文件或文件夹里,该信息就会转移至硬盘,也就是电脑的长时记忆。

正如你可能会预料到的,认知科学家们经常试图解答一些对教师而言非常重要的问题。比如:什么能吸引并延长学生的注意力?如何将更多信息储存进短时和长时记忆?如何组织和展示信息才能使之更容易记忆?学生获取信息的最佳途径是什么?下面是认知学家对这些问题的一些主要观点和结论。这些观点和结论应该会对你的教学方法产生直接影响。

关于注意力的观点

让学生“集中注意力”是教师普遍关心的一个实实在在的问题。认知学家建议教师采用以下指导原则来获取和延长学生的注意力:

● 让学习过程尽可能地令人愉快而满足。学生如果在学某课程(数学、音乐、体育)时曾有过愉快体验,便会对该课多加留意。如果以前的刺激带来过不悦体验,那么你给他们的学习体验必须格外愉快。

● 无论何时,课程安排都必须考虑学生的爱好和需要。如果这门课正好有学生想了解的知识,就会受到更多关注。你的一个主要任务就是激发学生的兴趣。

● 通过使用各种感官渠道和变化来获得和延长学生的注意力。如果在课上使用各种刺激手段,即不断在听、说、写之间变化,学生会付出更多关注。新奇永远是有益的。避免教学手段一成不变!

● 学生的注意力时间是有限的,集中注意力的能力也各不相同。年幼的儿童以及有诵读困难(一种阅读障碍)的儿童、有注意力缺损障碍的儿童(见第三章)集中注意力的时间较短。

● 学生头脑清醒的时候容易集中注意力,因此上午应该安排让学生的注意力密切集中的课程;而下午安排的课程应该较为有趣,不需要学生过于集中注意力。出于这个原因,小学教师一般都把艺术、音乐和体育课排在下午。

● 分心会干扰注意力。因此,要想方设法减少学生、教师和管理人员可能造成的对学习的干扰。

● 在一段时间内学生只能接收一定的信息量。不要给学生灌输太多信息,不然他们会毫无头绪,反而什么都记不住。

只要你能运用这些原则让学生集中注意力,学生接收到的信息就会进入他们的短时记忆。

关于短时记忆的观点

被我们留意到的刺激进入了短时记忆。但我们又是如何将这些信息存储到长时记忆里的呢？认知学家认为：

● 短时记忆能力容量是非常有限的。据估计，成年学生一次只能记住5位到9位的新信息。因此，要记住一系列毫无意义的数字是很难做到的，如长途电话号码或社会保险号码。儿童的短时记忆容量就更小了，通常只有3位到5位。

● 要克服短时记忆容量有限的缺点，我们可以对新信息加以组织并和已有知识联系起来。如：帮助学生组合新信息，或者叫“分块”。这样一来，10位的长途电话号码就分成了三大块，例如(614)292～1280。把9位数的社会保险号码分块也能帮助短时记忆。因此，如果有必要记住美国前九任总统的名字，我们可以将它们分成三部分：华盛顿、亚当斯、杰斐逊；麦迪逊、门罗、亚当斯；杰克逊、范布伦、哈里森。通过使用帮助记忆的方法，短时记忆也能得到增强。如我们用大家都熟悉的词HOMES，就更容易记住五大湖的名字：休伦湖(Huron)、安大略湖(Ontario)、密歇根湖(Michigan)、伊利湖(Erie)和苏必利尔湖(Superior)。

● 把信息和学生已知内容联系在一起也更容易记住。比如下面这个任务：你正在教学生学习乘法，他们知道6乘以6是36，你帮他们认识到7乘以6就是再多加一个6。

● 为了防止遗忘新信息，我们必须反复记忆，正如认知学家所说的，要积极地“复习”。这种复习可以是不断重复，也可以是思考信息。我们如果经常重复和记忆一个信息就会把该信息储存到长时记忆中。把9×7＝63重复无数遍，许多人就是这样学会乘法的。然而，间断性的复习似乎更可取。也就是说，连续5个小时每隔一小时重复一遍9×7＝63，比在一分钟里重复五遍效果要好。我们还可以思考信息，比如，问问自己“如何证明9乘以7等于63?”

关于长时记忆的观点

如前所述，学生进行加工或使用的信息便进入了长时记忆。认知学家认为：

● 长时记忆的容量似乎是无限的。我们永远有学习的空间。

● 如果某信息和我们已知的信息有联系，就更有可能从长时记忆中得到提取。

● 我们在短时记忆中加工新信息时能够从长时记忆中回忆起相关信息。例如，当你接受关于学习方法的新信息时，你会将它和你已经学到的这方面知识做比较。这样继续下去的话，你就能将已经学到的关于短时记忆的知识和你现在正在学的长时记忆做比较。

● 复习信息可以巩固记忆。想一想你是怎么记住乘法的，见研究聚光灯4.1。

研究聚光灯 4.1

练习，练习，再练习

要熟练掌握一门新技术（如打垒球），或者牢牢记住一门新知识（如乘法），需要勤奋练习。这里有个很好的例子。假设你正在教学生法律草案成为正式法律的流程。学生应当分阶段学习这些知识并经常接受测试。即使他们已经掌握了这些知识也仍然要继续学习，因为遗忘是人的天性。在这里关键是重复学习以防止遗忘。不重复学习的话，大多数知识都会在 3 年到 4 年后被遗忘。重复学习之后，知识得到回忆和使用的时间可长达 50 年。因此，如果要让学生永远记住某知识，我们就应该教，再教，测试，再测试。某方面技能的专家（如音乐家）或某知识领域的专家（如数学家）之所以能成为专家，主要原因就是他们长时间地努力学习。例如，最优秀的小提琴家们都说他们练习的时间比别人长。一般来说，一个人至少需要深入练习十年时间才能在他的领域取得杰出成绩。当然，天分也很重要，但托马斯·爱迪生（Thomas Edison）早就说了："天才是百分之一的灵感加上百分之九十九的汗水。"在有的地区，学校会安排课程让学生练习对他们一生具有重要意义的技能（如乘法和除法等算术过程）。有时，则必须由你来判断哪些技能和知识是最有价值的，并让学生重复学习这些知识和技能。

关于记忆过程的主要观点

认知学家关于记忆过程的主要观点有：

● 储存在短时记忆中的信息如果过量，或者随时间流逝，都会被遗忘。

● 短时记忆中的信息一旦丢失就不可能再恢复。如果我们忘记了一个电话号码就必须重新查看；相反，条件成熟时，长时记忆中的信息是可以得到提取的。

● 如果我们在获取新信息时将它与已知信息联系在一起，就能促进从长时记忆中提取信息的能力。此外，如果信息一开始就是以有条理的方式呈现在我们面前，那么回忆起来也会更容易。

有意义学习

有些认知学家对信息加工（注意力、短时记忆和长时记忆）感兴趣，而有些对如何使信息更有意义、从而使之更好理解和得到使用感兴趣。这些科学家将"有意义学习"作为研究内容，并推动了教学方法的发展。这些方法（是建立在所收集的大量原则的基础上，部分来自上文引用的有关信息加工的著作，部分来自其他）包括：

- 让学生做好预习工作；
- 条理清楚地给出信息；
- 将新信息和学生已知信息联系在一起；
- 变换学生获取信息的方式；
- 让学生复习信息；
- 让学生加工——思考和使用——新信息；
- 有必要时给予学生帮助；
- 帮助学生总结所学知识；
- 帮助学生使用所学知识；

只有当教师使用了有意义的教学方法，学生才能理解和使用知识。

认知学派的教学和学习方法

建立在有意义学习基础上的教学方法之一叫“讲授式教学法”，或“接收式教学法”。我们叫得最多的还是**讲授法**（presentation），即由教师来引导学习活动（让学生做好预习工作，有逻辑地、清晰地给出信息，将新信息和学生已知信息联系在一起，给出新信息的方式要多样化）。然而，同样重要的是，教师要让学生参与到学习过程中来并给予支持（让学生复习和思考新信息，给予学生协助，帮助他们归纳所学知识，一有机会就帮助他们将所学知识运用于实际生活）。第七章详细阐述了这一很常用的教学方法。第十一章则证实有效教师使用有意义教学法能对学习产生积极作用。去看看吧。

第七章至第八章讲到的所有八种教学方法都非常有效，都是完全或部分以有意义学习理论为基础的。

下面是其他几种备受推崇的教学方法，都是从有意义学习衍生而来的，见研究聚光灯 4.2。

研究聚光灯 4.2

对大脑的研究结果表明了什么？还是根本毫无意义

神经科学家研究人脑的发展和工作机理。他们中的一些人，即认知神经科学家，则研究大脑如何帮助我们思考和学习。

一些教育者认为，对大脑的研究为某些教育实践提供了有力支持。有些教育者持反对意见，认为我们的观点的大多只是推测而已，并无科学根据。

下面是人们普遍接受的一些结论和对教学实践的启示：

● 具体、真实的生活经历会在大脑中留下更长久的印象。光看书是学不会弹钢琴或游泳的。

● 对左右大脑的教学要双管齐下。即使是最简单的行为也需要左右大脑同时工作。

● 大脑获取信息的方法越多样(视觉、听觉等),记忆越深刻。

● 大脑天生更为关注吸引我们情感(如:爱、害怕、愤怒、悲伤)的信息。

● 通过重复或想象等手段,可以最大化地延长信息在大脑中留存的时间。

下面是一些有争议的结论和启示:

● 左脑和右脑之争。脑科学家和心理学家都一再驳斥这样的观点:左脑发达的人更有逻辑,更擅长阅读;右脑发达的人更富有创造力,更擅长算术或空间推理。

● 大脑就像一块海绵。另一说法是:儿童在四岁到十岁之间学东西更快更容易,理解力更强,是一个关键的学习时期。布努尔(Bruer,2003-4)提出:"尽管我们读到过不少关于大脑研究的作品,但四岁到十岁之间是学习敏感期、学东西更快更容易也更有意义一说在神经学上还没有定论。"

哈佛大学思维和大脑教育项目主任菲舍尔(Fischer)提醒我们:"我们对神经科学了解并不多,因此不要把神经科学(直接)和教学联系起来"。(Straus,2001)

来源:V. Strauss(2001年3月13日),《专家认为:过分抬高了大脑研究的结论》(*Brain Research Oversold, Experts Say*),《华盛顿邮报》(*Washington Post*),2001年3月13日,B6版;P. Wolfe(2001),《大脑起重要作用:用大脑研究来指导教学实践》(*Brain Matters: Translating Research Into Classroom Practice*),亚历山大,弗吉尼亚州:美国管理与课程发展协会(Association for Supervision and Curriculum Development)。

实境学习法

实境学习法(authentic learning)认为,和儿童真实生活相关,或者来源于真实生活的知识,以及(或)儿童在实践中学到的知识更有意义,更容易被记住。一些教师不是要告诉学生该学什么,而是布置学生任务,让他们在完成任务的过程中直接学习知识。例如,学生在学天气知识时,他们要了解气象学家使用哪些工具以及如何用这些工具;学生需要使用图书馆时,就要学习在图书馆里所需的查询资料技巧;学生学数字时,他们要了解数字是生活中一个不可缺少的部分,算术在生活中经常有用武之地,等等。这些体验能给学生带来成就感,使他们更好地认识自我。这样学到的知识也更不容易遗忘。要点4.1就是一个关于实境学习法的例子。

要点 4.1
实境学习法的一个例子

当得知家长—教师联合会正在出资为附近一所小学盖操场时，你无意中跟学生提到了这件事，不知怎么吸引了这些中学生的注意。利亚和泰勒两名学生热切地提议能否由他们或全班同学来帮助设计操场。你所在学校的校长和小学领导都认为这是个不错的主意：让孩子自己来设计他们自己的玩耍场地。

很快，你们班学生就热情投入了工作，他们开始画图表、考虑需要哪些设施和空间，围墙的范围等，模型也搭建起来了。学生们遇到了各种各样的问题：如何按比例画图？如何测量角度？需要多少碎沙？有何安全标准？很快，每个人都开始使用算术、几何、测量和其他学科的知识。

在这个过程中，学生们通过与他人合作提高了社交能力，通过把他们的设计理念传达给小学生和感兴趣的家长，也提高了交流能力。

来源：本要点改编自 J. Bransford，A. Brown 和 R. Cooking（2002）的《人如何学习》（*How People Learn*）。华盛顿特区：国家研究院（National Research Council），《将真实世界的问题带进课堂》（*Bringing Real-World Problems to Classrooms*），图 9.1。

实境学习法和 20 世纪中叶盛行一时的直接经验概念相似。两者都认为直接的个人经验比来自他人的抽象经验更好。

支架教学

支架教学（scaffolding）这个词使我们联想到画家和擦窗户的工人，他们在工作时都要用支架作为支撑。给学生提供支撑，这就是支架教学的含义。因此，当学生需要帮助时，教师或同学要立刻给予提示、解释、示范、指导或提供额外的学习资料，以保证学生理解所学知识。由于好教师能敏感地察觉到学生何时需要帮助，因此他们或许能更好地做到这一点。支架教学多发生于教师带领学生进行学习时。例如，教师带领学生学习一个解决问题的过程，比如怎样借助电脑幻灯片进行讲解。学生跟随教师一步一步深入学习，同时教师要及时发现学生遇到的问题，必要时给予帮助。

互动式教学

互动式教学（reciprocal teaching）指教师将学习的责任逐渐转移到学生身上（Seymour & Osana，2003；Palincsar，1986）。也许你的老师曾经这样做过。首先，教师向学生示范如何做，例如如何归纳大意。学生理解之后，教师让一两个学生向同学展示如何归纳大意，以及他们自己是如何归纳的。在这个过程中，做展示的学生向下面的同学提问，看他们是否理解，同时，反过来下面的同学也可以发表评论、提出问题。与此同时，教师站在一旁提供必要的鼓励或帮助。（此种教学行为是在帮助和支持学生，因此也可称为“支架教学法”）你也许还记得你以前的老师在教完一个概念或解题过程后，让同学到黑板前来演算一遍，比如分数相乘或将分析句子结构。假如确有此事，那么在这些展示的同时，学生之间也产生了知识交流，对知识的理解得到了强化。也就是说你已经体验到了互动式教学的一种形式。一些合作学习法（见第八章）也是从互动式学习发展而来的。要点 4.2 举例说明了这种教学方法。

要点 4.2
互动式教学的一个例子

（注意教师是如何在引导学生克莱尔学习的同时又和他分享教学体验的。注意学生们是如何做出反应、评价和提问的。）

教师（阅读课文）：海龙通过改变自身的颜色和游动方向来和周围环境融为一体。比如，生活在绿色植物中的海龙会变成墨绿色。

克莱尔（带领大家讨论）：对于这一段，我有一个问题：海龙的模样有什么特别之处？

基思（进一步说明）：你的意思是为什么海龙是绿色的？

安迪（详细解释）：不光海龙是绿色的——海龙周围所有的植物都是绿色的。

克莱尔（继续带领大家讨论）：对了，这就是答案。我来总结一下吧：这一段告诉我们海龙的模样以及海龙的模样和周围环境及其相似。我猜这肯定它的敌人有关，是它自我保护的方式，下面还会讲到谁是它的敌人。

蒙提（补充说明）：这段还讲了海龙是怎么游动的。

基思（总结）：它总是前后移动的。

老师（提问）：当一样东西和另一样东西的模样和行动都相似时，我们把这个叫做什么？昨天我们讲到了竹节虫。讲竹节虫的时候我们解释过这个词。

安琪儿（猜测）：模仿。

老师（强化）：对了！我们可以说海龙在模仿……

几个学生（猜测）：植物。

来源：改编自 A. Palincsar 和 A. Brown，《用课堂对话促进学生在自我调整的过程中理解知识》(*Classroom dialogues to promote self-regulated comprehension*)，1989；J. Brophy《教学研究取得的进步》(*Advances in research on teaching*)；《通过教学达到有效理解知识和自我调整学习》(*Teaching for meaningful understanding and self-regulated learning*)第一卷，格林尼治，康涅狄格州：JAI 出版社。

解决问题法

认知科学家倡导的第四种方法是解决问题法。**解决问题法**(problem solving)需要(1)存在一个要达到的目标;(2)让学生思考如何实现这个目标。弗雷德里克森(Frederickson,1984)认为,问题的类型非常之多。斯诺曼和比赫勒(2002)则描述了其中两种类型的问题。一种叫做“良构”问题,通常在学习数学或自然科学时遇到,通过回忆并运用数学或科学过程便可以得到解决。毫无疑问,你能回想起自己是如何通过乘法或除法等运算法则解决数学问题的:比方说你有 18 个苹果,如果每盒装 6 个,你需要多少只盒子?我们可以把教学设计看成一个良构问题,因为它存在一个我们想要达到的目标(写教学计划),而且还有具体的操作过程(在第六章将有详细论述)。

第二种叫做“病构或无结构”问题,在我们的日常生活中,以及研究心理学或教育学这样的人文学科时更常见。对于这些问题,目前还没有专门的、简单的解决方法。病构问题包括:如何更好地安排时间?怎样才能让所有学生都认真学习?当教师希望学生取得进步或端正行为而学生未能做到时,病构问题就产生了。学生也面临一些病构问题,如怎样才能让其他孩子喜欢我?我讨厌学数学,怎么才能通过考试呢?

归纳起来,关于解决问题法的主要观点有:

- 教育的一个主要目标是帮助学生解决各种类型的问题,既包括与学科有关的(良构)问题,也包括与人有关的(病构)问题。
- 有些解决问题的策略往往非常具体,如解答数学或自然科学问题的过程。例如,我们运用二次公式来解二次方程,或用其他公式来计算“火车问题”中的距离、速度、时间。
- 有些解决问题的策略对解答病构问题更有帮助。一般来说,解决问题的策略包含以下几个步骤:(1)表述要达到的目标;(2)预计可能会遇到的障碍;(3)寻找实现目标的其他方法;(4)考虑每种方法可能产生的结果;(5)决定如何实施最佳方法;(6)评价你对问题解决的满意度。第十四章将帮助你了解如何解决教师面临的课堂病构问题带来的挑战。

案例 4.1 是关于教师和学生如何解决一个病构问题的。解决问题主要和探索学习(见第八章)有关。

案例 4.1

解决一个病构问题

唐·克力斯多夫经常要和一些学生打交道,不知出于何种原因这些学生都不爱学习。一天早上,校长沃特斯先生带着盖瑞·罗斯出现在教室门口。沃特斯先生向克力斯多夫介绍了盖瑞，并提到盖瑞第二天还会来学校。把盖瑞留下之后，沃特斯回头对克力斯多夫说："今天下午放学前我们谈谈。"克力斯多夫点了点头。

后来，在校长办公室，沃特斯先生告诉克力斯多夫，13 岁的盖瑞患有学校恐惧症。他有好几次逃学经历，甚至直接从教室的窗户跳下去逃走。

克力斯多夫认识到这属于病构问题。他知道自己的任务是要让盖瑞老老实实待在学校里，尤其是不能让他再跳窗户。他先明确了盖瑞对学校的恐惧心理和逃学症状。第二天，他和盖瑞谈了一次话，告诉盖瑞自己想帮助他摆脱学校恐惧症。他建议盖瑞一旦觉得自己要产生恐慌情绪，就把胳膊交叉放在头顶，用这种不会影响到其他同学的方式向老师发出信号。他还让盖瑞坐在门边，一发出信号，他就可以离开教室。盖瑞同意了这个计划，承诺说如果自己觉得压力太大而不得不离开学校，他会通知校方。这样盖瑞的家长也就能及时得到消息了。

让每个人都大吃一惊的是，盖瑞可能是因为觉得自己随时可以离开教室，反而再也不逃学了。

研究并解决该案例

1. 哪些因素可以解释盖瑞的学校综合征？
2. 你会如何帮助盖瑞？

人本学派

有关学习和教学的第二类理论学派建立在人本主义教育的基础之上，极大程度地借鉴了社会心理学。人本学派科学家主张用人文主义，即"动之以情，晓之以理"的方式教育学生，主要关注学生的个性和社交圈的形成和发展。人本学派也承认认知学习的重要性，却认为学校过多强调知识或技能的积累，而忽视了学生的心理健康。

主张这一学派的人大多希望在增强学生的自信心的同时也让他们学会更包容他人。要达到这一目标，人本学派人士认为，首先我们要把每个学生都看成拥有个人感受和观点的独特个体。其次，我们要帮助他们认可自己和他人的价值和能力。持有人本学派观点的教师坚信"每个学生都很重要"，"每个学生都能按他自己的方法行事"。

人本学派的观点

人本学派持有以下一些核心观点：

- **自我感觉良好对个性的积极发展至关重要，有可能帮助提高学习成绩。**因此，要使学生自我尊重、产生自我价值和效能感，即认识到生活和命运掌握在自己手中。

● **对他人感觉良好也对学生的健康发展具有重要意义。**因此，要帮助学生学会尊重他人，接纳他人，即使他人和自己的观点和行为截然不同。

● **学校应该适应学生的需要，而不是让学生去适应学校**(Neill, 1969)。儿童在学自己感兴趣的东西时学习效果是最佳的。因此，教育应该更加人性化，给学生充分自由来决定学什么，如何学。还要营造良好氛围，让学生有多种选择，并帮助学生作出明智的选择。

● **学校和课堂氛围应该有助于满足学生的基本需求**，如安全感、被爱感、归属感和成就感(Maslow, 1998)，还有自主权、能力和社交关系(Deci & Ryan, 1990)。这些需求得不到满足会给个性发展带来恶果，也会对学习产生不利影响。

● **接受学生**，即接受学生独特的行为、感受和观点。(Rogers, 1983)

● **站在学生的立场去观察和理解学习情境**(Combs, 1965)。

● **使用一些技巧来帮助学生更好地了解自己的感受和价值。**此类技巧包括主动倾听、引导式教育和价值澄清——这些都将在下一部分讨论到。

● **知道怎么学习比学习知识本身更重要。**

人本学派的教学和学习方法

合作学习(第八章)是人本学派教学和学习的代表方法。为什么这么说呢？因为合作学习促使学生在共享知识、接受和尊敬彼此和互助的环境中得到社交、情感和智力发展。比起其他方法，合作学习更好地培养了人人为我，我为人人的精神。让我们来看一看吧。

其他备受推崇的提高社交和情感学习的方法还有：

引导式教育

引导式教育是指让教师向学生传递这样一种信息，即他们是“有责任心、有能力、有价值”的人(Purkey & Novak, 1996)。要传递这种信息，**引导式教育**(invitational learning)要求教师(1)知道学生的姓名；(2)和每个学生单独交流；(3)向学生表明自己尊重他们；(4)和学生坦诚相待；(5)不要认为学生厌学是针对你的；(6)尊重自己。以后我们会讲到如何营造一个“吸引人的课堂”(见第十二章《创建心理环境》)

价值澄清

价值澄清指学生通过使用技巧能够：(1)了解自己的感受或对某事的观点；

(2) 重视这种感受或观点;(3) 依据观点采取行动(Simon, Howe & Kerschenbaum, 1995)。目的是让学生意识到自己所持的价值观,因为是这些价值观在影响他们的行为。这样,他们就会去思考这些事物的合理性或优缺点。例如,教师可以问学生对枪支管理有何看法。学生表述了各自的看法后,教师鼓励他们讨论和解释他们的立场以及持此立场的原因。在和其他人的价值观作比较之后,学生能更好地评价、修改或彻底摒弃自己的价值观。一旦该价值观得到评价,学生就会进入下一步:按照价值观行事。例如,教师可能会问学生:"好,如果你认为枪支应该受到严格管理,那么你能为此做些什么?"

道德教育

道德教育和性格教育、价值观教育、公民教育息息相关。这些教学技巧都是用来帮助学生培养对自己的行为的高度责任感,无论是在校内的行为还是校外行为。根据里考纳(Lickona, 2004)的观点,教师可以采取一系列行动来提高学生的道德水平,加强其性格塑造,如(1) 担当学生的行为榜样,尊敬他人,关心他人。必要时进行干预,帮助学生也学会尊敬他人、关心他人。(2) 在班里营造家庭氛围,以便让所有学生感受到自己的价值,并学会彼此照顾。(3) 鼓励学生用较高的成绩和行为标准要求自己,教他们认识到努力学习是自我发展和对团队作出贡献的有效途径。

要了解更多关于道德教育的信息,请登录伊利诺伊大学芝加哥分校的道德教育发展研究办公室(Office for Studies of Moral Development in Education)网站。

多民族教育

多民族教育是指鼓励学生尊重自身的根源和文化——观念、习俗、技能、艺术等——并尊重他人的文化和差异。倡导者旨在让学生看到多元化社会的优势。相关的教育还包括帮助学生认识不同种族和民族对国家发展和繁荣作出的贡献,以及鼓励学生探索更多自身民族和文化背景。请参考第三章《文化差异》。

行为学派

第三类有关学习、教学和教育的理论学派是行为学派。**行为学家**(behaviorists),顾名思义,是帮助我们理解自己的行为的人。他们主要研究来自外部环境的刺激如何导致明显的学生行为,以及改变学习环境会给行为带来何种变化。

如果你学过心理学或教育心理学,你可能对联结、经典条件反射、操作条件反射和社会学习等概念略知一二。这些都是行为学家最感兴趣的领域。

联结

联结(contiguity)是指刺激——反应(S—R)之间的简单联系,例如相伴而生的电闪和雷鸣。当一个刺激物的出现经常伴随着一种反应,一个S—R关系就建立了。就像电闪和雷鸣的关系,S—R关系通常在极短的时间里发生,因此我们称之为联结。我们通过简单的S—R关系可以学到很多知识,如哥伦布于1492年发现美洲大陆,9乘以7等于63。许多概念和事实都是通过简单的刺激—反应模式学得的。

刺激	反应
爱因斯坦	相对论
氯化钠	盐
凡·高	艺术家
安德森维尔(Andersonville)	美国内战时期臭名昭著的战俘营
埃菲尔铁塔	巴黎
格士温(Gershwin)	作曲家

经典条件反射

经典条件反射(classical conditioning)指我们已经在原始的刺激和反应之间建立联系(联结)后,又将第二个新的刺激和原始刺激长时间组合在一起,以至于即便在原始刺激不存在的情况下,也能产生原始反应。还记得巴甫洛夫(Pavlov)对狗进行的研究吗?巴甫洛夫是俄国心理学家,他发现当自己的助手给狗喂食肉末(刺激)时,狗本能地流口水(反应)。后来,他发现助手一出现(新的刺激),狗就以为要给它们喂食,从而开始流口水。我们来看一个学校里的例子。老师和学生都把铃声(刺激)和下课联系在一起,老师又经常在快下课时布置作业。因此,只要老师一开始布置作业(新刺激),学生就开始做出和铃声相联系的很多反应——收拾书包,等等。出于这个原因,有的老师便在一开始上课时布置作业。

操作条件反射

操作条件反射(operant conditioning)指通过**强化**(reinforcement)来促进学习。学生正确地完成某件事情,因而得到奖励。操作条件反射假定如果我们的某种行为受到了奖励,或者行为本身给我们带来成就感,我们就会重复这种行为。相反,如果没能得到奖励或不能带来成就感,就不太会去重复这一行为。操作条件反射是建立在认为人类行为"非痛苦即欢愉"的基础上的。用杰森来举例说明吧。他交了一篇关于枪支管理的文章。老师认真批改了这篇文章并写下这样的评语:"本文结构完整,写得相当出色。你查阅并引用了很多参考资料。对两方的主要观点都作了陈述,并经过深思熟虑得出了自己的结论。显然,你很喜欢研究事件并发表自己的见解。我能把你的文章张贴到布告栏里吗?"假如杰森看到了老师给的评语,自己的文章得到展示也让他感到满足感,那么很有可能他还想再写一篇。第十一章和十四章会进一步讨论强化的问题。

社会学习

社会学习(social learning)也叫**观察学习**(observational learning),认为通过观察他人可以学到很多东西。其主要理论家班杜拉(Bandura,1986)认为,要使观察学习有效,学生必须先留意某人的行为,记住该"榜样"的行为,并模仿他们看到的行为,最终体验带来的满足感。我们知道,学生往往喜欢模仿和自己有相似之处的人,以及他们认为很有能力、亲切或有力量的人。因此,小学生通常都和家长、电视人物或电影人物感同身受,尤其是超级英雄,并模仿他们的行为。一位幼儿园老师讲了这样一个关于社会学习的例子:

> 蝙蝠侠归来:雷蒙德(Raymond)从家里带来一件"斗篷",所有的孩子都热切盼望能穿上它在教室里跑上几圈。课间休息时,孩子们都在忙着制作蝙蝠侠的装备。故事课和音乐课时不时被学生描述蝙蝠侠风趣动作的谈论声打断。整个上午都以蝙蝠侠为中心,孩子们对其他东西都失去了兴趣。

如果小学开展鬼节游行活动的话,史酷比(Scooby-Doo)、白雪公主、蜘蛛侠或哈利·波特等角色都会一一亮相了。然而,如果中学生有机会参加化装游行,他们可能会打扮成摇滚明星或说唱乐歌手、运动员等。

当我们看到其他人身上发生了好的事情或糟糕的事情,也会开始社会学习。例如,如果我们看到朋友因为作业完成得好而受表扬,我们可能就会试着模仿她,这样我们也能得到表扬。相反,如果看到某个同学的行为遭到批评,我们可能就会避免犯同样的错误。

持有经典条件反射、操作条件反射和社会学习观点的人会有以下举动:

- **营造令人愉快的课堂氛围**,使学生在智力发展、社交和生理方面都感到安全。
- **向学生公开展示具体的学习内容。**在制定教学计划时使用具体的行为目标(见第六章),并向学生展示这些目标。
- **确保学生掌握了基本知识和技能**,这样他们才能学习新知识。
- **向学生展示新知识和已学知识的关联。**
- **新知识如果较为复杂,逐步讲解给学生听。**将新知识分成有顺序的、短小而容易学习的几部分。

● **将要学的知识和学生喜欢的东西联系起来。**例如，将诗歌和说唱乐联系起来。相反，不要把要所学知识和学生讨厌的东西联系起来。例如不要用作业来惩罚学生。

● **及时发现学生的进步并给予表扬。**不要指望所有学生以同样进度学习、学到等量的知识。

● **找出每个学生各自对什么产生满足感，**以此来促进学生的学习。有的学生可能喜欢接受当众的口头表扬，而有的学生可能会对当众表扬感到尴尬。

● **如果任务较新或较困难，给予学生更多经常性的强化。**一旦学生已经掌握新的任务，偶尔给予强化即可。

● **向学生强调你希望他们做到的行为：**例如不逃课、参与课堂活动、开动脑筋、作出回答、取得进步以及完成作业。

● **鼓励害羞的学生积极回答问题。**找出班里从不主动回答问题的害羞学生并给他们发言机会。提醒学生要尊重他人的回答，即使他们的回答与自己的不同甚至是错误的。

● **设计场景，让每个学生都有机会成为佼佼者。**

● **以身作则，给学生树立榜样。**例如，对学习表现出极大的热情，以及尊重每个人。

● **在学生中树立表现良好或出色完成作业的典型，**但不要导致这些学生受到同学的孤立。

● **让家长在家中强化良好的行为**——对学生表现出来的学习热情、努力和成长给予肯定。

你可能会发现接下来要讲到的行为学家的许多观点和认知学派的观点很相似。主要差别在于：行为学家更多地倡导将新知识分解成更短小、容易学习的几个部分，学生的任何微小进步都应当得到认可和表扬，每个学生都应该得到成功的机会，认真学习的行为（例如：来上课、开动脑筋、完成任务）必须得到强化，相互尊重非常重要（每个人都是重要的），以及永远不要把学习和惩罚联系在一起。行为学家更多采用“胡萝卜加大棒”政策来促使学生学习。

由于学生的尊严对行为学家来说也是一个重要方面，前面列出的一些特征也和人本学派有相似之处。

行为学派的教学方法

有些教学方法非常支持行为学派理论。其中，直接指导（在第八章将有详细描述）最贴近行为学派，它提倡将信息分割成小单元，使用许多例子来加深印象，多提问来检查学生是否听懂，纠正学生的错误，让学生进行大量练习，让学生尽可能长时间地完成任务以从中学到知识，等等。读者可以翻开第八章看看。

行为学家还提出了其他一些教学方法。

编程教学法(Programmed instruction，PI)指把要学习或操练的内容编成几个部分,称为框架,见要点 4.3。

要点 4.3

遵照操作性条件反射模式进行的编程教学法实例

给每个框架(1～5)填空,然后核对“藏在”右边自上而下排列的正确答案。

1. 关于学习的第三类著名学派理论是________。	行为学派
2. 这类学派对我们的________行为感兴趣。	明显的或可观察到的
3. 当一个刺激经常导致一个反应,一种纽带或____便形成了。	联　结
4. 当第二个刺激和原始刺激产生联系,第二个刺激可能会引起同样反应。这叫做____条件反射。	经　典
5. 我们观察他人并模仿他人,称为________学习。	社会或观察

学生对每个框架中的问题(刺激)作出回答;如果解答正确,便得到鼓励并回答下一个框架中的问题。如果不正确,就重复学习或得到更多**补充资料**帮助他们得出正确解答。采用编程教学法的学生一般都以适合自己的进度学习。

要体验编程教学法,请登录“程序教学中心”(Center for Programmed Instruction)网站,点击在线指南中的“什么是程序教学”。

计算机辅助教学(Computer-assisted instruction，CAI)是指用计算机来进行程序化的指导,或帮助学生完成具体的学习任务。目前有许多种 CAI 程序可供选择,大多需要学生进行大量操练和练习。尽管大多数 CAI 程序是以操作条件反射为基础的,即刺激——反应——强化的模式,但 CAI 也可以作为认知方法加以使用。有的 CAI 程序是为了教新的概念,比如编程教学法。有些则让学生完成创造性任务和解决问题。例如,有些计算机软件鼓励学生编故事并配上插图。

或许是因为编程教学法和 CAI 广泛运用了操练和强化,似乎比普通教学方法更有效。课堂上的**强化对学生的学习有极大帮助**。(Ellson，1986；Walberg，1984)

以下网站可以下载并免费试用教育软件：鹰和鼠教育软件(Owl and Mouse Educational Software)(点击“来自鹰和鼠的教育软件”：Educational Software from

Owl and Mouse)和 Mantix(点击"免费下载")。

掌握学习(mastery learning)是建立在行为理论基础上的第三种教学方法。它同样也让学生按照自己的进度进行学习。实践操作是这样进行的：首先预期一个班所有学生要达到某一能力水平，如地理考试的正确率至少要达到80%。没能达到该水平的学生要额外花时间学习并得到纠正，直至达到该水平。总的意图是给学习成绩较差的学生及时、额外的帮助以使他们跟上学习成绩较好的学生。成绩较差的学生得到纠正的时候，成绩较好的学生深入学习同一知识或相似知识。

掌握学习的倡导者提出如下建议：(1) 设计课程时要详细规定教学目标；(2) 使用能让学生达到这些目标的学习资料；(3) 准备两套测试题，而不是一套。在初次指导后，给学生考第一套测试题。那些达到事先设定的标准(如80%的正确率)的学生可继续进行补充活动，而那些未能达到标准的学生通过接受不同教学方法或使用不同教材得到纠正。经过再次指导，给成绩较差的学生考第二套测试题，内容与前一套相似。如果大多数学生(如80%)都已经通过测试一和测试二，则可以进入下一阶段的学习。教师可以不断重复此循环，直到认为足够多的学生已经掌握某知识、足以开展下阶段的学习。

沃尔伯格(Walberg，1984)认为，掌握学习法的使用对学生的学习有很大帮助。斯莱文(Slavin，2002)则总结了其主要缺点，认为要使几乎所有学生都掌握知识，这种做法太浪费时间。每个人时间都是相等的，要额外学习就得挤时间。因此，他觉得在学习关键知识或"高风险"知识(如任何领域的基础知识或技能)时，掌握学习才显得尤为重要。

有关掌握学习的更多有用资料，可参考嘎斯基(Guskey，1996)的论著。

精确教学法(precision teaching，PT)指学生在掌握某知识或技能(如正确拼写某单词或运用除法等算术运算法则)后，继续操练这些技能直至达到高水平的精确度。这便是"熟能生巧"。采用精确教学法的教师每天让学生练习一分钟(如乘法)并绘制正确率图表。学生也记录下自己的进步情况。据报道，精确教学法已经帮助学生在一学年里学会两学年的知识。(Sulzer-Azaroff，1995)其理论依据来自信息加工规律。(见"短时记忆"那部分)

应用行为分析法(applied behavioral analysis，ABA)也建立在行为学的观点和结论基础之上，受操作条件反射规律的影响。主要用于诊疗场所(医院、监狱、学校)，用来矫正人的行为，使人们更正常、为社会所接受。应用行为分析法也有既定步骤。首先，执行者——例如你，教师——确认一名行为有待改进的学生(对象)。然后判断该学生隔多久会有良好表现——例如完成作业。这叫做**基线**(baseline)。随后你进行**干预**(intervention)。干预通常是指学生每次有良好表现时得到的鼓励。通过鼓励学生，学生的良好表现会出现得更加频繁，即比一开始或基线时期表现更好。

这里有一个关于ABA的例子。每次布置作文，简总是觉得无话可说，而写作课还是她自愿选的。大多数时候她只能写几个短句。她非常爱聊天，因此你觉得可以通过鼓励她向你说出自己的想法，促使她更顺畅地进行表达。在她告诉你她的想法时，你督促她把这些想法写下来。每次只要简在作业中写下了自己的想法，你就表扬她字数增加了、观点也更丰富了。每当改到她的作文，你就这样写评语。慢慢地，简的作文结构越来越完整、内容越来越有趣。你甚至可以在全班同学面前读一两篇她的作文。

行为分析学家经常运用操作性条件反射原理，另一与之较为相似的原理是**行为矫正**(behavior modification)。虽然该原理也尝试改变人类行为，但意义更为宽泛，包含了催眠、药物疗法和电休克疗法等。

有没有一种最佳的学习方法

我们已经了解了三种影响教师教学方法的学习理论。图4-3将这三大理论放在一起加以比较。我们详细解释了每种教学方法及其主要观点和结论。其中有些方法促进了具体教学实践的运用和发展，对此本书也有简单描述。表4-1也对三大学习理论进行了比较。

有关哪种理论更适合学生的问题一直存在许多争议(Viadero, 1996)。如果问问你的大学老师，他们对此的强烈反应可能会让你惊讶不已。你尤其可能会发现，那些支持认知学派理论或人本学派理论的人会故意避开行为学派，反过来也一样。

教育特殊学生(见第三章)尤其是具有学习和行为缺陷的学生时，教师们通常发现行为学派理论最有用。大量研究也证明了行为学派的观点和结论的确有用武之地。例如，沃尔伯格(1986)称，在对行为学派理论教学效果的调查中，98%的调查结果都是有利的。与此同时，沃尔伯格还告诉我们，支持认知学派和人本学派的证据也不少。

丹博(Dembo,1994)提醒我们，即使在同一理论内部，对于学习的看法也各有差异。他还指出一点，也许至此你也已经得出了这个结论，即大多数教育家综合运用了三种理论学派。丹博告诉我们，秘诀在于知道何时采用哪些观点，而由于每种观点的优缺点不同，采用哪种观点取决于你的教学目的。安德逊(Anderson)、瑞德(Reder)和西蒙(Simon,1996)对此都表示赞同。在谈到同一问题时，斯诺曼和比赫勒(2002)提到，探索学习的倡导者没有建议让学生去逐一发现他们需要了解的事实、原则或公式，而只提出通过个人探索可以使某些学习类型获得最佳效果。

布罗菲(Brophy,2003)总结道："几种学习方法之间存在本质区别，每种都有自己的教学环境、活动和技巧……这些区别提醒我们，针对不同类型的学习方法要采取不同类型的教学方法。"(201页)

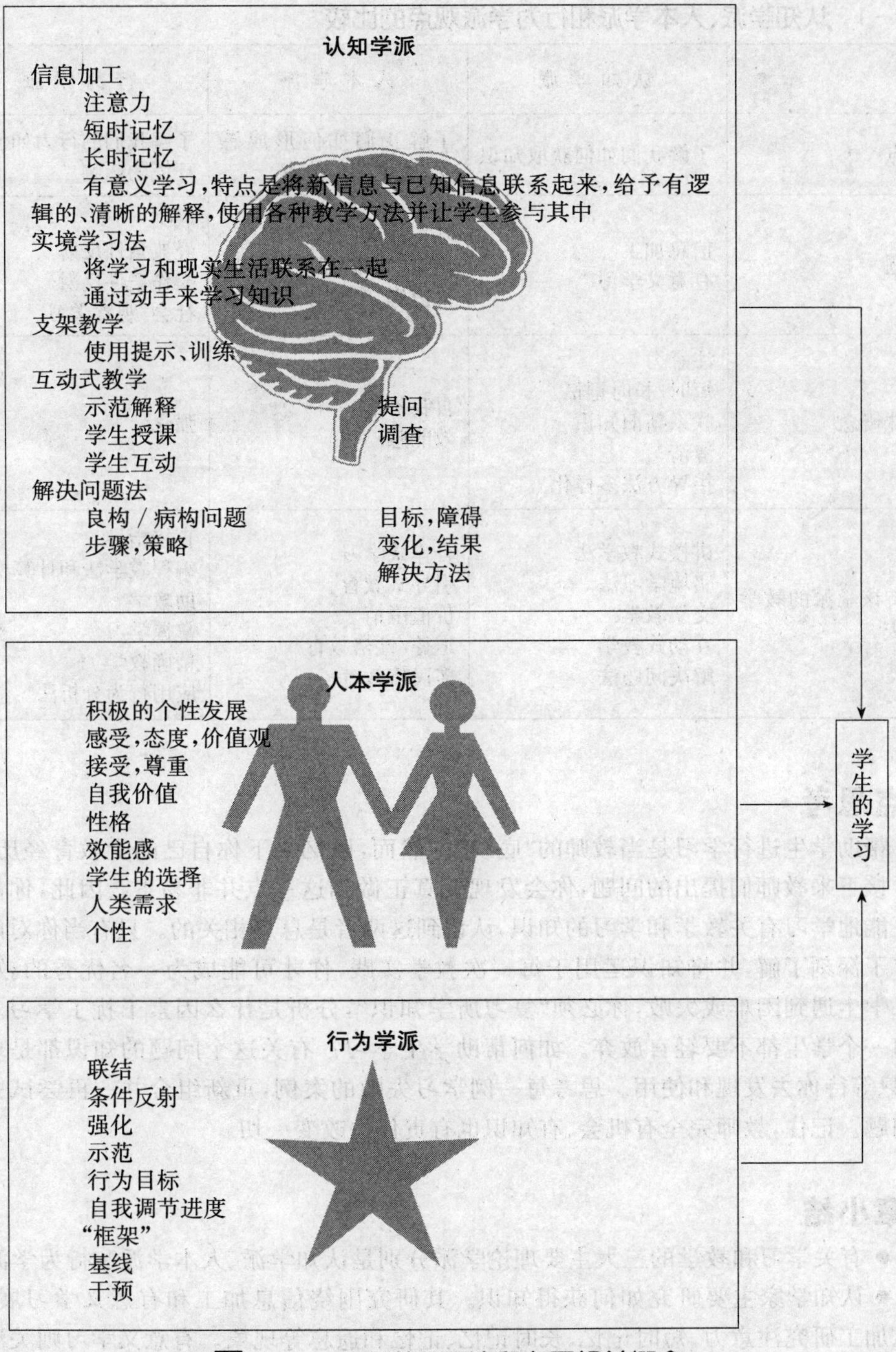

图 4－3　三大学习理论和主要相关概念

表 4-1 认知学派、人本学派和行为学派观点的比较

	认知学派	人本学派	行为学派
焦点	了解我们如何获取知识	了解我们如何形成感受、态度和价值观	了解我们的行为如何受环境的影响
主题	信息加工 有意义学习	基本需求 影响(情绪、感受、态度、价值观、个性和道德观)	联结 经典条件反射 操作条件反射 社会/观察学习
特殊概念	注意力 短时/长时记忆 联系新旧知识 澄清 指导方法多样化	自我价值 效能感	强化
支持该学派的教学方法	讲授式教学法 实境学习法 支架教学 互动式教学 解决问题法	合作式学习 引导式教育 价值澄清 道德/性格教育 多民族教育	直接指导 编程教学法和计算机辅助教学 掌握学习 精确教学 应用行为分析法

几点思考

帮助学生进行学习是当教师的“底线”。然而，回忆一下你自己的受教育经历，再看看接下来教师们提出的问题，你会发现要真正做到这一点并非易事。因此，你需要尽可能地学习有关教学和学习的知识，认识到这两者是息息相关的。只有当你对两者都有了深刻了解，并将知识运用于每一次教学实践，你才可能成为一名优秀的教师。如果学生遇到困难或失败，你必须“复习所学知识”，分析是什么因素干扰了学习。对任何一个学生都不要轻言放弃。如何帮助学生学习？有关这个问题的知识都是现成的，只等待你去发现和使用。思考每一例学习失败的案例，重新组合并一再尝试去解决问题。记住，教师完全有机会、有知识也有责任去改变一切。

本章小结

● 有关学习和教学的三大主要理论学派分别是认知学派、人本学派和行为学派。

● 认知学家主要研究如何获得知识。其研究围绕信息加工和有意义学习展开。信息加工研究注意力、短时记忆、长时记忆、记忆和遗忘等现象。有意义学习则关注学生如何才能取得最佳学习效果，以便更好地理解和使用信息。认知学家倡导的教育实

践包括讲授法、实境学习法、支架教学、互动式教学和解决问题法。

● 人本学派倡导者主要研究个性发展、自我认识，以及感受、态度和价值观是如何获得的。他们认为学校过分关注学术教育而忽视对自我和他人的了解。因此，人本学家提倡在教育实践中促进对自我的认识。具体实践包括引导式学习、价值澄清、道德和性格教育以及多民族教育。

● 行为学家研究的是如何通过改变环境来使行为朝所希望的方向改变。研究内容包括联结、经典条件反射、操作条件反射和社会观察学习。支持行为学派理论的教育实践包括编程教学法、计算机辅助教学、掌握教学、精确教学和应用行为分析法。

● 大多数教学实践都根据具体的学习任务以及学生的特点和需要综合借鉴了这三大理论学派的观点。

关键词

信息加工	有意义学习	短时记忆
长时记忆	讲授法	实境学习法
支架教学	互动式教学	解决问题法
效能感	引导式学习	行为学家
联结	经典条件反射	操作条件反射
强化	社会学习	观察学习
编程教学法	计算机辅助教学(CAI)	掌握学习
精确教学(PT)	应用行为分析法	基线
干预	行为矫正	

待讨论的主题和问题

主题

以下是供大家辩论的相关主题。

1. 三种理论学派——认知、人本、行为学派——分别在何种学习情况下最为有效？

2. 这些理论中应当得到了解和应用的最关键的结论是什么？

3. 教师如何运用已知的学习理论？

问题

以下是教师们提出的日常工作中和学习有关的问题。每个问题和我们了解的学习理论有何联系？你会如何解决这些问题？

问题 1："今天的数学课主要讲分数，课堂纪律很差。分数对他们来说似乎太难了，他们变得不耐烦起来。有个女孩突然喊了一句：'我们不想学，你不能硬逼我们学！'"

问题 2："今天，让我最痛苦的事发生在阅读课上。我教的是八个三年级学生，可他们的阅读和写作最多也就是一年级学生的水平。最让我沮丧的是，已经记了一遍又一遍的单词，他们还是不会。"

问题 3："今天，我试图教幼儿园里反应不太敏捷的孩子'前、中、后'的概念。我用了很多方法——在黑板上挂三幅画，在地上放三样东西，让三个孩子站成一排。可没有几个孩子明白我的意思。"

问题 4："前几天在教员休息室里一位中学教师说的话使我至今都感到烦恼。她说几乎所有学生阅读和拼写都没有问题，却不明白自己在读什么，也不知道拼写出来的单词是什么意思。于是后来几天我在教自己的学生时关注了这个问题。没错，学生能读能拼写，但有半数学生根本不理解阅读和拼写的内容。"

问题 5："快到 9 点钟时一位母亲拉着她七年级的儿子出现在门口。为了让他来上学，她不得不揍了他一顿。这男孩经常逃学，即使来上课了也是坐在那儿，从来不参加课堂活动也不做作业。这让我很心烦，因为我一直努力想让他投入学习，对他动之以情，晓之以理，但似乎没有多大成效。"

问题 6："我对学生潦草的字迹很担忧。只有大概五六个学生交来比较工整的作业。即使我给他们定了书写要求，而且把卷面整洁作为成绩的一部分，可情况没有多大改善。"

问题 7："我教的很多学生都非常自卑。他们自视甚低，对自己的学习能力甚至任何能力都缺乏信心。有的干脆等着退学。"

问题 8："玛丽非常害羞，很容易感到尴尬。因此，她不爱当众发言。这样一来她很难在外语课上学到东西。可她似乎又很爱学习，在其他方面表现都不错。"

理论付诸实践的活动

活动 4.1：认知教学法

1. 教师是如何运用认知教学法的？如果把你安排到一个班去听课，注意观察你的教学导师，描述他是如何运用以下认知教学法和相关理论的：实境学习法、支架教学、互动式学习法和解决问题法。

2. 以最有意义的方式设计并完成《实践教学手册》（本书第四部分）中"讲课清晰的教师"或"魔术方阵"教学任务。

活动 4.2：人本教学法

1. 教师是如何运用人本教学法的？如果把你安排到一个班去听课，注意观察你的教学导师，描述他是如何运用以下人本教学法和相关理论的：引导式学习、价值澄清、道德教育和多民族教育。

2. 设计并完成一次体现人本教学观点的教学实践。

活动 4.3：行为教学法

1. 教师是如何运用行为教学法的？如果你在一所学校实习，观察你的教学导师，描述他是如何运用以下行为教学法和相关理论的：编程教学法、计算机辅助教学、掌握学习、精确教学和应用行为分析法。

2. 根据行为学派的理论，设计并完成《实践教学手册》中的“折纸”或“打布林结”教学任务。

活动 4.4：你对哪种教学理论最感兴趣

你支持认知学派，人本学派还是行为学派？或是每种学派都赞成一部分？下面是 21 句和学习有关的陈述。尽管你可能认为大多数甚至全部陈述都是正确的，但只能挑出 7 句，在左边的空白处打钩。然后对照后面的答案，看看你挑选出来的陈述和哪一个学派最接近。

1. 学生必须将新信息和已知信息联系起来。
2. 应当让那些对学习感到焦虑的学生体验到学习进步和社交成就感。
3. 教师应当更多地帮助学生了解自己。
4. 新信息在提供给学生之前必须有逻辑地加以组织。
5. 提供给学生的信息应当和他们喜欢的事物联系起来。
6. 学生的行为大多是他们自信心、自我价值和自尊的体现。
7. 如果进行不复习或思考，信息会被遗忘。
8. 教学告一段落时，学生应当清楚地知道自己要掌握的知识和学会做的事情。
9. 应当鼓励学生，让他们相信自己具备学习能力和社交能力。
10. 师生之间应当进行交流，要鼓励学生多提问。
11. 对学生正确的学习行为要进行强化，这一点很重要。
12. 应当为学生营造安全的学习环境，鼓励他们在其中作出明智的学习和社交选择。
13. 如果学生能独立探索事物，学习效果会更好。
14. 学生需要看到其他同学或教师示范正确的学习行为。

15. 不管学生的成绩、感受或其他行为如何，都应当接受他们。
16. 要教给学生学习方法。
17. 家长必须强化孩子的学习行为。
18. 学生应当学会尊重自己和尊重他人。
19. 教育的一个最重要的目标是帮助学生更好地解决问题。
20. 应当把要学习的知识分成各个小部分、按顺序提供给学生。
21. 应当鼓励学生发展自己的兴趣爱好。

答案：

1、4、7、10、13、16、19 属于认知学派的陈述。
2、5、8、11、14、17、20 属于行为学派的陈述。
3、6、9、12、15、18、21 属于人本学派的陈述。

第五章 了解你的学生并激励他们学习

作为一名教师，你面临两大挑战：一是**了解你的学生**；二是**激励他们学习**。针对第一个挑战，本章将教给你一些了解学生的方法；对于第二个挑战，本章将向你展示一项如何激励学生学习的研究的结果。

如何了解你的学生

> "能尽力去了解每个学生的独特之处的教师……为他这一年教学取得硕果打下了坚实基础。"(Allen，2003)

对大多数教师来说，了解学生是一项主要任务，也是件让他们感到高兴的事。教育专家们对此表示赞同：如果你想成为一名经验丰富的教师，了解学生是极为重要的一件事(Doyle，1986；Emmer，1987；Wasley，1999)。通常，新教师和经验丰富的教师的区别就在于：新教师对学生几乎一无所知(Berliner，1986；Borko & Livingston，1989；Carter et al，1987；Zheng，1992)。了解学生，你便可以将他们组织成一个性能良好的集体，和他们进行更细微的交流，更有效地教育他们(Airasian，2001)。瓦格纳(Wagner，2001)更是强烈支持这一看法："深入了解学生的话，教师能更好地指导和培养每一个学生，使每个学生都发挥最佳水平。不会再有学生遗漏在老师的视线之外。(56页)"想想发生在科伦拜(Columbine)中学的惨案！

有两种方法可以了解你的学生：第一，你可以使用现有的信息，即校方收集的每个学生从幼儿园开始的记录；第二个信息来源需要你自己去挖掘。为了能够有效利用这两种方法，我们分别仔细进行研究。

使用现有的记录

学生档案

> 克利斯·扎加奇已经拿到了她即将接手的五年级学生的档案，可都还满满地塞在咖啡色文件袋

里……现在她只[看]这批新学生的名字和住址，不看[档案里其他信息]。先形成自己的观点，这种做法通常更好。不过，一些厚厚的档案袋还是引起了她的注意。“档案袋越厚，麻烦越多。”她[对另一位老师]说。(Kidder, 1989)

学生信息的主要来源就是由学校长期保存和记录的档案。**学生档案**(cumulative record)是大多数学校累积的每个学生的信息和文件资料。这份档案从学生进入幼儿园开始记录，跟随学生直至其毕业。其中包括各种资料：**个人信息**(住址、年龄、出生地、特殊兴趣、爱好)；**家庭信息**(父母或监护人姓名、职业、兄弟姐妹的名字、特殊的家庭情况)；**学校出勤记录；标准化能力测验和标准化学业成绩测验的分数；年终等级分数；教师对学生的评语**以及家长会后的评语；还有各种其他信息如体检报告、心理调查报告、家长和学校之间的书信沟通等。

学生信息一般都是保密的，必须谨慎获取和使用(见要点 5.1)。读者可以去看看巴尔的摩城市学校(Baltimore City Schools)网站上的马里兰城市学校(MD City School)有关学生档案的管理政策。

要点 5.1

《家庭教育权和隐私权法案》

(*Family Educational Rights and Privacy Act*, *FERPA*)

该联邦法律规定，家长有权查看孩子的学校记录。一旦发现档案中存在不准确信息，家长有权提出更正。

除非是校方出于合法需要或由于学生转学，通常情况下，学校必须得到家长的书面许可才有权公布学生信息。

要了解更多信息，请访问美国教育部(US Department of Education)网站上的美国教育部家庭守法办公室(The Family Compliance Office)。

如果你被派往一所学校任教，很有可能该学校保存了学生档案。你的教学导师会愿意向你出示这些资料。如果没有学生档案，你可在本章的附录里看到五份学生档案。内容都有一些改动以保护学生的隐私(例如，照片是另外找的，不是档案中学生的本人照片)。其中两名学生杰克·布罗根和凯思琳·格洛伐克现在在一所郊区学校上五年级。其他三名，本尼·甘布，朱里欧·瑞维拉和黛比·沃克是市中心一所中学六年级的学生。花点时间从头到尾看一看这些档案。我们在后面会提到它们。不过，现在我们先来简单研究一下“档案袋”中两样最重要的资料——标准化考试的成绩和教师评语。

标准化考试的成绩

标准化考试(standardized test)的目的是将学生在此次考试中的成绩和大量参加了同一考试、学历相当的学生的成绩作比较。因此,标准化考试的成绩使你能够了解自己的学生在当地或全国的水平。测量学生学习潜力的标准化考试称为能力测验,测量学生实际掌握了多少知识的标准化考试称为学业成绩测验。

能力测验

测量学生一般学习潜力的能力测验也叫智力测验。这些测验能提供关于学生抽象思维和解决问题能力的可比信息。从杰克・布罗根的学生档案里(在本章末尾)。你会看到他考过两次智力测验,成绩分别为 103 分和 104 分,但这两个分数只有和该测试的全国平均分 100 分作比较时才有意义。附录中所有学生在智力测验中都表现平平。如果成绩比 100 分高 20 分或低 20 分,通常说明学习能力高于或低于一般水平。因此,杰克的得分很一般。

在过去几十年里,就一般能力测验的使用问题,人们一直争论不休。有的人认为这种测验带有文化歧视,偏向美国中产阶级白人——测验的设计使得除白人外的其他人种和来自较低社会经济地位的学生不容易考出好成绩。然而,大多数学校仍然在使用能力测验,尽管他们也提醒自己不要过分依赖测验结果。

在第三章,我们了解了多种智力(要点 3.4),包括人际洞察力、肢体运作能力以及在某些具体领域的学习能力,如音乐。在本章附录部分,你会注意到麦迪逊学校的学生(杰克和凯西)也考过一次音乐能力测验。两人的百分比排名都为 6,这意味着他们的成绩仅仅高于 6%参加这个测验的学生。单从测验结果来看,他们的音乐潜力似乎有限。

学业成绩测验

标准化考试还被用来测量学生的成绩,即学生和其他学历相当的学生相比到底掌握了多少知识。我们再来看看杰克的记录。他从一年级到四年级期间都参加了学业成绩测验。一年级时,他的阅读成绩是 B(优良)。二年级,杰克的百分比排名是 40,这意味着他的阅读成绩高于 40%参加了该测验的学生。在三、四年级,他的标准化考试成绩是用一种新的方式来表示的,叫做年级水平成绩或等级分数。根据阿来萨(Airasian,2001)的定义,**等级分数**(grade equivalent score)代表了学生和本年级其他学生相比的学业水平。我们举个例子来解释这个定义。四年级时,杰克・布罗根在“中级学业成绩测验”(用这个名字来取代测验的真正名字)中得到 4.2 分。这是什么意思? 4.2 分的等级分数意味着,和其他参加该测验的四年级学生相比,杰克处于中等水平。我们再来看看本尼・甘布的记录。三年级时,他参加了对好几门功课进行考核的“大都市学业成绩测验”。其中阅读等级分数是 5.3。这意味着和其他参加该测验的三年级学生相比，本尼考得不错；但这个 5.3 不能说明本尼就一定具备 5 年级学生的阅读水平。在第九章我们会进一步讨论标准化考试的问题。

教师评语

在学生档案和成绩单中能够找到的第二样资料就是**教师评语**（anecdotal comments）。

在附录的五份学生档案中，你可以在“教师评语”和“个性评语”中发现以下一些教师觉得值得记录的信息：

- 学生的学习特点（杰克·布罗根“集中注意力的时间很短”）；
- 学生的作业习惯（杰克“总是不完成作业”）；
- 学生的社交和个性特点（杰克“相当孩子气，说个不停，爱犯傻，异想天开”，等等）；
- 学生的学习表现（凯西·格洛伐克“能很好地完成作业，学习非常好”）；
- 学生的问题（“凯西不喜欢实习老师”）；
- 学生的兴趣（朱里欧·瑞维拉“喜欢自然科学和音乐”）；
- 学生的家庭（黛比·沃克的“继父抛弃了她们母女，并试图夺走小女儿的抚养权”）；

欲知如何在成绩报告单上写评语，请参考要点 5.2 提出的建议。

要点 5.2

教你如何在成绩单上写评语

以前或现在的老师给学生写的评语，可以帮助你进一步了解学生。阅读了关于“教师评语”的大量作品后，布鲁迪（1998）建议大家在写学生评语时要谨记以下几点：

- 不要写过于概括性的话，要具体。“特比萨作业写得又快又好，正确率又高”比“特比萨是个好学生”具体多了。
- 尽可能用一些可以体现学生积极态度的词。“乔苏正在专心学习算术而且不断取得进步。”
- 如果你认为某学生的确需要帮助，请使用以下的表达方法：

“特丽莎可以通过……得到帮助”

“特丽莎需要……”

“特丽莎觉得……比较困难”

“特丽莎需要在……方面得到帮助。”

这些表达方法让查看档案的人知道了他该怎么做。

- 避免使用或谨慎使用以下词语：不能、无法、不会、总是。

我们建议你在描述事件时按照以下原则来写评语[美国中小学管理者联合会(American Association of School Administrators),1992;Touliatos & Compton,1983]:

● 一次只谈论一件事。

● 尽快记录,标明事发日期和时间。

● 一开始先描述事发地点,人物以及当时的环境。

● 描述发生的内容(事件、反应、回响——尽可能直接引用当事人的话)。设法客观地进行记录,即对看到的一切不加任何解释而只是描述。一定要客观——避免个人主观判断。

● 描述该事件是如何收场的。

● 如该事件和其他事件有关,要说明有何关联以及为何有关联。

个别化教育计划(IEPs)

在第三章我们了解到,有时要为有特殊需要的儿童设计具体的指导方案。有时这些方案就成为文件夹里的一部分内容。IEPs 的案例是保密的,因此很难找到。不过,在曼尼托巴教育网站(Manitoba Education)你会有所收获。输入关键词"iep samples",可以搜索到四个案例。

挖掘新的信息

很多时候,可能没有学生档案,或者现有档案不能满足你的需要。这时,你可能打算自己去搜集有关学生的信息。方法倒是有几种,不过你得先和校长沟通一下,确保你的方法不违反学校有关学生隐私的政策。

观察学生

观察,即看和听,是了解学生的好办法。你可以观察学生谈话、看书、独立学习和团队学习、倾听学生,等等。观察可以是正式的也可以是非正式的。

正式观察(formal observation)指事先经过精心安排,以获得目标学生的具体信息。有专业经验的教师、教师的助手或实习生都可以从事正式观察。通过周密设计的观察计划,你可以对某学生进行连续性观察,来比较不同的观察结果。相反,**非正式观察**(informal observation)指偶尔的、随意的、未经计划的观察。这种观察虽然是即兴的,但也有一定价值。

举个例子也许可以更清楚地说明正式观察和非正式观察之间的区别。假设杰克·布罗根是你的目标学生。你注意到他档案中的评语说他和其他学生交流有困难("爱管闲事,经常打扰别人,对别人发火")。为了更全面地了解杰克,你决定观察他。现在就该选择用正式观察还是非正式观察了。

如果要正式观察杰克，你需要确定自己想收集哪些信息。你还必须确定观察时间、地点和条件。你可能决定花一整天时间分时段观察他和其他学生的交流情况：走进教学楼之前；走进教学楼、走向教室时；上课前；课堂活动期间；课间休息时；午饭时；以及离开教室和教学楼时。你可能还想设计一份检测表（见第九章《观察评估，表现评估，和真实评估》）。应该集中在以下问题上进行观察：

- 杰克和谁交流得最多？和谁交流得最少？
- 在何种情况下，杰克主动和他人交流？
- 在何种情况下，杰克不和他人交流？
- 在何种情况下，杰克被动和他人交流？
- 和哪些人主动交流、无交流和被动交流？
- 不同的交流形式（主动交流、无交流和被动交流）是否和不同的时间、活动或其他因素或环境有联系？

相反，如果你非正式地观察杰克，你的观察活动就不这么系统了。你只会描述一些你认为有趣或重要的即时发生的事件和情况。因此，非正式观察是随意的、即兴的、笼统的。学生档案卡和成绩单上的教师评语通常都是非正式观察的结果。

只有通过精心计划的正式观察，你才能获得需要的信息，以便更好地处理你关注的学生问题。由于正式观察既耗费时间又耗费精力，大多数教师只在特殊情况下才使用它，例如学生需要学习上或社交上的帮助时。

学生访谈

电台和电视里充斥着大量的谈话节目，各色人等滔滔不绝地回答关于自己爱好什么、为什么的问题，由此可见，人们试图了解他人的愿望是无穷无尽的。当然，了解他人的方法之一就是直接和他们交谈。

同样，教师可以通过随意交谈或正式的访谈来了解学生，谈话尤其能够帮助你发现无法观察到的个人信息。例如，你可以通过观察杰克来设法发现导致他和同龄人交流不愉快的原因，也可以通过谈话来发现这些原因。

和观察一样，谈话也有正式和非正式之分。**正式访谈**（formal interview）是通过有计划的面对面会谈来获得有关被采访者经历、观点、喜好等具体信息。正式访谈的主要特点是有明确目的和预先安排好的计划。你希望通过访谈获得具体的信息，而为了达到这个目的，你必须针对性地设计问题。

非正式交谈（informal interview）也是面对面进行的，但更像闲聊。谈话要自然进行，什么话题都可以。也许你可以将巴巴拉·沃特斯（Barbara Walters）、拉里·金（Larry King）、奥普拉·温弗雷（Oprah Winfrey）、山姆·唐纳森（Sam Donaldson）、爱德·布莱德利（Ed Bradley）和杰伊·莱诺（Jay Leno）等著名主持人分类，看哪些属于正式访谈，哪些属于非正式交谈。

教师应当如何对学生进行访谈呢？坦布林克（TenBrink，1974）提出了以下指导方针。想一想，如果让你采访杰克、凯西、本尼或黛比，你会如何贯彻这些指导方针。

● **做好准备。**要记住，如果你的采访是有目的的，就必须仔细计划。拿凯西来说，你可能想知道她对实习生有何看法，为什么会产生这种看法。事先要深思熟虑，计划好问哪些具体问题。

● **让学生放松。**谈话前先营造一个友好、轻松的气氛。先谈些高兴、轻松的事情，把这一小段时间作为“热身运动”。

● **引导谈话过程。**一旦双方都觉得比较自在了，便逐渐引导学生回答你精心设计好的问题，谨慎地深入探究相关信息，但不要咄咄逼人。你可能有过这种经历：老师或家长“逼问”你而使你产生抵触情绪。

● **知道适可而止。**如果被采访者感到不安，你可能就得停下来。

你还可以通过和其他教师交谈或开家长会来获得许多关于学生的有用信息。至于能从学生访谈中得到多少有用信息，这取决于你准备工作做得如何以及你的采访技巧。

调查问卷

到目前为止，我们已经建议你通过观察、倾听、交谈来获取除学校档案以外的其他信息。还有一个获取学生信息的方法是让学生填写调查问卷。通常，调查问卷不是给个别学生，而是让全班学生填写的。然而我们可以把个别学生作为调查对象。

问卷可以是问开放式问题，也可以让学生回答具体问题。举几个例子就清楚了。学生在回答开放式问题时有更多自由度，例如：（当然，问题的设计应当符合学生的年龄等发展特点）

● 描述你自己。你是什么样的？

● 你最喜欢什么活动、爱好、运动、电视节目、网站、地点、食品和科目？你最不喜欢什么？

● 你喜欢学校哪些方面？不喜欢学校的哪些方面？

● 你在课堂上的表现是什么样的？

● 你和其他学生相处得怎样？

● 你希望老师是什么样的？

● 你在家是什么样的？

封闭式问题则更加具体。通常被调查者在读题后要指出他对该陈述的赞同程度，他不得不作出选择。下面是一份关于学生对学校的态度的样卷，摘自路易斯(Lewis，1986)。

	非常赞同	赞同	不赞同	非常不赞同
1. 我喜欢上学。上学让我充满了自信。				
2. 老师们很关心我。				
3. 我在学校学到的知识很重要。				
4. 作业太难了，我总是做错。				
5. 我的朋友都喜欢上学。				
6. 同学们相亲相爱。				

社会测量

社会测量(sociometry)是一种用来衡量个人在群体中的社会接受能力的技巧。**社会关系图**(sociogram)是在某个特定时刻某群体内部社会关系的图示，见图 5-1。

假如你是杰克·布罗根和凯思琳·格洛伐克的老师，或者是本尼·甘布、朱里欧·瑞维拉和黛比 ·沃克的老师。然后，再假设你希望了解他们的同学对这五个同学分别有何看法，以及这五个同学对周围同学有何看法。这样，你可以让每个学生说出他们愿意和哪三个同学成为同桌。如图 5-1 所示，杰克和凯思琳所在班级的 29 名学生的回答表明：

- 没人愿意和杰克成为同桌。
- 有四个学生愿意和凯思琳成为同桌(3 个女孩，1 个男孩)。

班里最受欢迎的学生是罗纳德，提名多达九次。除杰克外，还有五个学生也没人提到。你能找出来是哪 5 个吗?

除了受欢迎程度，教师还对吸引力感兴趣。谁挑选了谁？每个学生都被哪些同学选到了？有彼此选择的情况吗？是否存在“单恋”的情况(你选择的对象却讨厌你)？

尽管社会关系提名是最为可靠的评估方法之一，但在解释收集到的社会关系数据时仍应谨慎(Anastasi，1997；Touliatos & Compton，1983)。事实上，你得到的结论可能正好是你所希望的，而并非学生之间的真实关系。“我们往往把较高的社会关系地位看做领导能力和个人适应能力的体现，而把未能得到社会关系选择看做适应能力差。实际上，得到许多人的选择可能……意味着此人与群体的高度一致性，(被大家所孤立)则可能(表明)此人具有独立性和创造性。(Touliatos & Compton，201 页)”对社会测量感兴趣的话，可访问这些网站：Walsh 的课堂社会人际学(Walsh's Classroom Sociometrics)，或迈阿密大学俄亥俄州分校(Miami University of Ohio)。

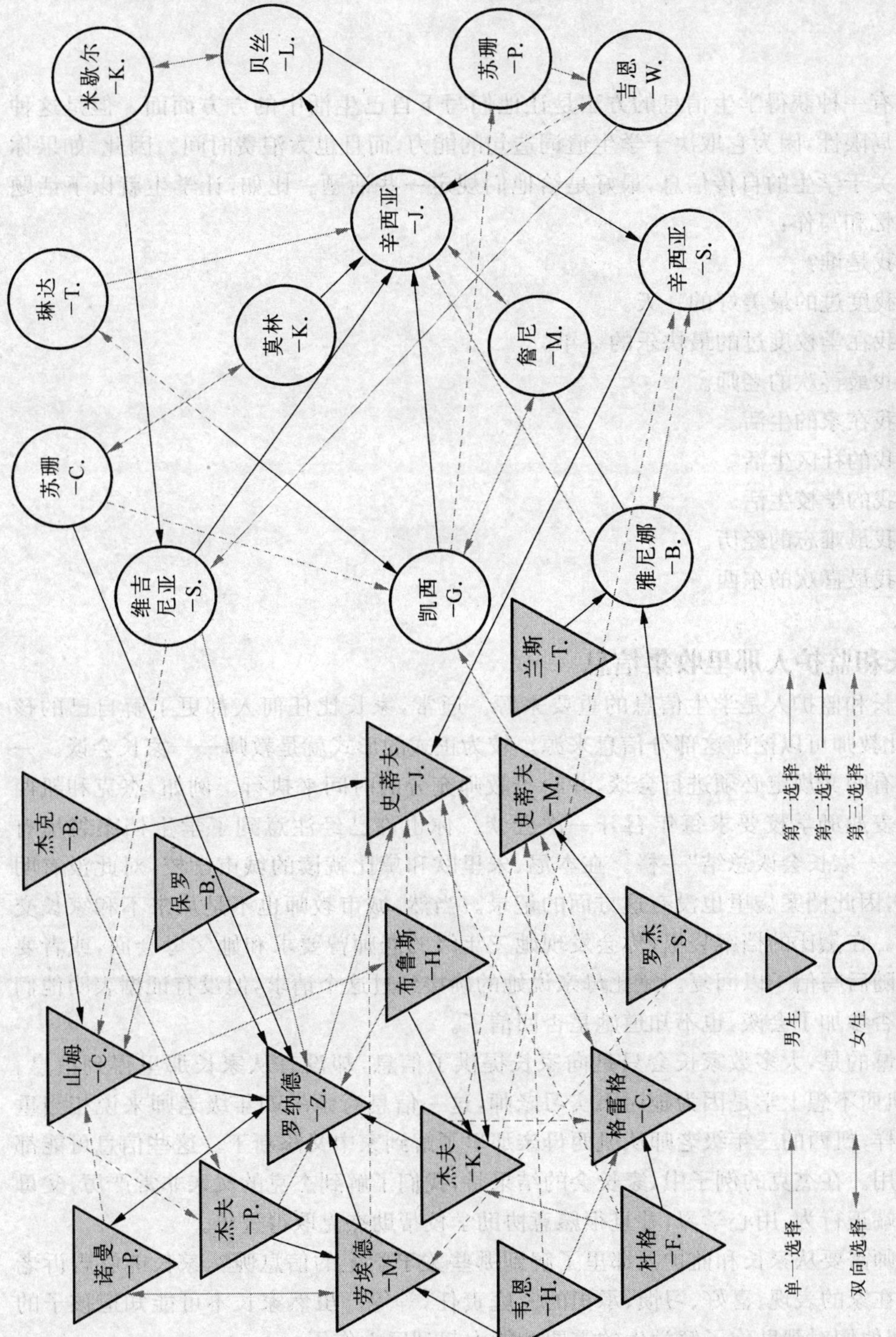

问题：你最愿意和班里哪三个同学坐在一起？（注意：有的学生可能只给出一个或两个选择）

图 5－1　社会关系图

自传

还有一种获得学生信息的方法是让他们写下自己生活中的方方面面。但是这种方法有局限性，因为它取决于学生遣词造句的能力，而且也太浪费时间。因此，如果你想获得关于学生的自传信息，最好是给他们规定一些话题。比如，让学生就以下话题进行回忆和写作：

- 我是谁?
- 我度过的最美好的一天。
- 我在学校度过的最快乐的一年。
- 我最喜欢的老师。
- 我在家的生活。
- 我的社区生活。
- 我的学校生活。
- 我最难忘的经历。
- 我最喜欢的东西。

从家长和监护人那里收集信息

家长和监护人是学生信息的重要来源。通常，家长比任何人都更了解自己的孩子，因此教师可以挖掘这部分信息来源。较为正式的形式就是教师——家长会谈。一些学校有明文规定必须进行会谈，并给予教师充分的时间来执行。例如，杰克和凯西就读的麦迪逊学校要求每年召开一次会谈。你也许已经注意到了学生档案袋里有“教师——家长会谈总结”一栏。在本尼、朱里欧和黛比就读的城市学校，对此没有明文规定，因此档案袋里也没有这方面的记录。当然，城市教师也不是从来不和家长交流意见。在黛比的档案袋里，你会发现她三年级的老师曾要求和她父母会面，或者要她父母随后写信予以回复。黛比母亲说她的确接到过这个请求，但没有证据表明他们到底是否参加了会谈，也不知道她是否回信了。

遗憾的是，大多数家长会只是向家长提供了信息，却没有从家长那里得到信息。当然，凯西不想上学是因为她讨厌实习老师，这一信息对她的四年级老师来说相当重要。同样，凯西的三年级老师从凯西母亲那里了解到家中又添新丁。这些信息可能都非常有用。在杰克的例子中，家长会的结果是，我们了解到杰克的父亲非常严厉，父母希望他端正行为，用心学习，并且很愿意协助学校帮助杰克取得进步。

教师需要从家长和监护人那里了解到哪些关于学生的信息呢？家长能够告诉老师学生在家的表现、喜好、习惯、承担的家庭责任，等等。虽然家长不可能知道孩子的一切，但他们对帮助你了解学生的需要和能力起到巨大作用。

教师又需要了解家长和监护人的哪些信息，从而反过来帮助他们更加了解学生？图里亚多斯（Touliatos）和康普顿（Compton）（1983）建议如下：家长的背景和目前家庭地位，家长的个性（“杰克的父母很严厉”），家长之间的关系以及家长和子女之间的关系如何，家长和学生在家里的地位，家长对学生及其兄弟姐妹的态度如何。要了解家长和其他家庭成员的性格，教师可以让他们从个人和家长的角度进行自我描述，然后让他们谈谈这些个人形象会如何影响子女。要了解家长如何看待自己和孩子在家中的角色和关系，教师可以让他们谈谈各自承担了多少家庭责任，拥有多少决策权。

了解家长或监护人对抚养子女、教育子女有何认识，是非常有用的。你可以问问他们，当家长或监护人有何感受，是否影响了他们的生活；作为家长或监护人他们有何做事原则，等等。

下面还有一些问题供你参考：

- 请描述你的孩子在家的情况。他做什么——不做什么，喜欢什么——不喜欢什么。你的孩子分担哪些家庭责任？
- 做他的家长，你有何感受？你愿意谈谈你有何忧虑吗？
- 请描述你孩子的身心健康状况？
- 你的孩子对自己有何认识？
- 你的孩子对学校有何认识？他喜欢和不喜欢学校的哪些方面？
- 你的孩子和其他孩子、老师及家庭成员是否相处融洽？
- 你的孩子有哪些优缺点？
- 你的孩子在校内或校外有过哪些特殊经历？
- 你的孩子是否得到过任何特殊帮助？
- 我如何才能最好地帮助你的孩子？有哪些对付他的最好办法？

案例

案例研究法（case approach）指将目标学生的所有信息汇总，形成全面的认识。因此，案例包括了学生档案、对学生的观察、访谈、调查问卷、社会关系研究、自传、家长会谈等一切信息，并加以综合。

通常，案例的最佳来源是学生档案，因为其中包含了多种信息，而且时常更新。如果还有其他数据可以填补空白，就能组建一个案例。如果其他数据不足，教师则必须收集丢失的信息后才能组建案例。

图里亚多斯和康普顿(1983)建议，必须收集到以下数据才能形成对学生的总体概念：

- 身份信息（姓名、地址、电话号码、出生年月、出生地、性别、年级、种族、民族、宗教）。
- 家庭情况（学生和家长、监护人或抚养人之间的关系、家长的年龄、种族、民族、宗教、文化背景和家中使用的语言；家庭健康状况；教育；目前的工作状况；是房主还是租户；住房是否宽裕；爱好；消遣方式）。

● 学生的医疗情况（总体健康状况、较严重的疾病和受伤记录）。

● 学生的学校情况（出勤情况、总体成绩水平以及阅读、数学等学科的具体成绩水平、能力测验分数、学业成绩测验的分数、特殊爱好、学习态度、人际关系和朋友圈）。

案例 5.1 是一位教师自己写的关于黛比·沃克的案例研究。黛比的学生档案附在本章末尾。

案例 5.1

黛比·沃克的案例研究，由她的老师记录

黛比·沃克，埃迪逊小学五年级学生。11 月的一天早晨，从贝克中学转学来的黛比在母亲的陪同下，拄着拐杖一瘸一拐地走进教室。母亲解释说，黛比帮忙把卡车上的家具搬进屋的时候，卡车突然开动了，匆忙之中她摔断了腿，大约两个月没能上课。可能是因为黛比伤势严重，一进教室，同学们就立刻上前迎接。丽奈特·欧芙密尔和其他几个学生特别主动地帮助黛比，还计划如何接送黛比进教室、回家。这初步表明黛比能对同学的行为产生微妙而有力的影响。

黛比出生在城市里，自小住在贫民区里。其间，她上过八所小学，在八个班级里待过。这种不间断的转学使黛比从来没有体验过安全感。她的家庭状况（家里有 14 个孩子）也总是一片混乱。黛比和她的兄弟姐妹不停地从贫民区的一个少数民族聚居区搬到另一个。这是个单亲家庭，不过最近母亲又找了个伴。通常，这种家庭惟一的担忧就是如何维持生存，只能过一天算一天。

直到现在，黛比一直和母亲以及六个兄弟姐妹一起生活。可最近两年她还有一个"继父"。就在前不久，继父抛弃了她们母女，目前正打算通过打官司来获得他刚出生的女儿的抚养权。黛比对生父一无所知，甚至都不记得自己还有亲生父亲。她是吃着百家饭长大的。一家人几乎没有什么家当，在这座城市里来回搬家的次数都赶上黛比的岁数了。

就黛比的年龄而言，她的个子算比较高。她是黑人，是一位浸信会教徒。她每天的打扮都不一样，似乎不知道怎么才能穿得整洁得体。

黛比总体来说学习态度还是不错的，可最近却发生了一些变化。以前她一直很喜欢参与班级和学校事务，还当选为班级财务管理员。黛比还在社会中心的第二课堂活动中参加手工艺制作。教手工艺的老师还表扬了黛比的作品。

然而，前不久，黛比似乎惹了什么麻烦。上个月，她因为在午饭时间鼓动两个女孩在教学楼外面打架而留校察看两天。这一处分带来的后果是，黛比变得闷闷不乐，连作业也不做了。现在，她的校内职务和校外活动都被取消了。

发生这些事情之前，黛比在学校过得还是挺快乐的。这一点无可否认，因为她在一年级、三年级和五年级时表现都还不错。她似乎最喜欢艺术、音乐和算术。可她说自己喜欢所有学科。

黛比说的英语还比较标准，不过仍然明显带有贫民区的口音。

最近一次和黛比母亲的谈话中，我们讨论到黛比的学习态度、总体表现和不交作业的情况。我指出，黛比的这种行为危害到了她的学习。她母亲觉得，黛比和费利西亚·奥特交往是导致她变坏的原因。的确，黛比和费利西亚关系很铁，这对彼此和其他孩子都产生了一些负面影响。如前所述，黛比能够通过微妙地施压来影响和操纵同学们的行为。

黛比的学习成绩一直都不太好。她考过三次库尔曼-安德森(Kuhlman-Anderson)智商测验，结果表明她的 IQ 在 86 到 103 之间。她的学业成绩测验分数记录在学生档案里了，我不能只根据年级，而应该根据她的年龄和就读年级来解读她的分数高低。

我们希望黛比最近不完成作业的现象只是暂时的，希望她有更好表现。现在她的作业更多了，应该作出一些规定，让家长为她在家中开辟一块安静的地方来学习。可像她这么大的家庭，要营造这样的环境是不太可能的。如果还让她和前一阵一样没完成作业就来上学，很可能会让她感到沮丧，引发不良表现。应当不停鼓励黛比尽全力按时完成作业。如果她能养成这个好习惯，她可能很快就能当上维持走廊秩序的小干部。要是这个目标实现了，也许她会感到欣慰。

本案例报告来自学生的档案袋(见附录)。

研究并解决该案例

1. 哪些因素影响了黛比？
2. 对于老师对黛比的情况的评价，你有何看法？
3. 你会如何帮助黛比？

有些学校将学生档案信息存入电脑。(见要点 5.3)

要点 5.3
电子学生信息系统

我们可以将很多学生信息输入 Power School 和 School Master 等计算机学生信息系统(SIS)并从中提取信息。这些电子系统可以储存各种各样的信息，包括学生出勤情况、所在年级，档案信息如教师评语等。电子系统的使用减少了成堆的学生档案和其他学生记录。

同时，家长也可以用电子系统通过因特网了解学生的出勤情况以及是否取得进步。此外，电子系统还提供电子邮件功能，方便教师和家长进行沟通。请登录Power School的网站观看演示。

评估和使用信息

获取学生的确切信息来帮助你开展教学，这只是一个方面。另一方面是了解并明智地使用这些信息。

评估信息

在检查学生资料时，你可能会产生几个疑问：**这条信息对我的研究目标有用吗？**我到底想了解什么？这条信息给出答案了吗？如果你想了解学生的学习能力，就得问问自己：学生理解抽象概念、解决问题和学习能力到底如何？这样一来，你手头得有衡量学习能力的标准化考试的结果。这种考试的设计目的就是要衡量学习潜力，因此是有效信息。而衡量学业成绩——学生已经掌握了哪些知识——的标准化考试在这里则不适用。尽管学生的学业成绩通常都和学习能力测验成绩有紧密联系，但两者衡量的内容不一样。学生可能在学习能力测验中成绩不错，说明他大有潜力，但学业成绩未必会很好。相反，有的学生可能学业成绩很高，但学习能力测验成绩很低。你知道这是怎么回事吗？既然标准化考试是为了衡量不同内容而精心设计的，你得确认拿到的是你所需要的测验结果。

第二个和学生数据相关的问题是准确性。你得问一问：**这条信息真的准确吗？**两大因素会影响信息的准确度：一是信息是否存在偏见，二是信息是否稳定。几十年来，人们曾对某些标准化考试进行过指摘，认为它们存在文化或性别歧视。正如前面关于能力测验部分提到的，有的测验对于在中产阶级家庭长大的白人学生来说似乎更容易，因为出题人使用的是标准英语，而且试题内容贴近普通中产阶级生活。有的标准化考试则体现性别歧视，通常是指这些测验对于男生来说更容易。如果测验真的存在偏颇，那就不可能获得真正准确的学生成绩了。如今越来越多的学校意识到了要用客观的测验来获取公正准确的结果。

遗憾的是，每个人或多或少都存在一些偏见。因此，对于教师在内的其他人对学生的数据作出的解释，我们要谨慎接受。尽管大多数教师并无意提供有个人倾向性的信息，但他们会不由自主地喜欢某些学生而抗拒有的学生。他们往往会认同并表扬那些“有吸引力的学生”，讨厌和惩罚那些“没有吸引力的学生”。在某种程度上，教师受到某些学生的吸引其实是自身背景和个性在作怪。通常，我们喜欢那些和自己有共同点的人。和他们在一起，我们会觉得更自然（即我们常说的“物以类聚”）。

当种族、民族、性别、长相和着装等因素使教师对学生形成不公正、不正确的看法时，教师的偏见尤为明显。你能回想起老师出于以上某因素，对你或你的朋友产生偏见的例子吗？

教师的偏见也可能是积极的，但肯定是不准确的。我们都会出于某种原因而欣赏某个朋友或亲戚。有时，我们会因为对方的一两个优点而对对方钦佩不已，却忽视了他的缺点。对我们来说，那个人头上似乎戴着光环。你会发现有的学生似乎也戴着光环，他们从来不会犯错。这种带有偏见的现象通常被称为“光环效应”。尽管这种现象很难觉察和控制，你还是应该尽力观察并报告关于学生的事实，完整的事实，绝不说假话。这是恐怕一个苛刻的要求。

信息的不一致也是个问题。我们来看看本尼·甘布参加过的“一般能力测验”。他在一、二、三年级都参加了这些能力测验，得到的分数从 97 分（中等）到 116 分（良好）不等。同样，你可能会从不同老师那里得到关于某学生的截然不同的看法。学生积极举手发言，有的老师可能会说他不过是企图引起注意，而有的老师可能会说他好学。你会相信谁的话？通常，如果学生的信息不一致，那就站在积极的一方：把本尼的高分作为衡量结果，看做他在最佳状况下能达到的学习能力。同理，在混杂的信息面前，相信最好的那一条。

总之，要成为优秀教师，就必须学会获取和使用关于学生的信息，而且这些信息要符合调查目标、不带偏见、具有稳定性。

正确使用信息

我们获得的学生信息会影响我们对学生的看法和期望。而且，有的信息比其他信息更有影响力。杜谢克（Dusek）和约瑟夫（Joseph）（1983）对 77 项研究的结果进行了比较和辨别。这些研究的目的都是要找出哪些因素最影响教师对学生的学习期望和个人期望。两位调查者寻找了教师的期望与学生性别、性别角色表现、生理吸引力、种族和社会阶层、姓名、行为、教师以往和兄弟姐妹相处的经历等之间的关系。有五种因素似乎极大地影响着教师的判断：学生的吸引力、课堂行为、种族、社会阶层和学生档案信息，尤其是测验成绩和教师的评语。请看研究聚光灯 5.1。

然而，杜谢克和约瑟夫提到，学生姓名（念起来是否好听），性别角色表现（是否符合传统的性别角色），或者教师以往和学生的兄弟姐妹相处的经历是否会影响教师的期望，这个问题还不清楚。他们的结论是：一般而言，教师不会受学生性别的影响。尽管如此，但我们在第三章了解到，教师仍然会对男女生区别对待。要解释这一看似矛盾的现象，想象一下，你有两位朋友：一个是男的，一个是女的。你会对他们持有相同的学习期望和个人期望，同时又对他们一视同仁吗？

既然学生的某些信息会影响教师的看法和期望，那么在接任新的班级之前，到底需要了解多少信息呢？阿来萨（2001）指出，在和教师交谈的过程中，他发现大多数人希望较早得到三类信息：（1）学生的生理或心理问题；（2）学生的特殊需要、学习问题或缺陷；(3) 特殊的家长监护情况。

幸运的是，许多教师在和学生相处一段时间、有一定了解后，逐渐调整了对学生的看法和期望(Good & Brophy, 1994)。是的，作为教师，我们往往轻信看到的东西，但随着经验的积累，我们要改变先前的一些印象。

研究聚光灯 5.1
影响教师对学生的看法和期望的因素

变 量	影响的类型
学生的吸引力(生理上的)	影响教师对学生的学习成绩和人际关系的期望
学生的课堂表现	影响教师对学生今后表现的期望
种族	通常，教师期望白人学生比黑人学生表现更好
社会阶层	通常，教师期望中产阶级学生比低阶层学生表现更好
学生档案信息	教师的期望主要受测验成绩和其他教师的评语的影响

来源：来自 J. B. Dusek 和 G. Joseph，《教师期望的基础：综合分析》(*The bases of teacher expectations: A meta-analysis*)，《教育心理学杂志》(*Journal of Educational Psychology*)，75(3)327～346。

激励学生学习

除了要了解学生，你还要激励学生学习。有的教师似乎天生就有这种能力。然而，我们大多数人得通过后天的学习才能获得这种能力。幸运的是，关于激励学生学习的知识颇为丰富。布罗菲 (1998)在浏览了这些知识后提出以下建议，可应用于教学设计、讲课及评估学生等过程。

● 营造一个有利于学习的课堂氛围。如何做到这一点？首先，让你自己变得“有吸引力”，对学生投注热情。如果学生对你有好感，教学就会顺利得多。(见第十章《有效教师的个性特征》)其次，让学生把注意力集中于目标的达成——个别学生的目标或小组目标。如果学生知道该做什么，以及有可能的话，知道如何去做，也会很有帮助。

（见第四章《认知学派的教学和学习方法》）最后，教给学生值得学习的知识，采用能让学生体会到知识价值的教学方法。

● 让学生尽最大可能努力学习。当学生（1）相信自己能圆满完成任务，并得到奖励；（2）相信自己有能力取得成功（效能感）；（3）相信自己在成功之路上能得到必要的支持时，他们更有可能去努力学习。

● 对缺乏自信、因而不爱学习的学生投入更多心思。对他们提出具有挑战性但能考验能力的要求。帮助他们认识到：只要付出努力就能够成功。万一不能成功，帮助他们找出原因，向他们展示如何取得成功。

● 多花心思对付那些对自己期望值过低、轻易向失败低头的学生。不断给予鼓励，让他们相信自己能够成功。给予最大的支持。**表扬他们付出的努力，认可他们取得的进步。按照要求进行个别化教育。**和家长、监护人合作。

● 多花心思对付冷漠、自由散漫的学生。帮助他们认识到学习知识可以使他们更有能力，使他们对自己更满意。让这类学生获益的办法有：外部刺激和签署合同（见第七章《个别化指导》），合同上写清学习目标和目标达成后给予何种奖励。耐心地鼓励学生，坚信他们能够取得成功。在学生现有的兴趣基础上帮助他们学习，让学习任务尽可能地使人得到满足感（见聚光灯 5.2）。

研究聚光灯 5.2

调动不愿学习的学生

几乎每个班都有学习动机不明确的学生，被称为**不愿学习的学生**。也许你能回忆起这样的几个人来。事实上，在某个人或某件事改变你之前，或许你自己就是一个不愿学习的学生。黑迪（Hidi）和 Harackiewicz（2002）发现了一些有用的策略，用来“吸引和保持”学习动机不明确的学生的注意力。这里列出几点：

确保学生将要读到的内容易于理解。此外，设法找一些题材新颖、出人意料的阅读材料。

让学生有选择的余地。不管选择的内容看起来多么微不足道，也能增加学生的兴趣。

尝试组成同性小组或同性班级进行学习。例如，有人发现女生在全女生班级中对物理表现出更浓厚的兴趣。

帮助学生思考如何使某些任务不那么无聊。例如：“我们怎样让这件事情更有意思？”

培养学生的社会责任感。例如，采用合作学习法（见第八章），这样一来，有时候小组中的每个学生都必须专门负责一个话题，并和其他同学交流有关该话题的专业知识。

● 合理使用外在奖励和内在奖励(见案例 5.2)。然而,应该让学生知道,参加活动不是为了取悦他人、获得物质奖励或逃避惩罚(外在原因),而是出于自愿,为了实现个人价值(内在原因)。永远设法让学生的注意力集中在他们通过学习要完成的事情上。增加学生内在动机的方法有:(1) 频繁地给学生制造机会(在全部课程范围内),让他们自己决定要学什么,如何学,以此来激发学生的自主意识;(2) 使学习任务符合每个学生的能力;(3) 尽可能多地开展各项活动,给予学生及时反馈,让他们知道任务完成得如何;(4) 设法开展真实的活动——即和现实世界有关、能得到实际运用的活动;(5) 合理调整活动内容以适应学生的兴趣;(6) 使学习具有个人化特色,设法使学习成为富有吸引力的过程;(7) 不要给学生布置无聊、令人厌烦的任务。

案例 5.2

蜘蛛侠调动了全班学生的积极性

教三年级的奥兰多·马丁内斯老师在开学第一天发现,大部分学生连写一个完整的句子都有困难,更别提一个段落了,这让他几乎要晕倒。然而,他没有放弃对这些学生的希望。马丁内斯继续去给学生上课,一边寻找调动学生积极性、促使他们养成良好学习习惯的方法。

他发给每个学生一张蜘蛛侠图片。如果谁的表现影响了学习,他的蜘蛛侠就要降级,和大恶人蝎子王“交锋”。如果再有不良表现,就得和章鱼博士较量。最严厉的惩罚是要面对绿魔。孩子就是孩子,童心未泯,谁都想成为蜘蛛侠,谁都不想陷入蝎子王、章鱼博士和绿魔的魔爪,都逐渐纠正了自己的不良行为。

这个方法看起来颇有效果,教室的墙面上贴满了各种各样的超级英雄海报,学生将这些超级英雄当成行为榜样。除了这些英雄人物,还有一些学生自己虚构的动物和怪物。

马丁内斯认为:“教师也是超级英雄,他们整天和孩子在一起,扮演保姆、辅导员、导师等各种角色。”

除了用“超级英雄”来调动学生的积极性,马丁内斯还让学生每两人一起学习,相互鼓励、相互支持。他还把学生分成小组,哪个组学习成绩进步得快,表现好,就能得到一笔“奖金”,学生可以用这笔“奖金”享受特权或其他好处。

马丁内斯认为,让上学变得饶有趣味是非常重要的。他现在学生的和以前的学生对此都表示认同,觉得他是一个重视学生和学生兴趣的老师,一个“为学生、家长和社区付出很多心血的人”。

来源：A. Zayas,《用超级英雄作为榜样帮助蓝湖小学教师奥兰多·马丁内斯教三年级学生》(*Speaking the language of super heroes helps Blue Lakes Elementary teacher Orlando Martinez reach his third graders*),《迈阿密先驱报》(*Miami Herald*),2004-2-26。

heraldsuperteacher@yahoo. com

调查并解决这个案例：

1. 马丁内斯采用了什么学习原理？
2. 他使用了哪条调动积极性的建议？

● 布置给学生的任务要既能使他们达到课程目标，同时又能满足他们的个人和社会目标。让每个人都成为赢家。

● 鼓励学生重视学习的价值。要做到这一点，首先你自己就要做一个热情的学生，还要认为学生都很好学，要避免让学生在课堂上感到焦虑，要让学生深入思考，以及将学习和学生的生活经历联系起来。

如果你拥有这些能力，或者已经取得了这些能力，那么对你和你的学生来说，每一天都会过得有意义，学生也会在学业上取得更多成功。

几点思考

正如我们已经看到的，了解学生既会使你受益匪浅，也暗藏陷阱。我们已经提到了完全依赖，或过分依赖某些信息（如标准化考试的分数和教师评语）造成的潜在危险。阿来萨（2001）就教师如何克服这些问题以及其他可能存在的问题提出了一些建议。我们将他的建议修改如下：

● 要意识到你可能会由于带有偏见、不完整或错误的信息以及不好的第一印象而对学生作出并不准确的初步判断。给每个学生第二次机会，让他们给你留下一个好的印象。

● 不要草率对学生作出判断。要花时间尽你所能多收集信息，最终形成对学生的深入了解。

● 不要只依赖记录下来的信息，比如学生的穿着打扮、别人的评论，而要亲自观察学生、设法尽量接近学生，从而真正了解学生。人不可貌相！

人们已经开发了大量用来评估学生的正式手段，通过使用这些手段，我们可以了解学生的（1）认知能力（智力、学习自觉性、成熟度、语言和数字技能、认知风格等）；（2）个性和情感特征；（3）对环境的认识；（4）自我认识；（5）态度和兴趣；（6）社会行为。这些手段在约翰逊（1976）编写的一套上下册书里有详细阐述。

另一方面，调动学生的积极性则只有好处没有坏处。因此你应当努力培养自己激励学生的能力。下面引用了一些著名激励者的话，也许能给你一些启发：

● 重要的不是让每个孩子都得到受教育的机会，而是让每个孩子都希望自己接受教育。（约翰·卢伯克）

● 不先调动学生的学习积极性就试图把学生教好，如同敲打冷冰冰的铁块。（霍勒斯·曼恩）

● 我们必须谨记：即使是已经告别孩提时代的人，一旦体会到学习的乐趣，他就不会再痛恨学习，也不会畏惧学习带来的痛苦。（昆体良）

● 越是被逼学习，越是轻易遗忘。（威廉·黑兹利特）

本章小结

● 了解学生对教师来说非常重要。有经验的教师似乎比新教师更了解学生。

● 虽然了解学生的方法有很多，但得到的信息主要分为两类：一类是从现有的学生记录中得到的信息，一类是教师自己获得的信息。

● 现有信息的主要来源是学生档案（本章附录中有五个例子），通常包括学生的个人信息、家庭信息、出勤情况、学业等级、标准化考试成绩、教师评语等。通常，教师似乎更喜欢收集标准化考试的成绩和读取以前教师的评语。

● 要理解标准化考试成绩的含义，就有必要知道该测验要衡量的内容，了解**标准化考试**、**百分点**、**等级分数**等概念。要判断教师评语的准确性，就有必要了解写评语的教师，以及他是如何得出关于该学生的结论的。教师评语通常都很简短、不完整，有时不够准确。

● 学生信息的第二个来源是教师对学生进行观察、访谈、使用调查问卷、社会关系测量、自传、家长和案例分析。

● 对学生的观察分为正式的（事先精心设计并执行）和非正式的（即兴的，未经准备的）。正式观察需要教师明确观察对象和观察方法。非正式观察只需要记录任何引起教师注意的偶发事件。大多数的观察都是非正式的。

● 访谈使教师获得仅通过观察难以得到的信息。访谈也有正式和非正式之分。按照一定谈话步骤进行的访谈可以增加获得的信息数量和质量。

● 调查问卷可以设计成开放式或封闭式提问。开放式问题让学生自由发挥，描述对自己的认识、和同学的关系以及学校和家庭生活。封闭式问题则让学生在事先给定的范围内回答是或不是；没有自由发挥的余地。

● 社会测量是用来了解学生如何看待他们和同学的社会或学习关系。社会关系图直观地表现了这些关系。

● 自传写作可以让学生有机会描述自己。但这种方法的使用有一定局限性，因为它对学生的文学功底要求较高。

● 家长和监护人也是更多信息的来源，教师应当善于从中挖掘。对家长和家庭的了解也有助于了解学生。

● 案例研究法是将某一学生的所有信息汇总，以得到更完整的学生写照。因此，好的案例汇集了用刚才提到的所有方法取得的各种信息。

● 教师应当能够正确评估学生信息。最重要的问题是现有信息和教师决策是否有紧密联系。符合研究目标的信息是有效信息。同样重要的是信息的准确性和稳定性，我们称之为信度。能够判断信息的效度和信度对于使用信息至关重要。

● 有几类信息更能影响教师对学生的看法和期望。影响最大的似乎是课堂表现、学生的吸引力、社会阶层、种族和学生档案。所有教师似乎都想提前得到关于学生生理、情感、学习或家庭问题方面的信息。幸运的是，教师在长期和学生的日常接触过程中会逐渐调整对学生最初的印象。阿来萨（2001）提出了一些建议，帮助大家纠正凭第一印象行事的习惯。

● 教师应当能够使学生对学习产生兴趣。有的人在这一方面更擅长。

● 通过展示个人魅力，营造有吸引力的学习环境，让学生知道这堂课要学什么，让学生认识到所学知识的价值，都可以提升学生的学习兴趣。

● 如果学生觉得你布置的任务在他们力所能及的范围之内，觉得他们能够顺利完成，并且相信你在需要的时候会伸出援手，他们就会更愿意学。

● 帮助缺乏自信或不愿学习的学生。给他们布置和能力相关而又有一定难度的任务，让他们认识到付出一定的努力就能够成功。

● 要时不时地鼓励对自己期望过低的学生。让他们认识到自己能够取得成功，对他们的努力和进步予以及时的表扬。

● 帮助冷漠的学生认识到学习对个人的价值，布置他们感兴趣的任务，并给予他们激励，而且最好是内在的激励。

● 自己要对学习充满热情，活到老学到老，并且认为学生也是这样的。

关键词

学生档案	标准化考试	等级分数
教师评语	正式观察	非正式观察
正式访谈	非正式交谈	社会测量
社会关系图	案例研究法	效能感

待讨论的主题和问题

主题

1. 教师应当何时拿到学生档案？

2. 学生哪些方面的信息是教师必须了解的？哪些信息是不应该让教师知道的？
3. 标准化考试究竟有多少可信度？教师应当如何使用测验数据？
4. 向学生和家长公布标准化考试成绩的做法有哪些好处，哪些缺点？
5. 教师如何减少对某些学生的偏见？
6. 教师如何抽时间收集和使用学生信息？
7. 教师应当花多少时间来调动学生的积极性？
8. 激发学生的学习兴趣是家长和监护人的责任还是教师的责任？
9. 如何将我们已知的学生多样化(第三章)应用于调动学生积极性？
10. 如何将各学习理论学派(第四章)应用于调动学生积极性？
11. 调动学生积极性时，如何利用我们了解到的学生信息？
12. 你认为调动学生积极性最重要的三条原则是什么？
13. 我们如何更好地调动学生的积极性？

问题

以下是教师向我们提出的和本章内容有关的问题。在每种情况下你会怎么做？

问题 1：科伦拜校园悲剧事件过后，我无意中听到有个学生说："我太理解那些家伙了。我觉得我和他们没什么两样，都遭到社会的抛弃。"

问题 2：一位家长的话实在让我摸不着头脑："我知道学校有[我孩子的]档案记录。我也知道那些记录里面有大量不好的内容。我不希望你受那些东西的影响，所以你最好别去看，我感激不尽。"

问题 3：甫洛波尼女士急得像热锅上的蚂蚁："你干吗把我孩子的信息告诉警察？你知道自己在做什么吗？"

问题 4：写在孩子的档案上的评语让克莱特先生很不高兴："家长应当认识到他们在罗伯特受教育过程中所起的作用。他们似乎总觉得学校应当负全责。"

问题 5："同事在档案中写的评语让我深感怀疑。我和这些孩子接触后得到的感受和他们完全不同。"

问题 6：洪波一直以来对上学没有丝毫兴趣。现在他是我班里的学生。

理论付诸实践的活动

活动 5.1：查看学生档案

如果你正在一所学校实习，询问你的教学导师能否查看那个班学生的档案。如果可以，列出档案中包括的信息种类。再列出哪些信息可能对你有帮助。

如果你还没有开始实习，那就仔细读一读附录中的五份档案，也按上述要求做两张列表。要读懂档案中的具体信息，你还需要了解哪些东西？做好准备，和其他同学探讨你们的调查结果。

活动 5.2：设计并进行一次正式观察

如果你正在一所学校实习，询问你的教学导师能否正式观察学生。让导师帮你确定观察目标。然后通过回答下列问题来为观察做准备。

- 谁是目标学生？为何选他为观察目标？想调查什么问题？
- 通过观察和倾听这位学生可以获得哪些有用信息？
- 具体何时观察这位学生？
- 需记录哪些东西？通常需要先列出一个问题清单。

活动 5.3：设计并进行一次访谈

如果你正在一所学校实习，或许你可以对某个学生设计并进行一次采访。

以下问题可指导你为访谈做准备：

- 谁是目标学生？
- 为何选这名学生？想了解什么问题？
- 通过和这位学生的交谈可以获得哪些有用信息？
- 何时何地进行访谈？
- 你会问哪些问题来获得关键信息？

活动 5.4：设计并使用调查问卷

你可能喜欢自己来设计调查问卷以了解更多有关学生的信息。如果你在一所学校实习，先找出哪些是已有信息。可以在教学导师的帮助下完成这个任务。如果你没有开始实习，使用本章附录中的五份学生档案。

接下来，设计问题。问题可以是开放式也可以是封闭式的。数量不要太多，要言简意赅，尽可能没有威胁性。例如，假如你想了解学生对学校或家庭的态度，最好用左边这种开放式问题，而不要用右边那种封闭式问题。

“你在学校什么时候觉得最开心？”	对　比	“你喜欢上学吗？”
“你在家什么时候最开心？”	对　比	“你喜欢待在家里吗？”

设计完问卷后，请几个同学看一看，然后请你的教学导师和大学老师指正。最后，想一想你或你的教学导师该如何收集和使用得到的新信息。

活动 5.5：研究一份社会关系图

如果你正在一所学校实习，询问你的教学导师是否给目前这个班级画了社会关系图。如果有，问问他你能否看一看并思考这幅图是如何制作的。让教学导师谈一谈图中结果。这些关系是意料之中的吗？这些信息如何得到了使用？你可以将这幅图制作成幻灯片，和其他同学一起进行讨论。

活动 5.6：制作一份社会关系图

如果你正在一所学校实习，询问是否可以让你来制作社会关系图。可以的话，按照下面的步骤或类似步骤来进行：

1. 从以下三个问题中任选一个：

(1)"班里哪两个人是你最要好的朋友？"

(2)"如果要你完成一个小组项目，而且老师会根据完成情况打分，你想和哪两个人合作？"

(3)"假如你陷入困境，班里哪两个人最有可能帮助你？"

2. 向学生解释你的意图：你正在设法更多地了解学生，以使自己成为一名更合格的老师。

3. 让学生私下回答你刚才选好的问题。

4. 将每个学生的回答记录在类似于下面的这张表格里：

回答者姓名	第一选择	第二选择
(1) 朱里欧		
(2)		

5. 记录每个学生都被哪些人选过。

(1) 选朱里欧的是罗伯特和马尔柯姆。

(2)

6. 用一些符号来表示不同性别(见图 5-1)。

7. 将被选次数最多的学生的符号画在中间位置，被选次数最少的学生的符号画在外围。由于男女生通常都会选择和自己相同性别的学生，所以可以把男生画在页面的一侧，女生画在另一侧(见图 5-1)。

8. 用不同颜色的箭头代表第一选择，第二选择和双向选择(箭头指向两边——见图 5-1)。

活动 5.7：获得自传信息

如果你正在一所学校实习，或许你可以对如何获取和使用自传信息有所了解。问问你的教学导师是否用这个方法获得学生信息。如果是的，看看他收集了哪些信息，是如何收集的。还要问问如何使这些信息发挥最大作用。如果他没有用过这个方法，设法得到允许让你来收集信息。然后，确定你最需要了解什么，以及学生要阐述的话题。例如，假设你想了解学生的课外生活，那么你可以让他们写一写“我怎样度过下午和夜晚”，或“我的周末”。

活动 5.8：使用家长提供的信息

如果你正在一所学校实习，询问你的教学导师是如何通过和家长的交流来获取学生信息及其家庭情况的。他得到了哪些信息？记录在了什么地方？

如果记录在了学生档案里，你就可以读到这些信息并加以思考。教师得到的通常是哪些方面的信息？除此之外还有哪些信息也有用？

活动 5.9：阅读案例

也许你可以接触到一两个案例。如果你正在一所学校实习，询问你的教学导师是否写过案例。问问他是什么原因促使他写这个案例，是如何写的。再问问这些案例是否有价值。也许你可以和同学在不暴露学生姓名的前提下讨论其中的某个案例。

活动 5.10：调动学生的积极性

也许你有机会观察一位 K—12 教师。请教这位教师是如何调动学生积极性的，或者观察并列出这位教师使用了哪些方法来调动学生的积极性。和同学一起讨论你的观察结果。

活动 5.11：为调动学生积极性制定计划

选一个你很可能要教到的话题。详细描述你将如何调动学生的积极性，包括缺乏自信的学生、对自己期望过低的学生以及冷漠的学生、不爱学习的学生。

活动 5.12：调动学生积极性的技巧

列出你的老师曾经使用过的调动学生积极性的技巧，或发明一些你自己的技巧。

附录：几位学生的档案卡

学生姓名：杰克·罗伯特·布罗根

个 人 资 料

现住址：Felcrest 路 280 号
电话号码：354—7520
实际年龄：9 岁零 11 个月
年龄证明：出生证
出生地：门罗
最近的照片：

特殊活动、兴趣和爱好：
喜欢神话故事

特殊健康状况：

转校记录：

自何处转至麦迪逊学区(M. S. D.)：
离开麦迪逊学区时读几年级：
转至：莱克赛德(Lakeside)小学就读二年级
转学原因：
四 年级时从 莱克赛德小学 转回本校

本学生档案中的姓名、资料和学生照片不符，仅供教师培训项目之用。

家 庭 资 料

	父亲	母亲
名字	父亲名字：麦克斯韦	母亲名字：海伦
出生地：	艾尔顿	印第安纳州，布卢明顿
职业：	实验室技术人员	零售商
公司名称：	Harley-Ryan	职业女装品牌塔尔伯茨(Talbot's)

兄 弟 姐 妹

名字	实际年龄
1. 谢丽尔	8岁
2.	
3.	
4.	
5.	
6.	
7.	
8.	

家庭特殊情况

外婆和这家人一起生活

本学生的所有资料都来自真实档案；但学生姓名、出生日期经过修改，所附照片为儿童演员/模特儿。

学生姓名：杰克·罗伯特·布罗根

麦迪逊学区
Longacre 小学

成　绩

1 年级
V-进步非常大
G-进步很大
N-有待改进

2—8 年级
A—优秀
B—良好
C—中等
D—差
E—不及格

科　目	1	2	3	4	5	6	7	8
英　语	G	B	C	C				
社会科学		B	C	C				
自然科学		C	C	B				
数　学	G	B	C	C				
阅　读	G	C	C	C				
拼　写		B	C	B				
写　作	V	B	C	C				
教师名字的首字母缩写	MC	HM	JH	FM				
升级情况 F-快班 S-慢班 A-普通班 U-留级	A	A	S	A				

出　勤　记　录

	幼儿园	1年级	2年级	3年级	4年级	5年级	6年级	7年级	8年级
实际出勤天数	170	180	182	179	183				
应　出勤天数	185	185	185	183	183				

测　验　记　录

能力测验

年　级	测验名称		年　龄	智　商	测验名称	年　龄	智　商
1	智　力		6岁	104			
3	智　力		7岁	103			
4	音乐鉴赏力						
	(原始分数 260/137，百分比排名 6)						

阅读测验

年　级	测验名称	分　数	年　级	测验名称	分　数
1	摸底考试	B(优良)			
2	初级阅读	百分比排名 40			

其他学业成绩测验

年　级	测验名称	分　数	年　级	测验名称	分　数
3	小学高阶测验	2.8			
4	期中考试	4.2			

教师评语

需要控制大嗓门。还不成熟。集中注意力的时间延长了；阅读和写作有较大进步！

一年级老师：玛利亚·卡利洛

有时完不成作业，因为他总爱犯傻，白日做梦。喜欢管别人的事情，对自己的事情却不那么在意。话太多。爱抢话头。

二年级老师：霍利·梅彼

杰克在完成作业方面没有太大改进。仍然爱打扰别人。不过当我要他完成一些特殊任务或者额外关注他时，他的确有上佳表现。希望能看到他的学习和表现有更大进步。

三年级老师：詹妮斯·谢

杰克在完成作业方面有了些许进步。绝大多数时候他仍然需要额外的督促。偶尔会冲其他学生发火，但能和同学一起解决问题，这一点比过去做得好。

四年级老师：弗朗西丝·马克尔

年　级	教师——家长会谈总结
幼儿园	注意力不够集中。作业完成得很差。父亲非常严格。沙伦·沃茨
1年级	家长甚感担忧,因为杰克所有的作业都不做,而且说话说个不停。家长希望他能把未完成的作业带回家做,并保证他们会监督他做作业。玛利亚·卡利洛
2年级	家长非常合作。要给杰克布置他能够独立完成的任务,并随即加以纪律约束。霍利·梅彼
3年级	我和杰克的父母进行了一次谈话。我告诉他们,杰克不能按时完成所有作业,因此学习有点跟不上,到四年级时可能会比较吃力。他的问题似乎是不够老成,注意力时间短,爱空想。他太爱说话了,显得很幼稚,不听老师的话,不像个三年级学生的样子。我还是给他布置了一些校内任务,上个月来表现有所改善。他的家长备受鼓舞。詹妮斯·谢
4年级	杰克还是很不成熟。有时不督促他就不完成作业。建议专门用一个本子写作业,晚上家长就可以检查哪些作业没有完成,我则负责每天早上检查。两位家长都非常愿意和学校合作。弗朗西丝·马克尔

给教师的发音问题报告

学生姓名 杰克·布罗根

年级 三年级

学校 莱克赛德小学

班主任

存在的毛病： 口齿不清——舌头总往外推。sh 的音发不准。没有开家长会。

演讲课上完成的任务： 杰克和其他五个三年级学生分在一个小组，一起纠正 s 的发音问题。现在他能念对单独一个词里出现的 s 音。他能迅速纠正自己的错误，在谈话过程中也能尽量避免犯同样的毛病。然而有个别的 s 音发得还不对，而且不是口齿不清的问题。

杰克觉得今年暑期他会频繁地用到五个带 s 的单词。他将设法每次都说对。

本病例最终诊断： 如果下学期重新考核后发现问题仍然存在，则需继续操练。暑假期间可能会有持续进步。

言语治疗师

年　级	教师——家长会谈总结
一年级	和杰克母亲谈了话，汇报了凯西取得的进步。杰克在班里处于中等偏上。鲁思·帕克斯
二年级	和杰克母亲谈了话。杰克表现不错。发言声音要再大一些，别再那么害羞了。母亲对凯西的良好学习习惯表示满意。玛格丽塔·加斯科纳
三年级	杰克母亲又生了个孩子，因此没有和家长会面，但我在家庭教师协会(PTA)和凯西母亲谈论过凯西取得的进步。唐纳·艾默提
四年级	和杰克母亲谈了话。杰克在学校表现非常好。但有一段时间杰克不愿意每天都来上学。和她交谈中我们发现了原因：她不喜欢实习老师。谈话后她的态度有所好转。最近她和最要好的朋友詹妮斯·默多克发生了一点摩擦，起因是詹妮斯讨好辛西亚·乔丹。弗朗西丝·马克尔

城市公立学校学生档案

姓名：甘布 本尼
（姓） （名） （中名）

学号：1092056

实际年龄：11 岁零 1 个月

出生地：城市

和谁住在一起：☐双亲 ☒母亲 ☐父亲

☒其他（请具体说明）：祖母

父亲的名字：莫里斯 任职于：邮政部门

母亲的名字：利蒂亚 任职于：

地　址	电话号码	地　址	电话号码
Seneca 公园大道 3526 号	343—6580	Hertel 5106 号	266—4843
第 35 街 998 号			
Seneca 公园大道 3526 号	343—6580		
大学 5245 号	266—4843		

兄弟姐妹（按照出生先后列出兄弟姐妹的民族。性别一栏填 G 或 B，G 表示姐妹，B 表示兄弟。用加减号表示和本尼的年龄差距。如：＋5 表示比本尼大五岁，－5 表示比本尼小五岁。）

兄弟姐妹的名字	性别	年龄	兄弟姐妹的名字	性别	年龄	兄弟姐妹的名字	性别	年龄
无								

遇紧急情况请通知：

姓名________ 电话________

地址________ 和本人关系________

本学生的所有资料都来自真实档案；但学生姓名、出生日期经过修改，所附照片为儿童演员/模特儿。

小学和中学成绩单

报告代码

学业成绩：字母表示学生根据年级标准达到的程度。　努力：数字代表学生付出的努力程度。

E=优	U=令人不满意	1=尽最大努力
G=良	GL=年级水平	2=还需更努力
F=中	BL=低于年级水平	3=根本不努力

幼儿园到二年级的成绩单

入学时间	年级	该年级教学周数	出勤天数	升级至	阅读	口头表达	作文	拼写	书法	社会科学	算术	自然科学	艺术	音乐	体育	行为表现	学校	上课教室
秋季	幼儿园	20	85	幼儿园												F	柯勒律治(Coleridge)	108
春季	幼儿园	20	83	一年级		进步中等										F	柯勒律治	107
秋季	一年级	20	65	一年级一班	E				E	G	G	G	E	F		G	柯勒律治	205
春季	一年级一班	20	80	二年级	E				G	G	E	G	E	F		G	柯勒律治	205
秋季	二年级	20	80	二年级	G1	G	G	G	G	G	G1	G	G	G	G	G	柯勒律治	120
春季	二年级	12	53	二年级	G1	G	G	G	E	G	G1	G	G	G	G	G	柯勒律治	120
春季	二年级	8	34	三年级	E	G	G	E	G	G	E	E	G	G		E	柯勒律治	209

三年级到六年级的成绩单

入学时间	年级	该年级教学周数	缺勤天数	升级至	阅读	阅读水平	数学	数学水平	听力	演讲	写作	拼写	自然科学	社会科学	艺术	音乐	体育	行为表现	学校	上课教室
秋季	三年级	20	9	三年级	G	G	G	G	G	G	G	E	G	G	G	G	/	G	亚历山大	205
春季	三年级	12	7	三年级	G	G	G	H	G	G	G	E	G	G	G	G		G	同上	同上
春季	三年级	7	1	四年级	E	G	F	G	G	F	F	E	F	F	F	F	F	F	埃迪逊	204
秋季	四年级	20	7	四年级	E		F	GL	G	G	G	E	G	G	G	G		F	埃迪逊	106
春季	四年级	20	4	五年级	E		F	GL	F	F	G	E	G	G	G	F		F	埃迪逊	106
	五年级			在(美国)北部上学															同上	
	五年级	21	12	六年级	E2	GL	F2	BL	E2	E2	E2	E2	G2	G2	E2	E2	F2	F	埃迪逊	209

姓名：甘布　本尼　　　学号：1092056

本学生的所有资料都来自真实档案；但学生姓名、出生日期经过修改，所附照片为儿童演员/模特儿。

中小学标准化考试数据

一般能力测验

年　级	测验名称	形式	C. A.	M. A.	智商
一年级	KA		6.3	7.3	116
二年级	KA		7.1	7.8	110
三年级	KA		8.1	7.9	97

儿童研究办公室个人考试数据

年　级	

个人评语

年　级	评　语
二年级	经常生病
五年级	经常称自己背部疼痛

学业成绩测验

年　级	测验名称	具体考试科目	分数
一年级	都市学生摸底考试		百分比排名 82
三年级	都市学期考试	阅读	5.3
		拼写	5.1
		英语	4.1
		算术	3.6

特殊活动、能力、奖励

年　级	评　语
五年级	喜爱阅读
	荣获维持走廊秩序优秀小干部奖

其他相关信息

体检情况

年级	检查内容	检查结果	年级	检查内容	检查结果
一年级	视力	要戴眼镜,在教室前排就座			
一年级	听力	通过			
四年级	听力	通过			
五年级	听力	通过			

备注:

城市公立学校学生档案

姓名：瑞维拉 朱里欧 耶稣
（姓） （名） （中名）

学号：2783168

实际年龄：11 岁零 9 个月

出生地：波多黎各

和谁住在一起：☒双亲 ☐母亲 ☐父亲

☐其他（请具体说明）：祖母

父亲的名字：约瑟

任职于：莱克塞德矿业有限公司 Lakeside Metals

母亲的名字：胡安妮塔

任职于：巴克利渔业公司 Barkley Fish Co.

地 址	电话号码	地 址	电话号码
Yale 路 1241 号	273—7408		
Sword 路 12 号			
Aldine 路 5142 号	641—1059		

兄弟姐妹（按照出生先后列出兄弟姐妹的民族。性别一栏填 G 或 B，G 表示姐妹，B 表示兄弟。用加减号表示年龄差距。如：+5 表示大五岁，—5 表示小五岁。）

兄弟姐妹的名字	性别	年龄	兄弟姐妹的名字	性别	年龄	兄弟姐妹的名字	性别	年龄
玛丽亚	G	—2						
露西娜	G	—5						
菲利斯	G	—8						

遇紧急情况请通知：

姓名＿＿＿＿ 电话＿＿＿＿

地址＿＿＿＿ 和本人关系＿＿＿＿

本学生的所有资料都来自真实档案；但学生姓名、出生日期经过修改，所附照片为儿童演员/模特儿。

小学和中学成绩单

报告代码

学业成绩：字母表示学生根据年级标准达到的程度。 努力：数字代表学生付出的努力程度。

E＝优	U＝令人不满意	1＝尽最大努力
G＝良	GL＝年级水平	2＝还需更努力
F＝中	BL＝低于年级水平	3＝根本不努力

幼儿园到二年级的成绩单

入学时间	年级	该年级教学周数	出勤天数	升级至	阅读	口头表达	作文	拼写	书法	社会科学	算术	自然科学	艺术	音乐	体育	行为表现	学校	上课教室
秋季	幼儿园	20	92	幼儿园					很好							F	McNulty	104
春季	幼儿园	20	94	一年级学前班					很好							G	McNulty	104
秋季	一年级学前班	5	23	一年级二班					很好							G	McNulty	106
秋季	一年级二班	20	91	一年级	G	G			E	G	G		G	F		E	大学(University)	4
春季	一年级	20	90	二年级	G	G			G	G	G		G	F		F	大学	4
秋季	二年级	20	88	二年级	F3	F3		U3	F2	G2	G2	F1	F1	F2		F	大学	10
春季	二年级	20	95	三年级	G2	G		G	G	E	E1	E	E	G	G	F	大学	10

三年级到六年级的成绩单

入学时间	年级	该年级教学周数	缺勤天数	升级至	阅读	阅读水平	数学	数学水平	听力	演讲	写作	拼写	自然科学	社会科学	艺术	音乐	体育	行为表现	学校	上课教室
秋季	三年级	20	2	三年级	G1	G	G1	G	G1	G1	G2	G1	G1	G1	G1	G1	G2	F	大学	16
春季	三年级	20	1	G	E1	G	G2	G	G2	G2	G2	G1	G1	G1	G1	G1		F	大学	16
秋季	四年级	20	0	/	F2	BL	F3	GL	F2	F2	F2	F3	F3	U	G2	G2		F	埃迪逊	202
春季	四年级	20	2	五年级	G2	GL	F3	GL	F2	F2	F2	G1	F3	F3	E2	E2	G	F	埃迪逊	202
	五年级	40	4	六年级	F1	BL	F3	BL	F2	G2	F2	G2	E1	F2	E2	E2	G	F	埃迪逊	209

姓名：瑞维拉 朱里欧 耶稣 学号：2783168

本学生的所有资料都来自真实档案；但学生姓名、出生日期经过修改，所附照片为儿童演员/模特儿。

中小学标准化考试数据

一般能力测验

年 级	测验名称	形式	C. A.	M. A.	智商
一年级	KA		5—11	6—0	104
三年级	KA		9.4	8.6	91

儿童研究办公室个人考试数据

年 级	

个人评语

年 级	评 语
五年级	对自然科学和音乐感兴趣。若不严加看管，会围着教室或者教学楼跑，甚至偷偷溜出学校。可采取表扬和密切监督的方法予以激励。喜欢逗别人开心。

学业成绩测验

年 级	测验名称	具体考试科目	分 数
一年级	都市学生摸底考试		百分比排名 60
三年级	都市学期考试	单词量	3.6
		单词辨析	3.2
		阅读	2.6
		拼写	4.0
		语言	3.2
		计算机	3.0
		解决问题	2.7

特殊活动、能力、奖励

年 级	评 语
五年级	喜爱阅读
	荣获五年级自然科学奖

其他相关信息

体检情况

年级	检查内容	检查结果	年级	检查内容	检查结果
二年级	牙	口腔卫生尚可。需要接受牙齿护理。			
二年级	听力	通过			
四年级	听力	通过			

备注：

学生健康备案

学生姓名：朱里欧·瑞维拉　　日期：10月16日

地址：Aldine路5142号

学校：埃迪逊小学

教室：209

备案理由：朱里欧看不清楚黑板上布置的作业。主诉头痛。

汇报：视力记录要让学生本人带回家，有待接受视力检查。

护士：玛丽·马丁

不戴眼镜儿童的视力记录

城市公立学校

儿童姓名：朱里欧·瑞维拉　　日期：10月16日

地址：Aldine路5142号　　年龄：11岁

家长名字：胡安妮塔　　年级：五年级

学校：埃迪逊小学

医生：

请协助填写下表，以指导任课教师：

1. 该儿童是否需要戴眼镜？　是______　否______

   若是，何时需要戴：经常

2. 该儿童是否需要佩戴闭合器？　是______　否______

   若是，于______时佩戴于______眼　佩戴持续时间______

3. 该儿童是否需要在前排就座？　是______　否______

4. 需耗费眼力的作业是否需要减少？　是______　否______

   若是，减少到多少？

5. 视力检查

   裸眼视力：右眼 20/60　　左眼 20/40

   最佳矫正视力：右眼 20/25　左眼 20/25

医生签字：R. L. 马尼欧(R. L. Manille)

第二部分

教学行为

教学应当是经过深思熟虑、决定教什么和如何让学生取得最佳学习效果之后进行的一个有目的的行为。第二部分的四章内容旨在帮助你成为一名成功的教师。第六章《教学设计》帮助你认识影响教学内容的因素。然而，本章主要还是向你展示如何在备课过程中作出有关授课内容和授课方法的明智选择。第七章《四大教学方法》和第八章《另外四种教学方法》介绍了八种简单实用的著名教学策略，同时还扼要介绍了其他许多方法。第九章《评价学生的学习》将告诉你评价学生学习的重要性，并向你展示如何有效地进行评估。

第六章 教学设计

生活中的每件事情，你都是事先规划好，还是任由事情发生？比如，去度假是你计划之中的事，还是“自然而然地发生了”——管他是什么事，就让它发生好了？

可如果是要承担教育儿童的专业职责，你就别无选择了。不管你喜不喜欢，你都要计划一大堆事情，包括**教室布局**（桌椅、设备、教材和陈列品的摆放），**课堂守则**（学生的行动自由、材料如何发放，如何记录考勤），但最重要的是**学习经历**。

本章旨在帮助你设计有价值的学习经历。因此，会涉及一些相当重要的话题，如课程、授课目标以及长期和短期授课计划。具体说，我们希望你能体会到出色地设计教学——决定教什么，授课目标是什么，如何制定授课目标，以及如何准备不同长度的授课计划——会带来许多益处。

教学设计的正方和反方

首先，**教学设计**（instructional planning）是教师决定（1）授课内容；（2）授课方法；（3）判断学生是否学有所得，对授课是否满意的方法这三大要素的过程。

坏消息

要作出这些教学决策，着实富有挑战，也非常耗费时间。有的老师承受不了这种压力，企图寻找一条简单的出路。有的则认为教学设计限制了他们的自由度和自发性。

前一类老师声称：“哇！好主意！可我没时间，也不想去做。”他们干脆不在授课内容或授课方法上多花心思。因此，对他们而言，教学意味着照着课本逐页宣讲，课本就是学生的老师。倘若课本在内容的深度和广度方面都比较适合学生，使学生能学到丰富的知识，那么这样的课本倒也不失为好课本。（见要点 6.1）

另一些老师则把教学设计看成是一种限制。他们属于信奉“管它是什么事，就让它发生好了”的那类人。他们担心按部就班地教学会剥夺教师自发性和创造性的发挥。当然，这一点不是问题，因为优秀的教师只要情况允许也会经常改变授课计划。不过，无论如何，“管它是什么事，就让它发生好了”的观点对缺少实际授课经验的新老师来说具有潜在的危险。

要点 6.1
课本对教学设计和课程安排的影响

课本以及配套的补充资料(如教学大纲和测验)对教学设计和教学内容会产生重大影响。课本之所以受教师的欢迎，原因是：(1) 有了课本为依据，备起课来轻而易举，(2) 课本几乎可以提供所有需要的信息，(3) 可能不具备其他学习资源——如图书馆或互联网，(4) 教师有可能觉得没时间自行寻找学习资源，(5) 通常认为课本是专业人士编写的，(6) 有充足的课本可供使用。

由于大多数新教师还没有找到其他授课资源，很容易过于依赖课本。没有人会否认课本的价值，但过分依赖课本，以至于将其他更有意义的学习经历排除在外，这种做法就不对了。

很重要的一点是，要记住大多数课本是给世界各地所有的学生使用的。因此，将课本作为主要教学资源时：(1) 要确认课本适合你的学生使用；(2) 确保其内容正是你的学生必须要了解并且必须要学会的知识——即和必修课程相吻合。

好消息

尽管教学设计充满了挑战，但随着学生学习成绩和满足感的提高，教学设计也会给教师带来回报。设计有助于学生开展具体学习活动、纠正学生行为以帮助学生有效达到明确的学习目标，这样的教师才更有可能成为优秀教师(见第十章《有效教师的个性特征》的“公事公办的教师”部分)。同样，能适应学生需求、灵活授课的教师也更可能成为优秀教师(见第十章的“适应性/灵活性”部分)。

教学设计对新教师而言益处良多

作为一名刚刚踏上教学岗位的教师，你应当花更多时间和精力进行教学设计。理由如下。首先，你没有什么教学经验。而且，你仅有的教学经验很有可能是在教学导师的协助和监督下取得的。作为新教师，你就得全靠自己了。第二，可以理解的是，你会对自己信心不足，担心自己的教学水平。而经过深思熟虑制定的教学计划能给你带来安全感、自信心甚至教学激情。你会觉得很放松，觉得自己做好了准备！第三，你可能对学生应该学哪些知识、该怎么做一无所知。在实习期，你可能不了解学生需要达到何种目标。很有可能你给学生布置的作业是教学导师帮你挑选的。而现在你既要了解学生的学习目标，又要确保学生达到这些目标。最后，只要你花时间去思考和精心设计，教学会变得丰富多彩，充满乐趣。

教学设计可能会得到管理

教学设计对于学生取得进步和新教师顺利执教意义重大。正因为此，新教师不仅需要撰写授课计划，还要在实习期间将这些计划上交给教学导师过目，以及在任教的头几年将计划上交给督导或校长过目，听取这些人的意见。有些校长还要求新教师定期上交提前一两周写好的课程"计划书"，以便确保这些教师对教学内容和教学方法进行了深入细致的思考。好校长同时也是好导师，会尽可能地帮助新教师。此外，学校督导观察新教师的教学情况并在需要代课教师时，确保授课的连贯性方面，计划书都能起到不小的作用。

有的校区甚至要求教师上交每堂课的教学计划。（见要点 6.2）

要点 6.2
一刀切的课程

如果你所在的学区能提供所有你需要的教学计划，你认为如何？有些学区正开始这么做。例如，芝加哥的教师们可以得到自己任教的每门学科详尽的每日课程计划。这些计划是由约 100 名芝加哥最优秀的教师编写的。这样做的目的是：帮助教师们了解幼儿园至 12 年级的学生在每一年级、每天都需要学习哪些知识；帮助新教师更快地适应角色；以及保证整个教师系统达到高质量的教学水平。教师们对这些由他人编写的教学计划的反应不一。持有异议的人称之为"一刀切课程。"赞同者则认为这些教学计划给新教师以及在教学中遇到困难的教师下了一场及时雨，是非常好的指导和参考。

来源：R. Johnson，《在芝加哥，每天都有新的课程计划出炉》(*In Chicago, Every Day Brings a New Lesson Plan*)，《教育周刊》(*Education Week*)，19(7)，1，10～11。

对于教学设计的重要性，许多教师教育工作者、任课教师、学校管理者和州教育部门的官员都谈到过。这儿有个例子：

> 无论是长期计划还是每日计划，教学设计的重要性再怎么强调也不过分。新教师应当认识到周详的计划会对学习过程起到积极的支持，还应当观察[他们的]现场督导[教学导师]是如何选择有效的教学策略来补充教学内容并满足学生需要的。
>
> 在为实际教学做准备的过程中，新教师要和督导直接交换意见后制定开

头几周的每日计划。

这个程序会发展成为一种模式，而且会随着新教师能够制定日臻完善的计划、能够逐渐独立制定计划而发生变化。大多数新教师从详尽的课程计划中获益匪浅，但他们还需要帮助，以形成适合自己、今后可以继续下去的计划。这就意味着需要为一个自成体系的班级(self-contained classroom)制定8种甚至更多种计划，或者为多达6个中学班级制定5种不同教学计划。

每个计划都应当灵活应对课堂上难免会发生的变化。要鼓励新教师预见到教学策略中可能存在的困难，并做好准备对付任何可能出现的情况。重复进行这一过程将减少课堂上发生变化的需要。[巴尔的摩地区委员会(Baltimore Area Committee)，1991]

总之，鉴于教学设计的重要性，我们建议实习教师和新教师极其周详地制定教学计划，绝对不要出现任何疏漏。也许，在你早期职业生涯中，最好的一条座右铭就是**“过度地计划一切”**。当你成为一名经验丰富的教师后，你可能才会更多地依赖于你的经验和专业知识。然而，即使到了那时，你仍旧需要仔细设计一些对你来说是全新的或者过去让你感到比较棘手的教学活动。记住，制定计划不是装点门面，而是教学行为的一个重要组成部分。

决定授课内容

(本部分的大意请见图 6－1)

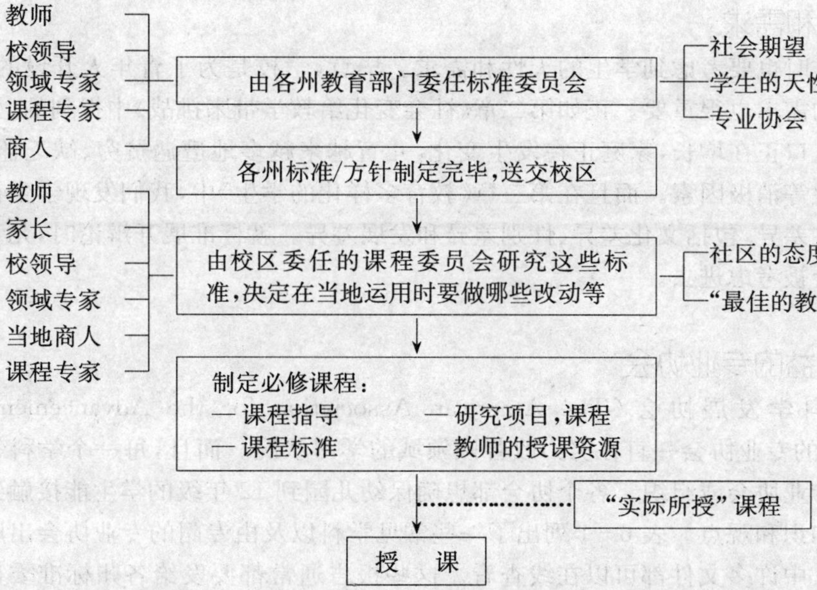

图6－1　授课内容——课程安排——是如何决定的

教师在制定计划过程中，首先要决定的就是授课内容。这一选择在很大程度上是由你所任教的州和学区所决定的。然而，到后面你会发现，教师偶尔也有自己的一套做法。

各州的标准以及这些标准是如何制定的

各州都有法定的教育责任，都规定了幼儿园到12年级学生应当掌握的知识和操作标准。这些标准要接受州级委员会的定期审查，该委员会由家长、教师、学校领导、大学教员、领域专家、课程专家，以及代表商业利益和经济利益的人士如课本出版商组成。

影响各州标准的因素

自然，各委员会制定的标准要受其所代表的组织的影响——教师代表了教师的利益，以此类推。此外，该标准还受三大因素的影响：社会的期望、儿童的天性和需求，以及来自教育界权威人士的意见。

社会的期望

社会期望通常是国内外大事件的产物。因此，自1957年苏联发射了第一颗人造卫星，促使美国加入空间战，人们纷纷要求尽快提高数学和自然科学的标准。如今，来自世界各国的学生在这两门课程上都比美国学生学得好，于是，加强这两门课程标准的呼声再次高涨。

学生的天性和需求

制定标准时也要考虑到学生的天性和需求。毕竟，学校是为了青年人开设的，因此关注他们的需求也很重要。正如第二章《社会变化给教学带来挑战》中提到的，少数民族学生的人口正在增长，家庭正在发生变化，儿童越来越多地遭遇贫穷、缺乏监督、遭虐待和忽视等消极因素。而且在第三章《教育多样化的学生》中，我们发现学生在各个方面都存在差异，包括文化差异、性别差异和发展差异。就标准展开辩论时，儿童的这些状况都会被考虑进去。

具有教育利益的专业协会

像美国科学发展协会（The American Association for the Advancement of Science）这样的专业协会一直在努力改善该领域的学习状况。而且，每一个学科领域至少有一个专业协会或组织。各个协会都想确保幼儿园到12年级的学生能接触到该领域的最新知识和观点。表6-1列出了一些常见学科以及由专门的专业协会出版的文件名称。其中许多文件都可以在线查看。这些报告通常都要发给各州标准委员会的工作人员。

表 6-1 由学术团体提出的学科课程标准

一些国家教育机构(学术团体)承担了制定国家级、州级和地方级教学标准的艰巨任务。下面根据不同学科领域列出了这些标准。

学科领域	
艺术	《国家艺术教育标准》 MENC 出版社,Robert-Fulton Drive 大街 1806 号,雷斯顿,弗吉尼亚州 22091 《国家艺术和教育网络:艺术边缘》 肯尼迪表演艺术中心 西北大街 2700F 座 华盛顿特区 20566
公民学	《国家公民学及政府标准》 公民学教育中心,Douglas Fir 路 5146 号,卡萨布兰卡,加利福尼亚州 91302
经济学	《自愿性国家经济学标准》 国家经济教育理事会,the Americas 大道 1140 号,纽约 10036
英语和语言艺术	《英语语言艺术标准》 国家英语教学理事会,乌尔班纳,伊利诺伊州 《阅读和写作评估标准》 国际阅读协会,Barksdale 路 800 号,8139 邮箱,纽华克,特拉华州 19714—8139
外语	《国家外语学习标准》 《国家外语教学标准》,劳伦斯,堪萨斯州 《21 世纪的外语学习》 美国外语教学理事会
地理	《生活地理》 国家地理,1640 邮箱,华盛顿特区 20013—1640
健康	《国家健康教育标准》 健康教育促进协会,雷斯顿,弗吉尼亚州
历史	《国家历史标准》 国家学校历史教育中心,Wilshire 大道 10880 号 761 室,洛杉矶,加利福尼亚 90024—4108
数学	《学校数学课程和评估标准》 《数学教学原则和标准》 全国数学教师理事会(NCTM),Association Drive 大道 1906 号,雷斯顿,弗吉尼亚州 22091—1593
体育	《学校体育课程内容标准和评估指导》 全美运动与体育协会(NASPE),Association Drive 大道 1900 号,雷斯顿,弗吉尼亚州 22091

续 表

自然科学	《国家自然科学教育标准》 国家研究理事会
社会科学	国家社会科学理事会 第16街8555号，500室，西尔弗斯普林，马里兰州 20910 《期待卓越：社会科学课程标准》 Fulfillment出版社，怀特赫斯特(Whitehurst)及克拉克(Clark)编写，Newfield大街100号，Raritan中心，埃迪逊，新泽西 08837
技 术	《国家教育技术标准》(NETS) 国际教育技术协会(ISTE)

总的来说，州级委员会代表了教育股东的利益，并受时事、儿童天性和需求、专业协会最佳意见的影响，制定关于学生应当掌握的知识和操作的标准。不容易啊。不过，在经过深思熟虑后，标准最终会与世人见面。

各州的标准是什么样的

各州的标准在有些方面是不一样的。例如，有的标准很笼统，有的则很具体。我们来看一看写作和数学这两门课程的具体标准。

写作

加利福尼亚州有一整套幼儿园到12年级的写作标准。其中一条关于二年级学生的标准是这样说的："学生要能描写熟悉的物体、事件和经历，并体现对标准英语的掌握……"该标准后面是两个"基准点"，用来衡量学生具体达到的写作水平，以便清楚地体现学生是否达到了该标准。

学生有可能：

2.1 能按照逻辑发展顺序简单叙述个人经历，并具体描写环境、性格、物体和事件。

2.2 能写格式完整的普通书信，包括日期、称呼语、正文、结束语和签名。

数学

亚利桑那州在其"一至三年级"标准中有这样的规定："学生能通过使用实体模型、图画、单词名称和符号，用等式来代表和使用数字。"该标准之后有一些衡量指标，包括：

"能构造整数等式(如15+5=10+10)，以及辨认所给的分割成局部(三分之一、一半和四分之一)的模型。"

要了解你的学科领域标准、各年级和州级标准,请访问各州标准(State Standards)网站。

各州标准的力量

各州标准的力量体现在两个方面。首先,许多州都有衡量各年级学生达到何种标准的"水平测验",比如前面提到的那些测验。水平测验通常受各州标准的影响,这一点是可以理解的。例如,俄亥俄州要求三年级学生参加全州范围的阅读测验;四年级、六年级、九年级时要参加阅读、写作、数学、公民和自然科学测验;十年级参加阅读和数学测验。通过九年级测验的学生才能毕业,而其他测验的成绩则用来区分哪些学生需要留级,或者需要补习。其次,如图 6-1 所示,各州标准会下达至各学区,从而直接影响课程安排。

校区级的情况

在学区级,教师代表、校领导和其他涉及教育利益的人定期召开会议,组成课程发展委员会。该委员会的目标有:

- 形成高质量的课程安排。
- 决定学习哪些学科(英语、数学、社会科学等)。
- 决定每个学科的具体课程,描述总体课程内容。
- 决定和课程相关的有用的授课资料。
- 确保现行或提议的课程安排和州级标准及州级测验相一致。

在以上过程中,学区人事部门负责编写课程指南,内容涵盖学生在各年级需要学习并掌握各学科的哪些知识。指南中还可以列举有用的授课资源,如课本、参考资料、影片、录像或 CD。这样的课程指南为教师提供了教学蓝图。遗憾的是,经常有新教师抱怨得不到这类指南[公共教育网络(Public Education Network),2003]。因此,在你开始进行教学设计之前,可以要求学校提供这些指南。否则你就会像一艘没有了舵手的船,迷失自己的方向。

学区成员对一些事情通常持有不同观点,因此要作出有关教学内容和教学方法的决定,有时还要讲政治策略。例如,关于宇宙本质的教学就存在争议:宇宙到底是"进化"而来的还是"创造"出来的?其他一些有争议的问题有可能是该教哪种外语,是否采取双语教学,以及如何进行性教育和滥用物品的教育。

教学内容的决定还受各个学科领域经研究证明最佳的做法的影响。例如,在重温关于最佳做法的各项研究后,纽约市各所学校决定采用语音学的方法来教学生阅读,芝加哥大学决定在各学院开设数学教学课。

要了解更多当地课程发展的信息，请参考丹尼尔森(Danielson，2002)的作品。

小结

各州制定方针或**标准**来明确学生应当掌握的知识和操作。而且，大多数州要求学生通过以这些标准为基础的水平测验。测验不及格者则不能升级。

在学区级，各项标准得到细微调整并形成课程安排贯彻下去。参照这些标准，各学区制定课程和项目，确定或编写对教师有用的授课资料。通过课程学习，学生**有机会学到**必修课程，为通过水平考试做准备。如果学生有机会学习必修课程，我们就可以说州级标准、州级测验和学校课程安排达成了一致。如果有相当多的学生测验不及格，可能是学到的内容和测验的内容不同：即未能达成一致。

正式课程和实际所授课程

到目前为止，我们一直在讨论关于各州和当地学区要求学生必须掌握哪些知识和操作，而且已经谈了很多(见关于研究聚光灯 6.1)。我们称之为**正式课程**(formal curriculum)。

研究聚光灯 6.1
要教的内容太多了，时间却不够

我们总希望学生懂得很多知识，具有很强的操作能力。在一项研究中，K－12教师对他们需要花多少时间来讲解规定的课程内容作了粗略估计。他们最后得出的总数是——15 465 个小时。按 13 年算，每学年平均教学天数 180 天，每天上课平均时间 5.6 小时，教师总共上班时间是 13 104 个小时，还不算花在维持课堂秩序和其他非授课活动上的大量时间。这部分时间估计要占总数的 21%～69%。(Kendall & Marzano，2000)显然，这种学生根本没时间学完的课程是不可行的。

意识到这个问题后，马尔扎诺(2003)建议，学校应当：

- 增加授课时间(研究表明，通常情况下，增加授课时间会产生积极影响)，或
- 彻底减少教师讲授的内容。直接讲最关键的东西；
- 将关键内容有序、有逻辑地组织起来，以便达到最佳学习效果；
- 确保将最关键的内容教给学生——让学生能学到这些知识；
- 保护已有的授课时间；不要让琐事打断课堂教学；压缩午餐和课间休息时间。

只要学生能够学到课程中的关键知识便足矣。学期测验的成绩会证实这一点。

然而，教师有可能教到所有正式课程，也有可能不能一一教到。相反，他们有时会教学生一些其他的知识。波特（Porter，2003）提到，"教师（和环境）最终主宰了授课内容和授课方法。"下面是一些导致教师偏离正式课程的例子：

● 教师对课程的某些方面具有浓厚兴趣和渊博知识：或许他对植物学了解得很多。因此，他会带领学生更深入地接触该领域。

● 一件具有重大意义的事件发生了：最高法院对一件有争议案件作出了判决。该事件提供了一个极好的学习机会，是一个"教育契机"。

● 家长拥有某方面的专业知识并乐于和学生分享这些有趣又有用的知识，尽管这些知识和正式课程格格不入。例如，和计算机操作相关的知识。

● 学生生活中发生了重要事件：如某学生经过层层选拔，最终要参加全美"历史上的一天"区级演讲决赛。这给了全班同学一个很好的机会，帮助她考虑如何出色地演讲。

正是由于这些丰富多彩的自发事件，学校生活才显得如此充实。

因此，两种课程形式是共存的：（1）**正式课程**，是以州级标准为基础，由学区课程委员会规定的必须课程，最终形成州级方针、当地课程指南等其他文件；（2）**实际所授课程**（taught curriculum），包括教师所授的正式课程，以及教师认为非常重要，因而穿插到教学活动中的任何其他内容。

课程的力量

授课内容和学习内容——即课程——直接影响着课堂。只要课程是以有意义的方式呈现给学生的［见第四章"有意义学习"部分］，具有真实性［和学生的实际生活相关（见第四章"实境学习法"部分）］，学生就会更加乐于学习并且更容易获得满足感（见案例 6.1）。

案例 6.1

教龄五年的教师说："合理的课程安排能避免纪律问题的产生"

凯利·道森很早就认识到：如果没有安排好"合理的课程"，学生会完全不受你控制。"我想尽了各种办法来管理我（四年级）的学生的纪律问题：给点小恩小惠、使用威胁或惩罚措施；时而要求严格、时而友善相待；喊叫、说理、表扬，甚至恳请他们可怜可怜我。"凯利已经到了穷途末路。

幸运的是，经过反思之后，她意识到，并不是一定要管好学生纪律之后才能开始教学。相反，应该换个角度思考。"应该从教授有意思、吸引人的内容开始。"她自问到底是自己的什么行为让学生如此厌烦、课堂秩序混乱。结果她发现罪魁祸首是内容乏味的课本和其他与现实生活毫不相干的学习资料。因此,凯利开始搜集比课本更有意思的资料(有的是她自己写的),并且尽可能地将要学的内容和学生的经验、兴趣相联系。

几年后,凯利仍然很费力地为学生设计能够激发积极性的课程。但是她的努力看来没有白费。她不但告别了让她头疼的纪律问题,还提道,合理的课程"让学生深入思考,关注世界,并且帮助他们积极地改变世界。"

来源:K. Dawson,《合理的课程就是最好的纪律约束》(*Best Discipline is Good Curriculum*),2002年秋。反思教学在线:一个城市教育资源(*Rethinking Schools Online: An Urban Education Resource*),17(1)。

研究并解决该案例

1. 凯利最终作的努力和我们在第四章学到的什么内容是一致的?
2. 如果换作是你,你还会做些什么?

授课目标

教学设计的前提条件是:了解州级标准、当地的课程指南,以及拥有大量教学和学习资料。这些资料在手,你就一定能活跃学习过程。

教学设计第一步是制定授课目标。有了授课目标,才会带给学生有意义、真实的学习体验。

授课目标是什么样的

不管你要设计一门课程、一个单元还是一堂课,都必须制定**授课目标**(instructional objective)。授课目标中要描述学生必须掌握哪些知识和操作。下面五个例子先列出了教师可能希望达到的**总体**目标,随后用斜体列出了与此总体目标相对应的具体目标。

● 你想让学生知道一份报纸包含几个部分,每个部分包含不同信息:

拿到一份日报后,学生要正确列出日报包含哪五个部分以及各部分的内容。

● 你想让学生了解废品是如何循环利用的,并练习使用因特网寻找相关信息:

登录互联网后,学生要找到至少三个和循环利用废品相关的网站,并列出至少五条循环利用废品的建议。

● 你想让学生练习计算百分比:

拿到NCAA篮球联赛(女子组或男子组)的比赛结果后,学生要正确计算出冠军队每个队员的投篮命中率和罚球率。

● 你想让学生认识到：不同价值观和态度会影响人们的行为：

拿到一本小说《哈利·波特》后，学生要描述三位主人公的不同态度和价值观，这些态度和价值观有何相似和相异之处，如何影响三位主人公的行为、影响他们与书中其他人物的交流。

● 你想让学生练习足球的运球技巧：

拿到一个足球后，学生要练习在障碍物间来回运球而不碰到任何障碍物。

两种不同的授课目标

总体授课目标（均以“你想……”开头）和具体授课目标之间的区别是很容易看出来的。而且，你可能也注意到了，刚才的五种具体授课目标会激发不同的学习过程——即认知、人本和行为三种过程——我们在第四章讲到过。前三种授课以**认知学习**为目标，第四种以**人本学习**为目标，最后一种以**行为学习**为目标。这些目标在要求学生进行思考或作出行动的程度方面也各不相同。例如，第一种授课目标要求学生获得基本知识（报纸是如何分成不同部分的？每部分的内容是什么？）。最后一种授课目标不是让学生掌握技能，而是学会更加熟练地运用技能（在障碍物之间运球）。总而言之，授课目标在**特殊性**、**种类**和**程度**三方面各有不同。

有的目标是笼统的，有的是具体的

几十年来，教育家们一直为授课目标到底该具体到什么程度而争论不休。20 世纪初期，教师需要书写及其详尽的授课目标。比如“学生要学会 6 个 7 等于 42。”结果如何可想而知：成千上万个具体目标诞生了！到 1930 年又发生了矫枉过正的情况，授课目标变得过于笼统、表意不清，比如“学生要学会独立思考。”

应该说，笼统目标和具体目标都有其存在的依据，都占据一定地位。笼统目标更提纲挈领，因而在人们谈论广泛意义上的教育目标时更有意义。例如，笼统目标适用于国家级和州级水平，因为在这里只需要泛泛地指明学校应当教授的内容。例如，我们来看看 1990 年由各州州长和当时的布什总统制定的，在 2000 年以前要达到的六大教育目标之一：

> 到 2000 年，完成四年级、八年级和十二年级学习的美国学生将在英语、数学、自然科学、历史和地理方面学有所成，要学会开动脑筋，要为成为负责任的公民接受深造和参加就业做好准备。[全美州长协会（National Governors' Association），1990]

不过，由于笼统目标只是提供了一个框架，因此其中很多说法还有待进一步的解释。在上面这个目标陈述中,"学有所成"和"做好准备"就属于笼统目标。怎么知道美国学生是否"学有所成"?他们到底要掌握各个学科领域的哪些知识,学会哪些操作能力?而且,如何判断学生能"开动脑筋","为成为负责任的公民做好准备"?类似的问题不一而足。

尽管笼统的目标指明了学生应该做哪些事情,但并没有具体指明学生要学会哪些知识。这就造成了不良后果,因为它只强调教学手段(教师或学生该做哪些事情),却忽视了目的(学生要学会哪些知识)。活动本身并不是目的,而是达到目的的手段。授课的真正目的是改变学生的行为,使他们能完成在未接受教育之前无法完成的事情。要把授课的真正目的牢记在心,教师们应当仔细描述教学活动要帮助学生学会哪些行为(Airasian, 2001)。

笼统的目标也适用于勾勒出学生需要完成哪些任务。通常,教师在制定学期计划、年度计划或决定在为期一个月的教学单元中要完成哪些事情时,就要写笼统的目标。下面是三个笼统目标的例子:

- 学生要知道什么是动词。
- 学生要学会欣赏音乐。
- 学生要学会游泳。

激发三种不同学习过程——认知学习、情感学习、动作技能学习的目标

布卢姆(Bloom, 1989)曾研究过无数教学目标,发现这些教学目标无一例外都属于"三大学习理论学派"的范畴。不过,他将这三大学派称为"三大学习领域",并划分为"认知领域、情感领域和动作技能领域"。

认知领域

认知领域的教学目标是要使学生参与智力活动。因此,可能需要学生回忆三角形有几个角,分析围绕1492年哥伦布发现美洲大陆所发生的事件,或者确认并讨论简·奥斯汀(Jane Austen)的小说主题。布卢姆的认知领域包含六个层次的认知水平,从最简单的到最复杂的依次为:

1. 识记。学生了解信息,并能够回忆或识别信息。如:能够背诵乘法表。

2. 理解。学生理解知识并能用自己的话解释该知识。如:能够解释为什么6乘以7等于7乘以6。

3. 应用。学生应用知识,即他们能够在实际情况中使用该知识。如:能够计算出购买六个单价为7分钱的信封需要多少钱。

4. 分析。学生能够将复杂的概念或信息分解成简单的、相互有关联的小部分。如:能够将数字公式6×7分解成更小的数与数之间的相乘(例如3×2×7)。

5. 综合。学生能够将各要素组合成新的整体。如：6 乘以 7 等于 42，那么就能推算出 7 乘以 7 就是在 42 的基础上再加一个 7。

6. 评价。学生能够作出判断。如：能够想出办法来衡量以 7 作为乘数的一系列乘法计算是否准确。

不过，许多教育家认为，教师主要还停留在要求学生进行低层次的学习（识记和理解）：哥伦布何时到达了美洲大陆？他们似乎很少激发学生进行更高层次的思考（应用、分析、综合和评价）：为什么欧洲人于 1492 年来到美洲？尽管低层次知识是进行高层次思考的基础，但教师也应该在备课过程中制定较高目标，激励学生达到所有认知能力层次（见要点 6.3），这一点很重要。

要点 6.3

使学生达到所有四个认知能力层次

所有学生，不论程度如何，都具备四大认知能力（Sternberg，1997）：记忆信息、分析信息、吸收信息并从中创造新信息，以及应用信息的能力。这四大能力和布卢姆的知识、分析、综合及应用层次不谋而合。斯滕伯格（Sternberg）认为，遗憾的是，我们在教学中只让学生使用了前两种能力——记忆和分析的能力。例如，在教社会科学时，我们可能让学生"记住导致中东地区发生冲突的因素"，我们可能会让学生"分析为何不同国家在冲突中各自持不同立场。"

但如何发挥学生的创造性，让信息得到运用？斯滕伯格认为，我们很少让学生使用这些能力。为了帮助学生充分发挥其智力潜能，非常关键的一点是采用能让学生运用所有四种能力的教学方法。"通过让学生接受四种能力均有侧重的教学，我们使学生在学习和提高新技能的同时能够发扬自己的长处。"（23 页）

如何扩展学生对二战后中东地区的知识，发挥学生的创造性，进而应用这些知识？比如，我们可以让学生"考虑如何解决这些冲突。"要锻炼学生应用信息的能力，我们可以问学生："各国应该从冲突中吸取什么教训？"

情感领域

布卢姆将学习成果的第二种类型称为"情感领域"。情感领域和学生的态度、情感和价值目标有关。尽管教师往往将教学成果和认知领域联系起来，但几乎所有教师都试图促使学生在情感方面发生变化。例如，大多数教师希望学生喜欢上自己教的课，认识到该课程的价值，直至热爱一切学习。

布卢姆将情感领域分为以下五个层次：

1. 接受。学生愿意留意、关注并接受信息。如：聚精会神地听玛·金·罗琳斯(Marjorie Kinnan Rawlings)的小说《鹿苑长春》(*The Yearling*)。(《鹿苑长春》讲述了生活在佛罗里达森林里的男孩裘弟的故事。一家人靠一块贫瘠的庄稼地维持生活。裘弟非常喜欢一头温顺的小鹿，可为了不让小鹿破坏地里的庄稼，父母不得不杀了小鹿。)

2. 反应。学生通过和信息的积极交锋，对之做出正面反应。如：一起讨论小说《鹿苑长春》。

3. 评价。学生表达对某事物价值的态度或观点。如看完《鹿苑长春》后，可能会表达这样的观点：生活是不公平的，残酷的。有时，不利的环境会削弱生活的价值。

4. 组织。学生将所表达的态度或价值观与自身所持的态度和观点进行比较和整合，从而将这种价值观内化。如学生可对这个问题进行思考：看完《鹿苑长春》后他们所表达的态度或价值观是否和他们或他人所持的其他价值观相一致？

5. 内化。学生将他们的价值观付诸行动。如做出和自己信奉的价值观相一致的行为。如果学生认为生命是有价值的，但人们经常将它视作廉价的东西，那么他可以参加一些保护生命的组织，如防止虐待动物协会(the Society for the Prevention of Cruelty to Animals)。

动作技能领域

根据布卢姆的说法，第三领域，即动作技能领域的目标和学习动作技能有关。儿童心理学课程告诉我们，随着儿童年龄的增长，他们能够更圆满地完成更复杂的行动任务。例如，学生最开始先学如何握大支的蜡笔，然后学习如何握较细的铅笔。先学临摹，后学习自己书写。先学习打字，再学习如何操作文字处理软件。大多数学科都要求一定程度的动作技能学习。自然科学课上，学生学习如何组织和操作实验室器材。在音乐课上，他们可能会学习如何发声或如何演奏乐器。

动作技能领域也分为几个层次(Simpson, 1972)。以下是该领域有可能出现的目标：

● 感知。学生通过感官刺激(如视觉)来指导其今后尝试完成某项技能。如观察如何握画笔、如何动笔，最后学会画某种笔法。

● 定向。学生为完成某项技能或行动做好准备。如从心理、生理和情感上为画好该笔法做好准备。

● 指导下的反应。学生在专家指导下操练该技能。如教师一边指导，学生一边练习。

● 机制。通过练习，学生更加熟练地掌握了该技能。如随着该技能成为习惯性动作，学生更加充满自信。

● 复杂的或外显的反应。学生能高度熟练地完成某项技能。如能准确而迅速地画许多笔。

● 适应。学生修改之前学到的技能，以完成相关的技能。如在先前技能的基础上，学会不同的标准笔法。

● 创作。学生在之前学到的技能的基础上，创造新颖独特的表现手法。如创造出教师没有向学生演示过的笔法。

分类学习目标的另一方法

加涅(Gagné)，瓦格纳和布里格斯(Briggs)(1992)则提出了另一种思考和分类学习目标的方法。较之布卢姆的三大类学习目标，加涅等人的学习目标包括五大类：

1. 言语信息。该说法用来描述我们记忆中获取和储存的大量信息，和布卢姆认知领域的识记层次相似。如小学生学习的物理原理或化学原理等事实信息，一旦有需要便可从记忆中提取。认知科学家们也称之为陈述性知识。

2. 智力技能。指学习如何从智力角度完成某件事情。不是单纯地了解某知识，而是知道如何去完成。如能够根据已有的营养知识制定一份营养均衡的菜单，或根据对原型的了解制作模型。

3. 认知策略。指学习思考和解决问题的方法，包括学习如何学习。如学习使用归纳法解决问题。因此，如何使用归纳法这一知识点便成为一个认知策略。解决问题通常需要结合使用陈述性知识和程序性知识。

4. 动作技能。尽管加涅、瓦格纳和布里格斯没有提及布卢姆或辛普森(Simpson)的动作技能领域，但这两类学习目标似乎是相同的。

5. 态度。加涅、瓦格纳和布里格斯提出的态度和布卢姆的情感领域是相似的。

写具体目标

写教学目标时，你还必须决定在目标中包含哪些信息。许多教育家认为，好的目标能明确告诉学生需要了解哪些知识和做些什么，如“拿到一个段落后，学生能正确圈出每个动词。”这个目标就符合我们的要求：它告诉学生需要了解什么知识(什么是动词)，以及需要做什么(在所给的段落中找到并正确圈出每个动词)。

目前人们开发了一种帮助新教师写此类具体目标的方法。是这样的：

每个目标都应当包含 A、B、C、D 四个部分。其中：

● A 代表该目标的听众。在上面那个目标中，听众是学生。

● B 代表期待学生做出的行为。在上面那个目标中，期待的行为是学生能够辨认每个动词。表 6－2 列出了可用在布卢姆三大教学领域各个层次学习目标中的动词。

表6-2 制定布卢姆三大学习领域不同层次目标时可使用的动词

1. 认知领域

a. 识记层次
1. 目标：了解
2. 使用的动词：列举、告诉、定义、确定、标出、定位、识别、描述、匹配、命名、略述、重现、陈述

b. 理解层次
1. 目标：理解
2. 使用的动词：解释、阐明、举例说明、描述、总结、详述、转换、衡量、辩护、释义、重写、理解、领会

c. 应用层次
1. 目标：运用掌握的知识和理解力
2. 使用的动词：展示、应用、使用、解决、选择适当的步骤、修改、操作、准备、产生、建造

d. 分析层次
1. 目标：分解
2. 使用的动词：分析、辩论、区分、归纳、总结、组织、分解、剖析、图解、分别、细分、联系

e. 综合层次
1. 目标：整合、创造
2. 使用的动词：创造、整合、计划、设计、产生、编辑、发展、组成、发明、修改、组织、重组、重建

f. 评价层次
1. 目标：作出判断
2. 使用的动词：判断、评价、总结、对比、形成标准、评估、批评、支持、决定、比较

2. 情感领域

a. 接受层次
1. 目标：愿意关注和接受信息
2. 使用的动词：倾听、意识到、观察、觉察到、认可、实现、宽容

b. 反应层次
1. 目标：愿意做出反应
2. 使用的动词：反应、合作、欣赏、找到乐趣、顺从、谈论

c. 评价层次
1. 目标：形成态度和观念
2. 使用的动词：评价、认为、评估、估计、赞成、欣赏、衡量、相信、品评(也可参考“认知领域”中的“评价层次”)

d. 组织层次
1. 目标：将价值观付诸行动
2. 使用的动词：展示、表演、付诸行动、参与、支持

续 表

3. 动作技能领域 a. 感知层次 1. 目标：注意、辨认、感知 2. 使用的动词：注意、辨认、感知、觉察、发现 b. 定向层次 1. 目标：准备进行尝试 2. 使用的动词：准备好、做好准备、准备采取行动、进行准备、想要 c. 指导下的反应层次 1. 目标：尝试 2. 使用的动词：尝试、表演、练习 d. 机制层次 1. 目标：改进 2. 使用的动词：改进、逐渐熟练、改变、增进、减少 e. 复杂反应层次 1. 目标：熟练 2. 使用的动词：超越、掌握、完善 f. 适应层次 1. 目标：适应 2. 使用的动词：适应、调整、调节、修改、调制 g. 创作层次 1. 目标：创造 2. 使用的动词：创造、发明、产生

● C代表学生辨认每个动词时所处的情况。在上面那个目标中，情况是“拿到一个段落。”

● D代表学生必须表现出来的熟练程度或正确程度。在上面那个目标中，熟练程度是正确圈出每个动词。

因此，如果你想明确你的教学目标，想尽可能具体地制定教学目标，可以按照这个方法进行。下面一些具体目标的例子都体现了A、B、C、D四部分，其中也包括刚才举的例子。

1. 拿到一个段落后（C），学生（A）能正确圈出（D）每个动词（B）。

2. 拿到十个包含20个拼写错误的句子后（C），学生（A）能够划出（B）至少16处错误（D）。

3. 二进制加法题（C），学生（A）能够解答十道中（B）至少八道（D）。

4. 课堂上进行100个单词打字速度测验，学生打字速度不得小于每分钟30个词，且错误数不超过4个。
(C: 课堂上进行100个单词打字速度测验; A: 学生打字速度; B: 不得小于每分钟30个词; D: 且错误数不超过4个)

5. 拿到包含字母组合“ph”的单词卡后，学生能正确读出20张卡片上至少18个单词。
(C: 拿到包含字母组合“ph”的单词卡后; A: 学生; A: 读出; B: 20张卡片上; D: 至少18个单词)

制定具体的教学目标尽管很费时间，但能让你意识到授课对象的存在，能够让他们明确了解你想让他们掌握什么知识、完成什么操作。这样，你和学生就不会步调不一致了。此外，如此注重细节将使你更有安全感，特别是在你初次授课的情况下。

反方观点

不是所有教育家都认为教师应当制定具体教学目标。他们认为教学目标过于具体反而可能阻碍目标的达成。他们列举了以下几点潜在的负面结果：

● 具体目标由于太过详尽，很难撰写。学习目标如果处于布卢姆三大学习领域的最低层次，则最容易写。如认知领域的“识记”目标比“综合”或“评价”目标要容易写。以上面第一个目标为例，你会发现，制定一个要求学生进行辨认或回忆的目标是相当简单的。要写一个让学生分析动词特征的具体目标，就不那么简单了。这种目标带来的负面结果可能是：学生非但没有进行高层次的思考，而且只学习了一些简单的事实信息。

● 有证据表明，一般来说，当教师按照具体的目标进行教学，学生更有可能学到该具体知识、技能或态度，但无法学到其他有价值的相关知识。马尔扎诺(Marzano)、皮克林(Pickering)和帕洛克(Pollock)(2001)提到：“目标的存在使得学生过于注重目标本身，却忽视了和目标没有明确联系的信息，这种现象是有可能发生的。”(94页)按照设定好、尤其是具体的目标进行教学，产生的后果是学生有可能看不到全局。

● 有时，学生应当体验事先没有制定具体目标的学习情境。例如，对每个学生来说，在学校周围走上一圈得到的收获会和在教室里的体会大不相同。为什么非得希望每个人在走上一圈后都得出相似的观察结果、留下相似的印象呢？如果在散步后能对每个人独特的观察结果和印象比较一番，可能会学到意料之外的知识和洞察力。具体教学目标的负面结果在这里可能指学生丧失了学习的自发性。

● 有经验的教师很少写具体的教学目标。事实上，他们的教学目标多数时候似乎只是在脑中构思一个简单的教学提纲。在这种情况下，具体教学目标带来的后果是，不但花费时间，而且很少能直接在课堂教学中一一得到实践。

在研究聚光灯6.2中可以了解到其他一些相关的研究结果。

研究聚光灯 6.2
和教学目标相关的研究结果

根据斯诺曼和比赫勒(2002),从对教学目标的研究中可以得出以下结论:

1. 当学生对学习目标有明确认识,用目标来指导自己学习特定的内容,以及当学生认为这些目标有助于学习时,教学目标能发挥最大作用。

2. 当教学目标以书面形式清楚地记录下来,当学习任务既不太难也不太容易时,教学目标能发挥最大作用。

3. 比起能力较高和较低的学生,能力中等的学生在了解教学目标后似乎更能从中获益。

4. 目标能促进有意识的学习,但会导致偶发性学习的减少,而这部分知识可能没有得到重视。偶发性学习更有可能发生在使用笼统的教学目标而非具体目标的情况下。

沙尔文(Salvin, 2002)也回顾了有关教学目标的研究,他提出,将目标传达给学生非但不会减少学生的进步,而且往往会促进学生取得进步。他建议,传达给学生的目标要尽可能包含该课程要讲授的一切内容,以防止学生的视角过于狭窄,将很多重要信息排除在外。

什么样的目标是好目标

制定任何教学计划时,你都要想好一系列相关的教学目标。然而,你也要思考这些目标是否符合课程安排,是否适合学生,这是非常关键的一点。通过回答以下问题,你就可以对教学目标作出判断:

● 这些目标是否和学生要学习的课程相关?

● 这些目标是否会在适当的时机促进各个学习领域(认知领域、情感领域、动作技能领域)的发展?

● 这些目标能否促进各个领域理解力或表现力水平(高层次或低层次)的提高?

● 这些目标是否关于学生应该学习的知识或学会做的事情?是否很具体,能让学生确切了解他们需要学习哪些知识和做哪些事情?

● 这一批学生能否达到这些目标?这些目标是否适合学生的能力水平?是否考虑到了个体差异?

从研究聚光灯 6.2 可以了解有关教学目标的研究结果。

准备不同长度的教学计划

决定了教学内容并想好了适当的教学目标后,你还要问问自己:要达到这些目标,学生需要接受多长时间的指导?需要何种指导?这两个问题的顺序也可以倒过来。例如:你是先决定教学方法,再分配足够的时间来完成教学目标,把时间当成可变量?还是说正好相反,你是先把时间当成常量,决定花多少时间来教,然后再决定在这段时间里能教多少内容或采取何种教学方法?由于到底是应该根据教学分配时间,还是根据时间分配教学经常引起人们激烈的争议,你可能想在课堂上对此进行讨论。也许你会回想起自己曾经学过的一门课程,或者一次因为时间不够而未能完成预先计划的旅行。我们还是先把注意力转移到计划的持续时间或范围的问题上。

教学设计中的"长和短"

作为一名教师,你要经常制定长期、中期和短期计划。可以用一个例子来说明这个情况。你和朋友打算去加拿大度假。这就是你们的长期计划。之后你需要决定去哪些城市,游览路线,以及在每个城市大约待上几天。这就是中期计划。最后,你要决定每天在每个城市都具体做些什么。因此,你也要考虑每日甚至每小时的计划。这就是短期计划。同样,作为教师,你也要为学生制定长期、中期和短期教学计划。

教师在制定长期计划时,他们是在考虑如何从总体上进行整个学年或一学期的课程教学。制定长期计划的教师首先必须选择一个焦点。这个焦点可以是当地历史,美国或加拿大文学,或者四年级算术。第二,该教师需要决定有多少周、多少天或多少小时可供教学使用。要考虑到节假日、寒暑假或考试周等学习受到中断的时间。第三,教师必须选择授课内容。例如,考虑到有限的授课时间,美国历史课的长期计划中要涉及在该课程中应当包含哪些话题和知识点。

中期计划,也叫单元计划,则涉及如何将课程分为各个部分,每个部分都有一个特定的主题。在单元计划中,教师将各部分有机排列,从而决定课程的进展。比如可以把历史课按不同历史时期来划分,这样学生可以按时间顺序来学习。四年级学生的算术课可以按照由浅入深的算术步骤分为一系列单元。大学课程的提纲就是长期和中期计划的例子。

完成了中期计划后,接下来就要制定短期计划,即每周和每日的课程安排。在短期计划中,教师要决定学生必须学习什么,以及如何最有效地达到这个学习目标。正是在这个阶段需要设定具体的教学目标。

图 6-2 说明了不同长度的计划(长期、中期和短期),图 6-3 则表示了科目、课程、单元和一节课之间的关系。

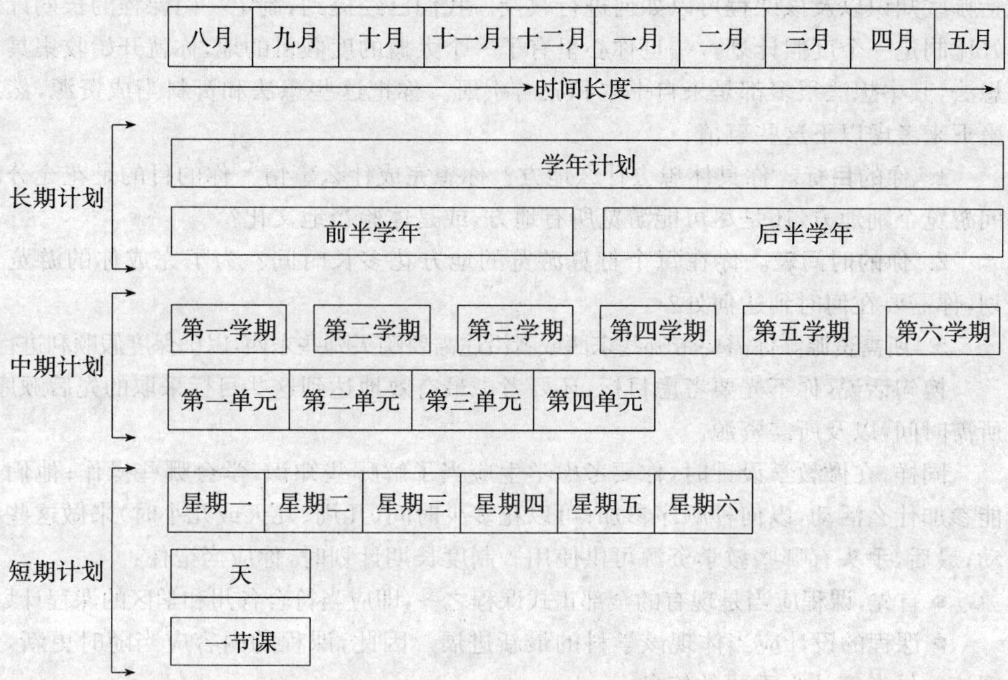

图 6-2　不同长度的计划

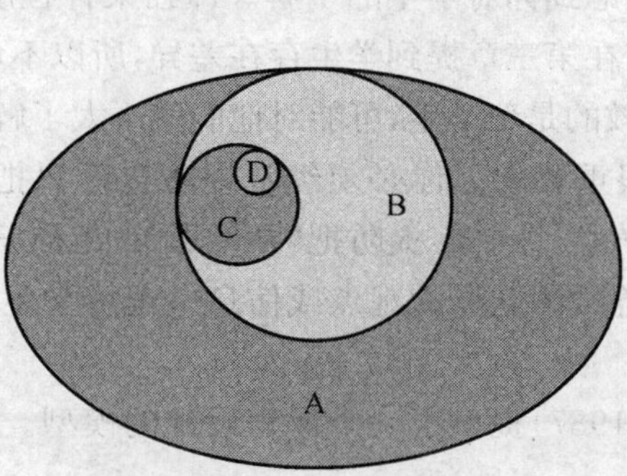

- 大椭圆(A)代表一门学科，如算术。
- 大圆(B)代表一门特定课程，如四年级的算术课。
- 中圆(C)代表该课程中的一个单元，如整数的乘法。
- 最小的圆(D)代表整数乘法单元中的一节课，如个位数相乘。

图 6-3　学科、课程、单元和一节课之间的关系

准备长期计划：学年计划和半学年计划

正如我们已经了解到的，制定长期计划是要决定为期一年或半学年的课程应当包

括哪些知识以及该课程可以如何进行教授。我们已经提到，制定一门课程的长期计划好比制定一个度假计划。一旦你心里有了一个大概的度假目的地，你就开始收集具体想法，其中想法很多都是来自书本和旅游手册。你把这些想法和资料当成资源，然后坐下来考虑以下这些事情：

1. **你的目标。**你具体想去什么地方？你想完成什么事情？你的目的是花充分时间游览个别地方，还是尽可能游览所有地方，或是体验当地文化？

2. **你的时间表。**你在每个打算游览的地方花多长时间？为了完成你的游览计划，你需要在何时到达何处？

3. **所需资源。**你需要带哪些东西或者沿途需要购买哪些东西，以确保度假顺利进行？

换句话说，你不光要考虑目标，还要考虑最有效地达到这些目标采取的先后顺序，所需时间，以及所需资源。

同样，在做教学设计时，你要考虑学生应当了解哪些知识，学会哪些操作；他们可能参加什么活动，以何种顺序参加；可以花多少时间（几周、几天或几小时）来做这些活动；最后，手头有哪些教学资源可供使用。制度长期计划时，你应当记住：

- 首先，课程应当是现有的全部正式课程之一，即应当符合各州和学区的课程计划。
- 课程的设计应当体现该学科的最新进展。因此，课程的内容应当随时更新，体现该领域专家认为重要的信息。
- 课程的设计应当考虑到你对学生的了解。即在某种程度上你教的每门课程都是为学生量身定做的。鉴于在第三章提到学生存在差异，所以不可能有哪门课程是适合全部学生的。不过，如果你教的是新学生，可能对他们就不太了解，此时就需要修改计划。
- 决定授课内容是很重要的。你必须经常提防自己只把关于某学科或事件的一些个人观点或偏见教给学生。同样，提防把“从政治角度看正确”的观点教给学生，即将仅仅代表一些特殊利益团体立场的观点或信息呈现给学生，而忽视或贬低其他不同团体的观点或信息。

葛拉松（Glatthorn，1987）提供了一个课程设计的模型。现在，你可以尝试亲手设计一个长期计划。

准备单元计划

制定了长期课程计划，中期计划便开始了。最终你需要将课程分为各个部分或单元，之后计划如何教这些单元。**单元计划**（unit plan）是关于如何教课程中某一主题的更加详细的计划。在这个阶段，每个单元的教学通常要持续几周，这几周都围绕某一话题进行。例如，在美国历史这门课程中，教学内容可能会按照时间顺序分为殖民时期、联邦统治时期和工业时期初期。每个时期的内容都需要几周时间来学习。小学低年级的单元教学时间通常要短一些，只有几天或者几周。

你可以按照以下这些类型区分单元：

● **资源单元**是主要由各州教育部门，特殊利益集团，政府机构和企业采取的普遍区分方法，成本最少甚至不需要成本。因此，资源单元必须适应特定的课堂内容，以确保难度适中，能够吸引学生。举一个自然科学资源单元为例：整个单元设计中有可能包括一套课堂计划、幻灯片、发给学生的教学大纲以及教师关于该地区天然气公司生产天然气的指南。当然，资源单元有可能偏向政府或商业集团的观点，具有微妙的、“潜在”的课程偏见。

● **教学单元**是由一位教师或多个教师准备的，用于特定的学生群体。教学想法有可能来自资源单元，但主要还是来自教师和学生，而学生可以帮助制定单元计划。尽管教学单元和资源单元一样，是在教学活动发生之前就准备好的，但都不是一成不变的，在使用过程中往往会得到调整。

● **经验单元**与其说是事先准备好的，不如说更像是一种“偶然发生的”计划。学习内容不是提前明确规定好的，教师和学生只决定每天的每堂课大概需要学什么东西，在学习过程中逐渐积累知识。一个经验单元有可能围绕“我们周围的声音”这个主题展开。学生的体验是最重要的，因此，随着他们对声音的探索拉开帷幕，学生要记录下他们学到的知识。有经验的教师使用经验单元进行教学时更加驾轻就熟。

● **整合单元**尤其适合小学阶段的学生，它将社会科学、语言艺术、自然科学和美术等好几个领域的学习围绕一个中心话题结合在一起。如：关于十字军远征的一个整合单元有可能将该时期的历史和文化研究结合起来。学生也可以读一些该时期翻译过来的文学作品，研究十字军远征时期人们的生活和习俗，并用艺术形式表现出来。

单元计划的各部分

尽管单元和单元计划的类型有很多，但一份普通的单元计划要包括以下各部分：

1. **标题**，显示要学习的主题，如“美国或加拿大的体育运动。”该主题通常是该校区的必修课程之一。然而也可能是为了丰富学生知识面而增设的。

2. **简介**，说明该单元在整个课程中如此重要的原因，以及该单元本身具有的重要意义。简介应该有目的地向学生解释为何该单元如此重要，回答学生普遍存在的问题：“为什么我们一定要学这个？”简介还要说明该单元的学习范围和学习顺序。通过阅读简介，我们应当能够理解哪些话题会以大概什么顺序得到讲解。范围和顺序能表明这些大意是如何形成的，整个单元又是如何推进的。

3. **总体目标和对学生学习该知识前的预先估计**，大概地陈述学生在学习完本单元后将要学到的知识、技能或形成的态度。你需要知道学生对手头的话题已经掌握了哪些信息，这样一来设计出的单元内容不会让学生感到太熟悉也不会太陌生，难易度适中。预先估计也可以使你及时填补学生对该话题的理解上存在的空白，围绕学生的兴趣和需要增加该单元对学生的吸引力。你可以通过各种方法对学生进行预先估计，如非正式观察、讨论或提问；让学生参加正式的预备测验，考查他们的技能、知识和态度；或就这批学生事先学过的课程内容进行考试。

4. **正文**，包含单元的学习内容、活动和指导过程。正文中要有主题纲要、活动、资源和时间框架。

- **主题纲要**是用来说明要点的。一份详细的提纲是日常课堂教学的依据。
- **活动**部分要大概地说明整个班级或每个学生可以做什么事来完成单元目标。他们可举行哪些活动来学习该单元包含的技能、知识和态度？
- 正文中还要列出教学材料和其他可能有用的**资源**。
- **时间框架**要说明该单元何时开始、何时结束，以及学生何时参加这些活动。

5. **评估**部分，说明如何从成绩和满意度两方面对学生进行评估。学生对应该掌握的知识掌握了多少？能不能完成应该掌握的操作？

6. **参考书目**，要列出对教师设计和教学本单元有用的资源。对学生有用的参考书也要列出。假如该单元有可能在经过修改后再次使用，那就应该提供完整的参考书目。此外，把你获得该资源的出处（即你的个人藏书、学校图书馆、朋友的收藏或其他来源）记录下来也是很有帮助的，这样以后就可以再次找到这个资源。

要点 6.4 是一个单元计划的简短实例。

要点 6.4
单元计划样本

标题：北美洲的拓荒者

简介：人们都对他人感兴趣，尤其是名人。我们在新闻、电影和电视里经常会接触到这些名人。描写关于别人生活的书称为传记。有的传记是关于优秀的行为榜样，例如安·弗兰克（Anne Frank）、亚伯拉罕·林肯（Abraham Lincoln）和马丁·路德·金（Martin Luther King）。有的传记则相反。无论如何，传记都增长了我们的历史知识。

我们在本单元要学的传记主要是关于北美洲的拓荒者。正是他们开拓了一片新的天地，使后人得以在这片大陆上定居，因此他们对我们而言具有重大意义。有的拓荒者是优秀的行为榜样，不过你也会看到，有的不是。

对传记和对拓荒者的研究对受教育者来说都具有重要意义，也因此编入了幼儿园到12年级学生的课程。

总体目标：我们希望学生找出一位北美洲的拓荒者，总结你找到的信息，并将这些信息记录在一张集换卡片（trading card）上和全班同学分享。

预先估计：了解学生已经知道有关北美拓荒者的哪些知识，是否知道如何概括信息，以及如何用电脑制作配有插图的集换卡片。

提纲：

1. 北美洲的拓荒者
2. 查找地理信息
3. 概括
4. 电脑图形
5. 演示：借助微软幻灯片软件

活动（可能还有其他）：

1. 第一课：北美洲的拓荒者。学生要了解这些人，以及他们每个人都做了什么。每个学生挑选一个拓荒者作为研究对象。
2. 第二课：查找地理信息。学生通过使用图书馆和因特网的各种资源找出有关研究对象的信息。
3. 第三课：概括。全班同学要决定哪些信息是最有趣的，阅读这些信息并写简短的内容概要。
4. 第四课：电脑图形。学生要学习如何制作集换卡片。
5. 第五课：演示：学生要学习用电脑演示他们准备好的集换卡片。

资源：我和图书管理员将确认学生可能使用的材料和网站。

时间框架：完成该单元教学需要五天，再加上学生独立学习的时间。还需要花时间观看学生的演示。

评估：学生写一篇传记概要的能力、在电脑中制作图形的能力，以及有效地演示材料的能力都将得到评价。

参考资料（最初的）：社会科学课本、图书馆资料、互联网资源都会得到利用。起初我发现以下资料可能非常有用：

1. 美国图书馆协会（American Library Association）网站有关儿童传记的部分。
2. infoplease 网站：著名拓荒者的传记

其他的单元计划实例可以在这些网站找到：教育工作者参考网（The Educator's Reference Desk），Learn NC 网络教学（Learn NC），灯塔学习中心（Beacon Learning Center），美国国会图书馆（Library of Congress）和各州的教育部门。

有时，教师将某一单元的信息进行拆分，以涵盖几天课堂内容的**分段计划**（block plans）形式表现出来。分段计划包括总的目标、学习活动、评估计划和资源。每个分段计划针对一个班，是课堂计划的提纲。要点 6.5 展现了二年级学生学习恐龙这个单元时用到的两个分段计划。

要点 6.5

恐龙单元的每日分段计划实例

第一天

话题：恐龙时代

总体目标

1. 学生要学会**恐龙**一词的定义。

2. 学生要学会描述恐龙生活时期地球是什么样的。

学习活动

讨论：什么是恐龙？你对恐龙了解多少？

独立学习：分发一些关于恐龙的资料。让学生找出恐龙生活时期地球上是一片何等景象。

评价

独立活动：画出恐龙生活时期地球上的景象。

资源：W. Lindsay,《大恐龙图册》(*The Great Dinosaur Atlas*)，伦敦：Darling Kindersley，1991。T. Dewon，《恐龙揭秘》(*Inside Dinosaurs*)，纽约：Doubleday，1993。

给每个学生发蜡笔和纸。

第二天

话题：恐龙的饮食

总体目标

1. 学生要学会辨认恐龙可能吃的食物。

2. 学生要学会区分食肉恐龙和食草恐龙。

3. 学生要学会在小组活动中和同学合作并发挥个人的作用。

学习活动

讨论：你认为恐龙吃什么？

合作小组：每三人组成一组，用动物图片将食肉动物和食草动物的特征进行分类，然后研究恐龙的图片，判断恐龙到底是食肉动物还是食草动物。

评价：将所有恐龙图片分为食肉和食草两类，并判断每张图片上的恐龙属于哪类。

来源：S. Morkle，《恐龙全揭秘》(*Outside and Inside Dinosaurs*)，纽约：Simon & Schuster，2003。

《国家地理》(*National Geographic*)，1993年1月。

十二组动物的图片，十二组恐龙的图片(来自家中的个人收藏)。

单元计划的好处

制定一个或几个单元计划是件耗费时间的事，尤其在你的教学生涯刚刚起步的时候。然而，这往往也是件吸引人、值得做的事，因为在这个过程中你会不断思潮涌动，积累各种资源。设计和使用单元计划会带来许多好处：

● 单元计划一旦成形，可以为短期计划——一周、一天或一节课——提供清晰的方向。现在付出一点努力来准备单元计划，可能意味着为今后节省了大量精力，避免你在课堂上产生紧张情绪。

● 好的单元计划使你更加充分意识到每个学生的独特之处。

● 单元计划使你深入思考如何使用各种教材、开展各种活动来更好地完成教学。它使你不再仅仅依赖书本进行教学。

● 单元计划使你思考如何帮助学生从全盘的角度研究某话题或某现象。通过使用单元计划，你可以将写作、阅读、汇报等都融合到学习活动中去。

准备课堂计划

首先，我们来看看研究聚光灯 6.3，了解一节课要怎样上才算成功。

研究聚光灯 6.3
一堂成功的课是什么样的

库珀和麦金太尔(1994)想要知道在教师和学生心目中什么样的课可称得上是成功的。因此，他们采访了 13 位教师和 325 名 11 岁或 12 岁学生，大家一致认为，一堂成功的课要包括以下这些方面：

● 学生掌握了具体知识或技能。
● 学生执行并完成了任务。
● 学生进行深入思考并得出新的见解。
● 学生在课堂上很投入并喜欢参与学习活动。
● 干扰课堂的行为出现得很少。
● 师生之间和学生之间相互合作，氛围融洽。
● 教学方法行之有效。

课堂计划具体描述了在较短的一段时间里——通常是一到两三节课——的授课内容和授课方法。如果长期计划是游览美国东部的话，中期计划可能是拜访波士顿，以及在波士顿期间想要游览哪些景点。短期计划则要精确到每天、每小时、甚至每分钟要做什么,例如:每日计划可以是周一白天在自由之路(Freedom Trail)散步,晚上去听波士顿流行音乐会,周二购物、看一场红袜(Red Sox)棒球队的比赛,等等。

课堂计划甚至比每日计划还要具体。它要尽力确保当天的每项活动都顺利进行。

课堂计划的组成部分

有很多课堂计划的格式可供模仿。表 6-3 展示了一些实例。通过比较这些格式,我们显然可以看出其中有大量相似之处。我们比较喜欢的课堂计划模式出现在表 6.4。记住:如果你所在的学区没有规定必须使用某种模式的计划,那么最终你需要自己来选择。

表 6-3 按照作者或来源列出的几种课堂计划模式

埃拜(Eby)(2000)	El-Tigi(2000)	亨特(Hunter)(2004)	雅各布森(Jacobson)等(1985)摩尔(Moore)(2000)	《纽约时报》(nytimes.com/learning/teachers/lessons/archive.html)
1. 标题 2. 主题 3. 年级 4. 描述 5. 目标 6. 所需材料 7. 步骤 8. 评价	1. 目标 2. 评估学生的准备情况 3. 所需资源 4. 课堂描述/步骤 5. 结束 6. 评价	1. 目标 2. 定向归纳 3. 输入和模仿 4. 检查理解情况并带领学生练习 5. 独立练习	1. 决定授课内容 2. 目标 3. 简介 4. 授课方法 5. 课堂结束 6. 学生评价	1. 课堂概述 2. 所需时间 3. 目标 4. 学习资源 5. 活动,步骤 6. 评价 7. 课余活动 8. 和其他科目的关系 9. 和标准的关系

表 6-4 我们推荐的课堂计划模式

1. 目标——说明这堂课的目标
2. 资源——表明要使用的资源和材料
3. 定向归纳——描述这堂课将如何导入
4. 方法——描述如何进行教学和学习
5. 评价——阐明如何对学生的学习状况进行判断
6. 结束——为结束这堂课做准备
7. 反思——思考这堂课的教学效率

让我们就推荐的课堂计划模式中的各个部分作一番思考:

1. **目标。**这部分的挑战在于编写和课程水平相当的目标,而且要尽可能达到较高标准。记住,目标要和课程安排相关;要促进认知领域、行动技能领域和情感领域各个层次的学习;合理地推动各个领域理解能力水平(高水平和低水平)的提高;编写内容要足够具体,可以清楚了解每个学生必须学习什么知识，能掌握什么操作；学生能够达到这些目标。

2. **资源。**有哪些可以帮助学生学习的资源？收集全部可以利用的人力资源和材料，帮助学生完成目标。许多资源会在接下来《对教学设计有用的资源》部分提到。在实践中，许多教师先完成这一步，后写具体目标。无论如何，课堂计划应当明确你和学生将使用哪些资源来完成具体的教学目标。

3. **定向归纳。**如何激发学生的学习兴趣？**定向归纳**(set induction)，或叫**预先定向**(anticipatory set)就是指上课一开始要吸引学生的兴趣和注意力。在这部分课堂计划中，我们必须动脑子想一些方法。方法之一是将待学的知识和学生感兴趣的东西或已知信息联系起来。人们长期以来都是认为，我们会更努力地完成和自己的兴趣和已知信息相关的任务，而且这一点现在已经得到了证实(Rennings, Hidi & Krapp, 1992)。兴趣激发了个人的情感联系，所以我们说兴趣是最好的老师。通过把新知识和先前的知识相联系，这种情感联系变得更加突出。第十一章仔细讲解了如何提供定向归纳，而本书第四部分第一单元(微格教学第二课)提供了一个实践练习。

4. **方法。**教学和学习如何进行？在这里你要描述学习过程如何发生。第二章和第三章关于学生差异和第四章关于学习理论的内容会对你计划教学方法尤为有用，因为这些内容是关于我们对学生的了解和学生的学习方法。第七章和第八章关于其他授课方法的内容也有很大关系。

5. **评价。**如何判断学习效果？这包括两件事：一是计划如何在教学过程中监督学生的学习情况，二是在一节课结束后你计划如何评估学生的学习情况。教学活动进行过程中，教师应当“读取”每个学生的信息。每个人都对课堂内容很感兴趣，都很投入吗？上课的节奏是否合适？学生在学吗？你的计划中应当包括你如何监督这些事情。兴趣和参与度的非正式迹象包括面部表情、肢体语言和口头反应。还可以通过提问的方式检查学生是否理解了所学知识，观察学生是否能很好地、频繁地运用所学知识，这些都是非正式的评价方法。正式评价方法通常用在一节课结束的时候，包括练习题、家庭作业和小测验等。不管你使用何种评价方法，要记住，这个方法必须体现学生是否达到了课堂教学目标。要获得更多帮助，请参考第九章。

6. **结束。**如何结束一堂课？所有课都需要一个圆满的结尾。但什么样的结尾是成功的？常见的形式是在结束时进行回顾，让学生总结他们在这堂课学到了哪些知识，并将学到的知识和他们以往的学习以及将来的学习联系在一起。在第四章我们了解到，当所给信息是有机组织的，并和学生以往知识相关，该信息就很有可能进入学生的长时记忆。我们还学到，复习时要让学生头脑中想着新信息，思考如何应用新信息，以及新信息对个人的意义。许多教师在带领学生回顾课堂内容时就是问学生学到了什么，或者发现了什么。

7. **反思。**现在就该思考你和学生的课堂体验，并从中学到东西。在一堂课结束后，教学效率高的教师会提出以下问题，如：

- 学生学到东西了吗？他们是否满意？可以做哪些事情来提高学生的成绩和满意度？
- 通过这次课堂教学，我学到了哪些东西？

如果你想成为一名教学效率高、善于思考的教师，第十四章将对你有极大帮助。

要点6.6包含一个小型课堂计划，此计划是为了帮助学生区分**主题**和**变化**这两个词而设计的。如果给你同样的教学目标，你会如何改进这个课堂教学？第七章和第八章又给了八个课堂计划。要点6.7则给出了另一个例子。

要点 6.6

为“主题”和“变化”这两个话题而设计的小型课堂计划

目标

1. 假如有几个相同种类或具有相同主题的物体——如汽车或太阳镜——学生要能辨别它们的相似点和差异。

2. 学生要画出六个具有相同形状的物体，以表明他们理解了“主题”的含义。

3. 通过改变这些物体的特征，学生要表明他们理解了“变化”的含义。

资源

1. 各种汽车的图片
2. 各种太阳镜
3. 纸、蜡笔或记号笔

定向归纳（通过让学生思考亲身体验过的主题和变化，使学生做好准备掌握“主题”和“变化”两个概念）

1. 向学生展示汽车图片。“图片中的每个物体有什么共同点？”（都是汽车）“这些汽车有什么不同？”（颜色、形状、大小）

2. 向学生展示太阳镜。“这些物体有什么共同点？”（都是太阳镜）“它们有什么不同？”（颜色、形状、大小）

3. “你能想到其他既有共同点却又有不同点的物体吗？”（人、动物、玩具）

4. “今天，我们要学习两个新词语，可以用来形容有共同点而又有差异的东西。”

方法

1. “我们要学习的两个新词语是主题和变化。”将这两个词写在黑板上。

2. “如果我说这些图片（举起汽车的图片）有一个共同的主题，大家觉得我这样说是什么意思？”（这些图片在某些方面相似）“共同的主题是什么？”（它们都是汽车）在黑板上主题这个词下面，写上汽车。

3. 换成太阳镜，重复步骤1和2。

4. “我们知道，具有共同点的东西也存在一些差异。大家说了，汽车和太阳镜都有各自不同的种类。”指着黑板上变化这个词。“大家刚才说这些东西在哪些方面存在差异？”（在大小、形状、颜色方面存在差异）在黑板上变化这个词下面写上大小、形状、颜色。

5. “你们能向大家表示你理解了主题和变化这两个词语吗？画出一些具有共同点但又存在变化的物体来。或许你们可以画六片树叶或者六本书，或者其他任何你能想到的东西。”

6. “你有什么展示主题和变化的好主意吗？”

7. 分发纸张给学生。指导学生把纸折成六个部分，在每个部分画一个物体。

8. 在教室中来回走动，指导、监督学生完成图画并对他们的理解作出评价。提问个别学生：“你表现的是什么主题？”以及“表现什么差异？”

9. 让学生相互传看他们的主题和变化。

评价

见方法部分的第八个和第九个步骤。

结束

1. “今天你们学了哪两个新词语？”

2. “这两个词分别是什么含义？”

3. “你为什么觉得这两个词很重要？为什么指出相同点和差异如此重要？”

要点 6.7

设计关于“电脑功能”的一节课时可供使用的计划框架

下面是另一个课堂计划模式。这个模式旨在具体指导你如何让学生学会使用一项电脑功能（文字处理、报告、电子制表、数据库、制图、展示、或在因特网上搜索）。

NTeQ（综合查询技术 iNtegrating Technology for inQuiry）提供了一个独特的课堂计划模式，帮助你设计促进学生更好地使用电脑功能的学习活动。该课堂计划经修改后主要包括以下内容：

- **设置目标**：学生应该掌握什么知识，学会什么操作？
- **将目标和电脑功能相匹配**：如文字处理、电子制表、数据库、展示或在因特网上搜索。哪个目标可以通过使用哪项功能得到实现？
- **使用该项功能**：学生具体如何使用该电脑功能来实现目标？是要让学生创建一个文档、一份电子表格、一个数据库，还是准备一份报告或者搜索网址？
- **结果展示**：学生将如何展示他们的工作成果（书面形式、幻灯片、海报等）？

● **使用电脑前的准备活动**：学生在使用电脑前需要做哪些准备工作？

● **使用电脑**：学生在上机过程中要做哪些工作？（例如：学生要寻找和教学目标相关的互联网网址。）

● **使用电脑后的活动**：学生在使用了电脑后要做哪些工作？（是否要编辑收集到的信息，准备一份报告？）

● **评价**：如何评价学生这堂课的学习情况？

NteQ 网站提供的链接有：莫里森和洛德尔(Lowther)(2001)合写的一本涉及相关内容的书；用 PowerPoint 幻灯片制作的展示；一个"课堂计划园地"，在这里你可以看到所有把电脑作为主要学习工具的年级和学科的课堂计划实例。详情请访问网址：将电脑技术融入课堂(Integrating Computer Technology in the Classroom)。

除非你执教的学区有具体规定，不然的话最终需要你自己来决定课堂计划模式。凯根和提拼思(Tippins)(1992)进入小学和中学教师课堂，探索他们如何安排课堂计划。这项研究的结果收集在研究聚光灯 6.4 中。

研究聚光灯 6.4

教师们使用哪种课堂计划模式

凯根和蒂平思(1992)邀请了佐治亚州立大学的五位小学实习教师和阿拉巴马州立大学的七位中学实习教师帮助他们解答这个问题。由于研究者想了解自然而然发生的情况，于是他们让教学导师不要求实习教师使用专门的课堂计划模式。然而，凯根和蒂平思给这些实习教师设定了一个包含目标、动机、主要活动、结束、学生评价和家庭作业六大要素的模式。然后他们让实习教师修改这个模式，使之能为他们所用。

随着该学期教学的展开，凯根和蒂平思有了以下发现：(1) 小学教师的计划越来越简洁扼要，而中学教师的计划则越来越详细；(2) 小学教师的计划更多地集中在学习活动上，而中学教师更多集中于在计划中加入一个讲座纲要；(3) 小学教师将书面计划作为组织课堂教学的方法，但比起照计划按部就班地教学，他们更喜欢在课堂上临场发挥。

研究者也提到了此项研究的局限性，尤其是调查对象只有 12 名实习教师。然而，他们得出的结论是：课堂计划模式很有可能不仅在小学教师和中学教师之间存在差异，而且对课堂教学内容所起的作用方面也存在差异。两位研究者还认为："在课堂计划中罗列主要授课步骤的做法可能更有效"(487 页)，如果教材中已经明确提到"目标"和"材料"等内容，就不必再单独列出。他们还认为如果计划中要求有"评价"这一项，可能会导致教师滥用正式考试。

评估课堂计划

下面是一份用来评估课堂计划的清单。考虑到本章介绍的所有内容，假如让你准备一份课堂计划并对其价值进行测评，这个清单会有用处。

□1. 这份课堂计划和课程安排密切联系。

□2. 教学目标清楚，可衡量。

□3. 教学目标能在适当的时机促进认知、情感和行为技能领域的学习。

□4. 教学目标能促进某一特定领域学习水平达到力所能及的最高层次。

□5. 教学目标能适应学生不同背景和能力的需要。

□6. 计划中包含这样的内容：要让学生随时了解教学目标。

□7. 可利用的教学资源内容适当，丰富多样。

□8. 有适当的技术资源。

□9. 提供定向归纳。

□10. 学习活动内容明确。

□11. 学习活动考虑到学生已知的信息。

□12. 学习活动适合学生参与。

□13. 学习活动有可能帮助学生实现课堂目标。

□14. 有计划地对学生的学习实行现场监督。

□15. 有计划地在一节课结束时评估学生学到了哪些知识。

□16. 专门准备了一个环节，概括所学知识以及和过去和将来的学习联系起来。

□17. 这堂课能够在规定的时间和场所里完成。

□18. 计划考虑到了我们心目中成功的一堂课是什么样的。（见研究聚光灯 6.3）

□19. 对可能出现的问题予以了充分的考虑。

□20. 我认为我会喜欢按照这个计划进行教学，学生会学到知识并产生满足感。

在线课堂计划

要了解有关不同话题的课堂计划的在线资源，请参考要点 6.8。

要点 6.8

互联网上能找到的课堂计划

成功设计课堂教学是一项颇具挑战的日常活动。以下是一些提供成千上万课堂计划的网站，可能对你有用。但是，要记住，任何由别的教师为各自学生编写的计划都需要经过你的修改，以满足你的课程需要和学生的需要。

- Lesson Plan Page
- Lesson Planz. com
- Educator's Reference Desk-Lesson Plans
- Teachers' Page of Lesson Plans
- Yahoo：Education K－12
- Columbia Education Center
- The Gateway：Collections List
- Education World Best of 2003
- New York Times Learning Network
- Discovery School
- Teachers Net

重温不同长度的授课计划

英格(Yinger,1980)概括了制定授课计划的几大层次。表 6－5 将他的观点和我们的观点结合在了一起。

表 6－5 各种长度的计划

	意 图	有用信息的来源	计划的形式	判断计划有效性的标准
学年计划	1. 制定年度总教学内容(相当笼统,并依据当地课程目标而制定) 2. 规定基本课程顺序 3. 预订和保存资源、材料	1. 学生(关于学生数量和本质的总体信息) 2. 课程指南(校区目标) 3. 可用资源 4. 教具体课程和使用具体教材时的个人经验	总的提纲,列出每门科目的基本内容和可能的想法	1. 计划的可理解性 2. 符合自身目标、校区目标和学生的要求
学期计划	1. 说明下学期要学的具体内容 2. 制定符合该学期目标和重点的每周日程表	1. 和学生的直接接触 2. 学校日程表规定的时间限制 3. 可用资源	1. 详细描述学年计划中的纲要 2. 每周日程表提纲,具体规定活动和时间	1. 提纲:可理解性、全面性和具体性 2. 日程表:可理解性,达到学期平衡 3. 符合学期目标 4. 符合学生需要

续表

	意图	有用信息的来源	计划的形式	判断计划有效性的标准
单元计划	1. 围绕一个话题制定一系列有条理的学习过程 2. 在合适的层次提供完整、有意义的内容	1. 学生的能力、兴趣等 2. 教材、课堂长度、规定的时间 3. 可用于开展活动的设施 4. 校区目标	1. 活动和教学内容提纲 2. 按顺序安排的活动列表 3. 计划书中的笔记见要点 6.4	1. 提纲的组织性、顺序平衡和流畅度 2. 符合学年和学期目标 3. 学生的兴趣和参与是否和预期相符
每周计划	1. 在每周日程表范围内设计本周的活动 2. 考虑到中断和特殊需要，调整计划 3. 保持活动的持续性和规律性	1. 学生在以往学习中的表现 2. 安排好的学校中断（如集合、假日） 3. 教材等其他辅助资源的持续供应	1. 活动名称和时间记入计划书 2. 将一天分为四个教学板块，由早晨休息、午餐和下午休息隔开	1. 计划的完整性 2. 每周日程表得到执行的程度 3. 计划要有灵活性，要考虑到特殊中断的时间 4. 符合目标和学生的需要
每日计划	1. 制定和安排第二天的课堂内容 2. 具体说明尚未决定下来的活动组成部分 3. 使每日日程表适应任何突发现象 4. 让学生做好准备进行当天的活动	1. 待用教材内容清楚 2. 设定好的活动时间 3. 每日开始对班级“风气”的评价 4. 持续的兴趣、参与和热情	1. 每日日程表写在黑板上供讨论 2. 在教室里准备和安排教材和设施	1. 完成最后一分钟的准备，决定内容、教材等 2. 学生的参与、表现出的热情和兴趣
课堂计划	1. 涉及上一堂课的内容 2. 进而执行专门设计的新任务 3. 评价学生的学习成果（个别进行） 4. 延伸至下一堂课并涉及更广的计划	1. 对上一堂课的评价 2. 更大的计划（每日、每周、每单元等） 3. 学生的反馈	见表 6-3 和要点 6.6	1. 学生对目标的完成 2. 上课期间和结束时的评价，有时课后的评价

对教学设计有用的资源

在制定长期计划或短期计划时，你需要确定并使用两种资源——课程指南和教材。

课程指南

课程指南会告诉你预期要教的内容。在前面《正式课程》部分，我们了解到，这种指南规定了各州和你所在学区想要学生学习什么内容，学会什么操作。例如，芝加哥公立学校设置了“学术标准”来指导教师如何教幼儿园到12年级的学生。请参考芝加哥公立学校——标准(Chicago Public School—Standards)网址。

教材

教材指帮助学生学习课程的资料。包括：

- 资源单元，通常从你所在州的教育部门、联邦代理处、专业协会和包括商业和工业在内的特殊利益团体那里可以得到。
- 课本和其他印刷材料。
- 非印刷材料，如插图、录音带和录像带，以及和计算机相关的材料，如教学软件。

对教学设计有用的资源可以从学院图书馆、学区和州教育部门那里得到。另一个寻找教材的方法是使用教育资源信息中心(the Educational Resources Information Center，简称ERIC)在线搜索。ERIC是一个全国信息网络，是为了让教师畅通无阻地获得各种教育文献而设计的，如课程指南、单元计划、课堂计划、教学创新观点、有发展前途的做法等。

为了便于读者使用，我们在要点6.9中增加了一些精心挑选的有关许多学科的网站。

要点 6.9

互联网上的学科资源

登录在线学习中心(Online Learning Center)，可直接链接至以下网点：

艺术

艺术教育网 ArtsEdNet

幼儿园至12年级艺术教育资源 Art Education Resources K-12

艺术教育网站导航 Art Education Web Guide

英语/语言艺术

杰出的图书馆：英语 Awesome Library: English

供英语教师参考的教学观点 Gumbo: Teaching Ideas for English Teachers

教学观点中心 Teaching Ideas Center

外语教学

美国外语教学委员会 American Council of the Teaching of Foreign Languages

健康

健康教学的好去处 Great Sites for Teaching About Health

数学

数学教学创新中心 Center for Innovation in Mathematics Teaching

算术课堂教材 Arithmetic Classroom Materials

这就是大数学 This is MEGA Math

音乐

儿童音乐网 Children's Music Web

音乐教育在线 Music Education Online

供幼儿园至12年级音乐教师使用的资源 K-12 Resources for Music Educators

自然科学

科学蜘蛛 Science Spiders

国家自然科学教师协会 National Science Teachers Association

社会科学

为幼儿园至12年级教师设计的历史/社会科学网站 History/Social Studies Website for K-12 Teachers

教师资源 Teacher Resources

最后，别忘了，知识渊博的家长和学区人物都是某些学习领域的宝贵资源。

集体教学设计

通常，你会独自设计教学内容和教学方法，但有时你也会和其他教师一样，从别的教师或学生那里获取帮助。你会采取教师集体设计或师生集体设计的方法。

教师集体设计通常发生在单元教学的准备阶段。主要的好处就是集体的智慧大于个人。集体设计可以让教师们分享教学意图、教材、期望和教学观点。由于教师往往善于社交，集体计划也可以满足他们的归属感和交流需要。在第十三章我们会讨论到这一点。

师生集体设计是基于这样的想法：学生应当学习如何自己指导自己学习，他们也有这样做的动机和能力。这种做法有事实为依据：比起为他们而设计的事情，学生对自己参与设计的事情表现更积极。师生集体设计的活动在学生看来更吸引人，更有意思。最后，同样重要的一点是，提倡者认为，这一过程也可以锻炼学生的公民意识和责任感。

师生集体设计也有几个要注意的地方。这种设计不应当过于偏离课程、单元或课堂目标。因此，一个能够培养学生责任感和理性行为的教师，也应当监控和指导整个设计过程。不是所有的班级和学生都能承担这种责任的，因此师生集体设计必须作出相应调整。尽管一开始会很耗费时间，但提倡者称，这一做法会激发学生的兴趣，使他们愿意花更多时间来完成学习任务。

总的来说，师生集体设计需要技巧和极大的忍耐力。使用该技巧的教师必须能够并且愿意花时间支持和指导学生，贡献自己的想法和资源。假如我们的教学目标之一就是帮助学生成为自我引导的学习者，那么，不管花多少时间和精力，帮助学生设计学习内容和学习方法都具有深远意义。

几点思考

事关重大的事情都应当计划好。教学太重要了，无论如何都要好好设计一番！此外，各项研究都表明，假如你是个办事认真而又头脑灵活的设计者，你和学生都更有可能获得成功和得到满足感。然而，我们当中有些人是优秀的设计者，有些则不是。不管怎样，你的设计习惯都已经根深蒂固，你会将它带进课堂。振作起来！你能克服困难。如果你不是天生的设计者，有关设计的知识和决心也能帮你大忙。

教学设计，比如设计一个单元或一节课，并没有绝对的模式。大多数学校也不会规定必须怎么进行设计。你的挑战就是找出哪种设计方法最适合你和学生。如果能经常通过教学设计体现出你知道学生必须学习什么知识，掌握什么操作，而且又有精心设计的计划来帮助你达到这些目标，你的教学就能进行得一帆风顺。

教学设计，尤其是短期教学设计的一个固有组成部分就是挑选最有可能取得效果的教学方法。在接下来的两章里，你将了解八种最著名、最有效的教学方法。

本章小结

- 经过深思熟虑的教学计划对你和学生而言是极为重要的。它会保证你授课时更有自信，更富有创造力。还有一点很重要的是，它能确保你达到教学目标。对学生而言，它也具有重大意义。因为你要考虑学生的差异性，如何学习才能达到最佳效果，什么让学生产生兴趣，什么激励学生的积极性。经过深思熟虑的教学计划是优秀教学的前提。
- 教学设计通常是学区对教师的工作要求，因此你可能要准备一本“计划书”。
- 教学设计的第一项任务是决定你应当帮助学生学习什么内容。你所在州的教育部门设立本州的教学标准，当地学区按照这些标准决定课程安排。学区为教师准备课程指南，规定每个年级每门学科要学习的内容。教师根据这些指南设计长期和短期教学计划。
- 教学设计的第二项任务是准备教学目标，目标中要清楚表明学生需要学习哪些知识，掌握哪些操作。有三种常见的教学目标领域：认知、情感和动作技能领域。有效的教学尽可能涉及每种领域，尽可能鼓励学生在每个领域达到最高层次。

● 我们建议教师在教学设计中准备具体的教学目标，因为学生可以明确自己需要学习哪些知识和掌握哪些操作。这种教学目标包含四种信息：指明目标听众，期望听众达到的学习成果，听众在何种情况下展示学到的能力，以及期望听众达到何种熟练程度。

● 教学目标和学生必修的课程相关，是可以达到的，尽可能促进三大领域的学习，并且旨在达到更高层次的认知技能、情感技能或动作技能，这样的教学目标就是好的目标。

● 研究证明，如果学生明确了教学目标，体验到难度适中的学习过程，此时他们获益良多。

● 有跨越不同时间段的教学设计：长期（学年、学期），中期（每月、每周）和短期（每日，每节课）。由于这些设计都非常重要，非常有用，教师应当能够游刃有余地对付每一种。

● 课堂设计非常关键。编写课堂设计的模式有很多种，除非要求你使用某一种，不然你应当找到自己最喜欢的一种模式。我们喜欢使用的模式由七个部分组成：目标，资源，定向归纳，方法，评价，结束和反思。随着教师的课堂经验和智慧日渐丰富，计划会越来越简洁，更多地关注学习活动（方法）。

● 有一些因特网网站致力于收集和分享课堂计划。你所挑选的任何课堂计划都应当经过修改，以适应你的课程安排和学生的需要。

关键词

教学设计	正式课程	实际所授课程
授课目标	单元计划	分段计划
课堂计划	定向归纳	预先定向

待讨论的主题和问题

主题

以下一些主题值得在课堂上进行辩论。

1. 你认为成功的教学设计存在哪些主要障碍？
2. 书面计划是否应当得到统一？
3. 目标应该具体到何种地步？
4. 哪种学习是最重要的？
5. 教师在教学设计过程中应当思考哪些问题？
6. 哪种人在何种情况下可能会进行即兴教学，即不按照课堂计划进行教学？

7. 课堂教学是否应当标准化,以确保计划有的放矢,格式规范?(见要点 6.2)

问题

下面是教师汇报的教学设计中出现的一些问题。在每种情况下,你会怎么办?

问题 1

"简直一团糟!有的学生十分钟就完成了任务,有的还在绞尽脑汁,可都已经过去半个小时了。还有两三个学生再花半上个小时也完成不了。这可怎么办?"

问题 2

"我设法让学生使用各种各样不同的资源。许多人找不到任何和话题相关的资料。有的找到了一些资料,但大部分内容都不理解。很多时候我觉得应当就让学生学习课文,不但唾手可得而且可读性强。"

问题 3

"校长每周五都要看我一周的课堂计划。她说她想了解我的教学情况,并提出建议。这么做有她的道理,却让我忙得不可开交。真不知道我会不会疯掉!我可是打算利用周末计划下周要做的工作!"

问题 4

"你是不会理解的。现在学校要我们展示每堂课如何和某条本州标准和'基准'相'吻合',教学变成了按部就班的工作。我还记得其他国家曾经以我们为榜样,可现在看来我们正在教他们 20 年前教过的内容。这样怎么可能培养学生的创造力?"

问题 5

"如果不出什么毛病的话,技术是个好东西。我们花了很多时间设计让学生在线学习的课堂内容,电脑却坏掉了,就像电视机坏掉了一样,我们只能一筹莫展。我们需要一个懂技术的人。"

问题 6

"今天,学生们分组离开教室去进行听力测试。这么多学生不断离开,导致我无法继续实施我的课堂计划。后来,测试无效,许多学生又不得不重新接受测试。我的每日计划完全改变了,只完成了很小一部分教学内容。"

问题 7

"这堂课要用到课本和州地图。许多学生来上课时不是没带课本就是没带地图,说是他们忘记了。"

理论付诸实践的活动

活动 6.1:识别授课目标的领域和层次

根据布卢姆或辛普森的理论,辨认下列具体目标的层次,在正确的方框里画"×"。

1. 拿到一列单词后，学生要用每个单词造句，并正确拼读。

   领域：□认知 □情感 □行动技能

   层次：□识记 □理解 □应用

   □分析 □综合 □评价

2. 拿到罗琳斯的小说《鹿苑长春》中的一部分阅读内容后，每个学生要判断巴克斯特一家人杀死小鹿的决定是否正确。

   领域：□认知 □情感 □行动技能

   层次：□接受/关注 □反应 □评价

   □组织 □内化

3. 在打字课结束时，每个学生要展示其熟练程度，每分钟打 60 个单词，其中错误不得超过 5 个。

   领域：□认知 □情感 □行动技能

   层次：□感知 □定向 □指导下的反应 □机制

   □复杂的或外显的反应 □适应 □创作

活动 6.2：辨别写得规范的具体授课目标

读下面每个目标，判断是否写得规范。如果是，标出 A，B，C，D 各部分。如果写得不够清楚，按照规范重写，并标出四个部分。

- 解剖青蛙时，学生要能辨认消化系统的各个器官。
- 拿到一份有 20 个需要重新分类的加法题的作业纸后，学生要能正确完成 17 个。
- 全班同学要知道如何在明天的课内口语测试中使用字典。
- 学生要能列举并描述 4 种足球的踢球或传球类型，做到百分之百正确。

活动 6.3：设计一个长期计划

按照下列步骤执行，获得更多有关长期计划的知识。

- 和任课教师或大学导师交谈，了解他们是如何设计某课程的学年计划或学期计划的。
- 通读本州或当地学区的课程设置、课程指南和课程标准（表 6－1），看看对你设计教学有何帮助。
- 为你实习期间有可能教的或者你作为新教师希望教的课程制定一个长期计划。作为该计划的一部分，以下做法可能会有用：

a. 参考州或学校的课程设置，了解这门课程的要求。

b. 和教这门课的教师交谈，了解他们在这门课中增加了哪些内容，以及这些决定是如何作出的，作出这些决定的原因是什么。

c. 尽可能地收集和归档相关资源（印刷的或非印刷的）。

d. 决定该门课包含的主要话题，并按顺序一一呈现。

e. 要思考学习该课程的学生是什么样的人，他们的兴趣如何，能力如何，有何经验。

f. 写出这门课你希望完成的总体目标。

g. 将课程话题分成几个部分或单元，每次学习一个部分。

h. 确定你如何判断学生是否达到了课程目标，是否对这门课感到满意。

活动 6.4：设计单元计划

按照下列步骤执行，了解更多关于单元计划的知识。

● 假如你在某学校实习，和你的教学导师谈论单元计划。他是如何围绕一些话题、中心问题或兴趣领域组织各种活动、学习体验和学习类型的？

● 浏览你的教学导师的单元计划。再看看专业教育图书馆或校园里的资料中心是否能找到此类资料。

● 设计一个活动 6.3 中你设计的长期计划之下的单元计划。假如你没有设计长期计划，就你可能教到的某话题设计一个单元计划。

活动 6.5：识别课堂计划的多样性

浏览你的教学导师、教育学专业的老师或其他教育专业学生设计的课堂计划。

● 这些课堂计划的模式都有哪些共同点？

● 每个课堂计划又有何不同？

● 对你的教学来说，哪种模式是最有用的？

活动 6.6：获得任课教师对课堂计划的看法

如果你正在某校进行实习，和你的教学导师讨论他是如何设计课堂教学的。你可以考虑就以下问题进行提问：

● 你何时设计课堂计划？每天或每周需要花多少时间在这上面？

● 你在课堂计划中记录哪些信息？

● 上课时你是否把课堂计划摆在面前？

● 你如何知道何时需要改变课堂计划？

● 关于课堂计划，你给新教师提出什么建议？

活动 6.7：观察课堂计划的实施

观察一位同学或任课教师上课。该教师是否完成了以下各部分？如果是，简单描述他是如何完成的。

- 定向归纳。
- 交流目标。
- 方法。
- 考虑到不同学生的需要。
- 结束或总结。
- 评价。
- 练习。

活动 6.8：设计并评价一个课堂计划

为你可能教到、或希望教的内容设计一个课堂计划。如果你已经按照活动 6.4 的要求设计了单元计划，那就为该单元的一节课设计一个教学计划。或者你可以为《实践教学手册》第二课《反思型教学课》中的一个任务设计一个课堂计划。按照本章提供的课堂计划模式进行设计，确保你的计划包含了所有基本组成部分。

完成该课堂计划后，根据清单评价该计划。

第七章

四大教学方法：讲解、讨论、独立学习和个别化指导

教学设计需要我们作出一些重要决定，如**授课内容，授课方法以及如何评价学习效果**。第六章关注的就是第一个挑战。那一章描写了授课内容是如何决定的，课程安排是如何转换成期望学生达到的目标的，以及用来达到这些目标的教学计划，如单元计划、课堂计划，是如何设计的。

本章和下一章研究的是第二个挑战，即教学方法。长期以来，人们形成了很多种教学方法。这些方法经过了多次修改，甚至是相互结合而形成的，我们称之为**教学方法**(instructional alternative)。图 7－5 展示了 31 种教育方法。

作为一名新教师，你不可能对每一种甚至是大多数方法了如指掌，烂熟于心。然而，随着时间的推移，教育方法的多样化将使你获益匪浅。你肯定能回忆起那些把课上得生动有趣的教师。他们让学生参与许多学习活动，比如演示、辩论和模拟。这些教师就好像备受欢迎的演员，具有各种才能，他们的课能鼓舞人心，充满乐趣。你将在研究聚光灯 7.1 中和第十一章了解到更多关于多样化教学的重要性。

研究聚光灯 7.1

教学方法多样化的重要性

韦斯利(Wasley)和同事(1997)在花三年时间跟踪调查了一批高中生后得出这样的结论：当教师采取多种多样的教学策略时，学生似乎受益最多。他们发现，如果教师采取多种教学方法，学生对学习的兴趣更浓厚，更愿意把时间投入到学习上。

尤其是在每学年刚开始时，她发现学生们对上学充满了热情。然而，半年后他们对学校一成不变的规定和千篇一律的教学方法产生了失望情绪。学生们想“跳出牢笼”——摆脱让他们受到约束的既定学习进程。幸运的是，研究者们发现，一些教师采取了多样化的教学方法来吸引学生的注意力，保持了学生的学习兴趣，并促进他们发挥各自的聪明才智。

韦斯利(1999)认为，大多数教师之所以不能采取多种教学方法，原因在于他们对成功的教学不甚了解，没有学习各种教学方法，或没有机会去实践这些方法。

第十一章清楚地展示了如何使用各种教学方法，为什么使用各种教学方法会促进学生的学习，使学生获得满足感。

为了让你沿着成为多才多艺的教师的道路走下去，在本章和下一章，你将深入探究八种教学方法。尤其有帮助的是那些概括了每种教学方法的表格，课堂计划实例以及本章结尾的理论付诸实践活动，这些活动帮助你为不同类型的课堂做好准备，或许还可以和你的同行分享经验。

如何成为多才多艺的教师？要回答这个问题，我们先来研究四种常用的教学方法：讲解，讨论，独立学习和个别化指导。

讲解：讲述和展示的教学方法

> 当我们做好接受新信息的准备，当提供给我们的信息和我们已知信息相联系，有逻辑有条理地呈现在我们面前，当要点得到强调，当使用例子加以说明，当教学方法花样翻新，当老师要求我们思考新的信息，当我们在需要的时候得到帮助，当老师要求我们总结并应用所学知识，我们便学到了知识。好的讲解者确保这些条件都存在。他们这样做的时候，认知信息便得到了接受和学习。（Rosenshine，1987；Henke et al，1999）

什么是讲解

讲解（presentation）是指知识更渊博的人向知识不够渊博的人进行的一次传递信息的谈话。当你告诉知识储备较少的学生如何使用分号，什么是半岛，季节为何发生变化，或者如何做分数的乘法时，你就是在进行讲解。

讲解和认知学习理论家所说的"讲授式教学法"和"接收式学习法"如出一辙——因为是教师在"表演"，所以称为讲授式教学；因为学生是信息的接受者，所以称为接收式学习。

演示可以增强说话的效果，因此教师经常在谈话的同时伴以示范。例如，除了告诉学生季节变化的原因，你还可以使用电影、录像、电脑制图或机械模型来给学生视觉上的冲击。

教师讲解的目的和特点

讲解的目的是**告诉听众某些事实、观点、概念和解释**。然而，不同的谈话可能随长度、正式性和谈话者的不同而有千差万别。换句话说，教师的谈话具备几个特点。想一想你所听过的许多不同类型的谈话。

从长度来看，讲解也分长短。有时，整节课都是教师在说，没有学生提出问题。也许这位教师说过他会在最后回答你们的问题，可到那时候你已经忘了要问什么。有的讲解则时间较短。

教师讲解还在正式程度方面存在差别。演讲当然要比谈话更正式，谈话中穿插教师或学生的提问则更加随意。如果教师谈话的目的是使学生进行思考，那么他们其实是在运用所谓的苏格拉底技巧。苏格拉底运用的教学方法就是先问学生持有何种观点(你是怎样认为的)，然后进一步就他们说的内容提问(你为什么这样认为)。他谈话的目的是探索学生的思想，促使他们和自己的想法和观点进行交锋。

教师讲解的第三个方面和讲解者有关。讲解者是位教师，客人(可能是另一位教师，家长或社区人物)，还是学生？教师们在一起合作，交流专业知识，这种行为称作**集体教学**(team teaching)或合作教学。有时，合作者甚至不在场，而是可能通过电视、电脑，收音机或电话将图像和声音传递过来。将事先录制好的讲解用于个人化的、按个人节奏进行的教学指导时，我们称之为音像指南。例如，一位自学西班牙语的学生可能会通过观看录像带来了解对塞万提斯(Cervantes)的经典小说《堂吉诃德》(*Don Quixote*)的分析。

图 7-1 说明了讲解的目的和主要特点。

目　　的 —将事实、想法、概念和解释告知他人

特　　点
- 教师或其他人都可以进行讲解
- 讲解可以是现场进行的，也可以是录制的
- 讲解时间可长可短
- 讲解可以是正式的，也可以是非正式的

图 7-1　讲解者的目的和主要特点

优秀的讲解者

在设计并开始进行讲解之前，你必须坚信学生能通过听课最好地学到某特定知识；除了听讲解，没有其他更好的学习方法。例如，假设学生需要学习如何运算分数的除法。在看过教材中这部分内容、已知学生有可能用来解题的方法后，你告诉学生：你可以用更好的方法解题，而且用你的方法可能运算速度更快。

此外，你要坚信当你给整个班的学生讲解时，你能更好地掌握学生的学习情况：你可以观察学生，了解他们是否掌握了需要学习的知识。最后，也是最重要的一点，你要坚信自己是一位优秀的讲解者。

如何成为一个有效的讲解者？为了寻求答案，让我们先来看看相关的研究文献。从个人角度看，你应当显得友好，幽默，富有激情，表达流畅(换句话说，说话流利)，清晰(Wilen，Ishler，Hutchinson & Kindsvatter，2002)。不过，尽管这些特点很有帮

助，但要成为一名优秀的讲解者，这些还远远不够。你必须还要了解学生（尤其是学生的差异），而且，当然要对你讲的内容非常熟悉。简而言之，即使你是一个友善、风趣、活泼而健谈的人，假如你对听众和讲话内容一无所知，你也不会成为优秀的讲解者。别吓着了！几乎没有人同时具备上述所有优点，拥有其中大部分特点的人也寥寥无几。因此，每个人只要充分发挥自己的优点，并不断努力取得进步。当老师不是一夜之间就能学会的，甚至整个大学教育都不足以帮助你做好准备；这是一件要花费毕生精力的事。在第十章和十一章，你会了解如何变得更风趣、更富有激情。

精彩的讲解

思考并研究过教师讲解的效果的研究者往往从三个方面来分析这个问题：准备，讲演和结束（Bligh，2000；Brown，1987；Gage & Berliner，1976；Gilstrap & Martin，1975；Rosenshine & Stevens，1986）。下面我们就围绕这三个方面来讨论。

准备

为讲解做好准备是关键。首先，确定讲话主题和学习者需要达到的目标。完成了这一任务，并且认为讲解的确是最佳的教学方法后，开始收集、浏览和组织现有的和主题相关的资料。还要考虑你要用到的例证和图解的种类，以便让不同的学生都能理解你呈现给他们的信息。

假设主题是“罗马数字”。讲解的目标有哪些？学生是要能够读和写罗马数字，了解罗马数字如今是如何得到使用的，了解罗马人是如何使用分数的，还是要比较罗马数字和十进制？假定你的目标是让学生识别基本的罗马数字（Ⅰ，Ⅴ，Ⅹ，L，C，D和M）以及能够根据规律用这些数字组合出其他数字，如Ⅱ，Ⅳ，Ⅸ，Ⅺ等。

脑中有了这些目标后，你应该问问自己，讲解是不是让学生达到这些目标的最佳方法？还有没有其他更好的教学方法？一定要肯定地回答这个问题，这一点非常关键。要是学生能用其他方法取得更好的学习效果，为什么还要采用讲解的方法呢？也许在这个时候你会发现讲解方法可能需要变成探索学习的方法。也许学生在学会基本数字后能自己找到规律，从中推出其他数字。

为了便于这里的讨论，我们假设讲解是最佳方法。那么接下来就需要辨认和收集授课资源了。你可以寻找电脑软件、书本、文章、电影、录像带、模型、展示品和图片。由于我们生活在一个以视觉为导向的社会，视觉辅助手段的使用尤其能够提高学生的兴趣和学习效果。这类教学材料的来源有教室、学校图书馆、公共图书馆、因特网、博物馆和学生自己。学生对一切事物都充满了兴趣，他们中有的人对代码和计数法的了解可能会让你大吃一惊。

表7-1显示了精心挑选的视觉辅助手段如何能增进讲解效果。

表7-1　使用视觉辅助手段来增进讲解效果

视觉辅助手段	使用方法
用作先行组织者的打印材料：讲义，提纲，“思考题”	在开始讲解之前将这些材料发给学生，帮助学生集中注意力，引导他们在讲解过程中记笔记。
悬挂在墙上的幻灯片：提纲，图画，图表，地图，卡通画，引言，关键词和概念	在讲解的关键时刻使用这些幻灯片来强调一个要点，对信息进行复习、组织和分类，激发学生的兴趣，增加一点幽默感，以及进行总结。
图片和印刷品：照片，油画，海报，幻灯片	重要人物、地点、物体和艺术作品的照片或海报能极大地促进学生的理解，激发学生的兴趣。
录像带的剪辑	播放一段新闻广播或某电视节目的一部分，可以使事件或人物变得生动形象。
地图，墙上的图表，地球仪	假如学生桌面上也有此类物品或学生自己拥有此类物品的小模型，这些辅助手段会很有用处。
具体物件(可操作的)	如果有可能，向学生提供可拿在手中观察的东西。在介绍树木的课上，可以向学生展示各种类型的树叶和树皮。

来源：此表格内容由Bethel大学杰弗里·佩克(Jeffrey Peck)博士提供。

想好了主题和目标，收集了资源后，现在你就可以回顾要讲的学科，制定讲课计划。要谨记学生的差异性——他们的兴趣、能力和背景知识各不相同，尤其要准备好如何向他们讲解对他们来说全新的概念。也许，除了介绍罗马数字的概念，你还想介绍“数字系统”的基本概念。要点7.1对如何讲授新的概念提出了一些建议。

要点7.1
讲授新概念

“概念”一词是指一些具有相同名称的相似观点或物体，如桌子、云、狗或恐龙。很多概念不是在课堂上，而在日常生活中学到的。例如冷、热、潮湿、干燥、安静、吵闹。然而正式教育的一个主要功能就是教概念。还记得老师教你“一米”、“二氧化碳”、“诗歌”、“色轮”、“三倍”、“跳远”等概念吗？如果当时这些概念很好地教给了你，那么你就学会了它们并且牢牢记在心里。

教师可以用两种方法讲授概念，讲授式教学或探索学习。既然本部分是关于讲解(讲授式教学)的，那么以下介绍的概念教学标准步骤都和讲解有关。下面我们以“**半岛**”这个概念举例说明。

1. 首先给出一个清晰的定义，描述概念的特征："半岛是一块通过地峡**和大陆相连、几乎全部为水环绕的陆地。**"（特征用黑体字表示。）

2. 然后，给出一些例子来说明这个概念，并将例子和定义联系在一起："看这幅地图。阿拉伯半岛和阿拉斯加半岛是世界上最大的两个半岛。印度也是一个半岛，它和大陆的连接部分很大。位于加利福尼亚南部的巴哈半岛也是一个典型的半岛。佛罗里达也是半岛。这些半岛都几乎为水环绕。"

3. 现在，向学生提供反面的例子："墨西哥不是半岛，它的两边都和大陆相连。澳大利亚也不是半岛，它四周全部是水。"

4. 检查学生的理解情况："下面哪些是半岛？朝鲜、土耳其、意大利、斯堪的纳维亚、纽芬兰、格陵兰、南美？为什么？"

要深入了解概念学习的内容，请参考汉密尔顿（Hamilton）和加泰勒（Ghatala）于 1994 年出版的作品，第 149 页至 166 页。

总之，准备工作包括：(1) 确定讲解主题和学习目标；(2) 收集和浏览要讲解的信息；(3) 计划如何讲演。

实施

我们所说的"实施"是指一种教学表现，是指讲解本身。

正如前面提到的，讲解和认知学习理论中的**讲授式教学**（expository teaching）和接收式学习具有相似之处。因此某些规则在这里也适用。我们以一堂讲解罗马数字的课为例来复习下面这些规则。

- **吸引学生的注意力[定向归纳**（set induction）**]**。（教师举起写有罗马数字的图片，问道："这是很久以前发明的一种'代码'，但现在仍然得到使用。有人知道这个代码是什么意思吗？它是从哪来的？你在什么地方见到过人们使用它？"）第十一章对"定向归纳"有充分论述。

- **向学生呈现学习目标**——告诉学生他们需要了解哪些知识，学会哪些操作，为什么这些知识如此重要。（"我们将要学习罗马数字。你们要能够辨认基本的数字并懂得推导其他数字的规律"）

- **使用先行组织者**（advance organizer）（见要点 7.2）。把将要学到的知识和学生已知的知识联系起来。（"大家对罗马数字有什么认识"）

- **有条理地、逐步地将信息呈现给学生。**课堂安排越合理，学生越有可能步步紧跟并理解讲课内容。（"首先我们要学习基本数字，然后学习如何将这些基本数字组合成新的数字"）

- **提供完整、精确、清晰的解释**（见要点 7.3）。（"从基本数字中推导其他数字有两种规律。它们是……"）同样，不要让学生感到信息量过多，也不要让他们感到小看了自己。

要点 7.2

“先行组织者”帮助学生学习

我们可以使用先行组织者来帮助学生接受新信息。奥苏贝尔(Ausubel,1977)和莱因哈特(Leinhardt,1992)描述了四种类型的先行组织者。最佳的准备活动是将新信息和已知信息联系起来——在新旧之间搭建桥梁。例如:“昨天我们谈论了总统选举的过程。我们都学了哪些知识?……今天我们要了解选举团在这个过程中所起的作用。”

第二种先行组织者是给学生提供所需的背景知识,以便他们了解新知识。例如:“今天我们要学习文字处理。不过我们得先来了解一下电脑的工作原理。”

第三种先行组织者是提前让学习者把注意力放在某些事情上,以使他们注意到并更好地理解这些事情。例如:“在看这场篮球赛的录像时,尤其要关注防守方的队员。注意他们都做了些什么。”

第四种先行组织者是帮助学生跟随你的课堂节奏。例如,假如你在上一堂有关雨林的课,给学生一份提纲,随着课堂的进行,让学生在上面填写所学内容。

要点 7.3

作出好的解释

教师进行解释至少是出于两个目的:一是解释概念、观点、步骤或规则以使学生理解。所以我们解释一个概念(全球变暖)、一个步骤(如何做减法),或者一个规则(我们举手向老师示意)。二是为了解释某事物的发生:如为什么会发生全球变暖,减法的运算法则是怎么进行的,或者为什么学生必须举手。在这里,解释是在给出理由。

一个好的解释要具备三个特点:

- 完整
- 正确
- 清晰

当你作出解释的时候,记住这三点。

当然,也应当叫学生起来作出解释。他们解释得是好是坏可以也用这三个标准来判断。

来源:D. Cruickshank & K. Metcalf,《解释》(*Explaining*),《国际教育百科全书》(*International Eencyclopedia of Education*)第二版,牛津:Pergamon 出版社,1995。

● 在教新的概念时，既要使用正面例子，也要使用反面例子(同样，见要点 7.1)。(“下面哪些是罗马数字，哪些不是？ Ⅰ，B，Ⅴ，Ⅹ，L，C，D，M，Y?”)

● 期望并要求学生以提问和评论的方式进行互动。(“学习代码绝不是件容易的事。所有我想你们会有许多问题。继续学下去的话，你们或许还会对我们现在使用的数字系统和罗马人曾经使用的数字系统相比有哪些异同产生自己的认识。”)

马尔扎诺和其他一些学者(2001)对这些规则表示强烈支持。研究聚光灯 7.2 介绍了有关有效讲解的一些研究结果。

研究聚光灯 7.2
有效的讲解是怎样形成的

有关讲解的研究大多是在大学校园中进行的。以下研究结果是由麦克里希(McLeish，1975)提供的。但这些研究结果是否适用于小学或中学课堂，尚不清楚。

● 讲解者的讲话风格能增强学生的记忆。讲解者应当具有鼓动性，应当使用具体物品和图解使要学的复杂知识简单化，应当缓慢地讲述信息。

● 有的学生在讲解开始的 15 分钟后注意力迅速下降。在 30 分钟到 40 分钟时，对信息量的吸收微乎其微。

● 让学生在讲解过程中记笔记有助于长时记忆，但对短时记忆帮助不大。

● 从传递信息这一点看，讲解比讨论更有效，但不能像后者那样促使学生进行思考。

● 学生更喜欢小班讲解，而不是大班讲解。

● 通过给表现不尽如人意的学生(本应该表现得更好的学生)布置额外任务，让他们参加某种形式的相关活动，使他们了解自己的学习情况，这部分学生的成绩可以得到提高。

讲义

你一定听过这样的讲解：讲解者分发一些印有某些相关信息和材料的讲义。当这些讲义：(1) 明确了讲话的目的，阐明你应当了解哪些知识或学会哪些操作；(2) 提出一些问题，帮助你把注意力集中在重要内容上；(3) 概括了要点；(4) 包含一个小测验，以考核你的理解情况时，你也许会发现这些讲义很有用处。

结束

没有不散的宴席。那么，如何结束对罗马数字的讲解？以下建议和我们所了解的短时记忆和长时记忆以及接收性学习是一致的。既然在讲解伊始你告诉学生将要学习哪些知识,那么现在就可以提醒他们都已经学了些什么。复习和总结是比较适合的做法。重申你想让学生记住哪些重要概念、事实和概括。当然,你还可以考虑通过提问或口头问答的方法让学生自己去回忆、在大脑中搜索这些信息。

接下来,将学生学到的有关计数法的知识和他们在听讲解之前已知的信息联系起来("这是你过去知道的知识这是你现在学到的知识")。帮助学生看到他们关于数字系统的知识在增长。记住,这种将新旧信息结合在一起的做法能增强长时记忆和信息的提取。

最后,检查学生的理解情况,尤其注意学生能否在较高认知层次上使用学到的知识;就像第六章描述的那样对信息进行应用、分析、综合和评价。

表 7-2 总结了优秀的讲解者和精彩的讲解所具备的特点。这是你在将来会随时作为参考的几幅图表之一,本章和下一章还会出现此类图表。

表 7-2 优秀的讲解者和精彩的讲解具备哪些特征

优秀的讲解者……	精彩的讲解包括……
● 关于任教科目的知识很渊博 ● 意识到学习者的差异 ● 友好 ● 幽默 ● 热情 ● 表达流畅,声音洪亮	准备阶段: ● 选择话题 ● 设置具体学习目标 ● 收集、浏览课程内容和有用材料 ● 计划讲解 ● 准备讲义 讲解阶段: ● 吸引学生的注意力 ● 告诉学生将要学习的内容,以及必须学会的操作 ● 将新信息和学生长时记忆中的信息相联系 ● 一步一步地讲述信息 ● 先概括,后具体 ● 不要让学生感到信息量过多,也不要让他们感到老师小看自己 ● 强调重要的内容 ● 使用例子和图解以便更清楚地说明问题 ● 教学形式多样化,如采用视觉辅助手段来维持学生的注意力 ● 通过鼓励学生提问、作出评价来了解学生掌握知识的情况 ● 避免跑题 结束阶段: ● 回顾和总结重要的内容 ● 将新学的知识和原有知识联系起来 ● 考查学生运用所学知识以及在较高认知层次上应用新知识的能力

课堂计划 7.1 设计了一堂关于罗马数字的讲解课。

课堂计划 7.1
小型讲解课：罗马数字

与课程安排之间的联系：本课可以和罗马文化研究或数字系统的研究相联系。

目标

1. 学生要能辨认基本的罗马数字（Ⅰ，Ⅴ，Ⅹ，L，C，D和M）并知道各自代表的数值。

具体目标：在一张列有许多罗马数字的纸上，学生要能正确辨认和圈出所有基本数字。

2. 学生要理解两条推出其他罗马数字的规则。

具体目标：在一张列有许多阿拉伯数字的纸上，通过运用规则，学生要能正确将这些数字转化成罗马数字。

资源

1. 包含罗马数字的图片或文件（书本前言的页码，书本的章节，挂钟和手表的表面，建筑物的墙角石，雕塑上的铭文）。

2. 课本、百科全书、杂志等中有关罗马数字的补充材料。

3. 关于罗马数字的网站。

4. 网站上的有关罗马数字的课堂计划。

方法

1. 定向归纳。“我要给大家看一个秘密代码。什么是代码？”（展示包含罗马数字的物体和图片）然后问学生：“这个代码叫什么？它从哪里来？你在哪里见过？”

2. 告诉学生本堂课上他们将要学习的内容和操作（见目标）。

3. 看看学生对罗马数字了解多少。问大家：“你们对罗马数字知道多少？”

4. 讲述/复习课堂信息。

A. 基本数字只有几个（Ⅰ，Ⅴ，Ⅹ，L，C，D，M）。

B. 其他数字绝大多数是由以下两种方法推出的：

（1）将数值较小的数字放在数值较大的数字后面，如：

Ⅵ＝6，Ⅻ＝12，LXXⅦ＝77

（2）将数值较小的数字放在数值较大的数字前面，如：

Ⅳ＝4，Ⅸ＝9，XL＝40。

评估

1. 在一张列出14个罗马数字的纸上，学生能够圈出仅有的7个基本数字。

2. 在一张列出阿拉伯数字的纸上，学生能够将这些数字转换成等值的罗马数字。

3. 如有需要则再次讲解。

结束

1. 让学生总结他们学到的关于罗马数字的知识并写下来,相互交流。如:这些数字是在哪儿找到的?哪些是基本数字?从中推出其他数字的规则是什么?

假如还想了解有关罗马数字的知识及其运用:

2. 让感兴趣的学生寻找罗马数字在当今得到运用的例子。

3. 让感兴趣的学生寻找有关罗马数字的其他信息。

利用电脑协助讲解:优点和缺点

在要点7.3中我们了解到,使用例子和图解可以使概念更清晰更有趣。例如,在课堂计划7.1中,教师用含罗马数字的图片使学生重新认识它们,向学生展示罗马数字在书本、钟表、建筑物中仍然得到使用。

现在有很多电脑程序可以让教师在讲解中增加各种各样的视觉和听觉辅助手段,其中包括微软公司的 PowerPoint 和苹果公司的 Presentations。你可以在 PowerPoint 网站学习到由八个单元组成的 PowerPoint 操作培训课。马里兰大学的网站上也提供此教学软件。

现在,越来越多的教师开始使用这两种讲解的辅助手段。课堂计划7.1中的教师就可以制作一个电脑讲解的文件。这样的话,她可能会用到几张幻灯片:第一张是关于课堂目标的,第二张是一些问题,如什么是代码?第三张是有关罗马数字的例子和图解,等等。

我们让学生作讲解时,通常都希望他们通过电脑来完成这个任务。微软提供了一个学生使用 PowerPoint 的例子:

> 八年级学生塞思正在准备一个题为"地震准备"的讲解。PowerPoint 指导他一步一步地设计出了一个提纲。塞思随后便开始思考如何将提纲内容安排到六张幻灯片上。他设计了一张"标题"幻灯片,在最后一张幻灯片上他将写上"问题?"塞思谨记几个要点,即幻灯片必须简单易懂,要用不同颜色以示区分。(PowerPoint 网站)

对利用电脑协助讲解的做法持批评态度的人警告说,这种方法会遭到滥用,制作的文件在风格和外表上太过雷同,导致教师硬要将复杂的思想塞到那么小的一页里,再投射到屏幕上。而且,尽管这种做法能够清楚地表明讲解者的观点,但在激发学生思考和讨论方面没有起太大作用(Keller,2003)。还有人说,要采取措施防止电脑制作的讲解内容过多,或者内容有局限性。

应当何时采用教师讲解

盖奇(Gage)和柏林纳(Berliner)(1976，1998)为我们解答了这个问题。他们认为,满足下列条件时,讲解就是一种合适的教学方法:(1)传播信息是主要目标;(2)要传播的信息目前还不能以书本等其他形式获得;(3)信息必须是为一些特定学习者专门挑选和组织的,并向这些人进行讲述;(4)很重要的一点是要引起听众对信息的兴趣;(5)不需要牢牢记住材料内容。

尽管以上因素决定了应当何时采用讲解的方法,但在实际教学中:(1)假如你以前的老师经常采取讲解的形式,而且多数时候你喜欢这种方法并从中学到了知识;(2)如果你对要讲的话题事先有一些了解;(3)如果你喜欢说话而且深谙谈话的要领;(4)如果你认为学生通过这种方法能取得最佳学习效果;(5)如果你几乎没有其他相关的教学资源;(6)如果你没时间,或者没能力采取其他教学方法;(7)讲解能满足你的个人和职业需要时,你可能还是会经常采取这一方法。

讲解的局限性

当然,讲解也有其缺陷。比如,教师有可能并没有充分了解讲课内容,学生通常不能很好地参与讲解过程,学生有可能被灌输了太多知识,有可能觉得自己受到冷落,也可能感到厌烦。因此,那些注意力不够集中、记笔记能力差、记性不好的学生有可能会产生失望情绪。(Freiberg & Driscoll，1996)

假如你对要教的某些领域知识储备不足,无法顺利进行讲解,你该怎么办?古德(1995)建议了一些克服这一困难的方法,包括查找和使用教学材料来丰富知识,将嘉宾发言人比如其他教师带进课堂,以及告诉学生你也还在学习该领域的知识。还有一个显而易见的做法就是采用不同的、不过于依赖教师学识的教学方法。

讲解部分的小结

我们已经了解到,向学生传递信息的教师讲话是课堂上常见的教学方法,而且这种讲话各有不同。例如,在正式程度和时间长短方面存在差异,通常人们更喜欢采用非正式的、较简短的谈话方法。正如表7-2所示,要作一个精彩的讲解,讲解者应当具备某些品质,并按照一定步骤进行。和所有教学方法一样,教师讲解的形式对教师和学生而言既有优点又存在缺陷。总的来说,当教学目标是传播信息时,这种方法是有效而节省时间的。和其他任何方法一样,教师讲解在教学方法中占据了一席之地,在帮助学生取得学业进步方面起到了一定作用,是能让师生满意的一种教学形式。

讨论:通过交流信息来学习

我们越是处理或思考着某个新信息,越有可能拥有它:它会变成我们知识的一部分。而讨论则可能是最好的信息处理途径：讨论本身就是信息的处理过程。为讨论做准备并参与讨论过程，这需要我们组织信息，总结信息，并将它与已知信息作对比。而且，我们不但要思考新信息，还得向他人解释新信息，必须证明自己的想法是正确的。当这种深层认知过程发生时，信息便储存进我们的长时记忆。

很多人，甚至可能包括你在内，都认为教师讲得太多了。有学者提供证据说三分之二的课堂时间是教师在讲话。总是听人喋喋不休，你会不会感到厌倦呢？如果老是让你坐在那里听，你会不会坐立不安呢？更糟糕的是，讲话的部分内容你可能早就从书本或其他教师那里了解到了。倾听变得单调、乏味、让人难以忍受！“老师为什么不让我们谈谈我们知道的事情，谈谈我们的感受？”出于这个原因以及其他合理的理由，有些聪明的教师将讨论纳入了他们的教学方法。

什么是讨论

讨论(discussion)是指学生之间或师生之间通过交谈来分享信息、观点或共同解决问题的一种情形。相反，如果是教师提问，一个学生或众多学生回答，然后教师继续提问下一个问题，这种情形就不是讨论。这种提问——回答——再提问的模式称做**问答**(recitation)。其目的主要是测试学生对知识的了解程度。讨论和问答之间的差别在表 7－3 中列举出来了。

表 7－3 问答和讨论之比较

	问　答	讨　论
定　义	教师向学生提问一系列答案较为简短的问题	师生之间进行交流，分享信息、观点等。
目　的	判断学生记住或理解了哪些内容	检查学生的学习情况，鼓励学生反思自己的观点、研究问题、解决问题，或者提高学生面对面交流的能力
概念层次	问题通常属于低层次的认知领域。如：“美洲大陆是什么时候发现的？”“三角形的三角之和是多少？”“菲茨杰拉德小说的主题是什么？”	讨论通常属于较高认知层次或情感领域。例如：“是什么促使人们进行探索和发现？”“探索和发现是好是坏？”“如果在另一个星球上发现了生命，是否应该设法促进其发展？”
教师的角色	“测验主持人”	促进者—调解人，参与者，或观察者—记录者

讨论的目的和特点

根据帕克(Parker)和赫斯(Hess)(2001)的研究，打算成为教师的学生希望了解讨论的目的、特点和步骤(见研究聚光灯 7.3)。希望以下内容能满足这些要求。

研究聚光灯 7.3
实习教师希望了解如何组织学生进行讨论

两位大学教授进行了一项调查，看看能否帮助实习教师在中学的社会科学课上更自如地采用讨论这一教学方法(Parker & Hess, 2001)。他们的研究方法是让实习教师参加到既有意义效果又好的讨论中去，然后让他们分析发生的一切。不过，这些学生看起来并不像两位调查者所希望的那样从中获益。其中一位实习教师利萨后来谈到，她"(仍然)实在是不知道自己该如何带领学生进行讨论"(273页)。两位教授一致认为她说出了所有参加调查的实习教师的心声。问题似乎是，参与一个好的讨论并就其进行分析是必要的，但还不足以达到让实习教师学会如何组织讨论这个目的。学生都希望而且也需要对讨论有更多了解。因此，两位教授修改了他们的调查方法，确保这些实习教师不仅参与并分析一个好的讨论，而且了解其价值，目的，类型，讨论步骤以及讨论方法。

讨论的目的

讨论的目的有很多种(Gall, 1987; Gall & Gall, 1990; Goldenberg, 1991; Roby, 1981)：一是考查和扩展学生已学的知识，**确保学生熟练掌握一门学科**。希尔(Hill, 2000)向我们展示了一个讨论模式，该模式遵循以下步骤进行。首先，学生看见、听见或阅读某内容。假设他们看了一个关于用动物做医学研究对象的纪录片。然后学生讨论他们看到和听到的东西，尤其要注意一些需要解释的专有名词和概念、该片的大意，以及传递的主要信息。当然，讨论还可以不光停留在对信息进行处理(澄清和复述)的层面上。希尔建议你可以通过让学生谈论信息的真实性或信息得到执行后产生的影响，从而让他们进行更高层次的思考。这种讨论主要是通过复述来帮助学生学习知识，即回忆和谈论信息，使之更牢固地铭刻在我们的记忆中。

如果想**让学生审视自己的观点**，也可以开展讨论。在了解了用动物做医学研究对象的情况后，可以让学生就这种做法是否恰当交流彼此的观点。

讨论的第三个可能的目的是**解决问题**。学生要讨论并解决一些政治、经济或社会问题，如：如何同中国建立更友好的关系？如何减少国家债务？如何减少儿童的暴力行为？还可以解决一些和我们关系更密切的问题，比如怎样和危险儿童打交道，如何寻找教学资源，或者如何成为更合格的课堂问题解决者。

有时，讨论可以帮助学生**提高他们与人面对面交流的能力**。讨论的目的在于让学生更大胆地各抒己见，成为积极的听众，更好地表达自己的观点，知道如何处理争议和冲突，克服对当众讲话的恐惧感，等等。

的确，以上四条理由充分说明了将讨论纳入教学方法的必要性。除此之外，你还能想到其他目的吗？

讨论的特征

讨论分为几个这样特征：互动模式、小组规模和人员构成，以及小组安排。

互动模式

我们已经说过，讨论和问答，即教师提问——学生回答的技巧是有区别的；讨论中的互动更加随意，更像是普通交谈。而且，这种交谈可以发生在学生当中，也可以发生在师生之间。在最活跃的讨论中，每个人都是积极的参与者。西米奇-达吉恩（Simich-Dudgeon，1998）在回顾了有关学生中的"多人谈话"即讨论的研究后得出结论：讨论有助于学生的学业进步。

小组规模和人员构成

整个班的学生可以就同一个话题进行讨论，也可以将全班学生分成几个组。在其他条件相同的情况下，小组人数最好是少一些，这样可以给学生更多参与的机会。小组的人员构成也是一个备受争议的话题，即小组成员应当是相似的还是相异的？两种观点都有各自的道理。

小组安排

有一条原则似乎是公认的：参与者必须面对面才能进行交谈。因此，常见的做法是将参加讨论的人围成一个圈。有时，小组讨论是不错的做法。所谓小组讨论，就是一个预先挑选好的小组当着其他学生的面进行讨论，其他学生在一边观察。小组的成员应当面对面坐着，负责观察的学生有可能是围绕这个小组而坐。这个过程和安排通常称为玻璃鱼缸——每个人都看着这个小组，如同欣赏鱼缸里的鱼。

教师的角色

当然，不同的互动模式要求教师起不同的作用、承担不同的责任。如果交流只限于学生中进行，那么教师起观察者、记录者，或者仲裁者的作用。有时你想成为讨论小组的一员，但仅以组员的身份加入讨论——你只是参与其中。有时则需要你担当促进者—调解人。根据凡·蒙特（Van Ments，1981）的观点，在这种情况下，教师的职责是"使学生批判性地反思他们的经历……探索不同的观点，思考他们的知识是如何植根于个人经历的"（12页）。随情况的不同，如讨论的目的，以及学生的成熟度和经验的不同，你选择扮演的角色——观察者、参与者或促进者——也会发生变化。

要了解对讨论的目的和关键特征的直观概括，请见图 7－2。

目　的
- 复述和复习信息
- 思考和研究观点、看法、问题和事件
- 解决问题
- 提高口头交流技能

特　征
- 师生或学生之间的互动
- 全班讨论或分小组讨论
- 相似的或相异的参与者
- 教师充当促进者—调解人，参与者或观察者—记录者
- 位置安排：围成圈或鱼缸状

图 7－2　讨论的目的和主要特征

优秀的讨论带头人

怎样才能成为一个优秀的讨论带头人？我们认为你需要具备各种观点和技能。首先让我们来看一看四种观点。最基本的一点是，讨论带头人应当坚信，学生和大多数人一样，都有和他人交流的强烈愿望(Gall & Gall，1976)。我们在之前提到过，教师喜欢说话。那么，学生也喜欢说话，不是吗？采用讨论这一教学方法，部分原因就是让课堂谈话合法化，即使之得到大家的接受，成为有目的的行为。

开展讨论的教师还对讨论的目的深信不疑，认为讨论可以复习和扩展学生所学知识，考察学生的观点，检测学生解决问题的能力以及人际交流的能力。民主政府的领导人通常都是在这种教育方式下成长的。

除了要相信讨论的目的，还必须相信学生具有进行有效思考的能力。教师要深信，学生在指导下将会运用更高认知层次的技能，如运用、分析、综合和评价。开展课堂讨论的教师还认为，通过让学生参与讨论，他们能达到许多情感方面的目标，如鼓励学生做出反应和评价。你可能有印象，在第六章《写具体目标》那部分，我们已经提到过这些专有名词。

赞成开展讨论的教师所持的第四种观点是，让学生体验精心构思的小组讨论将提高他们的心理素质和社交能力。在这种情况下，学生能学会对自己感觉良好并接受他人。而且，害羞的学生得到鼓励而参与讨论，尤其在人数较少的小组中。称职的讨论带头人能鼓励和提高学生的自豪感、自尊心、效能感和关心他人的能力。

除了要坚持这些观点，如果你还拥有相关技能，就会成为更优秀的讨论带头人。你能设计出一些像表 6－2 和第十章提到的促进较高层次思考的问题吗？你能控制讲话长度吗？要记住，讨论是把讲话的机会让给学生。观察了讨论的研究者提醒我们，即使在讨论过程中，教师也往往说得太多(Dillon，1985，1988)。是不是我们只需要控制自己讲话的冲动就行了呢？我们还必须学会如何让学生提更多问题，如何让学生

进行更多探索和思考，更多地从自己的经历中汲取有用的知识，等等。

此外，你必须是一位促进者、人际关系专家、澄清者和总结者。作为一个**促进者**，你要负责开始讨论，推动讨论的积极进展，保证讨论小组围绕话题专心进行讨论。作为**人际关系专家**，你的职责是消除大家的紧张情绪，让每个人都感到自己是讨论小组的重要一员，并鼓励每个人都全身心地投入讨论。在观点发生分歧时，你还要进行调解。作为**澄清者**，你必须确保每个人传递的信息都清楚地得到理解。这可能需要你对某些学生的评论加以限制、重新描述或深究其含义。最后，作为**总结者**，你需要娴熟地将所有谈话归拢到一起，确保每个人都目睹自己朝着事先目标取得的进展。

布里奇斯(Bridges，1988)告诉我们，你还要具备将三种交流技巧教给学生的能力。你要教学生如何作出合理的评论，教学生应该何时发言、发言的长短，以及教学生如何批判性地看待他人的评论。

成功的讨论

你是否记得自己曾这样想：哇！那次讨论真棒！怎样才算成功的讨论呢？如果讨论能使学生学到东西，获得满足感，这就是一个成功的讨论，判断任何教学方法的好坏都是如此。要达到这两个目标，取决于你如何准备讨论、展开讨论并加以总结。(Bridges，1988；Dillon，1988，1955；Gall，1987；Gall & Gall，1976；Goldenberg，1991；Muller，2002)

准备

首先，你要决定是否要开展讨论，以及为什么你要采用这种方式。还记得四个目的吗——复习和扩展知识，审视观点，解决问题，以及提高交流能力？为了解释清楚，我们假设你的目的是复习学生已学的知识并扩展这些知识。更具体一点，我们假设学生在读了一本为学生编写的杂志《国家地理世界》(*National Geographic World*)中一篇题为《恐龙时代》(*The Age of Dinosaurs*)的文章后，你想让他们回顾并扩展从中学到的关于恐龙的知识。从文章中，学生们了解到科学家们是如何探索恐龙以及得到了有关恐龙的哪些信息。因此，学生们有一系列话题可以讨论。有的讨论内容是基础性的，涉及事实，比如：恐龙生活在什么时候？居住在什么地方？何时生活着何种恐龙？恐龙如何生活？科学家们为了研究恐龙都做了哪些工作？

在较高层次上，你可以使用以下策略让学生们去分析、综合以及评估："恐龙其实并没有灭绝——鸟类和恐龙同属一个家谱。所以，你家后院会有恐龙洗澡，感恩节时你吃的是烤恐龙，你在麦当劳大口大口嚼着的是恐龙肉块……什么是家谱？你认为古生物学家如何判定鸟类和恐龙是亲戚？"另一个讨论可以是这样："研究恐龙既浪费时间又开支不菲。可为什么这项研究如此重要？难道不能把花在这上头的时间和金钱花在更迫切需要解决的社会问题上吗？"最后的这些提问将讨论带入了推理和解决问题的范畴。

为讨论做准备时，另一个需要提前考虑的是学生的准备情况。他们准备好了吗？或许你得提醒全班同学，要求他们认真听讲，轮流发言，表述时思路清晰、内容合理、考虑周全，等等。有些年龄大些的学生可能在电视上看过《火力交叉》(*Crossfire*)、《新闻面对面》(*Meet the Press*)或《麦克劳林团体》(*McLaughlin Group*)等节目。因此，他们可能以为讨论就是一场"唇枪舌剑"，只有在无力"挥拳"反击的时候才会停止。当然，如果学生们已经有过讨论的经验，而且讨论的带头人发挥了不错的领导作用，那么这些人会更有效地参与讨论。

下一步，你需要思考你的角色，这就提出了分组、座位安排和时间分配等问题。假如学生不熟悉讨论，你就得扮演促进者—调解人的角色。同样，面对经验不足的讨论小组，或许你会打算组织全班同学进行讨论。这样你就能更好地控制讨论，比如避免学生跑题，保证每个学生都参与，让每个人都有心理上的安全感等。在讨论中，较有经验、更成熟的学生能减轻你的操控和管理任务。

实施

一旦把讨论目的、你的角色、小组安排、时间分配决定下来，学生也都做好了准备，你就可以开始实施讨论了。这意味着：(1) 确保学生理解讨论的目的("让我们进一步思考已经读到过的关于恐龙知识")；(2) 一定要将讨论和学生先前学过的知识或和即将学到的知识联系起来；(3) 告知学生讨论的问题，以及在准备过程中他们可以使用哪些可能的信息来源("有的问题答案可以直接从阅读材料中得到；有的问题则需要你发表自己的看法")；提醒学生讨论的规则(也许你可以分发或张贴这些规则，如表 7－4)；(4) 组织这些参与讨论者。如果是让几个小组进行讨论，你可以在每个小组指派或让每个小组选出一个促进者和一个记录员。当然，扮演这些角色的学生必须知道自己要做什么。

表 7－4 学生开展讨论的规则

- 每个人都应具有平等参与讨论的机会。
- 鼓励你的同学参与讨论。
- 确保每个人轮流发言，发言的机会和其他人一样多。
- 仔细听取他人的谈话和感受。
- 努力去理解，并尽可能地支持他人的谈话和感受。
- 要明白自己的知识和想法并不总是正确的。
- 自己的发言不要跑题，也帮助其他人不跑题。
- 友好地对待你的同伴。

在整个讨论过程中，非常关键的一点是，你能否成功地扮演促进者—调解人、参与者或观察者—记录者这些角色。你尤其要记住，这是学生张嘴的时间。你的角色是鼓励学生参与讨论，并提高讨论的认知水平或情感水平。讨论一定要有目的、有计划，操作起来有自由度。

把讨论作为教学方法是以各种学习理论(第四章讲到过)为基础的,依托于何种理论则取决于讨论的目的。例如,假设讨论的目的是复习或实践,当教师将有关信息加工、行为主义的理论和研究结果加以运用,学生就能更轻松地完成此类学习任务。又如,假设讨论的目的是对事件、想法或观点进行思考。在这种情况下,我们可以运用人本主义学派,尤其是和价值澄清相关的理论和研究结果。假如讨论的目的是解决问题,我们可能会运用有关有意义学习的研究结果。

结束

讨论应当在适当的时机结束。有时,比计划的时间早一点结束讨论是合适的做法,例如当讨论已经达到了其目的,或者未能达到目的时。无论如何,在参与者的帮助下,你需要将通过讨论学到的知识汇总。在这个阶段,和学生一起回顾他们在多大程度上完成了讨论的目的。指出他们在哪些地方需要继续深入,也就是说,这次讨论将和今后学到的知识如何有机结合。优秀的讨论带头人和成功的讨论要具备哪些素质和特点,在表 7-5 中得到了概括。

课堂计划 7.2 是一个课堂讨论计划的范例。

表 7-5 优秀的讨论带头人和成功的讨论要具备的素质和特点

优秀的讨论带头人	成功的讨论
● 相信学生想要并需要参与有目的的谈话 ● 相信应当让学生复习并使用信息,探索事件并解决问题 ● 相信学生有独立思考和做事的能力 ● 相信学生通过讨论可以得到帮助而取得进步 ● 提出好的问题 ● 不让自己说得太多 ● 促使学生进行思考 ● 让所有学生都参与其中 ● 充当经验丰富的促进者,人际关系专家,澄清者和总结者 ● 擅长教给学生交流技巧	在准备过程中: ● 确立总的讨论目的 ● 设置具体的学习目标 ● 考虑全班学生和个别学生是否做好了讨论的准备 ● 决定你将扮演什么角色,班级分组,座位安排和时间分配 ● 设计讨论 指导讨论的过程中: ● 吸引学生的注意力 ● 确保参与者理解并认识到讨论目的的价值 ● 将讨论目的和任务与之前的知识和将要学到的知识联系起来 ● 摆出具体的问题和陈述以供讨论 ● 提醒参与者讨论的规则 ● 进行监督,确保讨论不跑题,每人都有参与讨论的机会,都理解讨论内容 ● 鼓励参与者,提高讨论的水平 结束时: ● 不要在计划好的某具体时间中止讨论,而是在最恰当的时机结束讨论 ● 总结为达到讨论目的而取得的成效 ● 将新学到的知识和先前的知识相结合 ● 确定参与者接下来可能想了解的知识,或想做的事

课堂计划 7.2
一个课堂讨论的简要计划：大象

课程关联：本课有可能和对非洲、印度和东南亚的研究有关。

目标

1. 学生要将已知的有关大象的知识找出来、加以讨论并有机组织起来。具体目标：拿到包含大象信息的材料后，学生要画出语义图，将知识归类（见下面的方法部分）。

2. 学生还要纠正其可能持有的关于大象的错误观点，如象群是由雌象统领的。

资源

1. 有关大象的印刷材料或非印刷材料。

2. 关于大象的网址。

方法

1. 定向归纳：向学生提问："你知道大象的哪些知识？"让学生复习这些知识并在黑板上列出。此时，不要纠正他们的错误观点。见下面的结束部分。

2. 告诉学生这堂课他们将要学习什么内容，学会什么操作。

3. 告诉学生：（1）他们要找出有关大象的知识；（2）和你刚才在黑板上列出知识点一样，将这些知识点写在纸上；（3）准备好和其他同学分享这些知识；（4）准备好将这些知识点以某种方式组织起来。

4. 完成这些独立学习任务后，学生就他们的发现进行讨论，并讨论这些知识能以何种方式进行组织。

5. 教师要指导学生讨论如何使用语义图来组织信息。在黑板上写下"大象"一词。让学生讨论他们已经发现的关于大象的知识，这些知识如何归类，归到哪些类别中。这些类别包括：

- 可在哪些地方找到大象。
- 大象的特点。
- 大象家族是怎样的。
- 大象的食物。
- 大象的重要性。
- 大象的敌人。

作业

1. 在教室里走动，掌握以下问题的进展状况：

学生对大象了解得多吗？

学生能否根据已经掌握的知识画出语义图?

学生是否发现他们原先对大象的某些认识可能是错的?

2. 有必要的话再教一次。

结束

让学生讨论他们学到了什么知识,以及这些知识与他们先前所学内容或自认为了解的内容是否一致。

应当何时开展讨论

一些规则会帮助你了解何时从教学方法储备中选择讨论这一方法,抹去灰尘,并付诸实践。一条普遍的规则就是,当讨论的任何一个目的和你的教学目标相吻合时,就应该采取讨论的方法。因此,当你的目标是复习所学知识,考察观点,解决问题或提高交流能力,就让学生开展讨论。当你对长期记忆,高层次思考,学习动机,态度转变或道德推理更感兴趣,你也应该采取讨论的方法。最后,当讨论能够最好地满足学生的社会需求和心理需求,也应该开展讨论。讨论之所以能够成功,是因为学生一直以来大多数时间都是被动的听众,而讨论可以营造一个更加轻松的环境,对增进学生之间的友谊和亲密关系有好处。

由于没有研究证据表明教师在实际情况中何时或如何采用讨论这一教学方法,我们只能猜测教师大多是在为达到以上目标时开展讨论。然而,我们相信,你在选择开展讨论时也会受到其他因素的影响。其中之一就是你过去的经历。你是否参加过很多讨论,你对这些经历的回忆是美好的吗?其二,你是否擅长做一个互动环节的带头人,促进者或参与者?其三,你是否真心愿意放弃"注入式"的教学方法?许多教师,而且不仅仅是新教师,都因为害怕丧失自己在知识方面甚至管理方面的权威而不愿意让学生参与讨论。

讨论的局限性

讨论有诸多益处,也存在不足。思考并为以下问题做好准备。学生不知道自己该做什么,那该怎么办?学生对讨论了解不多,或不够成熟,无法参与讨论,该怎么办?讨论离题了,怎么办?讨论由少数几个人控制着,怎么办?有的学生不太愿意参加讨论,怎么办?从表 7-5 可以了解到,要避免这些问题,你必须遵循成功的讨论的规则。

假如未能对讨论进行很好的概念阐释,开展得不顺利,或者学生还没有做好准备很好地参与讨论,就是失败的讨论(Van Ments, 1981; Battistich, Solomon & Delucchi, 1993)。

研究聚光灯 7.4 概括了一项有关怎样开展有效讨论的研究。研究聚光灯 7.5 则是学生们对这种教学方法发表自己的看法。

研究聚光灯 7.4
怎样才是一个有效的讨论

只有一小部分关于讨论的研究是在小学和中学课堂上进行的，其余大多数的研究对象都是大学生、企事业单位的员工和自愿参与心理研究的成年人。高尔(1987)为我们概括了这些研究结果。笔者则作了部分解释。

● 在促进知识的记忆和高层次思考(例如分析、综合和评价)方面，讨论往往比教师讲授更有效。这很有可能是对的，因为在讨论过程中，有更多温习或使用信息的机会。

● 讨论往往激发了学生学习的动机。这很可能是因为参与讨论能满足许多学生的个性需求。

● 讨论也能有效改变学习态度，并且在某种程度上提高道德推理能力。讨论能创造展示和交流观点的平台。

● 在帮助学生获得细节性知识方面，讨论也比讲座更有效。陈述观点的过程似乎极其适合信息的交流。

● 讨论小组在达成共识后，往往会忽视提出的更深入的高水平观点。可能该小组是费尽周折才达成了共识，因而担心新的观点打破已有的共识。

● 能力较弱但善于社交的人可能会在讨论中占主导地位。

● 规模较小的小组，成员参与的机会更多，获得的满足感也更强烈，学习进步也更明显。

● 小组成员如果性格相似，则该小组更有凝聚力，产生更多交流，自尊心的体验也更强烈。成员性格不同的小组也许能更有效地完成任务。物以类聚，人以群分。性格相似的人在一起可能会觉得更自在，但他们也可能在观点的相互挑战，或相互帮助方面比较欠缺。

● 没有教师作为讨论带头人或一些独断专行的成员参与，这样的小组会更频繁地进行互动。他们从讨论中得到的满足感也更强烈，并且能有效地完成复杂的任务。

沃森(Watson，1983)的研究不在高尔涉及的范围内。沃森在调查了英国中学的90堂“讨论课”后，得出了一些在某种程度上负面的结论。他认为：(1) 大多数情况下，学生要负责掌握知识点；(2) 大部分高层次思考是由老师来完成的，例如概括、假设和综合；(3) 大多时候都是老师在说话。沃森总结道，大多数英国教师喜欢开展全班性的讨论，而这种美其名曰“讨论”的形式，充其量不过就是教师提问——学生回答的模式。

研究聚光灯 7.5
学生对讨论的看法

斯坦福大学的研究者们(Phelan, Davidson & Cao, 1992)曾经向高中生提出一些关于他们在校经历的问题,得到了许多对教师和教学的评论。根据这些评论,研究者们得出结论:"好学生和差生都喜欢那些用讨论的方法来探索观点,分享感受和看法,从而让学生参与学习过程的老师。"而且,研究者们还从学生的评论中总结出,在讨论过程中,学生觉得自己得到了重视,觉得自己的想法受到关注。如果教师让课堂成为学生可以自由发表看法的场所,这样的教师尤其受学生的夸赞。一个学生这样说道:

> [老师]让全班同学觉得可以在课上自在地谈论自己,真正表达他们的感受。就好比读了某篇文章后,每个人都有自己的不同看法。而她希望倾听每个人的见解。

讨论部分的小结

讨论至少有四个目的:可以复习和扩展知识,审视观点,解决问题,以及提高交流能力。大多数课堂讨论都是为了达到第一个目的,即让学生复习自己从以前的发言或阅读中学到的信息。然而,即使是为了达到这个目的,学生也应该从最高的认知水平去复习。不要单纯地让学生回答一些低层次的细节问题,就好像机械的问答一样,而要让学生去分析、综合和评估信息。

除了要达到各种目的,讨论还具有多元化互动的特点,而教师在其中扮演了促进者—协调人,参与者和观察—记录者的角色。可以开展全班讨论,也可以是小组讨论,小组的规模和成员构成也都不一样。为了取得最好效果,必须安排参与讨论者面对面地进行交流。

优秀的讨论带头人应该具备表 7-5 第一栏所概括的某些理念和特殊能力。如果遵循表 7-5 第二栏列出的规则进行准备、陈述和结束,讨论的效果就会提高。

运用讨论有很多好处。讨论为教师带来个人和职业益处,为参与者带来个人和教育上的益处。研究表明,讨论能促进对知识的记忆以及高层次的思考能力(见研究聚光灯 7.6)。讨论还有利于激发学生的动机,促使其态度发生转变,并且在一定程度上提高道德推理的能力。

一些指导原则能帮助教师决定何时采用讨论的方式。对讨论的实际运用很有可能会受到以下因素的影响:以往的经历,相关能力以及和学生分享教与学的自信。

研究聚光灯 7.6
讨论能提高学生的读写能力

一项针对以讨论为基础的教学模式是否具有价值的研究调查了来自 19 所中学的 64 个英国文学课堂。以下是一些研究结果。

- 参与文学讨论的学生觉得自己"拥有文学而且文学让他们激动不已。"
- 当学生忙于讨论时，他们的读写能力得到了提高。
- 低年级学生不那么积极参与课堂讨论。
- 有时，以讨论为基础的教学模式只运用于高年级和其他更高水平的课程。

来源：O. Doherty,《课堂讨论据发现能提高学生的读写能力》(*Discussion in Class Found to Boost Students' Literacy*),《教育周》(*Education Week*), 23(13), 5, 2003-11-26。

J. Langer, M. Nystrand 和 A. Gameron(2003 年秋),《以讨论为基础的教学方法增进学生的理解力：中学英语教学中的课堂指导和学生表现》(*Discussion-Based Approaches to Developing Understanding: Classroom Instruction and Student Performance in Middle and High School English*),《美国教育研究杂志》(*American Education Research Journal*), 40(3), 685～730。

独立学习：布置和指导课堂作业及家庭作业的教学方法

知道如何**主动**投入认知学习，这是非常关键的。当我们充分认识到需要了解哪些知识、掌握哪些操作；当学习的内容在我们能力范围之内；当我们在需要的时候就能得到帮助；当我们有充足的时间和资源时，独立学习就发生了。有了这些条件，我们就能在现在乃至将来都成为成功的学习者。根据学习任务的不同，不同类型的独立学习仍然离不开三大学习理论学派的支撑。

第三种常用的教学方法是独立学习法，有时也称作"课堂作业"。那些花在做作业上的漫长孤寂的时光，现在回想起来都还记忆犹新吧。据估计，学生要花多达 70%的课堂时间独立完成作业。如果再加上花在做家庭作业上的时间，比重就更大了。显然，教师极大地依赖于独立学习这种教学方法。

什么是独立学习

我们将**独立学习**(independent study)定义为学生基本上或完全独立完成学校布置的作业，其中包括阅读、写作文、为准备拼写测验而复习单词，以及准备报告。当我们说到学生"正在学习"，通常脑中浮现的便是学生在进行某种独立学习，也就是做作业。

独立学习的目的和特点

我们可以从目的、类型、教师角色和发生的情境等方面来描述独立学习。

独立学习的目的

教师会出于很多目的让学生从事独立学习,有的目的更合理。当学生需要**复习或操练某知识点**时,这种方法最合理。在第四章,我们了解到通过思考或重复来温习已学知识是多么重要。这也就是我们在本书的页边留下很多问题和活动的部分原因。复习是信息加工的一部分:它将新信息储存进我们的长时记忆。

作为教师,为了确认学生是否掌握了具体知识或技能,你或许会采用这种教学方法。因此,假如你是一位小学或中学教师,学生肯定会复习阅读理解能力、语言艺术技能,如写段落;数学技能,如解决问题和计算。中学教师也会让学生多做练习,运动教练也如此。如果你参加过体育活动,回忆一下吧,你花了多少时间练习射门、运球和踢球,才最终真正掌握这些技能啊!

让学生通过复习或操练来学习,除了给学生制造这种机会,别无他法。显然,学生也可以在小组讨论的时候复习知识,但只有在学生展示出他们可以独立使用这些知识时,我们才能确信学生知道这些知识。

正规教育的最终目标是帮助学生学会如何学习。这样,学生才不会过于依赖学校或老师。这就是独立学习的第二个目的,因为独立学习鼓励学生获取使他们终生受益的学习技能。这些技能包括如何寻找、分析、综合和评价信息。学生挖掘、判断和使用信息的机会越多,就更有能力依靠自己的力量学习。如果我们帮一个充满好奇心的十岁孩子了解池塘里的生物,那么到 20 岁时他更有可能想要了解有关正在消失的湿地的知识,并且想要自己动手搜集这方面的信息。

独立学习也会被用作达到其他目的的一种手段,甚至偶尔遭到误用。例如,教师可能会由于这个方法简便易行而使用它。**老师得做点其他事情的时候,就会给学生布置作业,让学生忙于做作业**。这所谓的其他事情可能是解答其他同学的疑问,也可能仅仅是让自己喘口气歇一会儿。解答其他同学的疑问当然是必要的,是合理的。

我们在调查中遇到过一起对独立学习方法最糟糕的误用,其始作俑者是一所中学的校长。这位校长名叫斯坦利·I(Stanley I),非常喜爱看书。事实上,他经常给学生布置作业,这样他就有时间看书了。布置完作业后,他就到自己的办公桌前坐下,打开中间那层抽屉,那里总放着一本小说。学生是不允许打扰他的,也不允许走到他的桌前。有人走到教室门口时,他就慢慢站起来,用大腿偷偷地把抽屉合上,这样,他的秘密活动就不会被人发现了。

学生要觉察到教师对独立学习方法的误用可能要花一段时间,但他们是能够觉察到的，而且也的确揪出了不少问题，如案例 7.1。

案例 7.1
那不是真正的教学

我记得高中时有过这样一位历史老师。当时我很喜欢她，因为她的课总是很有条理。我们走进教室时，黑板上就已经有 n 多道题等着我们。我们读完书中的某些章节，然后解答这些题。快下课时她就会问："你们有疑问吗？"下课铃总是在她说"疑问"的时候响起来。现在我才明白，她那样给我们上课只是为了让我们都有事情做。我们除了写答案根本没有时间做其他事情。那不是真正的教学！没有思想的交锋和师生的互动，根本就不是真正的课堂。

来源：E. M. Bower，《教师谈论他们的感受》（*Teachers Talk About Their Feelings*），17 页，1973，Rockville，马里兰：国家精神健康研究所（National Institute of Mental Health），儿童和家庭健康研究中心（Center for Studies of Child and Family Health）。

研究并解决该案例

1. 本章的什么内容可以帮助你了解这种情况？
2. "真正的教学"是什么样的？

独立学习的类型

说到独立学习的类型，可以分为两种：一是教师布置作业，二是学生有自由选择的权利。教师通常会决定要复习的内容。然而，如果目的是要创造机会提高独立学习能力，学生也可以有选择作业的自由。例如，假设你正在教自传的一个单元。学生们可以阅读你布置的一部自传，也可以挑一本他们感兴趣的来读。

教师的角色

和讲解、讨论一样，独立学习的目的是使学生的学习过程更顺利，获得更多满足感。显然，如果你不能有效指导和监督学生的作业，独立学习带来的成效和满足感就是一纸空谈。不对独立作业的完成情况进行监督，这是一个严重的错误。让学生完全靠自己去学，结果是学生不但学不到东西而且学到的内容也可能是错误的。当然，如果独立学习是以家庭作业的形式出现，当然不可能实施监督。不过，现在越来越多的做法是让家长监督和帮助学生完成作业。不过，家长能否到位是一个问题，家长的兴趣和帮助学生学习的能力也各不相同。有的家长可能比教师教得还好，有的家长则可能对如何帮助孩子学习一无所知。

情境

我们前面提到过，学生可以在学校或在家中完成独立学习。在学校完成的作业可以不限次数，不限地点。学生可以在课上看自传，在学习的时候，也可以在图书馆看，或者在完成了其他作业之后看。有的学校还有上课前和放学后的安排，给学生额外的时间和场所供他们独立学习。图 7-3 总结了独立学习的目的和主要特点。

目　的
- 复习，操练
- 提供机会让学生了解如何学习
- 合理地让学生专注于作业，教师可以去做另一件事

特　点
- 学习任务是由教师布置的，或者是由学生选择的
- 教师充当促进者、指导人
- 作业可以在学校或家中完成

图 7-3　独立学习的目的和主要特点

优秀的独立学习引导者

如果你打算很好地利用独立学习的教学方法，你必须相信独立学习的目的和价值，尤其要相信这是一种帮助学生复习或操练知识、了解如何学习的好方法。而且，你必须相信学生有能力独立学习。

此外，你必须知道如何让学生从事有价值的独立学习活动，并且保持他们独立学习的状态。康尼(Kounin，1970)在这方面给了我们最大的帮助。他和同事观察了那些让学生专注于课堂作业的教师，总结了他们的行为。这些教师都具备一些共同点：他们激发价值观和挑战心，具有变化性和挑战性，明察秋毫和一心多用。由于这些说法都是康尼发明的，我们需要做一些解释。

激发价值观和挑战心(valence and challenge arousal)是指教师有能力激发学生的好奇心和热情，让学生投入到独立学习中去。显然，自身就热情奔放的教师更有可能让学生成为具有学习热情的人。在第十章你将了解更多关于热衷于教学的教师的内容。

变化性和挑战性(variety and challenge)是指教师有能力布置内容各异、有趣而富有挑战性的作业来吸引学生。这种作业既要求学生付出努力，又不能太难而让学生受到打击。我们在第四章了解到的关于吸引学生注意力的理论在这里可以得到运用。

明察秋毫(withitness)是指教师有能力向学生传递这样一个信息：即使我们不在他们身边，也能够知道他们在做什么。或许你能回忆起这样一些老师：他们的后脑勺似乎还长了一双眼睛。明察秋毫就是指这种第六感。

一心多用(overlapping)是指教师有能力同时关注两件或两件以上事情，在某种程

度上就像玩杂耍的抛球人。这种能力在对付多个学生时显得尤为重要，例如你在指导一个小组活动，而让班里的其他学生独立学习。在这种情况下，你是在辅导一个小组，但与此同时又在监督其他学生。在第十二章你将了解更多关于交叠性和跟随性的内容。

成功的独立学习

关于怎样才算成功的独立学习，研究者们的意见基本都是一致的（Anderson, Brubaker, Alleman-Brooks, & Duffy, 1984; Brophy & Good, 1986; Emmer et al, 1981; English, 1984; Gilstrap & Martin, 1975; Rosenshine, 1980; Rupley & Blair, 1987; Slavin, 2002）。我们从准备、实施、结束三方面来研究独立学习。

准备

在确定了总的目标和具体的教学目标后，你必须判断独立学习是否是最佳选择。正如前面提到过的，当存在以下目标时，独立学习才是更适合的选择：(1) 操练或复习信息；(2) 获取更好的自学或学习技能；(3) 合理地让学生忙于某作业，从而使教师可以从事另一项教学任务，比如指导一个阅读小组。

接下来，确定作业类型。是应该让所有的学生都完成一个标准化的作业，还是应该让他们能够从几种作业中自由选择？不管是哪种情况，我们都建议你一定要让作业有趣，具体，难易度适中。当然，年龄大些的学生比其他学生能坚持更长时间独立学习，但非常关键的一点是，布置的作业量务必不能太多，否则会使学生丧失兴趣。至于作业的难易度，专家们建议，学生的正确率要保持在80%至100%之间。换句话说，作业应当在学生的能力范围之内。

不管作业是由教师一锤定音的，还是学生自由选择的，充足的学习资源都必须得到提供，这样学生才能顺利地完成任务。如果你的作业选择是让每个学生读一本传记，那么你就要提供大量各种类型的传记，这样不同学生的需要才能得到满足。

实施

实施包括布置作业和指导作业顺利地完成。在布置作业时，注意力、激励价值观和挑战心，以及清晰度是最重要的。清晰度在第十一章会有详细介绍，它要求教师向学生阐明课程的根本原理，即为什么该作业如此重要。要达到这样一个清晰度，你还必须确保学生完全清楚他们要做些什么，以及如何去做。指导内容还要包括时间限制，并说明假如学生提前完成了作业，他们还必须或可以做哪些事情。学生还应当清楚地被告知：他们何时以及如何能得到帮助。你能回忆起自己得不到帮助的情景吗？那多么令人沮丧啊！这种情况往往发生于在课外完成独立作业的时候。

在独立学习期间，你要扮演什么角色？首先，应当积极地指导学生，帮助他们顺利地完成学习任务。如果像那位酷爱小说的教师斯坦利·I一样，就不可能做到这一点。你必须保持警惕（"明察秋毫"），而且，只要有可能就在教室里来回走动，监督学生的学习状况，和个别学生进行交流，评估他们的进步情况。即使你布置独立学习任务的目的是要去完成另一项教学任务，也不能将自己和学生隔绝开，或者逃避责任，对学生是否很好地在做作业不管不顾。因此，正如康尼（1970）提出的，你需要拥有一心多用的能力，或培养自己这方面的能力——即在同一时间处理好几件事情的能力。最后，如果你的学生即将着手对付独立作业，你必须使他们不受彼此之间无谓的干扰。如果得到了正确的使用，独立学习可能要比讲解或讨论更耗费你的精力。给学生布置任务并确保他们顺利完成任务，可不是那么简单的。

和讲解、讨论一样，独立学习这一教学方法也离不开学习理论的支持。如果你的目的是复习或操练，就遵循第四章有关信息加工和行为主义学派的理论。然而，如果目的是帮助学生了解如何学习，就得参考认知学派和人本学派理论。具体而言，如果你打算让学生独立学习一些认知性的知识，或是知识性比较强的东西，认知学派的主要原则将给他们很好的指导。如果学生要学习一些情感方面的，或者是和态度或价值观相联系的知识，人本学派的理论和研究结果就可以派上用场。

结束

许多教师犯的一个重大错误就是低估了正确结束一堂课的重要性。让学生独立学习而布置的作业也不例外。你不能只是设计了一个有价值的作业，布置下去，然后就把它给抛到脑后。你还得"善始善终"。可这是什么意思呢？专家们说，你必须把作业收上来，批改，给分，就作业完成的质量给学生反馈信息。重复教学也可能是需要的。事实上，重复教学的工作做得并不够。如果教师不去做以上这些工作，会向学生传递这样一个信息：独立学习并不是件严肃的事情——只不过是想占据你的时间，让你忙忙碌碌的。还记得那个老师吗（案例 7.1），她在结束课堂的时候根本不留出给学生提问的时间？或许你也能回忆起那些让你忙着完成作业的老师。毫无疑问，学生最终会省悟过来。当他们察觉到你的作业根本不算数，你就别指望他们会认真对待作业。你会这样做吗？

按时收作业，让学生对作业负责。批改作业，并且尽快和学生交流作业完成的情况。一些全班作业、课内作业可以当场解决。例如，如果学生们在课上花时间完成了一些数学练习，教师应当立刻公布答案。尽快给学生反馈。而且，别忘了把作业算到成绩里去。沃尔伯格（1984）发现，当家庭作业也算分时，学生的成绩会得到提高。

优秀的独立学习引导者和成功的独立学习要具备哪些特点，在表 7-6 中得到了总结。研究聚光灯 7.7 也探索了怎样才是成功的独立学习。课堂计划 7.3 包含了一个独立学习的课堂计划案例。

表 7－6　优秀的独立学习引导者和成功的独立学习所具备的特点

优秀的独立学习引导者	成功的独立学习
• 相信通过复习，独立学习的方法能促进学习 • 相信独立学习促进对学习方法的了解 • 相信学生可以顺利地完成独立学习 • 展现出清晰度，激励价值观和挑战心、变化性和挑战性，明察秋毫，以及一心多用	在准备过程中： • 确定总的目标 • 设置具体的教学目标 • 考虑个别学生独立学习的能力 • 设计作业，使之有趣，难易度和长度适中 • 收集和准备教学资源 使用过程中： • 吸引学生的注意 • 告诉学生作业以及要达到的目标的重要性 • 将作业和以前学过的知识以及将要学到的内容联系起来 • 确保学生在学习开始之前知道要做些什么，如何去做 • 让某些学生知道他们在何时将得到怎样的帮助 • 确保学生知道如果提前完成了作业，该做些什么 • 保持警惕，在教室里走动，以监督作业的完成情况并和学生进行交流 • 了解学生的进步情况，在需要的时候提供帮助 结束时： • 收作业 • 批改作业 • 给予学生反馈 • 给作业评分并计入成绩

课堂计划 7.3

简要的独立学习课堂计划：写一个简短的传记

课程联系：本课可以和几乎任何学科领域的研究相联系。

目标

学生要收集和综合有关传记的信息，然后写一个简短的传记。

具体目标：学生要

① 选定一个人物。

② 确定想要了解该人物的哪些信息。

③ 使用印刷材料、电子百科全书、因特网等资源收集相关信息。

④ 将找到的信息按照②的内容归类。

⑤ 将每一类中最有趣、最有用的信息加以综合。

⑥ 写一篇关于目标人物一生的传记，要求内容有条理，有趣，拼写正确，没有语法错误，大小写规范。

资源

1. 印刷和非印刷的传记资源：书本，杂志，电子百科全书，以及和传记有关的因特网网址。

2. 事先准备一份活动记录单，用来记录学生有可能找到的目标人物的各类信息。

方法

1. 定向归纳："你看过电视节目《传记》吗？什么叫传记？你读过或者看过哪些传记？你为什么觉得传记很有趣，而且很有帮助？了解有关和我们的学习内容相关的一个人物也能如此有趣，有帮助吗？"

2. 告诉学生在学完本课后将要学到的内容和学会做什么（见上面的目标）。

3. 让学生考虑写传记的过程："你觉得传记是如何写成的？要遵循哪些步骤？"将步骤列在黑板上。

4. 让学生列出一些问题，他们认为这些问题的答案会很有趣（而不是枯燥的），能为接下来写一篇传递较多信息量的传记打好基础。

5. 给这项任务作具体规定：挑选目标人物的截止日期，完成信息收集和组织的截止日期，规定传记的长度和完成日期。

6. 确保学生知道从谁那里可以得到帮助，以及如何得到帮助。

7. 告诉学生你将监督他们的学习过程，以及你会如何监督。

评估

学生要写一篇关于目标人物（一个和目前的学习内容有关的人物）的简短传记，要能体现出是经过精心准备和组织的，符合目标中提到的好的传记的标准。

结束

1. 让学生回顾该任务的目的，以及如何完成这项任务。

2. 就如何在课堂上使用这些传记展开讨论：可以是讲解，在教室里展览，或者放在班级或学校网站上。

应当何时采取独立学习

我们来重申一下，独立学习应当在以下情况中得到使用：(1) 当学生需要复习某知识或操练某技能，使之进入长时记忆；(2) 当学生需要了解如何独立地学习。在第一种情况下，我们强调学生需要实践。记住这条谚语："熟能生巧。"在第二种情况下，我们强调教育的主要目标（即使不是最终目标）是帮助学生掌握学习方法，这样他们以后就不再需要老师和学校。他们被赋予了学习的能力！

尽管缺乏证据来证明我们的假设，但我们认为独立学习主要是作为练习或复习的一种手段在幼儿园到12年级的学生中得到使用。尽管每个人都独立写过一些自我激励的报告，但我们认为独立学习的目的很少是出于教给学生一辈子受用的学习方法。我们还认为，许多教师采用这一方法是出于第三个目的：让一些学生合理地忙于作业，这样教师可以帮助其他学生，比如阅读或数学小组。这里的关键词是"**合理地**"。遗憾的是，学生往往只是在忙于作业而已，换句话说，忙于作业的惟一目的就是不让学生闲着。

我们有位作者回忆起他参加女儿一年级时的家长会。老师正在让家长提问。一位母亲问道："为什么我的孩子成天在那给作业纸涂颜色，然后剪成一块块的？"老师迟疑了一会儿，或许觉得自己露了马脚，只好支支吾吾地给了一个答复："是为了锻炼眼睛和手的协调能力。"这个回答看似恰如其分，但根本就是无稽之谈。

独立学习的局限性

或许，独立学习最严重的局限性不在于技巧本身，而在于使用的意图、操作过程和评价。假如独立学习的意图不清楚，不合理，学生可能会不愿意做作业，或者花很少的精力去完成作业。换句话说，如果学生认为布置作业不是为了达到某个目的，或作业没有什么价值，他们就不会引起重视。

就独立学习的操作过程而言，事先要提醒你的是，你必须监督学习过程，给予反馈，并且帮助学生认识到这个作业和其他作业一样有价值（Anderson，1981；Anderson，Brubaker，Alleman-Brooks，& Duffy，1984；Dembo，1994；Seifert & Beck，1984）。

研究聚光灯 7.7
如何使独立学习卓有成效

幸运的是，对独立学习的研究比对讨论或讲解的研究更多一些。这些研究是在幼儿园到12年级学生中进行的，但主要范围还是在一年级至六年级。尽管斯科特（Scott，1989）和安德逊（1995）提供了最新的资料汇总，但艾玛（Emmer）、埃弗森（Evertson）、桑福德（Sanford）和克莱门特（Clements，1982）、费希尔（Fisher）等（1980）；古德和哥罗斯（Grouws）（1975）、甘（Gump，1967）、康尼（1970）、加特兰德（Gartland，1986）和罗森海恩（Rosenshine，1980）等人进行的独立研究更有帮助。大多数研究者研究的独立学习都是以通过发言或问答来复习或操练刚学到的知识为目的的。

在甘(1967)的调查报告中,他发现独立学习是一种在小学课堂上普遍使用的教学策略。罗森海恩(1980)提出,独立作业通常布置得很恰当,难易度也适中。我们之前已经了解到,康尼(1970)发现,当教师具备激励价值观和挑战心,变化性和挑战性,明察秋毫和一心多用等能力时,学生更有可能专注于独立学习。还有几位研究者发现,成功的独立学习是由这几大要素构成的:目的、作业内容和作业过程的清晰度;严密的监督;以及立即给予学生反馈(Emmer et al,1982;Fisher et al,1980)。至于监督,费希尔等(1980)发现,如果教师在独立学习过程中和学生发生简短而有意义的互动,学生专注于作业的时间可以增加大约10%。此外,古德和哥罗斯(1975)的研究报告指出,师生之间在独立学习过程中交流得越多,学生的进步越大。而且,这些教师利用监督的机会给予学生相关的反馈,因此帮助学生取得进步。最后,加特兰德(1986)发现,教师在讲解过程中不应该让学生进行全班性的练习,而应该让学生从事更多得到监督的独立练习。

如何布置家庭作业

家庭作业是独立学习的一种形式。因此,几乎所有关于独立学习的章节包含的信息都适用于家庭作业。不过,在布置家庭作业时,还可以运用以下这些补充的技巧(区行政人员,2004;Feldman,2004; Matthews,2003; Paulu,1998)。

- 让学生、家长和监护人了解何时会布置作业,布置作业的频率,大约需要多长时间来完成作业。根据实际经验可得出以下法则:三年级(含)以下的学生,每个学习日的作业量不超过20分钟;四年级至六年级学生,大多数情况下是每个学习日20分钟至40分钟;七年级至九年级学生,每个学习日两小时;更高年级的学生,每个学习日两个半小时。
- 要保证作业的目的性明确。可以让学生复习或操练正在学习的知识,使学生从更深层次或更广泛领域去探索知识,使学生为第二天的上课内容做好准备,或者教学生如何使用如图书馆、参考书这样的学习资源。绝对不要把家庭作业当成惩罚的手段(这是一个很糟糕的目的,因为学生会对家庭作业产生抵触情绪)。
- 要保证学生理解教师布置该作业的良好意图和意义。
- 要保证作业布置得清楚,学生既知道要完成什么内容,也知道如何去完成。
- 作业不能太难也不能太容易。务必保证学生在离开教室之前能够完成作业。
- 作业内容要多变。设法布置一些能满足学生个体学习差异的作业(见第三章《学习风格差异》)。要考虑到学生的不同能力和注意力差异(见第三章《学习能力差异》)。
- 让学生把在校的学习习惯带回家(例如要减少分散注意力的因素,以及要确保有充足的帮助完成作业的学习资料)。
- 就作业的完成情况给予学生反馈。学生必须了解作业的批改结果。哪些地方做得好，哪些地方做得不好？如果有需要就给予辅导（重新教一遍）。作业如果不批改，对学生来说是毫无用处的，反而让学生觉得这不过是让他们有事可忙的手段。更糟糕的是，错误如果得不到纠正，学生把错误当成知识来掌握。

● 和家长以及监护人合作，确保家庭作业在质量和时间长度方面能达到你们的预期要求，并调查家庭作业对学生的家庭生活造成了哪些影响（积极的和消极的）。

记住，好的家庭作业和好的学校作业一样，能激发学生对学习的热爱，而糟糕的作业对学生具有摧毁性的作用。

研究聚光灯 7.8 向我们展示了有关家庭作业的研究结果。

研究聚光灯 7.8

家庭作业

学生做了多少家庭作业？一项对不包括美国在内的 11 个国家进行的调查显示，14 岁学生平均每周的作业量是 4.5 小时至 9 小时。另一项研究比较了日本和美国的小学和中学后得出这样的结论：日本学生花在课外学习上的时间是美国学生的四到五倍。

应该做多少家庭作业？作业量通常是越多越好。但是，作业的数量和种类取决于一系列因素：学生可用来完成作业的时间，有没有教师给予反馈；学生的能力和性格；要收集或要掌握的材料。对学生寄予厚望是很重要的，但也要现实一点。

做家庭作业对学生的进步有何影响？研究表明，家庭作业对学生具有相当持续性的积极影响。一项对加拿大和美国学生进行的调查显示，百分比排名位于 50 且不做家庭作业的学生，假如能每天做一定量的作业，百分比排名将提高到 60。假如老师不光是布置家庭作业，还予以评分，会对学生的进步产生深远影响。

国家教育进步评估（the National Assessment of Educational Progress）机构发现，花 30～60 分钟时间做阅读类家庭作业的四年级学生，其阅读成绩是最高的，但那些花更长时间做阅读作业的学生，阅读成绩反而下降了。在 17 岁学生中做的调查发现：花两小时或更长时间做阅读类家庭作业的人在阅读方面进步最快；数学家庭作业适量的人，数学成绩进步得最快。

学生对家庭作业持何种态度？学生通常对家庭作业不抱有太大的热情，对其的重视程度远远低于所有其他活动，除了课堂作业。正如我们所预料的，学习成绩较差的学生认为课堂作业和家庭作业比较难，不能给他们带来太多满足感。

来源：区行政人员，《更近距离地研究家庭作业》（*Taking a Closer Look at Homework*），40（2），65，2004 年 2 月；H. Walberg & R. Paschal，《家庭作业》（*Homework*），1995L；Anderson，《教学和师范教育国际百科全书》（*International Encyclopedia of Teaching and Teacher Education*），268～271 页的引言部分，剑桥：Pergamon 出版社。

独立学习部分的小结

独立学习是一种绝佳的教学方法，它可以为几个重要的目的服务。大多数情况下，教师是为了复习或操练信息而采用这种方法。然而，这种方法还帮助学生获得使他们终生受益的学习技能。在独立学习过程中，教师的角色是促进和指导学生学习。要达到这个目标，你不光要在场，而且必须进行积极的监督。如果你不能在场或者不能实行监督，比如学生做家庭作业，那么你必须找别人来填补这个角色。试试活动7.10关于独立学习的好处研究如何布置好的独立学习作业，人们普遍拥有大量的一致意见。因此你应当充分利用这一教学方法。这将使你成功一名更优秀的教师，帮助你的学生取得进步，从学习中获得满足感。

个别化或差异化指导：量身定做的教学方法

如果教育是为了满足我们的特殊需要和兴趣而量身定做的，学习效果是最好的。当我们被看成能行使自主权的个体，我们就可以制定自己的学习目标，并决定采取什么方法来达到这些目标。在这些情况下，我们觉得有能力对自己的教育负责。个别化、差异化的学习方法主要是借鉴了人本—情感学派的理论。

要想让教师不安，最好的办法就是告诉他们，在日本的学校里，一个班的学生多达50人。为什么一想到班级规模太大，教师就会觉得沮丧呢？因为美国教师认为，如果班级规模过大，个别学生就不能得到很好的指导。毕竟，个人和个人主义是美国的核心精神。所以我们才那么费劲心思地要发扬个人主义。如何做到这一点？就是通过个别化的指导。

什么是个别化指导

个别化指导(individualized instruction)**和差异化指导**(differentiated instruction)是指任何试图修改教学和学习，使之适应一个学生或一组学生的独特优点和需要的教学技巧。换句话说，个别化指导意味着为个人制定不同的教学方法。根据《残障个体教育法案》(*Individuals with Disabilities Education Act*)，在第三章，我们了解到教师必须为每个有学习障碍的学生制定一个个别化教育计划(IEP)。当然，教师较为基本的职责应当是设法满足所有学生的特殊需要。或许你能回忆起一些教师在教学过程中曾把你的优势和需要考虑进去。

很快你就会看到，个别化指导类型各异。每种类型或多或少都对教学实行了个别化。“或多或少”在这里指有的指导类型更加强调考虑学生的优点，满足学生的需要。

个别化指导的目的和特点

个别化指导具有许多独一无二的特点。正如这个名称所指，它最独特的目的是让教学适应个人特殊的优点和需要。没有其他任何教学策略能做到这一点。

个别化指导的特点也使之与其他教学方法区分开来。想想教师的角色吧。如果把个别化指导当成教学目标，教师的角色就是了解和关心个人，了解和关心学生的差异。教师在教学过程中不能把全班每个人都当成相似的个体，就好像家长不能对自己所有的孩子采取同样的管教方法一样。“一视同仁”在这里肯定是行不通的。

另一个使个别化指导显得与众不同的特点是这种教学手段用独特的方式处理五大要素：教学目标、教学活动、资源、知识的掌握程度和时间。当学生拥有极大的自主权来处理这五大要素时，我们说这种指导才是真正经过修改的、有差异的、为学生量身定做的个人化的指导。我们来仔细研究这五大要素。

教学目标

我们在第六章了解到，“正式课程”是由各州和各地方学区规定的。在大多数情况下，教师都根据该课程开展教学。有可能所有四年级学生都学美国原住民历史，而到了十年级每个人都学习有关美国政府的知识。然而，如果有那么一两个四年级学生对了解加利福尼亚和阿拉斯加的淘金热更感兴趣，或者有几个十年级学生想了解美国原住民历史，那该怎么办？假如教师允许学生选择学习的主题或者分支，这就是在将教学个人化，也就是满足了个别学生的需要。

教学活动

在大多数课堂里，所有的学生都得按照类似的学习步骤进行学习。例如，假如教学目标是学习美国原住民历史，那么教师通常会告诉全班同学怎么达到这个目标。然而，教师在设置了目标后，可以允许个别学生有相当大的自主权来决定如何达到这个目标。在这种情况下，教师可以说：“我们要学习美国原住民。你们想怎么学？有的同学更愿意阅读资料来了解这方面的知识？有的同学更愿意观看录制的纪录片？还是采访原住民？”教师给予学生的自主权越大，个人化的程度越高。案例 7.2“教师如何进行个别化指导”中的教师劳里·拜塞就给予了她的学生自由选择的权利。

案例 7.2

教师如何进行个别化指导

威利斯（Willis）和曼恩（Mann）（2000）举例说明了教师是如何进行个别化指导的。

新泽西州东汉诺威一所小学的教师帕特·鲁茨是这样在教学活动中体现差异性的：她允许擅长数学的学生独立解答更高难度的数学题。例如，假如有的学生懂得了位值(place value)的概念,那么这些学生可以挑战其他相关的活动,与此同时帕特把这个基本概念教给班里其他学生。

位于密歇根州 Ann Arbor 一所学校的四年级教师劳里·拜塞在教乘法运算法则时清楚地认识到,只有允许学生使用各种手段,他们才能最好地学到这些知识。因此,她希望学生能用绘画、单词卡片或可操作的物件(可以重复编排的小物件,比如硬币和收集卡)来帮助学习。拜塞还使用合同(contracts),允许学生从各种具有不同分值的拼写活动中进行选择,分值大小由题目的难度决定。[见下面一个章节《道尔顿(Dalton)和文纳特卡(Winnetka)计划》的"合同"部分]

北卡罗来纳州 Chapel Hill 一所学校的七年级教师罗伯·弗雷斯康充分认识到一点,即学生在阅读和写作能力方面存在很大差异。因此,在让学生写研究论文时,他提供适合各种阅读水平的文章。而且,他让学生在混合能力小组中学习,每个人阅读适合他自己水平的文章,然后和其他小组成员分享学到的知识。弗雷斯康相信,这种方法能帮助所有学生取得一定程度的进步。

马里兰州 Gaithersburg 中学教社会科学研究的教师利昂·布什喜欢让学生参与模拟庭审。他把 30 个人的班分成三组,每组 10 人,分配给每个小组一个庭审案例,案例中包含一个法律概念,如"排除合理的怀疑"。学生挑选他们想要扮演的角色(律师,目击证人,法官等)。学生们要演好这个角色以及为整个审判过程做准备,就必须完成自己负责的那一部分的阅读和书面作业。

教师如何进行个别化指导的其他例子可以在托姆林森(Tomlinson,1999)的文章中找到。

来源:S. Willis & L. Mann,《教学差异化》(*Differentiating Instruction*),《课程更新》(*Curriculum Update*),1～3,6～7,Alexandria,弗吉尼亚州:监督和课程发展协会(Association for Supervision and Curriculum Development),2000 年冬。

研究并解决该案例

1. 鲁茨、拜塞、弗雷斯康和布什等教师是如何使用个别化指导的?
2. 他们使用的几种方法中哪种最吸引你?

资源

即使学生对如何学习有了各自的喜好,他们还需要进一步得到个别化指导。例如,假如几个学生想通过阅读来了解美国原住民,教师就必须为他们提供大量不同种类和水平的阅读材料。案例 7.2《教师如何进行个别化指导》中的教师罗伯·弗雷斯康就做到了这一点。给学生选择如何学习的自主权,只是个别化指导迈出了第一步。为不同水平的学生提供各种学习资源,则使个别化指导更进了一步。

知识的掌握程度

另一种个人化的方法是接受不同学生的不同表现程度。这比较复杂，因为与此同时你也要对所有学生寄予厚望。或许，最准确的说法是，要对所有学生寄予厚望，但对某些学生要有更高期望。因此，可能你希望所有学生达到一个预定的程度，但希望部分学生超越那个程度——即超越其他学生。在学美国原住民历史时，你可以希望对此没有太多了解的学生达到X程度，而希望那些对此有一些了解并有着浓厚兴趣的学生达到Y程度。正如布罗菲和埃弗森(Evertson)(1976)提到的："个别化指导的中心思想就是使教学内容存在一定难度或特殊性，以求适应每一个学生。"(61页)案例7.2中的教师帕特·鲁茨就为学生提供了不同的知识掌握程度。

时间

最后一个可以调控的变量是时间。通常，你可以希望所有学生在同样长的一段时间里完成目标。或者时间可以灵活一些，允许有的学生花更长时间。

总之，个别化指导具有独特的目的和特点。其目的不是为全班同学服务，而是为学生个体服务。因此，教师应当了解和关心学生的差异。个别化指导从本质而言是多种因素综合作用的结果。它可以根据给予学生的自主权的多少而变化，即决定学什么，如何学。也可以根据可供学生使用的资源、预期的知识掌握程度以及给予学生完成任务的时间而发生变化。图7－4描述了个别化指导的主要特点。

- **目　的**——调整教学以适应个别学生的优点和需要
- **特　点**
  - 教师了解并关心学生的差异
  - 学习任务随个人或相似的个人组成的小组的不同而变化
    - 可变的目标
    - 可变的教学活动
    - 可变的资源
    - 可变的学生表现水平
    - 可变的时间和上课节奏

图7－4　个别化指导的目的和主要特点

个别化指导的类型

我们列出了一些用来执行个别化指导的步骤和类型。在读每一种时，问问你自己："这种想法是否真正满足了学生个体的优点和需求？"

道尔顿和文纳特卡计划

早在个别化指导方面作出努力的两个计划是道尔顿计划和文纳特卡计划。道尔顿计划将学生一天的时间分成两个部分。上午，学生按照约定的每月作业量自由学习，通常是独立学习，不受到干扰，按照自己的步调进行(Lawry，1987a)。下午，学习小组参与社交活动、职业技术活动和体育活动。**合同**(contract)即学生签署的协议，证明他们愿意完成老师布置的数学、社会学研究、英语、外语或自然科学等课程作业。最近，学生的合同还规定作业不能无限期地拖延下去，而必须在规定的时间内完成。学生还可以签订不同学习程度和难度的作业合同。如果顺利完成了学习程度较高的作业，学生便能得到A级成绩。完成较容易的作业则只能得到低一级的成绩。要点7.4是合同的格式。要了解更多关于道尔顿类型学校的信息，请访问道尔顿的网站。

要点 7.4
合同格式

六年级教师约翰·斯万(1993)让学生在他的自然科学课堂上使用合同。下面是一份修改后的合同表。注意，学生、家长和教师都必须在上面签字。

全国学生研究中心科学研究合同

日期：________

学生签字________

家长签字________

教师签字________

1. 我愿意做一个关于以下内容的科学研究________
2. 我对这个话题感兴趣的原因是________
3. 我想解答的一些问题是________
4. 我将从以下途径收集信息________

   ________百科全书　　________杂志

   ________书本　　________地图册

   ________报纸　　________天文历书

   ________数据库　　________其他。请说明：________

5. 我的项目将于此日期前完成________

文纳特卡计划也将上午留作学习算术、阅读和语言艺术等知识性学科的时间。语言艺术包括书法、拼写、写作和语法。学生主要通过自学来完成这些学科的学习。因此，要专门编写许多供学生自习的课本和其他材料，并定期测试学生对知识和技能的掌握情况(Lawry，1987c)。这种使用专门准备的材料供学生自习的文纳特卡计划是编程教学、计算机辅助教学以及个别化处方教学(Individually Prescribed Instruction)

的先驱，接下来我们就会讲到。

编程教学和计算机辅助教学

程序教学和计算机辅助教学是文纳特卡计划发展的结果（Lawry，1987b）。在第四章，作为行为主义学派的教学案例，对此曾有过描述。

编程教学（PI）和计算机辅助教学（CAI）都使用自学的模式。待学的内容被分成容易学习的小块。当学生顺利学完一小块学习内容，就可以继续学习下一个小块。假如学生不能理解某一块内容，程序就会指导他再次学习，或者提供额外的信息来帮助他加深理解。更高级的程序还能诊断学生的错误，给出高度个人化的反馈。有些计算机辅助教学已经具有高度的创造性，见案例 7.3。

案例 7.3

多媒体课堂的潜力

美国技术（Ameritech）是几家为美国课堂使用计算机教学提供支持的公司之一。该公司会巡回展示计算机帮助学生学习的更新的方法。斯特拉顿（Stratton，1993）描述了其中三种。

高中一年级学生杰森在计算机中打开一个窗口，观察一个暴风雨云团。这个云团是投射在屏幕上的一个模型。杰森可以旋转这个模型，看到云团中心的柱形热流。而且，他还可以改变温度或风速，来观察云团将做出什么反应。

十岁的特鲁克尔和山姆一边观看各自电脑屏幕上的世界地图，一边通过话筒相互交谈。用这个方法，他们可以合作完成一个关于画地图的家庭作业。

一个大屏幕的计算机和一个电话将居住在俄亥俄州不同城市的小学生联系在了一起。通过这些设备，他们可以共同研究细胞组织和遗传学。学生们不仅能看见对方，听到对方说话，还可以看到老师，听到老师讲课，看到幻灯片和老师使用的其他材料。

研究并解决该案例

1. 你接触过的多媒体课堂是什么样的？
2. 这些课堂分别有哪些优缺点？

个别化处方教学（IPI）

IPI 是由杰特（Jeter，1980）提出的。在每个学年之初，学校要对 IPI 学生进行好几门科目的学前测试，来了解学生实际掌握知识的情况。根据测试结果，给学生们分配适合每个人程度的学习内容。学生不一定要独立学习，可以和其他处于同一程度的学生一起完成学习任务。在课程的定向归纳阶段，学生要接受测试。如果测试通过，他们就可以继续下一轮学习。如果没有通过，则需重复学习。

个别辅导教学(IGE)

IGE是个别化指导的另一种形式。IGE和其他方法的主要差别在于，IGE是在不分级的学校里采取的教学方法。**不分级学校**(nongraded school)是指年级界线模糊或根本不存在年级之分的学校。在IGE学校中，几个教师可能会任教100个到150个学生，这些学生的水平跨越好几个年级。这些教师为每个学生设计一个教学方案，并加以评估。“理想的结果是，每个学生的方案都基于该学生如何才能取得最佳学习效果，该学生的最佳学习进度，以及他掌握具体技能和概念的能力处于什么程度”(Rossmiller，1976，403页)。佩文(Pavin,1992)列举了不分级学校教学方法带来的诸多好处。古提瑞兹(Gutierriz)和斯莱文(1992)描述了不分级学校的类型以及各自在学生学业进步方面取得的效果。

辅导

辅导(tutoring)，或者叫指导，或许是最古老也最为人们所熟悉的个别化教学方法了。它或是用来指导学生以弥补其知识欠缺，或是用来补充额外的知识。在前一种情况下，如果一个学生到了一定年龄或学习程度还不会数到100，他就需要得到辅导。在后一种情况下，学生可能会在如何设计填字游戏方面得到辅导。

许多不同的人都可以充当指导人的角色，包括教师、教学助理、学生和家长。同学之间的辅导称为同伴辅助学习(PAL)。(见研究聚光灯7.9)

研究聚光灯7.9
同伴辅助学习效果明显

在总结了80多项有关同伴辅助学习(学生互相帮助)的研究后，研究者们认为这种方法是奏效的，尤其对年龄较小的学生、城市学生、低收入家庭的学生和少数民族学生而言。当“同伴辅助策略”得到认真贯彻时，效果最为明显(Rohrbeck et al,2003)。

下面描述了在Vanderbilt大学得到推行的同伴辅助学习策略(PALS)。

PALS是一种在全班范围开展的同伴辅导学习方式。教师先确定哪些学生需要在具体技能方面得到帮助，哪些学生有可能帮助他们学习这些技能。掌握这些信息后，教师将学生组成对子，两个同学同时学习，同时参与各种活动，富有成效地解决他们遇到的种种问题。对子是定期变的，经过一段时间，随着学生们学到各种技能，所有学生都有机会做“教练”或者做“选手”。

PALS的操作方法是将全班学生分成13～15对，每一对学生不是参加老师规定的单一的活动，而是根据个别学生的需要调整活动内容。因为如果所有学生都参加同一活动，最终可能只有几个学生有能力解答问题。该策略还给教师制造机会在教室里来回巡视，观察学生，并且为个别学生提供辅导。

远程教育

个别化指导的另一种形式是远程教育。顾名思义，其目的是使教育普及到离私立学校这样的教学机构较远的地方，使居住在那里的人们也可以接受教育。远程教育项目在加拿大、澳大利亚、阿拉斯加等国家和地区已经使用了很长时间，为边远地区的学生提供教育服务。传统的教学途径有电话、收音机、电视和印刷材料，如课本和参考书。我们大多数人都很熟悉函授课程和函授学习这些概念。

计算机的出现使远程教育的数量和质量都有所提高。而且，这一方法普遍用在那些在家学习的孩子身上，为他们提供完整的或者近乎完整的教育。如今有大约**2 400个虚拟的、在线的学校，或者叫电子学校**（virtual，online，or e-school），为学生提供整套课程。全日制“就读”虚拟学校的学生可以得到一台电脑，可以进入许多供个别化指导使用的软件程序。学生按照自己的进度学习课程，从在线指导教师和家庭教师那里得到帮助。

除了为在家学习的孩子提供服务，这些数码空间学校还提供高级课程和内容更加丰富的课程，连在校学习的学生都有可能得不到这些资源。

以下是虚拟教育的一些优点：

● 它深受学生的欢迎，不管是好学生还是差生。差生似乎更是从一对一的虚拟教育模式中受益匪浅。

● 它可以使学生学到原本无法学到的课程。例如，乡村学校的学生可以学到学校没有开设的在线跳级（AP）课。

● 学生可以接触到高水平的在线教师，教师在讨论过程中和学生进行交流，并且通过电子邮件和即时信息进行互动。

下面是一些相关的优秀网站，供读者探究。你可以从在线学习中心直接打开这些网站。

● 在线的《美国学校董事会杂志》（*American School Board Journal*）（2002年2月）中有一篇专门的报道“没有围墙的学校”（*Learning Without Walls*）。点击“一种新型学校”即可找到有关电子学习的信息。点击“虚拟学校的虚拟之旅”可访问一些电子学习案例。

● 英国广播公司(BBC)网站。

● 联合学府(Connections Academy)网站。

● 明天的电子课堂(Electronic Classroom of Tomorrow)网站，点击"课程"，即可了解一些为儿童准备的课程项目。

● 俄亥俄州虚拟学府(The Ohio Virtual Academy)网站。

通过完成项目来学习的方法：自我指导的学习法(Self-directed Learning)

目前为止描述的所有这六种个别化指导都有一个共同点：它们试图跨越一个鸿沟：即社会希望学生了解的知识和学生实际了解的知识之间的差距。相反，自我指导的、通过完成项目来学习的方法允许学生在更大的课程框架下自由选择各自感兴趣的活动。一个学生或一群学生可以决定他们想完成什么学习任务。该任务可以是认知方面的，和情感或价值观相关，或和培养运动技能有关。通常情况下三种因素都包括。该学生或这群学生随后可以决定如何完成该任务，甚至如何评价该任务(Abdullah，2001；Lawry，1987b)。对该方法的兴趣目前有上升的趋势，尤其是在科学教育领域，建构主义学习方法(见第八章)非常流行。奥森(Olson，1993)在案例7.4中对本学习方法作了汇报。

案例 7.4
以完成项目为基础的学习

通过完成项目来学习的方法正在重新兴起。奥森(1993)提到，事实上，在新美国学校发展公司(New American Schools Development Corporation)的资助下，所有参与这一改革运动的人都采取了"某种形式的以完成项目为基础的学习"(第6页)。当学生计划并执行某话题的研究，进而使用跨学科、涉及多个学科的手段调查这个话题，这种学习方法就产生了。我们引用了下面两个例子。

● 一个班里的一些学生画出了市区地图，采访商店店主，并撰写供儿童使用的指南。

● 学生们正在完成一项题为"为人们设计空间"的为期三个月的任务。他们为生活在特殊气候条件下的人们设计并制作了建筑物模型。

这种以完成项目为基础的学习是由20世纪三四十年代的一些思想先进的教育者倡导并使用的。1942年完成的一项为期8年的研究发现，毕业于采用这种先进教学方法的高中的大学生比来自传统院校的同龄人表现更加突出。在传统院校，不同的学科教授不同的知识，之间没有任何关联。

研究并解决该案例

1. 你经历过什么类型的以完成项目为基础的学习？
2. 这一经历是什么样的？

所以说，个别化指导不是单纯的某一种项目。它不是针对全班学生进行的大规模教学，而是强调**小组实践、调整学科内容以满足个人需要**。最极端的说法就是，**它将学生从他人制定的课程桎梏中解放出来**。其原则包括自我指导、自主性、自由、责任，以及崇尚建构主义学习理论(Gibbons，1971)。

个别化指导的优秀使用者

要真正善于进行个别化指导，我们认为你必须拥有专门的价值观、知识和能力。最重要的是，你必须高度重视差异。赫克(Heck)和威廉斯(Williams)(1984)提到过："无论性别、种族、文化、民族、宗教和生理差异如何，你都必须理解、接受、重视和尊重所有人。(53页)"因此，你必须重视个人主义，鼓励学生独立思考、独立行事。

了解学生是非常关键的一步。你对他们了解得越多，你越能注意到他们的特长和需要。因此，你必须具备诊断师和医生的直觉。第五章提供了一些如何更好地了解学生的建议。

你还要知道各种类型的个别化指导，并且能够使用这些方法，例如道尔顿和文纳特卡计划、个别辅导教学、通过完成项目来学习的方法，等等。最后，你还需要人际交往能力，包括倾听、接受和鼓励他人的能力。

成功的个别化指导项目

考虑到个别化指导的定义、目的和特点，以下标准可以帮助你判断个别化指导项目是否真正成功。

- 该项目是否经过调整，以满足学生的独特优点和需要？
- 学生在决定学习目标、学习活动、资源和时间方面拥有多少自主权？
- 该项目最终是否对所有学生都是平等的(学习、社交和情感等方面)，是否伤害参与者的感情、使他们遭受侮辱、伤了他们的自尊心，是否阻碍了同学之间友谊的发展？(Corno & Snow，1986)

没错，只要得到了很好的利用，个别化指导能体现出许多潜在的优点。最重要的是，它允许学生追求自己的兴趣，帮助学生为自己的学习承担责任，允许学生采用他们最喜欢的学习方法，使他们接触大量适合他们能力层次的教育资源，充分挖掘学生的潜力，允许他们按自己的步调来学习。这些优点会让你的学生学习时注意力更加集中，更加满怀热情，更具有独立性，当然，也能取得更好的成绩。

表 7－7 概括了个别化指导的优秀使用者和成功的个别化指导项目具有的特点。

表 7－7 个别化指导的优秀使用者和成功的个别化指导项目具有的特点

优秀的使用者……	成功的项目……
● 高度重视差异 ● 重视个人主义 ● 了解学生的优点和需要 ● 了解此类项目并有能力使用这些项目 ● 能很好地处理人际关系	● 经过调整，可以满足个别学生的优点和需要 ● 给学生充分的自主权，可以决定学习目标、手段、资源和时间 ● 最终带来更大程度的平等 ● 没有破坏性的副作用

课堂计划 7.4 是一个采用了个别化指导的课堂教学简要范例。

课堂计划 7.4

一个简要的个别化指导课堂计划：最喜爱的图书俱乐部

课程关联：本课可以和阅读课以及文学课联系起来。

目标

1. 学生要阅读图书并定期选择一本他最喜欢的。

2. 学生要分享选择最喜欢的书的标准。具体目标：学生要充分意识到读书动机以及喜爱某些书的动机。

3. 学生要就书本进行汇报。具体目标：学生要决定他们认为其他同学想了解该书哪些方面，为此准备一篇报告，在课上进行发言，并将报告收录到班级的“最喜爱的图书”文件夹里。报告要说明该书如此吸引读者的原因。

资源

1. 互联网上的图书。

2. 学校和社区图书馆。

3. 书店。

4. 家中。

方法

1. 定向归纳：“你看过的书里面你最喜欢哪一本？为什么你这么喜欢这本书？当你读到一本好书时，你想和亲戚朋友或父母分享吗？我想，回答是肯定的。所以我想大家是不是愿意在班里开设一个最喜爱的图书俱乐部？”

2. 确定指导方针

● 每个同学准备一个文件夹，内容包括你想告诉他人关于你最喜欢的图书的一切信息。可能有书名和作者，你选择看这本书的原因，你认为此书有哪些吸引人的地方，以及任何其他你想包含的内容。或许你还想加进一幅你画的插图，或者某些有趣的段落你想让大家听到，于是自己录制对话。还想在文件夹里补充什么资料，全由你决定。

● 只要已经完成了作业，你可以在家或者在课上看这本(些)书。

● 书的长度和主题可以自由选择，只要内容健康即可。

● 你可以每月交一个文件夹，也可以一个月交两个或两个以上，或者几个月交一个。你选择最喜爱的书的频率取决于你选择的书(你读到的有的书可能不是你最喜欢的)，你可以用来看书的时间的多少，以及其他因素。主要目的是确定你真正喜欢读什么样的书，并且和大家分享读书的动机和读书心得。

● 老师会要求你定期在班上分享你的读书心得。

评估

1. 你对自己的读书兴趣有了哪些认识？你似乎更喜欢看什么样的书，为什么？

2. 你认为同学们最想了解一本书的哪些方面？你是怎么作出判断的？你的判断正确吗？

结束

让全班学生回顾了解到的信息，包括人们如何选择图书，以及这些选择在图书馆如何得到体现。

应当何时采用个别化指导

显然，只要教师想满足某一学生的独特优点和需要，即可采用个别化指导。“好吧，”你说，“可这不就没完没了了吗？”当然。但是往往我们没有那么多人力和物力资源来实现全盘的个别化指导。因此，你需要作出妥协，尽可能多地对面临退学的学生和问题更严重的学生采用个别化指导。

根据你的经验，你知道，在大多数课堂里普遍使用的是教师讲授和问答等方法。有时会偶尔开展讨论。最有可能的情况是，根本不采用个别化指导，即使有处于危险的学生存在。强制使用个别化指导的内容只能在《残疾人法案》(*Individuals with Disabilities Act*)中找到，众所周知，该法案要求为患有残障的学生制定个别化教育计划(IEPs)并加以执行。这不是说教师们没有意识到个别学生的需要和优点，也不是说他们完全忽视这些信息。相反，在绝大多数情况下，教师采取个别化指导是不规律的，而且自己也没有意识到是在采用这种方法。他们的做法往往是按能力对学生分组，把具有相似需要或优点的学生看做一个整体。然而，有时，很不幸的是，这种同类分组的做法引来了非议，有的人认为这样做会导致消极的副作用产生，例如将能力较差的学生模式化。

研究聚光灯 7.10 概括了关于个别化指导的研究发现。

研究聚光灯 7.10
个别化指导的研究结果

以个别化指导为宗旨的教学形式如此之多，以至于很难对它的成功性进行归纳。沃尔伯格(1984)调查了近 3 000 项研究的结果，这些研究涵盖了各种教育实践，其中包括几种个别化指导的教学形式。按照教学效果排名，分别为促进法(即促进学生取得学业进步)，科学掌握学习法(science mastery learning)，私人化指导，适应性教学，辅导，个别化科学，诊断处方法，个别化指导和个别化数学。显然，有的教学形式我们比较陌生。然而这足以说明这些形式都对教学进行了调整，以更好地为学生服务。

学者艾尔森(Ellson，1986)也通过研究各种教育实践判断其有效性。据他的说法，其中最有益处的教学形式是所谓的非传统方法，包括编程教学和基于学习表现的教学，后者是指学生的学习情况会经常受到监督，经常变化教学手段来帮助学生取得成功。

斯莱文和麦登(Madden)(1989)认为，针对面临失学危险的学生，成功的指导必须是个别化的。为此他们找到了证据，并倡导采取一对一的辅导、个别化计算机辅助教学、对个别学生的进步情况实行频繁的监督、修改指导和分组安排以满足个别学生的需要，以及拥有并使用广泛的教学资源。

最后，美国教育部曾发表了一篇题为《什么方法奏效》(*What Works*)(1986，1987)的文章，在研究了如何达到最佳教学效果，促进学生学习后，提出了几种个别化指导的形式。其中包括父母念课文给孩子听、辅导和对有天赋的学生加以促进。

这些研究结果似乎都向我们表明，个别化指导很值得教育工作者付出额外的精力。

个别化指导的局限性

当然，个别化指导最大缺点在于，要出色完成这种教学，非常耗费时间。你不能新瓶装旧酒，让学生总是重复他已经掌握的知识，即使让他用再高级的电脑也不行。你也不能就此罢手，让学生随心所欲。个别化指导意味着把每个学生当成具有独特教育需求的个体，为每个学生制定相应的教学策略。

个别化指导部分的小结

我们了解了什么是个别化指导，还了解到它有多种形式。其中大多数形式都是事先制定好并且在教师操控之中的。这就意味着学生几乎无权决定他们想学什么，想用什么方法去学。个别化指导惟一真正个别化的地方或许就是学习时间。这些形式通常都是编排紧凑的一些学习项目，学生可以尽快地照着学下来。然而，这些项目似乎奏效了，学生的学习成绩得到了提高。

个别化指导的诸多形式几乎都没有给学生真正的自主权来决定他们想学什么，如何学。我们提到过一个例外：通过完成项目来学习的方法。这是一个被几代人沿用的备用方法，对师生都奏效。你会看到很多课堂里，尤其是小学和中学课堂里，一个学生或一组学生确定自己对哪些话题感兴趣，并决定如何了解该话题的某些方面。

我们已经讲过，当教师一对一地教育学生时，他们必须了解这些学生并接受和重视他们的差异。而且，他们还要重视个人主义，具有良好的人际沟通能力，尤其是倾听和鼓励的能力。假如你使用的个别化指导项目经过调整以满足每个学生的长处和需求，给予学生尽可能多的自主权，帮助学生获得进步，不会给他们带来尴尬局面，这就是一个成功的项目。

个别化指导是一种杰出的教学方法。它能极大地满足师生们在个人、职业和教育方面的需要。研究结果也很好地印证了这种指导方法的作用。

选择适合学生的教学方法

针对不同的学生，教师们认为什么是最好的教学方法？有没有某些方法更适合能力强的学生或能力差的学生？有的方法是否更适合有主见的学生，有的则更适合循规蹈矩的学生？舒尔（Shuell）和他的同事们进行了两项研究来寻求答案（Shuell, Brown, Watson & Ewing, 1988）。

在第一个研究中，91位郊区小学教师得到了四个不同类型虚拟学生的信息。在这些信息的刻画下，这四个学生分别属于：(1) 能力强—有主见；(2) 能力强—循规蹈矩；(3) 能力差—有主见；(4) 能力差—循规蹈矩。例如，能力强—有主见的虚拟学生是这个样子的：

> 罗比是一个有主见、学习卓有成效的学生。他各门功课都学得非常好，而且往往率先完成需要复杂口头表达能力的任务。同学们都很崇拜他，把他当成头。老师布置全班同学看《黑美人》（*Black Beauty*）这本书，要大家准备好做一个小测验。

在看完这四个虚拟学生的特点后,91 位教师要决定在完成例如阅读这样的语言学习任务时,哪些教学方法最适合他们。可供教师选择的教学方法有讲座/解释、在座位上独立做练习(受监督的学习)、讨论、一对一教学(个别化指导)、同伴辅导(个别化指导)、同类分组或表扬。我们认为最后两种不属于教学方法范畴,调查者们也认为"表扬"不能算是教学方法。不过我们这里还是将它包括进来。

舒尔的第二项研究有 20 位四年级和五年级教师参与。首先,研究者们要求这些教师思考他们现有学生的五大特点:总的学习能力、进步方向、课堂参与、学习动机和已有知识。接下来,教师们要说出在完成一项语言学习任务时,哪种教学方法最适合每一个学生。可供教师们选择的教学方法和第一个研究相同,但"同类分组"由"游戏"所替换,"小组活动"取代了"讨论"。

研究者承认,这两个研究存在一定差异,但以下结论是共同的:

- 教师们认为,最佳的教学手段是根据不同的学生采取不同的教学方法。
- 教师们认为讲座/解释和在座位上学习对能力强的学生最有好处。
- 教师们认为一对一教学、同伴辅导和表扬最适合能力差的学生。
- 教师们对于讨论各持己见。在研究 1 中(虚拟学生),他们认为讨论即不适合能力强的学生也不适合能力差的学生。在研究 2 中(真实学生),他们认为讨论适合于能力强的学生。

舒尔和助手们总结道,教师们的确对如何最好地教育不同学生有着明确的想法。而且总的来说,这些想法和我们已知的关于教学的理论是一致的。

纵览 31 种教学方法

在本章开头,我们说过要在深入探讨讲解、讨论、独立学习和个别化指导后简单地纵览 31 种教学方法。现在我们就将这些方法按字母表排列顺利一一呈现。你会注意到有的教学方法和其他方法具有共同点。例如,发言和问答通常都是在教师的带领下进行的。

- **和学习有关的游戏或竞赛**(academic games or competitions)——学生一对一或小组对小组进行比赛,看哪个人或哪个小组能更好地完成一项跟学习有关的任务,例如"拼写倒计时"、颠倒字母顺序构词或完成一个项目。一些著名的商业学习游戏有 Probe(词汇和拼写游戏)和 Rook(数学游戏)。在下一章讲到的合作学习中可能还会包含游戏和竞赛。

- **头脑风暴**(brainstorming)——为了激发创造性的想法,要求学生不作任何判断和批评,想出大量做某事的方法,比如解决一个具体问题。例如,可以让学生思考如何消除世界饥荒,想的点子越多越好。一旦他们想出了大量点子,就要对这些想法进行调查,看是否可行。

● **案例**(cases)——学生细致地分析某具体的、通常较为紧迫的事件，或一系列相关事件，从而更好地了解事情的本质以及可能的解决办法。例如，上自然科学课的学生可以调查厄尔尼诺现象的产生，或者人类起源过程中的灾难，如大湖地区斑马贝(zebra mussel)的入侵。

● **兴趣和展示中心**(centers of interest and displays)——通过收集和展示物品来吸引学生对某主题的兴趣。例如，学生们可以把家中体现民族文化的东西带到学校来展出。这样做的意图是使同学们对文化这一概念产生兴趣。或者，教师可以安排一次各种测量仪器的展示，促使学生对该话题产生兴趣，进而深入探索。

● **座谈会**(colloquia)——邀请一位或数位客人到课堂上来接受采访。比如，受邀前来的音乐家或许可以激发学生对音乐和音乐表演的兴趣。

● **建构主义**(Constructivism)——学生从有目的的经历中学习知识(见第八章)。

● **合同**(contracts)——师生之间就学生在某一时间段内计划完成的学习内容达成的书面协议，如一周或一个月。

● **合作学习**(cooperative learning)——也称为学生的小组学习。学生在小组中学习，因集体努力而获得回报(见第八章)。

● **辩论**(debates)——在这种讨论形式中，几个学生就某一问题各抒己见，为各自的观点辩护。例如，中学生可以就这个话题展开辩论："私立学校的经费是否应该由房地产税、营业税或个人收入所得税来承担?"

● **演示**(demonstration)——这种形式是指教师或学生向大家展示某事物是如何工作或运作的，或某事是如何完成的。例如，教师可以向大家演示如何使用分类词典，如何操作手持计算器(handheld calculator)，或者如果油溅到了水中(如油轮泄漏)会发生什么情况。

● **直接指导**(direct instruction)——教师给予清楚的、一步一步的教育(Rosenshine, 1987)(见第八章)。

● **探索**(discovery)——在探索学习过程中，学生受到鼓励去获得自己对知识的理解(见第八章)。

● **讨论**(discussion)——在本章有具体描述，是指一组学生集中在一起通过听说两大途径就共同感兴趣的话题相互交流意见。

● **练习和实践**(drill and practice)——这是一种独立学习方式，教师解释清楚一个任务，然后学生去实践它。例如，学生在学会使用分类词典后，可以让他们查找并使用同义词。

● **实地观察、实地调查和实地考察**(field observation, fieldwork, field trip)——学生在校外环境中进行观察或完成任务。学生可以去当地的历史博物馆参观恐龙，或者可以做点小生意，来了解生产和销售。

● **独立学习或受监督的学习**(independent study or supervised study)——在本章

有描述,独立学习需要学生在课桌前完成一项共同的任务,或者作为家庭作业来完成。

● **个别化指导**(individualized instruction)——在本章有描述。指任何调整教学以满足学生独特特点的教育手段。

● **学习模块**(learning modules)——是个别化指导的一种形式,允许学生开展自己设计内容的学习活动。这些活动引导学生了解知识或学会做一些事情。比如可以给学生一个学习模块,模块中包含一些活动,以帮助他们了解什么叫做营养健全。

● **掌握学习**(mastery learning)——向全班学生陈述需要学习的知识,并事先设定一个掌握程度。学习结束后,学生接受测试。不能达到一定分数的学生需要再次学习、再次测试。通过测试的学生可以在其他同学补习的时候学习更丰富的内容(见第四章)。

● **口头汇报**(oral reports)——布置一些话题给学生个人或小组,或由他们自己选择话题。例如,要求每个人找出太阳系中的一颗行星。通过口头汇报与其他同学分享了解到的知识。

● **讲述**(presentation)——本章有描述。学生听某人讲述某话题。例如,教师或受邀的发言人可以向全班同学介绍艺术家达利(Dali)。

● **解决问题**(problem solving)——给学生个人或小组设计一个让人困惑的疑难问题或情景,让他们思考并设法解决这个问题(见第四章)。

● **编程教学和计算机辅助教学**(programmed and computer-assisted instruction)——这是一种个别化指导形式,学生通过阅读循序渐进的课文或使用计算机中的教学方案,以较小、各自独立的单元形式学习知识。正确回答问题,学生可以继续下一轮学习,答案错误则需重复学习(见第四章)。

● **项目或活动模式**(project or activity method)——也是个别化指导的一种形式。学生挑选并完成有关话题的项目和活动。学生可以就《南部的生活》或《内战时期北部的生活》写一篇文章,或者借助图表讲述这两个话题。学生不但可以挑选话题而且可以挑选以什么项目展现他们学到的知识。(见本章,独立学习)

● **实例分析**(protocols)——学生研究某原始记录或某重大事件的记录,然后设法理解该事件或其后果。他们可以看一部记录种族歧视真实案例的影片,然后思考其原因和影响。

● **互动式教学**(reciprocal teaching)——教师逐渐将教学责任转移给学生(见第四章《学习风格差异》)。

● **问答**(recitation)——布置给学生要学习的内容。老师提问,学生口头问答学到的内容。例如,学生先了解形成不同气候类型的原因,然后教师提问,考查学生掌握知识的程度和理解程度(见表 7-3)。

● **角色扮演**(role playing)——学生扮演其他人,体会自己成为那个人是什么感受。比如，学生可以扮演一个大家都讨厌的虚构的同学，或者扮演一个残疾人。

● **模拟游戏**(simulation games)——学生玩一种经过特殊设计、可以反映生活某些方面的竞技游戏。例如，他们可以通过玩"贫民窟"(Ghetto)游戏(Toll，1969)了解居住在贫民窟的人们面对的问题和压力，从而认识到要改善人们的生活是多么困难的一件事。另一个商业模拟游戏是"淘金热"(Gold Rush)(边界上一个矿山营地的生活和冒险)。有的模拟游戏是在计算机上玩的，例如俄勒冈探险(Oregon Trail)和亚马逊探险(Amazon Trail)。

● **模拟**(simulations)——学生通过模拟某事来还原该事件或营造类似效果。比如，学生可以模拟联合国大会来对大会如何运作、代表们都做什么工作获得感性认识。

● **学生小组、合作学习**(student-team，pupil-team，cooperative learning)——在第八章会讲到。学生每四人或六人为一组，小组成员尽可能差异很大，或者尽可能相似。小组成员经常会因为整个组的成功而受到嘉奖。一个合作学习的例子是，学生小组听老师讲解如何做分数的除法。之后他们会拿到一些待填写的作业纸。小组成员一起做题、解题。最后，大家要进行一个关于分数的除法的测验，所有小组成员的分数相加得到小组的总分。

● **辅导**(tutoring)——个别化指导的一种形式。教师或同学向个别学生或一个小组的学生提供特殊帮助，这样做通常是因为仅靠传统的指导，学生学得不够好(Medway，1987)。

图 7－5《教学选择之轮》画出了我们刚才简单描述的这些教学方法。

在教学中使用技术

当你开始教学工作时，很有可能你会发现：教室里有一台或多台计算机(平均 5.7 个学生拥有一台)，你将登陆网络，那里有大量以计算机为基础的学习资源可供使用。要利用这些资源，你最重要的任务是找到高质量的软件，选择高品质的网站，决定何时以及如何使用这些资源，并使之和课程安排协调发展。

选择高质量的软件和网站

好消息是：可供课堂使用的软件质量很有可能会令你满意，它们能够培养学生各种较低层次和更高层次的思考能力(见第六章布卢姆的分类)。坏消息是：这些软件通常和各州、各学区对你任教学科和年级水平的课程要求不匹配。换句话说，你可能拥有了一流的软件，但却未必能教给学生他们需要学习的知识。因此，教师必须经常花很长时间艰难地寻找能满足具体课程要求的教学软件。这是个令人沮丧的任务——大多数教师都反映很难找到他们想要的东西。在更高年级的教学中，这个问题更加严重，因为可供使用的软件就更少了(《教育周》，1999)。

● 深灰色的部分在第七章有具体讨论。
● 浅灰色的部分在第八章有具体讨论。

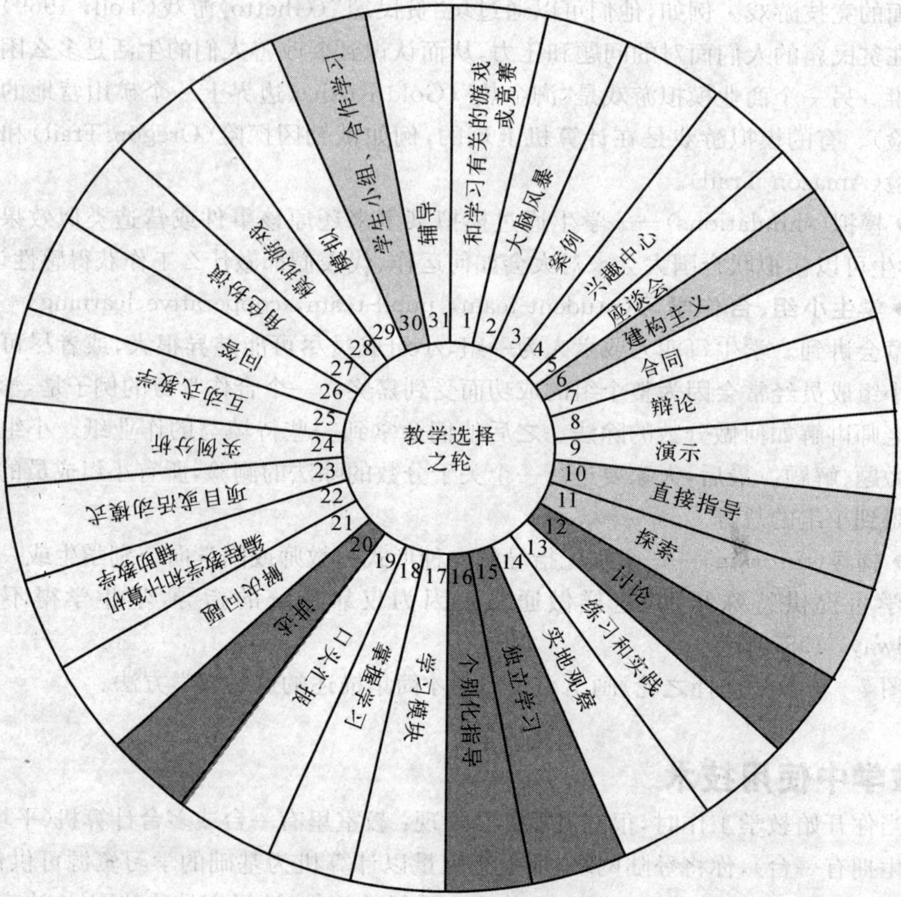

图 7-5 教学选择之轮

幸运的是，公共和私人教育家都在对教育软件进行整理。有四个州在各自的网站上提供公开的正式评估。它们是加利福尼亚学习资源网(California Learning Resource Network)，佛罗里达教育软件目录(Florida Educational Software Catalog)，北卡来罗那公共教育部(North Carolina Department of Public Instruction)，以及俄亥俄校园网络软件纵览项目(Ohio SchoolNetSoftware Review Project)。很多杂志和一些专业协会也提供软件的浏览服务。夏普(Sharp，2005，270～271)列出了一些提供软件浏览的因特网网站，教育软件索引(Educational Software Directory)也做了同样的工作，见表 7-8。

表 7-8　教育软件概览

在教育软件索引网站上，我们可以找到关于网上很多教育软件的指南。

- 全明星概览——教育和娱乐产品概览。
- CALICO 概览——来自计算机辅助语言教学联合（Computer Assisted Language Instruction Consortium）的语言学习软件概览。
- 儿童软件概览——通过提供及时、准确的商业互动产品概览，尝试帮助大人利用技术的力量支持儿童的发展。这些产品包括教育软件、电子游戏、益智玩具和网站。
- 和孩子一起计算——由 Jinny Gudmundsen 主笔的每周联合专栏，在 80 多家报纸上刊登，而且提供可免费索取的电子杂志。
- 数码新闻和概览——由 Howard Berenbon 主笔的专栏，提供最好的计算机产品信息，包括商业、教育和娱乐软件和硬件。
- 探索学校——由 DiscoverySchool. com 提供。
- 电子观点——由电子观点社区提供。
- 游戏地带之儿童地带——儿童软件概览。
- IT 概览——专业记者提供的参考软件概览。
- 儿童王国——收集了 1 500 多种由家长为家长设计的商业软件产品。
- 学习村——一个为正在寻找可靠教育软件信息的家长和老师开设的独立综合咨询中心。
- 学习软件概览——Juline Lambert 提供的概览。
- 记忆软件概览——收集了 200 多个借助学习卡来学习的计算机程序。
- 概览地带——为家长和教师提供深入的信息资源，包括最好的儿童和家庭娱乐软件、硬件、电脑书和尖端技术。
- 超级儿童——由来自全国各地的教育家、家长和儿童总结后得出的儿童软件概览。这些教育专家来自斯坦福、哈佛和西北大学。
- 教师评估教育多媒体——教师可以免费了解到针对多媒体在教学中的使用的独立课堂评估。
- 技术学习概览——由技术学习网站提供。
- 世界村——由世界村网站提供。

许多教师使用网络和软件来丰富学生的学习，有的甚至用网络取代了软件。众所周知，网站的优点在于具有互动性，更有可能赶上最新的潮流，而且是免费的。另一方面，有的教师不喜欢网络。他们觉得要找到好的网站太难了，将网站和正常课程结合在一起谈何容易。他们还担心，允许学生上网会导致他们注意力分散，下载网上的信息会严重浪费时间。

使用数码资料

尽管你可能想要使用数码资料来提高学习效果，但这仍然是一个挑战。教师们遇到的问题有开支、时间和准备工作。使用软件的教师提出，最大的问题还是开支。大多数教师还提到没有充足的时间去寻找和使用数码资料。最后，有将近一半的教师担心，使用软件和网站的准备工作要花太多时间。

有的师生则不局限于使用已有的数码资料。他们还自己开发软件，创办网站。通过使用以下这些“计算机工具”，这也不是什么难办的事。

● 文字处理(Word processing)工具,学生可以在拼写和语法检查的帮助下进行写作和修改。

● 电子表格(Spreadsheets)工具,可以对收集到的数据进行加、减、绘图等加工。

● 绘图(Drawing/painting)工具。

● 多媒体和讲解(Multimedia and presentation)工具,可以让学生制作复杂的课堂讲解演示。

● 桌上排版(Desktop publishing)工具,学生可以通过使用扫描、设计和排版工具制作供打印或供网页使用的材料。

开发数码资料的师生往往属于探索学习(见第八章《网络使在线探索学习更加便利》)。当然,为了和学生一起制作数码资料,你需要更加娴熟地掌握电脑操作知识,而不是仅仅使用已经开发好的软件那么简单。因此,随着你对电脑的使用越来越自如,你会更加乐于和学生一起尝试使用以上的一些工具。

为数码时代做更好的准备

显然,要使用数码技术,你需要做好一切必要的准备。这些准备包括计算机培训,因特网基础知识培训,以及如何将技术融入课堂的培训。正是后者——融合——存在的问题最多。然而,接受过 11 个小时或更长时间课程融合培训的教师比没有接受过这方面培训的教师能更好地将技术融入课堂。现在有 42 个州要求教师接受技术培训,然而,现存的教师岗前培训项目已经安排得很紧凑,很难再加入这方面的技术培训。由于你们从小就开始接触计算机,很有可能,你和今后的教师们将为使用数码技术做了更好的准备。因此,这个问题会慢慢自动解决的。

几点思考

本章旨在让你走上一条成长为有更多才能的教师之路。现在你已经基本认识了 31 种教学方法,对其中四种人们普遍认同的主要方法有了专门的了解。对于这四种方法,你了解了它们的目的和特点,要出色地完成每一种需要做哪些事情,以及研究表明哪些好处会与日俱增。我们希望你已经有过机会尝试每一种方法,并且观察你的教学导师演示每一种方法。此外,我们还希望你思考过对每一种方法的感受。想象一下,你正走在通往成功教学的跳板上。读完第八章后,你就为奋力一跳做好了准备。

本章小结

● 教学方法是一种意图促进学生学习、提高学生满足感的教学方式。最为人们熟悉的方法有讲解、讨论、独立学习和个别化指导。其他著名的方法(在下一章将讲到)有直接指导、合作学习、探索学习和建构主义。一共有多达 31 种教学方法,在教学选择之轮中有描述(图 7 - 5)。

● 讲解是由知识更渊博的人对知识比他少的人所做的充满信息量的谈话。这些谈话的理论支持来自认知思想学派，尤其是信息加工和接受学习。讲解可长可短，可被打断也可持续进行，可以是正式的或非正式的，由教师或其他人来讲，也可以是现场的或录制的。

● 成功的讲解由三部分组成：准备、实施和结束。准备过程要求讲解人设置总的目标和具体学习目标，收集并总结要讲述的信息，组织和计划讲演过程。实施过程要求讲解人吸引听众的注意，阐明学习目标和期望，使用先行组织者，有条理地、逐步地讲述信息，期望并促进学生的互动，从总的观点讲到具体观点，讲解新的概念时同时使用正面的例子和反面的例子，让学生思考已学的内容，然后让他们使用这些信息。结束部分要求讲解者进行回顾、概括，并将新知识和学生的已知信息联系起来，以及检查学生的理解情况。

● 研究表明，讲解者的风格十分重要。优秀的讲解者通常都很友好、幽默、富有激情、表达流畅。研究还表明，人们的注意力在讲话开始 15 分钟后迅速分散，记笔记有助于长期记忆，讲解有助于传递信息，而不能很好地激发学生思考，采用讲授这一方法时，对学习较差的学生要给予特殊关注。

● 讨论是学生之间或师生之间的谈话，他们之间通过交流来分享信息、观点或看法，或共同努力解决问题。讨论也是由学习理论所指导的。然而，根据不同的讨论目的，讨论带头人采用的理论是不同的，也就是说，可能采用认知理论，情感理论，也可能是两者的结合。讨论可以是在师生之间，也可以只在学生之间进行，教师可以作为带头人或参与者积极地加入讨论，或仅仅作为观察者。最后，讨论可以是全班范围的、小团队或小组范围的。

● 优秀的讨论带头人通常认为，学生参与有目的的讨论是一种正常的、健康的行为；学生必须积极思考信息，观点、事件和问题；学生能够有效地思考；通过有效的思考和交流，学生的心理和社交能力都得到提高。此外，成功的讨论带头人会控制自己的谈话，是成熟的协调者、人际关系专家、澄清者和总结者。

● 成功的讨论包括准备、实施和结束三个部分。准备过程要求带头人决定讨论目的和具体目标；决定学生是否为讨论——尤其是这次讨论——做好了准备；决定哪种交流是最佳的(师生之间或学生之间)，以及教师应扮演什么角色(带头人、参与者或观察者)；决定这次讨论应该让全班都参加还是小组参加，时间如何控制。实施过程要求带头人确保学生理解讨论目的和具体目标，设置任务，提醒学生讨论过程中要遵循的行为规范，组织参与者，只要带头人起到了他该起的作用，就可以让大家“尽情讨论”。结束过程要求讨论带头人概括和组织讨论结果，解决方法或讨论要求达到的任何目标，以及评价学生的学习表现和满意程度。

● 有关讨论的研究表明，讨论总的来说能激励学生，促进知识的记忆，培养高层次思考，在转变态度和提高道德推理能力方面颇有成效。

● 独立学习是指让学生基本上独自完成一切和学校有关的作业。这种方法主要受信息加工和行为主义理论学派的指导。独立学习的目的是让学生复习和操练知识，制造机会让学生了解如何学习，并且合理地让学生忙碌于作业，这样教师就可以完成其他重要的任务。独立学习的特点包括类型（教师指定或学生自由选择）、教师的角色（教师是否可以随时提供指导），以及情境（在学校或在家）。

● 优秀的独立学习引导者认为，独立学习的目的是非常有价值的。他们信任学生独自学习的能力，能够激发价值观和挑战心，展现出变化性和挑战性，跟随性和重叠性。

● 成功的独立学习包括准备、实施和结束三部分。准备过程要求教师确定总的目标和具体目标，决定作业的性质和类型，确保学生对作业内容感兴趣，而且是能力所及。实施过程要求教师完全清楚作业的目的、目标、和学生已学知识和即将学到的知识的联系、步骤和时间限制。结束过程要求教师收集、批改和评价作业，给学生具体的反馈，有必要时重复教学。

● 有关独立学习的研究发现，这种方法很常用。当教师体现某些领导行为时，该方法更加有效。它最重要的要素是：(1) 目的、作业和步骤的明确性；(2) 监督，评分和迅速给予反馈。

● 有关精心设计的家庭作业的研究支持这种教学方法的使用，因为它促进了学习。

● 个别化指导是指一系列试图调整教学以适应学生独特长处和需要的教学策略。个别化指导的类型有很多，包括道尔顿和文纳特卡计划、程序教学和计算机辅助教学、个别化处方教学、个别辅导教学、辅导和通过完成项目来学习的方法。有的类型中，能力相似的学生分到同一个组。

● 个别化指导中教师的角色是了解和关注学生的差异，确保学习任务多样化，为每个学生量身定做。优秀的个别化指导使用者重视差异、重视个人主义、了解学生的长处和需要、熟悉各种个别化指导项目并有能力贯彻这些项目，具有良好的人际沟通能力。

● 成功的个别化指导项目是经过调整以满足个别学生的长处和需要的，给予学生极大的自主权，带来更大程度的平等，不会给学生造成有害的副作用。

● 有关个别化指导的研究清楚地表明，个别化指导值得我们付出额外的时间和精力。它主要的局限在于，如果得到恰当的实施，会花费大量时间。

关键词

教学方法	讲解	讲授式教学

定向归纳	先行组织者	讨论
问答	独立学习	激发价值观和挑战心
变化性和挑战性	明察秋毫	一心多用
个别化指导	差异化指导	合同
不分级学校	辅导	
虚拟的、在线的学校，或者电子学校		自我指导的学习

待讨论的主题和问题

主题

有几个主题和问题是和教学方法相关的。以下列出了一些，供大家在课堂上讨论。

1. 你希望自己最熟练掌握的是哪种教学方法？
2. 每种教学方法最适用于哪些目的？
3. 在决定参用某种教学方法时，教师和学生的需要哪个更重要？
4. 在使用某种教学方法时，你如何成为一个更有能力的教师？
5. 为什么你认为基于研究的有关教学方法的有用知识还很缺乏？

问题

教师们经常报告说他们在“学习使用其他教学方法”上存在困难（Cruickshank et al, 1980）。在下列各种情况下你会怎么做？

问题 1：“我花了整个周末的时间阅读有关杰罗尼莫的材料，准备给全班讲讲这个人物，作为文化周活动的一部分。我选择这个人物是因为班里没有美国土著，我希望借此扩展孩子们的视野。结果呢，告诉你吧，没几个学生感兴趣的！最后，我只好勉强讲完了。一堂‘有趣’的课就这样上完了。”

问题 2：“不管我们进行多少次小组讨论，老问题还是会出现。拉肖恩和劳伦斯觉得他们俩什么都懂，不让别人插嘴，也不尊重别人说的话。麦勒迪、阿诺德、戴安和玛丽保持沉默，巴尼干脆睡大觉。”

问题 3：“学生们真的非常喜欢独立学习。他们都急着开始。开始之后，有的干坐着，有的开始和邻桌同学聊天，有的把书上的内容一字不落地抄下来。有几个学生匆匆忙忙把作业做完了，好四处玩耍。26 个学生中，能让我信任的只有一半。”

问题 4：“我们有一些特别好的软件和音像材料。为了让课堂形式多样化，我喜欢让学生使用这些资源，而不是单单听我讲。可他们浪费了很多时间寻找自己想要的资料，过了很久才安静下来。我想还不如我一个人从头讲到尾呢。”

理论付诸实践的活动

活动 7.1：准备一次讲解

使用你目前对学习(第四章)、成功的讲解者、精彩的讲解的了解，为你的同伴们准备一次简短的讲解。讲解的题目可以从下面的 A 组或 B 组挑选。讲解时间不得超过十分钟。

A. 来自本书的话题

1. 注意力
2. 短时记忆
3. 长时记忆
4. 接收式学习
5. 布卢姆的分类
6. 写一个单元计划
7. 写一个课堂计划
8. (你自己选择)

B. 和学校课程有关的话题

1. 同音字
2. 毕加索绘画作品的特点
3. 选举团
4. 音阶
5. 野外生存
6. 半岛
7. 三角形
8. (你自己选择)

评估：你是否设置了总的目标、具体学习目标、收集并浏览了相关资料、在设计讲解时把学生的差异性考虑进去？

活动 7.2：实施一次讲解

向你的同伴们讲解你在活动 7.1 中准备的内容。

评估：你是否很好地

1. 吸引了学生的注意力，激发了他们的兴趣？
2. 告知学生需要学习的内容？
3. 将新信息和他们的已知信息联系起来？

4. 一步一步地陈述信息？
5. 从一般内容讲到具体内容？
6. 提供的信息量刚刚好？
7. 强调了要点？
8. 使用了例子和图解？
9. 采用多样化的形式维持学生的注意力？
10. 提问并要求学生评论？

你是否
1. 友好？
2. 幽默？
3. 富有激情？
4. 表达流畅，能听得到？
5. 能够考虑到学生的差异？
6. 知识渊博？

学生们觉得你在这些方面做得如何？

活动 7.3：PowerPoint 展示

在纸上设计一个六页的幻灯片讲解，内容包括实施课堂计划 7.1 罗马数字时可能要展示的资料。

活动 7.4：观察教师做讲解

现在你对讲解已经有了一定了解，观察一名 K－12 教师或多名教师如何在课堂上实施该教学方法，会对你很有帮助。假如你在接受实习培训，了解你的教学导师何时做讲解。和他谈谈，告诉他如果能现场观看讲解，会对你多么有帮助。假如你没有参加实习，可以找一盘某教师或实习教师进行讲解的录像带。

一边观察一边回答这些问题：
- 该教师体现了优秀讲解者的哪些特点？（见表 7－2 第一栏）
- 该讲解中存在哪些明显的精彩讲解特点？（见表 7－2 第二栏）
- 有关讲解的研究结果在这里是否得到了证实？

此外，和一个注意听讲的学生谈一谈，了解他对讲解的看法。相反，再和另一个上课开小差的学生谈一谈，了解他对这种教学方法的看法。

最后，问问教师他认为这次讲解是否很好地促进了学习和学生的满意度。

活动 7.5：准备一次讨论

就以下任意一个话题准备一次讨论。要达到以下目标中的一个：复习信息；考察观点、看法或事件；解决问题；提高交流能力。可重新阅读“成功的讨论”那部分来获得帮助。

来自本书的话题：

1. 影响教学的因素
2. 儿童多变的特点
3. 学生的多样性
4. 三大学习理论流派
5. 讲解或讨论
6. (你自己选择)

评估：你头脑中是否有一个清晰的目的和结果？你是否考虑到学生的差异性、是否决定你要扮演什么角色、是否进行了座位安排、是否限定了讨论时间？

活动 7.6：实施一次讨论

实施你在活动 7.5 中准备好的讨论。

评估：你是否

1. 吸引了学生的注意力和兴趣？
2. 告知学生讨论的目标和价值？
3. 将学生要讨论的内容和他们已有的知识和经验联系起来？或者和他们将要学到的内容联系起来？
4. 提醒参与者讨论过程中要遵循的规则？
5. 如果开展了小组讨论，每个小组是否有一名促进者—调解人和记录者？
6. 监督学生的理解和参与情况？
7. 提高了思考和讨论的水平？
8. 进行了总结？
9. 将讨论结果和之前的知识联系起来？
10. 将讨论和即将学习的内容联系起来？

你是否

1. 能促使学生思考？
2. 能控制自己的发言时间？
3. 必要时是一个促进者、人际关系专家、澄清者，或总结者？
4. 能够提高小组的交流能力？

活动 7.7：观察一次讨论

设法观察一次在 K－12 学生中展开的讨论。假如你没有办法走进真实的 K－12

课堂，你的大学老师可能会有关于这方面的录像带。一边观察一边回答这些问题：

1. 讨论包含了四种讨论目的中的哪一种——复习、考察观点、解决问题，还是提高口头交流能力？

2. 这次讨论的特点有哪些？互动是在师生之间进行的，还是只在学生之间进行？教师扮演了促进者—调解人的角色，还是参与者、观察者—记录者？是全班范围的讨论，还是小组讨论？如果是小组讨论，小组是如何构成的？座位又是如何安排的？

3. 这位教师展现了成功讨论的哪些理念和个人能力？

4. 这次讨论是否很好地印证了有关讨论的研究结果？

5. 学生的学习情况和满意度如何？

活动 7.8：准备一次独立学习

运用我们关于学习和独立学习的知识，从下面的目的 1 和目的 2 中选择一个，为同伴们准备一次作业：

1. 目的：让同伴们独立复习或实践已经学过的关于下面三个内容的知识：

   1）讲解

   2）讨论

   3）独立学习

2. 目的：让同伴们独立学习在教学选择之轮（图 7－5）中出现的更多其他的教学方法。

无论你选择了哪个内容，你是否设置了总的目标、具体学习目标，是否考虑到学生的多样性，使作业富有趣味性？

活动 7.9：实施独立学习

实施你在活动 7.8 中设计的独立学习活动。

评估：你是否

1. 吸引了学生的注意力？
2. 阐明了作业的原则和目标？
3. 将作业和先前做过的或将要做的作业联系起来？
4. 确保学生了解做什么，如何做？
5. 告诉学生如何获得帮助？
6. 确保他们完成了作业之后仍然有事可做？
7. 监督作业的完成情况并与学生交流？
8. 评判个别学生的进步情况，并提供帮助？
9. 收作业？

10. 给学生提供详细的反馈？
11. 给作业打分？

活动 7.10：观察一次独立学习

假如你正在进行实习，安排一次听课，观察一次有计划的独立学习过程。

1. 该过程达到了以下哪一个使用独立学习的目的（提供复习或实践信息的机会，提供独立学习的机会，让学生合理地忙碌于作业以便教师做其他事情）？

2. 该教师展现了哪些优秀独立学习引导者的特点？

3. 体现了哪些成功的独立学习的特点？

4. 该教师能够运用哪一项关于独立学习的研究结果？

此外，和两名学生谈一谈，一个专注于作业，一个心不在焉。问问他们对独自学习有何看法。最后，了解该教师对独立学习的反映。你可以这样问："你觉得学生完成了你希望他们做的事情吗？"

活动 7.11：观察一次个别化指导

假如你现在正在实习，看看你的教学导师或其他教师是否在使用某种形式的个别化指导。如果你有机会进行观察，回答以下问题：

- 该指导的情境、学生和课堂是什么样的？
- 以下哪些内容经过了调整以满足学生的长处和需要？
  1. 教学目标和内容。
  2. 学习活动，即学生可以选择如何学习。
  3. 教材和资源。
  4. 掌握程度，即希望多少学生能学会。
  5. 时间的调控。
  6. 其他。
- 该课堂是否很好地达到了个别化教学的目的，即满足学生各自的长处和需要？请加以解释。和教师、学生都谈一谈。他们对个别化教育有何看法？

第八章
另外四种教学方法：合作学习、探索学习、建构主义和直接指导

合作学习：教育学生喜欢并关心他人

和他人交流是我们生活中最得最多的事情。而某些个人特点可以使我们较好地与他人交流，其中包括清晰的表达能力、支持和信任他人，以及为共同目标而努力。人本主义学习理论支持这种特点的发展。无论以何种形式出现，合作学习都是可以形成这些人类良好特点的有效途径。与此同时，合作学习还运用了认知和行为学派理论，因为这种方法使学生进行信息加工，并且使用了操作条件反射和社会学习的一些知识，如示范。

在你做学生的时候，很多课堂上可能存在某种程度甚至比较严重的同伴竞争情况。毕竟，班上每个人都希望得到好成绩，可通常真正得到好成绩的人屈指可数。然而，为了得到好成绩而展开的竞争可能会导致学生之间的忌妒甚至敌意。为了减少竞争，从而树立集体感，教育家们一直在寻找竞争强度更低、非对立形式的指导方法。在大多数情况下，他们发现，小组合作是一种不错的选择。如今，这种小组合作的形式就称为合作学习。

什么是合作学习

合作学习(cooperative learning)（以前被称做学生小组学习）这个词是用来描述学生以小组为单位共同学习、因集体成就而受到嘉奖的学习过程。这是否让你想起了团体运动，例如排球或者足球？全队表现是否良好取决于每个队员的努力情况，以及队员们互相帮助的程度。合作是关键！

在合作学习中，一般四到六人组成一个小组。通常的任务是集体学习或掌握老师先前布置的内容，或者完成老师布置的项目。在第一种情况下，学生可能会一起学习来掌握单词的拼写。第二种情况有时也称作小组调查（Sharon & Sharon，1989/1990)，或工作组（Good，Reys，Grouws & Mulryan，1989/1990)，小组任务可能是了解美国西南部土著，或解开一个复杂的数学题。

合作学习的目的和特点

打着合作学习招牌或与合作学习相似的教学步骤和所有教学方法一样，都有一个共同点——鼓励学生学习。然而，和其他教学方法的不同之处在于，合作学习鼓励学生为了小组的共同利益和个人利益而合作。这个目的可能会让你想起亚历山大·杜马(Alexandre Dumas)的小说《三个火枪手》中主人公达达尼昂(d'Artagnon)说的名言："我为人人，人人为我，这就是我们的准则，对吧？"

合作学习的主要特点有哪些呢？如何达到"我为人人，人人为我"的目的？合作学习的总体特点有：(1) 小组构成的方式；(2) 从事的任务的种类；(3) 小组的行为准则；(4) 小组的动机和奖励机制。

根据包括斯莱文(1995a，1991)在内的倡导者的说法，小组成员必须在性别、学习能力、种族和其他特征方面存在差异。提倡这种混杂性的原因至少有三：首先，合作学习是部分地依据人本理论学派的。我们在第四章介绍过这一学派，它强调个人和社会发展的重要性。其主要目标之一就是使学生对自己感觉良好，更能够接受他人。混合能力小组便是达到这个目的主要方式。

组成混合型小组的第二个原因是，每个小组的"才能"是平等分布的，因此每个成员将得到公平的学习机会。最后一个原因是，能力较差的学生在混合能力小组中比在相似能力小组中更有可能取得进步(Fashella & Slavin，1997；Hoffer，1992；Slavin，1995a)。因此，混合型小组似乎对面临退步危险的学生来说更有益。

合作学习的第二个特点是教师布置给每个小组的任务种类。最常见的作业是要求每个小组掌握教师先前给的资料。例如，布莱金斯老师就四季变化的原因作了一个讲解。然后她让这些小组复习和学习这些资料，为做小测验做好准备。另一个常见的作业是让小组完成一些项目。克鲁茨老师让每个小组阅读美国人在加利福尼亚定居的历史，然后假设一个定居者要写信给在西班牙的亲戚，描述那里的传教生活，学生就这个内容合写这封信。

第三，合作学习的特点是对小组成员的行为要求：个人责任感和对自己和对小组的责任感、支持和鼓励小组成员、同伴帮助和辅导，以及合作。在这里你可以看到"我为人人，人人为我"的理论是如何运用于实践的。

最后，合作学习的特点是它有一套独特的奖励机制。个人不因自己的努力得到一个评分，而是得到一个基于小组成就所给的分数。假如学生们学习了季节为何发生变化的内容并参加了测试，小组的分数就是所有成员的平均分。至于写信那个作业，所有小组成员都得到这封信的得分。我们又可以把这种情况比做体育项目，整个小组得到一个集体分数，从而赢得或输掉一场比赛。当然，这种安排通常也会造成同伴之间的压力，不仅要自己做得好，也要帮助其他人做得好。因此，我们认为合作学习也吸取了行为理论学派的一些观点，尤其是操作条件反射和社会学习。

你将会看到，在有的情况下，各个合作小组之间可以相互竞争。有的情况下，竞争是在小组内部发生，只有当整个小组超越了之前取得的成就，才能取得更好的分数。图 8-1 解释了合作学习的目的和主要特征。

目　的——让学生为取得个人利益和共同利益而合作

特　点
- 混合型（混合能力）小组
- 小组任务，通常是掌握知识或完成项目
- 行为准则是“我为人人，人人为我”——小组成员互相帮助
- 小组得到的奖励均摊给每个成员

图 8-1　合作学习的目的和主要特点

合作学习的一些衍生形式

学生小组，成就等级（STAD）。在所有的形式中，最容易理解的就是 STAD。在这种形式下，学生小组必须掌握某些内容，通常这些内容是由教师给出的，比如说一些新单词。学生以小组为单位进行学习，确保所有成员都能在即将到来的单词测试中取得好成绩。STAD 的过程包括教师讲解、小组学习、个人测试、小组评分和小组奖励或认可。小组要达到一个分数，要把个人的分数和他之前其他测试分数相比。假如比之前的测试成绩高，此人就得到了“进步分”。小组的分数就是所有成员得到的进步分之和。这种评分方法在学生考单词测试、算术测试和其他分数容易量化的测试时更方便操作。

小组，游戏，大赛（TGT）。TGT 的步骤和 STAD 相差无几，只不过不是对每个学生进行测试，而是各个小组之间进行比赛。因此，TGT 的过程包括教师讲解、小组合作、小组对小组比赛、评分和小组奖励。在小组对小组的比赛阶段，每个小组的每名成员都被指派到一张桌子旁边，在那里和来自另一小组的成员比赛。每个组最好的学生和另一个组的最好学生进行同等竞争；每张桌子旁边的赢家通常可以跳级到下一个更高层次（桌子）旁进行竞争。这就好像体育比赛中使用的“梯子”法——如果你输了，你就后退一步。因此，比赛总是在能力相当或成绩相似的学生之间进行。所以，在某种程度上，至少在比赛阶段，TGT 失去了混合型小组的特征。

小组协助下的个别化和小组加速指导（TAI）。TAI 结合了合作学习和个人步调指导两种想法。后者的意思是学生并不按照学习成绩安排在一起，而是按照自己的步调学习需要掌握的内容。例如，一开始学生要接受一个算术方面的能力测试。根据得分情况，每个小组成员按照自己的需要去学习算术的一个单元。该单元通常包含一些指导，提供完成学习任务所需的基本信息。因此，一个关于分数除法的单元会包含几

页解释如何除分数的说明。单元中还包括练习题、简短的测试以及参考答案。在TAI中,小组成员检查彼此的作业,学习较好的学生充当指导。奖励可能取决于每个小组学完了多少单元,多少人通过了最终的测试,或其他标准。TAI的一个重要因素是,小组在学习过程中时,教师可以自由地将类似单元的学生叫到一起,诊断他们的进步情况,并进一步帮助他们。

拼图游戏。"拼图"小组的学生通常要完成一个作业或解决一个疑问,例如"理解第二次世界大战"。该作业被分成了许多小话题或小图片。小组的每个成员要完成一个话题或选择一张图片并进行调查。所有调查都完成后,成员们汇报各自学到的东西,一幅更完整的画面或拼图就成形了,或者说问题得到了解决。这里有个例子:

> 把你的30个学生分成5个拼图小组,每组6人,任务是了解有关第二次世界大战的知识。在每个拼图小组中,一个人负责研究希特勒的势力是如何兴起的,一个人收集有关集中营的事实,第三个人了解英国参与二战的情况,第四个人研究苏联的参战情况,第五个人研究日本的角色,第六个人了解原子弹的发展和使用。因此,每个拼图小组的成员在别的组都有对应的组员,研究和他一样的话题。例如,在第一组,莎拉负责研究希特勒势力的兴起;在第二组,泰勒要完成同样的任务,依此类推。
>
> 莎拉了解了所有关于希特勒势力兴起的知识。于是,在向她所在的拼图小组汇报结论之前,她和其他小组研究同一话题的同学(包括泰勒)碰头。这些"研究希特勒的专家"分享他们收集到的信息,讨论如何将这些研究结果汇报给各自的小组。
>
> 最后,学生们回到各自的拼图小组,作一个有条理的汇报。学生们随后接受测试,考察他们从组员那里了解到的二战知识。[改编自拼图课堂(The Jigsaw Classroom)网站]

合作式阅读和写作(CIRC)。CIRC主要是用来教学生阅读和写作能力的。在典型的CIRC教学形式中,教师安排一堂有关具体的阅读或写作任务的课,例如辨认一篇文学作品中的主人公和中心思想,如《罗密欧和朱丽叶》。要求学生小组阅读这个故事并记下主要角色和中心思想。小组成员可以两人合作,相互检查完成任务的情况并取得一致意见。然后,他们和小组中的另一对同学核查理解情况,或者和参考答案核对。这些对子和小组活动进行的过程中,教师将每个小组中能力较好或水平相对较高的学生聚集起来,教给他们新的阅读技巧,这个循环继续下去。和其他形式的合作学习一样,小组得分是根据每个组员在活动中的表现或测试成绩给的。

表 8－1 对刚才描述的这五种合作学习形式进行了比较。

表 8－1 合作学习的五种形式及各自的特点

STAD	TGT	TAI	拼 图	CIRC
		学生的能力测试，小组作业		
信息的讲解	信息的讲解	小组协助下的个人化学习	个人学习，专家计划并作讲解	两人组合作和小组合作
学生接受单独测试	小组对小组的比赛	学生接受单独测试	学生接受单独测试	学生接受单独测试
小组评分	小组评分	小组评分	小组评分	小组评分
奖励	奖励	奖励	奖励	奖励

优秀的合作学习带头人

合作学习对教师的要求很高。这些类型不同的合作学习形式要求教师负责讲解信息、组建合适的小组和布置独立学习作业、建立和维持小组的合作、监督个人和小组的进步情况、召集和教授学生小组、设计和保存进步记录，以及给予奖励。

首先，和其他任何教学方法的领导者一样，你必须相信其目的。你必须拥有信心！在这个例子中，你必须同意“我为人人，人人为我”的理念。相应地，你必须能够组织混合型小组，确保小组成员也重视合作学习。同样，由于 STAD、TGT 和 CIRC 需要教师在全班或小组面前讲解，你必须是一名优秀的讲解者（见表 7－2）。最后，由于合作学习的所有五种形式都在某种程度上运用了独立学习的方法，你还需要擅长促进独立学习，见表 7－6。

合作学习的所有形式都要求教师具有计划、监督、促进和跟踪不同小组学习情况等一系列组织能力。当你具有诊断能力和医疗能力时，也就是说当你能够及时知道哪些学生或小组遇到了问题，并给予帮助，监督和促进的作用才圆满完成了。你必须是一个优秀的杂耍大师，能够一心多用。

采用小组指导时，摆在教师面前的一个既微妙而又非常现实的挑战是，他们不能让成绩好的学生主宰他们所处的混合型小组。在一项对合作学习进行的研究中，金（King，1993）得出这样的结论：“成绩好的学生在完成小组任务、小组决策以及小组中参与活动的频率和质量方面都起到了举足轻重的作用”（399 页）。为了避免成绩较差的学生产生消极情绪，金建议教师必须对学生有积极的期望，让成绩较差的学生也“能够成功"。要知道，采用合作学习方法并不是为了让学生灰心丧气。

成功的合作学习

由于合作学习存在多种形式，每一种都对教师的准备、实施和结束过程都有略微不同的要求。因此，我们将这部分局限于 STAD，因为它是最简单、最知名、最常用的一种形式。而且，斯莱文(1995)也推荐这种形式，说它"对刚刚接触合作学习的教师来说是很好的入门示范"。(54 页)

准备

我们刚才讲到过，STAD 是教师讲解信息，然后将学生编排成混合型小组来掌握这些信息的一种合作学习形式。因此，有两项非常重要的准备工作：(1) 你必须准备好用最有效的方式向学生提供信息；(2) 学生必须准备好参与小组合作从而掌握信息。

由于需要教师作讲解，因此前一章关于成功的讲解的知识在这里就用到了。根据表 7-2，你或许能回忆起来，在准备讲解的过程中，你必须确定具体的学习目标(学生在接受了信息之后应当了解什么知识，学会做什么)。约翰逊兄弟(1998)提出了一些有助于指导教师设计讲解的问题。其中包括：我想让学生学什么？学生应当达到哪些认知和情感目标？哪些学习活动可以最好地达到这些目标？学生会需要哪些资源和帮助？此外，你必须收集和温习那些包含讲解内容的材料，采取了这些步骤后，就可以设计讲解了。最后，由于小组作业是要根据讲解来完成的，你必须把作业设计好并准备好如何布置作业。你还需要准备一个测试。

学生还必须得到指导，学会如何参与 STAD。在第一次使用 STAD 之前，必须告诉学生为何要使用这一方法，它是如何运作的，以及尤其要说明的是对学生有何期望。因此，每次使用 STAD 时，要把学生组成混合型小组，激励他们帮助彼此学习。有的情况下，要教学生或提醒学生一些他们需要用到的社交技巧。要点 8.1 列出了一些技巧并讨论了它们的重要性。

要点 8.1
合作学习小组成员所需的技能

约翰逊兄弟(1989/1990)提醒我们，"知道如何有效地和他人交流人并不是人的本能。人际交往能力和小组交往能力也不会在需要的时候就神奇地出现。我们必须将这些技能教给学生，并且激励学生使用这些技能。假如小组成员缺乏人际交往能力和小组交往能力……合作小组将不会有任何成效。"(30 页)

约翰逊兄弟认为，学生最需要学习的技能有：

- 相互了解，彼此信任；
- 清晰准确地交流；
- 通过赞扬和鼓励来彼此支持；
- 建设性地解决冲突。

研究并解决该案例

1. 你在多大程度上同意约翰逊兄弟的观点？
2. 还有哪些有用的人际交往技能和小组交往技能？

实施

STAD的实施过程包括两个步骤：（1）你的讲解；（2）发起和监督小组合作。第七章关于成功的讲解的知识在这里再次得到了运用。我们来回顾一下：要作一个成功的讲解，你应该吸引学生的注意力，告诉他们即将学到什么知识，以及学完之后要能做什么；将新的信息和学生已知的信息联系起来；逐步地呈现信息；不要给学生过多压力，也不要过于放松；强调学生需要记住或使用的最重要的要点；用例子和图解来增加明确性，不断推陈出新来维持注意力，以及通过提问确保学生理解了所学知识。

讲解结束后，小组合作就开始了。期间你必须完成以下任务：

1. **设置小组目标**。STAD小组的主要功能是让组员们尽可能地多学到知识，以便取得较高的小组测试分数。

2. **让学生做好小组合作的准备**。在STAD形式中，是将学生组成混合型小组，提醒他们“我为人人，人人为我”的合作学习理念，传达你对个人和小组行为的期望，让学生思考他们将要用到哪些社交技巧。

3. **向小组布置任务**。根据任务性质的不同，你可以准备讲义、作业纸或小测验，供各个小组合作完成。

4. **监督各小组**。尽管合作学习的意图是让学生互相教，但一定要保证他们的确做到了这一点。因此，你必须走到学生中间，观察和倾听他们，在必要的时候予以干涉。你可能会犯的一个严重错误是以为学生们知道要做什么，以为他们做得很正确。要记住，一分的预防胜过十分的治疗。

5. **对学生进行测试**。在事先定好的一个时间对每个小组成员进行测试。虽然学生们是通过合作学习来为测试做准备的，但必须独立完成测试。

6. **批改试卷**。可以让学生相互批改，也可以收上来自己批改。（两种方法各有优缺点，你能想到哪些）每个学生的试卷批改完毕后，计算小组成绩。小组成绩至少有两种计算方法。一是通过比较每个学生这次测试的成绩和先前做过的类似测试的成绩，从而算出一个“进步成绩”。假如成绩比以前好,学生便得到一些进步分。然后将所有的个人进步分相加,得到小组的进步成绩。另一个计算小组成绩的方法是直接把组员的成绩相加。大多数合作学习的倡导者都更喜欢使用进步成绩。

7. **认可小组的进步**。当使用进步成绩时,表现有进步的小组得到嘉奖。因此,每个小组通过和自己竞争来取得进步,而不是和其他小组竞争,看谁能赢。比起只奖励那些表现突出的小组,这种做法更温和。认可和奖励的形式可以包括颁发印刷的进步证书,评选每周“超级小组”,或享有特权等。正如前面提到的,合作学习吸取了行为主义学派理论,尤其是操作条件反射。换句话说,只要你做得好,就会得到奖励。

结束

有关合作学习的文献中很少谈到在评分和奖励之后还要做些什么。考虑到我们对短时记忆和长时记忆的知识(第四章),我们理所当然地认为接下来应当提醒学生刚刚学到了哪些知识,新学的知识应当和学生已知的信息或即将学到的信息紧密联系,学生应当有机会运用所学的知识。

表 8-2 概括了优秀的合作学习领导者和成功的合作学习具备的特点。课堂计划 8.1 是一个合作学习课堂计划的实例。

表 8-2 优秀的合作学习领导者和成功的合作学习(STAD)的特点

优秀的合作学习领导者	成功的合作学习(STAD)
• 相信让学生为了个人和共同利益进行合作的重要性 • 能够让有差异的学生共同合作 • 是称职的讲解者,有效使用独立学习的作业(见表 7-2 和表 7-6) • 尤其擅长组织和协调学生的合作 • 是有效的诊断师和治疗师,即能够辨认和帮助遇到困难的学生和小组	在准备阶段: • 利用“成功的讲解”(表 7-2)中的要素来为讲解做准备 • 为小组作业(表 7-6)做准备 • 通过教给学生有效的人际交流技巧(见要点 8.1),让学生为将来更好地参与合作学习做准备 在实践阶段: • 利用“成功的讲解”(表 7-2)中的要素来作讲解 • 设置小组的目标 • 让学生做好和组员合作的准备 • 将任务布置给各小组 • 对学生进行测试 • 奖励取得进步的小组 在结束阶段: • 提醒学生已学到哪些知识 • 将新知识和以往的知识或将要学到的知识联系起来 • 制造运用所学知识的机会

课堂计划 8.1

一个简短的合作学习课堂计划：应用算术

课程联系：本课帮助学生了解算术在日常生活中是如何得到使用的。可以和社会关系课程相互补充。

目标

1. 每个小组将以最低的成本合作建成最高的独立式建筑。

具体目标：得到资源后，每个小组将以最便宜的价格建一栋尽可能高的独立式建筑；小组通过算术计算，得出该建筑的成本。

2. 小组将鼓励每个成员进行算术计算。

具体目标：得到任务后，每个小组都的每个成员都至少进行过一次运算过程。

3. 小组将运用良好的人际交流技能。

每个组的资源(其他资源可以替换)

1. 20 根塑料管(每根 1 美元)，10 个小书夹(每个 0.2 美元)，20 个直针(每个 0.1 美元)，胶条卷(每使用 1 英寸为 0.2 美元)。

2. 测量尺码的工具。

3. 计算器(可选)。

4. 关于楼房建设的百科全书。

方法

1. 定向归纳："全国最高的大楼有哪些？你知道它们是怎么盖得这么高的吗？"

2. 告知学生本课即将让他们学到什么知识，学会做什么。

3. 组建混合型小组，每组 4 人至 6 人，给每个学生空间和建材(见上面的"资源"部分)。

4. 确定角色：建筑师、数学家、科学家(负责列出建造过程中使用到的原理)和记者。记者的任务是进行观察并为全班同学写一份报告，报告中包括该建筑物有多高、成本是多少、使用了哪些建筑原理，哪种算术方法最有价值。

5. 让学生讨论如何鼓励和尊重来自其他小组成员的观点和技能。

6. 给学生一些时间阅读有关建筑物的资料，并规划如何建造他们自己的大楼。

7. 让每个小组的记者向全班汇报他们使用了哪些建筑原理，成功之处和失败之处各在什么地方，每个成员如何从数学角度贡献自己的一份力量，哪一个数学公式最有用，以及盖好的大楼高度和成本各是多少。

评价

监督所有小组,以确定

1. 学生能否恰当地和正确地使用算术。

2. 小组成员如何运用良好的人际交往能力。

3. 所有小组成员是否都积极参与了合作学习。

结束

1. 让学生总结学到的关于建筑物的知识,算术的用处,以及帮助所有人贡献自己力量是多么重要。

2. 问问学生算术在其他行业中是如何得到运用的,以及他们的家长如何运用算术。

应当何时采取合作学习

如果能得到恰当的使用,合作学习这一教学方法拥有强大的后盾。它似乎能够减少竞争,增加合作,促进进步。那么应当何时采取合作学习?我们的回答是,要经常使用——但不要一成不变。正如我们在第七章解释的,在教学过程中,推陈出新是极为重要的。遍布斯莱文(1995)作品的教师评论都说明,尽管学生似乎并不会对合作学习感到厌倦,但厌倦的可能性依然存在。因此,使用这种教学方法的教师应该进行某些调整。例如,改变小组组员、任务和奖励。

不要单纯采用合作学习的第二个理由是,使用不同教学方法,才能最好地达到不同教学目标。为了证明这一观点,斯特林(Stallings)和斯帝佩克(Stipek)(1980)提出,当把 TGT 使用于社会科学时,学生似乎不能取得什么进步。此外,他们还引用了沙伦(Sharon,1980)的观点。沙伦对合作学习,尤其是 STAD 和 TGT 的使用提出了质疑。他指出,当教学目标是教给学生更高层次的思考技能,如分析、综合和评价时,这两者并不那么奏效。

了解了这些局限性后,我们的结论是:当班级中需要形成和谐氛围,营造集体意识时(我为人人,人人为我),当学生们在学业上面临危险,或者普遍感到自信心不足时,当教师想团结全班学生时,是使用合作学习的最佳时机。

选择合作学习策略的教师可能都相信"我为人人,人人为我"的理念,认为自己具有优秀的领导才能和人际交往能力,知道自己的组织能力和监督能力会使他们能够一次完成不止一件事(一心多用),认为这种方法是有效的。

案例 8.1 描述了三种学生的类型,他们似乎能从合作学习中获益。

合作学习中心(The Cooperative Learning Center)建有自己的网站。该网站提供几个链接,其中一个就是"合作学习"。在此,我们提出以下问题:什么是合作学习?

为什么要使用这种方法？是什么原因使合作小组运作起来？“课堂概念”（The Concept to Classroom）网站提供一个关于在线辅导合作学习的链接。

案例 8.1
合作学习的成功案例

三位教师（Augustine，Gruber & Hansen，1989/1990）用例子说明了三种从合作学习中获益的学生。

安迪是个成绩较差的小学生。他好几门功课都不及格，而且需要监督才能完成学习任务。使用了合作学习方法之后，安迪发生了令人震惊的变化：他的成绩提高了，高到通过了所有科目的考试。而且，安迪还变成了一个“乐观、自信的孩子。”

苏珊是个在正常班级中上课的残疾儿童，她被分到了一个合作学习小组。小组任务是为一个章节考试做准备。小组的学习时间结束时，苏珊还没有学习完。队友们没有休息，而是留下来帮助她一起学习。第二天考试前他们又帮她复习。苏珊和她所有的队友都在考试中取得了优异的成绩。

安吉拉是一个具有天赋的学生，不光学习好，钢琴、体操和跳舞，样样精通。把她放到一个小组中，和其他人合作，对她会有什么好处？她的父母对此表示了怀疑。毕竟，安吉拉独自一人就可以表现得非常出色。一次家长会后，安吉拉的父母被说服了。他们相信安吉拉或许能学会如何与能力不如她的同学沟通。事实证明，安吉拉的小组合作使她举止更加得体，学会尊重他人，懂得与他人分享。

合作学习的局限性

合作学习能否成功，取决于很多因素。首先，研究表明，要使合作学习活动取得成功，小组成员不能只是简单地分享答案，更重要的是解释他们是如何得出这些答案的，以及为什么这些答案是正确的（Slavin，2002）。没有这一步，学生在将来仍旧无法运用所学的知识。因此，在每个小组中，某些学生应该扮演“好老师”的角色。成功的合作学习还要求成绩好的学生关心并帮助成绩差的学生。言下之意就是好学生要愿意去帮助不够好的学生。

第二个重要的因素是，每个小组成员对小组负责。这种“我为人人，人人为我”的期望并不是所有学生都能接受的；他们习惯了的做法是同学之间展开竞争。

第三，为了让合作学习取得成功，小组成员必须在任务上下工夫，因为花在任务上的时间和学生的学习是直接相关的(见第十一章)。如果老师不在,学生往往会开小差。因此,在合作学习期间,教师必须定期监督个人和小组的合作情况。

第四,在任何小组中,成员之间必须友好相处。在每个课堂上,总会有学生觉得这一点很难做到。也会有学习得少,或者不那么用功的学生,结果导致整个小组无法取得进步。布罗菲和古德(1986)提醒我们,由于这样或那样的管理问题不断产生(见第十二章),任何形式的小组指导都比对全班同学进行整体教学要困难。

最后,合作学习鼓励一些学生向另一些学生提供帮助,另一些学生接受这种帮助,这样的教学安排似乎有可能增加学生的依赖性(Biemiller, 1993)。

合作学习部分的小结

在本章一开始,我们提到合作学习的特征是教育学生相互喜爱并相互关心。我们提到,这个方法就好比创造一组组的火枪手,大家相互帮助,不管情况如何都共同努力取得成功。当我们把合作学习和讲解、讨论和独立学习等其他更常见的教学方法相比较时,它似乎带有一点浪漫主义的色彩。用商业术语说,它似乎更加显得一派"热火朝天"的景象。

我们还了解到,合作学习有许多不同形式,但大多数都具备四个共同特征(见图8-1):(1) 它们都采用混合型的小组构成;(2) 小组要完成的任务通常包括掌握教师提供的材料,掌握书面材料,或者完成一个项目;(3) 责任是双重的——既要对自己负责,又要帮助小组和其他小组成员;(4) 奖励通常和小组的总体进步挂钩。

和任何教学方法一样,采用这种教学方法的教师需要具备某些特点。他们应当是优秀的讲解者,在设计有价值的小组作业方面具有洞察力,能够监督小组合作,诊断问题并给出补救方法。由于合作学习的形式各不相同,每种都有一套可供遵循的最佳操作步骤。表8-2概括了成功的STAD合作学习的特点。

和教学方法之轮(图7-5)中的每一种教学方法一样,合作学习(学生——小组学习)也有其优点和局限。其优点和另一种以学生为中心的教学方法——讨论的优点相吻合。然而,合作学习似乎优于讨论,它更好地满足了学生在学习和社交方面的需要。

某些合作学习形式还有待研究,但大多数都被证明有利于学生取得进步并获得满足感(见研究聚光灯8.1)。关于合作学习使用的频率,目前还没有达成一致意见;据估计大概是占用7%到20%的教学时间。但是,根据专业文献中反复提及这种教学方法的情况,我们可以认定,合作学习非常具有生命力,也是非常好的教学方法。我们比较熟悉的一位合作学习的支持者做过这样的概括,尽管可能有点过于乐观了:"合作学习拥有坚实的研究基础,许多可行的、成功的形式,以及成千上万热情洋溢的拥护者,是一种异常成功的教学方法。"(Slavin, 1989/1995b,第3页)

研究聚光灯 8.1

和合作学习有关的研究结果

关于合作学习的有效性，众说纷纭。其开创者和支持者给予合作学习以高度评价(Fashella & Slavin, 1997)。

约翰逊和其他研究者(1981)浏览了 122 项研究，这些研究比较了四种教学方法的有效性：合作学习、合作学习和小组内竞争、个人之间竞争和独立完成的个人学习。在比较合作和竞争时，研究者们发现，参加合作项目学生的平均成绩和参加竞争或独立学习、百分比排名位于 78 的学生成绩相等。这意味着合作学习中成绩中等的学生到了其他两种教学形式中，就变成了成绩较好的学生。其他结果表明，参与合作学习的中等学生：(1) 和参加个人竞争、百分比排名位于 64 的学生一样好，(2) 和参加独立学习百分比排名位于 69 的学生一样好。约翰逊及其助手在参与合作学习和小组竞争的学生之间没有发现成绩差距。参与个人竞争和独立学习的学生之间也如此(Runkel & Schmuck, 1982)。

同样，斯莱文(1991)的研究结果有力地支持了合作学习促进学生取得进步这一观点。他找了 67 项"高质量的研究"，这些研究将接受合作学习教育的小学生和中学生与接受传统教育方法、同等程度的学生进行了比较。在 41 项研究中，即 61%的研究中，接受合作学习教育的学生成绩明显要好。事实上，这 67 项研究中只有一项证明接受传统教育方法的学生成绩更优异。斯莱文认为："在对 STAD, TGT, TAI 和 CIRC 等方法进行的研究表明，这些方法对学生进步的影响始终是积极的。"(76 页)

斯莱文接着又说，当学生根据小组成绩得到奖励，而小组成绩又取决于每个成员学到的知识时，学生能学到更多知识。不管处于哪个年级，学什么学科，学校位于哪个地带——城市、郊区或农村——学生都能取得进步。

合作学习除了对进步产生积极影响外，斯莱文(1991,2002)还指出，它会带来许多有益的副作用，包括增强自尊心，改善小组内部关系，更好地接受他人，改变对学校的态度，提高合作学习的能力。

在回顾了关于 STAD, TGT 和拼图游戏的研究后，斯特林和斯帝佩克(1986)也认为这些合作学习形式似乎对进步产生了积极影响。然而，他们提醒我们，有关合作学习的很多其他衍生形式还有待调查。此外，这两位研究者认为，合作学习最重要的结果可能是在情感领域，比如，学生学会了相互更加关心，和更多不同的学生建立友谊，对学校感觉更好，以及感受到更强烈的同伴支持。

其他警告来自韦伯(Webb,1982)和巴提斯提克(Battistich)，所罗门和德鲁奇(Delucci,1993)。韦伯提醒我们，尽管有斯莱文和其他人最近得出的结论，但麦克尔(Michaels)(1978)研究发现，个人竞争比小组合作更能促进学生取得进步。巴提斯提克和他的同事都是合作学习的倡导者，他们提出"合作学习并不总是产生积极的效果"(20 页)。

探索学习：自己去探索

所有的知识都有待我们去探索。然而，不是所有的知识都是以同样的方式探索到的。例如，化学家和物理学家采用试验的方法，人类学家和动物学家则采用自然观察的方法。不管使用了哪种探索方法，信息都得到了收集和加工。而且，新探索到的知识必须以有意义的、能够理解的方式传播给其他人。参与探索的学生就是在学习如何成为优秀的认知派科学家。这样，他们才能拥有对知识宝库添砖加瓦的潜力。

或许你听说过夏洛克·福尔摩斯(Sherlock Holmes)这个名字，它是柯南·道尔(Sir Arthur Conan Doyle)先生笔下的一位著名侦探。你或许能回想起，福尔摩斯经常会面临一些让人困惑的案件，比如在小说《巴斯克维尔的猎犬》(*The Hound of the Baskervilles*，Doyle，1901)中，查尔斯·巴斯克维尔(Charles Baskerville)先生突然之间神秘死亡。根据福尔摩斯的好朋友华生(Dr. Watson)的描述，福尔摩斯先获得各种事实——这已经是他的习惯。收集各种事实后，他会一个人冥思苦想，以便"掂量每一个微小的证据，形成另类的理论，权衡两种理论的轻重，最后得出哪些证据是至关重要的，哪些是和案件无关的"(35 页)，从而解开谜团。福尔摩斯是一位完美的归纳推理大师，为了得出某些有逻辑的解释或结论，他总是"把两种可能性放在一起考虑"。

很多时候，我们也面临一些不得不由自己来探索的问题。这个句子中的生词是什么意思？如何在文字处理软件中隔行书写？为什么这门课我没有得 B，而是得了个 C？下次怎么才能得 B？

心理学家和教育家(Bruner，1977；Dewey，1977；Joyce，Weil & Callahan，2003；Strike，1975；Suchman，1961；Taba，1966)认为，推理和解决问题的能力——不管是福尔摩斯具备的能力，还是学生具备的能力——都可以通过实践得到提高。他们建议采取探索学习的方法，让学生有机会收集、组织、操纵和分析数据。很多教育家都提倡探索学习这一教学方法，认为它是教授社会科学、自然科学和数学时的最佳选择。探索学习属于认知学派下的有意义学习范畴。

什么是探索学习

探索学习(discovery)，或叫**调查学习**(inquiry learning)，是指让学生像夏洛克·福尔摩斯一样自己去寻找问题答案的方法。这儿有一些课堂实例。教水彩颜色时，老师不是直接告诉学生：要混合蓝色和黄色才能画出绿色，而是让学生混合这两种颜色，看看会出来什么颜色。不是告诉学生圆周率是多少，而是让学生测量球形物体，自己找出圆周率。不是告诉学生青蛙一生的变化，而是让学生观察和记录青蛙的生命周期。你看，探索学习(自己寻找答案的方法)是不是让学生更好地理解了知识，加深了记忆呢？

探索学习的目的和特点

教师使用探索学习来达到三个教育目的（见图 8－2）。首先，他们想让学生理解如何独立思考，如何独立找出问题的答案。相反，他们不希望学生过于依赖老师、一味地从老师那里接受知识、盲目地接受其他人的观点。第二，采用探索学习的教师希望学生亲自了解知识是如何获得的。这意味着这些教师希望学生能够这样来学习：通过收集、组织和分析信息得出自己的结论。第三，这些教师希望学生使用最高层次的思考技能。即希望他们学会第六章中描述的分析、综合和评估技能。

- 目　的
  - 让学生自己进行思考
  - 帮助学生发现知识是如何形成的
  - 促进更高层次的思考技能
- 特　点
  - 教师设置探索知识的步骤
  - 教师奖励探索和独立思考
  - 学生接受挑战自己去寻找答案——探索知识
  - 学生参与和互动的程度很高
  - 学生在更高层次的认知水平上得到锻炼——分析、综合、评估

图 8－2　探索学习的目的和主要特点

探索学习的以上目的致使它具有独特的特征（见图 8－2）。首先，教师的角色不是灌输知识，而是设计和引导课堂活动，让学生通过参与这些过程来探索知识。案例 8.2中的教师戴伯·奥布莱恩没有直接告诉学生衣服不会产生热量，而是让学生自己通过探索得出结论：衣服产生热量是一个错误的观点。

案例 8.2

一位教师是如何使用探索学习的

戴伯·奥布莱恩在教一个关于热量的自然科学单元时，问她九岁的学生："什么是热量？"通过这个问题，她想让学生根据自己的亲身经历给出回答，学生们正是这么做的。他们回忆说，热量来自太阳和火焰、暖气，还列举了其他来源。然而，一个男孩回答说热量来自衣服，比如外套和毛衣。同学们都同意他的说法。戴伯认识到，对于一个才九岁的学生，得出这样的结论似乎是意料之中的。毕竟，当他们穿上"暖和"的衣服，感觉更温暖了。但如何纠正这一错误观点呢？应该告诉学生真相吗？不。她觉得让学生自己去探索真相是更加恰当的做法。于是全班同学做了一个实验。他们把温度计包在外套和毛衣里面，满以为温度会上升。当温度没有发生任何变化时，他们又把衣服和温度计密封在塑料袋里。可温度计仍然没有显示任何热量的变化。

> 经历了无数次失败后，学生们愿意尝试另一个假设——衣服仅仅使穿衣人身上传出来的热量不会散失。这些四年级学生通过自己的探索了解了什么东西产生热量，什么东西保持热量。(Watson & Konicek, 1990)
>
> **研究并解决该案例**
>
> 1. 戴伯·奥布莱恩运用了本章的什么知识？
> 2. 思考你在教什么内容时，探索学习的原则极大帮助了教学。

探索学习的第二个特点是，在学生进行调查时，教师鼓励学生深入思考。戴伯可能问了这样的问题："假如衣服能够产生热量，我们会试着发现什么？"她帮助学生彻底地思考观点，帮助他们形成可能会遇到的体验。

第三个特点是学生不是被动地接受老师给的答案，而是迎接挑战自己去寻找答案。这样，学生感到自己被赋予了力量。

随着调查过程的深入，学生参与和互动的程度越来越高，这也是探索学习的特点。这里进行着大量的思想交锋和意见交流。

最后，在调查过程中，当教师提出诸如"你有何看法？如何找出答案？怎么去验证？"等问题时，学生在较高认知水平上得到了锻炼。在奥布莱恩老师的案例中，她提的问题有"什么是热量？怎么知道热量是从衣服传过来的？为什么衣服会让我们觉得暖和？"

是的，当你采取探索学习方法时，师生的角色是瞬息万变的。学习的过程也如此。

优秀的探索学习促进者

要有效地利用这种教学方法，你必须相信其目的。你是否认为教育的一个主要目标是让学生学会独立思考？你是否相信学生有能力进行独立思考？即使你对第一个问题的回答是肯定的，在回答第二个问题时你可能会有所迟疑。毕竟，你的班上很有可能有一些看起来不那么聪明的学生。然而，记住，导致他们表现得笨拙的原因可能是他们从来没有机会对自己思考能力树立信心。相信他人的思考能力，这一点必须得到贯彻和巩固。

探索学习的第二个目标是让学生发现知识是如何构建的。你想让学生了解概念、事实、概括、规则和法律是如何形成的吗？如果答案是肯定的，你已经具有对学生智力方面的热切希望。你希望学生了解知识最根本的起源和本质，而不仅仅是死记硬背一些事实。

探索学习的第三个目标是开发学生更高层次的思考技能。你想让他们知道如何分析、综合、评估和解决问题吗？你能鼓励学生去探索、调查、观察、分类、测量、解释、阐述、推理、预测和假设吗？如果答案是肯定的，你将在他们的头脑和生活中留下不灭的痕迹。

除了要相信探索学习的目的，要成为优秀的探索学习实践者，你还需要具备某些品质。例如，你必须自己也喜欢探索：你应当天性好奇，对“用以观察为根据的、批判的、理性的、发挥‘智力’的方法来探索真理有强烈的兴趣”(Anastasi & Urbana, 1997, 488页)。同样，你应当相信学生也充满了好奇心。而且，你应当充满爱心、体贴、耐心，善于接受学生的观点，并对他们寄予厚望。

成功的探索学习

假设你正在使用探索学习，而且觉得自己有能力取得成功。那么你会按照哪些步骤来进行呢？那些浏览或倡导此教学方法的人建议了如下几个步骤。(Gilstrap & Martin, 1975; Joyce, Weil & Callahan 2003; Kauchak & Eggen, 2003; Orlich, 2000)

准备

在准备任何学习活动时，你的头脑中都应当有一个大的目标。比如说让学生了解脉搏的频率或呼吸的频率。有了这个大的目标，再决定学生应当具体了解其中一种，或者两种都要掌握。假设你要学生了解脉搏和呼吸的含义(概念)，如何测量脉搏和呼吸(步骤)，脉搏频率和呼吸频率的范围(事实)，正常频率(事实)以及影响频率的条件(归纳)。要保证你了解这些领域的知识，并拥有相关资源，你需要收集有关这些话题的材料。

现在你准备好设计一堂探索学习的课了。如何设计学生能独立找出这些答案的情景？而且，非常重要的一点是，如何激发学生的兴趣？你想让学生注意或发现什么？他们如何照你的设想去做？这里我们要考虑第六章《教学设计》部分学到的关于课堂设计的知识。

最后，在准备阶段你需要保证学生准备好使用一些科学手段，如观察、记录和分析。如果学生对归纳推理和演绎推理一无所知，你就得提供更多的指导，简化复杂的概念。

实施

在学习第四章信息加工部分内容时，我们了解到吸引和维持学生的注意力是多么重要。在第六章《教学设计》部分，**定向归纳**(set induction)的概念使这一思想得到了强化。定向归纳即在课堂一开始做一些吸引学生注意力的事情。你能想到什么让学生集中注意力学习脉搏和呼吸的方法？可以提这样一个问题：“我们的身体必须做什么事情才能保持生命力？”

在吸引了学生的注意力后，接下来你可能要设计一个富有挑战或令人困惑的场景，或真实或虚构。同样，你可以提这样一些问题："为了判断我们的身体系统是否正常，医生会做什么？""他们怎么知道的？""我们如何知道自己的脉搏频率和呼吸频率正常？""什么叫正常？如何判断是正常的？""哪些因素会使我脉搏频率和呼吸频率发生变化？如何发现这些变化？"根据课堂的不同具体目标，你可以设计一些促使学生寻找答案的问题。如果能让学生提出疑问就更好了。表 8-3 告诉我们知识的四种形式，以及促进学生探索每种知识形式的提问方法。

表 8-3 知识的四种形式和可用来促进对每种知识的探索的问题举例

知识的形式	促进探索的问题
1. 概念。概念是描述一类观点或一类物体的名称。	1.1 什么是哺乳动物？ 1.2 什么是运气？ 1.3 什么是说唱乐？ 1.4 什么是民主党人？
2. 事实。事实就是真相。	2.1 人的平均脉搏频率是多少？ 2.2 青蛙的一生是怎么变化的？ 2.3 三角形三角之和等于多少？ 2.4 蓝色和红色混合在一起会变成什么颜色？
3. 归纳。归纳是一种推理，不一定放之四海而皆准，但通常得到普遍支持。	3.1 家庭正在发生什么变化？ 3.2 如何备课？ 3.3 好老师有哪些特点？ 3.4 为什么学生要去南方过春假？
4. 规则/法则。规则或法则是控制某种情况或某些条件的不变原则。	4.1 单词是如何分成音节的？ 4.2 怎么打乒乓球？ 4.3 如何做分数除法？ 4.4 为什么有的物体会漂浮？

一旦向学生提出了挑战，你还要确保学生清楚地知道如何调查这个问题。"你能做什么事情来自己找出答案？""哪些问题是你不看书就可以得出答案的？""你如何做到这一点？"

当学生准备好进行观察、收集数据或分析时，你的任务是实行监督，并展示作为一名优秀的探索学习指导者所应具备的品质，包括对学生寄予厚望，相信他们能独立学习，教育他们，要有足够的耐心，接受他们的观点，让他们考虑周到并进行反思，尤其紧迫的一点是，你要营造一个安全的环境，让学生大胆思考。害怕出洋相、害怕失败或担心遭受批评的情绪都应当杜绝，否则学生的智力可能会得不到开发。这并不是说不对学生进行评价，而是说对学生的判断应当基于深思熟虑，以及对所有观点的权衡。

结束

在对挖掘出来的数据进行了公开和深入的思考后，学生需要得出结论。“调查过后，你们对脉搏频率和呼吸频率得出了什么结论?”此时你的任务是帮助学生组织和陈述他们的发现。为了确保这些发现已经嵌入了他们的长时记忆，接下来你需要制造机会让学生使用这些发现。在脉搏和呼吸这个例子中，也许可以让学生测量家人的脉搏频率。

表 8－4 概括了优秀的探索学习教师应具备的品质以及成功的探索学习的特点。课堂计划 8.2 是一个简短的探索学习课堂计划。

表 8－4　优秀的探索学习促进者的品质和成功的探索学习的特点

优秀的促进者……	成功的探索学习
• 信任探索学习的目的 • 往往自身也充满好奇 • 对学生的探索能力表示乐观和信心 • 对学生寄予厚望 • 充满爱心 • 体贴 • 耐心 • 接受学生的观点 • 善于反思	在准备阶段： • 决定课堂的总体目标 • 决定具体的授课目标：明确有待探索的概念、事实、归纳、规则或法则 • 收集有用资源和材料 • 设计探索课堂 • 保证学生已经准备好运用归纳法 在实施阶段： • 通过设置定向吸引学生的注意力 • 营造一个具有挑战或令人困惑的情景 • 使用提问来促进探索(见表 8－3 中的例子) • 确保学生知道他们应该做些什么 • 实行监督，并指导学生开展活动和进行思考 • 鼓励学生进行观察、收集信息、组织信息，控制、分析观点和数据 在结束阶段： • 帮助学生组织和陈述他们得出的结论：概念、事实、归纳等 • 制造机会让学生运用新学的知识

网络使探索学习更加便利

你可以通过使用某些电脑软件以及使用电脑搜索信息来完成探索学习的任务。纽约市的道尔顿学校向我们展示了是如何操作的(Wallis，1995)。

道尔顿学校开发了一个名叫原始模型(archaeotype)的软件,是一个适用于中学生的计算机模拟考古挖掘软件,还能虚拟挖掘动作和铲子发出的声音。每四人或五人组成小组,任务是在古叙利亚的一块"地"里进行挖掘。目的:找出被埋葬的东西,加以分析,并就该场所及其居民写一篇论文。为了支持得出的理论,小组可以通过网络进入包含相关信息和故事的图书馆和艺术博物馆。因此,学生们不是被动接受关于古叙利亚人民生活的知识,而是自己去探索。事实上,他们都成功地完成了这个任务。

道尔顿学校的另一个班在读完莎士比亚的悲剧《麦克白》(*Macbeth*)后,通过上网查找各种包含相关信息的数据库,能够更深入地研究剧本和剧中人物。例如,一组学生的任务是写一篇关于麦克白女士的论文,他们可以在网上查到人物的插图,剧中关于她的段落,以及几十篇有关她的文章。显然,从网络获得的信息太丰富了,拥有了这些信息,该小组能够形成他们自己对该人物的认识。

要了解更多关于道尔顿学校使用探索学习的课程项目,请访问学校的官方网站。

应当何时采取探索学习

根据已经了解的信息,应当何时采取探索学习?我们认为当你的教学目标符合探索学习的主要目的时,就可以采取这种教学方法了。这些主要目的包括:(1) 让学生独立思考;(2) 帮助学生发现知识是如何形成的;(3) 促进更高层次的思考。此外,当探索学习能最好地满足你和学生的个人和教育需要时,也应当得到使用。最后,只有在你具备了优秀的促进者的品质,了解并能够遵循成功的探索学习过程时,才可以得到使用。

当然,以上所有条件都是有前提的,即这一教学方法能够最有效地达到你的学习目标。如果事实并非如此,你也必须坚信,花在探索学习上的时间和精力是值得的。换句话说,探索学习的结果应当能证明这一手段的正确性。

由于受教育哲学家约翰·杜威(John Dewey,1997)和心理学家杰罗姆·布鲁纳(Jerome Bruner,1961, 1977)的影响,所有的教师可能都使用过修改后的或经过简化的探索学习形式。两位理论家都提醒教师让学生独立思考的重要性。因此,当你在小学里听阅读课时,你会经常听到老师让学生猜测一句话或一段话中某个生词的意思。在别的课堂上,你还可能看到学生们在观察各种树叶。乔伊斯(Joyce)、维尔(Weil)和卡拉汉(Callahan)(2003)提到,"或许再没有哪种教育方法比教育学生思考更让人执著追求而又总是难以捉摸"(42 页)。然而,尽管探索学习由于这个原因普遍得到推荐,但大多数教师仍然偶尔才使用这一教学方法,把它作为问答或讨论的一部分。在很大程度上,教师们都坚持直接告诉学生思考哪些问题。

课堂计划 8.2
一个简短的探索学习课堂计划：合成色

课程联系：艺术

目标

学生将探索如何调出合成色

具体目标：拿到三原色(红、黄、蓝)后，学生将探索这些颜色可以如何混合以形成合成色(橙、紫、绿)。

资源

1. 颜料：红、黄、蓝。每组学生一份。
2. 水。每组学生一桶水。
3. 画笔。每个学生一支。
4. 纸盘(光面的，无吸水性的)。每个学生一个。
5. 纸巾。每个学生至少一条。
6. 用来写字的纸。每个学生一张。

方法

1. 定向归纳。“你们有没有把东西混合在一起过？你们混合了什么东西？混合后发生了什么？今天我们要探索把几种颜色混合在一起后会发生什么。”

2. “你们将拿到三种颜料：红、黄、蓝。你可以组成多少种混合？(黄和红，黄和蓝，红和蓝)你认为把这三种颜色混在一起会产生什么颜色？(橙、绿、紫)让我们通过实验找出答案。

3. 将学生按三人或五人分成小组，围着桌子坐好。每张桌子上有一份红、黄、蓝三色的颜料盒，水，画笔，纸盘和纸巾。

4. 像这样去指示学生进行操作：“我们下面要做两件事——做混合颜料的实验，并把我们的发现记录下来。我们按照下面这个顺序来操作：在纸盘里将黄色和红色混合，然后在纸上写下混合后的颜色。将画笔上的合成色洗掉，在纸巾上擦干画笔。将红色和蓝色混合，然后做同样的操作，记录新混合出的颜色并清洗画笔。最后，将蓝色和黄色混合……”(你还可以让小组成员集中在一起，只混合两种颜色并讨论这个结果)

5. 讨论以下内容：

当你进行 1、2、3 这三种混合时发生了什么？

你认为为什么有的合成色看上去不太一样？(或许有的学生在混合时一种三原色用得多，另一种用得少)

如何把一开始的三原色和我们调出来的合成色排放在一个表里？比如放在一个轮形图或一个光谱里？

评估

让学生取一张纸画一幅画，画中要有花草、太阳和天空。要求他们使用三原色和三种合成色。

结束

让学生回忆他们都学了哪些知识：什么是三原色？什么是合成色？三原色混合在一起时会发生什么？如果混合时各种颜色的分量不均，会发生什么？

探索学习的局限性

前景如此看好的一个教学方法同样也具有很大缺陷，这真让人遗憾。它最显著的缺陷是，不是所有必须掌握的知识都能通过探索学习得到。对于班中大多数学生，你不能指望他们发现化学元素、著名作家和艺术家作品的主题，或者计算机运行的方式。对 K－12 学生而言，这些知识可能太复杂了。即使他们有能力探索复杂的信息，他们也可能没有充足的时间、没有恰当的资源来进行调查研究。或许这就是为什么教师讲解仍然如此普遍的原因。讲解是一种相当高效的方法，可以将复杂的知识传播给广大存在差异的学生。

另一个缺陷是，有的教师缺乏经验或能力来实施这种教学方法（Tamir，1995）。学生也有同样的问题——可能仅仅是因为这种教学方法不是你或你学生的一贯作风。在这种情况下，如果师生都更多地去尝试，或许他们就会更喜欢这种方法。也许，习惯成自然。

最后，探索学习允许学生犯错误。但如果这些错误得不到纠正，就会导致严重的后果。因此，教师必须密切监督探索学习的成果。

探索学习部分的小结

几乎每天我们都会遇到让你不知所措的有关学习或和学习无关的情况，在大多数情况下，你必须独立解决这些问题。因此，你曾经有过的任何归纳法思考的经验会帮上你的忙。如果你以前的老师大多都是直接告诉你该做什么，该思考什么，你就处于不利地位了。这种教师可能教给你很多知识，但没有教你如何思考，如何独立发现问题的答案。

探索学习保证让学生学会独立思考。其主要目的是帮助学生学会如何独立发现问题的答案。要有效地运用这种教学方法，你需要信任它的目的；你必须具备某些品质，如好奇心、乐观，相信学生有思考和调查的能力；你还必须有耐心。最后，你需要了解并按照表 8－4 中阐明的探索学习的各个步骤进行操作。

探索学习用在某些师生身上相当适合。它还特别适合那些对这种教学方法经验不足或曾有过不良体验的人。作为教师，我们最艰巨的任务就是帮助学生走出过去不良体验的阴影。研究聚光灯 8.2 描述了探索学习的积极和消极因素。

研究聚光灯 8.2
探索学习的研究结果

有关探索学习的研究告诉了我们什么？结果是好坏参半。霍夫沃特（Hofwolt，1984）报告说，和传统的以教师和课本为中心的教学方法相比，调查学习在教自然科学课程时帮助学生取得了巨大进步。相反，维特罗克（1966）则强烈质疑该方法在成绩较差的学生中的使用情况。斯莱文、卡维特（Karweit）和麦登（1989）发现，更直接的教学形式更有利于把概念教给学生。（本章的最后一部分将介绍直接指导。）

纳特豪尔（Nuthall）和史诺克（Snook）（1973）总结道，“仍然有必要找到一些经过实验得出的证据，才能有力地证明探索学习优越于（讲授式教学）”（63 页）。默温（Merwin，1976）把所有的因素都考虑了一遍后，写道：“有关探索学习的研究既不具有总结性，也没有太大说服力，不能保证该方法在全球得到普遍采用。……然而，我们不能忽视在一些（研究）中记录的成功案例。对许多学生和教师而言，探索学习是一种令人激动的、值得一试的（经历）；对其他人而言，则充满了沮丧和失败”（391 页）。

迈尔（Mayer，2004）回顾了几十年来的研究结果，将有指导的探索学习和无人指导的探索学习进行了比较。前一种情况下，教师提出一些有待探索的问题，并指导学生开展学习活动。在后一种情况下，学生在学习过程中得不到太多指导，或没有任何指导。迈尔发现，有指导比无指导的探索学习要好。

建构主义教学：使学习者最大限度地理解知识

为了让某种知识对我们具有最深刻的意义，我们需要彻底地理解它。要彻底理解某种知识，我们要去体验它，思考它；正如格言所说：“体验是最好的老师。”当我们拥有了富有挑战而又真实的体验，并且能够和他人讨论并思考这种体验，我们便获得了新的知识，并改变了以往错误的观点，也就是我们正在学习独立思考。这种体验真正导致了有意义学习。

什么是建构主义

建构主义（constructivism）是一种试图使学生最大限度地理解知识的教学方式。和探索学习一样，它建立在认知理论学派的有意义学习的基础上（见第四章）。**建构主**

义(constructivism)是强调学生在理解信息方面扮演积极角色的一种教学方法(Woolfolk，2003)；是学生试图了解周围环境时构建知识的一种教学方法(McCown，Driscoll & Roop，1995)；是学生积极参与集体阐释问题、解释现象、研究复杂问题或解决问题时产生的学习过程(Gagnon & Collay，2001)。

建构主义的观点来自许多教育家以及教育改革运动，前者包括约翰·杜威、琼·皮亚杰(Jean Piaget)、玛利亚·蒙台梭利(Maria Montessori)和列夫·维果茨基(Lev Vygotsky)等，后者有进步教育(progressive education)、调查——探索学习、开放教育和整体语言教学(whole language teaching)等。(Gagnon & Collay，2001；Good & Brophy，2002)

接下来你会看到，建构主义是最富有挑战而又最有价值的教学方法之一。

建构主义的目的和特点

建构主义教学方法的目的是使信息以最易于理解、最便于使用的方式为学生所获取。

为了使学习活动尽可能地得到理解和使用，建构主义者收集了很多观点并将它们组合在一起，形成一个完成的画面。这些观点包括：

- **主动学习**(学生直接参与独立发现答案的活动)比被动学习(学生被动接受教师所给的信息)更好。
- 学生应当从事“**真实的情境**”活动，即他们面临的任务应当是具体的，而不是抽象的，是真实的，而不是象征性的。
- 学习活动应当有趣且富有挑战。
- 学生应当将新知识和他们已有的知识通过一些**沟通**方法联系起来。
- 学生应当反思正在学习的知识。
- 在**学生团体**中，即小组或社会情景中，学习效果最好。
- 教师不是把信息提供给学生，而是侧面引导，促使学生获得信息。
- 教师必须向学生提供取得进步所需的帮助，或叫**支架教学**(见第四章)。

图 8-3 回顾了建构主义的目的和主要特点。

目的 —使学生通过最容易理解和最方便使用的方法获得信息。

特点
- 主动学习
- 真实的情境学习
- 沟通
- 支架教学
- 学生团体
- 反思

图 8-3 建构主义的目的和主要特点

成功的建构主义教学

关于如何使用建构主义这种教学方法的建议，可在布鲁克斯（Brooks）和布鲁克斯（1993）及加农（Gagnon）和科雷（Collay）（2001）的论著中找到。我们在下面的讨论中借鉴了他们的观点。

准备

先为学生确定一个具有挑战性的任务——学生应当理解的某知识。这里我们借用加农和科雷的文章导入部分，假定要学生理解的知识是“什么是童话”。

你不用准备向学生讲解童话故事的构成，或者让学生看几篇童话，而是打算让学生通过交流个人经验来理解这个概念。有了这个想法后，再具体决定学生应当理解哪些知识。你的结论是学生应当理解童话故事的核心要素和特征（童话中都有一两个仙女，或者小精灵、小妖怪、矮妖精、小鬼、侏儒；仙女大多做好事，但他们经常玩点小把戏）。

加农和科雷已经为他们的“建构主义学习设计”或 CLD 搭建了一个完美的框架。CLD 教学确保建构主义的主要特点都得到了体现。课堂计划 8. 3 就是一个经过修改的关于童话故事的 CLD 课堂计划。

课堂计划 8. 3
建构主义学习的课堂设计

水平：中学

科目：语言艺术

标题：童话故事

设计者：爱伦、盖尔和苏

描述积极学习的场景——其目的和如何达到该目标：

● 本课的目的是让学生理解童话故事这个概念及其特点。要达到这个目标，学生先思考他们看过的童话，列出这些童话的共同特征，并给童话故事下定义。然后，学生将他们的思考结果同发给他们的阅读资料中的信息作比较。

决定分组和小组活动

● 学生每三人或四人组成一组

● 发给每个小组绘图纸、记号笔和胶带，用来列出童话故事的特征和整个小组对童话故事的定义，并张贴出来。

描述新的知识将如何与学生已有的知识联系起来：

● 简要描述你看过的童话——比如《天鹅妈妈的故事》(*Tales of Mother Goose*)、《格林童话选》(*Grimm's Fairy Tales*)或詹姆斯·巴里(Barrie)写的《彼得·潘》(*Peter Pan*)。

● 让学生回忆这些童话的细节。

向小组发问:

● 你看过哪些童话故事?

● 童话故事有哪些共同特征?

● 你和你的小组如何给童话故事下定义?

● 你眼中的童话故事和你刚刚读到的材料上的内容有什么不同?

让学生展示并分享他们的理解:

● 各小组分享他们张贴出来的共同特征和定义,设法就这两个问题达成一致意见。

反思:

● 发给全班同学打印出来的有关童话故事的资料,让学生比较这上面的内容和他们自己获得的关于童话故事的理解。如果有学生的体验和信息与其他人——不管是同伴还是专家——不同,让他们描述自己的感受和看法。他们如何调解这些差异?他们的知识受到了什么影响?他们学到了什么?

实施

上面讲到的 CLD 课堂计划实施起来非常简单。通过和学生分享你对童话故事的体验,并让学生分享他们的体验,你已经做好了定向归纳的工作。整个教学过程中,教师最重要的任务是保证每个小组都在发挥作用(都在追求预期的结果,文明地开展交流),以及学生们都在看同一页内容,都在积极参与小组活动。

结束

在课堂要结束之际应当看看学生的建构知识达到了何种程度,是否促进了深入理解。实施了课堂计划 8.3 后,你可能会问,学生对童话的理解是否加深了?是否有所改变?

优秀的建构主义学习促进者

要成为一名建构主义教师,你必须相信自己的工作是保证学生以最容易理解和最便于使用的方式获取信息。你还必须相信建构主义是达到这个目标的最好方法。运用建构主义原则的教学形式包括积极学习、小组学习、让学生参与具体的而非抽象的任务、帮助学生认识原有知识和新知识之间的关系、帮助学生理解新信息(尤其是那些和原有知识有区别的信息)，以及思考新获得信息的情境、重要性和运用(见表8-5)。

表8-5　优秀的建构主义促进者的品质和成功的建构主义学习的特点

优秀的促进者	成功的建构主义学习
● 相信建构主义的目的 ● 想让学生得出自己的结论，形成自己的观点 ● 崇尚建构主义的原则，包括积极学习、具体学习、小组学习和反思 ● 在必要的时候进行干涉、提供支持或支架教学，乐于帮助所有学生理解知识	在准备阶段： ● 决定这堂课的目的 ● 描述如何达到这个目的 ● 描述如何分组 ● 描述如何将新知识和旧知识联系起来 ● 收集有用的资料 ● 描述如何进行反思 在实施阶段： ● 确保小组在为达到课堂目标而努力，小组成员彼此友好地交流 ● 确保学生聚集在一起，都积极参与活动 在结束阶段： ● 了解学生小组理解了哪些知识，这种理解是否是全新的，或是否有些不同之处

应当何时采取建构主义

显然，如果你想确保学生很好地理解某知识并在今后能派上用场，你需要运用一切可能的方法。建构主义的倡导者们收集了很多有关学生如何能最好地理解知识的观点，希望你能够在今后使用这些观点。我想，大多数人都认同这样一个观点：让我们沉浸在一个场景中，通过个人体验来学习，这种学习体验给我们留下的印象是最深刻的。

建构主义部分的小结

我们最主要的学习目的就是理解。建构主义倡导者认为，要达到透彻的理解，需要学生积极参与小组活动，从中学到东西，即通过实践来学习。在这个过程中，学生小组靠自己的力量形成新知识，将新知识与他们已有的知识联系起来，并思考两者之间有何差异。学生们还要反思理解到的新知识，思考如何运用这种知识。建构主义倡导者认为，教师的角色是促进学生积极参与，支持小组和个人，增加他们成功的几率。

加农和科雷在牧场彩虹公司(Prairie Rainbow Company)的网站上开通了专栏，提供更多有关建构主义的信息。"教室概念"(Concept to Classroom)网站提供了一个建构主义在线辅导的链接。

直接指导：以最高效的方式开展教学

当教师既采用了有效教学的理论，又采用了学习理论，学生能获得最佳学习效果。对有效教师的观察向我们展示了他们是怎么做的，而对学习的研究也同样提供了大量信息。当教师指导全班同学学习，并且坚持有效教学的原则，他们就在使用直接指导法。

在第七章我们了解了讲解法，这是一种教师占主导地位的教学方法。讲解的第二种形式就是直接指导。**直接指导**(direct instruction)是指由教师占主导地位，但又牢牢坚持有效教学思想以及学习理论的教学方法(Rosenshine & Meister, 1995)。

采用直接指导的目的是帮助学生尽可能有效和高效地开展学习。对于如何达到这个目的，有两大思想流派。第一种流派建议说，最佳的方法是观察有效教师(那些总能让学生发奋学习的教师)，看看他们都做了些什么，然后依样画葫芦。这是一种模仿的方法，有点像新来的运动员模仿体育明星的一举一动。第二种思想流派认为，更好的做法是研究已知的学习理论，把研究结果运用于教学之中。

我们把第一种思想学派称为基于研究的学派，第二种称为基于学习理论的学派。这两种直接指导方法都很重要，每种都为我们提供了有用的教学模式。前者包括基本练习模式(Basic Practice Model)、清晰教学(Explicit Teaching)和积极教学(Active Teaching)。后者包括掌握教学方案(Mastery Teaching Program)和教学和学习的直接教育系统(Direct Instructional System for Teaching and Learning, DISTAR)。我们把这两种方法都呈现给大家，分别进行讲解，不过，你会看到这些学派也不是完全不相干的。图 8-4 展示了这两种直接指导方法。

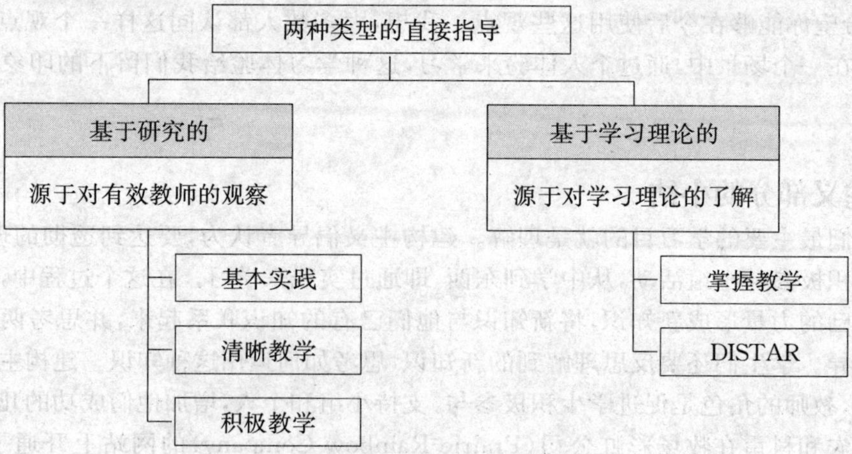

图 8-4 两种类型的直接指导

什么是基于研究的直接指导

我们时不时地都品尝过某些特别好吃的东西，这时我们就会问自己："这里面到底有什么？这东西是怎么做的？"提出这些疑问，是因为我们喜欢这种食物，或许还想自己动手做一做呢。

同样，在学校里，我们会发现有的老师尤其擅长教学生。我们想了解他们是怎么办到的——他们有什么"秘方"？我们把这些教师称为"有效"教师。他们的教学方法——他们的秘方——就被称为直接指导，这是一个统称(Rosenshine & Meister，1005)，下面还包括基本实践(Murphy，Weil & McGreal，1986)、清晰教学(Rosenshine，1986)和积极教学(Good，Grouws & Ebmeier，1983)。

基于研究的直接指导(research-based direct instruction)是指那些能更有效地促进学生学习的教师的做法。你可能会问，我们如何知道有效教师都干了些什么？要找到答案，我们必须先确定哪些教师总是比教类似学生的教师取得更好的教学成果。接下来，调查者进入这些教师的课堂进行观察，记录，并分析他们做的事情。第十一章《有效教师的专业技能和能力》描述了有效教师许多方面的共同点。因此，那一章和本节内容是紧密联系的。这里我们只提一提有效教师的特点。或许你在学本章内容的同时也想看一看第十一章。

基于研究的直接指导的目的和特点

直接指导的目的是什么？主要特征是什么？显然，直接指导的目的是帮助学生以最高效、最直接的方式学习基本的学科知识，例如阅读、数学等。

基于研究的直接指导具有六个主要特征，是由墨菲(Murphy)、维尔和麦克格里尔(1986)总结的。这六个特征包括：以教师为中心、以任务为导向、正面期望、学生合作与责任感、无消极影响，以及既定的规则。

以教师为中心(teacher centrality)，意思是教师对教学实施强大的指导和控制。由教师来决定学什么，如何学，并且有形地控制学习过程。**以任务为导向**(task orientation)，要求应当把重点放在学习上。有效教师让学生专注于对基础知识的探求。**正面期望**(positive expectations)，表明有效教师对每个学生的学业进步都非常关心，希望每个学生都能取得成功。**学生合作和责任感**(student cooperation and accountability)，意思是学生要为自己的学业负责，而且能互相帮助，分享学习资料。**无消极影响**(nonnegative affect)，意思是这些教师确保学生在心理上得到安全感——即不会受到威胁。最后，**既定的规则**(established structure)，是指有效教师确定班级的规章制度，并且保证学生都能遵守这些规章制度。

图 8-5 说明了基于研究的直接指导的目的和主要特点。

目的——直接让学生学习学业内容或技能

特点：
- 教师给予明确的指导
- 任务导向是学业学习
- 关注的是学生的进步情况；对学生寄予厚望，认为他们能学好
- 要求学生有责任感，共同合作
- 要让学生得到心理上的安全感
- 学生的行为得到控制

图 8-5 基于研究的直接指导的目的和主要特点

基于研究的直接指导的衍生形式

之前，我们提到过直接指导分为不同类型和名称，包括基本练习、清晰教学和积极教学（见图 8-4）。我们分别研究每一种。

基本练习模式（Murphy, Weil & McGreal, 1986）有四个步骤：课堂导入、进展、有指导的练习和独立练习。

在导入，或者叫**导向阶段**，教师清楚地向学生说明要学习的范围，教学目标和实施过程。此外，教师还要表明他对学生的期望。

在**进展阶段**，教师向学生呈现要学习的知识（概念、事实、归纳、技能等）。无论是基于研究的直接指导中的哪种形式，**教师讲解是必须的一个环节**。通过展示和使用例子，教师清晰地讲解知识。他们还强化新学到的步骤和规则，定期检查学生的理解情况，以保证学生取得进步。

接下来，学生开始了**有指导的练习**。学生在教师的监督下复习教师刚刚讲解过的信息或技能。教师对正确的做法立即予以强化，在发生错误的做法、误解和错误认识时及时指出。

教师认为学生已经明确了预期目标或能够达到预期目标时，便可以放手让学生**独立练习**。然而，即便在这个时候，有效教师也仍然在教室里来回走动，不停地监督和检查学生的学习情况。

清晰教学是直接指导的第二种形式。在罗森海恩（1987）、罗森海恩和梅斯特（Meister）（1995）、罗森海恩和史蒂文斯（Stevens）（1986）等著作中，清晰教学被分成了六个教学活动阶段：复习和检查家庭作业，讲解新内容/技能，指导学生练习，给予反馈和纠正，独立练习，进行每周一次和每月一次的复习。

首先，如果布置了作业的话，有效教师先**复习**前一天的作业和家庭作业，有必要时**再教一遍**。这种对先前所学知识进行回顾的做法能确保学生做好准备接受新的信息或技能。这种复习通常采取教师提问和问答的形式。

在**讲解**阶段，有效教师告知学生本课的目标，即学生必须了解或学会做什么。教师会对课堂内即将发生的事情、如何发生做一个总述。然后分一小步一小步地讲解，但讲解速度很快。迅速的讲解可以**保持上课进度**。教师提供很多具体例子和图解，强化要学生注意和记住的要点，定期提问来检查学生的理解情况。最重要的是，整个讲解过程务必清晰。

在结束讲解并迅速检查了学生的理解情况后，教师**指导下的全班练习**开始了。有指导的练习通常以集体问答的形式出现，教师提问，一个学生或很多学生一起回答，然后教师又问另一个问题(见表 7－3)。教师向所有学生提问，并给予充分的思考时间(见第十一章《实行互动教学》中关于等候的时间的讨论)。当学生回答不上来，教师给予提示或帮助学生边思考边说出来。有指导的练习继续下去，直到全班学生的回答达到 80％以上的正确率。

给予反馈和纠正也是讲解的一部分。观察有效教师的研究者们汇报说，这些教师会对学生适当地进行具体的表扬("这个答案很好，因为……")。如果要对错误观点进行纠正，需要这些教师进行复习、重复教学或带领学生做更多练习。

在确定学生似乎已经掌握了需要学习的知识后，有效教师让学生进行**独立练习**。这样做的目的是让学生复习信息或技能，以便把它储存到长时记忆中。独立练习应当一直持续下去，直到学生能迅速作出充满自信、高度准确的回答。有效教师让学生对独立作业负责，同时只要有可能就予以监督。

最后，有效教师定期让学生**复习**知识，这样，学到的信息或技能进一步牢固地保留在了长时记忆中。

积极教学(active teaching)是基于研究的直接指导的第三种形式(Good, Grouws & Ebmeier, 1983)。是主要经过观察有效的数学教师后构建的一种模式，包括五个阶段：开场、进展、独立作业、家庭作业和持续复习。

开场是指复习最近教的概念或技能，并把作业收上来。在**进展**阶段，有效教师要做一系列事情：保证学生具备用来理解新信息的知识；通过使用无数生动的图解和解释来灌输新的概念和技能；有技巧地使用提问、例子和问题。最重要的是，他们在必要的时候重复和详尽地阐述知识。古德和哥罗斯(1977)发现，当四年级教师把大约一半的数学课时间花在进展阶段上，促进学生参与课堂，学习效果是惊人的。

独立作业阶段的特点是不间断的练习。学生事先得到提醒，要检查他们的作业情况。布置的作业的难度是让学生达到 80％或 80％以上的正确率。在独立练习阶段，有效教师会很细心地让每个人都认真完成作业，不开小差。

有效的小学教师布置的家庭作业量是从周一到周四，每晚 15 分钟。这些作业让学生练习新知识，复习旧知识。最后，有效的数学教师采取**持续复习**的方法。通过在课内进行每周一次和每月一次的复习，他们让学生回忆并使用之前学到的知识。

正如你看到的，这三种直接指导方法类型——基本练习、清晰教学和积极教学——之间几乎没有太大区别（见表 8－6）。由于研究者是在研究了基本相同的有关有效教学的调查后提出这些分类的，所以产生这样的结果就不足为奇了。

表 8－6 基于研究的直接指导的三种形式

基本练习	清晰教学	积极教学
● 导入 ● 进展 ● 监督练习 ● 给予反馈，纠正错误 ● 提供独立练习的机会	● 复习之前完成的作业，检查家庭作业 ● 导入 ● 进展 ● 检查学生的理解情况 ● 监督练习 ● 给予反馈，纠正错误 ● 提供独立练习的机会	● 复习 ● 复习、检查家庭作业 ● 进展 ● 检查学生的理解情况 ● 提供课内独立作业的机会 ● 复习

优秀的直接指导者

从定义上讲，优秀的直接指导者就是富有成效的教师。因此，有效教师是什么样的？他们具有哪些个人特征？你将看到，我们用整个第十章来回答这些问题。简单说，有效教师富有激情，热心、包容、具有幽默感。他们对学生寄予厚望，相信学生能够学好。而且，他们对学生给予及时支持和鼓励，公事公办，具有适应能力，灵活处事，知识渊博。如果你此时此刻想了解更多关于有效教师的内容，那就直接跳到第十章。

成功的基于研究的直接指导

以下概括了优秀的直接指导者在准备、实施和结束课堂时遵循的步骤。

准备

总结出各种基于研究的直接指导形式的科学家都没有过多具体地关注课堂计划或课堂准备。这可能是因为对有效教师的研究集中于观察他们在课堂上进行指导时的表现。然而，很有可能有效教师是按照成功讲解的准备过程来操作的，即确定总的课堂目标，设置具体的学习目标，收集和浏览与主题相关的有用材料，设计讲解过程。

实施

有效教师熟悉并使用许多技巧来实施教学。直接指导通常是以检查家庭作业或独立作业开始的。这种检查有助于了解学生的理解情况，以及理解得是否正确。如果两方面都不能达到，就需要再次教学。

在检查了家庭作业并收上来之后，有效教师确保学生为学习新知识做好了准备。可以通过检查家庭作业来了解他们是否做好了准备。如果没有，就需要复习以前学过的相关知识或技能。当学生已经明显做好了准备，教师就向学生传达本课的具体目标，即学生要了解什么，学会做什么。学生在教师的引导下接触本课内容的各部分，以及上课的方式。

现在学生已经准备好了，已经充分意识到要完成什么任务，如何完成，讲解便开始了。教学过程中的清晰度是非常关键的。清晰度这个概念在第十一章有充分的解释，图 11－6 概括了讲课清晰的教师的行为特征。这些行为包括有步骤的讲解、使用例子和图解、让学生注意要点并记住这些要点，提出的大量问题都是面向所有学生的，以鼓励学生参与课堂，检查他们的理解情况。

学生对新知识达到了较好的理解后，指导全班练习该知识或技能的过程开始了。教师给出练习，学生大声给出答案，这样每个学生都步调一致，教师也能听到学生们在想些什么。教师对正确的回答给予肯定，并详细地向大家讲述为什么他们的回答是正确的。万一发生了误解或有错误答案产生，教师通常要使用另一种教学方法再次教学。

一旦教师认为学生能够以较高的正确率独立学习，独立练习便开始了。在开始阶段，教师要告诉学生要检查他们的作业，而且希望他们达到较高的正确率——例如 80％。布置完作业后，教师进行监督，帮助学生专注于任务，减少错误。练习一直继续下去，直到学生的回答既快又准确，学生都充满信心。

结束

基于研究的直接指导在结束阶段要达到两个要求。第一，是布置相关的家庭作业。作业应当简短，但要定期布置。第二，教师提醒学生该堂课的目标的重要性，以及要求他们能够回忆起并使用新学的知识或技能。教师计划每周一次复习和每月一次复习的日期和次数。

斯莱文(2002)提出，基于研究的直接指导原则和第四章描述的操作条件反射是最吻合的。罗森海恩和史蒂文斯(1986)指出，针对直接指导的研究结果和我们已知的信息加工理论也是一致的，该理论包含短时记忆的局限性、详细阐述和练习的重要性、持续练习的必要性等。这一研究证实了复习已学知识和技能的必要性、限制较难的新知识的数量的必要性、分小步进行教学的必要性，复习、详细阐述以及用学生掌握的语言进行概括的必要性，以及重复学习的重要性。

表 8－7 列出了优秀的基于研究的直接指导者的品质，和成功的直接指导的特征。304 页的课堂计划 8.4 展示了一个课堂计划范例。

表 8-7　优秀的基于研究的直接指导领导者的品质和成功的直接指导的特点

优秀的基于研究的直接指导领导者……	成功的基于研究的直接指导
• 热情 • 热心、包容 • 幽默 • 支持的 • 鼓励的 • 公事公办的 • 具有适应能力、处事灵活 • 知识渊博 • 对学生取得学业进步寄予厚望 • 见表 6-2《优秀的讲解者的品质和精彩的讲解的特点》	在准备阶段： • 有关有效教学的研究几乎都没有谈到教师在准备阶段做哪些工作。我们可以假设他们做的准备工作和准备讲解时一样。(见表 6-2) 在实施阶段： • 收集、批改家庭作业 • 复习之前学过的相关知识 • 向学生交代他们要学什么，学会做什么 • 总体陈述这堂课会怎么上 • 讲解要学习的知识/技能 • 逐步讲解 • 保持较快的节奏 • 使用许多图解、例子 • 鼓励所有学生参与 • 提很多问题，检查学生的理解情况 • 重复、详细阐释需要注意、记住的要点 • 在教师指导下全班进行练习 • 给予反馈，再次教学，以消除误解 • 确保学生做练习能达到至少 80%的正确率 • 独立练习 • 让学生知道将会检查作业 • 监督作业情况，让学生专注于作业并消灭错误 • 持续练习，直到学生充满自信，能够迅速、准确地给出回答 在结束阶段： • 定期布置简短的、相关的作业 • 告诉学生下次什么时候考察这些知识或技能

课堂计划 8.4
一个简短的直接指导课堂计划：罗马数字

课程联系：本课可以和对罗马文化的研究或对数字系统的研究相联系

目标

1. 学生能够辨认罗马数字Ⅴ，熟悉用它推出 4 和 6 的规则。

具体目标：学生要能辨认Ⅴ＝5，把Ⅰ放在Ⅴ的前面，数字就小了一位，而把Ⅰ放在Ⅴ的后面，数字就大了一位。

2. 具体目标：学生熟悉并能够使用罗马数字1～6。

资源

家庭作业：找出一些含有作业纸上的罗马数字（Ⅰ，Ⅴ，Ⅹ，L，C，D，M）的物体。

方法

1. 定向归纳。“我们将继续学习罗马人发明的数字系统。昨天我发给大家一张作业纸，上面有7个罗马数字，我让大家找出一些含有这些数字的物体。你们都找到了哪些？”

2. 告诉学生这堂课将学什么内容，学会做什么。“今天我们要学习罗马数字5，了解罗马人是如何用它来推出数字4和6的。学完这堂课，你将了解我们的1至6在罗马数字中是怎么表示的。”

3. 用较快的速度逐步讲解，尽可能多地使用例子和图解，让所有学生都参与进来，检查学生的理解情况，必要的时候做练习、再次教学。下面是一个例子。

4. “Ⅴ代表我们的阿拉伯数字5。

Ⅴ代表多少？

把罗马数字Ⅰ(1)放在Ⅴ的后面，代表Ⅴ+1。那么Ⅴ+1就等于6。

Ⅵ代表多少？

在你的纸上写下罗马数字1，5，6。

把罗马数字Ⅰ放在Ⅴ的前面，代表Ⅴ－1.

Ⅳ代表多少？

把这个罗马数字写在纸上。

现在你们知道罗马数字1，4，5，6了。1至6中还有哪些数字你不知道？很简单，罗马人就用两个Ⅰ表示2，三个Ⅰ表示3。在纸上写下罗马数字1至6。

现在你们学习了罗马人在创造数字时使用的两条规则：当一个数字放在另一个数字的后面，这个数字的量便增加了这么多；当一个数字放在另一个数字的前面，这个数字的量便减少了这么多。

（一个学生）到黑板前竖着写下罗马数字Ⅰ～Ⅵ。（一个学生）到黑板前在每个罗马数字旁边写下对应的阿拉伯数字。

下面哪些是不正确的？

Ⅳ=4，Ⅵ=3，Ⅳ=6？

请到黑板前来逐个更正。”

作业

1. 完成这个测试，要求100%的正确率。

1 写成罗马数字是________
5 写成罗马数字是________
Ⅳ写成阿拉伯数字是________
6 写成罗马数字是________

2. 有必要的话再教一次。

结束

复习：

Ⅴ等于多少？

如何用Ⅴ来得出 6？

如何用Ⅴ来得出 4？

规则是什么？

如何得出下面这些数字：2,3,7,8。

应当何时采取基于研究的直接指导

皮特森(Peterson,1979a)和其他研究者提出了应当何时采取直接指导的问题。她得出的结论是，当教学目标是提高以测试成绩来衡量的学生基本技能时，这种方法是最好不过的。罗森海恩(1986)同意她的看法，并且说得更加具体化，认为教知识点、清晰的概念和步骤时，这是最有价值的教学方法。他举例说明，如教历史知识(比如非洲殖民地化的大事年表)，教语法概念(例如什么是句子)，以及教数学演算步骤(如何解代数方程式)。换句话说，如果有待学习的内容可以组织得很有条理、清晰，一点都不模棱两可，便可以使用直接指导。柏林纳(1982)觉得，如果教学内容是层层递进，或按顺序排列的，更适合采取直接指导。他还认为在教学的第一阶段，当你对教材还不太熟悉时，这是最有用的方法。

皮特森(1979a，1982)还提出了一个相关问题，直接指导的使用对象是谁？作为回答，她说这一方法已经被证明在教年龄较小、成绩较差的学生时非常有效。她还建议，在教一些需要来自他人指导的学生时，这或许也是一个不错的选择。

皮特森(1979a)认为，直接指导和“传统教学”相似。在某种程度上，这是对的。一般来说，传统教学就是以学习学科知识为导向的。它也是以教师为中心，由教师主导课堂。然而，如果传统教学和直接指导完全相同，那么所有的“传统”教师也都是有效教师，可我们知道事实并非如此。在教类似学生时，只有少数几个传统教师能够比其他人表现得更出色。因此我们只能说传统教学和直接指导看似相差无几，但在实践过程中不如直接指导。具体地说，直接指导不仅要求教师进行指导，而且是强有力的指导，不仅是以学业为导向，而且是鲜明的导向。因此，我们只能说传统教学只有加大油门才能赶上直接指导，才能具备和基于研究的直接指导相似的特征。这种直接指导恐怕只有那些下定决心要帮助学生取得学业进步的教师才会使用。

基于研究的直接指导存在哪些局限

当然，基于研究的直接指导也不乏批评。斯莱文(1991)指出，这种教学方法淡化了学生的自主权。直接指导的倡导者格斯坦(Gersten)和基廷(Keating)(1987)也承认一些批评家的观点，认为紧凑的教学安排会让学生感到窒息。皮特森(1979b)告诉我们，这种方法不能促进学生在创造力、抽象思维和解决问题或更高层次认知技能的培养。斯特林和卡斯科维茨(Kaskowitz)(1975)认为，在提高学生的合作能力、改变对学校的态度、提高出勤率方面，这种方法不如其他教学方法。研究聚光灯 8.3 总结了对基于研究的直接指导的研究结果。

研究聚光灯 8.3

基于研究的直接指导的研究结果

接受直接指导方法的学生学习效果更好吗？由于所有的衍生形式都基于对教学的研究——有效教学模式，我们猜测，采取基本练习、清晰教学和积极教学的教师能更成功地提高学生的学业成绩。研究似乎也在很大程度上验证了这种猜测。

欧利奇(Orlich，2000)报告说，基于研究的直接指导"在经过调整后已经能很好地适应基础课的教育和特殊教育的需要"(164～165 页)。他们还提到，这种教学方法体现了其有效性。例如，他们援引了皮特森(1979a，1979b)的观点。皮特森调查过大量将传统的、直接的教学方法和更加开放的、间接的、以学生为中心的教学方法进行比较的研究。她发现，接受直接指导的学生往往会取得更高的测试成绩，但在涉及创造力和解决问题能力等更高层次的抽象思维的测试中成绩略差。

罗森海恩(1987)也得出类似的结论，认为在课内学习的前提下，接受以教师为中心的教学方法，根据结构清晰的课程安排学习的学生比接受探索学习、个别化指导或独立学习等教育方法的学生表现更好。

斯莱文(1991)总结了密苏里数学项目(Missouri Mathematics Program)(MMP)中对积极教学的研究。他提出，在几项研究中，MMP 学生在数学方面的知识比接受其他教学方法的类似学生更丰富。

或许最糟糕的批评是针对这样一个事实：即有效教师采取的那些看起来很好的做法——这些做法是直接指导的基础——主要都是来自对教小学阅读和数学的有效教师的观察。这些学科更有组织性；内容的安排更有条理，学习过程也是逐步进行的，而其他学科如社会科学、艺术和自然科学，组织性则差得多。

什么是基于学习理论的直接指导

直接指导的第二种流派是建立在学习理论的基础上的。意思是其倡导者构建的教学步骤是建立在我们所了解的学习方法的基础上。这种思想流派的倡导者对教师做些什么并不感兴趣，而是对教师应该做什么感兴趣。倡导者们认为，教师应该做的是运用有关学习的思想流派的理念和研究结果，我们在第四章描述过这些内容。

基于学习理论的直接指导的目的和特点

这两种直接指导的目的是相同的：帮助学生以最直接的方式学习学业知识，而且两者的总体特征似乎也相差无几，参考图 8－5。

基于学习理论的直接指导的衍生形式

如图 8－4 所示，两种最为人们所熟悉而且最广泛使用的形式是掌握教学项目(Hunter，1995，2002)和教学和学习的直接教育系统，或者叫 DISTAR(Becker，1989)。

掌握教学项目

亨特(Hunter)似乎将她的教学模式主要建立在学习理论的基础上，尤其是加涅(Rosenshine & Stevens，1986)提出的教学理论。她的项目目的(促进学业学习)和主要特征(以教师为中心，以任务为导向，等等)和基于研究的直接指导项目基本相同(见图 8－5)。**一个主要的区别是：亨特认为，不光是教师讲解，其他教学方法也同样有效，到底采取哪种教学方法取决于课堂目标。**

斯莱文(2002)列举了亨特(2004)版本的教学步骤：让学生开始学习，输入知识，示范，检查理解情况，指导学生练习。听起来是不是很耳熟？显然，这些步骤和基于研究的直接指导的步骤极为相似。

教学和学习的直接教育体系统(DISTAR)

DISTAR 是一种有巨大影响力而又备受争议的直接指导形式，主要用于年龄较小、来自较低社会经济地位的学生。说它具有强大影响力，因为在这些学生身上取得了相当好的效果(见研究聚光灯8.4)。说它备受争议，是因为采用这种方法的教师必须严格按照事先设计好、精心写好的课堂计划执行。“教师的每一个动作都要具体勾勒出来：每个学生的反应都编排和设计过”(Benjamin，1981，72页)。登陆SRA在线(SRAONLINE)网站，点击“我想了解更多课堂样本”，你可以看到两个写好的DISTAR课堂计划。案例8.3描述了一个6年级教师是如何使用DISTAR的。

研究聚光灯 8.4

基于学习理论的直接指导的研究结果

接受基于学习理论的直接指导方法的学生学习效果更好吗？我们都以为回答是肯定的，但让我们来看一看研究结果。

总的来说，关于掌握教学项目的研究并没有表明“如果教师接受过这种学习策略的专门培训，学生能学到更多东西”(Slavin 2002)。斯莱文认为这可能是因为所有教师都曾经接触和使用过学习理论和与之相关的教学手段。因此，说到学习理论，所有的教师几乎都以同样的方式开展教学。然而，掌握学习项目的创始人亨特认为，此项目未能取得较大成功的原因是没有得到很好的运用。

有关DISTAR的研究又说明了什么问题？让批评家们深感惊讶的是，DISTAR非常有效地实现了其教学目标。斯特林和斯帝佩克(1986)告诉我们，当来自较低社会经济地位的学生接受了四年时间(从幼儿园到三年级)的直接指导模式，他们在成绩测试中可以达到接近全国平均的水平，比接受其他教学方法的类似学生优秀得多。迈尔(1984)报告说，来自纽约布鲁克林市中心一所学校的学生，从一年级到三年级一直使用DISTAR，他们完成中学学业的可能性更大。格斯坦和基廷(1987)还发现，使用DISTAR会对学生产生长期积极的影响，例如辍学率降低，申请上大学的学生比例升高。伊泽米(Izumi，2002)对加利福尼亚八所学生来自低收入家庭、采用直接指导法的学校进行了研究后发现，学生在学业表现测试(Academic Performance Test)中取得了非常优异的成绩，在10个得分点中至少能得7个。斯特林和斯帝佩克总结道：“对小学(教师)的启示是，对于成绩较差的低年级学生，有条理、精心安排的教学手段能帮助他们取得学业进步。”(741页)

案例 8.3
实施 DISTAR

研究者们对巴尔的摩一位任教两年的教师马修·卡彭特进行了观察和采访，了解他使用的 DISTAR 项目是什么样的，他对此有何感受。

在一次观察后，一位观察者说："卡彭特先生的六年级学生……正在做推理和写作技能训练。他们的任务是：根据所给的两个句子造出一个新句子，以'不'字开头，还要用上'只'字。卡彭特先生随后念了这两个句子：'狼群在夜晚嗥叫，吃东西'和'狼群不吃东西。'"

当学生伏在桌面上写下答案时，他检查他们的回答情况。（DISTAR 理论家认为，很重要的一点是要及时发现错误，不能让错误留在学生的记忆中。）

不一会，卡彭特先生问："答案是……"学生异口同声地喊出答案："不，狼群只在夜晚嗥叫。"

类似的异口同声地回答问题声在教室里此起彼伏。

在采访中，卡彭特先生说："我喜欢（DISTAR）这种教学模式。我认为这种方法对这些学生很管用。"（Arundel 小学 96%的学生都很穷，他们来自有资格享受学校免费午餐的家庭）

来源：D. Viadero，《一个直接的挑战》(*A Direct Challenge*)，《教育周》(*Education Week*)，18(27)，1999 年 3 月 17 日，第 41～43 页。

调查并解决这个案例

1. DISTAR 的哪些原则在这里得到了最明显的体现？
2. 如果是你，你会怎么教学生组合句子？

DISTAR 没有留下任何选择的余地。因此，遗憾的是，这些课程都被称为"让教师万无一失(teacher proof)"的课。这个带有贬义色彩的说法意思是：如果你让教师描述一下教学方法，他们肯定会说得一团糟。这些课堂计划在很大程度上吸取了行为主义学派理论，尤其是使用重复和强化（见第四章）。

在直接指导协会(Association for Direct Instruction)和 SRA 的网站上可以了解到更多信息。

优秀的基于学习理论的直接指导者

优秀的基于学习理论的直接指导者具有哪些品质，在文献中找不到任何记录。然而，我们可以认为他们的品质和有效教师的品质相似。因此表 8-7 和第十章应该有所帮助。

成功的基于学习理论的直接指导

根据亨特的掌握教学项目，成功的直接指导需要遵循一套具体的步骤：让学生做好学习的准备，知识输入，示范，检查理解情况，指导学生做练习。由于这些步骤和有效教师使用的教学步骤非常相似，我们可以借鉴表 8-7 中的信息。

应当何时采取基于学习理论的直接指导

正如基于有效教学的直接指导方法备受研究结果的支持，对 DISTAR(Gersten & Keating，1987)的研究也支持基于学习理论的直接指导方法的使用。它使面临学习危机的学生获益最多。全美教师联合会(The American Federation of Teachers)认为这一教学方法是提高学生成绩的最有用的方法之一。

针对掌握教学项目的研究得到的结果则不那么乐观。掌握教学项目更有可能在不同社会经济地位的学生身上使用，而 DISTAR 仅仅针对来自较低社会经济地位的学生。或许正是出于这个原因，DISTA 在一些大都市校区中非常受欢迎。相关的研究结果在研究聚光灯 8.4 中有说明。

基于学习理论的直接指导存在哪些局限

人们对基于研究的直接指导批评声四起，对基于学习理论的直接指导也存在同样的指责。此外，DISTAR 教学计划几乎都是事先写好的，重复性很强——教师都被明确告知要说什么，做什么——因此对师生而言这种教学过程令人厌烦，令人窒息。一项研究发现，到 15 岁时，46%接受直接指导的学生都被确认存在情感方面的问题——这个比例比接受其他教学方法的学生高得多。

直接指导部分的小结

直接指导不是指某一种具体的教学方法，而是指所有为了提高 K-12 学生的学业成绩而付出的相关努力。

直接指导方法主要分为两种。第一种是基于研究的直接指导，通过观察有效教师，发现他们做了哪些事情来不断提高学生的学习水平。这种直接指导法有三种衍生形式：基本练习、清晰教学和积极教学。开发了这三种形式的倡导者认为，你必须根据他们的特殊模式接受直接指导的专门教育和培训。他们认为，这样做会提高你促进学生学习的能力。

第二种直接指导来源于学习理论——我们对人们的学习方法的了解。这种类型有两种流行的衍生形式：掌握教学项目和教学和学习的直接教育系统(DISTAR)。开发了这两种形式的学者们认为，你应当根据他们的模式接受教育和培训。此外，他们还认为在接受教育和培训后，你将了解如何使用学习理论，从而使学生取得学业进步。

这两种直接指导类型都具有相同的目的，即帮助学生学习学业知识。两者还具有相同的特征，比如以教师为指导、以学术为导向、对学生成绩的提高寄予厚望、培养学生责任感和合作精神、营造得到心理安全感的课堂氛围，制定严格的课堂秩序和规定。

在第一种直接指导法中，优秀的教学者必须具备有效教师的品质，第十章对此有详细阐述。这些品质包括热情、热心和幽默。他们还必须善于支持和鼓励学生，公事公办，有适应能力，在教学领域拥有丰富的知识。在第二种直接指导法中，教师要具备的品质不如前者那么明确。

两种直接指导法都要求教师遵循以三个词——练习，练习，再练习——为特征的规律。有效教师会让学生做许多各种各样的练习，而练习正是学习过程的一个主要组成部分。

在大多数情况下，研究结果都支持直接指导，尤其是针对来自较低社会经济地位的学生和内容具有高度组织性的学科，如阅读和数学。DISTAR 的使用则扩展到了许多其他学科。

有没有一个独一无二的最佳教学方法

在第七和第八章，我们了解了八种教学方法：讲解、讨论、独立学习、个别化指导、合作学习、探索学习、建构主义和直接指导。然而，哪种方法更好？

根据专家的说法，哪种更好，完全取决于你的目的(国家自然科学院 National Academy of Sciences，1999)。“有时，我们需要通过教师讲解将学生的理解水平推进到更高层次。关键词是‘有时’。”有时，使用体验式学习更为妥当。可如果体验式学习没有一个明确的目标，那么它和枯燥的讲解一样不会产生任何效果。“关键是在学习原则的基础上，知道在何时使用何种[教学方法]。”(Bransford，1999)

这个结论听起来是不是和第四章结束部分“有没有一个独一无二的最佳学习方法”的结论一样？

几点思考

回忆一下曾经帮助你取得学习进步并享受学习乐趣的一位教师。我们假设你心目中的这位老师拥有很多令人钦佩的个人品质和专业素质，而且，其中一种品质就是他能够采用各种教学方法。

因此，有一天或许你也能成为大家心目中的优秀教师。你已经学习了八种教学策略，即：讲解、讨论、独立学习、个别化指导、合作学习、探索学习、建构主义和直接指导。如果你有机会思考这些做法，并且尝试本章结尾有关每种方法的活动，那么你就达到了运用这些方法的一定的熟练程度。当然，熟能生巧，掌握了知识是一方面，能不能运用这些知识则另当别论。要真正熟练运用这些教学方法，你必须付出长期的努力。在今后漫长的岁月里，在为成为最优秀的教师而努力奋斗的路上，我们希望你会经常参考这两章非常有用的内容。

本章小结

● 合作学习是指将学生分成小组，每个学生以小组集体取得的成绩受到奖励的教学过程。合作学习到目的是使学生相互关爱，树立"我为人人，人人为我"的理念。主要特征包括小型混合型小组，围绕掌握某知识或参与小组学习项目开展的任务。合作学习吸取了认知学派、行为主义学派和人本学派的思想，其衍生形式包括 STAD, TGT，TAI，拼图游戏和 CIRC。

● 优秀的合作学习领导者信任其目的；能够让学生合作，是称职的讲解者，有效的组织者，优秀的协调者；他们能够辨认并帮助那些遇到困难的学生和小组。

● 成功的合作学习包括准备、实施和结束三个阶段。在 STAD 中，准备阶段要求教师设计一个精彩的讲解，准备布置给每个小组的作业，让学生准备好参与小组学习。实施阶段要求做一个成功的讲解，设置小组目标，准备小组合作，布置小组作业，让学生做测试，和奖励小组成就。结束阶段要求提醒学生本课学到的内容，将新知识和以往的知识联系起来，让学生有机会使用新学的知识。

● 合作学习存在一些局限。它要求好的学生帮助较差的学生，并假设好学生乐意这么做。此外，由于合作学习是一种集体活动，教师需要实行大量的监督，以保证学生集中注意力完成任务。

● 探索学习是指让学生得到一些体验，从中形成自己的看法和理解。其目的是：(1) 让学生有机会独立思考，来寻找问题的答案；(2) 帮助学生探索知识是如何获得的；(3) 促进更高层次的思考技能，如分析、综合、评估。

● 在探索学习中，教师好比催化剂一样促使学生探索知识，而不是把知识喂到学生嘴里。教师提出许多较高思维层次的问题："为什么？""怎么会这样？""会发生什么？"等等。优秀的探索学习教师信任其目的，往往喜欢寻根究底，乐观地认为学生也充满好奇心并且能以这种方式学到知识，对学生寄予厚望；他们充满爱心、体贴、耐心、善于反思和接受学生的观点。

● 成功的探索学习包括三个阶段：准备、实施和结束。准备阶段包括确定学生要达到的总体目标和具体目标，收集有用资料，按照归纳法步骤设计课堂计划。实施阶段包括吸引学生的注意力；营造令人困惑、有待调查的情景；通过观察、控制、分析等手段促使学生进行探索；确保学生知道要做什么；放手让他们去探索；实行监督；有必要时指导他们进行探索，并对做出积极反应的学生加以鼓励。结束阶段包括帮助学生组织和陈述他们的发现，并从中得出结论。

● 探索学习的局限之一是，不是所有话题都适合在课堂上进行探索，有的探索任务对 K－12 学生来说过于复杂，有限的课堂时间经常限制了学生探索能力的发挥。

● 有关探索学习的研究结果好坏参半，仍没有定论。这种教学方法似乎能促进某些学生的学习，而打击另一些学生。

● 建构主义教育者想要使学生理解和使用知识的可能性达到最大化。为了实现这一目标，学生必须积极参与小组学习（通过参与和分享来学习）；学习应当在尽可能真实的场景中发生；学生必须将新知识和已有知识联系起来；学生必须和他人交流，反思遇到的问题；教师必须提供支架教学，帮助学生顺利学到知识。

● 建构主义课堂有很清晰的步骤：课堂目的（挑战），分组和安排小组活动，建立联系，张贴问题，展出和反思。

● 成功的建构主义课堂领导者相信教学的目的是让学生更好地理解知识，让学生积极参与学习，想让学生得出自己的结论，形成自己的看法，愿意提供一切所需的帮助。

● 直接指导是对下列两种教学活动的描述：(1) 对“有效”教师进行观察，并模仿他们的做法；(2) 教师应当遵照他们对学习理论的理解来从事教学。两种主要直接指导法和这个定义相吻合。第一种源于观察有效教师的做法，包括三种形式：基本练习、清晰教学和积极教学。第二种源于分析和运用学习理论，包括两种形式：掌握教学项目和 DISTAR。所有这些形式的主要目的都是使学生学到尽可能多的学业知识或技能。

● 采取直接指导的教师为学生提供鲜明的学术指导，对学生寄予厚望，相信他们能够学得很好，使学生得到心理上的安全感，敦促学生合作，让学生对作业负责，密切监督和控制学生的行为。优秀的直接学习领导者充满热情、热心，宽容、幽默、善于支持和鼓励学生、公事公办、处事灵活，知识渊博。

● 成功的直接指导分为三个阶段：准备、实施和结束。直接指导教师如何准备课堂教学，尚不清楚。我们只能假设和讲解的准备过程是一样的。在 DISTAR 中，准备要求教师熟悉教材。实施阶段要完成一些很艰巨的任务（对大多数直接指导形式来说都是如此），包括收作业、批改作业，有必要时再教一遍，讲解新知识，带领学生做练习，以及独立练习，直到达到 80%以上的正确率。

● 总的来说，有关直接指导的研究结果是鼓舞人心的。所有形式都得到了调查；除了掌握教学项目，其他形式都被证明能或多或少地提高学生的阅读和写作等基本技能。

关键词

合作学习	探索学习，调查学习	定向归纳
建构主义	直接指导	基于研究的直接指导
以教师为中心	以任务为导向	正面期望
学生合作和责任感	无消极影响	既定的规则
基本练习模式	清晰教学	积极教学

待讨论的主题和问题

主题

1. 有的教学方法促使学生之间发生竞争，有的促进合作。哪种方法更好？

2. 有的教学方法是面向全班的教育，有的依赖于小组合作或独立学习。哪种方法更好？

3. 有的教学方法要求教师直接向学生传授知识。有的比较间接，要求教师启发学生自己推导知识。哪种方法更好？

4. 有的教学方法更适合我们的个性，能满足和职业相关的需要。哪些方法最吸引你？

5. 有的教学方法满足不同学生的需要。学生的哪些需要对你来说是最重要的？对你的同学来说呢？

6. 考虑到你对这些问题的回答，哪些教学方法最吸引你？

问题

下面是和本章话题相关的一些问题。在每种情况下你会怎么做？

问题 1：你试图使用合作学习的方法。但学生们一直以来主要都是在竞争中学习。

问题 2：你想使用探索学习，但你发现要让学生独立思考非常困难。他们想让你把要学的知识直接告诉他们。

问题 3：建构主义要求学生从个人体验中学习知识。可学生得考那么多试，时间对他们来说如此宝贵，你都不知道什么时候才能用上这个方法，该怎么用。

问题 4：尽管你知道研究结果证明直接指导是可行的，而且你想使用这个方法，但困扰你的问题是，这种方法限制了教学过程中创造性的发挥。

理论付诸实践的活动

活动 8.1：准备一次合作学习

尽管合作学习活动通常需要花几堂课的时间，简短一些的活动也是可以设计的。根据 STAD 的步骤，设计一个合作学习活动。解释一下你打算怎样简单地讲解信息，分组并指导学生掌握所教知识，测试小组成员、评分并给予奖励。

评估：你是否遵循了好的讲解和好的合作学习的步骤？（见表 7－2 和表 8－2）

活动 8.2：实施合作学习活动

实施你在活动 8.1 中准备的课。

评估：你是否很好地遵循了好的讲解和好的合作学习的步骤？（见表 7－2 和表 8－2）你是否很好地模仿了优秀的合作学习促进者的个人品质？你的同学们觉得你表现很成功吗？

活动 8.3：观察一次合作学习

观察合作学习如何在 K－12 课堂中得到使用，这对你是很有利的。这种观察将巩固或否定你读过的内容，帮助你将正确的概念保留在长时记忆中。

假如你被安排到一个 K－12 课堂中，了解你的教学导师是否打算使用合作学习，何时使用。如果导师不打算采用这种方法，设法安排一次听课，了解这个课堂上的合作学习活动是如何开展的。如果无法安排听课，你的大学导师或许有关于这方面的录像带。从约翰斯・霍普金斯小组学习项目(Johns Hopkins Team Learning Project)也可以获取录像带，他们的地址是：马里兰州巴尔的摩市 N. 查尔斯大街 3505 号，约翰斯・霍普金斯大学，马里兰州，21228—7570，或从这个地址获取：华盛顿爱德曼兹，788 号邮箱，教学公司，邮编 98020。

一边观察，一边回答下列问题：

● 这堂合作学习课是否具有这些特征：混合型小组、小组合作、小组奖励？这些特征发挥作用了吗？

● 成功的合作学习的哪些特点在这堂课上最明显？（如果使用的是 STAD，参考表 8－2）

● 有的学生是否比其他学生获益更多？有的获益更少？为什么？

● 师生的哪些需要似乎得到了最充分的满足？

此外，和学生谈一谈，了解他们对合作学习的看法，也问问老师，了解他对此的看法。

活动 8.4：准备一次探索学习

运用所学的关于有意义学习，尤其是探索学习的知识，准备一次可以用在同学身上的探索学习。课堂内容越简单越好，应当要求学生探索某种形式的知识，如概念、事实、归纳、规则或法则。（可参考表 8-3）

评估：你是否遵循了成功的探索学习的步骤？

活动 8.5：实施一次探索学习

将你的探索学习计划用在一小组同学身上。

评估：上完后，让学生回答这些问题。老师是否：

- 向学生提出挑战，告诉他们要独立探索某事？
- 确保学生知道自己要做些什么？
- 在必要时向学生提供有用的资料？
- 监督和指导活动和思考？
- 鼓励归纳过程：观察、组织、控制和分析？
- 鼓励同伴之间在交流时相互支持？
- 帮助学生得出结论？
- 给学生创造使用新知识的机会？

活动 8.6：观察一次探索学习

希望你能够观察一次探索学习课堂。如果你正在实习中，问问你的教学导师是否有这方面的安排，或许他会为了你而使用一次探索学习。别害怕提问题。如果现场观察不能实现，或许你的大学导师会有这方面的录像带。一边观察，一边回答下列问题：

- 这堂课是否具有探索学习的特征：教师扮演催化剂的角色，学生构筑知识，探索活动主要围绕激发更高层次思考能力的问题？
- 教师为这堂课做了什么准备？
- 教师展示出优秀探索学习指导者的哪些品质？
- 哪些成功的探索学习的特点最明显？
- 在你看来，探索学习满足了师生的哪些要求？
- 为什么你认为有的学生获益更多？

采访那些似乎获益最多的学生和那些获益最少的学生。了解他们对探索学习的看法。最后，问问老师对这种教学方法有何看法，他们认为这种教学方法的优缺点分别是什么。

活动 8.7：准备一次建构主义

运用所学的关于有意义学习，尤其是建构主义的知识，准备一次使用建构主义的课。课堂内容越简单越好，要求学生运用建构主义倡导者的思想，最大化地了解知识。这些思想包括：

- 学生在课上要思考并讨论成功教学的意义。
- 要让学生在课上思考并讨论对建构主义的理解，或对建构主义和探索学习之间的关系如何理解。

活动 8.8：实施一次建构主义

给你的同学上准备好的建构主义的课。

评估：上完课，让学生回答这些问题：

- 这堂课的目的是加深学生的理解吗？
- 课堂内容是否以真实情况为背景，或和真实情况非常贴近？
- 是否希望各个小组共同思考并分享思考成果？
- 是否希望学生从已有的知识开始学起？
- 是否给各小组布置了问题，旨在加深理解？
- 是否希望学生有机会展示他们的理解情况？
- 是否希望学生思考已有知识和新学知识之间的区别？

活动 8.9：观察一次直接指导

许多学校都在试图将有效教学的做法付诸实践。其中许多学校都很有可能贯彻我们在本章学到的一两种直接指导方法。

如果你正在实习，你可能有机会观察一两个老师使用基本练习、清晰教学、积极教学、掌握教学项目或 DISTAR。如果没有这样的机会，或许你的导师有这方面的录像带。

一边观察，一边回答下列问题：

- 直接指导的特征是否很明显？这些特征包括：教师给予鲜明的指导，对学生寄予厚望，学生对自己的作业负责，学生相互合作，学生得到安全感，教师控制学生的行为。
- 体现了哪些优秀的直接指导领导者的品质？（见表 8-7）
- 该教师是否很好地遵循了成功的直接指导的步骤？（见表 8-7）
- 这堂课满足了教师的哪些个人和职业需要？
- 这堂课满足了学生的哪些个人和教育需要？

和教师谈一谈他对直接指导的感受。最后，向几个差别较大的学生了解情况，问问他们是否喜欢这种教学方法。

第九章 评价学生的学习

各州和联邦规定的测试越来越普遍地把重心集中在责任感上，这已成为当今教育界最激烈争论的话题。教师使用各种评估手段来检测学生的学习情况，了解自己的教学是否有效。虽然作出评估并非易事，但评估结果却能帮助教师提高教学质量，促进学生学习(Cross & Frary, 1999; Green & Mantz, 2002; McMillan, 2001)。教师要以一种或多种方法检测学生的学习情况，并利用得到的信息判断教学的效果。

在本章，我们要仔细研究教师可以更准确地评估学生学习情况，从而对教学效果作出判断的几种手段。我们先给教学评估下个定义，强调其在有效教学中的重要性。然后，我们要研究几个影响评估质量的因素，了解评估的几种主要形式。接下来几个部分分别关于标准化考试、教师自己设计的评估，和试题构成。在最后一节，我们讨论评定等级制定以及公平有效地评定等级的方法。

课堂评估、测评和评价三词的定义

当教师们想到教学评估，脑中出现的经常是在课堂结束时学生做的测试或布置给学生的项目。然而，好的课堂评估不仅仅是这些。它需要教师从各个来源不断收集关于学生进步的信息，综合这些信息，然后判断或评价每个学生的学习情况。

对于有效教师，课堂评估至少有两个重要目的(Black & William, 1998)。首先，它提供了关于教学效果的信息。通过收集课前、课中、课后的信息，教师才能够设计教学，调整教学，以便更好地满足学生的需要。第二，通过评估收集到的信息帮助教师更精确地了解某个学生学到了什么，没有学到什么，以及为什么会这样。因此，有必要时教师就可以再次教学，避免不必要的重复，帮助学生纠正错误的理解，改变不正确的学习方法。

评估(assessment)是指通过收集、综合、解释信息来帮助决策的过程。它包括一系列方法，有非正式的，如在课上提问，参与小组讨论时对他们进行观察，还有正式的，如作业或测试的完成情况。有时我们通过评估试图对学生的表现给予量化的评分。这时我们就在使用**测评**(measurement)的方法。例如,学生在一次20个问题的小测验中取得的分数就代表该名学生掌握了多少学习内容。

最终,评估或测评的目的是判断学生是否表现"良好",或者说表现的质量。这个用评估信息来作出判断的过程叫做**评价**(evaluation)。为了判断一个学生的表现是好是坏,是可以接受,还是不能接受,我们必须将他的表现和某种标准进行比较。测验分数85分代表优良,中等,还是差呢?在作出判断时,你得将每个学生的成绩和某个事先设定的最低分数相比,或者和其他学生的得分情况相比。你可能还要考虑其他一些间接得到因素,这些因素可能也会影响该学生的表现。考试时这个学生是不是身体不舒服?尽管这个学生的成绩没有达到最低分数线,但他的表现是否比上次有进步?你是否觉得这种评估对这个学生来说有点不公平?

尽管对学生表现的评价不仅仅是测评那么简单,但是你必须记住,你越是让个人偏见影响你对评估结果的解释,并就此作出判断,你的评价就越不准确。此外,即使你试图在解释信息时做到客观公正,你用来收集信息的手段和你信息的来源都会影响评价的准确度。让我们先来更深入地研究这些因素,然后把注意力转向各种评估类型。

影响评估质量的因素

要进行有效的评估,教师必须考虑影响评估准确性和有用性的几个因素。首先,必须挑选合适的信息来源,然后确保作出的检测和判断是准确的,最后必须决定如何以及为何要运用得出的评估结论。

信息的来源

在第五章,我们讨论了几种可以让教师更好地了解学生的信息来源,如学生档案、观察、访谈等。众多信息来源帮助教师发现学生的优缺点、喜好,存在的问题和取得的成功。教师运用这些信息组织课堂活动并设计课程安排。在本章,我们最感兴趣的是有助于判断以下几个方面的信息来源:学生已学哪些知识,该生需要在哪些方面或以哪种方式得到更多指导。尽管第五章讨论到的一些非正式来源的信息也可以用来评价学生的学业成绩,但教师主要还是通过分析学生的作业或考试来获得此类信息的。(Stiggins, 1999)

对学生作业的分析

显然,关于学业成绩的大量有用信息是通过分析学生作业而获得的。让学生完成一次作业,比如一次家庭作业,不仅仅是要看他得了多少分,教师通常是想知道学生是如何推导出答案的。例如,学生采用了何种运算步骤?他是否正确使用了这种步骤?通过仔细观察学生使用的步骤,教师可以发现是什么错误使学生不能正确地完成作业。可以布置家庭作业、项目、练习题,甚至测试或小测验,以便观察和分析学生的作业。教师在进行这些工作时候,一定要注意就作业的完成情况给予学生反馈(见第十一章)。

测试

测试是最受公认的评估信息来源。测试要求学生展示对所学内容的掌握情况,使教师能够描述学生的表现。和其他教学活动一样,测试还能得到精心编排,使学生不得不展示他们是如何解答问题、得出结论的。因此,测试是丰富的信息来源。然而,和来自任何其他来源的信息一样,测试所提供的信息只有在准确而不带任何偏见的前提下才是有用信息。再次,测试只是学生进步情况的一个衡量指标。

有效的评估要求教师从尽可能多的来源收集和综合尽可能准确的信息。他们必须整合通过非正式手段获得的信息,如观察、与学生交流,和通过更正式的测量手段获得的信息,如测试、学生项目或表现及其他可利用来源。然而,教师作出的评价是否有价值,很大程度上取决于他们获得的信息的准确性。

信息的准确性

教师获得的关于学生和学生进步情况的信息从来都不是百分之百精确的。出于多种原因,所有的评估都不可能不带任何偏见。事实上,一眼就能看出,刚才提到的有些信息来源很容易有失偏颇。例如,由于来自教师或家长的观点带有高度主观性,因此很有可能不够准确。同样地,教师对学生的观察由于受到个人价值观的影响,不可避免地带有选择性,而且不完整,因此很容易作出错误的判断,产生偏见。所以,教师必须谨慎行事,在收集和使用来自这些方面的信息时找出潜在的偏见或错误。

就连测试或表现这样的评估也容易出问题。所有的评估都不能精确地衡量学生在某个学科领域的知识或进步情况。首先,测试本身就具有选择性。测试通常只衡量教师想要教的一部分内容。而且,测试内容不会涉及学生有可能从书本、朋友或其他老师那里获得的知识。可能也不会涉及学生从该教师身上学到的一些小事。此外,学生在测试期间的心理状况也会影响测试成绩。或许在接受测试时学生感到疲倦,或者生病了。还有可能测试内容正好是学生考前刚刚复习到的内容。无论什么情况,测试成绩都无法精确衡量学生在该学科的全部知识。

教师要判断通过测试、项目或其他用来衡量学生表现的来源获得的信息是否准确,主要考虑以下几个方面:(1) 评估所提供的信息是否体现了评估想要衡量的内容(**效度**)?(2) 评估是否体现了一致的衡量标准(**信度**)?这两个因素和测试密切相关,因此人们经常对此进行讨论。但在判断其他任何评估收集的信息时这两个因素也同样重要(Wiggins，1998)。

效度

效度(validity)一词是用来描述测试或其他评估在何种**程度**上测量了想要衡量的内容。评估是否有效度，要看是否满足以下三个标准。

首先，有效的评估要衡量学生对实际教授的知识的理解或掌握情况，而不能超出这个范畴。换句话说，评估涉及的知识或任务应当尽可能覆盖教学中涉及的内容，而不应该包括学生没有学过的内容。具体地说，有效评估应衡量学生对教师的各个主要教学目标的掌握情况。

其次，有效评估应衡量学生在教师教学目标所指向的任一**领域**(认知、情感、肢体动作)和任一**层次**(见第六章布卢姆的分类)的表现。例如，假如历史老师在复习课文时把重点放在有关美国革命的知识(事实)上，并且花大量时间让学生在这些事实的基础上进行分析、综合和评价，那么有效评估就应当侧重这三种更高层次的认知水平。

再次，正如有效评估要体现各个领域和教学层次的平衡，它还要体现教师在不同内容方面的侧重点。例如，假如花在美洲殖民地的社会和经济状况上的时间和花在该时期盛行的意识形态上的时间基本相等，那么有效评估应当以基本相等的比例涵盖这两部分内容。

或许再举一个例子会更清楚地说明问题。我们假设你在教一个为期三周的有关奴隶制的单元，你的教学基于四个认知目标——一个属于知识层次，两个属于综合层次，一个属于评价层次。在教学中，你花一天时间讲解美国奴隶制存在的原因，三天讲解奴隶制的实行，三天讲解促使奴隶制衰亡的因素，两天讲解《废奴宣言》(*Emancipation Proclamation*)对奴隶和南部经济的影响。有效评估应当要求学生展示对这些话题的理解：原因、做法、衰亡因素，以及影响。此外，应当让学生用所学知识(1) 回忆某些信息(知识层次的目标)，(2) 综合某些信息，(3) 评价一个或多个情形。评估最大的重点应当放在奴隶制的实行和衰亡上(每个话题都花了三天时间)，次重点放在《废奴宣言》的影响上(两天)，最后才是奴隶制的原因(一天)。不要让学生展示对其他话题的理解，如奴隶制对非洲文化的影响，即使学生可能碰巧学到了有关这个领域的知识。

总而言之，效度是指评估在衡量你希望衡量的内容时达到的准确性。它为你提供学生的学习情况，体现你的教学是否成功。从我们的讨论中，你或许注意到了，单独一次评估并不能完美无缺地满足效度的每个标准。效度不是一个非彼即此的东西，而是一种程度，因此你必须判断一项评估是否能**足够**有效地达到你的目的。在接下来的部分，我们会讨论哪些方法能够让你的评估更有效。

信度

除了通过评估衡量你想要衡量的内容，你可能还希望对学生学习情况的衡量前后是一致的。这种一致性就叫信度。具体地说，信度意味着假如让学生重复接受评估，得到的分数基本上是一样的。和效度一样，我们不要指望所有的评估每次都能提供完全相同的测量结果，因此要把信度和效度一样看做一种程度。

由于评估本身存在问题，缺乏信度的评估得出的结果并不能准确地反映学生的理解情况或能力。有时，为了对教学有所帮助，教师会降低评估的信度。例如，当你在进行评估时只对某些学生提供额外的解释或指导，你就降低了该评估对所有学生的信度，因此在某种程度上，学生的表现会和评估前不一样。

缺乏信度的评估会导致我们对学生的学习情况得出不准确的结论。如果让学生接受此类评估，即使事实上他们可能已经学到了很多知识，但评估有可能显示他们没有取得多少学业进步。信度是很难把握的。商业测试题的设计者们通常会对其测试的信度提供统计指数，称为**信度系数**（reliability coefficients）。这些系数在 0 到 1 之间变动，0 代表没有任何信度，1 代表信度为百分之百。通常情况下，信度系数在0.85以上是可以接受的。尽管你可能无法计算你自己设计的评估的信度系数，但你可以通过一系列措施提高信度，如使评估正规化，调整评估内容，确保客观地进行阅卷，保持阅卷标准的一致性等。如何设计具有信度的测试和其他评估手段，将在随后的章节中介绍。

评估的类型：形成性评价和总结性评价

我们已经了解到，教学评估所采用的信息来源非常之多，所得信息的准确程度各不相同。教学评估的用途也多种多样。我们一般认为评估是在教学之后进行的，评估结果可用来判定学生的得分。然而，斯克里文（Scriven，1967）首先指出，教学结束之后进行的评估并不能很好地帮助提高教学或学习效果。这是因为，尽管教学后评估对判定等级来说是必需的一步，但并不能帮助教师或学生纠正不足之处。根据斯克里文的说法，更重要的是在教学期间进行的评估。这种评估可以用来改善教学，以便在学生学习的过程中满足他们的需要。

斯克里文介绍了两个术语来描述这些不同类型的评估。**形成性评价**（formative assessment）指在教学期间进行的评估。这种评估可在仍然有可能对教学和学习过程产生影响时提供反馈。尽管形成性评价会根据学生的表现给出得分，但主要目的是给予反馈，根据这些反馈来设计或改变教学。形成性评价使教师能够进行有效教学，从而提高学生成绩。形成性评价由两部分组成：非正式的教师观察和学生作业情况，包括学生回答提问的情况或学生在更大的教学单元中完成的任何作业。形成性评价得到的反馈使教师可以在期末的学习总评估到来之前调整教学，提高学生的成绩。

总结性评价（summative assessment）指教学完成之后进行的评估。这种评估是用来对学生的学习情况作出最终评判的。其主要目的不是调整教学或者补救学习上存在的缺陷，而是通常以分数的形式总结学生的成绩或进步情况。总结性评价往往根据期末考试或其他期末项目收集到的信息来得出。很多情况下，在这种期末评估进行之前，已经有过类似的形成性评价，但学生作业的涵盖面没有总结性评价那么大。

有效教师会同时采用这两种评估方法。然而，通过各种正式和非正式手段进行形成性评价并将评估结果反馈给学生，这种做法有最有助于学生取得进步（Black & William，1998；Guskey & Bailey，2001）。表 9-1 简单比较了形成性评价和总结性评价。

表 9-1 形成性评价和总结性评价的特征

	形成性	总结性
目的	在教学过程中予以监督和指导	在教学结束时判断教学成功与否
评估时间	在教学过程中	在教学结束时
评估方法	非正式观察、小测验、家庭作业、学生提问、工作单	正式测验、作业、学期论文
对评估信息的使用	在教学过程中改变和完善教学	对总的教学过程成功与否予以评判；给学生打分、排列名次，好的学生得以升级

来源：P. Airasian，《课堂评估》(*Classroom Assessment*)，第四版，纽约，McGraw-Hill 公司，2005。

标准化考试和标准化分数

或许你还记得第五章提到，**标准化考试**（standardized testing）是学校普遍使用的评估类型。人们呼吁对学生的学习承担更大责任，采取更严格的标准，导致几乎各州都要求学生在某几个年级通过不同内容的标准化考试。联邦立法则进一步强调了这些测验的重要性，比如《不让一个孩子掉队》(*No Child Left Behind*)法案（见研究聚光灯 9.1），要求各州根据标准化考试的结果拨款、判断学校和教师的教学质量，甚至支持家长将孩子从教学成果较差的公立学校转学至私立学校。由于这些测验经常用来作出给师生带来极为至关重要后果的决策，因而常被称为“高风险”测验。

研究聚光灯 9.1
何谓"高风险测验"

"测验成绩产生的影响力远比以往大得多。为了响应公众的普遍要求,各州都在执行新的责任制,学校、教师和学生要承担各自的责任,证明能让学生取得能够较大的进步……这些新制度的核心代表就是'高风险'测验"[WestEd政策简报(WestEd Policy Brief),2000,第1页]。

作为对此深感兴趣的公民和家长,我们经常听到所谓的"高风险"测验一词。几乎每一期教育专业杂志上都刊登着一两篇文章,讨论使用正规化考试来评判师生的相关事件。然而,对于所谓的"高风险"测验,人们存在相当大的误解,就连教育家们也不例外。

"高风险"一词经常和如今学校中进行的任何形式的标准化考试联系起来,但事实上并不是所有测验都是"高风险"的。那么,何谓"高风险"测验?

根据美国教育研究协会(American Educational Research Association)的定义,"高风险"指任何给学生或教师"带来严重后果"的测验(AERA, 2004)。对学生而言,这些测验可以用来判断哪些学生需要接受补习,决定某个学生是否能升入高一年级(或留级),甚至关系到学生是否能拿到高中文凭。例如,至少有27个州根据学生在一项官方测验中取得的成绩决定其升级或毕业。成绩达不到要求的学生要接受补习,并且通常可以再次参加或多次参加测验。然而,如果他们的成绩总是不能达到要求,就可能留级,不允许毕业,或者只发给一张"听课结业证书",但拿不到高中文凭。

类似地,学生在这些测验中取得的成绩越来越多地被用来衡量教师和学校的好坏。许多州根据学生成绩向学校或校区拨款,对学生成绩低于预期成绩的学校予以制裁,对学生成绩优于预期成绩的学校予以奖赏。联邦法案《不让任何一个孩子掉队》(2001年中小学教育法案)和少数几个州甚至作出这样的规定:允许家长将孩子从教学效果较差的学校(以官方的标准化考试结果为依据)转至其他公立学校或由州政府或联邦政府出资创办的私立学校。最近,一些学校开始将教师工资或其他奖励和学生在标准化考试中的成绩挂钩。2004年初,代表丹佛(Denver)地区私立学校教师的协会通过投票,决定执行一项加薪政策,将大多数教师的工资和学生成绩联系起来。

"高风险"测验的优缺点是如今教育界最受争议的问题。然而,哈佛大学教育专业研究生院教授丹尼尔·克瑞斯(Daniel Koretz)指出,"对高风险测验高度重视这一目前几乎风行于整个教育界的做法,实际上并不是什么新鲜事物……至少25年前就已经开始了。"(HGSE 新闻,2002)克瑞斯教授建议说,不管这种做法是对是错,从 20 世纪 60 年代末到 80 年代中期,人们对美国公立学校学生成绩的关注程度骤增。从 20 世纪 80 年代末到整个 90 年代,大多数州都要求高中生在毕业前学习更高难度或更严格的课程,并且举行全州范围的测验,以考察学生的学业进步情况。目前对测验的普遍使用以及测验成绩带来的更严重后果只不过是这些势头的延伸。

许多专业的教育组织对"高风险"测验深表担忧,有的明确表示反对这一做法。例如,国家数学教师委员会(National Council of Teachers of Mathematics)的立场是"影响深远而意义重大的教育决策应当在多种衡量手段的基础上进行"(NCTM 立场文件,2004)。国际阅读协会(International Reading Association)则更进一步声明该组织"强烈反对举办高风险测验"[国际阅读协会(International Reading Association),2004]。相反,决策者和大多数公民则认为这种测验颇有价值,应当继续下去。

最后,普遍一致的看法是,用测验衡量学生的学习情况,并根据测验成绩判断学生的学习效果以及教师或学校的教学效果,这种做法在不远的将来将持续下去。克瑞斯教授说:"绩效责任制将继续存在,而测验显然将是其中很重要的一部分。"

标准化考试是用来评价教师、学校和学生的最普遍方法(Eisner, 1999; Worthen, Sanders & Fitzpatrick, 1997)。据估计,十几年前,美国每年要进行 1.27 亿项标准化考试,每年的开支达到近 9 亿美元(Willis, 1990)。从那以后,此类测验的数目骤增,有人估计开支已经多达 220 亿美元(Phelps, 2000)。

管理并解释标准化考试的结果已经成为每位教师的重要任务。因此,我们现在把注意力转移到这种评估形式上来。我们将考察标准化考试的过程,讨论如何计算和使用测验得分。

标准化考试过程

标准化考试因考试和阅卷方法的一致性和统一性而得名。不管考试举行的地点、时间如何,任何一个参加国家标准化考试的学生都和其他参加该考试的学生一样,在基本相同的条件下进行考试。这种一致性包括所有可能影响学生考试成绩的可控制因素:使用的材料、时间限制、口头指示、初步演示、学生提问的原则,以及其他认为会影响学生考试成绩的任何细节。(Anastasi & Urbina, 1997; Gregory, 1996)

例如,参加 SAT 或 ACT 考试时,你完成测验的条件和所有其他参加该考试的学生是一样的。给你们的考场指令相同,试卷册和机读答题卡是一样的,你们回答的问题类型和难度是相当的,允许你使用的器材(铅笔、计算器等)也是一样的,每部分所给的答题时间、计分方法也是一样的。这样你才能把你的成绩和其他参加该考试的学生的成绩做比较，即使他们是在其他时间、其他地点参加了该考试。能够将众多学生的成绩进行比较，是标准化考试最大的优点。

除了能比较学生的成绩，标准化考试还有其他几个优点。一是能够以相对较快、较经济的方法有效地衡量众多学生的学习情况。二是其阅卷标准客观公正。标准化考试往往比教师自行设计的测验更可靠，可以用来评估更高层次的思维能力。尽管具有这些优点，但标准化考试仍然备受争议，有人认为它过于强调低水平的基本技能，存在文化、种族和性别歧视（Isaac & Michael，1997；Linn，1991；Wiggins，1998）。当标准化考试遭到滥用，或者测验结果被错误解释时，批评声是最尖锐的（Phpham，2004）。

除了让学生为标准化考试做好准备，你还要参与监考工作。监考时，很重要的一点是你要绝对遵循所提供的考场指令进行操作（Hanna & Dettmer，2004）。未能按照考场指令操作的话会使测验结果的准确性降低，而且可能会让学生处于不利地位。监考时的一个主要任务是给所有学生一个平等发挥自己实力的机会。因此，你必须确保每个学生都已经得到必要的考试材料，有足够的课桌空间和相同的考试时间。此外，你应当用平静、清晰、相对较慢的语速认真朗读考场指令，让教室里所有学生都能听到。应当通过语调变化、语气和面部表情来强调指令内容。你还必须监督考试过程，保证学生在恰当的时间开始和结束考试，杜绝作弊现象。每一项标准化考试都会提供监考时用的考场指令，你应该严格遵守这些规定。

帮助学生在标准化考试中取得好成绩，最好的方法是让学生学习考试要考到的概念（Carr & Harris，2001；Schmoker & Marzano，2003）。尽管不太可能确切知道考试要考哪些内容，但许多州的官方测验都是直接针对各州的具体课程标准而设计的，考察学生对这些内容的掌握情况。将这些内容融入你的教学，你就为学生制造了掌握它们的机会。除了指导学生掌握要考到的内容，你还可以通过帮助学生掌握应付考试的方法或**考试技巧**（test sophistication）来进一步提高学生成绩（Anastasi & Urbina，1997；McMillan，2001；Walker-Wilson，2002）。例如，在学生参加标准化考试之前，给学生模拟考试的机会，即让学生在相似条件下回答相似类型的问题。或许你还想建议学生什么情况下可以猜测答案，以及如何支配答题时间。这种指导帮助学生在考试时避免产生不适感，更加自信——尤其对那些成绩较差的学生——能够显著提高他们的成绩（McMillan，2001）。

解释标准化考试的结果

标准化考试在过去的20年里得到了大规模的使用，其重要性大幅度提高，教师也更有责任深入理解标准化考试的结果。在本节，我们要研究统计标准化考试分数的各种方法。了解了这一点,你就可以利用所学知识评价学生的进步情况,改进自身的教学。

标准参照分数对常模参照分数

要解释测验分数,你必须将某一分数和某一标准相比较。最常用的两种标准是(1)其他学生的分数或(2)已有的固定标准。将学生的分数相互比较,就是在使用**常模参照**(norm-referenced)法。在这种方法中,学生答对或答错的题数(称为**原始分数**)不是那么重要,重要的是该学生的成绩和其他参加该考试的学生的成绩相比,情况如何。常模参照测验的成绩无法提供太多关于学生学到了哪些具体知识,或在哪些方面需要补习的信息。能够表现出来的是该学生在全班、全校、全区、全州或全国参加了该考试的学生中处于什么水平。这些进行比较的对象称为常模实例。由于可以比较所有参加了该考试的学生,即使这些学生来自不同学校或不同地区,但学校或各州教育机构经常根据常模参照测验的结果制定政策。

当你将学生的原始分数和既定的标准作比较时,就在使用**标准参照**(criterion-referenced)法。在这种方法中,答对或答错的题数被用来判断学生是否掌握了具体学习目标。当一个学生的分数低于既定标准,测验者便认为该学生没有充分掌握学习目标。标准参照测验的结果提供了关于学生已学哪些具体知识、需要在哪些方面强化学习等更具体的信息。因此,标准参照测验的结果在评价、设计或调整课堂教学方面具有重大意义,却不能体现出该学生和其他学生相比处于何种水平。表 9-2 对常模参照测验和标准参照测验进行了比较。

表 9-2 常模参照测验和标准参照测验的比较

常模参照测验	标准参照测验
以其他参加该测验的学生成绩为参照,统计学生的成绩	以固定的、通常事先决定的标准为参照,统计学生的成绩
提供关于学生总的学习情况的信息	提供有关具体学习情况和特定目标的掌握情况的信息
有助于国家、各州和地方机关制定政策	有助于为个别学生制定最合适的教学方法

标准化考试分数的类型

有多种方式可以统计标准化考试的结果,比如标准参照分数和常模参照分数。事实上,大多数测验都可以针对每个学生答题的同一个部分或几个部分提供几种类型的分数。由于这些分数经常容易混淆,而人们又越来越希望教师能够理解这些分数的含义并将相关信息传递给家长，因此在本章花点时间解释最常用的标准化考试分数类型是很有必要的。

为了理解、传递和使用标准化考试产生的信息，我们必须首先理解：(1) 各种统计分数的类型；(2) 这些分数意味着什么。学生的测验成绩可以按照**标准分**加以统计，比如 Z 得分(z-scores)和 T 得分(T-scores)，有关教育学的课本里会经常谈到。然而，如今大多数标准化考试是以原始分数、百分比排名(PR)、正态曲线等值分数(NCE)、九分制和等级分数等来进行统计的。在接下来的章节里，我们将利用图 9-1 提供的一个测验分数统计例子来讨论这些分数的含义。

测验日期：2000 年 5 月 12 日
常模日期：1998 年

学校：大都市社区学校
学区：大都市县

表格：A　等级：14

学生档案表
学生姓名：艾达里安·L. 贝特琅(Ertrand，Adrian L.)
出生日期：1990 年 5 月 20 日
等级分数：4.7
教师：T. 史密斯.(Smith T.)

成　绩

	RS	MCL	DP	SP	NP	NCE	GE	ST
阅读理解	11/17		70	63	52	61	4.5	5
词　汇	9/15		63	51	50	50	4.5	5
数　学	12/18		89	81	77	66	4.7	6
综　合	32/50		74	65	60	55	4.4	5
自然科学	15/18	*	92	85	79	67	4.8	7
社会科学	11/15	*	79	74	72	62	4.7	6

图 9-1　某学生测验成绩统计

原始分数(raw score)是指学生在测验的某一部分获得的分数。就好像学生在课堂小测验或论文中获得的原始分数一样，比如总分可能是 10 分，学生得到 8 分，这个得分只有在具备额外信息的前提下才能得到解释。在图 9-1 的例子中，第一栏统计的就是原始分数(RS)。正如你看到的,测验每部分的得分由两个数字组成,之间用斜线隔开。第一个数字告诉我们这名学生做对了几道题,第二个数字表明总题数。在这个例子中,该学生在阅读理解部分的17道题做对了11道,词汇部分的15道题做对了9道,数学部分18道题做对12道。右边一栏(MCL)表示该学生是否达到了事先设定的75%的最低正确率。这样,这一栏用标准参照法来解释该学生在每一部分得到的成绩。

另一种常见的标准分数形式叫**百分比排名**(percentile rank, PR)。你拿到的ACT或SAT成绩很有可能就是以百分比排名的形式统计的。百分比排名分数是指参加考试的学生中有百分之几的人取得了某一原始分数,或者低于某一原始分数。因此,百分比排名50表示该学生的原始分数和半数的考生一样,他的分数和最初的常模实例中50%的人相同或比这50%的人要高。测验统计经常包括基于多个常模实例(如全校、全区、全州或全国所有学生)的百分比排名分数。因此,要解释这些分数的含义,我们不光要知道而且要理解这种比较是建立在什么基础或者说什么常模实例之上的。

上面的例子或许可以更清楚地解释对百分比排名的理解。第三、四、五栏均统计了该学生的百分比排名。第三栏(DP即校区百分比)是将本校区的其他学生作为常模实例,第四栏(SP即州百分比)是将本州学生作为常模实例,第五栏(NP)则是以全国学生作为常模实例。但是要记住,每个百分比排名分数都是用来解释学生在测验的每一部分所得原始成绩的一种方法。在图9-1的例子中,在阅读理解一项,DP显示该学生与本校区的其他学生相比,百分比排名为70,SP表明和本州其他学生相比,11分的原始分数相当于百分比排名63,NP表明,同样的原始分数在以全国学生为常模实例的情况下,百分比排名为52。尽管该学生阅读理解部分原始分数11分始终不变,百分比排名却不同,这是因为这个原始分数是在和三个不同群体作比较。11分的阅读理解部分原始分数相当于(或者高于)校区中70%的学生,相当于(或者高于)本州63%的学生,相当于(或者高于)全国52%的学生。哪个百分比排名分数最有用?这取决于获得的信息要作何用途。我们将单独讨论这个问题。现在,理解什么是PR分数就足够了。

正态曲线等值分数(Normal Curve Equivalent, NCE)看上去和百分比排名分数非常相似,但使用NCE分数更方便计算学生的测验成绩。因此,许多学区员工(如学校顾问或行政人员)更喜欢使用这种分数。和百分比排名一样,NCE分数的平均值是50。但原始分数每和标准发生一次偏离,NCE分数便发生21.06个百分点的等值变动。于是,学生成绩离平均值越远,NCE和PR成绩的差距越大。在图9-1的例子中,该学生在阅读理解部分的得分按NCE分数统计的话是61分(以全国学生作为常模实例)。

九分制(stanine scores)是教育界普遍使用的标准化考试计分方法,因其运用于标准化考试的计分标准而得名。在这个标准中，5 分是中点，整个标准包含 9 个分值。因此，它被称为“九分标准”或简称“九分制”。在我们举的例子中，该学生的数学原始分数 12 分相当于九分制中的 6 分。在这个例子中，九分制是建立在以全国学生为常模实例的基础上的。

在教育界，**等级分数**(grade equivalent, GE)简明易懂，尤为常用。它将某学生的成绩和不同年级、参加了相同考试的学生的成绩相比较。例如，假如某学生的原始分数和参加了该考试的七年级学生获得的分数不相上下，那么他的等级分数就是 7 分。小数位是用来表示一个学年的月份，1 指一学年的第一个月，9 通常表示最后一个月。因此，例子中这个学生在自然科学部分得到的等级分数 4.8 就表示：15 分的原始分数大概相当于四年级学生在一学年第八个月(约四月份)的水平。等级分数常在测试大量不同年级水平的学生时得到使用，用来计算学生在每个年级的每个月的成绩分布情况。

值得一提的是，等级分数的计分前提是所有不同年级的学生都参加同一考试。假如该考试是针对四年级学生的，所有作为常模实例的学生都要参加这一考试，而不是参加难度较高或较低的考试。在本文所举的例子中，如果我们这个四年级学生获得了 9.1 分的等级分数，那么他在这次考试中的成绩基本相当于九年级学生在第一个月的水平。这个分数只能表明我们的四年级学生对四年级知识的掌握和一般的九年级学生差不多，但并不意味着这个四年级学生有能力完成九年级的作业。

要记住，没有哪个测验能绝对精确地衡量学生的知识或能力。错误总是在所难免的。正是由于这个原因，假如该学生多次参加一门考试的话，就不再采用单一的分数汇报学生的成绩，而是提供学生可能获得的一系列分数。这种**分数群**(score band)包括学生的实际成绩(通常位于正中间)，并表明该学生有可能在这个成绩的基础上提高多少或下降多少。尽管分数群不如其他计分类型精确，但仍然是利用标准化考试结果的一种有用的方法。这种方法避免我们对成绩相差不大的学生进行过于细微的区分。

标准化考试的小结

标准化考试已经成为教师和学生生活中极为重要的一部分。称其为“高风险”考试一点儿都不过分。关键的一点是，你要知道如何能最有效地帮助学生在这些测验中取得好成绩，而且你必须理解并且能够使用标准化考试的结果。

教师自行设计的评估

标准化考试在全国、各州和各区制定教育政策中扮演着越来越重要的角色。然而，最常见的课题评估形式仍然是教师自行设计的评估(Brookhart, 2004)。据估计，教师要花近三分之一的时间出试题、对学生进行测试评估(Green & Mantz, 2002)。

(见要点 9.1)较之标准化考试,教师自行设计的评估如果做得好,有以下几个优点:首先,既然是教师自己出题,考题肯定是针对该教师教过的具体内容和教学目标,而非针对“大多数”教师在该年级水平所教的总体内容进行笼统的检测。其次,教师自行设计的评估比标准化考试便宜得多。其三,由于考试内容紧紧围绕教学目标,教师自行设计的评估能提供更具体的信息,让教师更清楚地了解学生是否很好地掌握了所学知识。然而,虽然有诸多优点,但教师自行设计的评估总是由于设计得不好而造成信息不准确。就连提倡教师自行设计评估的人也不得不承认,许多教师自行设计的评估比标准化考试糟糕得多。(Brandt, 1992; Green & Mantz, 2002)

要点 9.1
教师对评估的使用

格林(Green)和曼特茨(Mantz)(2002)的研究发现,很少有教师在课堂上使用有可能改进教学或促使学生学到更多知识的评估方法。两位研究者进行的工作表明,教师们更多地对学生使用非正式的、形成性的评估手段。最常用的策略就是在学生进行小组活动或回答问题时对他们进行观察。教师们认为这些方法可以帮助他们给予学生反馈,改进学生的表现。相反,教师们表示他们不喜欢自行设计正式的评估手段来检测学生的学习情况,而且也不敢保证自己知道如何使用评估结果来改进教学。

格林和曼特茨认为,近年来,教师预备培训项目的重点是将形成性评估和非正式评估相结合。他们认为这一重心成功地促进了这些评估策略的使用。然而,他们也表示担忧:在这样一个责任感越来越重大的时代,教师使用的评估策略“可能并不足以让教师有效地为评估学生学习情况做好准备”。

鉴于教师自行设计的评估如此普遍,具有如此巨大的潜在价值,我们现在进一步讨论如何更好地设计和使用两种最常见的评估形式:纸笔测试和观察评估(或叫表现评估)。在解释和描述这两种评估形式之后,我们将讨论各自具体的优缺点,指出在挑选或设计合适的考试手段时要考虑哪些因素,并提供一些评定等级的方法。

纸笔测试

教师自行设计评估时,得到最普遍认可的传统方法是纸笔测试。我们每个人都花了不知道多少时间接受这种测试:就一些主观题长篇累牍地发表看法,或是用铅笔在答题卡上没完没了地填涂小圆圈。而且,还可能经常发生这种情况:我们会在考试结束后百思不得其解:为什么有的题出得模棱两可,为什么老师就某一知识点提了这么多问题，却完全忽视其他知识点。不管是哪种情况，都会因为试题出得不够科学而不能反映出我们的真实水平。作为教师，确保学生有机会真实地展现他们所学的知识，是你应尽的职责。

纸笔测试大多采用两种形式。要求学生从一些备选答案中选择一个正确答案，称为**客观题**(selected response items)。多项选择、判断正误、配对和选择填空题都属于客观题。另一种要求学生用自己的话阐述答案，称为**主观题**(created response items)。写文章或简答题都属于主观题。

就出题和阅卷的难易度而言，两种题型各有其优点和缺点。换句话说，一种题型出题容易但批改难，另一种正好相反。许多人认为必定有一种题型比另一种更优越，例如写文章比做选择题更有价值。然而这一观点未必都是对的。摩尔(1992)写道：

> 人们普遍错误地认为，客观题只测试事实或者说知识层次的东西。事实上，任何形式的题目都可用来衡量任何层次的教学效果。尽管出更高层次的客观题非常困难，但要出好高层次的主观题也绝非轻而易举之事。(123 页)

因此，我们应当了解并且能够在适当的时候使用每种题型。

主观题

主观题要求学生用自己的话作答，而不是从一组答案中选择合适的答案。这种题型可以要求学生写一个短句，甚至写一篇好几页的文章。主观题设计得好，可以使学生展示其各个认知层次的学习情况——从回忆书本知识一直到进行评价，可以促使学生反复整理学到的知识点和概念，用独特的方法运用所学知识，从而解决问题。主观题设计得不好，会抑制学生的创造力，使学生陷入困惑，遭受挫折，导致教师对学生的进步作出不公平、不准确的判断。

主观题有以下几个优点。首先，容易出题——事实上，比出客观题容易多了。教师试图评估更高层次的认知过程时尤为如此。因此，主观题花费较少的出题时间。第二，由于学生在回答主观题时必须用自己的话组织和表达思想，教师便可以评估学生交流思想的能力。第三，主观题降低了学生纯粹猜答案的可能性。

主观题也存在缺点。尽管出题相当简单迅速，但批改起来极为费时。比如，设想一下一位高中教师让四个班的学生回答五个大论述题，每班 30 名学生，假如每道大题只回答半页纸，这位教师就得批改 300 页的内容！像这样的考试，要就学生的成绩给予详细而及时的反馈，想想就令人泄气。

主观题的另一缺点是限制了考核内容。由于必须给学生充分的时间思考每道大题，构思回答内容，并在纸上作答，因而测验只能包括几道大题。所以，完全由主观题组成的测验不可能评估学生学到的所有知识。这样一来，由于测验不能覆盖所有重要的学习内容，测验的效度就降低了。

主观题的最后一个也是最困扰人们的缺点是，主观题的阅卷很难做到彻底的公平。主观题要求教师对学生回答的质量作出判断，而一些因素会让这些判断带有偏见，导致不公平的阅卷。例如，我们都知道，学生字迹差、语法错误多、写作风格晦涩或回答内容过短都会影响教师对有见地的回答进行公平的阅卷(Stanley，1958)。对于年龄较小或英语水平有限的学生来说，这个问题尤为突出。此外，教师对学生的看法和期望也会导致他们作出不公平的阅卷。例如，在作出相同回答时，积极参加课堂讨论、看起来对学习很感兴趣、学习动机明确的学生有可能得到更高的分数，而看起来对学习不感兴趣、动机不明确的学生则得到较低的分数。

主观题可分为**限制性问答题**(restricted response)和**拓展性问答题**(extended response)。限制性问答题规定了明确的回答范围，可以是限制讨论的话题，或者回答问题的篇幅，通常还会建议回答时要涉及哪些具体内容。限制性问答题不允许学生在回答问题时发挥太多创造性，然而由于减少了学生作答时风格、篇幅和话题各异的情况，这种题型总的来说比拓展性问答题更具信度，更体现公平。

拓展性问答题通常对学生的回答不作任何限制。因此，这种题型允许学生在作答时发挥更大的灵活性和创造性，答题篇幅可随学生意愿，可长可短，可以包括所有他们认为有必要的内容。拓展性问答题让教师更好地了解学生的交流能力，了解学生创造性地解决问题的能力，但这种题型在阅卷时更容易有失偏颇。因此，在大多数情况下，你应当采用限制性问答题。限制性和拓展性问答题的例子见图9-2。

限制性问答题

列出并描述爱伦坡在《厄舍古屋的倒塌》(*The Fall of the House of Usher*)引言部分使用了哪三种文学手段来铺垫全文的基调，试举一例。回答内容不得超过五个句子。

拓展性问答题

讨论并列举爱伦坡在《厄舍古屋的倒塌》引言部分使用了哪些文学手段来铺垫全文的基调。

图9-2 主观题：限制性问答题和拓展性问答题

一旦决定采用主观题来检测你所教的知识点，你可以通过以下措施来提高测验的效度、信度，进而提高测验的准确度。你的目标应当是设计一些评估手段，以便精确衡量每个学生是否很好地掌握了所有知识点。测验应当在广度、深度上具有代表性，突出重点，应当要求学生结合所学的知识点作答。假如你已经把所有知识点都完整清楚地记下来，设计一套主观题就是件相对容易的事情。请遵循以下原则：

●首先，确定要检测哪些最重要的知识点。正如前面提到的，主观题要花费学生更长时间作答，因此你可能无法对所有知识点进行检测。这样一来，你应当挑选那些对学生学习最为关键的知识点，在教学过程中一再强调的知识点，或者那些覆盖面广、包含其他内容的知识点。然而，你还必须现实一点，考虑到主观题的题量。所有的学生都应当能够在规定的时间里完成所有问题。

●第二，针对每个知识点设计限制性问答题。出题时以教学目标中的动词开头(比较、对比、列举等)，并具体规定回答的篇幅、要包括哪些要点以及采用的文体风格。最好还能指出拼写或语法是否纳入阅卷细则，是否允许拟提纲，以及回答的各部分各占多少分数比重。

●第三，出好题后，最好立刻做一份完整的参考答案，以便指导你阅卷。记录下你花了多少时间回答问题，根据这个时间判断学生要花多少时间作答。(记住，学生需要花更长时间构思、组织并作答)然后，在确保你的参考答案令人满意之后，标出各得分点，使你的答案有较强的参照性。

●第四，不要设计一些回答篇幅过长的问题，而是试着设计几个回答篇幅相对较短的问题。这使你能够检测到更多知识点(提高测验的效度)，给学生更好的机会准确地展示自己所学的知识(提高信度)。让所有学生回答完所有问题，这也是设计测验时的明智之举。

在试卷付印之前，要写答题指示，其中包括答题原则、你的阅卷原则、每道题的分值。适当的时候还要建议每道题的答题时间。然后仔细校对试卷，或许还可以请同事做一遍题，看看有没有不清楚的地方，并且看看你的时间安排是否合理。

如前所述，主观题的一个主要缺点就是很难客观公平地进行阅卷。相对于拓展性问答题来说，采用限制性问答题更有助于阅卷，因为它能更清楚地规定学生在回答时要局限于什么范围，包含哪些要点。此外，将每个学生的回答和你的参考答案进行逐条对照，使阅卷更具一致性和客观性。以下是如何提高你主观题阅卷水平的原则。

●首先，尽量做到在不知道是哪个学生作答的情况下对试卷进行批改。你可以让学生把名字只写在试卷的最后一页，给每个学生一个编号取代其姓名，或者把学生的名字盖住，直到批改完所有题目。

●第二，一次只批改所有试卷的同一道题。这使你更好地对所有学生的回答贯彻同样的标准，还避免批改学生前一道题时留下的印象影响到你对他下一道题的阅卷。

●第三，不要一次性改完所有试卷。批改问答题需要花费大量时间和精力。如果你觉得疲倦了，就不太可能客观而准确地进行阅卷。最好是批改所有学生的某一题，接着再批改下一题，依此类推，直到你觉得累了为止。不要试图进行马拉松式的批改工作，一坐就是好几个小时，指望一次性“攻克”堆积如山的试卷。

●第四，批改完所有试卷后，重新浏览所有试卷或随机抽样批改部分试卷，以确保阅卷的准确性。将试卷分成好、中、差三摞，重新批改每一摞中的某些试卷，以检查阅卷情况，这是个不错的方法。

● 第五，在必要时，调整阅卷标准以适应较低的教学水平。如果没有一个学生能够比较准确地回答某题，你可以考虑删去这道题，或者重新考虑这道题的评分标准。

主观题对于进行课堂评估非常有用。由于出题容易，在考前无须花费教师太多时间，而且更容易检测学生较高层次的认知水平。然而，批改起来却极为耗费时间，而且阅卷过程非常容易受到主观因素的影响。这些特点使有些人提出这样的建议：尽管主观题有这样那样的吸引人的地方，但最好是在无法使用客观题的情况下才采用主观题(Borich，1992；Isaac & Michael，1997)。表 9-3 简单概括了主观题的出题和批改原则。

表 9-3 主观题的出题标准和批改标准

出题	批改
1. 所有考题紧扣教学目标。 2. 挑选最重要的知识点，每个知识点至少出一道题。 3. 每道题以教学目标中的动词开头。 4. 出限制性问答题，而非拓展性问答题。 5. 在学生可能完成的情况下尽可能扩大题量。 6. 告诉学生阅卷过程是否考虑拼写和语法错误。 7. 试卷付印前仔细校对。	1. 每出一道题就立即写出参考答案。 2. 标出参考答案的要点。 3. 依照参考答案批改所有学生的试卷。 4. 在不知道答题者是谁的情况下进行批改。 5. 一次只批改所有试卷的某一道题。 6. 避免疲劳阅卷。 7. 抽样审核试卷，检查阅卷的准确性。

客观题

客观题要求学生从几个备选答案中挑选最适合的答案，或者简短回答问题(通常是用一个词或者短语)。它不像主观题那样，要求学生作出有独到见地的回答。前面提到过，许多人认为客观题不能有效地评估学生更高层次的认知技能。然而此类题如果设计得好的话，可以和其他题型一样有效地鼓励学生发挥更高水平的思考能力。方法之一是出一些这样的选择题：比如要求学生辨别题干陈述中使用的隐喻手法，或就某复杂、具体的问题作出回答。

客观题具有很多优点。或许最重要的一点就是阅卷更具客观性——学生要么选对答案，要么选错。由于分数不以阅卷者的主观判断为依据，因此信度和公正性得以提高。同样，由于客观题无须花费学生太多时间作答，教师便可以对更多知识点进行检测。因此，采用客观题的考试往往更具效度。阅卷工作简单，快捷，更为客观。客观题不要求学生构思答案，它不是考查学生的写作能力或有效交流思想的能力，而是检测学生对内容的掌握情况。

另一方面，客观题很难出，而且要比出主观题耗费更多的考前时间。客观题的一个主要缺点在于很难设计能鼓励学生运用较高层次认知技能的题。尽管设计这种题是可以做到的，但通常都要让人绞尽脑汁。因此，客观题往往强调较低层次的思考能力。

客观题有四种题型：多项选择题、搭配题、正误判断题和填空题。接下来的章节我们将研究客观题的设计、使用和批改。

我们大多数人上学时都参加过无数次**多项选择题**(multiple choice)的考试。几乎所有的标准化考试都采用这种题型，教师自行设计的测验也如此。多项选择题包括两个部分：提出一个问题的**题干**(stem)部分和几个**备选项**(alternative responses)。学生要从中选出解决该问题的最佳答案。

多项选择题具有几大优点。由于可以用来评价各个领域所有认知水平的学习情况，这种题型有可能是使用范围最广的客观题。因为完成每道题花的时间相对较少，比起主观题，多项选择题使得教师可以检测更多知识点。同样，多项选择题使教师能精确地区分每个学生对知识理解的广度和深度。和主观题比起来，多项选择题批改起来更容易，信度更高。

采用多项选择题有两大缺点。最大的缺点是出题困难而且费时，尤其是要设计能评估学生较高层次思考能力的题时。这种题要求教师在更高的层次上加工信息，然后设计一个有可能引发学生进行相似加工过程的问题，最终设计几个看似真实的备选项，每个选项都要求学生进行高层次的思考。第二个缺点是，多项选择题不能帮助我们了解学生是否能够很好地把他们对知识的理解表达出来，学生只是选择了一个答案。这一点和主观题有天壤之别。

要提高多项选择题的效度和信度，可以采取一些措施。和其他任何测验一样，你在出题时要使选择题的内容和教学目标相吻合。以教学目标或教学大纲为指导，然后决定每部分内容大概要出多少道题。有了一个大致的考试计划后，你就准备好开始设计每道题了。

多项选择题的出题过程从题干开始。题干必须以简洁的语言表述，应当提出一个问题——而不仅仅是一句不完整的表述。题干应当表述得足够清楚，使学生即使没有备选项也能作出最恰当的回答。要保证每道题的题干都是一个新的问题，不管是题干还是备选项都不会暗示其他题的答案。在题干或备选项中避免使用否定疑问句或否定句，也是明智之举。

例如，题干："如果英国军队没有________，美国革命是不可能赢得胜利的。"这样的题干令人费解。它包含了太多否定词，而且没有提出明确的问题。这个题干这样改写可能会更好："英国军队犯的下列错误中，哪个是导致美国革命取得胜利的关键因素？"改写后的题干避免了否定句，提出了一个完整的问题，措辞更清晰。

写好题干后，要设计三个到五个备选项，先写出正确的回答，再写其他的。不必每道题都包含相同数目的备选项。为了减少学生猜答案的可能性，每个备选项都要对题干中提出的问题给出一个看似合理的回答，但只有一个选项是最合理的。要避免设计一些不合理的回答，避免使用"以上各项都不"或"以上各项都"之类的字样，因为这样的备选项有利于猜测作答。要保证题干和备选项都不要对正确答案或解答其他题有语法上的提示。当题干是一个不完整的句子时，这种问题时常发生。例如，题干可能是"乔治·华盛顿是一个________"("George Washington was a ...")。在这个例子中，答案必须以元音开头，这样才能保证语法是正确的。"富有的地主"(affluent land owner)这个选项就不可能是正确答案，因为根据语法规则它不能正确地填补这句话。

最后，每个备选项的长度应当基本一致(设计得较差的选择题中，最长的回答通常就是正确答案)。图 9-3 概括了有效设计多项选择题的原则。

1. 写出题干，题干要提出一个完整的问题。避免写陈述不完整的题干。
2. 题干的表述要清楚明了，使学生即使没有备选项也能得出正确答案。
3. 避免在题干或选项中使用否定疑问句或否定陈述。
4. 避免在题干中对正确答案提供语法提示。
5. 先写出正确答案，然后想出两到四个合乎情理的备选项。
6. 备选项的长度要基本一致。
7. 避免使用"以上各项都不"或"以上各项都"之类的字样。
8. 要检测学生更高层次的思考能力，可以要求学生辨别题干中的隐喻手法，或就某复杂、具体的问题作出回答。
9. 避免备选项的模式一成不变。
10. 仔细校对所有题目。
11. 将整道题目(题干和所有备选项)放在同一页上。

图 9-3 设计多项选择题的原则

搭配题(matching items)也可以看做一系列多项选择题，只不过所有题干使用同样的备选项。搭配题的形式是在左栏列出一些题干，通常称为**描述部分**，然后在右栏列出略微长一些的备选项。学生要为每个题干选出关系最密切或最合适的选项。搭配题能有效地检测学生辨别单词、术语或各要素之间关系的能力。因此，在衡量知识层次和理解层次的学习情况时最为有用。搭配题可以要求学生将术语或单词和定义相匹配，将简答题和答案、符号和对应的名称、描述性的短语和其他短语、原因和结果、原则和其适用的情形、各部分的图片和名称相匹配。

搭配题的使用范围不如多项选择题广泛，但比正误判断和简答题更有效。出题和批改都很简单。由于学生做此类题型的速度较快，因此一次考试中可以大量使用搭配题，从而对更多的知识点进行检测。搭配题最大的缺点是它只要求较低层次的思考能力。它注重学生记忆和回忆知识的能力，而不是理解力，而且往往强调一些琐碎的知识点。

和出其他题一样，出搭配题时最好有一个计划。总的来说，一组搭配题应当包括10到12个内容明显相关的题干。如果题干涉及内容完全不同的话题，由于有的选项肯定不能与题干搭配，学生就更容易猜出任意一题的正确答案。题干部分应当比备选项部分略长一点，用数字标上序号，放在左侧。备选项部分应当略短一点，用字母标上序号，放在右侧。备选项的数目应当比题干多出25%（两到三个），答题要求应当详细说明每个选项能否多次使用。和多项选择题一样，每组题中的备选项都要提供看似正确的回答。整组搭配题，包括题干和备选项，应当出现在同一页上，这样学生就不必来回翻页了。最后，要在答题要求中清楚说明如何作答。通常应当在每个标了号的题干左边留出空格，让学生在此标出答案。图9-4简单列出了一组出得较好的搭配题和一组出得较差的搭配题。

出得较差的一组搭配题

从右列中选择最符合的描述，将其字母填在左列每个题干的序号前。

_____1. 亚伯拉罕·林肯	a. 位于宾夕法尼亚州的墓地
_____2. 杰菲逊·戴维斯(Jefferson Davis)	b. 买卖奴隶的地方
_____3. 葛底斯堡	c. 南部邦联政府
_____4. 约翰·威尔克斯·布思(John Wikes Booth)	d. 美国总统
_____5. 奴隶拍卖	e. 刺杀了林肯

出得较好的一组搭配题

从右列中挑选最对应的人物，将其字母填在左列每项描述的序号前。每个人物可能不止一次被描述到。

_____1. 南部邦联政府	a. 亚伯拉罕·林肯
_____2. 刺杀了林肯	b. 约翰·威尔克斯·布思
_____3. 南部邦联的将军	c. 尤利塞斯·S.格兰特(Ulysses S. Grant)
_____4. 在布尔溪(Bull Run)被害	d. 罗伯特·E.李(Robert E. Lee)
_____5. 北部联邦的将军	e. 杰菲逊·戴维斯
	f. 詹姆斯·麦迪逊(James Madison)

图9-4 出得较差的搭配题和较好的搭配题

正误判断题(true-false items)要求学生判断一句陈述是对是错。由于只有两种选择，此类题型有时被称为**二选一**。

二选一的题最常见于教师自行设计的测验中。出题和批改都很简单，但可信度不高。这种题型便于教师检测学生是否掌握了大量信息，但会导致学生猜题，并且只考查了学生死记硬背的能力，而不是理解力。由于高层次认知水平的陈述极少有绝对正确或错误之分，因此二选一的题大多数局限于知识层面。

虽然二选一的题被认为能最有效地评价学生知识层面(回忆知识)的学习水平,但图 9-5 中的原则可以提高这种题型的检测效果。

二选一的题只有在评价学生对大量内容的记忆能力时最为有效。然而,要使这种题型更具有信度,有人建议要求学生更改陈述中的错误,或者解释自己作出的选择。如果要求学生完成这些任务,那么这种题型更类似于填空题或主观题,或许就会促使学生进行高于记忆层次的学习。

1. 先写出每道题正确的陈述,然后改动某些内容使之成为错误的陈述。
2. 只有在主要信息存在错误,而非无关紧要的信息存在错误时,该陈述才是错误的。
3. 所有的陈述长度要相等(错误的陈述往往比正确的陈述短)。
4. 避免直接引用课本或讲义中的内容。直接引述的题几乎都只考察学生的记忆力。
5. 避免使用否定的陈述。否定陈述更难写得清楚明了。
6. 小心使用具体的限定词("总是"、"从不"等)。因为几乎没有什么东西是"永远"、或者"从不"正确的。善于考试的学生会猜这句陈述是"错误"的。同样,避免使用含糊的字眼("有时"、"总是"等)。因为大多数事情只会时而发生,或者经常发生,因此机灵的学生会猜测这句陈述是"正确"的。
7. 在每句陈述中只涉及一个观点或要点。在一句话中包含太多信息只会让学生摸不着头脑。
8. 尽可能将关键信息放在句子末尾,以便使题干更清晰。
9. 要保证每句陈述本身是绝对真实或绝对错误的。
10. 正确和错误的题目数量要大致相等。
11. 避免出现答题规律(例如,对和错交替出现)。

图 9-5 设计二选一题的原则

填空题(completion items)

要求学生将一句陈述中缺失的部分补充完整,或用一个短语回答题干中提出的问题。这类题型要么将陈述中的关键词或重要短语删掉而用空格取代,要么提出一个简短的问题。尽管它不像其他客观题那样给出一些备选项,但也不要求学生给出什么有独到见地的回答。

填空题对年幼的儿童尤为有用,他们可能学会了写字但不会长篇大论地发表看法。由于填空题不要求你想一些看似正确的备选项,因此比其他客观题更容易出。和其他客观题一样,做填空题不费时,因此可用来检测大量知识内容。而且,由于没有备选项,学生不会像做其他客观题那样去猜题。但另一方面,这种题型的典型特征是仅仅考查对具体姓名或事实的记忆。也很难客观地进行批改。例如,由于某学生没记住具体的术语或名字,她可能没有给出教师所希望的答案,但她却对此人进行了一番描述。这算正确的答案还是错误的答案呢?

填空题最适合于检测年幼的学生或检查学生是否达到了知识层次的教学目标。

图 9-6 提供了出好填空题的原则。

1. 答题指示要清楚说明如果使用了同义词或者有拼写错误将如何给分。
2. 确保只有一个正确答案。
3. 避免直接引用课本或讲义中的内容。
4. 如果是空格题,一句陈述中尽量不要留多个空格,否则会表达不清。
5. 要求学生只填写一个词或一个简短而确定的短语,而不是写很多内容。
6. 直接提问通常比不完整的句子更清楚明了。
7. 保证每句陈述的内容都是绝对正确的。
8. 只删除关键词或关键短语,不要删除无关紧要的信息。
9. 如果是空格题,将空格放在句末或接近句末的地方,以使句子更清楚明了。
10. 如果所填答案和数字有关,在陈述中加上该数字的单位。

图 9-6 设计填空题的原则

统筹考试内容

如前所述,最有效的评估是在教学过程初期就开始规划的。不管采用哪种题型,明智的做法是在计划过程中(在制定了教学目标后不久)或教学过程中(将教学方法和教学重点结合起来)设计题目。在出纸笔测试题时,效度和信度是首要考虑的问题。你要确保考试能准确地衡量学生学习的广度、深度和知识水平,因此,你应当尽可能地保证考试的效度——尽可能使教学目标和检测内容相吻合。

提高效度的方法之一是通过使用**命题蓝图**(test blueprint)。命题蓝图描述了知识点、认知层次和考试试题之间的关系。表 9-4 就是一个命题蓝图的例子。你可以看到,左侧列出了知识点,顶端是布卢姆提出的认知目标六大层次分类。最右侧的一栏表示针对每个目标的试题总数,最下面一栏表示针对每个认知层次的试题总数。

表 9-4 《恐龙》单元的命题蓝图

主题	回忆	理解	应用	分析	综合	评价	总计
恐龙名称	10(40%)						10(40%)
生理特征		3(12%)					3(12%)
食肉恐龙	1(4%)		2(8%)				3(12%)
食草恐龙	1(4%)		2(8%)				3(12%)
灭绝原因	2(8%)	3(12%)	1(4%)				6(24%)
总计	14(56%)	6(24%)	5(20%)				25(100%)

在设计一份试卷时，首先决定你想出多少题，将这个数字写在最右下角的空格里。然后你要决定每个主题要出多少题，写在最右侧的空格里。你的决定要以主题的重要性和你授课期间的重点为依据。对于每个主题，你要决定在每个认知层次上提多少问题，在对应的空格里写下数字。你可以多出一些比教学目标要求的认知水平低一些的题（因为认知层次越高的题越要求学生使用较低水平的技能），但出一些超出实际教学范围、要求更高思考水平的题就不恰当了。填写完命题蓝图后，就按照蓝图中规定的数目和题型出题。如果你已经在教学计划和教学过程中设计好了一些试题，那么你只需从这些题目中挑选设计得最好的题，试卷就大功告成了。

在所给的例子中（表 9－4），教师希望出一份由 25 道题组成的试卷，检测学生对有关恐龙的一个单元 5 个主题的学习情况。蓝图表明，教学最大的重点放在了帮助学生学习恐龙的名称上，因为有 10 道题（即 40%）和这个主题有关。其次强调了恐龙灭绝的原因（6 道题），而生理特征、食肉恐龙和食草恐龙（每个主题有 3 道题）3 个主题比重基本相当。该蓝图还表明，学生只需要记住各种恐龙的名称，题型或许是正误判断题或填空题。但也要求学生在其他主题上体现较高层次的思考能力，题型可能是多项选择或搭配题。

除了采用命题蓝图，你还可以采取其他一些措施来提高出题质量。图 9－7 列出了出题的总体建议。

1. 使用命题蓝图，以提高考试的效度。
2. 比实际使用的题再多出几道，从中挑选最符合命题蓝图的题。
3. 出一些所有学生都能正确回答的题。
4. 每次考试只使用两三种题型。对于低年级的学生，只使用一种题型。在一次考试中使用多种题型会让学生摸不着头脑。
5. 确保试卷中的答题要求清晰明了，要让学生知道如何标出答案，试卷如何批改，各题所占比重，等等。
6. 将同一题型放在一起。例如，将所有的多项选择题和填空题分开。
7. 题与题之间要留出恰当的空间，使试题看起来更清楚。题与题之间的空白应当比题干和回答之间的空白更多。主观题必须留有足够的空间让学生作答。
8. 尽可能增加题量，以提高试卷的信度。但不要超出学生实际所能完成的限度。别忘了，完成主观题比完成客观题要花多得多的时间。
9. 将每道题的各部分放在同一页上。换句话说，要保证每个题干及其备选项出现在同一页上。
10. 检查试题，确保没有可以让学生猜出正确答案的固定模式。
11. 留出地方写相关信息（姓名、日期、课程或课程代号，等等）。
12. **校对试卷！** 检查考试说明是否清晰，语法是否正确（尤其是错误选项），是否有印刷问题，是否有拼写和格式上的错误。

图 9－7 对出试卷的总体建议

进行考试

出完试卷后，你可以通过两个方法提高检测的准确度：一是尽可能多地向学生提供关于考试性质的信息；二是按照事先规定的考试程序进行考试。学生应当在考前就清楚地了解考试时间、考试范围、考试题型和阅卷原则。这些信息有助于学生更好地为考试做准备。此外，规定一套考试程序然后一直执行此程序，也是很好的做法。这些程序应当包括以下信息：要带哪些考试用品，教师在考试过程中是否会回答问题，学生做完试题后该做些什么，等等。这些规定的制定可以使学生对考试有一个连贯的认识，使他们专心于考试，而不是每考一次试都不得不记住一套新的规定。图 9－8 列出了进行考试的几条建议。

1. 制定考试程序，让学生熟悉该程序，并一直按照程序进行考试。例如，学生应当知道考试开始后教师是否会回答学生提出的问题，做完试题后该做些什么，等等。
2. 让所有学生都有充分的时间做完试题的各个部分。不要让一些学生因为时间关系而没能正常发挥。
3. 在学生进入教室开始考试之前给他们安排好座位。
4. 发试卷之前，确保所有的学生都有答题所需的工具以完成考试。
5. 发试卷之前，解释或重申考试程序(例如做完试题后该做什么)。
6. 控制好试卷的分发，不要让一些学生比另一些学生过早拿到试卷。明智的做法是让学生等到你发出信号后再开始看题或答题。
7. 如试卷有更正之处，在学生开始答题之前就指出。
8. 避免在学生开始考试之后讨论试卷。如果你必须就试卷或某道题补充额外信息或指导，应当大声向全班同学说明。
9. 在整个考试过程中监督考场纪律。

图 9－8　进行考试的原则

观察评估、表现评估和真实评估

有时，学生的学习情况很难用纸笔测试进行衡量。当教学目标是要求学生完成一件作品、模仿一套步骤，或执行一个肢体动作，最有效的评估方法就是对他们的作品、步骤或表演进行**观察和评价**。例如，艺术老师可能会评价学生作品的质量，演讲老师可能会评估学生进行各类演讲的能力，体育老师可能会评价学生的投球技术，理科老师可能会评价学生是否很好地遵循了实验步骤，语言老师可能会评价学生的写作能力。

纸笔测试要求学生完成一项认知任务，写下回答，并得到一个分数。表现评估则要求学生通过执行任务或完成作品来展现其学习情况，教师可以对作品进行观察和评价。因此，人们通常认为表现评估比传统的测验形式更真实。此外，这种真实的评估在本质上是不断发展的，因而更能适应教学中的变化(Bol & Stephenson，1998；Burke，1994)。因此许多教育家认为，这种真实的评估即使不彻底取代纸笔测试，也应当取代大多数纸笔测验(Haertel，1999；Wiggins，1998)。

和任何形式的评估一样，真实评估的一个首要关注的问题是收集到的信息的准确性。尽管教师在整个学习过程中都以非正式的方式观察学生的表现或作品，但这种非正式的观察是自然而然地产生的。相比之下，要使真实评估（或叫表现评估）做到尽可能公平有效，教师要在成熟的标准基础上仔细计划正式观察和评价，这些标准使教师能够对学生的表现或作品作出准确的判断（Arter & McTighe, 2001; Wiggins, 1998）。这就使真实评估具有更高效度和信度。使用书面检测表、等级量表或量规对学生的表现或作品进行正式评价是提高表现评估的效度和信度的常用方法。

检测表

检测表是一份书面的指导，上面列出要达到最佳表现需要满足的具体条件。教师观察学生的表现或作品，然后对比检测表上的每一项，达到了就打钩。总体表现情况视满足了多少必要条件而定。例如，音乐老师可能会评价学生演奏三个音阶的能力。该检测表见图 9－9。

标准	B 调	F 调	G 调
1. 正确演奏音符			
2. 良好的音质			
3. 连贯的韵律和节拍			
4. 正确的握乐器姿势			
5. 良好的身体姿态			
6. 很好地控制呼吸			

图 9－9 演奏音阶的检测表

检测表的一个优点是能够帮助师生把注意力放在最重要的方面。尽管整个任务可能很复杂，但检测表可以帮助学生了解要完成任务必须做哪些事情。同样，检测表针对学生的表现提供了具体的反馈，可以看出满足了哪些条件，而没有满足哪些条件。这样一来，师生都清楚地知道该名学生在哪些方面有待提高。

检测表的主要缺点在于，不能体现每个具体条件的完成质量。它只能记录是否满足了该条件，却不能记录这个条件的表现程度。例如，在图 9－9 中，教师记录了该学生在演奏各个音阶时是否使用了正确的握乐器姿势。然而，有的学生握乐器的姿势比其他学生好，但检测表并不能显示这些差异。使用检测表的另一个困难是对总体表现作出判断。要达到最佳表现，检测表上的每个条件都是必不可少的吗？如果是这样的，学生的表现就必须满足检测表上的每个条件。然而，有时可能有的条件是好的，但并不是绝对必要的。在这些情况下，要想让学生的表现为人们所接受，必须满足其中多少个条件？这些问题回答起来都不是件容易的事。

等级量表

等级量表和检测表的相似之处在于它也列出了好的表现需要满足哪些具体条件。但等级量表可以让教师判断每个条件的完成质量。它不仅能评估某条件是否满足，还能评估该条件完成得多好，或多准确。因此，等级量表不但具有检测表的优点，而且消除了它的缺点。

课堂上普遍使用三种类型的等级量表(见图 9－10)。在**数字**等级量表中，不同数字表示不同表现质量。数字越大，通常表示质量越高。**图解**等级量表是让教师在一条标有不同表现质量的横线上打钩。**描述性**等级量表也是在一条横线上做标记，横线上的各点对各个质量等级进行了描述。

数字等级量表

圈出代表该学生表现质量的数字(1＝不令人满意，2＝差，3＝中等，4＝良，5＝优秀)。

标准	等级				
1. 该学生准确演奏音符。	1	2	3	4	5
2. 该学生音质很出色。	1	2	3	4	5
3. 该学生演奏的韵律和节拍是连贯的。	1	2	3	4	5
4. 该学生握乐器的姿势是正确的。	1	2	3	4	5
5. 该学生有良好的身体姿态。	1	2	3	4	5
6. 该学生呼吸控制得很好。	1	2	3	4	5

图解等级量表

在每条刻度上能代表该学生表现质量的地方打钩。

标准	等级			
1. 该学生准确演奏音符。	差	中	良	优
2. 该学生音质很出色。	差	中	良	优
3. 该学生演奏的韵律和节拍是连贯的。	差	中	良	优
4. 该学生握乐器的姿势是正确的。	差	中	良	优
5. 该学生有良好的身体姿态。	差	中	良	优
6. 该学生呼吸控制得很好。	差	中	良	优

描述性等级量表

标准	等级		
1. 该学生准确演奏音符。	有的音符准；有的入调	所有音符都准；大多数入调	所有音符都准；全都入调
2. 音质很出色。	不清楚，模糊，声音太小	清楚，但声音太小，力量不够	清楚，有力，响亮

图 9－10　演奏音阶的等级量表

使用等级量表可以对学生的表现作出总体判断，比用检测表要简单一些。教师通过归纳各个具体条件完成的得分得出这种判断。通常都是得出一个代表总体表现质量水平的数字。数字量表尤其容易计算：或者是把所有条件的得分相加，或者是算出平均分。图解量表和描述性量表也可以进行数字运算：给每幅图上的项目或每条描述定一个分值，然后和数字量表一样进行计算。有时，对学生的表现进行更详尽的描述会很有效，尤其是使用了图解量表或描述性量表时。在这种情况下，针对每个条件的描述内容可以转化成在全世界范围通用的数字计量，这样就得到了一个基于总体表现的等级分数。

量规

量规是一份详细表格，扩展了描述性等级量表中的细节，具有检测表的优点，省去了根据数字等级量表做加减乘除运算的麻烦。在大多数量规中，每一纵列都代表有待评价的一个具体要素，每一行都表示每个要素在不同掌握程度下的特征。通常，量规是以数字等级的形式出现，即每个要素在每种程度下得一个分数(Wiggins，1998)。

图 9－11 是一份评价学生写作的量规表。四个纵列表示我们想要评价的学生写作的四个方面(语法，拼写，标点和大写)。每个方面都有四行内容，每一行描述这些方面的表现程度。还要注意每个纵列顶端的数字以及每行左侧的数字，一个表示每个部分的总分，一个表示不同表现所得的分数。根据这些数字，我们可以看出，这次写作作业总分为 40 分，四个方面的分值是平均分配的(即各部分占写作总分的四分之一)。尽管这份量规的每一行都给了教师一些变动分值的余地(以 8～10 分的优为例，教师可以打 8 分，也可以打 9 分或 10 分)，但不是所有的量规中都必须有这些变动。

使用这份量规，教师更容易为学生的作业打分，而且打分标准也更加一致。重要的是，学生也可以根据量规为自己或同学的作业打分，从而提供更积极的反馈。量规有助于让师生都把注意力集中在写作最重要的方面。

在判断学生的表现、作品或项目时，等级量表、检测表和量规都能有效提高评价的准确性(Linn & Burton，1994)。满足以下四个条件时，作出的评价是最准确的。首先，有效的表现或能让人接受的作品必须具备的要素应当得到清楚的说明、描述并为学生所知。其次，每个具体要素必须是可观察的，以清晰的语言加以透彻的描述。第三，必须阐明对表现或作品进行判断时的情境。第四，使用事先制定的评分标准对表现进行评价。

作品集评价

作品集评价是一种独特的评价方法，是目前最新颖的非传统评价方法之一。(Burke，Fogarty & Belgrad，1994；Daniels，1999；Wiggins，1998)虽然连提倡这种方法的人也承认，作品集的效度和信度尚有疑问，但他们仍然声称，经过精心设计的作品集是评价学生学习的一个绝佳方法。(Elliont，1994；Isaac & Michael，1997；Wiggins，1998)

	语法 10 分	拼写 10 分	标点 10 分	大写 10 分
优 8～10 分	● 每个句子都表达了完整的思想。 ● 所有的句子主谓都一致。 ● 所有的代词都用得正确。 ● 句首没有使用任何连词。	● 每个单词都拼写正确。 ● 字迹清楚。	● 每个句子都以恰当的标点结尾。 ● 逗号在通篇得到正确使用。 ● 正确使用撇号来表示复数所有格和单数所有格。	● 每个句子都以大写字母开头。 ● 所有专有名词首字母都大写。
良 5～7 分	● 每个句子都表达了完整的思想。 ● 大多数句子主谓都一致。 ● 所有的代词都用得正确。 ● 个别句子以连词开头。	● 大多数单词都拼写正确。 ● 字迹清楚。	● 大多数句子都以恰当的标点结尾。 ● 逗号在通篇得到正确使用。 ● 用撇号来表示大多数所有格。	● 大多数句子以大写字母开头。 ● 大多数专有名词首字母都大写。
中 2～4 分	● 有的句子表达了完整的思想。 ● 有的句子主谓是一致的。 ● 有的代词用得正确。 ● 有的句子开头用了连词。	● 大多数单词都拼写错误。 ● 字迹比较清楚。	● 有的句子以恰当的标点结尾。 ● 有的逗号用得正确。 ● 几乎没有用撇号来表示所有格。	● 有的句子以大写字母开头。 ● 有的专有名词首字母大写。
差 0～1 分	● 几乎或根本没有一个句子表达了完整的思想。 ● 几乎或根本没有一个句子的主谓是一致的。 或 ● 根本没有认真写。	● 只拼对了个别单词。 ● 字迹非常模糊。 或 ● 根本没有认真写。	● 几乎没有一个句子是以恰当的标点结尾的。 ● 逗号几乎全部用错。 或 ● 根本没有认真写。	● 几乎没有一个句子是以大写字母开头的。 ● 专有名词首字母都没有大写。 或 ● 根本没有认真写。

图 9－11 评价学生写作的一份量规

作品集收集了学生的作业，用来展示学生的学习成果。其中包含的每一件作品都可以体现学生的成长过程，学习成绩的变化，或分析和评价自己作品的能力(Burke, 1994; Eby, 1992; Wiggins, 1998; Worthen, Sanders & Fitzpatrick, 1997)。在作品集评价中，师生根据作品集的不同目的挑选几个作品实例。这些实例可以包括各种成果，如论文、项目、小测验、家庭作业、杂志，甚至考试。你还可以加入记录了学生学习过程的录像带或磁带。除了这些，作品集中还可以包括学生本人、其他学生以及教师对作业的评价。因此，作品集是对学生作业的收集，提供了有关学生的学习情况或进步情况的详细信息。

作品集的作用还不止这些。作为一个评价工具，它将收集来的学生作业（作品集）作为评估学生表现的媒介。和任何表现评估一样，我们要清楚地认识到制作作品集的意图，什么样的作业最有可能帮助我们有效地评估学生的表现，将这样的作业包括进去，以及判断这些作业质量的标准是什么，这些是非常关键的。比如，如果我们想用作品集评价法来帮助我们判断学生的写作能力，我们必须确保作品集包含各种写作风格的作业，使每个学生都有机会展示其写作技巧的多样性；要确保制定了清楚的标准，使作出的判断公正无私，前后一致；还要确保学生了解作品集将如何使用，和这样做的原因。

评定等级

在大多数情况下，课堂评估的最后一步就是给每个学生判定一个等级。评定等级是对学生经过一段时间的学习、体验各种经历后的表现或学习情况进行总结的一个简单方法。因此，尽管评估包括形成性和总结性两大块，但评定等级还是一个典型的总结性过程。最终，你必须综合学生的学习或进步情况，判断其进步的快慢，然后给出一个你认为能公正准确地体现这种判断的等级。

评定等级是教学的一个重要组成部分，虽然时常让人惧怕。许多教师声称在判定和报告学生等级时感到不安和害怕（Airasian, 2005; Burke, 1994; Guskey & Bailey, 2001）。这种不安部分是由于家长、学生和校方领导非常看重等级，把它当成学生进步情况的主要信息来源。评定等级也绝非易事，因为它迫使教师将角色从学习的协调者转变为客观的观察者和判断者（Marzano, 2000）。最后，这一工作经常让教师感到害怕，因为很多教师觉得自己没有做好充分的准备来迎接这一挑战。（Green & Mantz, 2002; Mertler, 1999）（见案例 9.1）

案例 9.1
“我的试卷肯定出得非常糟糕”

特里·柯林斯老师刚刚改完四个班学生最近一次美国历史问答考试的试卷。今年，班上的学生多了起来，从第一节课的 32 人上升到最后一节课的 38 人，每个学生都回答了三道问答题。试卷终于改完了，特里精疲力竭，但又松了一口气。

当他往在线的成绩册里登记成绩时，他意识到两名最好的学生的得分比他预期的要低。事实上，虽然这两名学生在课堂作业中总是得 A，但这次考试一个得了 B，另一个得了 B—。更让人吃惊的是,有几个平时成绩一般的学生却得了比这两人高得多的分数。特里认为肯定是出的试题本身有问题,要不然就是他的阅卷方式有问题。

由于这些分数看上去太不符合常理,特里觉得,过于看重这次考试的成绩,认为它和其他考试的成绩一样重要,对学生来说太不公平。他的解决办法是在每个学生的分数上加五分“奖励分”。加分之后,那两名天资聪慧的学生至少得了个A—,他觉得这个分数对他们而言比较公平。而对于另外三名学生,加分意味着他们的成绩比试卷的总分还要高。但特里觉得这不是什么问题,因为他们即使不加分也已经得了 A。

研究并解决该案例

1. 特里没有考虑到其他哪些有可能导致这两名学生分数较低的原因?
2. 如果是你,你会怎么处理学生成绩低得不正常的情况?
3. 特里的解决方法有可能在评估的效度或公平方面造成哪些问题?

尽管评定等级的工作困难重重,令人不安,等级的用处却不少(Airasian, 2005; Marzano, 2000)。**从管理角度说**,等级可用来决定学生应当学哪些课,学生是否有进步,是否可以进入高一年级或是否可以毕业。**从信息角度说**,等级能向家长、学生和校方反映学生的学习情况和进步情况。对于有的学生,等级还可以**激励**他们更努力地学习。出于这些原因,选择一套种准确、公正、可靠、前后一致的评定等级制度并加以贯彻,成为教师的职责所在。

在挑选和贯彻等级制度时,必须考虑三方面因素。首先,在评定等级时要考虑哪些作业、成绩或研究项目?其次,你将用什么标准来判断学生成绩的好坏?第三,你如何将几种作业的成绩综合成一个分数?让我们逐一分析这三方面要素。

评定等级时应当考虑哪些因素

你给的等级是对学生在各方面表现好坏的总结。评定等级的目的是准确体现学生知识的深度和广度,而这些知识应当与教师在教学过程中强调的内容相吻合。

通常,在评定等级时应当考虑尽可能多的信息来源。信息来源越多,你对学生进步情况的“描绘”就越准确。常见的信息来源包括考试、小测验、家庭作业、课堂表现、作品集和研究项目。综合考虑上述信息,就能更好地判断学生的进步情况。

有的教师还会考虑学生的出勤情况,或对学生的行为、态度、课堂参与、学习动机或努力程度进行的非正式观察。然而,通常最佳的做法是在评定等级时只考虑那些直接体现学生成绩的因素(Airasian, 2005; Marzano, 2000; Stiggins, 1997)。如果评定等级时将其他一些较抽象的因素(如学习动机或态度)掺杂在学生成绩中,等级会变得前后不一致，无法提供准确信息。为了解决这个问题，一些小学在评等级时给每个学生打两个等级：一个反映他的学习成绩，而另一个则是对其学习动机或行为表现的判定。如果只能给一个等级，这个等级必须只体现学生的学习成绩。其他方面的信息可以通过评语或和学生或学生家长会谈的方式加以传达。

尽管我们说要包括尽可能多的信息来源，但教师必须清醒地认识到需要他们批改作业和登记成绩的工作量有多大。当然，把整个学年的所有考试成绩以及其间学生完成的重大作品、研究项目或表演都反映到等级中来，这样做是可行的。但是你在决定评定等级时要包含哪些作业时，要有选择性。例如，假如你每天都要让学生做小测验，或者每天都布置家庭作业，把每一次的成绩都算到等级中去，恐怕就不切实际了。究竟要把多少因素纳入期末等级的考虑范围，每位教师必须心中有数。

应当采取什么标准

如前所述，评定等级要求你对学生的进步情况作出判断。但从我们刚才讨论的各种来源中得到的信息并不能告诉你学生成绩是好是坏。要作出此种判断，需要将学生的成绩和某些标准相比较。最常用的三种参照标准是：(1) 其他学生的成绩；(2) 事先制定的成绩标准；(3) 每个学生以前的成绩。

参照其他学生

或许你能回忆起我们前面对测验得分的解释，我们说过，如果得分是在和其他学生的得分进行比较之后得出的，这叫**常模参照评估**。我们用同样的术语来描述和其他学生成绩相比较后得出的学生成绩。如果我们说一名教师在进行“比较型评分”，意思就是这位教师在使用常模参照等级制度。在这种制度中，学生的等级取决于班里其他学生的成绩。如果该学生比大多数其他学生好，等级就高；反之则低。

常模参照等级制度主要有两种形式。一种叫**固定百分比制度**，这种制度规定了全班有多少比例的学生将得到特定的等级。总的来说，这个等级制度是这样规定的：大多数学生得 C，较少的学生得 B 和 D，得 A 和 F 的学生数量最少。例如，在下面这个固定百分比制度中，10%的学生将得 A，10%得 F，20%得 B，20%得 D，40%得 C。因此，从图 9-12 的考试得分例子看，比尔得 A，玛丽和琼得 B，克伦，凯文，帕姆和保罗得 C，伊丽莎白和卡亚得 D，奇珀得 F。即使比尔和奇珀只差了 10 分，而且即使最高分只得了 100 分中的 85 分，看似不合情理，但事实就是如此。

如此可以看出，在这种等级制度中，等级只表明该学生**和其他学生相比**取得了怎样的成绩，而不是得分本身的高低。假如所有学生的成绩都不错，那些成绩略微低一点点的人也将得到低一些的等级。因此，一次作业得的 A 和另一次作业得的 A 是不一样的。

等级	百分比
A	10%
B	20%
C	40%
D	20%
F	10%

更常用的形式是**灵活分配制度**，在这种制度中，学生的等级仍然是通过和其他学生进行比较得出的，但得到各个等级的学生的百分比不是事先规定好的。相反，百分比会随时调整，以反映出全体学生都考得好或都考得不好的情况。和固定百分比制度不同的是，灵活分配制度可以得到调整，以至于出现得某个等级的学生数目为零的情况。在图 9-12 中，所有学生的成绩基本处于同一水平，没有谁得分特别高，也没有谁得分特别低。你可以适当调整尺度，不让任何学生得 A、D 或 F。因此，得分在 81 到 85 之间的学生可得到等级 B，得分在 76 到 78 之间的学生可得到等级 C。

学生姓名	分数	学生姓名	分数
比尔	85	帕姆	81
玛丽	83	保罗	78
琼	83	伊丽莎白	76
克伦	82	卡亚	76
凯文	82	奇珀	75

图 9-12 一次百分制考试的原始分数实例

常模参照等级制度如今得到了广泛使用。然而，这种评定等级形式的负面影响非常明显，尤其是对学习能力较差的学生而言。它容易打消学生的积极性，增加学习压力，导致学生之间产生不良竞争，使学生养成不良的学习习惯，进而影响学习效果（Marzano，2000）。此外，由于基于这种制度得出的等级不能准确地表明学生对知识的掌握情况，因此教师很难对此加以解释（Airasian，2005）。出于这些原因，最好还是避免使用这种评定等级的制度。

参照事先制定的成绩标准

学生的等级也可以通过参照事先制定的标准而定。这样的等级制度称为**标准参照评估**，即学生的等级与其他学生的成绩无关，而是体现了该学生对知识掌握的程度。通常，这个等级就是在考试的总分基础上的得分比例。学生的得分越多，等级越高；得分越低，等级也越低。教师事先将得分比例和对应的等级规定好，然后将学生的成绩和这个尺度作比较。下面是一个常见的标准参照等级尺度：

百分比	等级
92～100	A
84～91	B
76～83	C
65～75	D
00～64	F

根据这个尺度，我们用图 9－12 的考试得分来看每个学生能得多少等级。在这个例子中，没有学生能得 A，比尔会得 B，大多数学生会得 C，奇珀将得 D。由此你可以看出，利用标准参照尺度，学生有可能得到任何等级。

标准参照制度旨在用一个客观的标准衡量学生的学习情况，而不是用其他学生的成绩来衡量。因此，用这个制度给出的等级评定更有可能准确地反映学生的成绩（Airasian，2005；Brookhart，2004）。这种制度最大的优点是，每个等级代表的含义都更清楚。不管班级的情况或其他学生的能力如何，A 都代表一个确定的成绩水平。尽管对于尺度的确定是主观的，但人们认为利用标准参照制度评定的等级不容易受偏见的影响。出于这些原因，标准参照制度总的来说是评定等级时最恰当的方法。

参照学生以前的成绩

常模参照和标准参照评分制度都是通过将学生的成绩和一个外在标准作比较而给出等级。然而这些制度不能说明学生在能力或背景知识方面的差异。对于一个在某学科里毫无天赋的学生和一个在该学科里如鱼得水的学生，使用的是同样的等级标准，这样显然有失公平。因此，有的教师认**自我参照等级制度**（self-referenced grading system）更能以学生为中心，更为可取。在这种制度中，等级是通过比较学生目前的成绩和以前的成绩而得出的。换句话说，等级是建立在个人进步的基础上。进步很大的学生将得到较高的等级，进步不明显的学生将得到低一些的等级。这种方法在作品集中经常得到使用，来评估学生一段时期以来取得的进步。

自我参照制度要事先确定学生需要取得多大进步才能得到某一等级。和标准参照尺度一样，不同的进步程度对应不同的等级。下面就是一个基于个人进步情况的自我参照尺度。

提高的分数	等级
满分	A
12 分或 12 分以上	A
9～11 分	B
4～8 分	C
1～3 分	D
没有提高或有退步	F

自我参照尺度有一个特点是考虑到了那些成绩已经非常好的学生。这么做是为了避免造成对成绩好的学生反而是一种惩罚的现象。例如，如果一位学生在上一次考试中得了100分中的98分，他最多只能再提高两分，按照尺度的话他只能得D。然而在这个尺度中我们还看到，如果他在目前的考试中得了满分，他仍然能得A。尽管有这样的考虑，但自我参照尺度仍然对那些在先前的考试中取得优异成绩的学生不利。因为要保持或提高已经相当好的成绩比提高很差的成绩困难得多。尽管自我参照等级制度避免了常模参照和标准参照制度带来的竞争或死板性，但依据这一制度评定的等级不能体现学生对学科的掌握情况或学习能力。A可能意味着掌握得近乎完美，也可能意味着掌握程度有限，因为这个学生一开始成绩就非常差。尽管自我参照等级制度具有一定的优势，但恐怕还是要尽可能避免使用。表9－5比较了这三种等级制度。

表9－5 比较常模参照、标准参照和自我参照三种等级制度

	常模参照制度	标准参照制度	自我参照制度
参照对象	其他学生	事先制定的标准	学生以前的成绩
参照方法	等级曲线；确定得到各个级别的学生比例	成绩标准；学生必须取得一定成绩才能达到某等级	进步标准；学生必须提高一定分数才能达到某等级
等级体现的含义	学生的成绩和同班同学相比较的情况	学生对学科内容的掌握情况	学生和以前的成绩相比取得的进步情况
每个等级是否都有人数限制	受等级曲线的限制	没有限制	没有限制

如何将评估信息加以综合

等级代表着对学生成绩的总体判断，因此在评定等级的过程中必须将几种成绩类型（考试、小测验、家庭作业、项目等）最终转换成一个字母、一个数字或一个符号。在确定要对哪些成绩进行评定之后，必须决定如何评定每项成绩的等级。最后，必须综合这些成绩的等级，得出一个能反映总体学习情况的等级。目前有各种电脑程序可供教师存储信息，综合每个学生的成绩。然而，由于这些程序要求教师确定所选成绩在总评中所占的比例，因此很重要的一点是知道要考虑哪些要素。

在准备对挑选的成绩进行综合时，要记住，这些成绩反映了不同内容、目标和重要性。不是所有的分数都同等重要。例如，图9－13是五名学生的成绩。从中可以看出，教师记录了学生们两次考试、两次家庭作业、一次小测验和一个项目的成绩。假如我们只看成绩，每个成绩的重要性（或者叫分量）都是一样的。比尔第一次考试得的A和克伦在小测验中得的A分量一样。然而，你可能想让考试成绩和项目成绩比家庭作业或小测验的成绩分量重一些。

学生姓名	家庭作业 1	家庭作业 2	小测验	考试 1	考试 2	平均等级
比尔·亚当斯	√(3)	+(5)	B(4)	A(5)	A(5)	A(5)
琼·达比	√(3)	√(3)	B(4)	C(3)	B(4)	A(5)
克伦·埃文斯	+(5)	√(3)	A(5)	B(4)	B(4)	B(4)
伊丽莎白·斯通	+(5)	√(3)	A(5)	B(4)	B(4)	A(5)
卡亚·汤普森	-(1)	√(3)	D(2)	C(3)	B(4)	C(3)

图 9-13 分数等级实例

假如建立一个等级制度，将各项成绩都一律以相同的方式表示，例如用字母、分数、钩叉或正负号，就更容易对等级进行综合。然而，有的教师习惯对不同作业或考试类型采用不同符号。在图 9-13 中，家庭作业的等级是用钩叉、正负号来表示的，而考试、小测验和项目则是用字母等级来表示的。在这种情况下，你必须将这些不同的符号转换成同一种尺度。比如你可以将所有符号转换成数字。在图 9-13 中，你可以将家庭作业的等级这样转换成数字：正号代表 5 分，钩代表 3 分，负号代表 1 分。同样，你可以将字母也转换成数字：A 代表 5 分，B 代表 4 分，C 代表 3 分，D 代表 2 分，F 代表 1 分。现在，所有成绩都转换成了数字形式，可以进行数学运算了，通常是计算出平均成绩。然而，在此之前，你必须确定每个数字在总成绩中占的比重。例如，有可能项目是最重要的，考试次之，家庭作业和小测验排在最后。

大多数教师在对成绩进行综合之前都会加大各项成绩的比重。做法是根据每项成绩的重要性乘以一个相应的数字。对于图 9-13 中已经转换的(数字)信息，每项考试成绩可以乘 2，项目成绩乘 3。加重分量后的成绩如图 9-14 所示。现在你就可以利用这些加大比重后的成绩进行综合了。

学生姓名	家庭作业 1	家庭作业 2	小测验	考试 1	考试 2	项目	平均等级
比尔·亚当斯	3(3)	+(5)	4	10	10	15	4.7 (A)
琼·达比	3(3)	3(3)	4	6	8	15	3.9 (B)
克伦·埃文斯	+5	3(3)	5	8	8	12	4.1(B)
伊丽莎白·斯通	+5	3(3)	5	8	8	15	4.4 (B)
卡亚·汤普森	-1	3(3)	2	6	8	9	2.9 (C)

图 9-14 根据加大比重后的分数得出的学期等级实例

当所有成绩都转换成了同样的尺度(通常是数字)，并且加大了比重以体现不同的重要性，你便可以将它们综合成一个单一的等级分了。

首先，将加重后的各项成绩相加。然后用这个总数除以加重了的成绩的数目。在我们的例子中，最初有 6 项成绩，但我们对其中一些成绩进行了乘法运算，以增加它们的分量。加重后就变成了 10 项成绩，因为每次考试都算两次，项目算 3 次。

家庭作业 1	1
家庭作业 2	1
小测验	1
考试一（×2）	2
考试二（×2）	2
项目（×3）	3
加重后的成绩项目总数	10

通过比较加重后的平均成绩和我们一开始用来转换符号和字母的 5 分制尺度，便可算出学生的等级。图 9－14 是这五名学生加重后的平均成绩和等级。

评定等级是一个让人焦虑不安的过程，同时又是教学的一个重要组成部分。它往往是你整个评估过程的最终结果。倘若精心设计并正确实施，评定等级就是一个公平、准确、可靠的过程，能够提供学生的学习和表现方面的有效信息。

评估和等级评定方面的技术

电脑和技术在生活的其他任何方面都得到了人们的普遍使用，同样，教师在评估学生、保存信息、分析信息和计算等级的过程中也越来越频繁地使用它们。毫无疑问，使用文字处理软件来对付考试或量规等评估材料已经使修改和改进这些材料的任务变得越来越方便快捷。此外，商业电脑"计分册"使综合评估信息的任务更加容易也更加可靠。然而，将技术运用于评估和等级评定的实践，要包括一系列活动。

汉纳（Hanna）和迪特莫（Dettmer）（2004）提出了教师利用电脑技术来促进评估的 13 种活动。除了刚才提到的这些，汉纳和迪特莫还具体谈到了建立个人试题库文件、电子作品集，利用光学扫描记录考试成绩和开展人机测试等活动。尽管有这么多的活动可供选择，尽管其中很多做法均可方便地得到实施，但作为教师，我们仍然要对输入哪些信息作出明智的选择，这一点仍然至关重要。正如一条有关电脑的格言这样说道："胡乱输入＝胡乱输出。"

几点思考

评估学生的学习是使教学卓有成效的一个重要组成部分。这不仅帮助教师了解学生的学习情况，而且了解自己的教学效果。要作出准确的评价，教师必须从各种来源收集可靠有效的信息，然后根据这些信息作出判断。标准化考试和教师自行设计的考试是得到最普遍公认的评估信息来源，但大多数教师还使用各种其他正式和非正式的来源。他们的最终目的都是作出公平、一致、有效的判断，以便向学生、家长、教师本人以及其他教育学专家提供有价值的反馈意见。

本章小结

● 收集、综合、解释信息以助于决策的过程叫做**评估**。用分数或分数描述学生表现的过程叫做**测评**。考试是最常用的测评手段。根据评估信息作出定性判断(表现是好是坏)的过程叫做**评价**。

● 评估有效与否取决于获取信息的来源以及信息的准确性。信息的正式来源,如考试、小测验、家庭作业、项目或表演等,更多的是在教师的控制之下,需要的话可以重复进行。教师即兴观察学生的行为,和学生、家长或其他教师谈话,或阅读学生的日记等非正式的信息来源也是很有价值的,但容易带有偏见,导致错误的判断。

● 评估的准确性取决于其效度和信度。效度是指考试或其他信息来源对于它要检测的内容检测到了何种程度。有效的评估应当(1) 衡量学生对所有重要内容的理解或对技能的掌握情况,但不能超出这个范围;(2) 按照教他们时采用的方法,在同一知识水平作出评价;(3) 与教学过程中强调的重点保持一致。

● **信度**是指信息来源提供信息时的一致性。例如任何人如果多次参加一个考试,每次都得到的分数相差无几,这就是一致性。提高信度的主要方法是从尽可能多的有效来源中获取信息。尽管通常很难对信度进行评估,但出题者往往都会提供有关考试信度的信息。

● 评估工作既可以在教学期间进行,也可以在教学结束时进行。形成性评估是在教学过程中开展的,主要用来帮助改善教学。总结性评估是在教学结束时开展的,主要用来对学生的学习情况作出最终的判断。优秀的教师利用这两种评估手段改进教学,并且判定学生应得的等级。

● 近年来,标准化考试在美国的公立学校中越来越普遍,考试结果经常被用作地方政府、州政府乃至国家制定相关政策的依据。标准化考试因考试方式和评分方式的一致性和统一性而得名。学生可能会用到的考试用品、考试时间都受到限制,提供考试说明,控制其他任何有可能影响考试发挥的细节。尽管标准化考试能有效考查广泛的知识点,评分客观而公正,出的题可以检测更高层次的思考能力,但考试结果经常得不到正确的解释,因而遭到误用。通过让学生参加模拟考试,教学生何时可以猜答案,如何支配考试时间,教师可以帮助学生在标准化考试中发挥得更好。

● 标准化考试的结果通常以下面的一种或几种方式加以统计:

1. 学生的考试成绩可以用原始分数来统计,可以以其他学生的得分为参照,或以事先制定的标准为参照。

2. 原始分数是指答对的题目数,基本上不能反映出学生学会了什么或学会了多少。

3. 标准参照分数将学生的原始分数和已有的标准相比较,能对学生掌握了哪些具体知识提供详细的信息。

4. 常模参照分数将学生的原始分数和其他参加了该考试的学生的成绩相比较(通常称为标准化分数)。

● 标准化分数以各种形式加以统计。有的只统计学生的原始分或实际得分,然而几乎所有的标准化分数都按照正态曲线等值分数(NCE)、百分比排名、九分制和等级分数进行统计。此外,许多出题者还提供分数群,指出学生成绩最有可能在什么样的精确范围内发生波动。

● 最常见的课堂评估形式是由教师自行设计的。如果设计得当,此类评估会比标准化考试更节约成本、更有效,因为它们反映了教师针对特定的一批学生的实际教学情况,而不是反映国家的某些考试标准。教师自行设计的纸笔考试采用两类题型:主观题和客观题。主观题要求学生用自己的话组织答案,出题比较容易。这种题型不仅测试了学生的理解能力,还测试了他们的表达能力。然而,阅卷工作比较费时,评分也很难做到可信、客观。限制性问答题使学生的回答范围(预期的长度和覆盖面)更清晰。拓展性问答题不限定回答范围,更能发挥学生的创造力。

● 客观题要求学生从一组备选项中挑出最恰当的回答,评分更容易做到客观,而且最主要的是出题者能够对更大范围的知识点进行考查。然而,出题更费时,而且只检测低层次的思考能力。主观题包括多项选择、搭配题、正误判断题和填空题。

● 观察评估、表现评估和真实评估要求学生将所学知识运用于实践,完成肢体动作或完成具体作品供观察和评价。由于学生实际是将学到的知识运用于解决问题,因此这种类型的评估通常被称为**真实评估**。

● 依据较完善的标准进行正式观察和表现评价时,获得的评价是最准确的。检测表、等级量表和量规是教师用来指导观察评估最常用的工具。它们都列出了可取的表现所必备的基本要素。检测表只能让观察者标出某要素是否具备,等级量表却可以让观察者对每个已具备的要素的完成质量作出判断。量规在前两者的基础上进行了改进,对各个表现水平进行了更具体的细节描述。

● 作品集评估是指收集每个学生的作品样本,以便观察学生在一段时期内的进步情况。作品集可以包括考试、小测验、论文和其他学生项目,以及教师、学生本人和其他同学对作品的评价。作品集评估的一个重要特点是学生自己参与了收集和评价作品样本的过程。

● 评定等级的目的是对学生在较长的一段时间内的各种学习经历和表现进行总结。尽管很多教师在评定等级时产生忧虑不安的情绪,等级却在管理学生、提供信息以及激励学习等方面起着非常重要的作用。虽然评定等级时要考虑尽可能多的信息来源,但教师不能不切实际地把学生的所有成绩都列入等级制度的考虑范围。

● 尽管在评定等级时可以考虑学生的表现或学习态度等因素,但最好还是将等级限制在体现学生的学习成绩上。如果不依据学习成绩来评定等级,而是依据其他因素,就会降低等级包含的信息量。为了解决这个弊端,一些小学的等级制度允许教师评两个等级，一个是成绩等级，一个是行为或态度等级。

● 教师在评定等级时还可以将学生的成绩相互比较，也可以参照确定的标准或者学生本人。常模参照等级制度是将每个学生的成绩和其他学生的成绩作比较。

1. 固定百分比制度是指事先规定好得各个等级的学生各占多少比例。这种制度中，大多数学生都得C。

2. 灵活分配制度是指得各个等级的学生比例是可以灵活调整的，以体现所有学生都考得好或都考得不好的整体情况。

3. 研究表明，常模参照等级制度会造成一些消极后果，如导致学生之间不良竞争、产生焦虑情绪和学习效果下降。

● 标准参照等级制度是通过参照一个事先规定的标准而对学生的等级进行评定，体现了每个学生对所学内容的掌握程度。

● 自我参照等级制度是将学生目前的成绩和他以前的成绩相比较。许多人认为，对于学习能力较差、和其他同学比起来进步缓慢的学生来说，这一制度更加公平。然而，自我参照等级制度的问题在于，评定的等级只能反映该学生进步了多少，却不能反映他到底学了多少知识。

● 最后，教师必须综合各个信息来源，得出一个能反映学生总体情况的等级。假如所有的成绩都是以同一种方式记录的，如字母或数字，就会大大简化综合的过程。然而如果已经使用了不同的记录方式，就必须把所有的成绩转换成同样的尺度，通常是数字。

● 要评定一个反映学生某学科总体学习情况的等级，必须加大每项作业或考试的比重，体现其在学科中的重要性。

● 综合各项作业最常用的方法是：(1) 将所有作业的成绩转换成数字；(2) 计算平均值；(3) 将这一平均值转换成字母等级。

关键词

评估	测评	评价
效度	信度系数	形成性评价
总结性评价	标准化考试	考试技巧
常模参照	标准参照	原始分数
百分比排名(PR)	正态曲线等值(NCE)分数	九分制
等级分数	分数群	客观题
主观题	限制性问答题，拓展性问答题	多项选择题
题干	备选项	搭配题
填空题	命题蓝图	自我参照等级制度

待讨论的主题和问题

主题

“两年前，州政府开始要求每个年级的学生在每学年末参加一项标准化考试，学生成绩刊登在当地报纸上。这给教师和校长都带来了很大压力，我们得确保学生考出好成绩。达不到州政府的成绩要求的学生第二年必须参加暑期补习班，如果学完后仍然达不到要求，就自动留级。我讨厌这个考试。它只检测州标准规定的那些知识，可我认为学生要学的东西远远不止这些。但如果我把太多时间花在讲解和考试内容无关的知识上，我又担心学生考试考不好。”

问题

教师们作出了如下评论或描述了以下事件。你对此有何看法，或者你会怎么处理这些情况？

问题 1：“二年级开始的第三周，我接到一位家长的来电，她对我给她女儿评定的等级感到非常恼火。她曾经和另一位家长交谈过，得知对方的孩子在整个学年得到的分数和她女儿相差无几，却得了更高的等级。当我核查我的成绩册时，我想起来自己的确给另一名学生评定了略高一些的等级，因为我觉得她学习非常刻苦。明天我将和校长以及这位家长会面，解释其中的原委。我有点儿紧张，不知道会发生什么。”

问题 2：“我在学年一开始就告诉学生，在每个评等级阶段，我给他们评定等级之前，他们可以去掉平时成绩中的两次最低分。现在还剩两个单元的学习内容，有几个学生意识到，在剩下的三周时间里，他们可以什么都不学也能得到优秀的等级。我不知道该怎么办了，因为这两个单元非常重要，我希望他们能认真学习。”

理论付诸实践的活动

活动 9.1：解释标准化考试的成绩

解释以下分数各自体现了学生怎样的成绩情况。

1. 原始分数 21/总分 25
2. 百分比排名 32
3. 从 55 个百分点到 63 个百分点之间变动的分数群
4. 正态曲线等值分数 37
5. 九分制分数 8
6. 等级分数 6.3

活动 9.2:设计主观题

根据你所教的学科写一个较宽泛的教学目标。设计一个拓展性问答题以检测学生对该目标的掌握情况,并写出参考答案。然后以参考答案为指导将这个题出成限制性问答题。

活动 9.3:设计客观题

利用你在活动 9.2 中写好的教学目标,设计至少三道客观题,来检测学生对全部知识点或部分知识点的掌握情况。现在,再出一道多项选择题,要求学生至少要综合与知识点相关的信息后才能作答。

活动 9.4:设计一份评分量规

确定一项能检测学生对你所教学科某方面的掌握情况的表演任务。然后设计一套原则来帮助学生理解他们要做些什么,在何种情况下去完成这项任务,如何对他们的表现进行评价。最后设计一份具体的量规,要参照这份量规为学生的表现打分。让一名学生读一遍任务原则和量规,保证大家都清楚明白。

活动 9.5:设计一项评定等级的制度

为一门你有可能教到的学科设计一项合理的评定等级的制度。该制度要包含各种信息来源并保证信息的可靠性、各种信息将如何评分、各自占多大比重,以及你将使用何种标准来评定等级。

活动 9.6:综合评估信息

根据在活动 9.5 中设计的评定等级制度,为 10 名虚构的学生的每次作业随意打分。综合这些信息并给每位学生评定一个字母等级。你应当能够清楚地解释每个学生的等级是如何得来的,为什么得这个等级。

第三部分

有效的教师

教师在课堂上扮演的角色是非常关键的。毕竟,教师是教育体系和学生之间的接触点,任何教学活动或教育创新都是通过教师对学生产生影响的。因此,使教师的有效性最大化是教育的主要目标。(Medley,1986,第4页)

事实上,克里克山克和哈菲勒(Haefele)(2001)描述了10种好教师的类型(见下表)。尽管我们在某些方面做得更好,但每位教师都以这十种类型为榜样。随着教学生涯的展开,你将逐渐培养起这10种好教师拥有的品质。然而,虽然所有教师都会对学生的生活产生一些影响,但有的教师总是产生更积极、更深远的影响。他们和学生的关系似乎更融洽,似乎更有效地帮助学生从教学中获益。

我们接下来将重点放在克里克山克和哈菲勒定义的**有效教师**这一概念上。这么做不是想暗示其他类型的好教师就没有任何价值。然而,我们对本书进行最新一轮修订时,正处在这样一个时代:教师要比以往任何时候都更直接、更正式地对产生可衡量的教学效果负责任。近20年来,美国大多数州已经对学生采取了高风险考试(见第九章),许多州以考试成绩作为判断教师和学校质量的依据。2002年《不让一个孩子掉队法案》的通过使得考试成绩差不仅给学生而且也给学校和教师带来更加严重的后果。因此,每位教师要理解并能运用经研究证明能有效提高学生成绩的办法,这非常重要。值得一提的是,研究表明,教师用来促进学生学习的很多技能和特征还能导致其他有价值的结果产生,如使学生的自尊心更强烈、更自信、更持之以恒。

表 优秀教师的类型

理想的教师——达到校长、督学和教育学教授心目中的标准的教师。
分析型教师——使用观察技巧(如弗兰德互动系统 Flanders Interaction Analysis System)来记录自己是否达到了教学意图的教师。
有效教师——使学生成绩有所提高的教师。
负责任的教师——很好地完成指派的教学任务的教师。
有能力的教师——通过了各种考试(如拿到国家专业教学标准委员会 NBPTS 颁发的证书,通过美国教师资格证书考试 Praxis),证明他们具有当教师的必备特征的教师。
专业的教师——拥有广博的专业知识,能在较少的时间里完成较多工作的教师。
反思型教师——研究教学艺术和教学理论,旨在成为更有思想、更有技巧的教学实践者的教师。
让人满意的教师——让学生、家长、监护人、同事或督学感到满意的教师。
能灵活应对多样性的教师——对不同学生的需要都很敏感的教师。
受人尊敬的教师——拥有并展现很多优良品质的教师。

在这个部分,我们要研究**有效教师**的技能、特征和行为。到底什么是"有效"的教师?什么原因使有的教师更有教学效果?怎样提高教学效果?接下来的五章将回答这些问题。第十章《有效教师的个性特征》将描述对教学进行的研究,然后分析有效教师的个性特征。第十一章《有效教师的专业技能和能力》着重探讨有效教师用来使学生获得最大学习收获的专业技能。第十二章《有效教师管理课堂的技巧》讨论有效教师使用哪些组织策略和管理策略来维护一个积极的学习环境。第十三章《有效教师解决问题的技巧》解释了有效教师是如何处理课堂上出现的问题的。最后,第十四章《有效教师的反思技巧》描述了有效教师是如何思考和解决课堂上出现的问题的。

第十章 有效教师的个性特征

在本章，我们要分析那些教学非常成功的教师的个性特征，尤其是那些与学生学习关系最为密切的个性特征。在展开讨论具体之前，我们先分析研究者们是如何研究"有效教师"以及是如何定义"有效教学"的。然后，我们要研究有效教师的八大特征，它们是：

1. 热情
2. 热心
3. 可靠
4. 对成功抱有很高的期望
5. 鼓励和支持学生
6. 公事公办
7. 适应性/灵活性
8. 博学

教学研究

要了解与有效教学相关的教师特征和行为的重要性，不妨首先给**有效教学**下一个定义，并就如何区分有效教师加以说明。

界定有效的教学

如前文所述，有效教学的界定方法有多种。专栏作家威廉斯·拉斯贝利(1993)所提出的观点可能表达了大多数人的想法。他指出，有效教师应具备以下特征：关爱学生；支持学生；关心学生的利益；专业知识广博；能与学生家长、上司、同事友好相处，并且真正对自己所从事的工作感兴趣。诚然，这些特点从根本上说都是难能可贵的，但人们还忽略了一个重要的事实，有效教师应该能帮助学生更好地学习。克里克山克和哈菲勒认为这一类型的好教师才称得上是**有效教师**。

有效教师——能够帮助学生学习，学习效果可得到测评的教师——在许多州和联邦的责任方案中随处可见。在全美，学生升学或毕业时需要参加起关键作用的"高风险"考试，以及根据考试成绩给教师发工资的现象越来越普遍。当然，针对有效教学、涉及面最广、引起最严重后果的事件是联邦政府通过了《不让一个孩子掉队法案》(NCLB)。NCLB规定，要是学生成绩总是不能达到预期标准，这些学校会遭到一系列的处罚（见要点 10.1 中对 NCLB 的描述）。

要点 10.1
不让一个孩子掉队

2001 年的《不让一个孩子掉队法案》，通常简称 NCLB，是对 1965 年《中小学教育法案》的最新一次补充和修订。通过各种措施，该法案明确规定：所有儿童将在 2014 年以前达到一个等级水平。之前的联邦立法强调和支持的往往是一些和学习较差的学生有关的项目，但 NCLB 与此不同，它直接将联邦政府对学校的资助和学生成绩挂钩，要求各州采取具体措施处罚那些学生成绩一直不佳的学校。

NCLB 法案纷繁复杂，对各所学校、各学区乃至各州提出很多有关学生成绩的要求，以及不能达到这些要求可能导致的后果。其中包括制定更严格的教师培训和委任标准、各州和各学区在使用联邦教育基金方面拥有更大灵活性，以及强调“以科学理论为基础的研究”。然而法案中对教师和学校产生最直接影响的方面是责任制。

要得到联邦政府的资助，各州必须确保每个学生在阅读和数学两门课程中取得适当的年度进步（Adequate Yearly Progress，简称 AYP）。这就要求各州规定各年级的阅读和数学水平，三年级到八年级的所有学生每年都要参加这两门课程的统考，校方要公布所有学生的成绩，包括那些特殊的少数群体学生的成绩（如贫困学生、少数民族学生、残疾学生和英语水平有限的学生）。如果某学校或校区连续两年有一个或一个以上少数群体达不到州政府规定的 AYP，就会被纳入“有待改善的学校”之列。这些学校要接受从特殊援助到员工重组，乃至被国家或私企接管等一系列的纠正措施。

达不到 AYP，除了学校要承担后果，NCLB 还规定，孩子在这些学校就读的家长可以自由择校。如果哪家的孩子在一所“有待改善的学校”上学，家长可以选择另一所位于他们的居住区内、认为有可能让孩子得到更好的教育的学校。此外，假如这些学生上的学校得到了联邦政府一级教育资金，这笔资金可以用来保证学生享受到来自社会或私人的额外教育服务。

NCLB 这部内容如此庞杂的法案，表明联邦政府对教育进行大规模的直接干预。该法案自问世以来，已经成为一大批教育家抨击的对象。随着联邦政府教育官员对法案中过于苛刻的条款进行修改，给予各州和学校更大的灵活性，这些批评产生的影响也不言而喻。今后，我们完全有理由相信 NCLB 还会进行更多的修正。然而，联邦教育政策对学生成绩的关注在短期之内是不太可能改变的。

来源：预知更多详情，请登录美国教育部网站，访问《不让一个孩子掉队》和全美首席教育官理事会（Council of Chief State School Officers）网页。

显然,如今教师要对**有效地**帮助学生学习负责。但是,教师们做了些什么让他们的教学更有成效,或是不那么有效?这个问题作为研究的焦点已经有很多年了。事实上,近一个世纪来,教育研究者们都在尝试着去回答什么是有效教师这个问题。早期的研究把有效教师定义为从上司那里获得高度评价的人。这一研究试图把行政等级与教师的优点联系起来,诸如活力向上、乐于合作、值得信赖、情绪稳定、能言善辩、有说服力、明辨是非、头脑警觉、个人魅力、体力充沛以及品行端正,等等。

尽管此类研究一直持续到20世纪60年代中期,其结果却令人沮丧。以上个性特征没有一项与教师所获的行政等级有任何关联。许多学者于是总结道,是什么使教学有效,尚无定论。

幸运的是,在20世纪60年代发生的几件事促使人们对有效教学的定义和本质进行了颇有价值且富有成果的研究。在这些研究中,最有推动作用的莫过于**"教育机会平等"**(Equality of Educational Opportunity)研究(Coleman, Campbell, Wood, Weinfeld, & York, 1966)。这一研究由美国卫生、教育与福利部委托进行,旨在分析在白人孩子与黑人孩子之间受教育机会与最终学习效果之间的差别。

作为主要调查人员的科尔曼(Coleman)和同事发现,在某些学校上学的学生的确要比上其他学校的学生成绩更好。然而,当他去调查这一事实的原因时,他发现小学生们的成绩有差别在很大程度上与一个因素有关——学生的社会经济地位(SES)以及学校所在的社区。让许多教育家更惊讶、更感失望的一个发现是,人们通常认为与在校成绩有关的因素,诸如班级规模、教科书的质量、学校的设施以及教师的经验,对学习的影响微乎其微。从那时起,研究者们重新分析了科尔曼的发现,并进行了无数研究(Walberg & Fowler, 1987; Hanuschek, 1997; Chall, 2000),但都表明社会经济地位与学生成绩是密切相关的。

大多数学生的在校成绩是由他们的社会经济地位决定而不是由他们所上的学校或教他们的教师决定的。毋庸置疑,这一结论扰得教育学家们心烦意乱。这些报告再一次激发了人们界定和描述有效教学的兴趣。许多学者认为,既然学校和教师似乎都只有有限的影响力,那么知道怎样最大限度地利用这种影响就非常重要了。因此,教育研究者们尝试着去识别那些对学生产生最深远影响的教师和学校所具备的特性。于是,针对有效教学的研究进入了第二个成果丰硕的时期。在这一时期,研究者们不是根据行政等级来识别有效教师,而是根据教师是否具有帮助学生从教学中获得最大收获的能力来判断。

搜寻有效教师

科尔曼的报告发表不久,教育家们就开始研究那些似乎能促进学生学习的教师行为和个性特征。基于这样的理论基础,即学生的学习在一定程度上取决于教师的个性特征和行为，教育研究者们开始区分出那些能够一直让学生飞速进步的教师。研究者们有时以标准化考试的成绩来衡量学生的学习情况，但也并非总是如此。如果成绩好，研究者们便对这些教师进行观察，看他们是否具备某些共同品质，或许可用来解释他们学生的成功。因此，这一时期的研究认为，在教水平基本相当的学生时，能帮助学生学到更多知识的教师才是有效教师。

在过去的50年里，研究已经识别出了许多与使学习更有效的教师行为和特点。这些行为似乎还给学生带来了其他一些良性结果，譬如，学生对学校更加满意，对学校的态度更友好，自我评价更客观，毕业率也更高(Needels & Gage，1991；Wenglinsky，2000)。最让人兴奋的一点是，这些发现描述的是真实的教师在真实的课堂上教授真实的学生，而非仅仅是纸上谈兵。明白了什么是有效教师，了解他们做些什么，你才能把这些个性特点和教学行为融合到你的教学当中去。

有效教师：个性特征

虽然**教师的个性特征**是通过行为表现出来的，但这些个性特点主要还是与生俱来的。每位教师都拥有这些特点，只不过表现出来的程度不同而已。例如，一些教师的言谈举止自然而然地表现得比别人更热情。这可能是由于他们对工作有着更高的热情，也可能仅仅是因为他们的个性增强了他们表达热情的能力。热情、热心肠等个性特征是我们个性的一部分，因此，要通过后天努力获得这部分特征并不是件容易的事。而要获得和改进其他个性特征，例如专业知识渊博、行为得体，就要容易一些。通过进一步了解研究表明成功教师所具备的共同个性特点，并且让它们与你的天性相匹配，你就可以开始构建自己独特的教学角色——这种教学角色能最大限度地发挥你的才能，让你和学生建立起积极的关系。

本章接下来的部分将探讨研究表明有效教师具备的八项个性特征。我们用三个大标题对这些特征进行分类，来引导讨论进程。这三个大标题是：激发学生学习的个性，以成功为中心以及专业的行为举止。**激发学生学习**的个性包括热情、多样化、热心和幽默等特征。这些特征帮助学生投入到学习中并保持求知的兴趣。**以成功为中心**是指教师相信自己也相信学生有能力获得成功。对成功抱有强烈期望、鼓励和支持学生等特点都属于此类。**专业的行为举止**则是指教师致力于帮助学生学习。有效教师都拥有广博的专业知识而且举止得体；在学生眼里值得信任。接下来你会看到，这三组特征是相互关联的。例如，备好课表现出的是自信，赢得学生的信赖，使课堂气氛更有序，使教师能更容易地根据学生的需要调整教学内容。

以下篇幅将深入研究这些特征。首先，我们会给出每个特征的定义，接着对验证其重要性的研究作一个分析。最后，我们将讨论每一特性会体现为哪些具体行为举止。阅读这一部分时，请记住这些特征是与学生取得进步相联系的。想一想你天生具备哪些特征，把这些特征都展示出来，还要考虑一下你可以以哪些方式将这些特征更有效地用在学生身上。

激励学生学习的个性

有效教师具有激励他人的个性。他们似乎十分喜欢自己从事的工作，他们支持学生而且容易获得学生的信任（Peart & Campell，1999；Young，Whitley，& Helton，1998）。这一部分我们将讨论此类教师具备的三个具体特点：热情、热心与幽默以及值得信赖。

热情

在教师具备的特征中，最能使学生努力学习的特征就是热情。热情的教师传达给学生的信息是，他们不仅自信而且喜欢自己所从事的工作，他们信任和尊重学生，他们教授的课程是有用而且又有趣的（Ellis，2002）。充满热情的教学可以帮助学生持之以恒地完成任务，激励学生学习，让学生们学到更多的知识，得到更多满足感。（Denight&Gall，1989；Gallagher，1994；Patrick，Hisley&Kempler，2000；Wang，Haertel&Walberg，1993）

虽然“热情”一词很难定义，但古德和布罗菲（2000）指出，教师的热情由两个重要的方面组成：对所教授的专业感兴趣并且亲身参与其中；精力充沛，活力四射。人们经常把热情的教师描述成充满活力、鼓舞人心、精力充沛以及能言善辩的人。他们的行为表明他们是全身心地投入到学生以及课程中去的。

人们通过各种各样的言谈、手势和面部表情来传达热情。热情的教师在授课时会在教室里来回走动，从教室前面走到后面，从教室的一边走到另一边。他们非常活跃，用手、胳膊、脑袋和肩膀做出肢体语言来强调重点。他们与所有学生保持目光交流，鼓励所有学生都积极参与，提出问题。热情的教师在根据学生的理解水平随时对授课进程作出调整的同时，还使课堂保持轻快的节奏。他们通过语速、语调以及声音的高低来引发学生的兴趣，用停顿来强调重点，避免讲话单调乏味。他们经常变化面部表情（例如，睁大眼睛或眯起眼睛，微笑或皱眉），以便进一步强调他们的讲话内容。

从上午 8:15 到下午 3:00 一直保持着这种夸张而又生动的表情并不容易，或许还是个不可能完成的任务。所幸的是持续的热情并不是必要的。事实上，和其他因素一样，只有当活跃兴奋的程度发生变化时，才是最有效的。一个不停走动，总是不断使用夸张的手势，老是微笑着的教师会不久就变得乏味，甚至是让人讨厌。然而，请记住迪耐特（Denight）和高尔（Gall）的忠告：尽管教师们经常期望学生对他们所说的内容感兴趣，但学生们通常对教师说话时是否激情洋溢更感兴趣。

记住，只有当学生感觉到你的热情时，你才是一名真正热情的教师。换句话说，仅仅是对你的学生和所教授的课程充满热情并不能保证你的学生就认为你是一个热情的人。那么学生认为哪些行为可以体现教师的热情呢？表 10－1 列举了学生用来区分热情教师与冷漠教师的教师行为。要注意的是，这些行为不是单独起作用的，只有具备了所有这些行为才会让学生认为你是一名热情的教师。

表 10－1 教师的热情

热情的教师……	冷漠的教师……
• 显得自信而友好	• 显得焦虑不安或保守
• 在讲话主题与学生之间建立关联并阐明这种关联	• 机械呆板，不能将讲课内容与学生的兴趣或需要联系起来
• 用夸张、生动的手势强调重点	• 经常整节课站或坐在同一个位置
• 采用创造性、灵活多变的教学方法	• 仅仅使用一两种教学方法
• 全身心投入，教学生动	• 漠不关心、和学生保持距离
• 与所有学生保持眼神交流	• 避免与学生发生眼神交流
• 运用多变的音高、音量、音调、停顿等使讲话更有趣	• 语调单一
• 耐心	• 缺乏耐心
• 坚信学生能成功完成各项任务	• 没等学生作出正确回答便很快放弃
• 能意识到谁开小差并迅速处理此种行为	• 忽视学生开小差的行为
• 保持快节奏的授课进程	• 授课效率低下；经常拖堂
• 有幽默感；能自嘲	• 总是很挑剔
• 通过走动来保持学生的兴趣与注意力	• 站在讲台前，很少走动

来源：改编自 V. Carusso (1982) 的《教师的热情：师生汇报的各种行为》(*Teacher Enthusiasm: Behaviors Reported by Teachers and Students*)，在纽约举办的美国教育研究协会年度大会上递交的论文。

热心与幽默

不管你是否意识到这一点，但作为课堂上的权威人士，你得确定课堂的基调，规定角色，订立规范，以及促进学生之间人际关系的形成。在教少数民族学生以及出身贫困的学生时，这些特点就变得相当重要了(Quindlen，2002)。在为学生营造一个支持性的、轻松、满意、学有所获的教学环境时，教师的热心和幽默是重要因素(Brown，Tomlin，&Fortson，1996；McDermott &Rothenberg，2002)。通过促进建立一个安定、有益的环境，热心和幽默间接地促进了学生的学习。在第十二章我们可以看到一个支持性的课堂氛围能减少学生不良行为的发生。

尽管大多数观察过不同教师的人可能会就这些教师是否传达了热心和幽默达成一致意见同意，但要精确地解释什么是热心的行为，什么又是幽默感，并非易事。然而，这两个特点是相互关联的。

热心

教师是通过与学生建立正面的，支持性的人际关系来表现其热心的(Goleman，1998；Peart&Campbell，1999)。让学生了解你的性格是非常重要的。学生们常说好教师是一个“真实的人”。当你对人友好、保持积极的态度、对学生感兴趣、把他们当成个体来对待、乐于倾听各种想法、愿意与学生一起解决问题，并且努力帮助他们在学业上取得成功时，这种积极的课堂关系就得到了促进。相反，当学生们认为你有失公平，过于武断或是呆板，抑或是你阻碍了师生之间的交流时，热情就会减少，课堂关系就会受到破坏。

那么，具体说来，你可以通过哪行动来向学生表示热心呢？教师的行为中有许多在传达热情的同时也表现出了教师们的热心。图 10－1 罗列了一些帮助你对学生表现得更热心的建议。

1. 在教室门口与学生打招呼时叫出他们的名字，对学生在课外或是个人生活的其他方面取得的成绩作出评论。
2. 经常面带微笑。
3. 展示真实的自我。表现出你的个性、喜好、甚至是个人的观点。
4. 和学生保持亲近而又不构成威胁的身体距离。靠近学生，可以传达你的信任和坦诚。
5. 鼓励学生接近你，对你敞开心扉。课堂上的交流大多要集中在与学习有关的话题上，但要表明自己有兴趣也乐于在课下和学生们谈论与学习无关的话题。
6. 了解学生的主张、感受和想法，主动将这些信息和你的教学相结合。
7. 为所有学生提供辅导，在他们身上花费时间，以保证他们掌握所学知识并考出好成绩。
8. 在对所有的学生表现出兴趣、关心和接纳时，要避免降低对学生的期望或加入学生的社交圈，成为“学生之一”，尤其是对那些与学生年龄相近的新教师来说更是如此。

图 10－1 热心的传达

幽默

学生经常提到他们喜爱的教师身上具有一些特点，而适当的幽默感是其中之一(McDermott&Rothenberg，2002)。这些教师让学习变成了乐趣。幽默能打消紧张情绪，使学生感受到教师的安全感和自信，促进信任，并且还能减少不守纪律的问题。

幽默的有效利用可以是自发的，也可以是人为计划好的。当好笑的事情发生时，我们通过笑来传达幽默感。在平常上学的日子里，幽默的事情时刻都会发生。不要害怕去嘲笑这些事情。尤其是，你必须学会自嘲。因为所有的教师都免不了犯错。他们会被电脑线绊倒；匆匆忙忙去发改好的试卷时，可能会把好几沓试卷掉在地上。尽情笑一笑吧！正确地看待它们，不要太把它当一回事了。反过来，要避免讽刺或挖苦，尤其注意千万不要取笑学生。讽刺和挖苦通常传递冷漠、没兴趣或是不喜欢的信息。尽管一些学生可能会积极地回应教师的取笑，但大多数学生可能会因为自己成了"班级小丑"而做出消极的反应，更严重的可能还会感到自己受到了伤害或者觉得很尴尬。做真实的自己，做一个不虚伪做作的人。但要注意的是，你要给学生树立一个可取的课堂行为榜样。

尽管课堂上的幽默大多都是自发的，但也可以是人为的有效利用。备课时就指出话题的哪些方面会比较有趣。可以使用卡通画，讲笑话，甚至是有关课文的更实质性的内容。例如，一位中学教师可以幽默地以诗人埃德加·艾伦·坡(Edgar Allen Poe)古怪的生活和工作作为开场白，吸引学生的注意力，从而开始新一单元关于艾伦坡作品的学习。教师可以模仿艾伦·坡的打扮，穿上深色的衣服，或许还可以在肩膀上放一只黑色的塑料鸟(乌鸦)。教师可以扮演艾伦·坡的角色，通过夸张艾伦·坡疯狂偏执的言论和行为，在他生活的时代背景里介绍其作品。教师还可以模仿艾伦·坡的谈吐，讲讲他在生活和写作方面遇到的困难，从而介绍课堂上要学到的艾伦·坡的作品。这种有意地、巧妙地将幽默与课文结合在一起的做法，可以让这堂课更难忘，教学更有效。

值得信赖

在学生看来，有效教师是可靠的，值得信任的(Thweatt&McCroskey，1998)。需要再次指出的是你的可靠感存在于学生的眼中。不管教师的学识、经验、受教育程度或地位怎样——你可能认为所有这些要素都能确保你的可靠性——事实上，只有当学生认为你可靠时你才是可靠的。在低年级阶段，教师作为成人权威的代表，对学生而言自然有着某种程度的可信度。然而，学生年龄越大，就越不可能认为教师天生就是可靠的。作为大学生，你会不断地对导师的可靠性作出评判。这些评判至少部分地决定了每一位导师教学的有效性。

要让自己可靠又值得信任，该做些什么呢？三个似乎非常重要的因素是：你的学历证书、你传达给学生的信息和你的行为(Beatty & Zahn，1990；Frymier & Thompson，1992；Thweatt & McCroskey，1998)。学历证书是最可能影响年轻学生对你的看法的因素，因为他们拥有相对来说较丰富的学科知识，或者他们非常希望在该领域取得成功。但是，即使满足了这些条件，也只有当学生知道你拥有学历证书的时候，才能起促进作用。你传递给学生的信息内容也会影响到你的可信度。如果你能够向学生证明你讲的话题和他们的兴趣和需要相关，他们就会认为你更可靠，但最重要的是你的行为。要得到学生的信任，你需要开诚布公、平等地和学生交流，坦率地征求与接受学生的意见或批评，描述你对学生期望以及所学知识的相关性，清楚地表达自己的想法，对学生的成功表现出兴趣与关心。你会看到，信任是通过教师的努力赢得的。

对成功的态度

有效教师是态度积极的人。他们都对学生的学习能力和他们自己帮助学生取得成功的能力满怀信心。重要的是他们似乎能够向学生传达积极的态度并让学生们也随之变得积极起来。具体地说，有效教师能鼓励和支持学生，对成功抱有很高的期望。

对成功抱有很高期望

有效教师对自己和对学生取得成功都抱有很高的期望。他们发自内心地相信所有的学生都能掌握所学的内容，而且自己也有能力去帮助所有的学生学习。看起来似乎是教师的期望**导致**了学生不同的学习效果。研究表明，当教师对学生的期望增加时，学生掌握的知识也随之增加。（Gill&Reynolds，1999；Weiss&Pasley，2004；Wolfe，1998）

教师的期望到底会怎样促进学习，目前还不清楚。但是，研究表明教师对自己和学生的期望会影响他们的行为，进而影响学生的学习。（Kolb&Jissum，1994）例如，假如你认为乔安娜学不会某些知识点，很可能你不会在她身上花太多时间，而把注意力放在其他学生身上，认为这些学生更有可能从你的帮助中获益。这样，乔安娜得到的指导就会比别人少，也就更有可能学不好。

学生对教师微妙地传达的期望十分敏感。如果你对某一学生抱有较低的期望，不仅是那个学生，其他学生很可能也会察觉到这一点，从而相应地调整他们的想法和对自己的期望。总之，学生们时刻都在观察教师的行为，并且很有可能感觉出这些行为背后暗含的态度与期望。因此，学生很可能会感受到教师的任何行为传达出的低期望，认同这种期望，从而降低自我期望值。（Gill&Reynolds，1999；Walberg，1999）当然，这也使学生更有可能无法学会该知识点（见案例 10.1）。

案例 10.1
他为什么不再努力点

多罗茜·罗伯逊女士已经教了 22 年的初级代数。她喜爱这门课程，但她更喜欢教那些刚刚开始接触高中数学课程的学生。

这天是星期四，到了第三节课，多罗茜开始了每天的惯例。每四个学生为一组到黑板前去做一道题目，答对了就可以回到自己的座位。就这样，所有学生都要到前面来展示他们的解题方法。之后，如果还有时间，学生们可以开始做第二天要交的家庭作业。

第一批上黑板的四个学生，有三个都答对了。剩下的那个学生佩尼好像解答不出这道题目，所以多罗茜把她留了下来，叫了另外三个学生上来做题。“佩尼，我想你是知道怎么做这道题目的。放轻松，仔细想想这个问题，这一次你能做出来。”其他三个学生都解答出来了，可佩尼好像还是做不出这道题目。于是多罗茜对她说道：“没关系，佩尼。回到座位上去吧，吃午饭的时候我们可以一起来做这道题。”

接着叫上来的四个学生又都成功地解答出了所给的题目。接下去那一组中有个叫迈克的学生，尽管他整整一个学期都已经非常努力，而且也做出了一个答案，只可惜答案是错的。当这组另外三个答对了的学生回到座位上的时候，多罗茜说道：“我不明白这道题对你来说怎么会这么难，但我相信你能做出来。你得继续待在这儿做题，向自己也向我证明你能行。”然后多罗茜又叫了另外三个学生上来。直到所有其他学生都已经回到座位上独立学习，为即将到来的考试做准备时，多罗茜仍然继续让迈克站在黑板前，做她布置的题，而迈克还是一再做错。

从一开始多罗茜对迈克就感到很泄气。迈克一直是个得全A的优秀学生，可今年开始情况发生了变化。在她的课上，迈克好不容易才得了个D。她知道迈克很聪明，也确定他只是不够努力，也许只是青春期的反叛心理。她只是想推他一把。

研究并解决本案例

1. 多罗茜的行为暗含了她对学生有什么样的期望，特别是对迈克和佩尼？
2. 多罗茜在教学中体现出来的个性是否具备了有效教师的特点？
3. 假设你是多罗茜的同事，如果她向你征求意见，你会怎么说？

大多数踏进校门的学生都充满自信并期望获得成功，但很快他们就学会根据教师对自己的期望作出相应的自我调整(Raspberry，1993；Kaufman&Aloma，1997)。布罗菲(1982)和其他研究者发现，最容易受到教师期望影响(无论是积极的影响还是消极的影响)的是那些年纪小、成绩不太好而又处于升学阶段的学生(比如从小学升中学)，或是那些非常喜欢这个教师的学生。因此，很不幸，那些最需要教师的帮助和支持的学生，恰恰正是那些教师通常对其并不抱有很高期望的学生。(Brothy，1982)

对教师的期望和学生成功的讨论常常使人联想到**自我实现的预言**(self-fulfilling prophecy)这一观点——即你得到的正是你所期望的。但库珀和汤姆(Tom，1984)、库珀和朱森(Jussim，1994)指出，教师的期望以两种方式影响学习，而自我实现预言只是其中的一种，而且顶多只能算是一种次要的方式。

更重要的一种方式是库珀和汤姆提出的**可持续期望**(sustained expectations)。教师最初的期望可能或多或少有一定的正确性,会影响到教师最初的行为以及学生的学习。然而,这种期望可以而且也应当持续地得到修正,以便更准确地体现学生的能力。一些教师脾气固执,拒绝调整最初对某些学生不准确的期望(通常是较低的期望),这种倾向会严重地妨碍学习。最初的期望产生的影响是有限的,但可持续期望产生的影响才具有累积效应。也就是说,在长期的一段时间内,可持续期望会不断反复地影响差生的表现。其结果是一个向下发展的恶性循环——教师预期某些学生会失败,那些学生便失败了,教师进一步降低对他们的期望,学生再次失败,如此循环往复。

你应当试图告诉学生你希望他们取得成功,而且你会帮助他们取得成功。你应当设置切合实际的目标,清晰地表达出来,努力为每个学生提供成功的机会。一条很好的经验就是确保每个学生在大多数时候都是成功的。对于那些不爱学习、在学习方面的自我评价较低的学生,或者有特殊教育需要的学生,尤其要这样做(Gill & Reynolds, 1999; Obiakor, 1999)。对于那些觉得课程很难,以及那些不相信自己能在学业方面取得成功的学生,你应当试着安排一些适合他们的作业和活动,确保他们能够顺利完成其中的80%到95%,这样可以帮助学生树立自信心,激励他们去尝试难度更大的学习任务。即使是热爱学习、对自己的能力十分自信的学生,教师也要保证他们在大多数时候都能获得成功。对于这些学生来说,70%到85%的成功率似乎可以提高学习动力和学业表现。

到目前为止我们只从两种类型的学生——成功的和不成功的——来研究学生的成功问题,而每一类学生所需要的成功率各不相同。你可能注意到了,对学习的信心和最理想的成功率之间是成反比的。也就是说,随着学生的信心和能力增长,获得高成功率的需求反而下降了。换句话说,学习较差或自信心不足的学生需要更多地感受成功。然而,随着他们在学习上有了更大进步,变得更有自信,你在安排学习任务时应当考虑到:要让学生一直觉得学习富有挑战性、学习动力不减,你布置的任务难度应当逐渐递增。这样一来,学生的成功率虽然仍旧很高,但不如从前。

你还要小心避免过早对学生作出判断,要在必要的时候调整你的期望。所有的学生都有各有所长,即使在学同一学科时也不例外。如果某门学科学生觉得学起来游刃有余,就有可能积极主动地参与课堂活动。有效教师将充分考虑学生的长处和短处,为学生在有疑问的知识领域制造更多成功的机会,而在学生已经熟练掌握的领域制造较少的成功机会。有效教学要求教师使任务的难度和学生的能力水平永远保持一致。

教师为不能一次性掌握知识点的学生进行**辅导**时,也在传达他们对学生成功抱有很高期望。你的教学计划中应当包含辅导时间,通过各种教学资源和教材(旧课本、杂志、录像带、电脑程序等)进行辅导。你还应当确保给予这些学生他们所需要的关注,以帮助他们获得成功。这种关注不光是指你自己花时间辅导他们,还包括小组学习和同伴辅导。当你花时间帮助学生理解知识点时,不仅传达了你对学生抱有的期望,也传达了该知识点的重要性。

当大多数教师思考对成功抱有的期望时，他们通常想到的是教师对学生的期望。然而，有效教师还对自己抱有很高期望。他们给自己设定了很高的标准，这些高标准激励着他们为上课做好充分准备、有效地利用课堂时间，以及给予学生实质性的反馈。他们展示了对任教学科的丰富知识；显得自信而平静；言行举止、着装打扮都为人师表；努力弥补自身专业能力方面的不足。

正如我们已经讨论过的，很多时候你是不是通过语言，而是通过行动来间接地传达自己的期望。那么，你是如何向学生传达很高期望的呢？表 10－2 比较了对学生抱有很高期望的教师和抱有较低期望的教师其行为的差别。

表 10－2　教师对学生及自身传达较高或较低期望的行为

抱有很高期望的教师……	抱有较低期望的教师……
• 清楚地告知学生课程目标	• 不说明目标、或目标不明确
• 深入浅出、有条理、有步骤地进行解释	• 解释得不完整或不清楚
• 将授课内容与学生的兴趣紧密联系起来	• 很少将授课内容与学生的兴趣相联系
• 设置合理的标准并经常予以修改	• 设置过高、过低或过于严格的标准
• 把辅导纳入计划，有必要时提供辅导	• 不辅导学生
• 保持一贯的原则和任务指导	• 不保持一贯的原则和任务指导
• 鼓励学生发表意见	• 忽视学生的意见
• 经常微笑、点头、和学生保持眼神交流	• 教学过程漫不经心
• 经常叫学生起来回答问题，保证所有学生都有均等的机会被叫到	• 很少叫学生回答问题，而且只叫特定的一部分学生
• 在学生作出回答之前给予充分的思考时间	• 不给学生思考问题的时间就要他们回答问题
• 帮助学生改正错误的回答或补充不全面的回答	• 对错误的回答或不完整的回答频繁地给予表扬
• 不经常批评学生	• 频繁地批评学生的表现
• 频繁地给予大量具体的反馈	• 很少给予反馈，且反馈的内容含糊其辞
• 学生在学习时很少去打断	• 经常打断学生的学习

鼓励和支持学生

有效教师鼓励和支持学生，使学生得到归属感、满足学生渴望得到喜爱、获得成功的需要(Wang, Haertel & Walberg, 1993)。渥恩斯坦(Ornstein)和拉斯利(Lasley, 2000)认为，尊重学生并真正信任学生能力的教师才是鼓励学生的教师。他们不仅仅是纠正学生的回答，而是帮助学生获得作为个体的认同感，认可学生的努力和潜力。因此，鼓励学生这一特征与热心、热情、对成功的期望等其他重要的特征是相关联的。

通过鼓励和支持，你能帮助学生实现你对他们的期望，即使在实现的过程中会遇到一些困难。

当学生不愿意学习，或遭遇困难时，鼓励显得尤为重要。这种现象最容易发生在学习一项新知识的早期阶段，在学习较差的学生、少数民族学生和女生中更常见。(O'Halloran，1995；Weiss & Pasley，2004）鼓励可以激励学生去尝试他们不愿意开始的任务，继续他们努力了一半、让他们备受挫折的学习任务。

如果不把自己的架子放下来，怎么能鼓励学生呢？首先，友好、安全、公开的课堂氛围将使学生乐于开始新的任务。必须让学生感到，你布置的任务是真实而重要的，你将帮助他们取得成功，必要时他们将从你这里得到帮助。图 10-2 列出了一些展现你的鼓励和支持的方法。

1. 不要评价学生不好的表现，而是积极肯定他们的能力。
2. 不要追求完美，而要注意到学生取得的进步。
3. 帮助学生学会解决自己的问题，评价自己付出的努力。
4. 要乐观、积极、愉快。
5. 学生在讲话时，你要注意倾听并给予积极的反应（把注意力集中在学生身上，点头示意，等等）。
6. 提供几条完成任务的途径，给学生一些选择余地。

图 10-2 如何对学生表现出鼓励和支持

当学生们已经开始了一项任务，但遭到挫折并准备放弃时，一定要帮助他们继续下去。“你们能行！”“到目前为止你们都做得很好。接下来我们**能**做点什么？”“我明白这多么让人沮丧，但我知道你们能行的。”“我们一起来试试下面的步骤吧。”“别放弃，你们马上就要成功了。”或者“我**早就知道**你们会成功的”此类鼓励的话向学生表明：你意识到他们正在作出努力，而且感同身受，但你坚信他们能成功地完成这项任务。在这种情况下，很重要的一点是，你在帮助学生正确地完成下一步骤时要尽可能给予最少的指导。不要直接把正确答案告诉学生，而是提出问题或指出要素，以帮助学生发现自己下一步该做些什么。通过帮助学生依靠自己的能力解决问题，你树立了他们的自信。

专业的行为举止

这一类特性可能是最容易有所改进的。有效教师不仅能激发学生的学习动机，态度积极，而且还塑造和维持专业的行为举止。他们公事公办，以任务为中心，但在需要帮助学生取得成功时又有灵活调整的能力。他们知识渊博，不仅通晓所教学科的知识，还懂得**教育学**(pedagogy)，懂得学生。

公事公办

有效教师的一个共同特征是在课堂上以任务为中心,公事公办的行为举止。(Cruickshank,1990;McDermott & Rothenberg,2000;Schmoker & Marzano,2003)当你第一次听到这样描述有效教师,可能浮现在你脑海里的是一个冷酷无情、不苟言笑的教师形象,他用“铁腕”逼迫学生规规矩矩地学习一些枯燥乏味的知识。然而,事实并非如此。实际上,学生经常认为公事公办的教师比其他教师更热情,更关心学生。(Chall,2000;Hoffman,2001)

课堂的公事就是学习。公事公办的教师就是指将课堂重心放在最有可能帮助学生学习的活动上的教师。他引导自己的行为和学生的行为,以求成功而有效地达到有意义的、明确的学习目标。如果教师能够这样做,学生的学习有可能得到提高,这位教师可以说是成功的——即有效的教师。如果教师把太多时间和精力花在不太可能提高学生学习的活动上,这样的教师就是不成功的。

我们打个比方来帮助阐明这一思想。设想一个小男孩在一次严重的车祸中身受重伤,生命危在旦夕。家长把他送到了医院,医生在急诊室门口接待了这位病人和六神无主的家长。她略微谢了谢家长把孩子送到医院来,然后立即开始诊断男孩的伤势。家长在急诊室里焦急而孤独地等待着。小男孩的情况稳定下来之后,医生和家长进行了简单的交谈。然后她安排一名护士暂时陪着男孩家长,自己则立刻开始治疗另外一名急诊病人。这位医生对家长的行为看似冷酷,但她救了小男孩的命。

现在让我们假设另一种情景。医生没有立刻开始为小男孩治疗,而是出于对家长的深切同情,花了好几分钟时间安慰他们。她安排一名助手做救治男孩的准备工作,而自己仍然在和家长亲切地谈话,对他们进行安慰。几分钟后,家长感觉好了一些,于是医生离开他们去治疗男孩。可不幸的是在这期间男孩的伤势恶化了。尽管我们可能会认为这名医生很体贴人,但我们不会认为她是个有效的医生。

这个比方虽然夸张,但它说明有效医生应当是一个最有效地执行医疗“公务”的人。最优秀的医生在救死扶伤的同时**也要**表现出热心和体贴。然而,我们还是希望医生把重点放在救死扶伤的本职工作上。因此,同情和体贴对于有效的治疗——**或者**说有效的教学——来说是重要条件,但不是必要条件。

公事公办的教师的行为在四个方面有所体现,它们是:以任务为中心、严肃、谨慎和有条理。

以任务为中心

公事公办的教师集中全力帮助学生达到学习目标。在关于教学设计的那章,我们讨论了确定期望的教学目标以及在这些目标的基础上开展教学的重要性。公事公办的教师会设置明确、合理、具体的目标，并将这些目标告诉学生。他们以有效、系统的方法设计和开展教学，使学生向目标迈进。他们积极地听取学生对目标合理性的意见和对可能遇到的问题的看法，在必要时根据得到的信息对教学进行修改。他们合理地组织活动、分配时间，把时间都花在直接帮助学生达到预定目标的活动上，减少不能直接达到目标的方法、评论、问题或行为。

严肃

公事公办的教师重视学习，并且通过言行向学生传达这种重视。这并不意味着他们不幽默，而是说他们的幽默不做作，不是冷嘲热讽。这些教师通过真诚地阐明当前任务的价值、对学生的合理期望、任务执行过程中的指导方针，以及对时间的高效利用，来表达他们的严肃意图。他们会认真地对待所教的学科，保持专业教师的自信形象，并且使用恰当的语言和肢体动作。

谨慎

公事公办的教师另一个同样重要的能力是在每堂课上建立并维持目的感。对教学的精心设计使此类教师能具体、透彻、准确地实施教学。他们按逻辑顺序组织教学活动，先作清晰的介绍，然后进行陈述，最后结尾。这类教师谨慎地开展教学，给予所有学生同等的关注。

尽管这种谨慎态度要求教师按照具体目标系统地设计和贯彻教学计划，但并不是说教师缺乏灵活性。当教师得知学生没能理解某知识点或计划好的活动没能有效实施，他们便调整活动安排。教师必须尽快调整，但不能忽视学习目标。换句话说，他们可能会问一问：为什么设计好的活动不能帮助学生达到目标？其他哪些活动有可能有帮助？哪些活动可以立刻实施？即使教师脱离了教学计划，他们也应当坚持原来的学习目标。

有条理

公事公办的教师基于既定目标来组织课堂教学。课桌、板凳、教材、仪器和活动都组织好，以便把干扰减少到最低限度。通过利用现有的人员，如助手或家长志愿者，教师不是要减少自己的工作量，而是要达到更好的学习效果。就连课堂管理制度和奖惩措施也都是为了促成既定目标的实现而制定的。

因此，总的来说，公事公办的教师完全把注意力集中在促进学生学习这一事务上。以清晰的既定目标为指导，他们设计、执行和调整教学，使之最有效地帮助学生达到学习目标。尽管许多干扰因素会产生，但他们会把偏离教学目标的活动或时间降低到最小值。记住,这种公事公办的特征并不是就要牺牲对学生的热诚和关爱。表 10-3 比较了公事公办的教师和其他教师在行为上的区别。

表 10-3 公事公办的教师的行为和其他教师的行为

公事公办的教师……	不公事公办的教师……
● 明确清晰的学习目标	● 不能明确学习目标
● 向学生传达这些目标	● 不把目标告诉学生
● 教学设计是为了帮助学生达到这些目标	● 不进行充分的教学设计,或教学设计脱离教学
● 听取学生关于目标合理性的意见	● 忽视学生关于目标合理性的意见
● 强调各项活动要以学习为中心,合理配置时间	● 强调和学习无关的活动,不能有效分配时间
● 严肃认真地对待所教的学科	● 对所教的学科采取讽刺和轻视的态度
● 保持专业教师的形象	● 似乎"和学生没有太大区别"
● 让所有学生参与教学活动	● 忽视部分学生,只把注意力放在好学生身上
● 组织好教室和仪器,尽可能减少干扰	● 没能认真安排学生座位
● 利用助手或志愿者对学生的学习给予额外关注	● 利用助手或志愿者主要是为了处理行政工作

适应性/灵活性

有位指导教师对她的实习教师说:"不管你做了什么样的准备,总会有意外发生。"教学或许不是那么不可预测,但最有效的教师必定已经做好了准备、有能力对付各种局面(McDermott & Rothenberg,2000; Walberg,1991)。或许,你已经从多年的学生生涯中注意到,有效教师肯定具有灵活性和适应性。

在下一章,我们将讨论有计划地使教学和教学活动多样化的重要性。不过,现在还是让我们来关注对课堂中发生的变化做出恰如其分、相对迅速的反应能力。

在这里,灵活性和适应性是指你**意识**到发生变化的必要性,并且**能够**作出相应的调整。在给学生上课的过程中,你必须时刻监督你们开展的活动是否有效。通过各种语言线索和非语言线索,你可以得知,或者说"读懂"是否需要进行调整。非语言线索是指学生可能看上去迷惑不解,感到沮丧或厌烦。语言线索是指学生不能或不愿意正确回答你的提问、完成布置的任务,或提出有意义的问题。无论发生了什么情况,你都必须首先意识到问题的存在,然后愿意对教学目标作出相应调整。接下来,你必须决定有哪些可能的方法会帮助你达到既定目标,选择一个方法,并实施它。通常这一切都是在几秒钟内完成的。第十一章将提供一些帮助你调整教学的具体技巧。

图 10-3 列出了灵活机动的教师的特征。要注意的是,其中有些建议是针对设计逐步完善的教学计划而言的,目的是减少此后进行改动的可能。我们还不能忘记,在

第六章提到过,即使是最完美的计划也经常需要一些调整,以适应个别学生和班级的需要。

1. 明确目标或意图,并将其传达给学生。
2. 在设计教学时,考虑到学生的特点、品性、喜好和兴趣。
3. 设计让学生感兴趣的、以预期学习成果为目标的教学内容。
4. 实施设计好的教学时,系统而持续地观察学生的语言和非语言行为,从而了解教学是否适合学生(例如,迷惑或沮丧的表情,无法回答问题或完成任务,学生的提问或评论显示他们并未理解所学内容)。
5. 教学计划不适合学生时,试图找出原因和调整的方法。
6. 必要时,实施其他方法,并再次观察其是否有效。

图 10-3 提高灵活性和适应性

对于新教师来说,能够认识到变化的必要性并对教学进行相应的调整,恐怕是最困难的一项任务。然而,随着时间的推移,并主动尝试多种教学技巧,你一定能够提高调整教学方法的能力,在课堂教学过程中就可以得到提高!

博学

这里,应当简单提一提专业知识在有效教学中扮演的角色。拥有所教学科的丰富知识,是有效教师与生俱来的一个重要特征。当然,人们通常都会认为好教师精通他们所教的学科;然而对于教师必须掌握多少知识才能教好,人们意见不一(Cruickshank,1990;Glass,2002)。我们都有过这样的体会:有的教师显然拥有非常丰富的学科知识,却不知道如何帮助学生学习。有的教师通过灌输大量的学科知识有效促进了学习,但这些知识不够全面。

各项研究的结果都集中于教师的专业知识对促进学生学习有无直接影响[Druva & Andersoon,1983;美国审计总署(General Accounting Office),1984;Rivkin, Hanuschek & Kain,2000;Wenglinsky,2000]。然而,这些研究似乎都表明,学科知识对于有效教学来说很重要,但这并不是全部[Chen & Ennis,1995;Graeber,1999;Peart & Campbell,1999;Porter & Brophy,1988;《公共议程》(*Public Agenda*),2004]。最有效的教师应当将学科知识、教学知识(即教育学)以及对学生的了解结合起来。这种独特的专业知识有时也称为学科教学知识(pedagogical content knowledge)(Shulman,1986)。学科知识和对学生的了解使教师更清楚地认识到学生在学习中有可能犯的错误。教育学知识和对学生的了解帮助教师挑选和实施最能纠正学生错误的教学方法。因此,有效教师既拥有对所教学科的渊博知识,同时又知道如何最有效地帮助班上每个学生理解学科知识(见研究聚光灯 10.1)。

研究聚光灯 10.1
教师的知识和学生的学习

教师拥有多少知识，学生学了多少知识，这两者之间的关系一直是人们争论的焦点。许多有关教育改革的建议都强调教师知识水平的重要性。事实上，有的人还建议，要为走上讲台做准备，拥有一定学科知识并经过一段受监督的实习期可能就足够了。

为了解决这个问题，韦恩(Wayne)和杨(Youngs，2003)对有关研究进行了广泛的调查。他们找到了21个符合他们标准的研究，并仔细观察了教师的准备情况和学生的学习之间的关系。他们得出了以下发现：

● 总的来说，教师的准备情况和学生的学习之间存在积极的联系。

● 大学导师对教师在预备期间的表现评分越高，学生的学习效果越好。

● 教师的资格证上的分数和其他资质考试的成绩越高，学生的学习效果越好。

● 除了数学以外，教师持有的学位数量或类型、课程作业的数量或类型、教师是否具备一定资质等因素和学生的学习没有关系。

来源：来自 A. Wayne 和 P. Youngs，《一份调查：教师特征和学生成绩之间的关系》(*Teacher Characteristics and Student Achievement Gains: A Review*)，《教育研究文摘》(*Review of Educational Research*)，73，89～122，2003。

几点思考

在本章，我们讨论了教师的八种有助于学生更有效学习的特性。我们得知有效教师对自己和学生取得成功持有积极的态度、充满信心；支持和鼓励学生；有专业的行为举止。我们还看到，这些教师主要通过行动来表现这些特性，他们的言谈有时和他们的真实感受并不一致。要记住，这些特性和具体行为是相互联系的，这一点很重要。当特性发生了变化，行为也会随之变化。尽管教师的特性很难有所改变，但他们应当意识到不同特性对学生产生的不同影响，应当努力发扬那些产生积极效果的特性。

本章小结

● 成功的教学有很多类型，各有各的优点。因此，很难确切地说最有效的教学是由哪些因素决定的。事实上，尽管到20世纪后半叶为止，对于有效教学的研究已经持续了一个多世纪，但许多人仍然认为有效教学是无法描述，无法学会的。

● 20 世纪 60 年代，民权运动的发展推动了有效教学的新一轮研究。科尔曼和他的助手进行的**教育机会均等**研究使人们对识别和描述有效教学产生了越来越浓厚的兴趣。科尔曼发现，教学和学校对学生取得进步没有太大影响。导致学业成功最重要的也是惟一因素是学生的社会经济地位和家庭背景。

● 这一领域的研究者开始把有效教师定义为那些帮助学生学到更多知识的教师。这些研究者观察了有效教师的课堂和课堂行为，发现他们拥有几个共同特性和能力，这些特性和能力往往促进了学生的学习，使教师从教学中获得满足感，增强了学生的自我认识。

● 个人特性主要是指每个人都具有的遗传的个性特点，以不同程度体现。品性是通过言语和肢体动作表现出来的，有的品性，比如热心，是很难改变的，因为它们已经成为我们个性的一部分。其他品性，如公事公办的行为特征或灵活性，是可以有意识地加以改变的。

● 可以把有效教师的个人品性归纳为三大类：激发学生学习的个性，以成功为中心，以及专业的行为举止。

● 具有激发学生学习的个性的教师至少具有三种具体品性：对学生和所教学科充满热情，热心和幽默，以及值得信赖。

● 教师的热情有助于激励学生，使学生坚持完成任务，使他们对教学更满意，从而促进学习。热情的教师会改变声音、手势和表情；在教室里来回走动；保持较快的课堂节奏，同时和学生进行频繁的互动。

● 热心和幽默主要通过促使形成鼓励学生自由参与的环境而间接地影响学生的学习。教师通过展现真实的自我、对学生的成功表示关注、坦率待人，来传达热情。幽默可以是自发的，也可以是人为的。教师应当能嘲笑自己和自己所犯的错误；应当避免取笑学生。然而，如果过于强调热心和幽默，事实上会妨碍课堂学习，因此应当适度地使用。

● 可信任感创造了一个放松、支持的环境，使学生相信教师会帮助他们取得成功。教师不是通过地位，而是通过坦诚的师生互动建立起这种信任度；而只有当学生感受到这些品质时，我们才说该教师具备这些品质。

● 有效教师是积极乐观、以自我的成功和学生的成功为中心的人。具体地说，有效教师对成功抱有很高期望，鼓励和支持学生。他们相信自己有能力帮助每个学生取得学业上的成功。对学生的期望似乎影响着教师对待学生的行为，反过来也影响学生的学习。当教师预期某些学生不会成功，他往往会减少花在这些学生身上的时间和精力，从而使这些学生更有可能不会取得成功。比最初期望更关键的问题是，要在必要的时候调整这些期望。

● 对教师来说，一条重要原则是确保每个学生在大多数时间都是成功的。认为自己学习不好的学生应当几乎每一次都成功，直到他们的信心增强。认为自己学习比较好的学生也应当在大多数时候都成功，但成功比例要低一些。在学生没能掌握某知识点时给予辅导，是传达高期望、促进学生取得成功的好方法。

● 有效教师鼓励和支持学生，对学生个人和他们的能力表示真正的尊重。当学生不愿意开始新任务，或遭遇困难和挫折时，对他们进行鼓励和支持具有重大意义。教师在给予鼓励和支持时应避免使用负面的评论，而是指出进步（但不是一味追求完美），帮助学生达到合理的目标。

● 有效教师在课堂上表现出专业而灵活的行为举止。公事公办的行为，必要时有灵活性和适应性；对所教学科、教育学和学生的透彻了解，都能提升专业的行为举止。

● 公事公办的教师用各种方法来促进学习。他们开展一些能帮助学生达到既定目标的活动。他们确立学科和目标的重要性和严肃性，并将这种重要性传达给学生。他们谨慎小心地设计教学和教学活动，使教师的教学更简洁、透彻、高效。课堂和课堂活动是有条理地组织的，以帮助学生达到预期目标。

● 专业的行为举止还包括随课堂环境的变化、沉着有效地调整教学的能力。这包括"读懂"课堂里发生的一切事件的能力：学生的理解程度和学习动机，课堂环境的变化和教学中存在的问题。当问题产生时，教师必须调整教学，以便更有效地达到既定目标。

● 体现专业行为举止的教师也在所教的学科领域和教育学拥有渊博的知识，熟悉学生。只有三者结合起来，教师才能挑选、设计和实施最有效的教学。

关键词

自我实现的预言　　可持续期望　　教育学

待讨论的主题和问题

主题

主题 1：如何在保持学生之间高度竞争的同时支持和帮助学生建立信心？

主题 2：考试内容可能并没有体现你认为对学生来说最重要的知识。你会怎么处理这种情况？这会给你和学生带来哪些后果？

问题

教师们对以下事件或问题进行了评论。你预料到这些情况了吗？你会怎么做？

问题 1："有个学生左臂打了石膏来上课。仅仅表示同情和理解显然还不够。在课上他想尽办法吸引大家的注意。快下课时我非常生气，可不得不强行抑制怒火。他是个非常不成熟的学生，这些行为再次证明了这一点。"

问题 2:“我班上有个小男生经常抄袭别人,即使他自己知道正确答案,也仍旧抄别人的。我正在试图帮他树立自信,但他仍然偷看别人的答案。当我把他和其他同学隔离开,他能很好地完成作业。他好像只有偷看别人才能放下心来。”

理论付诸实践的活动

活动 10.1:在课堂上观察教师的热情

下次你去教室听课时,花点时间观察一下教师的热情程度。把表 10－1 列出的行为作为参考。该教师是否有这些行为?在你看来他有多热情?如果你有机会,问问学生的看法。他们的看法和你的相同吗?为什么?

活动 10.2:保持积极的期望

假如你有朋友正在当实习教师或从事第一年的教学工作,和他们谈谈保持积极期望的话题。他们觉得什么最困难?他们认为自己是否对学生寄予了厚望?他们对自己的期望高吗?他们如何避免悲观,或降低期望值?他们对保持积极的期望有什么建议吗?

第十一章 有效教师的专业技巧和能力

第十章讨论的教师个人特征对营造一个支持和鼓励学生学习的环境至关重要。尽管教师可以通过意识到自己的不足，下定决心改进这些方面的特征，但很难发生实质性的变化。相反，教师可以努力学习各种专业技巧并加以使用。研究表明，这些技巧对学生的学习会产生深远的影响。事实上，这些技巧在决定教师的有效性方面，或许具有最关键的作用(Metcalf，1992；Rosenshine，2002；Wang，Haertel & Walberg，1993～1994；Wenglinsky，2000)。重要的是，它们给有特殊需要的学生带来最大益处。(Banikowski，1999；Winter，2001)本章主要围绕以下七种教学技巧展开，所有七种技巧都有助于学生学习(Cruickshank，1999)：

1. 设置定向；
2. 体现多样化；
3. 合理安排时间；
4. 提问；
5. 讲课清晰；
6. 监督学生的进步情况；
7. 给予反馈和强化。

为了更好地引导对这些课堂教学技巧的讨论，我们把它们分成四个大类：首先，我们要讨论教师如何吸引和集中学生的注意力；其次，教师如何优化教学时间；第三，教师如何开始互动教学；第四，教师如何使用反馈和强化。

阅读本章时，请记住，有效教师一贯以来都熟练地使用这些技巧。研究表明，这些技巧和学生的学习密切相关，因此，你越是很好地将这些技巧融合到教学风格中去，学生从教学中获益更多。此外，研究也表明，任何教师都能学会更有效地使用这些技巧，以增加课堂学习效果(Cruickshank，1990；Feden，1994；Gage，1989；Joyce & Weil，2000，Walberg，1990)。因此，我们在《实践教学手册》的第一、第二、第三单元设计了这方面的练习，有助于你获得这些技巧。

吸引和集中学生的注意力

有效教师能够在课堂一开始就吸引学生的注意力，并使这种注意力一直保持到下课。(Feden，1994；Lunenburg，

1998；Wang，Haertel & Walberg，1993～1994）要做到这一点，教师必须精通设置定向（为课堂教学提供一个情境）和使用多样化的教学方法。

设置定向

如果教师以**设置定向**（establishing set）的方法开始授课，即为课堂教学提供一个情境，学生的学习效果会更好。还有一些其他说法，如**定向归纳**（set induction）、提供先行组织者（advance organizers）或课堂导入。不管用什么称呼，我们回忆一下第六章便可知，教师通常在一个教学环节开始时使用这一技巧，并且主要是想达到以下一个或多个目的：

1. 吸引学生的注意力，或给学生设置这节课的框架。
2. 帮助学生将新知识和以前学过的知识联系起来。
3. 掌握学生的入门知识水平，看是否可以学习新的内容。

如果我们的目的是吸引学生对一个新的教学活动的注意力，我们是在进行**方向定向**（orientation set）。这种定向可以利用一节课开始时的几分钟时间，也可以是一个新单元开始的整节课。如果定向的目的是帮助学生了解新知识和已学知识的联系，我们是在进行**过渡定向**（transition set）。它可以包括简短地回顾刚学的内容，就学生已知的某话题展开讨论，或用一句简单的话概括和旧知识的关系（例如，"昨天我们学习了内战的两个起因。谁来说一说?"……"今天我们要学习另外两个起因……"）。如果要检测学生对某主题了解多少，就是在进行**评价定向**（evaluation set）。教师可以就该主题提问，或者让学生做小测验，来判断什么教学方法最有效。

在让学生学习新知识之前进行设置定向，这一想法和认知学家提倡的学习方法以及所谓的"基于大脑的学习"（Banikowski，1999；Lock & Prigge，2002；Perkins，1993），尤其是接收式学习（见第四章）有异曲同工之妙。布罗菲和古德（1986），Feden（1994）及其他研究者提出，当新知识和以前学过的知识相联系时，学习效果会显著增长。舒克（Schuck，1985）和瓦克斯曼（Waxman，1987～1988）都汇报说，当教师有意识地设置定向时，学生会取得更大进步，对知识的长时记忆更深刻。总的来说，设置定向集中了学生的注意力，提高了学生自我监测的能力，使新知识更好地和现有知识联系起来，从而帮助学生学得更多。（Eby，2001；Feden，1994）

要点 11.1
什么是"基于大脑的教学"

几乎在每一次专业教育者的大会上，都可以发现一些会议或资源是关于帮助教师了解和使用课堂技巧的，这些技巧统称为"基于大脑的教学"法。由于这一术语在教育界如此常用，成为各种不同教学实践的理论支柱，简单讨论一下这个领域是很合时宜的。

基于大脑的教学是指吸取了神经科学和认知科学的研究成果后进行的教学实践。神经科学研究了我们在关注、加工、回忆和尝试使用信息时大脑中发生的化学变化和生理变化。这一研究过去经常使用动物进行可控制的实验，最近又运用大脑成像技术来研究人们试图整合、提取和使用信息时，大脑中产生的活动的水平和类型。

认知科学则把焦点放在个人是如何获取、加工和使用信息的。认知科学的研究者们不是把注意力放在大脑的内部运作上，而是试图辨别和描述人们学习新知识和运用新知识的方法。长期以来，这一研究已经开始小有收获，识别出了一些对帮助人们理解新知识和有效运用新知识来说极其重要的因素。和神经科学的研究一样，教育家们试图通过一些教学实践来体现这些想法。

洛克(Lock)和普瑞格(Prigge,2002)总结了这两大领域的成果，列出了对课堂教学的一些建议。其中包括

- 教给学生关于大脑以及大脑如何运作的知识。
- 帮助学生学会为自己设定目标。
- 营造一个互动的环境。
- 开展一些使学生对即将要学习的内容产生新奇感或产生强烈情感联系的活动。
- 清楚学生内心关注些什么，也清楚学生对外部世界关注些什么。
- 通过创造性的重复、"第一和倒数第一"规则(我们都记得在活动中或课堂上得第一或倒数第一时的感受)、教给学生记忆信息和使用信息的方法，帮助学生把注意力集中在要点上。

不是所有人都深信教学实践吸取了神经科学和认知科学的有用成果。很多人认为，教学实践是以这两者为理论基础的这个结论下得为时过早。基于大脑教学的怀疑论者布努尔(1997,1999)正是其中之一。然而，就连布努尔都承认，和基于大脑的教学有关联的各种教学活动是可取的，对那些存在学习障碍的学生来说尤其有用。温特(Winter,2001)表示说："很明显，基于这些研究结果的教学方法可以帮助有学习障碍的学生和成年人更有效地学习"(17页)。尽管布努尔的担心或许有一定的根据，但这些研究领域的理论显然值得我们这些教师深思。

要使教学有效，用来设置定向的信息或活动应当：(1) 高度概括即将要学习的内容，或范围更广，以便包含课程中的具体概念；(2) 和学生以前的知识有直接联系(Camp,1993;Rosenshine,2002)。因此，一节课开头的几分钟可以用来达到几个目标，对奠定适合学生学习的基调和教学模式来说是非常关键的。

每节课的开始应当完成以下几个目标。首先，它不应该仅仅是干巴巴的简单介

绍、泛泛地回顾一下课文，或者来一句“请把数学书翻到第79页”。设置有效的定向要具备几个特点（Arends，2001）：第一，要以新颖、有趣的方法介绍主题，话题尽量和学生相关。教师经常会在开始上课时做一番演示，以引起学生对本节课主题的好奇心，演示的结果往往出人意料。例如，本书的一位作者仍然记得一堂关于学习方法的课是怎么导入的。教师把两只老鼠分别放在迷宫的两个入口，出口处都放着一块奶酪。其中一只老鼠（曾经被困在这个迷宫里并好几次设法脱险）立刻跑出了迷宫，向奶酪奔去，而另一只（从来没在迷宫里待过）则尝试了各种方法但仍然找不到出路。

课堂开始阶段的第二个目标是建立互动的氛围和基调。教师要立刻让学生回答问题或思考、讨论主题。在前面的例子中，教师在把老鼠放到迷宫里之前问学生，他们认为会发生什么。学生目睹了两只老鼠的举动后，教师让学生描述看到的一切，而所思和所见正好是一致的，然后逐渐把学生引导到本课的主题上。

课堂导入的第三个目标是将学生的注意力吸引到知识要点上，或传达课程的目标。有时，教师会在黑板上写一个大纲来强调课程的重点。有时他们通过演示来指出事件背后的主要原因，然后解释课程将如何深入研究这些原因。例如，让学生解释他们观察到的一切并推测其原因后，教师可以利用学生的回答，指出其中一只老鼠曾经学会如何拿到奶酪，有几位学习理论学家曾经试图解释这一现象，以及到快下课时他们将学会根据以上两点解释这只老鼠的行为。

第四个目标是，课堂导入应当把今天要学的课和学生已经学过的课联系起来。“还记得昨天我们讲了什么吗？怎么用那些知识来解释在演示里看到的一切？……好的，今天我们要讲一讲……”图11－1提出了一些有效地设置定向的具体方法。

1. 回顾之前的知识。
2. 提出独特的问题来激发学生的兴趣和好奇心。
3. 概括课程的要点。
4. 演示课程的要点。
5. 用形象的图解描述课程中各个概念之间的关系。
6. 提出一个问题（口头表述，视觉刺激或其他方法）供学生逐步理解要学到的概念。
7. 表现出对问题的兴趣、热情和好奇。
8. 告知学生课堂学习的目标，指出目标与他们的生活有何联系。

图11－1 设置定向

体现多样化

教育者们长期以来一直认为多样化能激发学生的学习动机，研究者也支持这一论点。有效教师几乎在课堂行为的方方面面都体现了多样化，包括非语言行为、教学方法、课堂组织、提问、评估形式和手势等。我们都遇到过这样的教师：一学年下来，教每堂课都是用同样的方式进行，用同样的顺序开展同样的活动，用同样的单一语调讲话，几乎不做什么手势。这种缺乏变化的教学模式会对学习产生消极影响。想象一下，某位教师(或许你还真能想到这么一个人)在每个学生作出回答后都说一句："对极了！"如果是开始的几次看到学生得到这样的评价，你会觉得这位教师热情洋溢，言辞鼓舞人心。然而，到最后，如果每个学生的回答都是对的，她也说"对极了！"这时的表扬就不再有效了，事实上还可能变得令人讨厌。教师的许多其他行为也同此理。

罗森海恩和福斯特(Furst, 1971)把多样化作为教师有效性的第二个重要标志。然而，多样化恐怕并不直接促进学习。相反，它是通过对学生的注意力和课堂参与程度产生积极影响，从而使学生更愿意学习。采用多样化的教师不仅不会让学生感到厌倦，反而能保持学生的兴趣，使学生在课堂上表现积极。教师多样化的诀窍培养了学生的兴趣和投入；反过来促使学生学得更多。(Doyle, 1986)

一些研究者提出了将多样化引入课堂的具体方法(Brophy & Good, 1986; Ellis, 2001; Lock & Prigge, 2001; Rohrkemper & Corno, 1988)。他们的建议可以分为两大类：教学活动和材料的变化，以及师生互动的变化。

教学活动和材料

正如我们前面讨论过的，有效设置定向的方法之一是通过提出新颖的问题来激发学生的兴趣。此外，教师可以通过使用各种教学方法使教学有所改变：合作学习、讨论、在座位上独立做练习、直接指导、调查学习，等等(见第七章和第八章)。理想的做法是，每堂课都让学生调动几大感官来体验学习内容。你可以向学生讲述某些想法或让他们阅读这些内容；让学生做实验或开展活动，去操作器材并看、听、尝甚至闻到操作结果；然后把学生组成小组，就他们观察到的内容写一份概要。

和学生互动

除了用各种方法向学生介绍学习内容，布罗菲和古德(1986)还强调，改变师生互动的方式也很重要。如果总是把学生组成小组开展独立学习，也会变得单调乏味。要让学生一直积极地投入课堂，就要保证有多种不同步骤来完成小组任务；教师突然插入问题或表扬学生；将任务分成几个部分，开展全班讨论或讨论小组的进步情况，等等。

对学生好的表现予以表扬，或告知学生的进步情况，教师在这些方面的表达方式上也应当多样化。对学生微笑、保持眼神交流、靠近学生、大笑和对学生打手势，这些做法都会进一步表达你的支持和兴趣。说得再具体一点，你可以对学生的可取表现给予奖励。例如，对学生进行口头表扬、对出色的学习表示认可、给学生自由活动时间或发奖品，等等。布罗菲和古德提出，正如单一的教学方法最终会变得枯燥乏味、不能达到任何教学效果一样，单一的奖励方式也如此。同样，教师也应当以各种形式告知学生他们的表现情况——而不仅仅是写评语或者在试卷上打分。来自教师、同伴和小组的口头信息是完成这一任务的重要方式。我们将在本章的后面部分详细地讨论强化和反馈这两个问题。

有效利用教学时间

最有效的教师会合理安排教学时间。只有花在学习上的时间越多,学生才学得越多。三大因素影响着对时间的高效利用,它们是:(1) 花在任务上的时间;(2) 保持节奏;(3) 平稳过渡。

合理安排时间

研究表明,**花在任务上的时间**(time on task)越多,学生学得越多。如果师生花更多时间积极完成各项学习任务,学生的学习效果更好(Brophy & Good,1986;Brush,1997;Doyle,1986;Glatthorn,2000;Marzano,2002;Schmidt et al.,2001;Walberg,1988;Yair,2000)。然而,有意思的是,只有很少一部分教学时间真正用在了有意义教学上(Bracey,2001;Glass,2002)。一项研究调查了这一现象的原因,告诉我们时间是怎么浪费的,以及如何最大限度地利用教学时间。

我们可以把教学时间分为四个等级,有点类似于图 11-2 的靶子。在每个等级,用于教学的时间都要比可使用的时间少。例如,最外围的等级是**规定的时间**(mandated time);即规定的教学活动时间。每节课的时间、每天的上课时间和学年的总长度决定了可用于教学活动的最长时间。教师必须按照学校、学区和各州的规定开展教学。大多数州的学校规定,中学生一节课上 50 分钟,周一到周五每天上 7.5 个小时,每学年大约上 185 天。然而,值得一提的是,各地规定的时间在数量上有很大区别。(Doyle,1986;Karweit,1984;Rosenshine,1981)事实上,哈尼斯菲格(Harnischfeger)和怀利(Wiley)发现,**在同一校区**,不同学校的二年级学生每天上课的时间相差了 45 分钟! 在这个学区,一些学生花在和学习有关的活动上的时间比其他学生要多得多。其他学区也有类似情况。

显然,规定的时间并不是每分钟都花在教学上。一些是午餐时间,一些用于在教室之间奔波、休息、进出辅导教室及其他非教学活动。因此,只有一部分规定的时间真正用在教学上。

分配的时间(allocated time)是指规定的时间中那部分用来进行教学活动的时间。研究表明,分配给教学活动的时间不到 75%。非教学活动(如会议、实地考察、赛前动员会、特殊节目或演讲等)和正常过渡(如课间更换教室、上厕所等)占据了余下的 25%。根据罗森海恩统计的数据,每十天规定的上学天数中似乎只有七天是真正用于教学用途的,剩下的三天都由上面提到的非教学活动消耗掉了。(Bracey,2001;Glass,2002;Smith,2000)

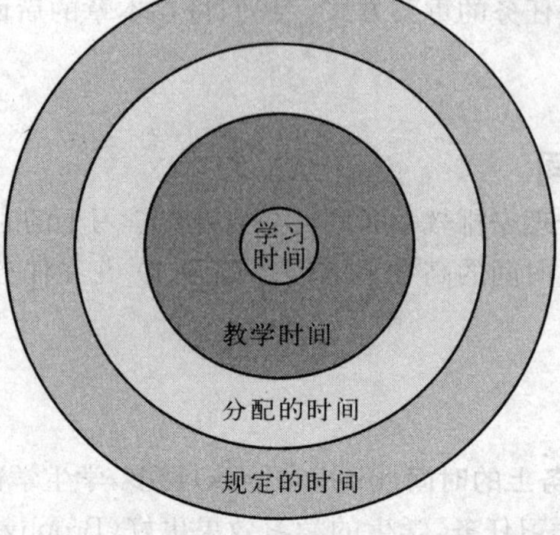

图 11-2 四个等级的教学时间之间的关系

图 11-2 的第二个圈代表分配给教师开展教学活动的时间。这部分称为**教学时间**(academic instruction time)。正如分配的时间总是少于规定的时间，花在教学活动上的时间也总是少于分配的时间。多伊尔(Doyle,1986)报告说，小学教师花在教学活动上的时间还不到分配时间的 60%，中学则不到 45%。尽管分配的时间和规定的时间往往是教师无法控制的，但把分配时间最大限度地花在教学上，是教师的职责所在。(Clare,Jenson & Kehle,2000；Smith,2000)

大多数教师都没有意识到自己在非教学活动上花了太多时间。例如，尽管一个教七年级社会科学的教师每天有一节 50 分钟的课，每周 5 天，但并不是这所有的 250 分钟时间都花了教学上。部分时间用来和学生闲聊、准备教材、给学生下指令，或管一管纪律问题。还有部分时间则浪费在调查学生旷课、公布校方规定或其他干扰上。根据多伊尔统计的数据，分配给教师的五天 250 分钟里，花在教学活动上的时间还不到 145 分钟。

再回到图 11-2，让我们来研究面积最小但又最关键的那个圈。这个圆心代表在教学时间里，学生积极成功地投入学习的时间，称为**学习时间**(academic learning time,ALT)，又叫专心学习时间。符合两个条件才可称为学习时间。首先是学生要有一定的时间积极投入到学习中。学生不是在白日做梦，乱写乱画，或者在捣乱，而是把注意力都放在学习上。这种注意可以表现得很明显，比如回答问题、参加讨论、解答纸笔测验题、在实验中操作器材，或者和其他学生谈论教学任务。也可以表现得不太明显，比如即使学生并没有表现出任何外在的迹象，但此时他可能在开动脑筋积极思考问题。

学习时间的第二个条件是学生在活动中要取得成功。假如一个学生积极地投入一项学习任务，取得的结果却是错误的，那么她的学习过程实际上有可能是错误的。要让教学时间真正成为“专心的”学习时间，**学生必须积极参与有意义的学习任务并且**

取得成功。

这意味着即使教师在进行指导，但不可能每个学生都在这期间的任何时间专心学习。事实上，没有哪个学生可以百分之百地专注于学习。因此，更多的时间被浪费了。鲍里奇(Borich,2004)认为，有效教师大概能将学生的有效学习时间维持在80%到90%之间。然而，亚尔(Yair,2000)认为在大多数课堂上，学生只有30%的时间在老师或助教的监督下认真学习。如果没有教师的直接帮助，学习较差的学生认真学习的时间有可能更少。(Winter,2001)如果把这些数据用在上面社会科学的例子里，每周教师进行指导的145分钟里，一般的学生真正用心学习的时间只有50分钟。

研究显示了规定时间和学习时间之间的巨大浪费，这表明充分利用分配给教师的时间是多么重要。正如前面提到的，尽管各州和校方都有规定的教学时间，但教师可以通过熟练运用专业的教学技巧来增加学生的学习时间。

防止浪费学习时间的方法之一是警惕可能造成浪费的因素(Hargreaves,1994)。在各校区，经常由于下雪天、天气延误或教师罢工而浪费时间。在各学校，消防训练、集会、实地考察、课间更换教室、午餐、休息和辅导时间减少了总的教学时间。在课堂上，由于上课时间晚、提前下课、让学生自习、花太多时间处理行政事务和纪律问题、过多地播放电影、使用电脑或玩游戏、没有起到监督作用或过渡环节太多、偏离讲课内容等等，时间也浪费了。

那么，教师如何更好地利用时间？首先，他们应当谨慎地将大多数时间用在教学上，而不是其他任务。每节课按时上下课。事先准备好材料、仪器和活动，一开始上课就可以用到。规定学生上课不能迟到而且课前要预习，向学生强调这些规定。为了避免把快下课的那部分时间浪费掉，在设计教学的时候多准备一些内容。如果一节课的内容结束得早，剩下的时间和学生一起复习所学内容，而不是让他们在座位上做作业，或者给他们“自由活动时间”。如果是让学生做作业，要进行监督，保证他们在认真学习。用信号提示学生可以收拾东西准备下课，并把这一做法保持下去，也会很有帮助。这样可以保证学生有最大限度的认真学习时间，避免出现你课还没讲完学生就合上书本或站起来离开教室的情况。不过，要保证学生在离开教室之前或进行下一项活动之前有足够的时间收拾东西。

为日常活动制定规则并遵守这些规则，可以减少给学生解释活动步骤的时间，争取到更多教学时间。第十一章提供了有关各项规则的详细信息。尽管可以简单一点，但你仍然应当教给学生获取资料或归还仪器、检查家庭作业、补交作业、完成小组任务或个人作业等需遵循的规则，并贯彻这些规则。同样，当你必须对任务或规则作出解释时，要解释得清楚完整。检查学生对这些规则的理解情况，回答学生的问题，在让他们开始按照规则行动**之前**给予反馈。

另一个促进学生参与的重要因素是营造并保持一个高度互动的教学模式。使用各种教学行为和教学方法。布置一些和学生兴趣相关的有意思的作业，确保大多数学生都能在没有老师指导的情况下正确完成这些作业。将大部分的课堂时间都花在以教师为主导的活动上,以便你更好地监督学生的参与情况。在教室里四处巡视,尤其是当学生在进行小组活动或在座位上做作业时。用言词或肢体动作提醒学生要专心学习,对开小差的行为要立即予以纠正。

保持节奏

节奏的概念和有效利用时间是相关的。节奏是指一系列活动的有序进行和课堂上教与学的步调。最有效的教师会保持平稳、相对快速的教学步调。由于这些教师已经制定了一套有效的活动规则并遵守这些规则,他们的课堂活动组织得井然有序,可随意变化而又不会影响教学进程。开展教学活动的速度虽然快,但难度与所学内容相当,也适合学生的水平。

从研究时间的角度看,保持节奏的技巧非常重要。你的目标应当是最大限度地使学生参与学习,帮助他们尽可能快速地学会相关内容、成功地完成相关任务。通过努力使教学步调适应学生的能力,使课堂活动顺利进行,不受任何干扰或发生暂停,你可以帮助学生更有效地学习。

以教师为主导的教学活动比独立作业或小组学习的活动更容易保持节奏(Brush,1997; Leather,2000; Monk & Walberg,1981)。以教师为主导的教学活动使教师更好地控制节奏和课堂进程,而要保持小组活动或个人作业的节奏,则主要取决于学生的积极性。

在设计教学和实施教学计划时,你必须思考如何才能最好地维持节奏。教学节奏必须符合任务的难度,适应每个学生的能力。例如,你必须在学习过程初期或在完成要求高层次思考技巧的任务时设计并使用较慢的节奏。对于较低层次的任务,如操练或背诵,适合用更快的节奏。此外,在你每周、每月的长期计划中,应当不断改变教学节奏。

有效教师必须学会监督和处理课堂上同时进行的活动。在教室后排指导一个小组的学生阅读时,还要保证前排的学生在座位上、在电脑前学习或专注于他们的项目。当教师很好地组织课堂,将干扰降低到最小,不把时间浪费在一再解释规则上,课堂节奏就加快了。帮助学生独立完成任务的那些规则也能帮助减少干扰。教师还要尽量避免在无关紧要的话题上"陷入僵局",避免离题万里,以及花太多时间对付一个学生或一组学生。

平稳过渡

教学过渡是"教学过程中情况发生变化时的转折点"(Doyle,1986,406 页)。它要求教师使学生的注意力重新回到改变后的讨论或课程内容上来。当你改变话题、话题重点或正在进行的活动时,就是在进行过渡。大的过渡发生在不同教室的每节课之间

（从一节课结束到下节课开始），在同一个教室的每节课之间（尤其是在小学课堂上），以及同一节课内的不同教学活动之间（从讲课到做实验）。由于大过渡总是涉及仪器或场所的改变，要花费更多时间，因此万一没有妥善安排，会导致课堂秩序混乱。我们将在第十二章讨论大过渡，以及如何更好地处理它们。

在一节课内，如果发言人从话题的一个方面讲到另一个方面，停顿，或者发言人发生变化（出现新的发言人），这些便是小过渡。小过渡标志着从一个话题或话题的一个方面转移到另一个话题、另一个方面，可以帮助学生整理思路，因此是课堂上必不可少的一个环节。

过渡，尤其是小过渡，是课堂上常见的现象，在很大程度上决定了一堂课的顺利进行和进度。过渡得不好，会极大地影响教学时间的有效利用。因此，教师应当设法将过渡的数量控制到最少，尽可能组织得有条理而且简洁。如果过渡安排得不好，如果学生不想停止正在做的事情，没有足够的时间完成布置的任务，或下一个教学板块出于某种原因耽搁了，就会产生问题（Brown & Brown，1999）。

要让教学过渡更顺利，你应当按照以下步骤进行。首先，做好过渡的计划。在备课时，你可以预先估计哪些地方会发生变化，或者何时需要停顿。你应当决定要使用哪种材料和哪些步骤，以便尽快开始下一阶段的教学，以及在这一过渡阶段你和学生应当做些什么。准备过渡的一个重要内容是要把所有材料和仪器都准备好，随时待用，而且能够正常运行。你还可以将日常过渡形成一套固定模式。例如，可以教学生：当他们提前做完考试，当老师在点名时，或当他们从教室的一头走到另一头时，他们要做些什么。要是没有这些模式，时间或许就浪费在了给学生提示上。建立了这些模式，可以节省时间，而且使学生参与建设性的活动，而不是坐在那里干等。图 11－3 列举了如何合理利用时间的具体步骤。

1. 在课前就把材料和仪器准备好。
2. 准时开始上课。
3. 规定和强调进教室和开始上课的注意事项。
4. 规定和强调交作业、领取或整理仪器等日常任务和日常过渡要遵守的规则，以便学生没有你的指导也能完成这些事情。
5. 安排比预期所需更多的教学内容。
6. 保持相对较快的教学节奏，必要时改变节奏以适应学生的需要，教学内容的难度要与学生的程度相匹配。
7. 如果你提前完成了教学计划，剩下的时间和学生一起复习。不要给学生“自由活动时间”。
8. 规定一个信号，用来通知学生何时开始收拾东西准备下课。
9. 保持高度互动的教学模式。提问所有学生，在教室里频繁走动，使用多样化，传递热情，以帮助学生积极参与课堂。

图 11－3　合理利用教学时间

实行互动教学

有效教师的教学能够使学生积极参与课堂。除了设置定向和使用多样化来激励学生学习，优秀的教师还擅长提问，擅长帮助学生理解所学内容，以及监督学生的理解情况。

提问

最有效的教师能营造并维持高度互动的课堂气氛——课堂上不是教师满堂灌，而是学生之间、师生之间的对话（Feden，1994；Lock & Prigge，2002；Marzano，2002）。而教师有效提问的能力和这种课堂气氛是密不可分的。贝伦（Bellon）和布兰克（Blank，1992）说过："提问是课堂上最重要的口头交流的教学过程。教师提出的问题为教师的预期和学生的回答提供了平台"（308 页）。这种平台在互动教学中非常关键，因为它将焦点从教师转移到了学生身上。

有效的问题要求学生**积极加工信息并思考答案**。好的提问能促进学生的参与，提高思考水平，帮助学生整理思路，引导学生更顺利地完成学习任务，使教师能够监督学生的理解情况并提供反馈。尽管好的提问具有这些明显的优点，但似乎教师很少能有效地利用提问（Alexander，Jetton & Kulikowich，1994；Orstein & Lasley，2000）。大多数教师提问时给出了一些不必要的、让人迷惑的信息，一次提了不止一个问题，或者没能具体说明预期答案的性质（Sigel，1990；Traver，1998）。那么，我们所说的好的提问和提问模式是什么样的呢？

提问占据了课堂上师生互动的三分之一时间，教育研究表明，有效的提问会直接或间接地影响学习的数量、水平和类型。古德和布罗菲（2000）对提问进行了研究之后得出结论：当教师频繁提问并在课堂上提出各种问题时，学生学得更多。韦伦（Wilen）和克里格（Clegg，1986）也报告说，教师提问和学生的进步有关。此外，关于提问的研究还表明，教师提出的更高层次问题能促进学生更高层次的思考能力。（LeNoir，1993）古德和布罗菲（2000）得出结论：学生和教师及同学就课程内容交流越频繁，学得越多，因此课堂提问非常重要。接下来的讨论将研究者关于提问的调查结果分为三个方面：提出问题，得到回答，后续提问或对学生的回答做出反应。（见研究聚光灯 11.1）

研究聚光灯 11.1
高质量的教学

关于有效教学的研究要求研究者花大量时间听课，和师生交谈。用这一方法进行研究的有魏思（Weiss）及其同事。他们听了 364 堂自然科学课和数学课，来调查教师运用有效教学手段的程度。

研究者们注意到，他们听过的大多数课"几乎都离提供高质量数学教育和自然科学教育的想法相差甚远"(25 页)。事实上，只有 15%的课被列为高质量课堂，近 60%的都属于低质量。然而，研究者们在高质量课堂上的确发现了一些共同点：

● 这些课堂都体现出学生的高度参与。通过使用真实的案例，将新知识搭建在学生已有的知识基础上，在每堂课上提供各种体验，这种参与得到了鼓励。

● 提供这样一种课堂氛围：尊重学生，鼓励学生参与，同时激励学生深入思考学习内容。

● 所有的学生都得到鼓励参与整个课堂。教师有意识地让每个学生参与进来，在必要时调整活动内容，以适应学生的能力。

● 教师用提问来监督学生的理解情况，促使学生用有意义的新方法思考所学内容。低层次的简短回答问题不太常用。

● 教师有意地、采用直接的方法帮助学生理解所学内容。在学生参与各项与所学内容有关的活动、开始形成自己的理解时，教师在适当的时机通过解释、提问和其他技巧来确保学生在诸多概念之间形成正确的联系。

来源：来自 R. Weiss & J. Pasley,《什么是高质量教学?》(*What is High-quality Instruction?*)《教育领导》(*Educational Leadership*)，61(5)，24～28，2004。

如何提问

假如教师想让提出的问题有效，他们必须将问题清晰而具体地表达出来。可实际情况是，教师经常问一些学生几乎无法正确回答的问题。他们没能表达清楚想问学生什么，或者希望学生如何作答。使用自然、不模棱两可的语言清晰地提问，这比较符合学生的理解水平。这些问题还很简洁，只包括学生回答问题所需的单词、术语和信息，只描述学生应当注意的具体要点，但不包含不必要的词或补充说明。最后，这些问题都和所学内容或者课程目标有关。

有效的问题应当要求学生**加工**或思考他们正在学习的内容，并作出回答。这意味着教师应当避免使用修辞疑问句，即只有一个答案的问题。封闭式问题只需要学生回答简单的是或不是、对或错，这样一来学生无需加工信息便可以猜测出答案。即使学生加工了他们所学的知识来回答封闭式问题，他们仍然可以**选出**答案，而不是作出回答。改写封闭式问题，要求学生作出周全、更仔细的回答，是很容易的事。

修辞疑问句不是为了让学生回答，而是为了取得某种效果。长期使用这样的提问会限制学生的回答，因而存在很大问题。某个提问到底是要回答是或不是，还是需要作出更具体的回答，学生会摸不着头脑。同样，教师应当避免在提问中包含答案，或者自问自答。

此外，教师应注意一次只提一个问题。很多时候，教师提了好几个问题，自己却浑然不知。提问时，他们想着要讲到的其他内容。因此，到底是要对所有的问题给出一个答案呢，还是每个问题都要给出不同回答，就不得而知了。同样，如果老师提了一个问题然后马上换种措辞再表述一遍，学生可能会感到迷惑不解。这造成了两个问题。首先，学生对原先那个问题的思考被打断了；第二，重新表述的问题听起来往往和原先的问题完全不同，以至于学生感到纳闷，怀疑是不是又提了一个新的问题。

另一个提问时要考虑的问题是问题的类型，或者说要求学生达到的思考水平。问题的类型有很多种，可以是出于各种目的(Barden，1995)。问题可能是较低层次或较高层次的、集中型的或扩散型的、狭窄的或宽泛的、有关内容的或有关过程的。

所谓的较低层次或较高层次是指要求学生回答问题应达到的思考水平。第六章讨论到的布卢姆的分类是最常用的设计此类问题的系统。较低层次的问题要求学生在分类的知识层次、理解层次，以及偶尔在应用层次上做出反应。学生通常可以运用现有知识，通过先回忆后复述、换种措辞，或者履行任务的方法来回答出这些问题。较高层次的问题要求学生运用分析、综合，或评价等认知技巧，因此需要学生进行更复杂、更独创的思考。

提问还可以分为集中型和扩散型——指得出答案所需的思维方向不同。回答集中型问题时，学生的思考过程是从宽泛到狭窄，从一般到具体。此类问题要求学生给出一个或少数几个正确回答。提问人、时、地、事的问题以及封闭式问题(正误题)等事实性问题都属于集中型问题。要强化重要的具体知识点时，此类问题是最合适的。

扩散型问题要求思路从狭窄到宽泛、从具体到一般发展。此类问题要求学生得出几个有可能的回答——其中任何一个回答都有可能是正确的。通过数学归纳很容易看出集中型问题和扩散型问题的区别。假设给学生一个乘式 7×9。集中型问题可能会问："7 乘以 9 等于多少?"教师希望学生得出一个惟一正确的答案。这也是个低层次问题。然而，同样的乘式(7×9)也可以变成扩散型问题，比如"你可以用几种不同的方法算出 7 乘以 9 等于多少?"要回答这个问题，学生可能会使用简单的加法、交换性、算术法则的组合、使用可操作的物件或其他创造性的方法来作出回答。学生不是像做集中型问题那样要给出单一的正确答案，而是必须在最初的事实基础上拓展思路，从而得出答案。

提问还可能强调**内容或过程**。有关内容的问题都直接针对所学知识，占教师所提问题的 80%(Borich，2004)。问题以及预期的回答都是直接从教学内容中抽取的，教师通常心里已经有一个"正确"答案。此类问题往往属于较低层次的认知过程。然而，由于这些问题将学生的注意力集中在所学知识的要点上，研究发现它们能提高学生的成绩(Borich,2004)。另一方面,教师用强调过程的问题激发学生的思考。尽管这些问题也和知识内容相关,但侧重点不是放在答案的"正确性"上,而是推动学生以不同的、有创造性的、复杂的方法去思考所学内容(Mencke & Pressley,1994)。因此,有关过程的问题通常属于较高层次、扩散型问题。此类问题比有关内容的问题使用得少得多,和学生成绩的联系也不太紧密。然而,它们的确可以提高学生在较高层次上思考的能力以及解决问题的能力。(Blythe, Allen, & Powell, 1999; LeNoir, 1993)

要更有效地利用以上几种类型的问题,以下是几条常见的建议。首先,和教学的其他方面强调多样化一样,你应当使用多种类型的提问。尽管大多数教师过多地依赖于较低层次、集中型的问题,但培养学生的思考能力和解决问题能力非常重要,这要求你有意识地将有关过程的、较高层次、扩散型问题融入你的课堂教学。其次,问题的类型和水平应当和你的教学目标以及学生的水平相吻合。教学目标的层次较低时,使用较低层次的问题比较合理。如果教学目标层次较高,或者你想促进学生的批判性思维的发展,你必须在课堂上使用有关过程的、较高层次、扩散型问题。

要保证提问的措辞合理,问题的类型恰当,你在设计教学时应当考虑问题的内容和提问的模式。毕竟,好的课堂讨论和互动不是凭空产生的。有的问题是在教学过程中听取了学生的评论或提问后自发产生的。这些问题是你无法事先计划好的。然而,你可以把很多关键问题写进教学计划。这样做至少有四个重要理由。

首先,将设计好的问题写到课堂教学中去,可以使课堂更具互动性。第二,如果你事先准备一些问题,就更有可能使提问集中在这堂课的主要目标上。如果你完全依赖于自发性的提问,就会很容易偏题,提出太多关于课程某一方面的问题,而忽视了其他问题。第三,将一些关键问题写入教学计划,使你更有可能提出各种层次的各种问题。扩散型、较高层次和有关过程的问题比集中型、较低层次和有关内容的问题更难设计。这或许可以解释为什么教师很少使用前者(Dillon, 1988; Gall, 1984; Glickman, 2002; Sigel, 1990)。提前准备一些这样的问题,即使在实际教学中你不全都使用,也可以使你的注意力转向更高的思考层次。第四,提前写下关键问题能使你在表达时更清晰、更简洁。

得到回答

教师设计并提出问题后,必须让学生作出回答。如前所述,提出表述清晰、类型各异、处于不同层次的问题能促进学生参与课堂。研究也表明,以某些方式引出答案能提高问题的有效性以及学生回答的质量和数量。尤其重要的是,教师要在提问之后等候片刻,同时让所有学生都参与回答。

等候的时间是指有效教师在引出学生的回答以及对学生对回答做出反应时使用的停顿。罗(Rowe,1987)的研究为后来大多数有关等候时间的研究奠定了基础。罗及其他人的早期研究集中于提问、停顿、叫学生回答这一过程的重要性。研究者们发现,除了在提出问题之后要停顿片刻,对学生的回答做出反应之前,或叫下一个学生回答之前停顿片刻,也非常重要(Tobin, 1987)。因此,等候的时间包括:(1) 教师的提问和学生回答之间的停顿;(2) 学生的回答和教师的反应之间的停顿。图 11－4 描述了这个顺序。

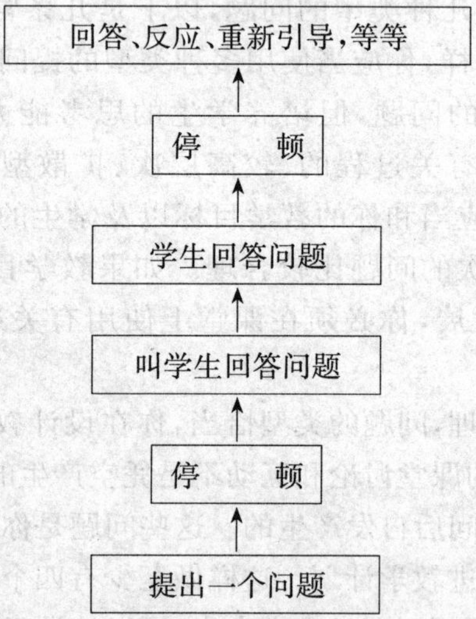

图 11－4 教师提问的顺序

大多数教师在叫学生回答问题之前的停顿时间少于 1 秒钟。相反,大多数有效教师在提问之后和对学生的回答做出反应之前要停顿 3～5 秒钟。关于等候时间的研究发现,这些 3～5 秒钟的停顿可产生以下令人满意的重要结果:学生的回答更长更透彻、回答的认知层次更高(例如,学生表现出更多分析、综合和评价能力)、学生用更多信息来支持自己的回答,以及学生对自己的回答更有信心。此外,有更多学生参与回答问题,尤其是那些被认为"头脑迟钝"的学生。最后,学生和师生之间的积极互动增加了,学生提出的相关问题的数量也增加了。(Berliner, 1987; Rowe, 1987; Tobin, 1987; Traver, 1998; Walberg, 2003)

延长等候的时间似乎是件很简单的事,但事实证明这并非易事,尤其对新教师来说。如果你对教学的有效性没有把握,或者不知道有没有学生能回答你的问题,5 秒钟的停顿时间会让你觉得过了漫长的一个世纪!同样,只要你学着运用这些停顿,你会觉得越来越得心应手,而停顿也给所有的学生更多思考和参与的时间。

为了使等候的时间更有效,你可以采取以下措施。首先,你应当规定不许学生把答案喊出来。如果允许学生喊答案,你就无法控制提问后的停顿长度,从而缩短了等候的时间。提问完,环顾教室,同时默数到5,然后叫一个学生回答问题。等待至少两三秒钟再对问题进行重复、重新表述或补充说明,否则会打断学生的思路,干扰他们的反应能力。在学生作答时,即使回答是百分之百正确的,话没有说完之前也都不要打断他们。当他们回答完毕,你要停顿片刻,思考他们的回答,让其他学生也有时间进行思考,并考虑如何做出反应。

对等候时间的使用必须与维持课堂进程所需的轻快节奏保持平衡。具体而言,教师应当使等候的时间符合提问的难度。较低层次、集中型提问通常比较高层次、扩散型和有关过程的提问所需停顿要短。改变等候时间的长度以满足学生思考问题、得出回答的需要,或者供你思考另一个学生的回答。

在回答问题阶段要考虑的第二个因素是如何尽可能让更多的学生参与课堂。有研究者(Morine-Dershimer & Beyerbach,1987)发现,学生的学习效果和学生参与课堂以及回答问题的机会多少有关。因此,提问的目标之一是确保所有学生都有均等的机会正确回答问题。提问能帮助你监督学生的理解情况,使学生投入学习,而且是衡量教学是否成功的标准。但很必要的一点是让所有学生都来回答问题。在一个学生能力参差不齐或文化背景各不相同的班级里,做到这一点尤为困难,但又是非常重要的。

能够有效使用等候的时间将促进学生参与回答问题。然而,大多数教师仍然主要采取让学生自愿回答问题的方法。这种做法导致问题的分配不均匀、学生回答问题的机会不平等(Coladarci & Gage,1984)。有效提问要求你叫所有学生回答问题,尤其是那些不爱主动回答的学生。一个比较好的做法是:提出一个问题,暂停,让所有学生思考问题并得出回答,然后点一个学生来回答。要保证学生回答问题的机会均等,在点名时可以使用一种提问方式。例如,你可以在每张小卡片上写下每个学生的名字,然后随机抽取卡片,抽到谁就让谁回答问题。用了这种方式你就可以知道哪些学生已经回答过问题了。即使所有学生都已经回答过问题了,为了让他们保持注意力集中,就要改变你的提问方式,随机叫学生,从而继续你们之间的问答。

在课堂上留出等候的时间,平均分配回答问题的机会,这两个因素共同作用,促进了提问的有效性。等候的时间使更多学生有机会思考答案。有的学生能相对较快地得出答案(通常都是那些经常主动回答问题的学生),而有的学生需要更多的时间才能得出答案。因此,等候的时间增加了能正确回答问题的学生的数量。即使有的学生不主动回答,也要提问所有学生,这样可使所有学生都参与课堂。这种做法使所有学生都有机会和你交流,并且取得成功,也给你提供了一个更完整的机会,得以评价学生对所学内容的掌握情况(见案例11.1)。

案例 11.1
“可我的确在使用提问的技巧呀”

贝蒂·吉尔拉什每天要给六年级5个班的学生上自然科学课——同样的课程,同样的教学方法。

今天的课主要是复习,贝蒂已经把她的课程计划都安排好了。10分钟复习,40分钟做练习,而她可以利用这段时间整理整理成绩册。

今天的简答题(在该学区,每个教师每天都必须出一道这样的题)已经写在了黑板上:(　　)是饮用水的主要来源。

贝蒂的学生这一周一直在学水供应和水污染问题,但似乎没有人能回答得上来。

“好,大家记得吧,我们昨天讨论过这个问题。什么是饮用水的主要来源?”有几个学生响应了。有人说:“是雨。”还有人说:“是大海。”

“不对,我们一般不直接喝海水,因为喝之前得先把盐分提取出来。”贝蒂用她那银铃般的嗓子说道。

“盐是怎么进入大海的?”前排的一个女孩问。

“水在陆地上流淌时,溶解了一些叫做泻盐的东西,注意,不是盐,然后流入大海。现在,谁能告诉我这道题的答案?是**地下水**。记得吗昨天讲过?地下水是饮用水的主要来源。那什么是地下水?”

“就是地上的水!”一个在座位上坐立不安的男孩说道。

贝蒂的语调听起来没有发火,但已经有点儿不高兴了。“不对,地下水是指井水、泉水这些在地底下流的水。还记得吗?”

贝蒂开始快速复习上周学过的内容。她讨论了地下水污染、垃圾填埋、热污染和学校后面那条污染严重的小河。她一直站在教室前面,手里拿着书,叫几个举手的学生回答问题。这些学生大多坐在教室前排,而其他学生都被忽视了。

15分钟后贝蒂把练习发了下去,上面对她刚刚复习过的内容进行了提问。“你们可以翻书寻找这些问题的答案。”她说。有几个学生举手说他们没带书。贝蒂只好四处找富余的课本,然后让一些学生坐在一起合用。几个学生开始无精打采地做题,在书里找填空题的答案。其他学生则坐在那里发呆。

贝蒂开始在教室后面的书桌上做自己的事,还时不时地回到学生的座位上回答他们的提问。有一道题学生从书里找不到完全对应的回答。她让一些学生自己动脑筋,却把答案低声告诉给其他学生。

这节课接近尾声时,贝蒂走回到教室的前面。“现在我们再问一次,”她说,“我们来看黑板上的简答题。同学们,什么是饮用水的主要来源?”

学生们面无表情地和她对视。

"你们应该记得的，"她提示他们，"是**地下水**，还记得吗？"

学生们开始整理物品，期待着下课铃声响起。贝蒂用她最能控制课堂的声音说道："我一直担心大家最近的学习情况，不过你们今天的表现都非常好。希望你们继续保持！"

来源：来自"传统教学"，可在这个网址找到：www. middleweb. com/tradtch. html（收录时间 2004 年 10 月 4 日）

研究并解决该案例

1. 贝蒂的课如何体现了她想展现或使用有效教学技巧的意图？

2. 贝蒂在很多方面似乎都没能很好地运用有效教学技巧。你能说说是哪些方面吗？

3. 为什么你认为即使是优秀的教师在教课时有时也会出现和贝蒂一样的问题？

4. 假如你是贝蒂，你会尝试哪些不同的做法？

后续阶段

学生回答了你的提问后，你必须对其回答做出反应。提问过程的这个阶段称为后续阶段。你在后续阶段的行为将鼓励或妨碍学生成功地参与课堂，从而影响你今后在教学上的成功(Latham，1997)。

教师最常用而又最无效的反应是"好"或者"啊哈"(Sadker & Sadker，2001)。要少用这种例行公事、毫无意义的反应，而应当试图澄清、综合、扩展、修饰学生的回答，提高他们回答问题的水平，或者评价学生的回答。有效的后续阶段是以学生回答问题的正确度和表现出来的信心为基础的(Good，1988；Rosenshine & Stevens，1986；Sternberg，1994)。学生可能作出正确的、充满自信的回答，也可能是错误的、粗心的回答。罗森海恩和史蒂文斯(1986)建议教师作出以下反应：

1. 当学生正确而自信地回答了问题时，接受并认可这个答案，继续教学。不要过多地进行表扬。

2. 当学生正确地回答了问题但显得有点犹豫时，给予学生反馈或提出更多的问题，用来帮助学生确信他的回答是正确的。在继续上课之前，要确保学生知道为什么他的回答是正确的。

3. 当学生自信地作出回答，但回答是错误的，先肯定他为之作出的努力，然后提出更多的问题帮助他得出正确的回答。不要直接把正确答案给他，也不要叫另一个学生回答。

4. 当学生回答得既不正确又粗心时，给出正确的答案然后继续上课。你应当及时纠正错误的答案。

总的来说，只要学生没能正确回答问题，或回答时不自信，就需要开展后续阶段的工作。这些后续工作可以分为四类：提供正确答案，深入探究，重新引导或重新表述。只有当学生回答问题时粗心大意且答案不正确时，才可提供正确答案。其余三种后续方法值得我们讨论。

深入探究(probing)是指向回答问题的学生提出更多问题，以帮助提高其回答问题的水平。(Danielson，1996)深入探究的问题往往旨在将学生的注意力吸引到问题的重要方面，使其改进原有的回答(见图 11－5)。在这种情况下，深入探究应当是用简单的语言表述的集中型问题。通常需要提出不止一个问题来强调原有问题或回答的某些方面，并引导学生得出更正确、更完整的回答。

深入探究(提高学生回答问题的水平)

教师："是什么原因让福特总统饶恕了前总统尼克松?"(暂停)"大卫?"
大卫："为了不让共和党尴尬。"
教师："你能解释一下这样做如何避免了尴尬吗?"
大卫："嗯，如果调查继续下去，可能会发现还有很多人卷入其中，而且大多数是共和党人。"
教师："你凭什么认为这是真的呢?"
大卫："哦，是因为调查开始后有些人承认自己卷入其中，有的人提到了涉及其中的人的名字。"
教师："好的，那我们假设福特总统没有饶恕尼克松总统，一切都揭露出来，你觉得会有什么结果?"

深入探究(帮助学生正确回答问题)

教师："Ball，bed，bug，baby，这四个单词都以 b 这个辅音开头。还有哪些词是以 b 音开头的?"(暂停)"丹妮尔?"
丹妮尔：(沉默)
教师："好的，丹妮尔(Danielle)的名字是不是以 b 音开头的呀?"
丹妮尔："不对，我的名字开头是 d。"
教师："对了。那么布列塔尼(Brittany)呢? 这个名字是以 b 音开头的吗?"
丹妮尔："没错!"
教师："好的，丹妮尔。想想这个音。你还知道哪些词是以这个音开头的?"
丹妮尔：(暂停)"邦妮(Bunny)!"
教师："对了! 邦妮!"

重新引导(用在回答错误之后)

教师："水门事件的特别检察官叫什么名字?"(暂停)"特雷弗?"
特雷弗："是不是斯特罗姆·瑟蒙德(Strom Thurmond)?"
教师："不对。瑟蒙德是一位议员。我问的是特别检察官的名字。"(暂停)"史蒂夫?"
史蒂夫："是阿奇博尔德·考克斯(Archibald Cox)。"
教师："说对了。"

重新表述(以澄清问题)

教师："为什么杰拉尔德·福特(Gerald Ford)对理查德·尼克松既往不咎?"(暂停)(没有人回答)"在我们刚才观看的演讲中，福特用什么理由饶恕了尼克松?"(暂停)"卡桑德拉(Kassandra)?"
卡桑德拉："他说他认为全国人民应该既往不咎，把目光放得长远些。"

图 11－5　后续提问的技巧示例

深入探究还可用来提高学生回答问题的水平。如前所述，教师往往提出一些集中型、处于较低认知层次、和内容有关的问题。而且，即使教师提出了一个较高层次或扩散型的问题，大多数学生仍然给出处于较低层次、集中型的回答（Cazden，1986；Sternberg，1994）。深入探究可以在此类回答之后使用，提示学生在较高层次思考问题。简单的做法有：让学生解释他们为什么这样作答，举例支持他们的回答，或者让学生描述一下如果原问题的某方面发生变化的话他们的回答将有何变化。

重新引导（redirecting）是对错误的回答做出反应的另一种方法。在重新引导时，教师让另一个学生回答同样的问题（见图 11－5）。这种后续方法对那些在学习上自我感觉良好的学生来说极为有效。这些学生对学习充满信心，这种方法对他们构成了挑战，激励他们更努力地学习。然而，这一方法对那些不自信的学生而言就不那么有效了。事实上，有可能导致这些学生自我意识、学习动机、课堂参与和学习效果的下降。（Coladarci & Gage，1984）

重新表述（rephrasing）即将同一问题用不同的话表述一遍。学生无法回答教师的提问，经常是由于提问的表述方式欠佳。因此，重新表述问题可以使之更清晰、更简单或更能将学生的注意力集中在问题的关键方面（见图 11－5）。重新表述总的来说不是有效的后续技巧，应当尽量少用。更好的做法是引出一些回答，然而使用深入探究的方法帮助学生得出正确的回答。尽管所有教师偶尔都会提一些表述欠佳的问题，但在设计教学时仔细考虑问题，监督这些问题在实际教学中的有效性，提问时充满自信，都将最终减少重新表述的必要。

总而言之，提问是有效、互动的教学的重要组成部分。它能带来很多令人期待的结果，可用于多种目的。表 11－1 列出了正确的提问技巧和错误的提问技巧。

表 11－1　有效提问和无效提问

有效提问	无效提问
1. 提问要与教学目标一致，使用各种提问类型和各种层次的提问。	1. 只强调较低层次或集中型问题。
2. 整堂课提出许多问题。	2. 只在一节课快结束时提问，主要为了复习所学内容。
3. 提出问题，暂停，然后叫一个学生回答问题。	3. 允许学生把答案喊出来，或者在提问之后没有停顿。
4. 确保所有学生同等地得到正确回答问题的机会。	4. 让学生自愿回答。
5. 对较低层次、不准确、不完整的回答进行后续提问。	5. 忽视或不去纠正不恰当或不完整的回答。

续　表

有 效 提 问	无 效 提 问
6. 将提问，尤其是关键的提问写入课堂计划。	6. 在师生交流过程中完全依赖于自发性提问。
7. 提问要清晰、简短，切中要害。	7. 问题很长，或者同时提多个问题。
8. 通过提问促使学生专心上课。	8. 将提问作为惩罚学生不遵守课堂纪律的工具。
9. 以问题的方式写课程目标和总结。	9. 只在设计要点时使用提问。
10. 肢体语言要与提出的问题一致。	10. 对提问不感兴趣，或对学生的回答表现冷淡。

讲课清晰

整个这一章，我们主要讨论了教师直接或间接地促进学生学习、进步和积极性的特性和行为。每种特性和行为都是根据研究得出的。现在我们把注意力转向一个复杂的教学技巧，它比其他任何技巧都更有利于促进教学的有效性。

讲课清晰度是自罗森海恩和福斯特(1971)以来大量研究的焦点。他们二人认为为它是“和学生成绩相关的最有发展前途的变量”(107 页)。**讲课清晰度**(instructional clarity)是指教师指导学生，使**学生清楚地理解所学内容**的能力。因此“清晰度”是学生获得的一种感受，而不是教师所做的事情。然而，研究证明，学生认为教师的某些具体行为能帮助他们获得清晰感(Hines，1981；Hines，Kennedy & Cruickshank，1985)。对于有学习障碍的学生，教师能否清晰地讲课是至关重要的一点。(Banikowski，1999；Winter，2001)

学生认为，讲课清楚的教师会重复要点，将要点写在黑板上，讲完要点后停顿片刻以及复习要点等，用这些方法对要点进行强调。他们通过提问和组织学生开展活动，使学生有机会运用所学知识，从而监督学生理解的清晰程度。当学生不理解时，讲课清楚的教师会重复、复习或重新表述要点。自然而然地，教师如果经常熟练地通过这些方法帮助学生理解所学知识，会使学生取得更大的进步，他们本人也会比其他教师得到更多满足感。(Chesebro & McCroskey，2001；Gliessman，Pugh，Brown，& Archer，1989；Halphin，Easterday，& Elrod，1994；Hativa，1998；Metcalf，1992；Metcalf & Cruickshank，1991)

如果教师做到讲课清晰，不仅能够帮助他们清楚地解释所教内容，而且能提高组织讲话内容的能力。重要的是，这一组织课堂的问题不仅存在于以教师为中心的课堂上，也存在于以学生为中心的课堂上(Feden，1994；Metcalf，1991；Rosenshine，

2002)。讲课清晰的具体行为包括:(1) 准备开始上课;(2) 介绍并强调所学内容;(3) 详细阐述要点;(4) 监督学生的理解情况,如果学生没能理解,教师进行辅导。下面对教师讲课清晰的讨论将围绕这四个方面展开。

准备开始上课

要做到讲课清晰,课堂内容是有逻辑地组织在一起的,授课方式能帮助学生明白主要概念之间的关系。因此,讲课清楚的教师有条理地组织课堂活动,告知学生课程目标,并逐步介绍这些活动。第六章介绍了一些组织课堂活动的方法(例如按时间顺序)。要使讲课清晰,课堂的组织过程也应当明显、有逻辑地展现在**学生**面前。

一开始上课,教师就应当告诉学生本节课的目标。我们在设置定向部分提到过,教师应当告诉学生这一节课的总体情况,以便帮助学生在脑中形成各项活动的大致框架,并且使学生控制自己对所学内容的掌握情况。如果教师是一步步地进行讲解的,学生会觉得更清晰。换句话说,教师在实施教学和开展教学活动时应当帮助学生明白各个概念之间的关系。这样做有利于学生将新旧知识更准确地结合起来。

介绍并强调要点

除了一开始的计划和组织,清晰的讲课还将学生的注意力集中在讲课的要点上。一个常见的做法是把要点写在黑板上或让学生抄写下来。然而,你要注意,不要滥用黑板,不要把不重要的东西也写在黑板上。学生会把你写在黑板上的东西全都当成要点。因此,如果你在黑板上写满了不重要的东西,或者没能把部分或全部要点写在黑板上,这一技巧的有效性就会大打折扣。

强调课堂重点的另一个方法是用口头提示指出这些重点。列举重点就是一个好办法。例如,"我们要讨论的第一点是……""第二,……"以及"最后,……"这些话可以帮助学生组织思路和所学内容。同样,"大家要记住这一点,这很重要"或者"仔细听,因为这是一个重点"等表述可以让学生集中注意力听你接下来要说的内容。重申要点也会给学生以提示。你可以将这些方法组合使用:先陈述一个要点,暂停片刻或将其写在黑板上,然后重申一遍。要使强调的意味更浓,你可以先说明这是一个要点,陈述这个要点,将它写在黑板上,然后重申一遍。

最后,你可以在总结时再次强调重点。在第六章我们称课程的这个部分为**结束阶段**。在一节课结束或讲完重要部分(在过渡到下一个部分之前)时,你应当总结这部分的要点,或者让学生来总结。这有助于重复要点,进一步强化其重要性,结束这一部分的教学,并帮助学生为顺利开始下一部分的学习做好准备。

详细阐述要点

除了强调要点,你还可以通过举例、解释和阐述来加深学生对所学内容的理解。

用来解释要点的正确例子和错误例子(指不符合概念的东西)对学生的理解至关重要。例子可以是口述的、书面的,也可以是图片或实物,视所学内容和学生的水平而定。例如,如果学生都熟悉蚂蚁,那么只需提及蚂蚁是昆虫的一种就够了,不用非得看到一只蚂蚁才行。然而,假如你想列举一种学生可能不熟悉的昆虫,比如竹节虫,可能就有必要展示实物或图片了。而且,你还要说清楚例子和概念有何联系,为什么有联系——在刚才的例子中,你要说明具有哪些特征的生物才是昆虫。补充一个错误的例子,例如蝎子,就会更进一步澄清概念。

同样,清晰的讲课帮助学生理解事物有哪些相似点,哪些不同点。你可以向学生描述、展示、解释两个想法、概念、例子或做事方法有哪些相同,哪些不同。这种教学方法帮助学生更准确地吸收新信息。如果你要教学生完成一项任务,你应当展示任务过程,与此同时向学生解释你在做些什么,为什么要这样做。例如,假如你要教学生学习用圆规画圆圈,你可以先把针尖放到一个位置上,然后解释为什么要放在这个位置;告诉学生针尖必须用一只手固定在一个位置,并演示给学生看;圆规用来画圆的那端也要稳当地停留在纸上,然后一边示范画圆的过程一边解释如何转动圆规才能确保画出来的圆是完整的。

学生们还提到,讲课清晰的教师会解释他们不熟悉的词语,而其他教师经常做不到这一点。一条基本原则是,要认定学生对所有的新术语都不熟悉,并在课堂上使用这些术语**之前**对其进行解释。最后,如果你在介绍了要点之后停顿片刻,也会加深学生的理解。正如等候的时间可以让学生思考问题,介绍要点之后的停顿也促使学生进行思考。停顿也表明该要点非常重要。

确保学生理解所学内容

讲课清晰的最后一个方面是,通过给学生运用所学概念的机会,监督学生的理解情况,纠正学生在理解上的偏差。要做到这一点,关键是你能频繁地提出不同层次的问题。除了提出问题以检测学生的理解情况,你还要留出时间让学生提问。如果你已经营造了一个公开、互动的氛围,那么只需在讲完一部分内容后停顿较长时间,就会促使那些没有理解透彻的学生要求你再清楚地解释一遍。你还可以问学生:“有什么问题吗?”然而,这样笼统地要学生提问,关键是要延长等候的时间。许多学生要回顾所学内容之后才能知道自己是否有问题要问,有的学生需要时间组织他们要问的问题,还有的学生需要时间鼓起提问的勇气。因此,询问学生是否有问题之后,比较恰当的做法是一边环视教室,一边停顿长达 5 秒钟到 10 秒钟。更好的做法是要学生提出一些具体的问题,例如“你们对刚才讨论的三点有什么疑问吗?”然后继续提问,看看学生的理解情况如何。

除了给学生提问的时间,你还应当开展一些活动,让学生展示他们的例子,然后仔细观察他们的表现，需要时给予纠正。在第六章我们称这种做法为带领学生学习。你可以让学生在座位上独立完成(以小组为单位)，或者叫学生到黑板前，全班同学在他后面一起出谋划策。如果学生不能正确回答问题，不能将所学知识准确地运用到例子中，或者提出了一个问题，但这个问题表明他对知识有所误解，那么你应当纠正这种误解。前面提到的一些行为，例如重复、重新陈述、深入探究，或再多举几个例子、进一步解释等，都可以帮助打消学生的困惑。

归根结底，讲课清晰度是一系列内容丰富而意义重大的教师行为。清晰度的核心在于帮助学生理解你教的内容。记住，清晰度不是教师要达到的目的，而是学生要获得的感受。然而，通过学习模仿这些使讲课更清晰的行为，你可以极大地提高教学的有效性。图 11－6 总结了和清晰的讲课有关的十种具体行为。

1. 有条理地设计和贯彻课堂教学。
2. 事先告诉学生课程的目标。
3. 课堂教学是逐步开展的。
4. 教师通过以下方法把学生的注意力吸引到新知识或要点上来：把要点写在黑板上，重复要点，在适当的时候进行复习，有意停顿片刻，使学生有时间进行思考。
5. 教师举例解释正在教的概念，并演示该例子来支持这个概念。
6. 教师在课堂上使用学生不熟悉的词语前先对其进行解释，指出概念之间的相似点和不同点。
7. 教师问学生大量问题，并让学生做练习以检测学生是否理解。
8. 教师仔细检查学生的作业，了解学生的理解情况。
9. 教师鼓励学生提问，并给学生充分的时间提问题。
10. 当学生不理解时，教师重复要点，举新的例子，进行解释或详细阐述，直到学生清楚地理解了所学内容。

图 11－6 讲课清晰的教师具有的行为特征

监督学生的进步情况

有效的教师不仅善于监督学生的行为，而且善于检测学生的理解情况(Marzano, 2002; Walberg, 2003)。他们不断地认真评价学生的表现和进步情况，用各种方法检测学生的理解情况。假如学生没能理解所学内容，有效教师就会审视并调整他们的教学。监督也体现了教师对学生进步情况和任务完成情况的关心。如果教师已经营造了互动的课堂氛围，学生可以自由提问和回答问题，教师就会有很多机会监督学生的理解情况。

研究没有表明监督学生的理解情况和学习进步有直接关系。然而，如前所述，监督是讲课清晰度的一个重要因素。它还和有效利用教学时间、给予学生有效的反馈有紧密联系，而研究表明这两者都会影响学生的学习。

在学习初期，误解或缺乏背景知识等情况最有可能对学生产生负面影响时，监督显得尤为重要。这期间的监督工作使教师得以纠正学生的错误,改变不恰当的思考模式或行为。除此之外,监督还使教师给予学生反馈,帮助学生理解为什么他们的行为是正确的,这一点我们接下来会深入探讨。

有无数正式和非正式的方法可以监督学生的理解情况。考试、小测验、家庭作业和项目都属于正式监督。尽管正式监督很重要,尤其在评定等级的时候,但非正式监督更常见、更及时,对教学行为和学生的学习产生更直接的影响。优秀的教师会时刻意识到课堂上发生的一切,或者叫"明察秋毫"(Kounin, 1970)。他们提出许多问题,而且提问面向所有学生,为学生营造一个支持、公开的环境,让学生在其中自由提问或澄清误解。避免说一些学生无法理解的话或者做学生不能理解的行为。

具体而言,你可以通过几种方法提高监督学生的能力。在每堂课的开始设置定向并使用先行组织者,以帮助学生理解任务并掌握自己的进步情况。认识每个学生,叫出他们的名字。在教室里来回走动,检查学生是否专心,与所有学生保持较近的距离。尽可能多地在全班范围进行互动教学,减少小组活动或独立学习,尤其在没有其他成年人帮助的情况下。使用良好的提问技巧:叫所有学生回答问题——不只叫那些举手的学生;提出各个认知层次的问题;提问之后留出停顿的时间。环顾整个教室,和所有学生保持眼神的交流,以观察学生是否理解或是否有不好的行为发生。向学生表示你的坦诚,让他们知道你可以随时提供帮助。即使学生在座位上做题,你也要尽量少在自己的书桌旁坐着。你应当来回走动,扫视教室,不要背对着学生,不要在某个学生或一组学生身上花太多时间。在第十二章你将看到,这些行为同样是有效管理课堂的教师具有的特征。

给予反馈和强化

在教学过程中,有效的教师经常提供有关学生学业表现的信息(Walberg, 2003)。他们最常用的做法是提供反馈和强化。尽管这两种方法有相似之处,但仍存在差异。强化是要提高学生的积极性,而反馈旨在告诉学生其表现的正确性。要有效地运用这些技巧,必须理解它们,知道如何运用。

强化和反馈都是对学生的表现做出反应的方式,是在学生完成了某事之后——例如回答了问题,参加了讨论,上交了家庭作业,或完成了一项任务——教师采用的技巧。如果教师营造了一个互动的课堂氛围,提供反馈和强化的机会也就自然而然地不断增加。塞奥瑞克(1987)指出,课堂互动约三分之一的时间是教师对学生的表现做出反应。因此,教师能否恰当地做出反应,会极大地影响学生的表现和积极性。

反馈

反馈(feedback)(有时也称为**对结果的了解**,简称 KR)主要是为了:(1) 告诉学生其表现的质量和正确性;(2) 帮助学生了解如何监督和改进自己的学习。例如,教师在学生的试卷上写一些反馈意见，告诉学生和某个标准相比他们做得如何，哪些地方有待改进，如何改进。教师通过反馈给出的信息和学生学业表现的质量是直接相关的。(Glickman，2002；Walberg，2003)

对某些学生而言，反馈是一种强化，可以帮助他们对自己成功完成任务的能力更有信心，从而促进学生学习。然而，反馈并不总和强化画等号，而且反馈目的也不在此。

教师必须学会有效地运用反馈和强化两种技巧。然而，提供反馈比给予强化(尤其是表扬)更能帮助学生学习(Chall，2002；Wittrock，1986)。尽管反馈能帮助学生正确理解并顺利完成任务，但它不一定对学生的表现予以奖励。

有效的反馈包括以下信息：(1) 用来评价学生表现的**标准**；(2) **学生的表现和标准相比**，情况如何；(3) 学生的表现可以具体得到哪些**改进**(Behets，1997；Chesebro & McCroskey，2001；Wittrock，1986)。大多数人认为反馈是来自教师的口头评语或书面评语。然而，学生往往只需将自己的表现和某个标准作比较，就可以了解自己的表现是否正确。因此，学生可以从来自教师或同学的反馈意见了解自己的表现，也可以通过看录像带或听磁带来达到这一目的。反馈的短期目标是提高学生的理解力、改善学生的表现，长期目标是使学生能够自我判断其表现的正确性。

以下几条原则可以让教师的反馈更有效：

1. 尽可能经常提供反馈——如果可能的话，每天给每个学生提供反馈信息。计划并维持一个高度互动的环境，为学生提供各种练习或表现的机会，检查他们的表现并给予反馈，这些都非常重要。

2. 在每次表现之后尽快给予反馈。例如，迅速返还试卷，试着在表现之后立即评分，在监督学生做练习的同时给予口头反馈。

3. 反馈不能太笼统，要具体。例如，叫出学生的名字，具体地评价学生的表现，而不是简单地说“做得好”或者写“此处有待加强”。

4. 反馈的焦点要集中在学生表现的**质量**上，而不是学生的目的或动机上。好的反馈可以传达教师对学生能力的信任，但又不会给学生留下这样的印象：认为不完整的、不正确的作业也是可以接受的；同时也不会显得冷漠、不近人情。要做到这一点，方法之一是对表现的正确性进行反馈的同时也告诉学生如何能做得更好。

5. 设计并使用这样的一种反馈：能教给学生如何检测自己的进步和表现。逐渐让学生承担更多检测自己进步情况的责任。让学生批改自己的试卷，或者互相批改试卷、互相给予反馈，在学习写作时让学生相互修改，观看或收听录有他们的表现的音像资料，等等。

强化

强化的目的是加强并增加可取的行为或反应产生的频率，通常通过给予某种奖励的方式进行。强化让学生明白他们何时做出了良好表现，以希望他们更频繁地重复这一表现。如果一个平时沉默寡言的学生主动回答了问题，你会试图用微笑或手势来鼓励他，希望他将来更积极地参与课堂。你的目的可以是奖励学生的参与（即他的行为），而不一定因为他回答正确了而给予奖励。第十二章将进一步讨论这种类型的强化。

反馈是为了提高学生表现的质量，与之相比，强化是为了提高学生的积极性。我们通常以口头表扬的形式进行强化，但也可以有其他多种形式。重复或解释学生的回答，或对他的论点进行讨论，都可以起到强化的作用。肢体语言，如点头、微笑、目光交流、手势或身体上的接近都是强化的方式。更切实的强化方法是给学生自由活动时间，发放糖果、纪念品或其他奖励品。

强化，尤其是以表扬或奖励的形式出现时，对于促进学生的学习所起的作用并不是很大（Chall, 2002; Monk & Walberg, 1991）。事实上，表扬与学习之间并没有什么直接的关系。也就是说，加大表扬力度只在一定程度上促进了学生的学习。超过这个程度后，过多的表扬反而可能降低学习效果。原因之一是，只有当学生认为教师的表扬是切合实际的，这些强化手段才会起作用。假如教师的表扬让学生感到尴尬，或者不能吸引学生的兴趣，这种奖励有可能削弱而不是加强学生的学习（Kennedy, 1997; Wittrock, 1986）。表扬和强化的另一个问题是，教师经常无意中强化了错误的行为（Callahan, Clark & Kellough, 2002）。例如，为了让学习不太好的学生多参与课堂讨论，教师可能会对他错误的回答进行表扬，而不是表扬他参与讨论的行为。结果可能是，这名学生的确更积极参与课堂，但学到的是错误的内容。

由于强化的重点在于提高学生的积极性和自我认识，在学习的初期、对学习成绩较差的学生进行强化就显得非常重要。然而，教师很少在这些时候进行强化（Kennedy, 1997）。符合以下条件的强化是最有可能奏效的：(1) 具体说明是奖励何种行为或表现；(2) 是伴随着可取的行为或表现而产生的（当学生作出错误的回答或行为不令人满意时，不给予强化）；(3) 是可信的。适当地使用批评（表扬的对立面），对成绩较好的学生来说是有效的。然而，总的来说，批评不能有效促进学习，反而带来消极后果，削弱学生的自我认识，减少积极性。（Chall, 2002）

尽管强化是一个强大的工具，但使用时应谨慎，不要滥用。布罗菲（1981）提出，教师应当"试着在组织课堂时引导学生做出好的表现，而不是在学生有了好的表现之后再进行强化"。教师应当在学习过程的初期阶段对所有学生给予大力强化和反馈，而对成绩较差的学生的强化和反馈要贯穿整个学习过程，尤其是对高年级的学生，强化和表扬应当是低调的、私下进行的、具体的。

强化能够而且应当同时集中于学生的积极性和表现的结果。然而，应当对可取的表现进行强化，而且教师应当说清楚是什么具体行为得到了强化。尽管有的学生作出了错误的回答，也应当对他的积极参与表示奖励，但一定要让学生明白，这是在奖励他的积极**参与**，而不是错误的**表现**。在进行表扬时，要让你的言行保持一致。也就是说，不要面带愁容地对学生说:你做得好！严密地观察你的强化对每个学生所起的作用。记住,尽管你做出某种行动的意图是要进行强化,但学生可能并不这么想。最后,想表扬时就表扬吧！这样显得更真诚。

几点思考

第十章和十一章讨论的所有具体行为,都贯穿了这样一个观点:教学要最大限度地提高学生的学习,激发他们学习的积极性。设置导向帮助学生集中注意力。保持课堂节奏、采用多样化和充满热情,会激发学生的兴趣,使他们参与课堂。有效地使用提问可以有助于学生加工所学知识,更好地理解课程内容。因此,尽管我们一直在强调教师的个人特征和专业行为,我们还必须牢记,这些只是要达到所希望的目标采取的有效方法,而不是目标本身。例如,并不是为了提问而提问,而是要通过提问帮助学生学到更多知识,学习更有成效。然而,大量证据表明,这些特征和行为对最大限度地提高学生的学习、激发积极性非常关键,是教学方法和课堂管理策略形成的基础。你越能熟练运用这些特征和行为,越能有效地使用任何教学手段或策略。

本章小结

● 有效的教师拥有丰富的专业技巧,可以帮助学生学到更多知识。这些专业技巧比个人特征更容易得到提高。可以围绕以下四个方面展开讨论:吸引和集中学生的注意力,合理安排教学时间,促进有意义的师生互动,提供有效的反馈和强化。

● 经验丰富的教师通过在课堂开始设置定向、在讲课过程中采取多样化来吸引学生的注意力,并维持学生的兴趣和积极性。

● 定向主要有三种类型。方向定向是让学生参与一项新的教学活动。过渡定向让学生了解新旧知识之间的关系。评价定向用来检测学生对一个话题掌握了多少。

● 每堂课的开始是关键,因为它奠定了整堂课的基调。一开始上课,应当用有趣的或有争议的问题吸引学生的兴趣;应当营造互动的氛围,鼓励学生参与;应当在一开始就让学生了解课程的主要话题、目标或任务;应当阐明现有课程与以前所学课程之间的关系。

● 有效的教师在各方面都体现多样化:肢体动作、教学方法、评估类型和许多其他领域。罗森海恩和福斯特(1971)发现,多变性和学生的学习是紧密相连的,它通过保持学生的兴趣和参与来提高学习效果。

● 最有效的教师尽可能多地利用教学时间。与有效利用教学时间紧密相关的三个因素是:花在任务上的时间、节奏和平稳的过渡。

● **花在任务上的时间**是一个广义的概念,指学生积极参与学习任务的时间。总的来说,学生花在学业上的时间越多,学到的东西也越多。但实际只有很少一部分时间真正用在学业上。

● 教学时间可分为四个层次。规定的时间是指正式安排给各个学校的时间:例如,一学年、一天课或一节课的长度。分配的时间是指规定的时间当中只用于开展学业活动的时间,不包括课间或午餐时间。教学时间是指分配的时间当中教师开展教学活动的时间。这段时间不包括登记考勤、给学生指示等。学习时间是指学生积极参与学业任务并且成功完成该任务的时间,其中不包括学生不注意听讲或学到错误的知识的时间。

● 从规定的时间到学习时间,很多宝贵的学习机会都被浪费了。有效的教师会准时开始上课、按时下课,尽量压缩给予指示的时间,制定规则,减少不必要的干扰,积极监督学生的参与情况,从而最大限度地促进学生参与课堂。他们还营造高度互动、多变的环境,来吸引学生的注意力,并使之保持整节课。

● 节奏指课堂活动的步调。通过维持轻快的教学步调,且仍然能让学生顺利完成任务,保持节奏有助于最大化地延长学习时间。节奏必须适应学生的需要,符合任务的难度。总的来说,以教师为指导的教学可以更好地控制节奏和教学时间。

● 教师设计好并实施顺利的过渡时,便延长了教学时间。过渡是指学生的注意力转移到新的话题或活动上的那个时刻。

● 教师应当设法将过渡的数量和所花的时间减少到最低,并尽可能有组织地进行过渡。他们应当为经常发生的过渡制定一些原则,应当提前告诉学生接下来要做什么,应当对过渡进行监督。

● 有效的教师通过提问、讲课清晰度和监督理解情况等方法让学生参与课堂。

● 提问不仅仅指提出好的问题,而且是指知道如何获得回答,如何对学生的回答做出反应。最有效的问题要求学生加工信息、形成正确的回答。应当少用封闭式提问,或尽量不用。提问应当采用直接、自然、不模棱两可的语言,表述得简明、清楚,要根据课程的目标,在提问的形式和认知层次上有所变化。如果教师将提问设计到课堂计划中去,会提出更多、更好的问题。通过使用等候的时间、促使学生最大限度地参与,教师可以增加提问的有效性。等候的时间指教师提问和学生作答之间的停顿,以及学生作答和教师做出反应之间的停顿。理想的等候时间大约在3～5秒钟,这段时间可以让学生思考问题或思考自己的回答。

● 我们应当向所有学生提出问题,而不只是针对主动回答问题的学生。这样做使学生保持警醒,使每个人都参与课堂,使教师更好地检测教学成功与否。

● 学生回答了问题之后,教师的反应是非常关键的。可能的反应包括深入探究、重新引导、重新表述或给学生正确答案。深入探究是指向学生提出更多问题,以提高回答的准确度。重新引导是指让另一个学生回答同一问题。一般来说要避免这种做法。重新表述指换种说法表达原来的问题,使之更清晰。通常只有在学生没能正确回答时才使用这一方法。

● 最受学生欢迎、对学生最有帮助的教师会在实施教学的时候引导学生清楚理解所学内容。讲课清晰度是通过以下做法达到的:有逻辑地组织教学、强化要点、用精彩的例子加以阐述、监督并纠正学生的错误。

● 讲课清晰的教师有逻辑地组织课堂教学，他们一开始上课便告诉学生课程的目标，他们的讲解能让学生明白概念之间的联系。

● 讲课清晰的教师会声明和重复要点，将其写在黑板上，以帮助学生辨认和强调课程重点。在整个讲课过程中不断进行复习和总结，以强化要点并得出更宏观的结论。

● 讲课清晰的教师通过使用具体的口头或书面例子，清晰展示概念、观点和任务之间的异同，来详细阐述要点和概念。

● 讲课清晰的教师通过提问、布置练习来监督学生的理解情况，让学生纠正自己的误解。

● 有效的教师通过提出好问题，营造公开、互动的课堂氛围，使学生更有可能提出疑问，从而认真持续地评价学生的理解情况。

● 有效教师对学生的学业表现经常给予反馈和强化。尽管强化和反馈都是对学生的表现做出的反应，但两者要达到的目标是不同的。

● 反馈以信息为主，旨在帮助改进学生的表现，可能比强化更能促进学习。

● 最有用的反馈要包括以下三方面：评判学生表现所依据的标准、学生的表现和标准相比如何，以及学生的表现能得到怎样的改进。应当经常在学生的表现之后尽快给予反馈，反馈应当集中在表现的质量而不是学生的意图或作出的努力上。

● 强化的目的在于，通过提供某种奖励来促进可取的行为。强化是以激励学生为方向的。因此，在学生最有可能遭受挫折并放弃的时候（例如，在学习一项任务的初期，或者教学习能力较差的学生的任何时候），这种方法最有用。

● 口头表扬这种强化形式的作用是有限的。具体指出是对何种行为予以奖励，和可取的行为或表现相伴而生，是可信的、真实的，这样的强化才是最有效的。

关键词

设置定向	定向归纳	方向定向
过渡定向	评价定向	花在任务上的时间
规定的时间	分配的时间	教学时间
学习时间(ALT)	深入探究	重新引导
重新表述	讲课清晰度	反馈

待讨论的主题和问题

主题

主题 1：“我发现，让三个阅读小组在 60 分钟内同时阅读不同水平的材料，这很难应付。我总是忽视最好的那个组。而且我不喜欢给每个小组布置太多阅读任务，因为这样对每个人来说都是浪费时间，包括评分者。其他教师是怎么处理这种情况的？”

问题

以下是教师们关注的一些问题。你对这些问题有何看法？如果换作是你，你会怎么做？

问题1：“今天我整个下午都在上数学课。从12:30上到13:15，又从13:30到上14:15。很可能是因为要过万圣节，学生们都已经‘归心似箭’了。我抓到五个学生没有认真听讲，却在写纸条。当我问他们是否知道自己在干什么，他们竟然说不知道！”

问题2：“我们有一个很好的鼓励学生阅读的项目，叫做‘读书’(Book It)。现在我主要考虑的是如何给参加该项目的一年级学生留出足够的时间做口头读书报告，但同时又不忽视其他学生。”

问题3：“让我担心的是太多学生不听我的指示。我布置了一项数学作业，有大概十个学生都不知道该怎么做。学生缺乏自我约束的现象让我深感担忧。”

问题4：“今天的课堂一再被学生的说话声打断。每次我布置一项新的活动，他们就开始说话。我不得不多次提醒他们要保持安静。”

理论付诸实践的活动

你已经了解到，培养一些专业技巧来改进教学，是多么重要。以下练习将帮助你运用所学的知识。

活动11.1:设置定向设计

设计一个十分钟的课堂计划，其中要包括三种设置定向中至少一种。然后，让同学对照图11-1的原则对你的计划进行评价。

活动11.2:课堂上的设置定向

观察一位教师上课，着重看他如何使用定向归纳。这位教师设置定向了吗？花了多长时间？使用了哪种或哪几种定向类型？是否很好地涵盖了有效定向的四个方面？还可以做些什么来更有效地设置定向？

活动11.3:大学教育的多样化

回忆一下你最近的一些课程。记录某位教师在两周内使用的多样化方法。然后，将这些多样化归为几类：“教材的多样化”、“技巧多样化”或“互动多样化”。哪种类型的多样化使用得最频繁？这位教师对多样化的使用是否很有效？列出一些可以增加该教师教学多样化的具体方法。

活动 11.4:观察和记录教学时间

在以教师为主导的课堂上对时间的使用进行两次仔细观察。你需要一个秒表或带秒针的手表。第一次观察时,记录该教师花在学业任务上的时间(例如,提供指导、回答问题等)和花在非学业任务上的时间(例如登记考勤、纠正不良行为,进行指示等)。花在教学任务上的时间占多少比例?花在非教学任务上的时间呢?这位教师可以采取什么措施来延长教学时间?

到了第二节课,用同样步骤测量某学生花在学习上的时间。一开始上课就先选定观察对象。记录这名学生专心学习的时间,和整节课的时间做比较。学生专心学习的时间占多少比例?哪些活动让他更专心?他不专心的时候在做些什么?你觉得这名学生在这个班里具有代表性吗?

活动 11.5:清晰地提问

改写下面这些问题,使之更有效。

1. “我们讲过俄国的首都有哪些?”
2. “6×8 和 8×6 是一样的,对还是错?”
3. “宪法第 18 条修正案有什么重要性?今天我们要讨论这个话题。”
4. “大卫,你没有认真听讲。亚伦刚才说了什么?”
5. “越南战争让无数人丧命,有什么合理的原因?”
6. “哪位同学告诉我是谁写了《圣诞颂歌》?”

活动 11.6:设计有效的提问

假设你要教一堂有关美国节日的课,想一些你可能会提的问题。尽量包含各种类型、各个层次的问题。例如,想一些较低层次和较高层次的问题、集中型和扩散型问题、有关内容和有关过程的问题,等等。

活动 11.7:设计清晰的讲解

根据第六章关于教学设计的建议,设计一个简短的课堂计划。在计划中做一些标记,帮助你提高讲课的清晰度。例如,将你要写在黑板上的内容套红或画下划线,标明你要复习和总结哪些要点,设计一些帮助你监督学生理解情况的问题。

第十二章
有效教师管理课堂的技巧

"我已经为教学做好了准备,可要是我不能让学生安静下来听我讲话,该怎么办?"

这位实习教师的忧虑让我们想到了教师经常会遇到的一个共同问题,而且或许是让新教师最害怕的问题,就是课堂管理。尽管有效的课堂管理者具备的特征似乎显而易见,但你可能会想,如何才能成为一名有效的课堂管理者?有效的课堂管理者是天生的还是后天形成的?

幸运的是,他们是后天形成的。根据马尔扎诺,马尔扎诺和皮克林(2003)的研究,优秀的课堂管理者是这样一些教师:他们了解并使用具体技巧——基于研究的技巧——来指导他们的行为,而其行为反过来又改变学生的行为,并导致学生积极参与课堂,取得更大进步。事实上,研究表明,成为有技巧的课堂管理者是一件相对容易的事情。研究发现,即使经过最简单的培训,例如阅读本章并接受一些指导,也可以显著提高你的管理技巧。(Emmer, Sanford, Clements, & Martin, 1982; Emmer, Sanford, Evertson, Clements, & Martin, 1981)

那些有效管理课堂的教师都是有计划的人。你也应当立即设计一个包括四个部分的课堂管理计划。首先,你必须预期并决定如何**防止管理问题**的产生。第二,你应当决定如何**监督学生的行为**,以便维持良好的学习环境。第三,你要设计好如何**应对学生在课堂上不良行为**。最后,你需要决定的是如果不良行为扰乱了课堂秩序,你将如何**重建学习环境**。本章将帮助你掌握这四个方面的具体管理策略。

什么是课堂管理

传统的课堂管理聚焦的问题是,学生发生不良行为**之后**,教师如何去应对。其侧重点是**纪律**(discipline),或者说学生不遵守合理的课堂守则或学校规定后,教师或其他人采取的具体行动(Wolfgang & Kelsay, 1995)。有的教师要花多达80%的时间和精力试图控制学生的行为。(Englander, 1986)

令人惊讶的是,这种方法看来并不奏效。那些不备课、整天为管理学生纪律的问题所困扰、把全部精力放在管理学生上的教师,最终都比充分备课、把精力放在帮助学生取得学业进步的教师遇到**更多**管理方面的问题(Brophy & Evertson, 2000)。造成这一现象的原因可能是,教师们(尤其是新教师)总是认为,课堂秩序差、学生不听指挥的话就无法上课。他们没有把时间和精力花在教学上,而是都花在了管理学生上。(Anderson 1991; Dollard, 1996)

研究表明,这些以管理学生为目标的教师可能过于费心费力,但实际没教给学生多少东西。也就是说,他们没有开展清晰、连贯、节奏轻快的课堂教学,而这些才是学生参与课堂和学习的根本。任何一项试图找出学习和课堂干扰之间的关系的研究都表明,有效的课堂管理技巧和对学习取得进步有积极影响。也就是说,当学生花更多时间投入学习、花较少时间在与学习无关的行为上,他们学得更多。简而言之,学生参与学习和产生不良行为是成反比的。(Hawley & Rosenholtz, 1984)

在20世纪70年代,康尼的研究将人们的注意力从应对性的策略转向了**前瞻性的**(proactive)的课堂管理观点。有效的前瞻性管理包括制定明确的规则和可预测的惯例,监督学生的行为,始终如一地贯彻这些规则,预期可能出现的纪律问题,并迅速采取应对措施(McGinnis, Frederick, & Edwards, 1995)。很明显,最有效的课堂管理者是那些能预先防止问题产生的人(Brophy, 1983; DiGiulio, 1999; Kounin, 1977)。康尼的研究提醒教师:尽管他们必须能在必要的时候约束学生的纪律,但有效的教学才是首要考虑的问题。的确,前瞻性的技巧将不良行为减少了至少75%(Freiberg, 1996; Jones & Jones, 2000)。多伊尔(1983)发现,课程安排和日常学习能激励学生学习、使学生投入具有挑战性的活动和思考、防止学生发生捣乱行为,因此是课堂管理不可分割的一部分。所以,有效的课堂管理者应当努力引导学生合作,让学生参与他们极为感兴趣的活动,从而防止潜在的纪律问题产生。

在当今的课堂上,综合性的管理计划应当既包括前瞻性的(预防性的)管理策略,又包括应对性的(纪律性的)管理策略。因此,**课堂管理**(classroom management)是指营造和维持课堂正常教学环境的规则和秩序。这意味着如果你想计划课堂管理策略,需要考虑你想达到何种课堂环境,以及营造这一环境所需的规则和惯例。此外,你必须学习如何让学生遵守课堂秩序,如何强化和奖励学生遵守秩序的行为。最后,你需要考虑发生不良行为时如何加以制止。

防止管理问题的产生

埃弗森(1989)认为,从教师的职前培训到真正成为教师,这一过渡阶段困难重重、充满痛苦。何以言之?因为接受职前培训的你们根本不知道正式教师是如何将空荡荡的教室、成堆的教学资料、一群学生和学校目标组织成生动、安全、相互合作的学习环境。回想一下你到目前为止观察过的课堂吧。大多数教育学专业学生观察和实习的课堂都是已经建立了比较成熟的机制的。因此,教师职前培训项目往往忽视了这个问题，即如何创建一个拥有积极学习氛围的课堂。

幸运的是，即使没有观察过教师是如何创建积极的学习氛围的，在试图自己开展积极的课堂教学时，你也不必依赖直觉或反复试验。过去 20 年的研究明确地告诉我们有效的课堂管理者采取哪些行动来防止管理问题的产生，让课堂教学顺利进行。有效教师在学年一开始就系统地实施认真制定好的计划，周到地在课堂上营造自然环境和心理环境。此外，他们还计划课堂惯例并加以实施，使课堂尽在掌握。让我们更详细地讨论预防性管理的这几个方面。

创建自然环境和心理环境

课堂环境对学生的行为、学习的积极性都有强大的影响力。几年前，勒温（Lewin）和他的助手们得出结论：人的需求和周围环境条件的相互作用是解释个人行为的一个要素。（Lewin，Lippitt，& White，1939）

教师可以通过课堂环境的两大因素来促进学生的学习，改进学生的行为。**自然环境**（physical environment）指课堂上独立于人的那些方面。教室的大小和形状、座位安排、工具和材料的有无及摆放位置，都属于自然环境。由于这些东西是具体的、可见的，大多数学生在描述自然环境时，情况基本相同。

相反，**心理环境**（psychological environment）只存在于人的内心世界。因此，学生和教师对心理环境的感受和描述可能是不一样的。心理环境有时也称为课堂**气氛**（climate），它包括课堂的情感基调，以及学生从教师、学习任务、同学这个社会团体那里感受到的舒适度。（Eggen & Kauchak，2003；Walberg，1987）

设计自然环境

有效的课堂管理从座位安排开始。虽然没有太多证据表明课堂材料和工具会强烈影响学生的成绩（Wang，Haertel，& Walberg，1993～1994），但有充分证据表明，教室安排、座位摆放等其他因素会影响学生的行为和他们对学校以及学习的态度（Ainley，1987；Gunter，Shores，Jack，Rasmussen，& Flowers，1995）。所以，如何安排教室以及学生的座位成了课堂管理的重要问题。

如果我们回忆一下马斯洛（Maslow & Laury，1998）的观点，课堂环境影响学生的行为和学习这一事实就很合情理了。在第四章我们提到过，马斯洛提出了促使人们做出各种行为的需求层次论。该理论认为，包括教师和学生在内的每个人都有一个基本的需求，那就是在所处的环境中得到安全感。此外，作为社会团体的一员，他们还需要得到重视，需要挑战全新的、不同的体验。塞维奇（Savage，1991）认为，学生经常是在试图满足这些基本需求时发生了不良行为。例如，一个学生的座位旁边就是削笔器，当其他学生聚集在那，一边斜靠着她的课桌等着用削笔器，一边说话，这时她可能会觉得自己的领地受到了威胁，于是她有可能对这些学生喊叫或动手把他们赶出“她的”地盘。对自然环境的周到管理能减少甚至杜绝这一问题及其他很多课堂问题。

座位安排

自然环境最明显的一个方面就是座位安排。要让学生知道，教室是一个安全、舒适的场所，可以开展积极的社交活动和学习活动。他们需要足够的空间自由走动，在自己的课桌前不受干扰地学习。

在你设计座位安排时，要记住，座位安排会影响学生之间的交流。如果学生一排一排就座，他们还怎么交流？由于交流困难，学生会集中精力听课，独立完成学习任务。(Wheldall, Morris, Vaughan, & Ng, 1981)相反，面对面围着桌子坐的学生会更频繁地和同学交流。这样坐似乎还会影响学生领导能力的培养。韦恩斯坦(Weinstein, 1987)发现，如果把学生安排在一张桌子旁边就坐，一边坐两个，一边坐三个，只坐了两个学生的一边出现领导者的数目是另一边的两倍。这可能是因为这些学生可以影响到更多的人。围成圈就座的学生更有可能和自己面对面的学生交谈，却很少和坐在自己旁边的人交谈。这表明教师可以通过有意的座位安排来影响讨论的进程。例如，如果把一个不爱说话的学生安排在领导的对面就坐，很有可能他会比平常更多地参与讨论。相反，把一个爱讲话的学生安排在领导的旁边，可以防止他控制讨论的局面。

座位安排还会影响师生之间的交流。坐在前排和中间往后的学生形成了一个三角形，大多数交流就是在这个三角形内发生的，称为**行动区域**(图 12-1)。教师与坐在这个区域内的学生距离更近、交流更频繁、更积极。这些学生往往更多地参与课堂、更坚持不懈地学习，学习态度更积极。而这个区域之外、和教师距离更远的学生往往学习成绩较差，学习态度不那么积极(Adams & Biddle, 1970)。研究表明，选择坐在行动区域之外的学生往往自我评价较低，怀疑自己的学习能力，对教室环境或教师感到害怕。这些学生坐在教室的外围，不太注意听老师讲课，更容易受干扰。这就导致他们在学习上遭到更大的失败，使他们更加怀疑自己的能力，自我评价更低。(Dykman & Reis, 1979)

在第十一章，我们讨论了互动的课堂气氛对学习的重要性。学生积极参与课堂并相互交流时，他们会有一种归属感，而且因为他们忙于学习，就不太可能捣乱。这意味着教师在安排座位时应当考虑师生交流的行动区域。尽管允许学生(尤其是中学生)自由挑选座位对学生的心理健康有好处，但我们建议逐步将有学习问题或行为问题的学生安排到行动区域中就座，以促使他们参与课堂。同样，教师应当确保叫所有学生回答问题，尤其是那些坐在教室边上、不主动的学生。行动区域可以随教师讲课和监督学生的位置而改变。因为该区域是以教师在课堂上的位置而定的，可以通过更改讲台位置或讲课位置，或者在讲课时走到教室各个地方，来改变行动区域的范围(图 12-2)。

没有哪种座位安排能满足所有课堂、学习情景或个人的需要。邓恩(2001)发现，最

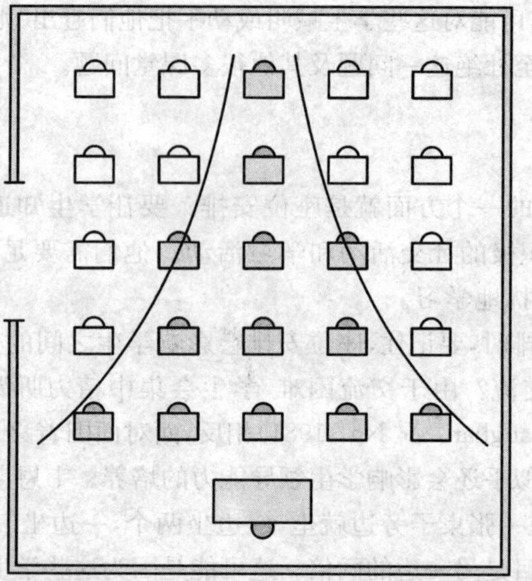

图 12-1 教室里的行动区域

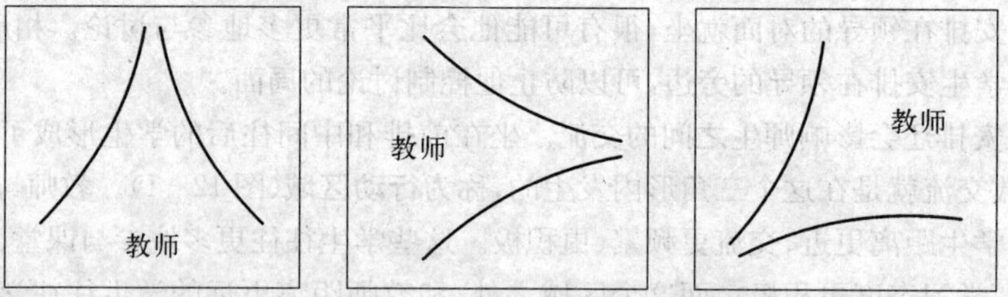

图 12-2 教师的活动对行动区域的影响

好的安排是座位之间有宽敞的通道，以便教师在学生当中自由走动(图 12-3)。讲课时在教室里来回走动使教师更近距离地监督所有学生，和更多学生进行交流。许多教师喜欢把学生聚集到圆桌旁，鼓励学生相互合作、交流和支持。北卡罗来纳州教师网(North Carolina Teachers' Network)向您展示了如何根据第七章和第八章讨论的各种教学方法来安排教室座位。点击"新教师指南"(New Teacher Support)可看到图表。

有的教师不经常变换学生的座位，而是采取一种"基础阵式"(home base formation)作为基本固定的座位安排。这种座位安排应当适合于许多教学情景，而且在需要时可容易地变成其他座位安排。鲍里奇 (2003)认为，传统的成排就坐即基础阵式，因为这种座位安排给人一种严肃的感觉，易于监督，而且可以迅速改变成小组、围成圈，或其他形式，以适应学生之间进行更多交流的需要。韦恩斯坦和米格内农(Mignano,2003)也表示赞同，认为新教师应当让学生一排一排就坐，直到新教师对自己的管理能力有足够信心再改变座位形式。不过，座位安排也可以根据学生的特点以及教师所期望的交流水平进行调整。

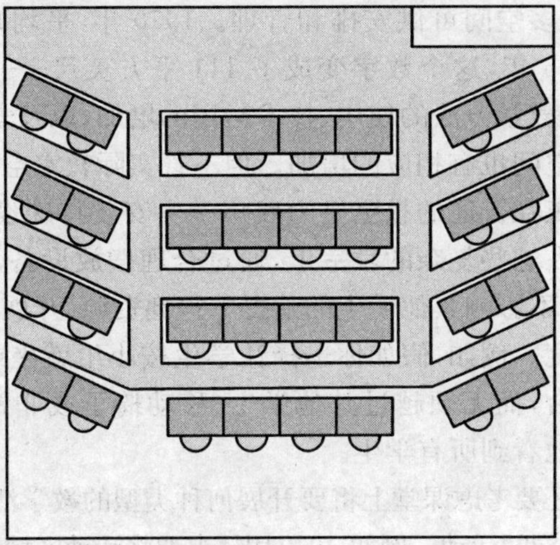

图 12-3 能让教师自由走动的座位安排

来源：D. W. Dunn（2001），《座位安排＝课堂管理?》（*Do Seating Arrangements and Arrangements = Classroom Management?*），《教育世界》（*Education World*）［在线］。www.educationworld.com/a_curr/curr330.shtml

设备和材料

在何处摆放设备和仪器，如何摆放，将影响学生对其的使用。让学生方便地查阅参考书、使用电脑和各种设施，将减少你发放物品、给予指示的时间。学生应当不需要跨过同学的课桌或把椅子堆放在一起才能够得着这些设施。工具也应当符合学生的生理需要。例如，为习惯用左手的学生准备便于他们使用的剪刀和课桌，必要时开辟可让轮椅通行的小道，供学生领取实验器材。避免学生在储物柜、书架和电脑桌面前排长队，或者造成拥堵现象。如果几个学生排队等候或者拥挤着领取物品，不良行为肯定会发生。例如，将垃圾箱和削笔器放在门口附近，会造成那个地方的拥挤，不良行为便更有可能发生。

教室的安排

研究证明，教室的安排对学生的行为和学习也会造成影响。一个有吸引力的、整齐有序的课堂环境会让学生形成更积极的态度，取得更好的成绩，更快地接受新知识。此外，在一个环境舒适的教室里，学生花在任务上的时间更多，更积极地参与讨论，和团队结合得更紧密。相反，一个毫无吸引力的教室往往和频繁的缺课、不舒服和疲倦等联系在一起，家长和学生对此怨声载道（Sommer & Olsen，1980；Wang 等，1993～1994）。对于那些自我评价较低、曾经遭受过学业失败的学生（即面临考试不及格或退学等危险的学生）来说，令人舒适而开心的自然环境尤为重要。（Raviv，Raviv，& Reisel，1990）

如今，教师拥有更多空间可供安排和管理。1970 年，平均每个小学生拥有 62 平方英尺的空间，到 1995 年，这个数字变成了 111 平方英尺——增加了 79%（White，1996）。这多亏了新的教学方法的使用、技术运用的增加，以及学区对学校空间的更高要求。初高中的教室空间也有相应的增加。但不管实际教室空间是否有所增加，教室变得更复杂了。人们正在普通的教室里为残疾学生安装特殊设备；重新布线，将新技术运用于日常教学。在这些复杂的教室里，通过合理摆放设备，让学生先得到重要的信息来源，但同时又在不影响其他学生的前提下得到资源、开展活动，从而将干扰和拥挤现象减少到最低限度。例如，假如你选择让学生按小组就坐或围着桌子坐，要保证所有学生都能看到讲台，而无须越过其他学生、移动椅子或非常不舒服地扭着身子。教师也应当一览无余地看到所有学生。

安排自然环境时，还要考虑课堂上将要开展何种类型的教学活动，这也很重要。用空地或设备来区分各不相同的活动。例如，可以用矮书架将活动区域和学习区域分开。诸如此类的隔开物应当有一定的高度，足以为学生提供一个不受干扰的学习空间，但又不能太高，以免遮挡你的视线，使你无法观察教室各个角落的学生。同样，要保证在经常使用的活动区域内留出畅通的过道供学生走动，例如在学生的课桌之间、电脑桌前以及削笔器前。你还要判断哪里需要引导学生的行走方向，避免在学生学习的地方造成拥堵和干扰。图 12－4和 12－5 比较了好的教室安排和差的教室安排。这两种安排你认为各有什么优缺点？

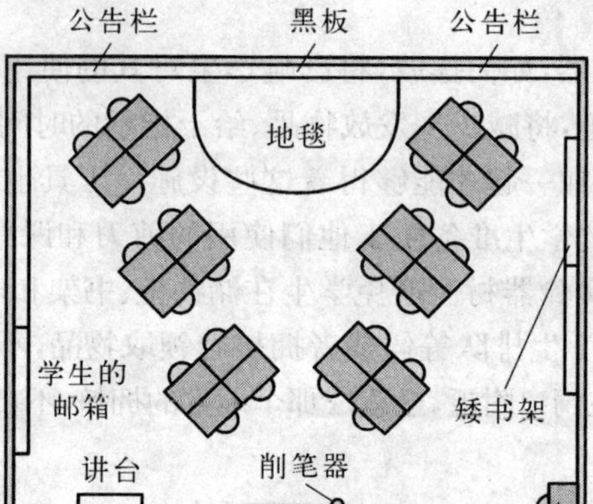

图 12－4　好的教室安排的平面图

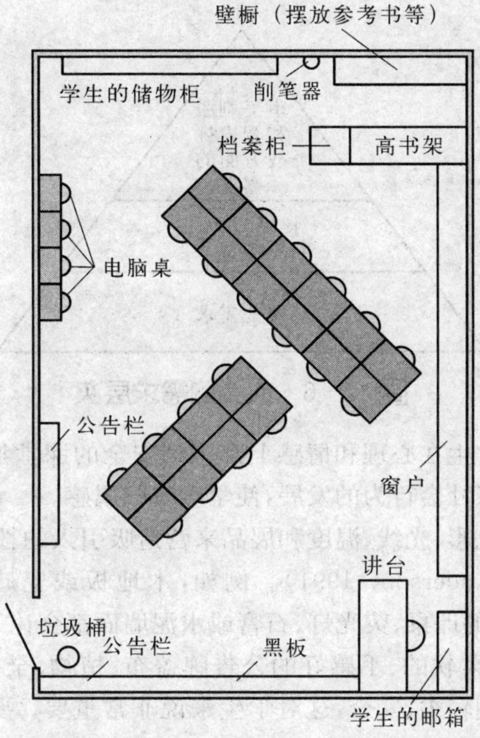

图 12-5 差的教室安排的平面图

设计心理环境

心理环境是指有可能影响学生学习的课堂气氛。积极的学习环境促进合作关系的建立，有助于防止纪律问题的产生。(Bellon, Bellon & Blank, 1996)心理环境的三个方面：情感影响，或者叫基调；任务导向；组织，和学生的学习有着紧密的联系(Wang 等，1993～94)。

基调

一个**有吸引力的教室**(inviting classroom)是一个吸引人的、积极的场所，能为师生提供身体和情感上的安全感。也就是说，是一种积极的基调。马斯洛的需求层次论(Maslow & Laury, 1998)勾勒了激发和影响人类行为的因素，并帮助我们了解为什么有吸引力的教室如此重要(图 12-6)。马斯洛认为人类最基本的需求是安全感，然后是得到接受和认可的需求。只有在这些需求得到满足之后才有可能去追求审美愉悦、迎接智力挑战。这表明，学生感到安全、得到认可时，才能够发挥最好的学习状态，做出得体的行为。

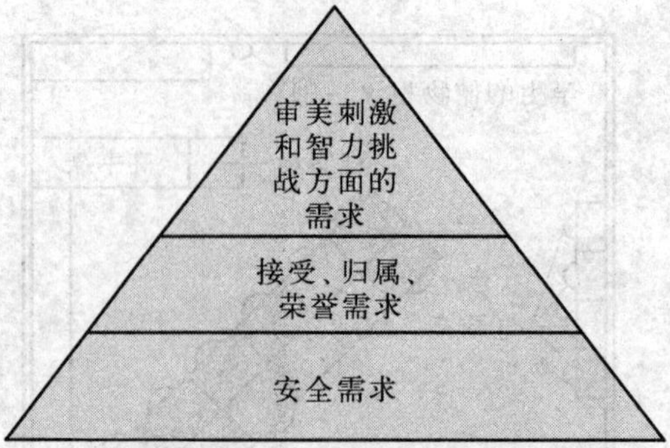

图 12-6 人类的需求层次

如何营造一个让学生在心理和情感上都感到安全的课堂氛围？这种课堂有三大特征：有吸引力、鼓励亲社会行为的发展，使学生有归属感。

有效的教师使用色彩、光线、温度和展品来营造吸引人的教室氛围，让学生身在其中觉得安全而舒适（Anderson，1991）。例如，木地板或瓷砖地板，使用了富美家（Formica）牌塑料贴面的课桌、荧光灯、石膏或水泥墙面都会让人觉得冷冰冰的。要抵消这种感觉，你可以用柔软的、手感好的公告牌盖布、植物、全家福照片、带坐垫的摇椅、海报等，让学生感到轻柔、安全，这对学生来说非常重要。要适度、连贯、有序地使用光线、纺织品和色彩。使用过度会过分刺激学生，使他们在产生厌倦情绪，把注意力分散到其他地方。

即使你是和其他教师共用一个教室，你也可以营造出柔和、安全的气氛。有位老师把一小瓶花从一个教室带到另一个教室，来缓和她教的英语课的课堂气氛。背一个色彩鲜艳质地柔软的书包，带一个私人咖啡杯，系一条色彩艳丽的领带或佩戴饰品，这些都向学生传达了柔和的感觉。练习和讲义如果是复印在彩色的纸上，上面印有插图或卡通画，而且非常整洁，也会增加积极的效果。

传统的课堂总是被描述成一个孤单、荒凉、安静、呆板、充满竞争、缺乏互动的地方（Lyman & Foyle，1990）。相反，在具有吸引力的课堂上，学生之间、师生之间相互信任、相互尊重，共同合作，学生能得到满足感。（Anderson，1991；Canter，1996）

作为教师，你是营造有吸引力的课堂的关键人物。研究表明，师生关系好的话，许多纪律问题可以得到避免。（Sheets & Gay，1996）但这并不意味着要设法和学生成为朋友，即使到了高中阶段，这样做也不妥。沃贝尔斯（Wubbels）和他的同事研究了师生关系动态图后发现，最佳的师生关系发生在教师从适度合作发展到高度合作的阶段（即对学生的需要和意见表示关注，想要和学生合作）以及从适度控制发展到高度控制的阶段（即向学生提供行为和学习方面的清晰、有力的指导）。此外，他们还提到，尽管新教师往往高度合作，但他们并不擅长提供清晰的指导，而这是高度控制阶段的特征。

(Wubbels & Levy, 1993; Wubbels, Brekelmans, vanTartwijk, & Admiral, 1999)

你可以通过向学生表示信任和尊敬来赢得他们的信任和尊重,从而建立良好的师生关系。肯特(Canter,1996)强调说,和学生互动时,你应当倾听学生的意见,和他们进行目光交流,把注意力全部集中在他们身上。你应当用尊敬的口吻和学生交谈,言谈举止要谨慎,不要做出让学生(尤其是那些来自不同文化和民族的学生)认为不尊重他们的举动或说对他们不尊敬的话。此外,肯特还建议去认识每一个学生。在门口和学生打招呼,叫他们的名字,说声你好,而且面带微笑。记住他们的生日和他们生活中其他重大事件,参加他们的体育运动、演唱会、音乐会等。这些举动向学生表明你无论在课上还是在课外都关心和支持他们。当学生感觉老师关心自己,他们会因为内心更受鼓舞而努力学习,并在课堂上承担起自己的责任。(Grolnick, Ryan, & Deci, 1991)

弗赖伯格(Freiberg,1996)发现,在小学低年级时,课堂关系是建立在信任和支持的基础上的,但到了高年级,经常会被强调服从和遵守的课堂关系所取代,这种情况在城市学校尤为普遍。失去了合作、支持的心理环境,学生往往得过且过,不积极参与课堂,没有什么责任感或归属感,因而也没有什么成就(Rogers & Freiberg, 1994)。相反,吸引人的课堂则让学生有主人翁意识。还记得吗,马斯洛认为归属感和对成就的认可是人类的基本需求。当学生参与提高他们的地位、使他们崭露头角、赢得认可,使小组更团结的活动时,他们得到了归属感。在墙上张贴学生的作业,让学生制作标语和展品,让学生收集信息和制作剪报。这样的心理环境鼓励了学生亲社会行为的发展。

任务导向

拥有良好气氛的课堂是一个以任务为导向的忙碌的地方。在以任务为导向的课堂上,学生知道要追求明确的学习目标,认为要靠他们才能实现这些目标。因此,他们把大多数课堂时间都花在努力完成这些目标上。即使在休息时间,课堂环境也应当鼓励学生努力钻研。例如,在教室的学习区域摆放一些丰富知识的书籍,张贴激励人奋进的海报,都有助于营造以任务为导向的环境。在讲台或桌子上放一个特别的东西,比如旅行带回来的纪念品或者来自另一文化的物品,学生可能就会问“这是什么?”,这样师生之间就产生交流,从而促进学生认知水平的发展。

组织

正如我们看到的,具有良好气氛的课堂也是事先设计和组织好的。清晰、简洁、具体的规定告诉了学生哪些是可取的行为,哪些是正确的学习。惯例为学生的活动提供了框架:何时使用电脑、如何上交试卷,何时削铅笔,以及如何得到老师的注意。能有效管理课堂的教师用恰当的守则和惯例来组织课堂。这就是我们下一部分的重点。

制定课堂守则和惯例

有效的课堂管理是前瞻性的。正如我们看到的，通过深思熟虑地营造课堂的自然环境和心理环境，可以防止很多不受纪律行为的发生。防止这些行为发生的另一办法是组织好课堂秩序和各项活动。在组织良好的课堂上，学生清楚地知道如何做出负责任的行为，并且在预先设计好的课堂框架的指导下开展社交活动。因此，通过制定守则和实施惯例建立课堂秩序，你可以防止课堂上不良行为发生，营造有利于学习的环境。课堂**守则**(rules)是指教给学生良好的亲社会行为，并营造有利于学习的环境的指示。课堂**惯例**(routines)是指引导和协调学生行为、事件发生的既定程序。

研究表明，在守则和惯例得到实施的课堂上，各个水平的学生都能取得更显著的学业进步。此外，研究还表明，学生在家遵守守则和惯例的话，这对他在校的学习和行为有深远的影响。(Marzano, Marzano & Pickering, 2003)由于学生的差异日益增加，教师承担的责任越来越重大，社会准则也在不断变化，如今的课堂变得复杂、不可预测(见第二章和第三章)。这种复杂性加剧了许多学生的学习难度，尤其对于有学习、语言或社交困难的学生而言。杰克逊(Jackson,1990)认为，很多学生学习差，不是因为不聪明，而是因为他们不能理解课堂规则，这些规则和学生在家遵守的惯例相去甚远。这表明我们要和学生协商后制定清楚的守则和惯例，使课堂不那么复杂，最大限度地促进学生的学习。

教师也从守则和惯例中获益良多。可预测的课堂不会给教师带来太大压力。某些惯例，如记考勤、收试卷，变成了自动的、可预测的课堂行为，从而使教师更有效地利用课堂时间。惯例有助于确保所需材料都能到位，确保学生都知道如何着手开展某项活动。由于减少了诸如"我现在能用电脑吗?"或"我该把家庭作业放在哪?"此类问题打断课堂，惯例使课堂进展更顺利，更有效。

既然课堂守则和惯例对师生都有益，就该考虑如何制定这些守则和惯例了。的确，在有组织、管理良好的课堂上，教师每年年初花在制定课堂守则和惯例上的时间和花在教学上的时间几乎一样多。(Emmer, Evertson, & Anderson, 1980)

制定课堂守则

教师在制定了守则之后就希望学生会遵守。但光有守则而没有一个包括课堂惯例、个人职责和奖惩策略在内的管理计划，对学生行为的影响仍然是微乎其微的(McGinnis, Frederick, & Edwards, 1995)。

研究者提供了有效地制定课堂守则的原则。大家一致认为，5～8 条守则是学生容易记住的上限，不过这个数字随年级的不同会有增减(Emmer, Evertson, &

Worsham, 2003; Evertson, Emmer & Worsham, 2003)。守则应当以可观察、可衡量的方式明确说明期望学生有何种行为。守则的措辞应当简洁、具体，避免产生歧义。还应当从正面角度陈述守则，并解释想让学生做出何种行为。例如，"看着老师"比"不许四处张望"要好。最后，守则应当张贴在醒目的地方，让大家都看到。对于年龄较小的学生、视觉学习风格的学生和有阅读或语言困难的学生，用图片来解释守则可以帮助他们更好地理解。

学生在制定课堂守则时有发言权吗？研究表明，最有效的课堂管理者让学生参与守则和惯例的制定(Marzano, Marzano, & Pickering, 2003; McGinnis, Frederick, & Edwards, 1995; Wolfgang & Kelsay, 1995)。教育世界(Education World)网站提供了一些让学生参与制定课堂守则的活动。马尔扎诺和他的同事建议先以讨论真实生活中的守则开始。比如，为什么在家陪同客人就餐时遵循的守则，到了麦当劳和朋友一起吃饭时就不适用了？讨论了在各种社会情景中守则的重要性，就可以自然地过渡到对课堂守则的讨论。给出已经制定好的几条守则的基本框架，解释每条守则并举例说明。将讨论过程中学生提出的、而且大家达成一致的意见加入其中，但要记住，作为教师，你才是最终说了算的人。正如我们看到的，有效的、吸引人的课堂是建立在信任和尊敬的基础上的。因此，关于守则的讨论应当传递这样的信息：学生的观点和参与是制定守则的重要组成部分。

制定课堂惯例

几位研究者观察了有效管理的课堂，以求更好地了解惯例有哪些类型。他们发现，教师使用惯例通常是为了开始或结束一节课或一天的课，调整材料和仪器的使用，指导学生顺利过渡，开展小组学习、独立学习和教师指导的活动等。有效的管理者在课堂上制定四种类型的惯例：管理惯例、活动惯例、教学惯例和行政计划惯例(Leinhardt, Weldman, & Hammond, 1987; Yinger, 1979)。对于每一类惯例，教师必须事先规定使用对象，使用时间，以及使用的步骤。

要点 12.1

如何管理只有一台电脑的课堂

教师是学生使用技术的引路人。库班(Cuban,1997)研究了对技术的使用会对教学产生何种影响，认为技术使课堂更加复杂化。技术提出了两大问题：如何管理资源和学生。下面，经验丰富的教师将和大家分享他们的管理技巧。在他们的课堂上只有一台电脑，因此管理的问题显得尤为突出。

管理资源

● 把电脑放在便于学生使用的地方,留有足够的空间供小组学习。让电脑远离阳光直射、水、磁场和粉笔灰。确保电脑在你的视野范围之内,以便你在教室的任何角落都可以监督其使用情况。

● 要求学生在学习有声材料时使用耳机。为防止头皮屑传染,让学生把自己的耳机带来,存放在可封口的冰箱专用袋里,袋子外面贴上学生的名字。

● 给学生一张磁盘储存他们的作业。教学生在硬盘上备份作业。学生保存文件时,要告诉他们确切的文件名,以免保存在错误的路径下。

用惯例管理学生

●"我教的一个四年级班里有26名学生,只有一台电脑。我有这么一件成功之举:每天根据我正在教的历史课内容提一个问题。早晨,我在收藏夹里收录一个对他们回答问题有帮助的网站,在电脑旁边放上一个小记事本和一支铅笔。我还在每个学生的课桌上放一支冰棒棍,上面写着他的学号。学生在电脑里回答了问题之后,把冰棒棍放到电脑旁的一个杯子里。这样我就能知道谁还要到电脑前来回答问题。一天的课快结束时,我们用抽签的方式看谁正确回答了这个问题。"

●"我教的8年级学生在学习过程中需要做很多研究,但不是每个学生家里都有电脑。我想到了一个很有用的方法:为他们准备一些网站供他们做研究时用。我曾经把这些网站收录到收藏夹里,但学生不知道哪个网站对他的研究最有针对性。到最后,收藏夹里收录了太多的网站,以至于很难找到你想要的那一个。我现在创建了一个文件夹,里面保存了我认为有用的网站的第一页。这样,学生就可以大概地浏览网站上的信息,减少在电脑前漫无目的地搜索的时间,学生可以直接登录有用的网站进行研究。我们只要一发现有用的网站就会更新文件夹。"

●"我教的很多高中生比我还精通技术,所以我让他们当'受过培训的专家'来帮助同学学习。对此感兴趣的学生要准备一份简历,告诉我他们懂哪些电脑技术(键盘、硬件、软件程序、打印、扫描、编辑等)。我根据简历任命'专家',对他们进行'培训',让他们了解帮助同学学习和帮同学做作业有什么区别!专家们的姓名和技术张贴在电脑旁边,学生遇到具体问题就知道该找谁咨询了。随着学生掌握更多电脑技巧,他们要更新简历,有可能被派到其他领域发挥特长。这一活动让学生了解如何制作简历和更新简历,也把我从电脑面前解放出来,转而帮助学生形成正确的概念,对教学进行设计和修改。"

管理惯例

管理惯例(management routines)是指一些和学习无关的事情,例如发放和收集材料、进入和离开教室、在活动之间、上下课之间过渡、打扫教室,以及记录考勤等,是保证课堂正常运转不可缺少的部分。

许多管理惯例,例如进入和离开教室,都和课堂过渡有关。过渡是课堂上频繁发生的事情。多伊尔(1986)发现,在大多数小学课堂上每天至少要发生31次重大的过渡,史蒂尔(Steele,1988)则发现中学课堂上每小时就要发生3～4次过渡。有效的课堂管理者把过渡时间控制在大约30秒内,而其他教师最高需要9分钟(Steele,1988)。我们在第十一章了解到,课堂过渡处理得不好,会干扰正常上课,浪费教学时间,导致学生不良行为产生。

如何在课堂上迅速而有序地过渡?**首先,你必须给学生一个信号,告诉他们过渡马上开始。**可以是口头信号,也可以是非语言信号。例如,有的教师在开始过渡之前说一句诸如"请注意",来吸引学生的注意力。小学教师经常使用非语言信号,例如把灯光调暗,或者举起手。唱歌或拍手对小学生尤为有效。拍手要求学生停止正在做的事情,放下手里所有东西,也拍手回应,同时把注意力转移到教师身上。信号本身并不重要,重要的是通过信号提示学生做什么事情。换句话说,学生必须学会教师一给出信号就把全部精力集中到教师身上。务必直到所有学生都对信号做出回应、都注意你的时候,才继续下一步。

第二,给予清晰的指示,向学生说明需要他们做些什么。学生初次学习过渡的惯例时,可以把指示写在黑板上,或者请学生再读一遍这些指示,从而强化学生的理解。对于年龄较小的学生或英语水平较低的学生,向他们展示每一步指示的内容并检查学生的理解情况,这尤为重要。例如,你可以让每个学生指出打扫卫生时应该把胶水放在什么地方,然后指出应当把做好的作业放在什么地方。如果你把全班学生分成了几个小组,让学生指出他们小组将在哪里碰头。务必直到你确信所有学生都明确地知道接下来要做些什么,才能允许学生开始行动。这一点对中小学生来说都很重要。

第三,向学生发出过渡的信号。学生可能在执行指示时有快有慢,而教师要对此进行监督,或许这是课堂过渡最困难的部分。如果所有学生都同时进行过渡,监督起来就会容易得多。事实上,部分学生可能还没做完实验的最后一步,而有的学生已经在收拾东西了,还有的学生聚集在教室前面等着开始课堂讨论。这就要求你在同一时间管理三拨学生。肯定会有学生比其他学生动作要快,因此,你必须监督过渡的所有阶段。在教室里巡视,鼓励动作慢的学生,让每个人都知道你对教室里的情况了如指掌。可以说一些这样的话:"山姆,谢谢你把实验器材收拾得这么干净。现在你可以走到教室前面去了。"或者"我看见有四位同学研究收拾完毕,安静地坐在位置上等待讨论开始。”

和守则一样，你必须让惯例深入人心，而不是简单地宣读惯例或张贴出来。有位教师在教室的门后面钉了一大本厚厚的挂图册，每一页上列出了发生重大过渡时要遵守的惯例，比如去图书馆或去参加集会。在这些重大过渡之前，他让一名学生翻到对应的那页，带领全班同学复习上面的内容。有时，在过渡结束后，这位教师翻到对应的那页，让学生自我评价表现得如何(Marzano，Marzano，& Pickering，2003)。一旦学生明白过渡阶段你的指示和期望，这些就会变成管理惯例。管理惯例既节省了教学时间，又减轻了你和学生的压力。由于学生知道自己要做些什么，不良行为就不太可能发生。

活动惯例

一般来说，教师认为一天或一节课是由许多不同类型的活动组成的。例如，小学教师可能认为早晨的时间包括点名、通知、讲述各自经历的时间、默读、全班朗读，然后休息。中学教师可能认为一节课就是点名、收作业、通知、教师讲课、小组学习，然后是布置家庭作业。课堂的基本组成部分就是活动，尤其是小组活动、独立学习和教师引导的活动。有效的教师会制定**活动惯例**(activity routines)，明确每项活动将如何展开。这对外国学生来说尤为重要。如果他们过去习惯于死记硬背的学习方法，要让他们参与以学生为中心的活动、形成新的学习方法，就需要给他们清晰的指示和明确的鼓励。

有效的活动惯例在设计时要包括活动场所、活动长度和参加者。此外，活动惯例还要具体说明活动内容、结构和顺序，让学生知道需要准备什么材料。活动惯例也要包括可取的行为和正确的交流等重要原则，为师生如何得到彼此的关注制定可行的方法，并告知学生何时可以相互交谈。

例如，一位小学教师坐在摇椅上，学生们围着她坐在地毯上听她读故事。这一“地毯时间”就是一个既定的有惯例的活动。当教师宣布现在是地毯时间，学生便从座位上站起来，把椅子推到桌子下面，空着手安静地走到地毯区域。在这块区域，学生知道他们可以自由选择位置坐下，但不能和其他学生发生拥挤，要避免坐在有可能分散自己注意力的同学旁边。尽管学生无需举手就可以讲话，但不能打断老师或其他同学的话。故事讲完了，学生知道地毯时间结束了，便有秩序地回到自己的座位上。这个班上的学生自动地遵守地毯时间的惯例，不需要有谁提醒他们如何端正行为，该坐在哪，等等。这位教师很好地实施了活动惯例！

一位中学英语教师制定了活动惯例，让学生负责任地完成自己的任务和作业。她每周张贴一份表格，列出每天的任务以及每项任务的分值。学生在自己的笔记本里把这份表格抄下来，记录下自己得到的分数。这份表格还告诉学生每天要带哪些材料，带什么书来上课。如果学生缺勤了，他们要核对表格，看自己遗漏了什么任务，在回来上课的第一天找老师谈话，并在两天之内完成任务、放到一个特殊的文件夹里。学生缺勤期间其他学生上交的作业都存放在另一个文件夹里。

教学惯例

教学惯例(instructional routines)规定了教师在教学过程中要做的事情。例如，当一位数学教师开始教一个新概念时，他先布置讲台：放下投影屏幕，将悬挂式投影机对准屏幕。幻灯片放在了一个三孔环文件夹里，他翻到要上的那一课，取出按顺序排好的幻灯片。讲课一结束，便将幻灯片擦拭干净放回到文件夹中。课堂上要发的讲义放在了悬挂式投影机旁边，已经按发放顺序排列好。对悬挂式投影机、幻灯片和讲义的使用，就是这位教师的主要教学惯例。

此类教学惯例和教师的教学风格是密切联系的，使得教学更可预测、更有效。作为教师，你应当规定各种例行的做事方法：给予指示、做演示、讲课、监督、复习和提问等。这些惯例对于年龄较小的学生、英语水平有限的学生，以及注意力时间较短的学生尤其有帮助。面对这些学生时，你必须将指令表达清楚、予以强化，并随时检查。

下面是一位幼儿园教师在双语课堂上说明指令时使用的教学惯例。在说明完成一项活动的指令时，这位教师清楚地概括了学生要做的三件事情：将宇航员的图片上色，剪下来，贴在教室里的月球表面壁画上某块地方。描述涂什么颜色时，教师在黑板上写下关键词“颜色”，并在这个词后面画了一枝水彩笔，然后迅速向学生示范如何给宇航员上色。讲解后两项指令——剪和贴时，教师重复这个过程。在告诉学生要做什么，并做示范后，她叫个别学生带领全班同学复述要做的第一、第二、第三件事，来检查学生是否了解了指令。她这种说明指令的方法是学生可以预测的，对那些英语水平有限的学生来说非常重要。

行政计划惯例

行政计划惯例(executive planning routines)规定了何时、何地、如何完成教学任务——例如你将何时和如何制定教学计划、批改试卷、利用在校的准备时间，以及填写考勤报告和计分册等文书工作。制定这些惯例有助于你更有效地管理时间，平衡你的工作和私人生活。

有的教师让学生参与实施行政计划惯例。例如，有一位中学数学教师让学生用红颜色钢笔或铅笔批改自己的家庭作业。还有一位教师让学生相互批改试卷。两位教师都在事后把作业和试卷收上来登记分数，在周五最后一节课前发还给学生。尽管让学生参与实施各种惯例可以节省你的时间，但你要考虑这样做的优点和风险。

由于行政计划惯例属于比较私人化的行为，因此教师之间的差别非常大。要制定你自己的惯例，和经验丰富的教师谈谈，问问他们是如何管理时间、平衡自己的多种角色的。国家教育协会(National Education Association)网站提供了来自众多教师的丰富建议，帮助你使课堂更有条理、管理课堂、掌握技术，并有效地制定自己的惯例。还有一些网站教你如何用电子数据表建立成绩册(见SEIR * TEC网站)或建立学生档案(见北卡罗来纳州教师网上的“新教师指南”链接的“如何让课堂有条理”部分)。还有的网站提供有助于你设计管理计划的表格、信件、日志和证书等(见杰斐逊县学校(Jefferson County Schools)[田纳西州]网站或列在北卡罗来纳州教师网(North Carolina Teachers' Network)上的网站)。

开始新的学年

营造积极的学习环境、制定守则和惯例，是防止管理问题产生的重要方法。教师必须在学年一开始就实施这些前瞻性的措施，尽早获得学生的合作，并在整个学年始终如一地予以贯彻。根据研究者对管理良好的小学和中学课堂的观察，下面提出一些防止课堂问题产生的原则。(Evertson, Emmer, & Worsham, 2003; Emmer, Evertson, & Worsham, 2003; Good & Brophy, 2003)

在上课第一天便明确惯例

初次和学生见面时，有效的课堂管理者便清楚地说明自己考虑过制定一些惯例和程序，他们和学生一起协商，并立即开始实施这些惯例。如前所述，你应当计划好如何安排课堂空间、摆放桌椅、仪器、设备等。为了不给学生增加太多负担，开始的几次会面应当把重点放在学生关注的惯例上：和其他同学交流的原则；满足基本需求的惯例，如使用削笔器、卫生间、喝水；你作为教师对他们的期望。

清晰说明并示范课堂惯例

只是宣读或张贴课堂惯例和守则，并不能建立起有序的课堂氛围。研究者发现有效的课堂管理者会在开学的头几天花大量时间向学生**灌输**这些惯例。事实上，有效的小学教师会在开学头几天花更多的时间教育学生管理方面的事务，而不是教书本知识(Leinhardt, Weldman, & Hammond, 1987)。他们还要在接下来的大约三周内开展后续工作，复习和强化这些惯例(Emmer, Evertson, & Anderson, 1980)。当然，中学生已经对学校惯例相当熟悉了，无需花这么长时间，但务必要让他们了解你期待他们做些什么。

如何灌输守则和惯例？首先，你必须清晰地告诉学生守则和惯例的内容并予以示范。此外，你还应当帮助学生理解**为什么**惯例是非常必要的。尤其在教中学生时，组织一场讨论，谈谈守则和惯例对学生、教师以及整个班级都有哪些好处，这是很有必要的。最后，提供一些场景让学生运用这些惯例，并立即对学生的表现和合作情况予以具体反馈。

确保学生对课堂安排和惯例感到满意

假如学生对课堂安排以及拥有的各项设施感到满意，他们更有可能在其中小心、安静地学习。同样，如果学生觉得守则和惯例是现实、可取、公平的，就更有可能去遵守。

提供一些场景，让学生在其中练习使用课堂资源、熟悉各项惯例，可以确保学生在新的课堂上感到舒适、有成功感。然后仔细观察。假如有某种安排或惯例让学生觉得不舒服或不自然，或根本不奏效，和学生讨论有没有更合适的做法。一旦你和学生就一系列守则和惯例达成了一致，最好在全班范围进行讲解，而不是分成小组讲解。这样做可以让你有时间观察这些惯例是否适合整个班。由于分小组学习或个人学习的情况下，教师很难管理，因此这样做还能确保所有学生都已经掌握了惯例。

向学生表明你已经做好了充分准备并且有能力开展管理

你的教学行为应当永远向学生传递这样一个信息：你已经做好了充分准备，而且有能力进行教学和管理。这并不意味着你就是一个十全十美的教师和课堂管理者，但却表明你是一个可以预测的教师。也就是说，学生知道你希望他们在课堂上做些什么，以及扰乱课堂秩序的后果。这种可预测性营造了这样一个课堂环境：教师有能力教、学生有能力学、不守纪律行为不太可能发生。

学生有责任遵守惯例和守则

每学年一开始，有效的课堂管理者便在活动开始之前提醒学生正确的惯例，学生做得不对就予以纠正。这种频繁的反馈能让学生了解课堂惯例，明白教师对学生行为的期望，因此起着至关重要的作用。

监督学生的行为

即便学生已经安静下来，了解了各种惯例和程序，你的管理工作仍然没有结束！对有效课堂管理者的观察发现，这些教师一年到头都要监督学生的行为。埃弗森(1987)指出，如果不加以保持，即使是最好的学习环境也会恶化。监督使你能够在学生做出不恰当行为时予以指正，将学生的注意力重新引导到学习上来，从而防止更严重的不守纪律行为发生。

让学生负责

不幸的是，学生有时不愿为自己的行为和学习负责。因此，教师必须保持警惕，自始至终遵守并强化课堂规范以及学年之初规定的各项责任。教师需要建立有创造性和建设性的课堂秩序，不仅让学生对自己的学习和行为负责，而且帮助学生对维持良好的学习环境负责。

在一项研究中，康尼(1977, 1983) 经过几年的课堂观察总结出了有效的课堂管理者使用的策略，他们使用这些策略来监督学生，让学生学会对自己整个学年的行为和学习负责(图 12-7)。尽管他提出的术语比较拗口，但他描述的管理技巧是经久不衰的。

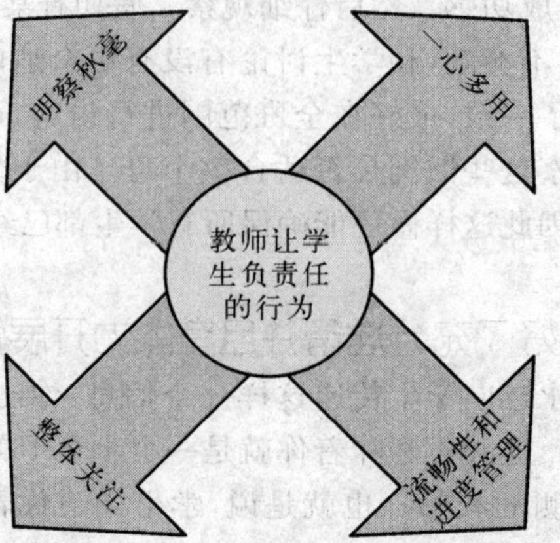

图 12-7 教师让学生负责任的行为

明察秋毫

有效的管理者在监督课堂时要做到**明察秋毫**(withitness)，即随时注意到教室任何一个角落的学生发生的行为。这种教师似乎在后脑勺上还长着眼睛！如何让学生知道你是一个"明察秋毫"的教师？首先，在黑板上写字时，尽量不要背对着学生，而是和黑板成一定角度，以便你略一回头就能看到学生在做什么。同样，辅导个别学生时，保持站立的姿势，时不时地扫视整个教室。如果哪个学生看上去有问题要提，或者你觉得可能要开始做出不良行为，和他建立眼神交流。洞悉全局的教师能尽早察觉不良行为并迅速作出处理。他们知道是谁先惹了麻烦，而不是让学生告诉自己发生了什么。他们也不会错怪学生。洞悉全局的教师不仅防止了课堂问题的产生，而且促进学生取得更大进步(Anderson, Evertson, & Brophy, 1979; Brophy & Evertson, 2000)。事实上，明察秋毫这一教师技巧能最有效地减少扰乱课堂秩序的行为。

一心多用

有效的课堂管理者还能同时监督多种课堂活动，这种能力称为**一心多用**

(Overlapping)。学生进行合作学习时,教师的这种能力尤为重要。例如,一心多用的教师可以在指导一小部分学生学习的同时让其他学生专心完成他们的任务。假设你在辅导一个五人小组做数学题,而其他同学正在做复习题。扫视教室之后,你注意到后排角落里的一个小组把手里的任务停了下来,开始说话。用一心多用的方法,你让正在接受辅导的小组试着独立完成下一道题,然后用眼神示意那几个说话的学生,让他们继续做练习。或者你可以走到他们跟前,看看他们是否有疑问,然后将他们的注意力重新引导到复习题上来。等到接受辅导的小组完成了下一道题,你也已经回到他们身边,继续你的辅导了。

流畅性和进度管理

一心多用和另两种策略——**流畅性**和**进度管理**(Smoothness and Momentum)——有着密切关系。这两种策略表明你应当使整堂课节奏轻快、不受任何干扰。在节奏轻快的课堂上,学生不太可能发生不良行为。在第十一章,我们讨论了有效教师如何使用提示(例如在讲课时用第一、第二、第三来使条理清楚)来帮助学生集中注意力,从而流畅而迅速地继续授课。此外,有效教师是这样表现流畅性的:他们的讲课内容集中在本课主题上,不会牵扯和主题无关的细节;他们不会去打断正在认真学习的学生;他们跟踪整个活动过程,而不是把活动"悬在半空"。你是否有过这样的经历:正在考试,却被老师打断,宣布更正一个打印错误?正在讲课,老师却不知不觉讲起了发生在自己身上的一个故事?显然,这些教师没有表现出流畅性。

进度管理是指教师能够避免减缓课堂节奏的行为。这些行为包括过多注意学生的行为或课堂上的琐事,在个别学生身上花太多时间。例如,表现出良好的进度管理的教师会面向全班同学就一项任务作出清晰的指示,然后检查学生对这些指示的理解情况。缺乏进度管理能力的教师不能给予清晰的指示,因此不得不回答个别学生关于任务细节的提问。学生在等待教师回答这些问题时,就很容易做出不良行为。

整体关注

你还可以通过整体关注来监督学生的行为。**整体关注**(Group Alerting)是指吸引和维持学生的注意力,并让学生对自己的行为和学习负责的过程。我们在第十一章讨论过,你可以采取很多方法保持每个学生的注意力:不但叫主动的学生回答问题,而且也叫不主动的学生回答问题;采用各种提问策略,让学生提心吊胆,不知道下一个被叫起来背诵课文的是谁。

你还可以提醒学生接下来该做什么,让学生重复要遵守的守则和惯例,让学生注意什么是正确的行为等,用这些方法使学生保持警觉。"我还在等每位同学都放下铅笔,抬头看这里"或者"有两名同学该停止窃窃私语,翻到572页,跟上我的讲课",诸如此类的话会让学生注意自己的行为。

控制好完成任务的时间也能让学生专心于学习任务。在分配小组活动或独立学习的时间时，要保证给他们的时间刚好足够完成任务。时间太少会让学生感到担忧，有压力，产生沮丧情绪，或许也会导致不良行为的发生。时间太多可能会让学生随意谈话或者做出其他干扰课堂的行为。提醒学生还剩多少时间，有助于他们对自己的行为负责任。“我们将在五分钟之后开始收拾东西，大家得结束实验的最后一个步骤了。”这样的陈述会促使开小差的学生做出正确的行为。

同样，使用**邻近感**（proximity），或者说调整你和学生之间的空间距离，也能影响他们的行为，使他们保持警觉。靠近开小差的学生能使他们意识到你的存在，有助于让学生重新关注学习任务。假如不良行为仍在持续，就有必要在这名学生旁边停留片刻，直到他规范自己的行为，重新进入学习状态（Gunter, Shores, Jack, Rasmussen, & Flowers, 1995）。想一想如果有老师站在你的课桌旁，你会有什么感觉？你会手心出汗、心烦意乱、你的关注程度一下子提高了，注意力立刻转移到了学习上。因此，不要用邻近感来威胁学生，而是用来监督学生的行为。

最后，教师的存在和拥有充足的学习资料也能让学生对自己的行为负责任，促使他们端正自己的行为。在学生独立学习或做小组项目时，教师要在教室里来回巡视。学生需要看到你在场，这样他们可以随时向你提问，还需要你随时纠正他们的不良行为。同样，学生要用的学习资料和设备等也要健全，便于学生使用。这样一来，学生就少了一个不认真完成任务的借口。

给予学生奖励和强化

保持学习环境的第二个关键因素是使用强化和奖励。鼓励和奖品为一成不变的课堂平添了几分色彩，同时也将学生的注意力转向发展亲社会行为（Emmer, Evertson, & Worsham, 2003）。根据基于操作条件反射的**强化理论**（reinforcement theory）（在第四章讨论过），获得奖励的行为得到加强，便有可能再次发生。相反，没有获得奖励的行为最终会消失。早期的心理学家，如桑代克（Thorndike）和斯金纳（Skinner）都认识到了**积极强化**（positive reinforcement）的重要性；即提供个体所需要的、重视的或渴望得到的东西作为鼓励亲社会行为最有效的手段（Goetz, Alexander, & Ash, 1996）。对强化理论的运用在过去 20 年里已经发生了演变。奖励机制过去强调从外部控制学生，而现在侧重帮助学生学会承担自己的责任，学会自我控制。奖励机制的焦点也从抑制不良行为转向鼓励积极的学业表现和社会选择（Brophy, 1983; Evertson & Harris, 1992）。只要强化和奖励机制能得到正确实施，我们就能用系统的、人性化的方法引导学生远离不良行为，朝着独立的自我控制方向发展，而这才是良好的学习环境的关键所在。

遗憾的是，在当今繁忙的课堂上，由于教师忙于处理其他课堂事务，学生的许多良好行为没有得到应有的重视和奖励。通过监督学生的行为、认可学生负责任的表现，教师可以强化此类行为的重要性(Cruickshank & Associates，1980)。同样，许多教师在无意之中强化并且鼓励了不可取的行为。例如，在研究了学生离开座位的行为后，研究者们发现，教师越是频繁地叫学生坐下，以此来纠正学生的行为，越是有更多学生离开座位！无意中，教师传递了这样的信息：只有在学生离开座位之后教师才会给予他们想要得到的关注。所以就鼓励了这种不良行为的产生。

运用强化理论

尽管运用强化理论来维持学习环境听起来很简单，但其实不然。首先，教师的及时强化对于决定强化的有效性至关重要。我们在第十一章了解到，必须在可取的行为发生之后立即给予强化，而不是几小时、几天或者数周之后。要不然，强化的效果就急剧下降了。此外，为了有效地影响学生的行为，强化必须具体，而不应太笼统。在小学阶段，既要奖励表现良好的个人，又要表扬其良好的行为，这才是最有力的强化。例如，如果表扬辛迪(一个容易冲动的学生)，说她今天在课堂上的表现很好，这样的强化不那么有效。她不知道自己什么地方做得好，第二天也就不会重复这种行为。相反，应该告诉辛迪，在今天的课上，你有五次发现她在发言之前举手了，这是一个真正的进步。要指出这一良好的行为如何帮助她和她的同学在课堂上更好地学习。这种具体、及时的反馈鼓励了辛迪控制自己的行为，今后在发言之前她都会负责任地举手示意。

第二，要记住，学生对不同的强化方法有不同反应。换句话说，对不同学生的奖励也要有所不同。例如，有的学生很喜欢接受表扬，而有的学生喜欢得到众人的认可。这种不同的反应部分地是由于学生的文化和社会经济地位差异造成的。谢耶得(Shade，1982)的研究发现，许多少数民族学生更看重整个团队得到认可，而不是个人得到表扬。个人得到公众的认可被认为是不尊敬、不合适的(Garner，1989)。在这种情况下，恰当的做法是肯定小组的成就，而不是只表扬一名学生。同样，有的青少年在得到单独表扬时会觉得尴尬，他们更希望教师对几个学生同时进行公开的肯定。

有时，对学生产生强化作用的东西会让教师觉得不可思议。例如，在一个幼儿园课堂上，教师用贴纸奖励那些遵守课堂惯例的学生。然而，对学生们而言，贴纸本身并不足以产生强化作用。真正的奖励是允许学生把贴纸整天贴在脸上！还有一个例子是，一所中学用积分来奖励行为得体的学生。达到 1 000 分的学生可以和校长在附近的一家快餐店共进午餐。教师们很快发现这种强化方法并不好；尽管学生们想让校长请客，但他们想缩短就餐时间，想要尽早回到学校，利用午休时间和朋友们一起打篮球！

聪明的教师知道学生需要不同类型的强化。课堂上常用的强化类型有四种：社会性强化、活动强化、实物强化和负面强化(Goetz，Alexander，& Ash，1996；Hunter，

1990；Kazdin，2000)。**社会性强化**(social reinforcers)是学生从教师那里接收到的积极信息，传达了对学生的肯定。口头表扬、微笑、花时间和学生在一起，以及适当的身体接触都属于社会性强化，这种强化方式容易给予，无须成本，也很少被滥用，通常是最有力的强化剂。然而，尽管这些方式能有效地监督学生的行为，维持良好的学习环境，但在某些情况下或许还不够有力，不能消除不良行为。

和高年级学生打交道时，口头表扬应当侧重于学生的行为给他带来的好处，而不是仅仅对其行为给予肯定(Hunter，1990)。低年级学生通常会为自己的行为让老师高兴而感到喜悦，而高年级学生并不在乎自己是否得到了老师的肯定，也不在乎能否维持良好的课堂环境。有的学生甚至喜欢惹老师发火，破坏课堂秩序！“麦克斯在认真做数学题呢，我很高兴。”这样的表扬可能会有效地鼓励一个小学生，但如果麦克斯已经是个高年级学生，你还得指出这种良好的行为对他有什么益处。试试这么说：“麦克斯，你开始认真做数学题了！你能在下课前做完的话，今天就没有家庭作业了。”在中学阶段，最好私下表扬学生的行为，不要在全班同学面前大声说出来。

活动强化(activity reinforcers)是指一些特权，但不是每个学生都可以享受到。使用体育馆或电脑、拥有额外的休息时间、和朋友一起学习，以及承担班级事务，比如捎口信到办公室、帮助装饰公告牌等，都是许多学生喜欢的活动强化。这种强化的缺点在于，学生可能无法立即得到强化。这样一来，强化的有效性便减弱了。

实物强化(tangible reinforcers)是指学生想要得到的实实在在的物品，通常也称为外在奖励，包括贴纸、食物、荣誉证书、可以用来换取更大奖励的积分等。亨特(1990)认为，应当谨慎使用实物强化，通常在学生对社会性强化和活动强化不起作用时才使用。因为这些外在奖励和可取的行为没有什么必然联系，会转移学生的注意力，使他们远离成为一个有责任感、有成就、能自我约束的学生。例如，莱珀(Lepper，1983)发现，要激励学生表现良好，有时有必要先使用外在奖励，但随着学生的行为发生改变，应当逐渐摒弃外在奖励。相反，如果学生已经朝正确的行为方向努力时，使用实物奖励反而有害无益，因为它破坏了学生学习的动力和表现良好的积极性。

管理学生行为还有一个相对消极但常常行之有效的方法，即使用**负面强化**(negative reinforcement)。学生才是事件发生的主角，因此负面强化有助于学生培养课堂上的自我控制能力(Hunter，1990)。有了负面强化，当学生作出正确的行为抉择时，不愉快的东西就从学生的生活中消失了，从而强化了可取的行为。例如，如果某位学生在和同桌咯咯地说笑，老师便用眼睛瞪着他们，她便停止了说笑，此时负面强化(老师瞪眼睛的行为)就消失了。

作为一名教师，你怎么知道哪种强化方法对你的学生奏效呢？方法之一是观察你的学生，尤其在休息时间学生展现出各自兴趣爱好时。对于高年级学生，直接询问即可。许多教师利用收集到的信息制作一份**强化菜单**(reinforcement menu)，列出他们可以采取的各种强化手段，以帮助学生学会对自己的行为负责。

研究聚光灯 12.1
表扬学生有可能是危险的举动

教师能够而且也应当帮助学生产生良好的自我感觉。但他们该如何达到这一目标？表扬是一个强大的工具，但如果使用不当，会成为负面力量。卡洛·S.杜依可（Carol S. Dweck）和克罗迪雅·米勒（Claudia Mueller）进行了一系列研究来调查表扬和自尊心之间的关系。

表扬对聪明才智的影响

研究者让 400 名五年级学生做一套题。这项任务有一定挑战性，但对学生来说不算太难，他们可以做得很好。任务完成后，研究者表扬了一组学生的聪明（“哇！你们做对了这么多道题！你们肯定非常聪明！”），表扬了另一组学生的努力（“你们肯定非常努力地答题了”）。两组学生其实做得一样好，他们都很喜欢这项任务，迫切想将这些难题带回家多多练习，都对自己将来的表现充满信心。

接下来，摆在学生面前的抉择是：是尝试一项具有挑战性的任务、从中他们可以学到很多知识，还是选择较容易的任务？在第一项任务中因聪明而受到表扬的学生大多选择了容易的任务，这样他们可以继续保持聪明的形象。因努力而受到表扬的学生大多选择了具有挑战性的任务。这表明，如果我们因为学生聪明而表扬他，我们传递了这样一个信息：看上去聪明才是重要的。但当我们因为学生努力学习、取得成就而表扬他们的时候，他们想要继续投入学习。他们不会因为担心自己看上去不够聪明而把注意力从学习上转移开。

难度的影响

接下来，研究者让学生解答一些难度较大的题，正确率都不高。他们发现，那些因为聪明而受表扬的学生不喜欢这一轮的任务，不想把这些问题带回家进一步练习，开始对自己的聪明才智表示怀疑。答题顺利时，他们就觉得自己很聪明，而现在遇到了一点挫折他们就觉得自己很笨。他们要靠外在的表扬来维持自信心。

然而，那些因为努力而受表扬的学生即使漏做了几道题，仍然像喜欢上一轮任务一样地喜欢这一轮难度较大的任务。许多人甚至更喜欢难度较大的任务，迫切地想把题目带回家继续练习。这些学生不认为题目做错了和自己的聪明才智有什么关联——只能说明自己还得更努力，才能把题全都做正确。他们即使面临挫折也能保持强烈的自尊心，坚信自己是聪明的，仍然喜欢迎接挑战。

最后，研究者给这些学生布置了第三轮任务，让他们完成一套题，而且内容和第一套题一样简单。令人难以置信的是，因为聪明而受表扬的学生做得很差；比他们做第一套题时差得多。相反，因为努力而受表扬的学生得到了最高的分数；

比他们做第一套题的得分高得多。这表明，不同的表扬内容不仅影响学生的自我认识，还影响学生完成学业任务的表现。

研究者们对于一句表扬所产生的强大力量惊讶不已。学生能迅速领会关于他们个人品质和行为的信息。来自老师和家长的评语告诉了学生该有怎样的自我认识。无论我们怎样设法做到客观公正，我们的反馈总是传达出我们认为重要的信息、我们对学生的看法，以及什么东西对学生有重大意义。这个研究表明，这些信息会对学生的自尊心和学业表现产生巨大影响。

来源：C. M. Mueller & C. S. Dweck(1998)，《对聪明才智的表扬会破坏积极性和表现》(*Intelligence Praise Can Undermine Motivation and Performance*)，《个性与社会心理学杂志》(*Journal of Personality and Social Psychology*)，75，33～52。

强化的安排

能有效管理课堂的教师都意识到安排强化的重要性。**安排**(scheduling)的意思是根据学生的行为改变强化的频率。随着学生越来越适应课堂守则和惯例，教师不能频繁地强化学生行为，而应当不定期地进行强化。在大多数情况下，随着学生越来越多地经历学业和社交方面的成功，学会自我激励，教师可以逐渐减少外在奖励。(Woolfolk, 2003)麦克卡斯林(McCaslin)和古德(1992)认为，如果强化和奖励的安排没有随着学生承担更多责任、自我控制能力更强而有所调整，课堂上将暴发冲突和对峙。换句话说，尽管你需要在9月份时强化学生举手的行为，但不应该到了第二年5月份还因为学生举手而给予奖励！

每一学年，总有很多时候师生都很繁忙。假期、成绩报告单、恶劣的天气和运动会等都会增加课堂的紧张气氛。教师经常不得不接受这样一个事实：在这时候学生总会把守则和惯例忘到九霄云外。此时，我们建议你回到学年一开始对学生进行频繁强化的状态。在课堂出现紧张气氛时，像从前一样频繁奖励学生，提醒学生要承担的责任，可以使你维持良好的学习环境。

对强化理论的批评

在课堂上运用强化理论的教师拥有了一个营造积极学习氛围的强大武器：教学生做出正确的行为。然而，这一做法也招来不少批评。强化理论的批评者和倡导者都迅速指出，教师有可能会错误地运用这些策略。一旦奖励被误用，并不会导致学生行为或态度发生长期的改变，而且也不能有效地帮助学生成为有同情心、负责任的人或能自我引导的学习者(Kohn, 1999)。以下是对运用强化理论的批评和这一理论存在的危险：

1. 有的人反对运用强化理论，因为他们认为遵守课堂秩序本来就是学生的分内之事，这样做是在“贿赂”学生。

2. 有的批评家认为，教师频繁地使用奖励来过度控制学生。这样做相当于**强行对学生施加影响**，而不是**和学生合作**，最终会破坏师生关系。还有人强调，应当对学业进步而不是社交行为予以奖励。毕竟，安静的课堂未必意味着大家都在认真学习。

3. 有的人认为将强化理论运用于课堂是不切实际的行为。许多教师无法承受实施奖励制度和积分制度所花费的时间和金钱。此外，让教师系统地监督和强化课堂上出现的大量可取行为，也是不太可能做到的事情。

4. 有的人提出质疑，认为表扬和社会性强化对于大多数三年级和三年级以上的学生已经没有什么明显的效果。

5. 批评家警告说，强调奖励会导致本来就有积极性的学生对受到奖励的行为以及学习本身失去兴趣。而且奖励往往是用来鼓励成绩不够好的学生，从而抑制了学生的创造力和冒险精神。

如何应对不良行为

康尼和其他人的发现帮助我们了解如何管理整个课堂，告诉我们如何建立管理制度，让学生投入学习并减少干扰。尽管这是课堂管理的一个重要组成部分，但这只能减少不良行为，却不能彻底消灭它们。有效的课堂管理者在懂得预防和监督不良行为的同时，也能迅速制止不良行为。现在让我们将注意力转向有效教师应对破坏学习环境的行为所用的技巧。

学生的不良行为(student misbehavior)是指教师眼中任何扰乱课堂秩序的行为(Bellon, Bellon, & Blank, 1996)，小到非常不起眼的动作，大到动拳脚等暴力行为。坎格洛斯(Cangelosi,2003)将小学和中学最常见的不良行为分为两种：不合时宜的讲话(即说话过多，抢先说话，不必要的讲话)和不合时宜的动作，例如举止滑稽、离开座位等行为。其他常见的不良行为包括拖拉、旷课、不带课本和学习资料、不专心、爱空想、拌嘴和过激举动。偶尔，教师还会遇到学生痛哭、争吵、打架、偷窃和作弊。如今，又有越来越多的教师要应对学生吸毒、饮酒和使用武器的问题。艾伯特(Albert, 1996)鼓励教师把有不良行为的学生看做有“选择缺陷”的人——他们选择正确行为的能力较差。应对不良行为的方法，就是帮助学生学会控制自己，让学生在课堂这样的集体环境中有效发挥自己的作用。(Bellon, Bellon, & Blank, 1996)

要记住，没有哪种纠正不良行为的方法是万无一失的。要解决当今课堂上的各种行为问题，单靠某一条纪律来约束学生是行不通的。要有效、专业地应对不良行为，教师必须认真考虑不良行为发生的情境以及学生的动机，然后再决定如何做出反应。也就是说，教师必须担当优秀的课堂问题解决者(见第十三章)。

要点 12.1
管理 ADD 学生

他叫西恩，今天，九年级的他被确诊为患有注意力缺陷症（ADD）。他没有时间概念，上课总是迟到，从储物柜走到教室的路上就能把作业和学习资料丢了，他的自由散漫是出了名的。他也不是不招人喜欢，但上课或做作业时就是集中不了注意力。对新教师来说，西恩简直就是个大麻烦。

据估计，当今课堂上有5%的学生患有注意力缺陷症。患病的学生无法集中注意力，做事冲动，而且多动。他们总是漫无目的地做着一个又一个活动，连自己的作业都完成不了。这些学生无法安静地待在座位上，要么玩铅笔或其他东西，要么打扰其他学生学习。许多患 ADD 的学生还听不懂老师的指示，无法和其他学生交朋友。只要理解了 ADD 学生的社会需求和学习需求，你就可以为他们营造一个培养社交技巧、认真学习的课堂环境。

组织技巧

许多患 ADD 的学生无法将注意力集中在任务上，很容易分心。通过让他们了解课堂的框架和可预测性，你可以帮助他们学会组织技巧和管理时间的技巧。

- 给学生一个用来整理家庭作业和其他练习的作业本，或者每天给他一张作业单。给学生一些彩色的文件夹来整理不同学科的作业和试卷等。让另一名学生帮他做记录并将作业整理到作业本里和正确的文件夹里。经常检查作业本，整理得好的予以表扬。
- 在学生的课桌上贴一个时间表，上面列出这节课或当天的活动安排，让学生每完成一项活动就把它划掉。时间表上还要列出每项活动所需的材料（如书本、铅笔、家庭作业清单等）。
- 在开始做作业之前，让学生将课桌上不需要的书本和其他材料都拿开，制造一个不受干扰的学习场所。教学生使用手表或定时器来控制完成作业的时间，使用日历来安排各项作业。
- 让学生定期清理课桌、储物柜、书包等容易丢失学习资料的地方。

行为管理

患有 ADD 的学生往往做事冲动、多动。你可以运用一些技巧来告诉学生你期望他们有什么样的学习表现和课堂行为，从而帮助他们学会控制自己的行为。

- 将学生的座位安排在讲台旁边或者教室前排。这样你就能监督和强化学生认真学习的行为，减少干扰。安排一个好学生坐在他旁边作为行为榜样，必要的时候制造机会让他们合作学习，或者让好学生给他以帮助。

● 使用简单、自然的视觉提示来帮助学生专注于完成任务,例如伸出你的手或轻拍学生的课桌。和学生谈话或给予指示时,要进行眼神交流。有可能的话同时使用视觉提示和口头提示给予简短的指示。站在学生附近,帮助他集中精神、注意听你讲话。

● 忽视情节不严重的不当行为和冲动行为。在过渡阶段监督学生,给予及时的强化或反馈。用签订合同的方法来对付更严重的、需要监督的冲动行为,例如在课上大声叫喊或打断课堂。这样可以帮助学生学会自我监督的技巧。

● 假如学生多动,在他们需要释放多余精力时,允许他站起来,甚至可以在教室后面溜达一会。寻找一些可以发泄多余精力的途径,例如让他们打扫卫生或干点跑腿活。

来源:Chesapeake 学院(Chesapeake Institute)和 Widmeyer 集团,《注意力缺陷:教师应该知道的一切》(*Attention Deficits: What Teachers Should Know*),2004 年 8 月 3 日修订版,来自 www.dbpeds.org/articles/101tips.html

学生为什么产生不良行为

如果教师明白学生产生不良行为的原因,就能采取更合适的应对措施。德瑞克斯(Dreikers)、佩珀(Pepper)和格伦瓦尔德(Grunwald,1998)建议,不管学生自己是否意识到,但其不良行为主要是为了满足四个基本需求。大多数不良行为,至少在小学阶段,是由于学生想**引起注意**(Albert,1995;Glasser,1998;Savage,1991)。这些学生需要得到额外的关注,想成为大家注目的中心。他们通过吵闹、说脏话、中断课堂进程等行为使老师和同学分心。其次,有的学生捣乱是因为想**显示自己的力量**。这些学生想控制局面,想让事情按他们的方式进行。为了向老师和同学表明"你们不能小看我",他们拒绝遵守规则和服从要求,挑衅他人、发生争执。再次,有的学生是为了**寻求报复**。此类不良行为通常发生在这种情况下:在之前的一次冲突中这名学生觉得尴尬,受到了侮辱,或是在同伴面前丢了脸。寻求报复的学生可能威胁要造成人身伤害,或通过损坏、破坏或偷窃别人的东西来进行间接报复。学生有不良行为的第四种原因是他们**寻求孤立**。这些学生试图避免失败。他们对自己的能力没有信心,认为自己会辜负自己、家长或老师的期望。于是他们故意拖延时间、假装身患残疾、上交没有做完的作业,希望没有人理睬他们,这样就他们就不必面对这样一个事实,即他们没有完全发挥自己的潜力。不幸的是,被众人孤立只会导致自信心进一步下降。

尽管很多不良行为是由于学生试图满足自己的需求而造成的,但西尔维斯特(Sylwester,1971)指出,有部分不良行为实际上是教师造成的。西尔维斯特将导致课堂不良行为的教师行为分成四类。**准备不充分**或许是其中最常见的。没有对教学活动进行设计、构思和监督会导致学生坐立不安,于是开始捣乱。例如,一项研究发现,在教师的督促下学习的小学生有97%的时间都是全神贯注的,而进行独立学习的学生则只有57%的时间全神贯注。(Frick, 1990)是否进行了教学设计和监督,的确大不一样!第二,对学生**区别对待**也常常导致不良行为产生,因为学生会认为老师更喜欢某些人而讨厌某些人。**语言侮辱**,尤其是"善意的"讽刺、也会让学生有过激反应。最后,如果学生感觉老师对不良行为的**解决方式不公**,也会造成更多的不良行为产生。

为了管理不良行为,教师需要意识到哪些因素促使学生做出不良行为,以及教师自己的行为如何影响了学生的行为。这表明,教师必须保持敏感,具备用来应对课堂不良行为的各种技巧。

确定如何应对不良行为

优秀的课堂管理者同时也是出色的决策者(Bellon, Bellon, & Blank, 1996)。一旦发生了不良行为,教师必须决定**何时**以及**如何**进行干预。有效教师会尽可能地迅速处理问题(Albert, 1995; Evertson, 1989; Marzano, Marzano, & Pickering, 2003)。但他们是如何决定怎样进行干预的呢?要作出决定,至少要考虑四个因素:干预是否会打断课堂,不良行为的性质和严重性,涉及的学生,以及不良行为发生的时间。

首先,教师必须判断干预对教学活动的影响程度(Bellon, Bellon, & Blank, 1996)。多伊尔(1986)提醒教师们:中断课堂教学,转而处理不良行为会把学生的注意力从正在进行的教学中分散开,是"绝对危险的"做法。例如,康尼(1983)观察到的一些最成功的教师能让学生98.7%的时间都专心于学习,而最不成功的教师每天要干预986次,这意味着学生只有25%的时间专心学习。更糟糕的是,据科顿(Cotton,1990)估计,只有一半的课堂时间是用于教学,纪律问题占据了其余大多数时间。

此外,作出干预的决定之前,还要考虑不良行为的本质和严重性、涉及的学生以及不良行为发生的时间(Doyle, 1986; Wolfgang & Kelsay, 1995)。新教师经常得到这样的提醒:必须在处理不良行为时保持一贯的作风,否则学生会无所适从,不良行为也会增加。许多教师决定这一点很难做到,而且让人沮丧,尤其是教中学生时,因为这个阶段的学生有可能对老师的公平性提出质疑。德瑞克斯及其同事(1998)建议,既然教师对学生作出的相同惩罚对所有的学生并不同样有效,最好还是制定一系列干预策略。例如,一个平时负责任的学生偶尔忘了交一次作业,和另一个总是忘交作业的学生,不应得到同样的惩罚。不过,干预应当做到在学生和学生家长看来合理,公正,这一点很重要。理想的效果是，通过干预，学生知道了他们的行为将如何影响他们的生活、如何影响和他们一起分享课堂和学习体验的同学们。（Wolfgang & Kelsay，1995）而且，科文（Curwin）和门德勒（Mendler，1999）也鼓励教师和学生讨论这样一个事实："公正不等于永远一视同仁。"教师应当指出，就像学生需要个人化的学习计划来满足他们不同的学习需求一样，他们也有不同社会需求，需要教师有不同处理方法。这使教师在干预学生行为时既能够保持一贯性，同时又灵活多变，尤其是在情况复杂、多样化的课堂上。

干预的类型

干预（intervention）是指在应对学生的不良行为时施加在学生身上的令人不快、令人痛苦的事情，有时也叫**惩罚**（punishment）。干预的目的是减少不良行为再次发生的可能性（Savage，1991）。遗憾的是，目前还没有什么研究可以告诉我们，有效教师遇到学生反复犯错时会如何应对（Reynolds，1992）。不过，我们已知，有效的课堂管理者拥有丰富的干预策略，比如口头批评、计时隔离、放学后把学生留在学校，或者更严厉的批评或体罚。要使干预有效，必须在不良行为发生后立即平静、坚定、有力地实施干预策略，而且惩罚对象局限于犯错的学生（Eickson & Mohatt，1992）。批评、叫喊、责备、奚落、挖苦等消极的干预策略并没有效果。（Canter，1996；Swick，1985）

那么，学生有不良行为时我们应当如何进行干预？以下的课堂干预策略在大多数学校都适用，从最轻微的、无破坏性的策略到更严厉的矫正干预，一应俱全。如果你觉得某些干预策略适合自己使用，一定要先就相关纪律政策咨询你的学校和所在学区。

消退法

有效教师能察觉细微的不注意听讲行为，但常常选择不做任何反应。例如，假如某学生做出不良行为来吸引老师的注意，而老师不予理睬，有可能这种行为就会消失。这种干预策略称为**消退法**（extinction）。研究者建议，想要引起注意的细微行为第一次发生时，只要情节不是很严重，没有影响到其他同学，教师就应当忽视它。（Hunter，1990）

重要的是，要知道消退法是一种非引导性的反应。也就是说，尽管学生可能会停止其分散注意力的行为，但他们仍然不知道怎样做才是对的。所以，关键不在于你如何应对做出不良行为的学生，而在于你对班上其他表现良好的学生有何态度。在忽视不良行为的同时，你可以表扬或将注意力转向坐在捣乱学生附近、表现良好的学生。这就让学生明白了他们该怎么做。（Albert，1996；Hunter，1990；Martin，1981）

我们来看一个例子。上课开始后，凯勒开始在课桌上轻轻敲击铅笔，试图吸引你的注意力。运用消退法，你装作没看见凯勒的行为，而注意力转向她旁边的里卡多，表扬他认真听讲。这就向凯勒暗示：要得到老师的注意，她也必须认真听讲。

尽管消退法能有效消灭学生干扰课堂、开小差、发脾气以及冒犯等行为(Goetz, Alexander, & Ash, 1996)，但实践起来困难重重。原因之一是这种方法从根本上要求你做违背本意的事情。你们过去受到的教育都是要注意课堂里发生的一切，一旦发不良行为就要将其“扼杀在襁褓中”。还记得吧，康尼(1977)的研究也表明，有效的课堂管理者都是“明察秋毫”的，对课堂里发生的一切了如指掌，并且将他的这种洞察力告诉学生。消退法则建议你通过指出其他学生的可取行为，间接地对付捣乱的学生。只有当学生选择做出正确的行为时，你才给予关注或积极的强化。

使用消退法的第二个问题是，需要花大量时间才能改变学生的行为。更糟糕的是，一开始便忽视学生不良行为的做法有可能助长这种行为的发生(Cruickshan & Associates, 1980; Kounin, 1977)。有时候，忽视学生的行为会导致学生的气焰更加嚣张，尤其是在学生屡屡受挫的情况下。例如，假设山姆六年级时在课堂上用大声喊叫来获得老师的注意，那么有很可能到了七年级时他在你的课堂上也会尝试同样的行为。如果你对他的行为不予理睬，你可能会以为你没听到，于是他会喊得更大声、更频繁。毕竟，他以前是通过这种方法吸引老师注意的，怎么会料到你有不同的反应呢？然而，如果你一直坚持忽视他的不良行为，将他朝正确的方向引导，不良行为最终会消失。更重要的是，你避免了引起课堂的中断。

轻微的停顿

有效教师会通过使用非语言干预和轻微的停顿，及早应对潜在的严重捣乱行为。非语言策略包括交流眼神、摇头、运用面部表情、靠近学生、做手势等转移注意力的方法，不但非常有效，而且还不会打断课堂进程或干扰其他学生。一项对中学教师开展的研究发现，非语言策略制止不良行为的几率是79%。研究中，被认为是“最有效的课堂管理者”的教师制止不良行为的成功率则高达95%。(Lasley, Lasley, & Ward, 1989)

讲话时轻微的停顿也很有效。放慢讲话的速度、吐字更清晰、声音更轻柔，或者停顿片刻、扫视教室(这个方法可能更有效)，都能不露声色地、更隐秘地提示学生调整自己的行为。同样，点出捣乱学生的名字、提出简短的问题叫他回答、点出他的名字后停顿片刻，或将学生重新引导到课堂内容上来(“请翻到271页，跟上我的讲课内容”)也都是有效而且基本上不会破坏教学的口头干预策略。布罗菲(1982,1983)指出，这种轻微而又直接的当众干预行为往往比忽视学生的不良行为或表扬可取行为更有效。年龄较大的学生由于希望引起老师的注意或对上课感到厌烦时会发生不良行为，此时采用这种方法特别有效。

要点 12.2
对付恃强凌弱的行为

在当今校园里，学生恃强凌弱的问题日趋严重。当他们责问或"羞辱"其他学生时，就对他人构成了情感上的侮辱。这种行为经常会升级成要挟或暴力冲突。欺负他人的行为通常是秘密操作的，例如在墙上涂写伤人的话，或者鼓励班里的同学排挤一名学生。此类行为越来越多地通过技术手段来散播流言飞语和恶意的谣言。在青少年当中盛传的恶意匿名电子邮件和即时短信，导致恃强凌弱的范围在不断扩大，事态也越来越严重。面对他人的骚扰，你几乎无处遁形。(Oliviero，2004)

误区

恃强凌弱不仅仅是一个阶段性的或儿童特有的问题，成年人在其中扮演了重要角色。他们或是视而不见，或是努力制止这种现象产生。作为教师，你要采取的第一步行动是辨别普遍存在的误区，库珀和斯奈尔(Snell,2003)将其归纳如下：

误区之一：人人都知道什么是恃强凌弱。

教师需要辨别哪些是恃强凌弱，哪些是学生之间的"打闹"。成年的监督人往往有25%的几率将孩子欺负他人的行为当成是在玩耍。(Boulton，1996)

误区之二：男孩天生调皮捣蛋。

事实上，女孩发生恃强凌弱的行为和男孩一样多。而且，她们欺负别人的方式也和男孩一样，虽然女孩更多地采取轻微的欺负方式，比如排挤某个学生或散播流言飞语。(Craig，Pepler，& Atlas，2000)

误区之三：受欺负对学生来说算不上什么大事。

至少10%的学生是长期受欺负的对象，但大多数学生都长期无法摆脱受欺负带来的影响。(Perry，Kusel，& Perry，1988)恃强凌弱使得学校成为一个令学生害怕的地方，而教师和成年监督人对此往往浑然不觉。

误区之四：学生们只是在搬弄是非。

学生来报告老师，说有人欺负自己时，老师总是不当一回事。这向学生传递了一个信息：老师对恃强凌弱的行为漠不关心。作为教师，你需要教学生区别什么是拨弄是非(试图让某人染上麻烦)，什么是告发欺负他人的行为(为了保证某人的安全)，并且认真地听取这个学生的汇报。

采取行动制止恃强凌弱的行为

研究表明，成年人可以通过培养和实践防御技巧来减少恃强凌弱行为的发生。(Olweus，1993)教师、学校员工、家庭和学生本人都能参与其中，效果是最好的。以下步骤能帮助你设计一个周密的防御计划。(Cooper & Snell，2003)

● 制定学生在操场、走廊及其他容易发生恃强凌弱行为的环境下要遵守的行为守则。

● 帮助成年的监督人辨别恃强凌弱的行为，促进对此类行为的监督；更多地出现在操场、走廊、卫生间等场所，预防此类行为的发生。

● 更换教室时站在走廊上，以便监督走廊上发生的情况并且和进教室的学生问好。

● 制定过渡时间和课外时间要遵守的具体惯例。将守则和惯例教给新来的学生，让他们清楚自己该做什么。

● 进行社会情感教育：教学生公平竞争，尊敬他人、控制自己的情绪等。当学生有不良行为时进行干预和教导。

让家长参与其中

如果家长怀疑自己的孩子成为受欺负的对象，可能会向你寻求帮助。达勒塞加(Dellasega，2003)向家长提出了以下建议。

● 做好预防工作。教给孩子一些人际关系技巧、如何处理冲突、如何表现得立场坚定但又不咄咄逼人，如何同他人交朋友、建立友谊。

● 支持你的孩子。假如你的孩子回到家一副心烦意乱的样子，帮助孩子探索内心感受，寻找解决办法。让他练习下一次再发生类似情况时该怎么做。

● 进行干预。假如你的孩子长期出现不愉快的现象，不想上学或不想做其他事情，经常头疼或感到疲劳，成绩退步得很厉害，很有可能是受到了欺负。准备好进行干预，但不要采取责备孩子的方法。

责备

口头批评在课堂上很普遍。怀特(White，1975)发现，任何年级的教师每两分钟就要责备学生一次。让人痛心的是，二年级之后，教师责备的次数超出了表扬的次数。而且，责备学生造成了教学时间的严重中断(见第十一章)。

教师经常因为学生不专心听讲、违反校规或吵闹声音太大而责备他们。责备的使用往往视情况不同而发生变化。上课一开始和临近下课那几分钟，教师似乎更宽容，或者至少较少责备学生。当不良行为比较轻微，持续时间短暂、不太可能恶化或者是由平常表现较好的学生造成的，教师也会显得更宽容。(Bellon, Bellon, & Blank, 1996)

雷诺兹(Reynolds，1992) 概括了有效管理者责备学生的方法。他们不是当着全班同学的面训斥他们，而是私下找学生谈话，从而最大限度地减少了学生的对立情绪和维护颜面的举动。他们质问学生是否了解自己的行为是错误的，并要求学生解释他们为什么这样做。同样,有效的管理者还要让学生明白为什么这种行为是错误的;设法让学生为自己的行为承担责任,让学生承诺要改正自己的错误。他们还向学生示范更为可取的行为。最后,有效的管理者会警告学生继续错误行为的后果,让他们明白这种破坏行为的后果对他们自身、对整个班级是多么有害,并让学生自己选择该怎么做。如果学生的不良行为没有任何改善,教师便会让学生尝到后果。

计时隔离

对于更严重的行为,可以使用计时隔离的策略(图 12-8)。通过将捣乱的学生排除在情境之外,从而排除在大家的注意力之外,**计时隔离**(time-out)减少了不良行为的发生。在这期间,学生可能被排除在一个活动之外,要把双手或头放在桌子上、坐到教室后面去、离开教室,或者到专门的计时隔离房间里待着。

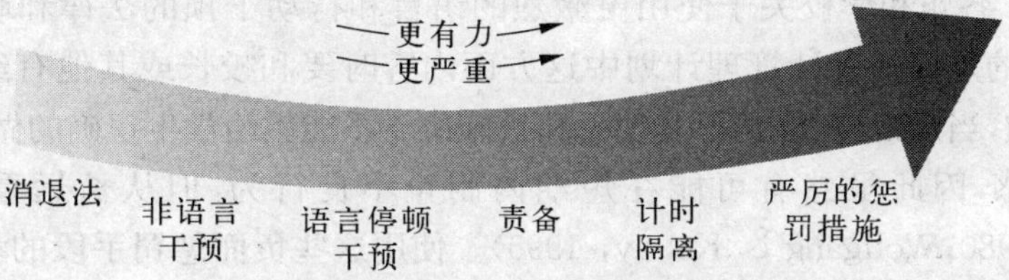

图 12-8 干预的类型

这种方法用来对付用捣乱来吸引同伴的注意或过分活跃的学生尤为有效。例如,假如一名学生在体育课上把排球从体育馆的这头踢到那头,来向同学炫耀自己,老师可以命令他在看台上坐 10 分钟,反思自己的行为。假如这名学生很喜欢和队友一起打排球,那么将他从这个情境排除出去就是一种惩罚。如果他想重新归队,他可能会思考自己做错了什么,并努力改正。

运用计时隔离的方法时,要记住几条重要原则。首先,隔离时间不要太长,根据学生的年龄,通常 5～12 分钟即可。经验告诉我们,学生每长 1 岁,时间要延长 1 分钟。再延长一些的话并不会使这一方法更有效(Kazdin, 1982)。如果学生觉得对他的惩罚不公,隔离时间过长会增加学生的厌恶感,也可能导致学生的功课落后。

第二,在计时隔离期间,学生必须被隔离起来。最好的做法是将学生隔离在教室的某个地方,让他还有学习的机会(Kazdin, 1982)。如果让捣乱的学生离开数学课堂、站在走廊里作为对他的惩罚,很多来往行人都会看到他,这对他反而是个奖励,而不是惩罚,尤其是他不喜欢学数学的话！然而,如果捣乱的行为太严重了,学生如果继续在教室里待着会影响上课的话,就有必要让他到教室外面去接受隔离了。很重要的一点是在隔离期间,同学或学校教工不得和这名学生说话。如果让学生到另外一间教室或办公室去接受隔离,应当叮嘱学校教工不得和这名捣乱的学生说话。

第三,规定的时间已过,或者捣乱的学生决定不再捣乱,比如说要和小组其他同学合作完成一个项目，那么应当允许他回到课堂活动中来。有的教师要求学生指出自己做错了什么，该怎么做，以此作为让学生重新参与活动的条件。

最后，学生要自己补习受惩罚期间落下的功课。不能占用课间休息时间或其他活动时间，而要利用学生自己的业余时间或在家里完成，这也可以作为另一种惩罚措施。

如果你能正确运用计时隔离的方法并予以监督，就可以有效影响学生的行为。最重要的是，千万别把学生给忘了！很多教师把捣乱的学生排除出去后，继续讲课，很快就把受惩罚的学生忘记得一干二净。隔离时间过长、没有重点，会导致这种措施的对学生行为的影响大打折扣。

严厉的惩罚措施

假如以上讨论到的干预措施都不够有效，你可以考虑采取**更严厉的惩罚措施**(severe punishment)。各州和学校关于使用更激烈的语言和行动干预的法律和政策有很大不同，因此重要的是你在设计管理计划中这方面内容时要和校长或其他有经验的教师合作。还要记住，当众批评、体罚等其他惩罚措施由于不能教给学生正确的做法、不能向学生强调责任感，因此虽然有可能在短期内制止不良行为，但从长远看并没有效果(Goldstein，1980；Wolfgang & Kelsay，1995)。使用这些负面惩罚手段的教师通常会发现学生变得更加不服管教、无心学习，而这和教学的目标是背道而驰的。(Swick，1985)

在课堂上采取惩罚措施

有的教育家反对在课堂上使用任何形式的惩罚手段来约束学生的纪律。他们认为干预并没有什么效果，而且从长远看对学生的学业进步和社会责任感都不利(Becker，1986；Kohn，1996，1999；Steele，1988；Stipek，1997)。遗憾的是，还有的教师完全忽视本章前一部分讨论的预防性管理策略，滥用干预手段。

倡导正确使用干预手段的教育家指出，如果使用得当，惩罚措施也是有效的。研究强烈支持折中的观点，即将强化和各种干预手段相结合，才能最有效地减少学生的捣乱行为，管理好课堂秩序(Stage & Quiroz，1997；Miller，Ferguson，& Simpson，1998)。这对于所有年级的学生都适用(Marzano，Marzano，& Pickering，2003)。以下原则有助于你在课堂上正确地使用干预手段。

1. **要迅速采取惩罚措施。**有效的课堂管理者会对学生的不良行为迅速做出反应——通常在行为刚刚发生时。如果学生对教师的暗示不予理睬，教师也不会威胁学生或提出警告。此外，艾玛和其他研究者(1980)发现，有效的管理者会事先计划好如何进行干预，并和学生讨论不良行为导致的后果。

2. **在深思熟虑之后才采取惩罚措施。**既然干预是复杂的、根据情况而定的，教师应当了解不良行为发生的情境；应当知道学生会怎么理解对他的惩罚，以及这种惩罚要求教师怎么做。例如，教师有可能对学生实施了某种“惩罚”，但在学生看来算不上是惩罚。对于有的学生，不让他上体育课，或者课间休息时让他呆在教室里，对他来说反而是因祸得福。你知道为什么吗？而且，有些干预形式的有效性随学生情感需要的不同而改变。

3. **惩罚措施要和不良行为相关。**在选择使用哪种惩罚措施时，要确保这些措施和不良行为之间有逻辑关系。例如，如果某位学生交上来的作业写得很差，合乎逻辑的惩罚措施是让他重写，而不是放学后把他留下来或者布置他做更多的数学家庭作业。如果惩罚措施和捣乱行为无关，学生会认为老师做事武断、专横。这会阻碍学习。例如，把经常布置作业作为惩罚，学生反而会退步。

4. **避免使用复杂、浪费时间的惩罚措施。**有的教师实施的干预措施很复杂，要花大量时间做记录或者进行商议。即使这些措施有效，也因为过于复杂而不可行(Bellon, Bellon, & Blank, 1996)。而且，通常这些措施不能给予学生及时的强化，而及时给予强化对改变学生的行为是至关重要的。(Evertson & Harris, 1992)

5. **不要滥用惩罚措施。**惩罚应用于严重的不良行为，而且通常是在别无选择的时候才使用。而且，教师绝对不能因为发怒或心情糟糕而惩罚学生。有效的课堂管理者会自己承担处理问题学生的责任，而不会将责任推给辅导员或校长等其他人。(Brophy & Rohrkemper, 1981)

案例 12.1
一位新教师的遗憾

弗朗西斯女士看完报纸的头版后惊呆了。一个16岁的女孩昨天上午七时命丧车轮，事发时她正穿过一条拥挤的街道，要去汉堡王快餐厅打工。她留下了3个分别为7岁、5岁和2岁的孩子。被害者名叫卡茜娜，正是弗朗西斯女士第五节英语课上的学生。

对于刚刚任教第二年的弗朗西斯女士来说，这是又一起让她震惊的事件之一，这些事件坚定了她在城市高中当老师的决心。这里和她上过的高中、和她实习过的学校是截然不同的天地。她不知道卡茜娜有孩子，要承担抚养子女的责任；她也不知道卡茜娜还在白天打工。

她不知道，卡茜娜经常缺勤其实可能是件好事。卡茜娜从不参加课堂活动，她不是置身事外就是制造混乱局面。班里讨论小说作品时，她会突然插话，发表一些带种族偏见或和色情内容的评论。她经常咒骂、轻视其他学生，或者和其他女孩来一场“野蛮的厮打”。弗朗西斯女士试图通过批评她来让她保持安静，可卡茜娜只是稍有收敛，没多久她又恢复常态了。弗朗西斯女士真不知道该拿她怎么办才好。

把卡茜娜带到校长办公室也没什么效果，除了导致她更频繁地旷课。当弗朗西斯女士把这件事报告校长，校长对她坦言，他和卡茜娜之间达成了协议。如果她不来上课，他就不报告她逃学。校长认为这是解决问题的最佳办法，可以改善其他学生的学习环境。

卡茜娜在车祸中丧生的消息让弗朗西斯女士备感伤心。她后悔自己没有多下工夫了解这名问题学生并和她建立良好关系。毕竟，她原本或许可以使局面发生一些变化。

研究并解决该案例

1. 弗朗西斯女士是否为成为有效的课堂管理者做好了充分准备？
2. 弗朗西斯女士的遗憾有道理吗？
3. 你认同校长对卡茜娜采取的态度吗？为什么？
4. 假如你是弗朗西斯女士，你会采用什么方法管理学习环境和帮助卡茜娜？
5. 你觉得自己走上教师岗位后也会遇到类似情况吗？

重建学习环境

不管你在特定的课堂环境下选择了哪种干预手段，都需要尽快重建积极的课堂气氛，和捣乱的学生之间恢复友好的关系。毕竟，你要传递的信息是：尽管学生的行为是不可取的，但他作为个人仍然是值得肯定的，他仍然是班级活动不可缺少的一分子。你可以运用本章前面列举的策略在学生之间、师生之间重建积极、合作的关系。

有时，学年之初制定的管理制度可能会不起作用，有时，你采取的强化和干预策略没有什么效果。别慌张，也别在剩下的时间里对难以驾驭的课堂听之任之。埃弗森(1989)建议：定期检查你的管理制度，必要时和学生讨论并修改这些制度。此类“二次开始”最好是在每学年的休息时间，比如周末过后或节日过后开始实施。和每学年一开始落实管理制度时做的一样，二次开始也要清晰地向学生说明内容、寻求学生的合作、认真予以监督，并将制度始终如一地贯彻到底。只要修改后的管理制度有利于营造更有效的课堂环境，出了错、从头再来也没什么大不了的。

几点思考

良好的课堂管理对学习至关重要。有效的课堂管理者会计划如何预防行为问题的产生，如何监督学生的行为，如何应对学生的不良行为，以及在纠正学生的不良行为后如何重建积极的课堂氛围。他们懂得如何回顾和调整管理计划。通过制定和实施前瞻性的管理计划，你将为学生营造有效的学习氛围，将课堂上的压力减少到最低限度。

本章小结

● 有效的课堂管理者不是天生的，是后天形成的。你可以通过学习本章内容培养自己的管理技巧。

● 课堂管理是指教师使用所有的规定和程序来营造并维持一个让教与学顺利进行的课堂氛围。传统的课堂管理集中在反应性的管理上，即教师如何应对（或用纪律约束）学生的不良行为。这一方法忽视了教学和课堂管理之间的密切联系。如今的课堂强调前瞻性的管理，即在问题还没有产生之前就加以预防。

● 有效的课堂管理者通过组织和创建一个让学生在生理和心理上都感到安全、可预测的课堂环境来防止课堂问题的产生。

● 自然环境指独立于课堂内的人存在的、具体的因素。心理环境是无形的，只存在于教师和学生的心里。

● 座位安排会影响学生之间和师生之间的交流，以及学生的态度。围着桌子坐的学生比按排坐的学生交流得更频繁，因而更容易培养较好的领导技巧。围成一圈坐的学生更多地和坐在他对面的学生讲话，很少和坐在他旁边的学生讲话。师生交流的行动区域是指坐在前排以及中间往后的那部分学生。这些学生更喜欢老师，更积极地参与课堂。由于没有哪种座位安排是十全十美的，专家建议要灵活应对，根据不同的学习情境变换座位安排。

● 教师要保证所有学生都有宽敞的课桌和储物柜，各种材料和仪器都是现成的，学生无需拥挤或等待就可以用到。同样，他们应当把教室布置成一个安全、激励学生学习的地方。在安排教室的陈设时，应当：(1) 尽可能减少干扰和拥挤；(2) 在不同活动区域之间设置边界；(3) 教师可以从教室各个角落监督学生；(4) 留出足够的通道，尤其是在课桌之间和仪器设备区域。

● 在一个具有积极气氛的课堂上，学生觉得安全、舒适、受到尊敬，并产生责任感。在这样的课堂上：(1) 学生的基本需求得到了满足；(2) 色彩、灯光、温度和展品用来营造柔和的氛围、激励人心的气氛和心理上的安全感；(3) 相互尊重、合作和学生的责任感都得到了体现；(4) 师生的主人翁意识明显；(5) 一派忙碌景象，以完成任务为中心；(6) 教师的期望和教学框架都很明确。

● 制定指导和协调课堂活动的惯例，有助于防止课堂管理问题的产生。这些惯例分为四类：管理惯例、活动惯例、教学惯例和行政计划惯例。

● 通过在学年之初营造良好的课堂气氛、实施惯例，可以将管理问题减少到最低限度。实施课堂守则和惯例开始于上课的第一天。应当清楚地向学生说明惯例、加以示范并教会学生怎么做。教师还应当制造机会让学生操练。最后，教师应当让学生知道，他们已经做好了准备而且有能力管理课堂，学生自己要对遵守课堂惯例负责任。

● 在学生开始捣乱时提醒他们，将他们的注意力重新引导到课堂上来，全年对学生进行监督，有助于防止严重的不良行为产生。有效的管理涉及一些技巧的使用，如明察秋毫、一心多用、流畅性和进度管理，以及整体关注。

● 教师可以通过使用奖励和强化来监督学生的行为。强化理论认为，对某种行为予以奖励，这种行为便得到了强化，有可能会再次发生；没有得到奖励的行为有可能会逐渐消失。要让强化更有效，必须清楚地说明是针对何种行为，必须在行为发生之后立即予以强化。

● 由于学生对不同类型的强化有不同反应，教师应当针对不同学生的需求制定不同的强化方法。这些方法应包括：(1) 社会性强化，如表扬、微笑和身体接触；(2) 活动强化，如给学生自由活动时间或让学生承担班级事务；(3) 实物强化，如可兑换的代币；(4) 负面强化，如放学后不把学生留下来。

● 学生的行为有改进后，教师必须改变强化策略。学生已经端正了行为后，不能太频繁地进行强化。学生学会简单的行为后，要对更复杂的行为予以强化。

● 许多批评家反对在课堂上使用强化。有的人认为强化是在贿赂学生，有的人认为强化是对学生的过度控制。有的人认为对中学生进行表扬和社会奖励没有什么效果，外在的奖励实际上会减少内在的动机。最后，有的批评家声称，由于时间、成本和复杂程度，强化理论不适用于课堂。

● 即使有了计划良好和监督完善的管理制度，不良行为仍然会发生。此类不良行为可能是由于学生寻求注意、显示自己的力量、寻求报复或孤立等原因造成的。同样，有时也因为教师没有备好课、区别对待学生、辱骂学生，或学生认为老师对待自己的方式不公，而造成不良行为的产生。

● 教师必须决定何时、以何种方式应对学生的不良行为，并迅速做出反应。在决定采取何种干预策略时，他们应当考虑干预会对教学造成何种程度的破坏、不良行为的本质和严重性、涉及的学生以及不良行为发生的时间。

● 有效的课堂管理者拥有丰富的干预措施来应对学生的不良行为。其中包括消退法、轻微的停顿、责备、计时隔离和更严厉的惩罚形式。

● 有的教育家声称，干预对学生的进步和社会责任感有负面影响。研究证明，干预和强化配合使用，是最佳的方法。

● 需要定期评价和重建学习环境。例如，在干预了一次不良行为后，教师需要重建相互尊重和相互合作的积极氛围。因此，要定期检查管理计划的有效性，并在必要的时候实施新的惯例。

关键词

纪律　　前瞻性的　　课堂管理

自然环境	心理环境	气氛
有吸引力的教室	守则	惯例
管理惯例	活动惯例	教学惯例
行政计划惯例	明察秋毫	一心多用
流畅性	进度管理	整体关注
邻近感	强化理论	积极强化
社会性强化	活动强化	实物强化
负面强化	强化菜单	安排
学生的不良行为	干预	惩罚
消退法	计时隔离	严厉的惩罚措施

待讨论的主题和问题

主题

这里有几个和课堂管理相关的主题和问题可供大家在课堂上讨论。

1. 课堂管理的目标是什么？
2. 教师应当在课堂上向学生讲述他们的私人生活和爱好吗？为什么？
3. 学生在课堂上有权利吗？教师呢？
4. 教师试图影响或控制学生行为的做法是道德的吗？解释你的回答。
5. 教师是否应当对学生在课堂以外(如自习室或校车上)的行为负责任？给出你的理由。
6. 学生的行为是否应当计入等级分？为什么？
7. 教师应当把捣乱的学生带到校长办公室去吗？举例说明你的观点。
8. 校长应当支持教师管理课堂的做法和决定吗？为什么？你将如何获取校长的支持？
9. 即使家长支持体罚，但各州是否应当废除某些形式的体罚，如鞭笞？请解释说明。
10. 教师如何应对当今学校里日益严重的暴力行为？

问题

管理问题是造成许多教师告别这一职业的主要原因之一。预期你将如何应对管理问题，是确保你成为成功管理者的一个方法。你将如何处理以下情况？

问题 1："校长把一个需要'特殊教育'的学生盖瑞安排到了我的英语课上，想让他同其他九年级学生建立融洽的关系。他的阅读水平实在太低了，连我们正在学的《汤姆-索亚历险记》都读不下来。尽管他看上去也很喜欢这个故事，但他很容易分散注意力，并且妨碍周围的同学。”

问题 2:“我教的 3 个生物班今天该交实验报告了，3 个班加起来，这周得总共批改 86 份！除此之外我上周还拖延了 29 份科普试卷没改，每份试卷上都有一道问答题！而我带的篮球队本周末还要举行一场很重要的比赛！”

问题 3:“我丈夫总是对我利用周末时间制定教学计划怨声载道，而我也觉得很过意不去，没把周末的大好时光用来陪伴我的孩子们。”

问题 4:“今天早晨我正在讲解长除法(long division)，这时一台除雪机开始清理操场上的雪，而操场恰好就在我们教室的窗外。学生们只顾着看除雪机来回地工作，长除法早就被他们忘到了九霄云外。”

问题 5:“气死我了！全班同学围着火山模型观看‘火山爆发’的时候，突然，砰！爆炸了！我们都在庆幸耳膜没被震破！这时彼得却立刻哈哈大笑起来，因为他在火山被点燃之前往火山锥里放了一个樱桃炸弹！”

理论付诸实践的活动

活动 12.1:观察座位的安排

1. 问问你的教学导师，他认为安排学生座位时要考虑哪些最重要的因素。

2. 观察几个座位安排不同的教室。画一幅座位图表，然后用箭头标出学生之间的谈话流程，观察 10 分钟学生之间的交流。比较不同座位的学生的交流情况，你注意到了什么？

3. 图 12-9 是一个音乐教室的平面图。50 名学生坐在折叠椅上，分两排就坐。他们讲话的声音特别大，很多学生在捣乱，老师根本上不了课。这让她非常泄气。分析座位安排并提出可以防止学生发生不良行为的座位改动建议。再建议这名教师应当采取哪些教学行为来监督学生、吸引学生的注意力。

4. 参观一个教室。观察学生以及学生的座位安排。学生的座位安排得舒服吗？习惯使用左手的学生和有特殊需要的学生是否得到了照顾？试试亲自坐在学生座位上。你感觉如何？你能在那舒服地坐一个上午或一整天吗？

活动 12.2:组织课堂的自然环境和心理环境

1. 当你走进这间教室，你有什么感觉？第一印象是什么？这间教室向你传递了有关学习和教师的什么信息？如果让你作为一名学生每天在这里待上好几个小时，你会有何感受？如果作为教师呢？

2. 画一幅这间教室的平面图，不要遗漏任何桌椅设备或仪器。现在观察 30 分钟教室里学生的走动。将这些也画在平面图上。找出哪些地方人员流动频繁，哪些地方

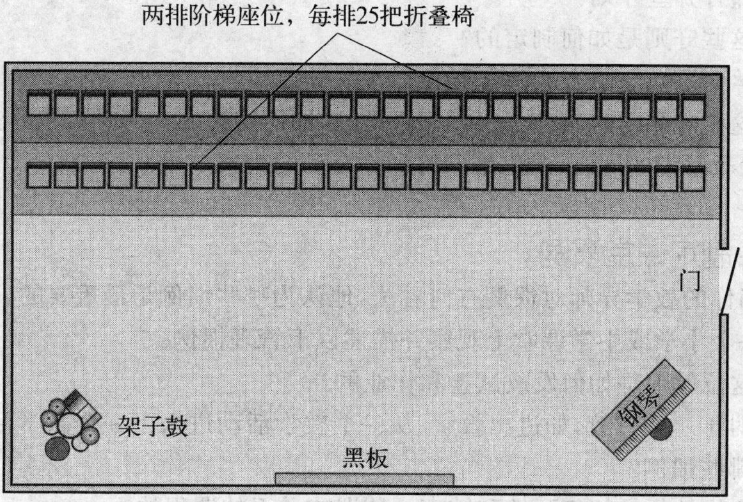

图 12-9 一个音乐教室的平面图

空间过于狭窄，可能影响到学生的心理安全感。

3. 教室的柔和环境让学生有安全感，而且满足学生的审美需求。环顾四周找出教室里体现柔和的地方并列举出来。

4. 你看到的什么东西可以告诉你这间教室里的人的特点？学生的主人翁意识是如何体现的？

5. 现在，观察教室里师生之间的交流，尤其在讲课或讨论期间。画一幅标出交流模式的社会关系图。试着找出教室里的行动区域。这位教师是否努力照顾到位于行动区域以外的学生？

6. 这间教室是否为学生营造了丰富的环境？找出并描述教师在哪些地方使用自然环境来激励学生的成长和学习。

7. 评价你观察到的自然环境和心理环境。优点在何处？在你看来，这间教室的环境还能怎么变化，使之成为更吸引人、更有亲和力的地方？

活动 12.3：制定教室守则

1. 向你的教学导师了解有关课堂守则的情况。
   - a. 都有哪些守则？是否张贴出来？为什么？
   - b. 他是如何制定这些守则的？
   - c. 他在学年一开始是如何向学生介绍这些守则的？
   - d. 分析这些守则是否清晰、简单，是否运用了正面的口气，是否可行。

2. 向一名学生了解课堂守则的情况。

a. 都有哪些守则?

b. 这些守则是如何制定的?

c. 学生是如何学习这些守则的?

d. 这些守则得到实施了吗? 如果是的,如何实施的? 何时实施的?

3. 比较教师们的回答、学生的回答和你自己的观察结果。

活动 12.4:制定课堂惯例

1. 问问你的教学导师对惯例有何看法,他认为哪些惯例是最重要的。

2. 在一个小学或中学课堂上观察并描述以下管理惯例。

a. 这位教师是如何发放试卷和作业的?

b. 对于一些过渡,如进出教室、从一个教学活动进入下一个教学活动,规定了哪些惯例?

c. 这位教师是如何开始和结束一节课或一天的课程的?

d. 学生削铅笔、上厕所、扔垃圾,或满足其他个人需求时需要遵守哪些惯例?

e. 学生承担课堂任务了吗? 有何证据? 学生的这些职责是如何分配的?

3. 在一个小学或中学课堂上观察并描述以下活动惯例。

a. 学生何时以何种方式获得老师的注意? 这一惯例会由于活动的不同或其他因素而在一天内发生变化吗?

b. 找出并描述课堂上的一项活动惯例。

4. 在一个小学或中学课堂上观察并描述以下教学惯例。

a. 这位教师使用什么惯例给予学生指示或布置任务?

b. 仔细听这位教师是如何提问,或如何引导讨论的。他运用了什么惯例?

5. 观察或讨论你的教学导师使用的以下行政计划惯例。

a. 这位教师何时开始制定教学计划?

b. 他采用哪些行政惯例来批改试卷、复印资料、回复电子邮件和处理案头工作?

c. 作为新教师,你该如何平衡私人生活和工作,就这个问题他会给你什么建议?

6. 根据你观察到的和听到的,你认为惯例在课堂上有多重要? 你现在肯定已经知道到了一些具体的惯例,并且打算将来在自己的课堂上予以实施。列举其中三个。

活动 12.5:让学生对自己负责

1. 问问你的教学导师在开学的第一天和第一周都做了什么。

2. 观察你的教学导师。描述这位教师采用哪些行为让学生知道自己能够"明察秋毫"。

3. 描述你的教学导师是如何展示一心多用的能力的。

4. 观察你的教学导师的教室时,留意一些威胁到课堂流畅性和进度的因素。他是如何应对的？

5. 观察你的教学导师是如何使用非语言行为来监督学生的。描述你观察到的非语言行为。

活动 12.6：课堂上的强化

1. 观察 30 分钟你的教学导师，重点观察师生之间的交流。举例说明他是如何使用社会性强化的。学生有何反应？

2. 这位教师在强化什么？是行为还是学业表现？（你可能需要做记录才能准确回答这个问题。）

3. 列出你观察到的活动强化的具体例子。学生对这些强化有何反应？

4. 举例说明这位教师是如何使用实物强化的。学生对此有何反应？

5. 根据你的观察，哪种类型的强化似乎最有效？你如何解释这种现象？

活动 12.7：干预的类型

1. 采访三位教师，了解他们对课堂上使用消退法有什么看法。他们是否试图消灭所有不良行为？他们觉得这一方法有用吗？

2. 观察在一个课堂上教师使用消退法的例子。捣乱的学生有何反应？

3. 观察 30 分钟一位教师和学生们的交流。记录该教师使用了哪些非语言和语言上的轻微停顿来干预学生的不良行为。哪种方法使用得最多？哪种方法对那个教室里的学生最有效？

4. 和许多老师交谈，问问他们都使用哪些类型的干预手段。列出一个单子。他们使用的干预类型会随年级的不同而有变化吗？随教师的经验而变化吗？其他课堂变量对干预类型又有何影响呢？

5. 调查几位学生、家长和教师，看看他们是同意还是反对在课堂上使用干预手段。在他们看来什么样的干预手段是合适的？他们觉得什么样的干预手段是不恰当的？

6. 利用互联网找到当地一个学区的纪律政策。根据你在本章学到的知识和对教师进行的采访对这一政策作出评价。

活动 12.8：管理网站

1. 在因特网上找出十个提供有用信息的网站，这些网站将有助于你制定四个部分的课堂管理计划。

2. 结合你的同学列出的网站，浏览大意。所有这些网站是否都提供了有关防止管理问题、监督学生行为、应对学生的不良行为，或重建学习环境的信息？

3. 利用互联网收集有关教学的信息，这样做有哪些优缺点？

第十三章 有效教师解决问题的技巧

本章旨在帮助你成功地迎接教学的挑战。在这里，你将了解教师最常遇到的棘手问题。更重要的是，你将学到面临问题时可以采取的解决方法。有了对问题的了解和解决问题的方法，你将更好地为登上讲台做准备。

什么是问题

几乎每个人都会遇到各种问题。如果你认识的某个人从来没遇到过问题，他要么是很走运，要么就是非常有经验。幸运的是，很多问题是你可以避免的，很多问题是可以解决的。不过，我们先来思考一下什么是问题。

问题(problem)一词最简单的定义就是目标和反应之间的冲突。我们需要某件东西或想要达到某个目的，但却无法实现(见图 13－1)。想一想，什么东西是你非常需要或想要却难以得到的。可以是一份称心的兼职工作或暑期工作、一个朋友或一群朋友、更好的生活条件，或参加某项活动的机会。或许你还需要或想要在这门课取得好成绩，来维持或提高你的年级平均成绩，而年级平均成绩反过来又会影响你的实习教学情况，最终决定你是否能取得教师资格。

当我们想要达到一个目标但无法实现时，问题便产生了。

图 13－1 问题的形象化展现

你或许注意到了我们一直在使用**需要**和**想要**这两个词。**需要**是指对你来说必不可少的东西，例如你需要呼吸。相反，**想要**是指拥有的话也不错但对你而言并不是最基本的东西，例如冰激淋就是你想要的东西。你的目标到底是一种需要还是想要，这是非常重要的，因为我们必须实现需要，而没有了想要，我们照样可以生存。追求难以实现的需要或想要，这就构成了问题。差别在于种类和程度的不同。

问题的来源

我们的需要其实来自任何来源。不过,所有的问题都和追求最基本层次的**生理需求**或第二层次的**学习需求**相关(图 13-2)。因此,有些问题源自无法满足我们与生俱来的对食物、水和休息的生理需求。我们经常受到内心的驱使去满足这些基本需求。如果你曾经被剥夺过其中任何一种需求,不管时间多长,你都会知道后果有多严重:我们人体这台"机器"就瘫痪了。

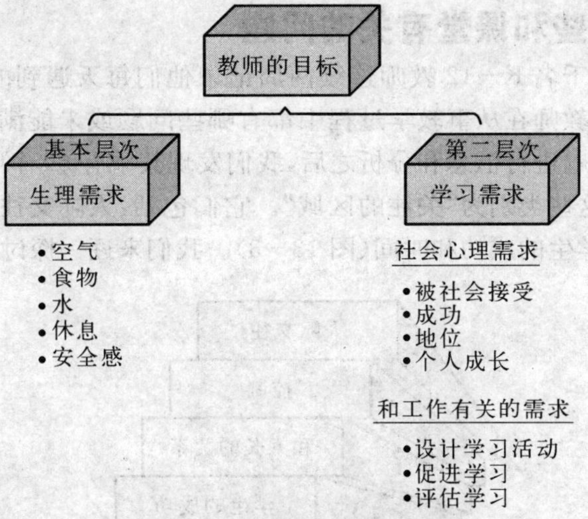

图 13-2 教师的目标和需求的来源

不幸的是,你将看到,很多学生被剥夺了这些基本需求。学生多来自较低社会经济地位(SES)的教师报告说,这些学生经常吃不饱穿不暖,又饥又困地来上课。还有的学生全身冻得发抖,衣服还是湿漉漉的,他们在学校偷吃午饭,在课堂上睡觉。需要提醒的是:此类问题不仅仅发生在来自较低社会经济地位的学生身上,来自较高社会经济地位的学生,其基本需求也可能无法得到满足。

另一方面,我们作为教师存在的一些问题以及学生的问题是由于不能满足第二层次——学习需求而产生的。在成长过程中,我们学会"需要"待人友好,仪表整洁、取得成功,等等。大多数人都希望能取悦他人,也让自己高兴。学习需求不能得到满足的话,我们会觉得自己没有能力、不幸福。我们每个人努力追求第二层次的需求受到挫折时,都会觉得灰心失望。教师们纷纷指出,由于社会和心理需求没有得到满足,学生会产生许多问题。他们用行动来发泄,放弃自我,有时甚至精神崩溃。

我们为了谋生所从事的工作对我们能否满足基本需求和第二层次需求有直接影

响。有的工作使生活更舒适，有的工作使生活更艰难。如果工作能使我们满足自己的需求，就根本不像是一份工作了。在这种情况下，我们会喜欢自己的工作。相反，不能满足需求的工作会让人精疲力竭。教学总的来说是一份不错的工作。它能很好地满足我们的生理需求，尽管有些处于特殊情况下的教师会持反对意见。教学还有可能帮助我们满足学习需求，不过，只有在我们教得好的情况下才会发生。这里顺理成章地出现了学习需求下面的一个分类：我们称之为“和工作有关的”需求。要教得好，我们必须善于设计教学活动、促进学生学习，以及评估学习——这些内容你在本书都已经学到了。教得好的最终结果是我们得到了认可、取得成功，获得个人的满足感。

教师要面对哪些和课堂有关的问题

通过让成百上千名 K－12 教师连续两周记录他们每天遇到的最难解决的问题，我们已经知道这些教师在从事教学过程中都有哪些问题或未能满足的需求。对教师提出的成千上万问题进行汇总和分析之后，我们发现其中有 60 个问题比较常见，可分为五大类，我们称这些类别为“关注的区域”。它们包括：人际交往、控制、和家长的关系以及家庭条件、学生的成功和时间（图 13－3）。我们来逐一探讨。

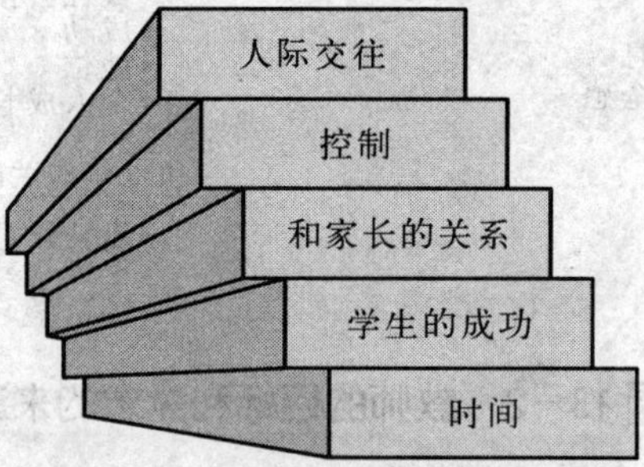

图 13－3 教师的五大关注区域

人际交往

人际交往（affiliation）是指教师需要和学校里的其他人，包括学生、学院同事、工作人员和管理人员等，建立和维持良好的关系。

我们要教师描述他们日常关注的事务时，他们指出了以下和人际交往有关的问题：喜欢某些学生或所有学生、让学生喜欢自己、得到同事和行政部门的合作和支持、和学校里的其他人建立友好关系、信任其他教师，以及被监督时感到紧张。（Beiner，1986；Cruickshank & Associates，1980）

如图 13－2 所示，得到其他人的接受、陪伴和支持是一种非常真实的社会心理需求。在工作中得不到他人支持的教师会觉得孤独、不被重视、没有影响力、孤立，甚至

觉得遭到抛弃。经常产生人际关系问题的教师还反应，他们对教学、对所在的学校都感到不满。(Myers，1980)

那些决定以教书为生的人似乎对人际关系有更为强烈的需求。根据苏伯(Super，2002)的研究，和注册会计师、工程师、律师以及牧师相比，教师更看重四件事情：(1) 和自己喜欢的同事一起工作；(2) 在心情愉快的情况下工作；(3) 得到别人的尊重；(4) 享受工作的稳定性。可见，教师看重的事情里有三件是和人际关系需求直接相关的。同样，霍兰德(Holland，1997)用一种衡量个性类型的工具比较了教师和从事其他行业的人，发现教师在"社会"阶层中名列第一。

由于教师的工作性质，人际关系对我们来说恐怕具有极其重要的地位，而且也更难实现。我们要经常和别人打交道，而且，有时我们要扮演领导的角色，有时又要扮演对手或追随者的角色。几乎没有其他哪种职业会让人同时体验三种人际关系角色。

特雷西(Tracey，1980)为我们提供了教师指出的一些人际关系问题：

● 我有名学生总是在班上骂我。这名学生我已经教了两年，他不尊重老师的行为让我很失望。

● 我们年级的老师每周要开一次会。这次他们的立场又和我不一样。什么都是他们说了算，他们好像根本不把我当回事。

● 我听说校长对我的一个同事说，他觉得我工作不够卖力，应该让我教更多学生、更多班级。可我已经很努力地工作了，真不敢相信他对我评价这么低。

正如你看到的，人际关系问题和我们自身的期望以及学生、同事、管理人员和工作人员的期望有直接关系。我们不能达到他们的期望，以及他们不能达到我们的期望，似乎就是问题产生的根源。人际关系问题还源于我们无法有效地和他人交流。因此，我们需要了解学生、同事、管理人员和工作人员对我们的期望，还必须了解和实践良好的人际沟通技巧，例如对他人的需求敏感，努力满足他人的社会心理需求和与工作相关的需求。

特雷西 (1980)对人际关系作了如下总结：

> 和学生、同事、管理人员的人际关系问题，让许多教师感到头疼。由于人际交流的质量和人际关系的程度会极大地影响个人和职业的满足感，因此找出这些问题的解决方法是很重要的。在处理人际关系问题时，要研究所有涉及人员持有的期望。达不到自己或他人的期望就会引起冲突和挫折……有关[人类]交流的研究为我们提供了有用的信息……
>
> 人际关系对教师而言是一个重要而复杂[的领域]。可以从传播学、社会心理学、心理学和社会学的著作中了解有价值的[相关]信息。人类行为不是一两句话就可以解释的，建立更好的人际关系也没有什么惟一的方法。(108～109 页)

美国教育部在认识到新教师在建立人际关系方面存在问题后，出版了《新教师的生存指南》(*The Survival Guide for New Teachers*, DePaul, 2000)一书。书中，经验丰富的老教师们提出了如何与其他教师、校长和学生家长相处的建议。

控制

控制(control)是指教师需要让学生表现良好或举止得当。教师眼中的得当是指学生应当保持适度的安静，有秩序、有礼貌、诚实，还应当尊敬他人，爱护财物。

教师们指出他们遇到了以下和控制有关的问题：维持秩序；处理不恰当的行为，如骂人和说下流话；控制过激的行为；加强对财物的妥善管理；让学生充分利用闲暇时间；维持学生的注意力；贯彻诚实和尊敬等价值观；排除捣乱的学生；教学生学会自律(Bainer, 1986; 克里克山克及其助手，1980)。

学生举止不得当时，会发生两件事情。首先，师生之间会产生敌对情绪，同样也导致了人际关系问题。第二，学生、同事、管理人员及家长会对教师产生不好的印象，认为他们不能有效地管理课堂。

问题的复杂之处在于，我们认为许多决定从事教育行业的人都不善于控制学生。要知道，我们大多数人都是**以社会为导向的**，我们希望喜欢别人，同时也得到别人的喜爱。事实上，很多教师教室应当是一个"民主"的场所，学生应当被赋予自己做决定，尤其是自己控制自己的权力。更糟糕的是，许多教师根本不知道如何建立和维持秩序。毕竟，他们习惯了循规蹈矩，他们喜欢学习，于是他们以为学生也和自己一样。当学生用调皮捣蛋的方式来消极应对学习，许多教师都感到震惊，感到不知所措。

诺瓦克(Novak, 1980)为我们提供了一些教师讲述的与控制有关的事件：(试试《实践教学手册》第 3 单元中的事件 2、4、10 和 12)

> 德韦尼是我班上一个麻烦不断的学生，他今天又捣乱了。上课时他让坐在他后面的女生为他梳头。到后来他把一个纸团扔给了隔着两排的一个男生，而且他还和周围的同学说话。我觉得是时候让校方插手了。(115 页)

第十二章有关组织、管理和控制课堂的内容可用于解决教师的这第二类问题。诺瓦克(1980)提供了更多帮助，他提出了五条解决控制问题的原则(见表 13-1)。

表 13-1 控制课堂的五大原则

- 只追求真正重要和恰当的课堂目标
- 分析有可能影响问题的因素
- 使用积极的管理技巧
- 谨慎而适当地使用惩罚措施
- 教导学生管理自己的行为

● **只追求真正重要和恰当的课堂目标。**同时确保这些目标都是可以达到的。因此,在你的教学过程中,应当修改或减少过于宏伟的目标。在刚才诺瓦克举的例子中,让德韦尼举止得当是很重要的。然而,这可能需要德韦尼本人和老师付出长期的努力。因此,老师可以修改或减少课堂目标,让德韦尼努力端正行为,以达到较容易实现的目标。老师不应当要求德韦尼立即做到完美无缺,而应当看到他的进步。

● **分析有可能影响问题的因素。**诺瓦克提醒我们,你对问题的来龙去脉了解得越多,你越有可能选择和运用有效的技巧来应对它。因此,他建议大家分析学校任务以及学生完成任务的能力,考虑问题产生之前发生了什么?(是什么引发了事件)考虑问题产生之后发生了什么?(同学们是否被逗得哈哈大笑,惩罚措施是否有效)通过分析德韦尼捣乱的来龙去脉,你可以得出一些能够解释他行为的线索。

● **使用积极的管理技巧。**诺瓦克认为,一旦学生做出不得当的行为,必须让他们学习新的行为模式。这就要求我们告诉学生教师对他们有何期望,并且认可和奖励接下来学生做出的可取行为。

学生必须清楚地知道教师对他们行为的期望,以及这些期望的重要性。如果这些期望不够明确,而你又不将这些期望坚持到底,有的学生会误解你。有的学生需要学习如何做出不同于其他课堂或家中的行为,这些地方经常存在其他行为期望而且学生也已经习惯了那些行为。由于某些社会或情感方面的缺陷,还有的学生可能很难适应你,你也很难适应他们。

诺瓦克对教育那些很难端正行为的学生提出了具体建议。**首先**,他建议在这些学生做出得体举动时要把他们单独挑出来予以表扬。**其次**,只在他们做出可取行为时才予以认可和奖励。不要奖励不可取的行为。**第三**,尽可能地忽视不恰当的行为。不要让自己的注意力或其他学生的注意力被吸引过去。**第四**,确保对可取行为的认可和奖励确实是有效果的。不是所有的学生都会把更高的分数、老师的表扬或布置更难的作业看成对他们的肯定。**最后**,鼓励学生自己参与解决问题。学生也需要了解如何着手解决问题。你可以直接运用第十二章的一些内容来实现诺瓦克的这第三条原则。

● **谨慎而适当地使用惩罚措施。**只运用有效的惩罚措施,只在必要的时候使用,让学生知道那些行为是不恰当的,那些是可取的。

● **教导学生管理自己的行为。**教学生学会自我控制。诺瓦克提出:"自我控制意味着让学生在没有外部控制的情况下做出恰当的行为"(149 页)。当学生知道不恰当的行为和恰当的行为会造成可预测的后果,当他们能够遵守重要的课堂守则,他们就学会了自我控制。这些守则包括"在老师给予指示时一定要认真听",以及"借了东西要归还。"最后,诺瓦克请求所有的教师,"不要过分控制学生,而要合理地控制。要做到这一点很容易,也不会给你和你的学生带来太大压力"(150 页)。

大师级教师(Master Teacher)网站提供了解决 100 多种不良行为的建议。登录这个网站,然后点击"你全都应付得了"(You Can Handle Them All)。

和家长的关系以及学生的家庭条件

我们在第二章了解到，大多数家庭成员和监护人都会对儿童产生重大影响。因此，假如你能让家长积极参与孩子的教育，学生的出勤表现、学习成绩和行为都会得到很大改善(Haynes，Comer，& Hamilton-Lee，1989；Henderson，1987；Baker & Soden，1998)。教师已经认识到家长和其他重要人物在学生生活中所起的重要作用，因此他们想要和这些人维持良好的关系。

教师还认识到学生的家庭条件会影响他们的学习。因此，教师通过了解学生的家庭条件可以获益良多，而且大多数教师都愿意对这些家庭产生积极的影响。

许多参与我们调查的教师反映，他们发现很难和家长建立良好关系、很难了解到学生的家庭条件并对此产生积极影响。具体而言，他们在作出以下努力时会遇到各种问题：改进校内外环境以改善学生的生活条件；使学生远离可能对他们产生不良影响的人或事；改善条件使学生在家中更专心地学习；鼓励家长参与学校事务；召开有价值的家长会议；了解家庭和社区的条件，以及帮助那些对孩子无计可施的家长。(Bainer，1986；Cruickshank & Associates，1980)

梅格(Mager，1980)认为，要和家长建立良好的关系，教师和家长或监护人必须相互支持。在大多数情况下，这意味着教师必须接受和支持家长的价值观和行为，家长也必须作出同样的努力。当然，说起来容易做起来难，尤其是当家庭和学校在价值观及行为上截然不同时。梅格援引了一位教师写的例子："我正在和全班同学讨论他们打架的行为，学生告诉我，他们的父母教他们，谁做了他们不喜欢的事情就打谁。我突然意识到，这是学校的禁止打架政策和家长的不做胆小鬼政策之间的对抗。"(157页)

认为别人缺乏能力，这一看法也会影响良好关系的形成。例如，家长可能会怀疑老师的决策。一位教师这样写道："我接到一位家长的来电，他质问即将开展的实地考察旅行是否有价值。我试图向他解释为什么这次旅行值得一去，可我又担心自己的话不够有说服力(Mager，156页)"。相反，教师也可能质疑家长的能力。"我明白为什么埃伦会有这样的举动。她父母根本就不关心她。"(Mager，157页)

仅仅是因为一些障碍阻止了家长和教师坐在一起沟通，就有可能导致他们之间无法相互支持。教师可能没有时间也没有精力。他们可能认为家长太忙了，或者他们不想让家长"侵犯"他们的领地。另一方面，家长可能因为没有时间或精力而不愿意和老师谈话，他们可能不想侵犯老师的领地，或者认为老师太忙了。此外，家长可能因为学校在自己的儿童时代留下了不愉快的记忆，因而觉得没有安全感，或因为自己的孩子惹了麻烦而感到内疚，从而避免和老师进行沟通。家长和监护人不愿意和老师谈话还可能是因为他们有自己的苦衷或有家庭困难，他们可能不是孩子的亲生父母，或者他们无法用英语流利地交谈。

在讨论教师需要了解学生的家庭和社区条件，教师渴望对此产生积极的影响时，梅格再次指出了一些存在的障碍。首先，控制家庭条件的不是教师，而是家长和监护人。下面的小故事体现了教师在这个问题上遭遇的挫折。“今天，我有个学生第一节上课又迟到了，这是他四个星期来第九次迟到。问题在于他给的大多数理由都是合理的。他的迟到要直接怪罪于他的父母：汽车发动不了，闹钟坏了，妈妈早饭做得晚了，他得照顾弟妹到凌晨两点，等等”。(Mager，161 页)

第二个障碍是，家庭条件甚至连家长自己都控制不了。有的家庭被迫生活在充满暴力、环境恶劣、房屋质量不过关的社区里；有的家长得在没有足够收入和人手不够的情况下抚养子女；有的孩子得靠自己谋生；还有的家长有智力缺陷或受教育程度低。梅格引用了教师讲的另一则故事：“我到一个从乡下转学来的 7 年级学生家里做家访，这个学生学习很差，在社交方面也有困难。家访的目的是征得家长的同意，让他接受测试。我曾接触过很多贫困家庭，但这一家实在是太惨了。他的父母都有严重的智力缺陷，家里还有一个 6 岁的妹妹，也有智力缺陷，从来没上过学。他的父母都没有文化。”(162 页)遗憾的是，单靠家长或教师是无法改变这一现状的。

梅格就帮助教师和家长建立相互支持的关系，改进家庭和社区环境提出了一些建议(见图 13-4)。要实现相互支持，就要增加教师—家长之间交流的频率，提高交流质量。

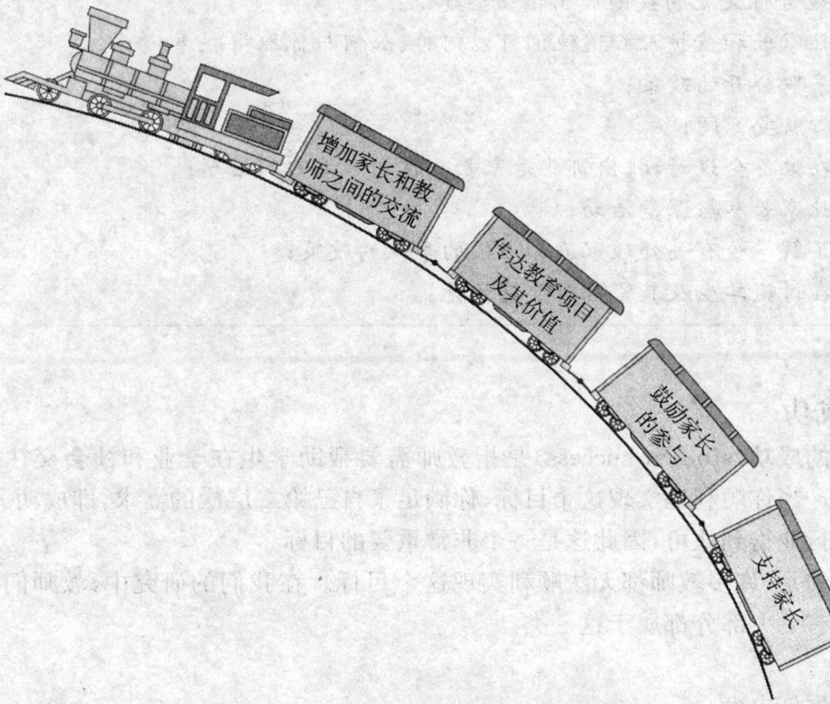

图 13-4 如何让家长坐上教育快车

这种“交流”可以包括定期寄出一份课堂通讯简报，比如每月一次；招募一些家长志愿者；组建一个妈妈或爸爸俱乐部，等等。要提高交流的质量，你需要了解家长对你的期望，也让家长了解你对他们的期望。不愉快的交流通常都起因于不现实的期望。

要实现最佳的家庭和社区条件，至少要采取两个步骤。首先，要认识到，家庭和社区条件与学生的在校经历之间的关系是很复杂的。不要随意地下一些简单的结论，例如，“如果罗伯特从家里搬出来，远离那个社区，肯定能学得更好。”事实可能并非如此。第二，要记住，家长或监护人的本性以及他们和孩子之间交流的质量比家里的物质条件重要得多。家庭和邻里的表面风光不能取代真实的关系。因此，不要“单凭封面来判断书的内容[家庭和社区]。”

要点 13.1 提供了一些建议，帮助你预防和解决同家长之间的分歧。

要点 13.1
预防和解决家长和教师之间的分歧

凯特(Katz)等研究者(1996)就如何营造一个有利于教师和家长及监护人开诚布公地进行交流的氛围提出了一些建议：

- 让家长和监护人知道他们可以何时、如何与你取得联系；
- 采取公开的政策；
- 心胸要开阔；
- 在准备会议时，找出哪些是家长或监护人关心的话题；
- 让家长参与课堂活动；
- 了解学校有关处理家庭和学校的争议的政策；
- 在讨论学生及其家人时要有主见。

学生的成功

学生的成功(student success)是指教师需要帮助学生在学业和社会交往方面都取得成功。当你顺利地实现这个目标，你满足了自己第二层次的需求，即成功、地位以及在教师行业得到认可，因此这是一个非常重要的目标。

遗憾的是，许多教师都无法顺利实现这个目标。在我们的研究中，教师们描述的日常问题有一大部分都属于这一类。

成功问题的种类

教师提出的学生成功问题分为三种：学生的学习兴趣不大，教导有特殊需要的学生，以及教师自身在教学方面的缺点。

和学生学习兴趣不大相关的问题有："我不知道该怎么让学生不缺席，按时来上课；让学生参与课堂；让学生发挥自己的能力；劝说学生重视成绩；帮助学生克服对学校和学习的厌恶情绪。"

和有特殊需要的学生相关的问题有：帮助学生解决个人问题；帮助有特殊生理、社会、情感或智力需求的学生；打消学生对自己的失望情绪；让学生感到他们正在通往成功的路上。

第三种学生成功问题和我们个人教学上的局限性相关，包括制定教学计划，实施教学和评估学生已学的知识等。具体而言，教师指出他们遇到的问题有：制定更具多样化的教学计划，激发学生的兴趣，考虑个体差异，使用不同教学方法，评估学习，提高学生的自我评价，以及使学生不但能在课堂上学习，也能在课外学习。

学生成功的障碍

霍尔顿（Holton，1980）描述了帮助学生取得成功的四大障碍。首先，"有关教学的知识严重不足"（205 页）。尽管我们在第十章了解到，有关如何教学的知识正在逐步积累中，但我们目前所知不过是沧海一粟。如果我们已经拥有了所有真正需要了解的知识，这本书恐怕至少要由五卷组成！

第二个障碍是学生的个体差异。记得吗，第三章全部在讨论学生的多样性。霍尔顿指出，个体差异不是陈词滥调。根据摘得诺贝尔遗传学奖桂冠的 G. W. 比德尔（G. W. Beadle）的统计，如果我们要计算所有可能的人类特征并对其进行排列，具有不同特征的人类个体数目将是 2 的 40 亿次方（即 2×2×2……一共要乘 40 亿个 2）。学生之中存在的差异太大了，教师很难满足每个人的需要。

第三，"学校的很多目标都太含糊，而且不是所有目标都和学生的学习一致。"（205 页）霍尔顿指出，有的人想让学校教"基本知识"，而有的人坚持认为应当"让学生全面发展"。后者会从德、智、体、社会、情感各方面对学生进行教育。还有一些人想让学校教育学生如何改变社会。每种关于教学目标的思想学派都让教师做不同的事情。如果教学目标的定义不明确、不能达成一致意见、目标的特征不明显，教师就无法帮助学生取得成功。

第四，霍尔顿说："教学大于各组成部分之和。"（206 页）这其中自有"奥妙"。或许你非常认真地制定教学计划，但教学仍然惨遭失败；成功与否并没有任何保证。霍尔顿用他所谓的教学中未知甚至不可知的 X 因素来解释这一现象。"我们感觉到 X 的存在，却无法权衡它、测量它，或者抓住它……这个 X 因素就是使成功的课堂大于各部分之和的原因。"（206 页）X 因素就是这样一种独特的才能：知道何时以及如何去做一些该做的事情。

和学生成功有关的教师行为

霍尔顿清楚地表明，教师的很多个人特征和行为都和学生的成功有密切关系。这些特征和行为包括讲课清晰、热情、公事公办、以任务为中心、采用多样化的教学、吸引学生的兴趣、调整要学习的内容以适应学生的能力水平、提供足够的学习时间和机会、帮助学生从受教育的经历中得到最大收获。这些教师特征和行为和第十章、十一章详细讲到的内容非常相似。

时间

缺少时间是摆在教师面前的一个严重问题。根据我们对成千上万名教师的调查，教师没有足够的时间备课、完成计划好的工作、诊断和评价学生的学习。而且，以下因素更是减少了教师的时间：(1) 大班上课；(2) 教师要教的班级数量增加；(3) 越来越侧重考试；(4) 被分配一些非教学任务，如班车、餐厅和操场的监督工作。最后，这些教师还告诉我们，他们必须把大量工作带回家做，以至于没有足够的时间做自己的事。所以，缺少时间似乎成为一个大难题(见研究聚光灯 13.1)。

研究聚光灯 13.1
时间是 K－3 教师最关注的问题

晨星计划(Word and others，1990)试图研究 K－3 教师的班级规模和他自称遇到的问题之间是否有联系。为了做这项研究，研究者让教师们对《教师问题清单》(Cruickshank & Associates，1980)上的 60 个问题进行排名。

两大发现浮出水面。班级人数较多的教师遇到的问题不比人数较少的教师遇到的问题多，问题的麻烦程度也差不多。不考虑班级规模的话，K－3 教师更频繁地遇到和“时间”有关的问题，此类问题也更让他们头疼。60 个问题中，有 3 个问题在发生的频率和让人头疼的程度上一直名列前茅，它们是：第 35 个问题“有足够的时间讲课和诊断学生的学习情况，”第 20 个问题“有足够的备课时间，”和第 5 个问题“有足够的自由时间。”

遗憾的是，整个社会对学校的压力不太可能会减轻，时间也不是商品，想要多少就可以生产多少。几十年来，这种压力反而越来越大——教师们要做的工作没有减少，反而增加了。因此，在有限的时间里，教师的个人需求和事业需求似乎成反比。

阿普盖特(Applegate，1980)认为，既然时间是有限的，我们必须学会更好地利用时间，于是她提出了一系列建议。**首先，了解你自己。**了解你的个人需求和事业需求。

你是否花足够的时间做那些对你的事业和个人十分重要的事情？了解你的最佳工作时间。你习惯上午、下午还是晚上工作？你是否充分利用"最佳时间"来完成你的工作？了解你的睡眠和锻炼需求。你的睡眠时间和锻炼时间是太少了还是太多了？你的生活习惯是否让你萎靡不振？

第二，了解你的目标。有的目标是否相互冲突，导致你工作效果低下？例如，你是否既想当老师又想发大财？此外，你的目标是否脱离实际？能够实现吗？你是否愿意为了实现某些相当遥远的目标狠狠地投资一笔？你是否朝思暮想成为"年度最佳教师"，以至于愿意牺牲一切？

第三，了解你的工作环境。教学的那些方面是你可以控制的，以便更好地利用时间？你能和同事分担教学及其他责任吗？是否有可能减少造成教学时间缩减的干扰？你是否能更有效地利用毫无中断的教学时间？

第四，制定计划。你制定计划的目的是否为了最大化地提高教学效果和获得最多的闲暇时间？你的计划是否将重点放在了你认为最重要的事情上？

第五，学会安排优先顺序，学会说不。决定了什么事情最重要后，如果有其他事情试图挤进日程，你是否会将之拒之门外？阿普盖特指出："当你拒绝这种要求时，你是在肯定自己。"(277 页)

第六，了解你的支持体系。你是否清楚哪些人和材料会对你有帮助？你是否愿意寻求援助并给予他人援助？

第七，集中精神。你是否留出专门的时间和空间让自己集中精神，不受干扰？你是否会自欺欺人，把工作带回家却不认真完成，或者原封不动地带回来？你的工作场所是否整洁，有利于工作？

第八，采取行动。不要拖延。你是否放任自己，逃避工作？你是否因为某些工作没有报酬而将它们推迟？许多教师说他们不喜欢评价学生的学习情况，意思是他们不喜欢批改试卷。这可能就是有的老师迟迟不发还试卷和家庭作业的原因之一。

阿普盖特的最后一条建议是：坚持到底。把要做的事情做完。你做事情是否有始有终，还是做了一半就停下来，既浪费了时间又浪费了精力？

吉本(Gibbon，2002)对城市教师承受的压力种类和程度进行研究后发现，时间管理是最大的压力来源，紧随其后的还有课堂管理和学生的成功，尤其是学生缺乏积极性。《新教师的故事》(*Stories of Beginning Teachers*，Roehig et al.，2002)一书也对教师面临的问题进行了归类。

预防和解决课堂问题

现在我们已经知道，我们需要或想要得到某样东西(目标)但却由于存在一些障碍而无法实现它时，问题就产生了。有些我们渴望得到的东西是我们真正需要的，因为我们的生理健康或社会心理健康都取决于是否拥有这些东西。有的目标虽然也是我们渴望实现的,但并不是真正需要的,我们只是想要得到它们而已。此外,有些需要是和职业有关的,例如知道怎样才能教得更好。你们选了这门课程在很大程度上是因为你们必须学会如何教好课,以便得到教师资格。不过,在我们投身教学的过程中会发生五类问题。这些问题使我们无法像希望的那样顺利开展教学。让我们看看如何预防这些和职业有关的问题产生。

预防课堂问题的产生

如何防止人际关系、控制、和家长的关系、学生成功以及时间等相关方面的问题产生?要尽量避免这些问题,我们必须拥有一些特殊的能力。预防五类问题产生所需的部分能力都列举在表 13-2 中。

表 13-2 教师为预防五个领域的问题所需要的能力

如果你遇到与以下内容相关的问题	那么你必须……
● 人际关系	● 接受、关心和支持他人 ● 易于合作 ● 专业地处理人际关系 ● 了解并使用人际关系技巧 ● 了解并能够达到他人对你的合理期望
● 控制	● 向学生表现出你对他们的学习和行为有合理的期望 ● 认可和奖励达到你的期望的学习表现和行为 ● 让学生监督和控制自己的学习和行为
● 和家长的关系	● 有良好的人际关系技巧(见上面) ● 能够建立相互支持的体系 ● 让家长和监护人都参与学生的教育
● 学生的成功	● 能够吸引并维持学生的兴趣 ● 能够满足大范围的个体差异 ● 在计划和促进学习及评估方面有自己的想法和技巧 ● 具有有效教师的品质和能力
● 时间	● 集中精力做最重要的事情 ● 了解一天中你和学生的最佳工作时间 ● 有计划 ● 和同事分担工作和责任 ● 避免拖拉,要有始有终

或许你已经很幸运地拥有了其中部分能力。很有可能你拥有的能力都和人际关系以及时间管理相关,因为你已经有很多年时间去培养这两种能力。尽可能多地拥有这些能力将使你在任何课堂上都处于令人羡慕的地位。正如俗语所说的,一分预防胜过十分治疗。

解决课堂问题

我们中的许多人,如果有的话,是否能获得表 13-2 中列出的所有能力,这是值得怀疑的。在我们的研究中,只有很少一部分教师声称他们没有任何问题。除非你特别优秀,或者有点健忘,你都会遇到一些阻挠实现教师五大目标的事件。我们可以很肯定地说,教师都会遇到问题,而且教学是一件艰难的工作。该怎么办?显然,摆脱问题的最好方法就是解决它。因此让我们考虑怎么解决问题吧。

只有当你能够放弃目标(需要或想要的东西)或能够更接近目标时(但与此同时也要避免不愉快的后果产生),问题才得到解决。在大量有关解决问题的资料的帮助下,我们形成了一种解决问题的方法,对任何遇到问题的教师都会很有帮助。

解决问题的方法(The Problem-Solving Approach, PSA)

PSA 包括五个阶段,十个步骤。

第一阶段:确认问题及问题的所有者。一开始,首要的任务是明确问题、目标,以及二者的所有者。前三个步骤是:

1. 陈述问题。是什么事情困扰着你?

2. 确定目标。你到底需要什么,或者想要什么,但却没有实现?

3. 确定问题的所有者。问题发生在谁身上?谁需要或想要实现这个目标?显然,如果是你的目标受到了阻碍,这就是你的问题。

第二阶段:价值澄清。一旦问题和问题所有者都得到了明确,第四个步骤是:

4. 衡量目标的价值。你是否真的十分在乎这个目标,想继续追求下去?

第三阶段:分析问题的情形。假设你已经找到了值得追求的目标,现在你就进入了问题分析阶段。本阶段的三个步骤要求你:

5. 确认阻挠你实现目标的障碍。有什么特别的东西阻挡了你目标的实现?

6. 制定排除、克服或回避障碍的策略。

7. 就每一种可能的解决方法,列出它有可能产生的消极后果。记住,顺利实现目标固然是好事,但实现目标的同时可能会给自己或对其他人造成伤害。你有可能会“赢了一场战役,输掉整个战争”。

第四阶段:评价所有解决方法。在第 6 步和第 7 步,你制定了实现目标的策略并分析了可能产生的有害后果。

8. 评价每种解决方法，得出最佳选择。**记住，最佳的解决方法能让你实现目标或更接近目标，同时不会造成不愉快的后果。**

第五阶段：实施和评价最佳解决方法。PSA 的最后两个步骤是：

9. 考虑你将如何实施最佳解决方法。你具体要怎么做？

10. 判断这一解决方法会使你在多大程度上更接近目标，从而减少或解决了你的问题。

即使你不具备所有预防课堂问题产生的必要能力，你也肯定可以学会如何成为更优秀的问题解决者。表 13－3 概括了 PSA 的内容。

表 13－3 解决问题的方法(PSA)

第一阶段：确认问题及问题的所有者

1. 陈述问题。是什么事情困扰着你？
2. 确定目标。你或他人需要或想要得到什么？
3. 确定问题的所有者。是谁需要或想要实现这个目标？

第二阶段：确认目标的价值

4. 衡量目标的价值。思考之后，判断这个目标

   ________有不容置疑的价值；　________几乎没什么价值；
   ________有很大的价值；　________根本没有价值；
   ________有价值但价值大小还有待商讨。

第三阶段：分析问题的情形

5. 确认阻挠实现目标的障碍。
6. 设计实现目标的方法，可以是清除、克服或回避障碍，或想出创造性的解决方法。
7. 列出每一种方法可能引发的后果。

第四阶段：评价提出的解决方法

8. 根据两个原则评价每个可能的解决方法：一是有助于实现目标，二是尽量少造成或不会造成不良后果。

第五阶段：实施和评价最佳解决方法

9. 考虑如何具体实施最佳解决方法。
10. 判断这一最佳方法有多大效果。

形成解决问题的态度

没人喜欢遇到问题，但真正面对问题时，你会作何反应？作何感想？你是否把它看做烦恼的根源，并常常抱怨它？教师休息室就是你发泄的场所。据说许多教师经常站在休息室里互相发牢骚。尽管这样做可能是一种很好的发泄方法，但除此之外并不会有任何其他作用。或者，你是否把问题看做一种挑战？你是否有正确的解决问题态度？如果是的话，你可能根本不会把时间浪费在休息室里，而是努力去解决问题，实现

你的目标。

你对问题的反应显示了你解决问题的态度。和许多教师交谈后，我们发现，那些具有积极解决问题态度的教师都有某些共同特征。

- 有“让我们解决这个问题”的想法。
- 不因为别人无法实现目标而责备他们。
- 接受问题并做出这样的反应：“我遇到了一个问题。我该怎么解决它？”
- 专注于现在和将来，而不是悲叹过去。
- 用以目标为导向、深思熟虑的方法代替本能的、情绪化的方法；他们“拒绝感情用事，而是让理智占上风”。
- 避免草率下结论。
- 寻找新的方法，摆脱旧的习惯，避免显而易见的错误方法。
- 预料到会发生分歧，接受并尊重他人的观点。
- 不依赖于其他人的帮助，而是靠自己的力量实现目标。
- 接受目标的基本实现：“半块面包总比没有面包好。”
- 进一步改进已经令人满意的解决方法，确保这一方法今后还能继续发挥作用。
- 自觉地利用一切可利用的时间去解决问题。

态度不能决定一切，但面对问题时，我们是头脑清醒还是不知所措，态度在其中功不可没。一定要积极。你能成功的。去做吧！

几点思考

教学确实是个挑战。不过，现在你已经知道了五大挑战领域，知道如何理智地解决问题。如果你还想更深入地了解和实践解决问题的方法，我们在许多章节的最后部分都提供了很多问题，还可以参见《实践教学手册》第三单元：“221 教室：模拟教学：解决课堂问题”。

本章小结

- 当我们需要或想要得到某样东西却无法实现时，问题就产生了。
- 问题源自我们无法满足基本的（生理的）或第二层次（学习的）需求。生理需求包括水、空气、食物、休息和安全感。学习需求包括社会心理需求和与工作有关的需求。社会心理需求包括被社会接受、成功、地位和个人成长。与工作有关的需求包括设计、教学和评估学习的能力。
- 教师的问题主要是在追求社会心理需求和与工作有关的需求时产生的。教师普遍提出了大约 60 个问题，可分为五大类：人际关系、控制、与家长的关系/家庭条件、学生的成功及时间问题。许多研究为我们提供了了解每一类问题的理论知识。

● 预防问题的产生和能够解决问题同样重要。具有某些特性和能力的教师有可能会遇到较少问题。采用解决问题方法的教师更有可能解决课堂问题，持有积极解决问题态度的教师也更有可能实现他们的需求。

关键词

问题　　　　人际交往　　　　控制
学生的成功

待讨论的主题和问题

主题

1. 教师的五个目标是合理的吗？
2. 哪个目标是最重要的？
3. 是否应当期望教师独立解决大多数课堂问题？
4. 教师如何成为更好的问题解决者？
5. 教师从哪里能找到有助于他们解决课堂问题的具体教学法？

问题

1.《实践教学手册》第三单元提供了很多课堂问题的实例。

理论付诸实践的活动

活动 13.1：和一位教师讨论课堂问题

假如你正在进行实习，和一位教师谈一谈课堂问题。你可以提出以下问题：

1. 这所学校的大多数教师存在哪些方面的问题？
2. 哪些因素会促进部分教师的工作，而妨碍另一部分教师的工作？
3. 我能做些什么来尽量减少和解决我可能遇到的问题？

活动 13.2：记录一位教师的问题并加以分析

假如你正在进行实习，征求你的教学导师的意见，看是否可以记录一个问题并在他的帮助下加以分析。

1. 在教学导师的帮助下找出这样一个问题：你或教学导师想实现一个目标但难以如愿。

2. 详细记录发生的情况。换句话说，这个问题的具体情况是怎样的？
3. 在导师的帮助下，分析这个问题：
   a. 什么是想要发生但没有发生的？
   b. 这个目标有多重要？
   c. 什么障碍阻挠了目标的实现？
   d. 如何在实现目标的同时将负面结果减少到最低限度？

第十四章 有效教师的反思技巧

这一部分的前四章介绍了有效教师的特征和技巧等重要信息。尽管其中有些品质是众所周知的，但人们可能并不熟悉有效教学的一个重要环节，即在教学行为之后对其进行反思。**反思**(reflection)能使我们吸取经验教训。它是通过思考教学的个人、教育、社会和道德等各个层面，用批判的眼光研究和改进教学实践的一个动态过程(Han, 1995)。反思能使教师描述和思考他们做的事情，预期并解决课堂问题，体验持久的职业进步和个人成长。

研究表明，反思和有效教学，尤其是教学行为、课堂组织和教师的期望有密切关系(Giovannelli, 2003)。对于新教师来说，反思尤为重要。他们经常对即将遇到的问题抱有不切实际的看法，认为自己已经拥有成为有效教师所需的全部知识和技巧(Brookhart & Freeman, 1992)。本章重点讲述反思的过程，它将帮助你认识到对教学进行反思的重要性。此外，还将建议一些提高你的反思能力的方法。

两位实习教师的故事

让我们来观察两间教室，看看两位实习教师对相同内容的数学课作何反应。在他们的课上，两位实习教师都把学生分为三人一组，每组学生要把各种形状和颜色的塑料积木根据某一标准堆成不同的集合，描述每一堆积木的特点，思考这些积木可以排列出多少种不同集合。整节课，学生都非常积极，也很兴奋。时间不知不觉地就过去了，两名实习教师各自宣布下课，让学生去吃午饭。

这堂数学课后，实习教师甲感到很自豪："课上得太棒了！学生们都非常喜欢。我希望导师已经观察到了这一点！我使用了操作法和分组法，正是教育课上老师教给我们的方法。"

教室里却是一片狼藉！课桌上，塑料积木堆得到处都是，地上也散落了一些。"现在我得动手收拾了。到处是积木！"

捡起地上的积木时，她想起了学生。"我希望他们已经知道什么是集合了。他们得为下周二的考试做准备了，上次考试考得可都不太好。"她担心学生们是否为接下来学习更难的数学概念做好了准备。

15 分钟后，她向教师餐厅走去，一边走一边叹气。“又上完一课了。这个学期过得可真快！评分阶段都快接近尾声了，我的实习期也快结束了。我总算幸存下来了！”

上完同样的课后，实习教师乙则有完全不同的反应。同样，她也为课程进展顺利、学生热情参与而高兴。但她却想到了其他问题：“为什么课程进行得如此顺利？什么因素在起作用？我猜，可能是使用了操作法的缘故。这让学生学习起来乐在其中。而小组学习呢——他们好像一直很喜欢这种方法，或者说大多数学生喜欢分成小组学习。今天我注意到有的学生比较安静，有点儿迷惑，似乎孤立于小组的其他成员。他们也没有参加排列积木的活动。我怀疑他们是不是只通过观看来学习，或者他们的心思根本没在学习上。”

这让她开始考虑自己是否使用了正确的教学方法。“让学生用操作法进行独立学习，会不会比小组学习更有效？这样的话我可以在教室里巡视，防止有的学生开小差。我本该让他们对自己的学习负责任的。我当初为什么决定要把他们分组呢？是因为我在大学课堂里学到要这样做，还是分组学习的确更适合这个班的学生？不对，我觉得正是因为他们和其他小组成员合作了，才能想到更多的集合和组合。我觉得我的选择是正确的。”

她的教室同样一塌糊涂。“看看这一团糟糕的样子！”收拾积木时，她想：“我怎样才能节省时间让学生来收拾教室呢？下次，我要从每个小组抽一名同学打扫教室，还要在离下课五分钟时提醒大家。”

实习教师乙也想到了学生的学习情况。“我不知道他们学了这堂课是不是真的明白了集合的概念。泰勒似乎听懂了，因为他的眼睛突然亮了一下！安德烈似乎还有疑问。他还需要多做练习；明天我可以辅导他。据我观察，大多数学生都明白了集合的概念以及集合之间的关系。”

15 分钟后，教师乙走向教师餐厅，叹了口气。“不过，这堂课让我感觉好极了，”她还在想，“学生的热情让我上起课来更轻松！下一次我得留出点时间让他们打扫卫生。我还要更密切地监督每个组里的学生，确保每个学生都参与课堂。以后还要学更难的数学概念呢，现在可不是偷懒的时候！”

这两位教师的反应有什么共同之处？有什么不同之处？两人上课都很成功，都激发了学生的积极性，没有遇到太多问题。教师甲为此感到欢欣鼓舞。她认为自己已经尽到了好老师的职责，她的教学是有效的。因此，今后上课时她很可能会采用同样的教学方法。

相反，教师乙对课堂上的教学作了深入的思考。她想：“我做的事情正确吗？方法正确吗？我为什么要这样做？”通过提出许多挑战自我的问题，她对教学进行了反思。她分析了和这堂课相关的决定，评价了自己对课堂的满意程度。而且，她根据自己对这些问题的回答来对自己的教学行为作出调整。反思的结果是，她今后上课的效果很可能要比这次还要好。

虽然两位实习教师都是好教师，但教师乙更出色。她是一位反思型教学者；她已经形成了很好的思考习惯，这将使她在日益复杂的课堂环境下不断完善职业技能，成为一名更加睿智的教师。

反思型教学者的特征

反思型教学者，如实习教师乙，都具备一些共同特征。他们善于思考、思想开放、负责任、真心实意；他们都喜欢打破砂锅问到底。让我们更具体地研究这些品质。

首先，反思型教学者经常有意识地**思考**或反思教学。还记得吧，教师乙反思了她课堂教学的很多方面。反思帮助你对教学作出理智的决策，帮助你承担这些决策在课堂上产生的后果。

反思型教学者都**思想开放**(Dewey，1933)。他们都愿意质疑自己对教学实践和校园文化的观点和反应。教师乙质疑自己在数学课上将学生分成小组的做法是否明智，这显示了她的思想开放。思想开放的教师从多角度看待问题，寻找解释课堂事件的其他途径，用证据来支持或评价一个决定或立场。

反思型教学者都很**负责任**(Dewey，1933)。教师乙对自己的教学决策承担了责任。她决定用小组学习的方法来教学生集合的概念，结果有的学生脱离了小组，没有参与学习活动。教师乙没有忽视这些学生，而是主动承担责任，决定第二天在课堂上辅导安德烈。此外，她还承担了时间不够用的责任，决定在时间有限的数学课上更高效地开展教学。因此，反思型教学者思考他们在教学风格、学习环境和校园文化等方面作出的决定和变化，并接受这些决定和变化带来的后果。

此外，反思型教学者在密切调查自己的教学情况时显得非常**真心实意**(Dewey，1933)。他们把反思看做一件严肃认真的事。反思帮助他们更好地了解自己作为教师的职责，以及如何更加有效地开展教学，因此这种反思是有目的的，令人兴奋的。在刚才两位实习教师身上，这种思考上的差异体现得非常明显。教师甲的课后思考是随意的、没有重点，教师乙则对学生得到的学习体验的各个方面进行了热切的探索。她没有单纯地接受这样一个事实，即学生喜欢她采用的教学方法。她想知道为什么这种教学方法能取得成功。而且，她还认真地思考个别学生学完这堂课的情况。古德曼(Goodman，1984)指出，这种真心实意的态度能使你在质疑自己的教学、信仰，以及你在学校环境和社会中目睹的教育价值时，排除一切恐惧心理。

总而言之，我们说**探究的精神**是反思型教师的特点。反思型教师对教学的细微之处深感兴趣。他们想要尽一切可能学习从理论到实践的所有教学知识。他们深入思考自己所学内容，并思考如何用这些知识影响自己的教学。例如，教师乙认为将学生分成小组能让他们学到更多有关集合的知识，就是利用了在大学课堂上学到的一条理论。善于探究的教师通过研究教学、观察其他教师，以及分析和反思其他人的教学实践，学到更多知识(Schon，1990)。通过实践和分析自己的教学技巧，他们还将继续学到有用的知识。(Cruickshank，1987)

由于反思的特有的本质和每位教师反思的独特性，反思型教学也被称为**以探究为导向的教学**(inquiry-oriented teaching, Wellington, 1991)。这一探究的过程使教师成为"教学的学生"(Dewey, 1904)。杜威认为，要成为合格的教师，学会思考你的教学工作比掌握具体的教学技巧和课堂管理技巧要重要得多。

如何区分哪些教师是教学的学生？简而言之，这些人探究并分析自己的教学行为以及其他人的教学行为。他们对教学的尖端领域十分感兴趣，想要学习一切有关教学的知识。他们思想开放，乐于思考自己为什么这样开展教学。他们承担自己的教学后果。他们思考自己的教学，并根据思考的结果提高教学效果。

对教学进行反思的益处

对教学进行反思听起来好像要做很多工作，但和你一样为成为教师做准备的人反映，他们重视反思，并且从中受益匪浅(Richert, 1990)。反思既会给你带来短期的直接的好处，也会带来长期的好处。即使是现在，反思也能增强你学习教学知识的效果，提高你分析课堂事件的能力。今后，等你正式成为教师时，反思可以使你的课堂教学更丰富多彩，能使你自我监督，促进你的个人成长和职业发展。

在你为成为教师做准备阶段，反思的最大益处或许就是能够**促进你学习教学知识**。根据学习心理学家的研究，反思的能力对你学习教学知识起重要作用(Han, 1995; Jadallah, 1996)。要从课程论文、实习经历或在校经历中尽可能学到更多知识，你需要分四步走：首先，你必须有丰富的学习经历，比如为你的教学导师批改家庭作业。第二，你必须有机会通过回忆和评价这些经历对其进行反思。因此，批改完作业后，你可以回顾成绩的分布情况，考虑作业的性质以及学生通过做作业学到了什么，甚至思考为什么老师要给学生布置家庭作业。你可以总结出，好的学生家庭作业完成得不错，但较差的学生做得不好。因此，你可能会认为家庭作业必须个人化，让所有学生都得到有意义的学习体验。

学习过程的第三步是将反思结果和你已知的、信奉的教学知识融会贯通。这能让你认可新的做事方法、解决问题的方法或澄清事件的方法。最后，你必须积极地进行实践，将你洞察的知识运用于实践，来作出决策和解决问题(Boud, Keogh, & Walker, 1985)。批改和反思家庭作业的体验会澄清你对家庭作业的看法。因此，你可能会开始考虑用第九章讨论的真实评估策略(例如使用教学档案)来评价学生的学习。

这个家庭作业的例子想说明，要增加对教学知识的理解，最好的方法之一是加强学习经历和随后的反思之间的联系；即在学习了教师预备项目之后花时间对其进行反思。(Boud, Keogh, & Walker, 1985; Emery, 1996)

对教学进行反思的第二个益处，也是你现在就可以开始感受到的益处，是反思能**提高分析和理解课堂事件的能力**。也就是说，反思使你更加深思熟虑，更加明智。

(Cruickshank, 1987; Fien, 1996)利斯坦(Liston)和泽切勒(Zeichner,1987)认为,预备教师往往用广角镜头观察课堂,而不是用微距镜头进行观察。或许你也有过类似体验:坐在教室一个角落里,从表面上观察一切,没有重点。为了防止学生开小差,教师可能用了很多提示和非语言停顿,可你不注意分析和理解,因此在你看来学生们可能表现都不错(见第十二章)。

由于预备教师并不总能理解他们观察到的教学情况,罗斯(Ross,1987)发现,有半数人仍然凭直觉来决定自己将如何开展教学,其余人则根据逻辑或证据来做决定。此外,大多数预备教师无法区分相互对立的教学方法,例如直接指导和探索学习。他们往往坚持使用自己认为有效的一种教学方法,例如探索学习,而不去分析面对不同学生和不同教学任务时,这一方法何时、如何能取得最佳效果。

反思能使你不仅仅简单地观察课堂事件,而是去研究和分析事件。像实习教师乙这样的反思型教师更能向自己提出有关教学的基础问题。在思考自己的教学和其他人的教学时,他们善于分析,而不是武断下结论。反思引导教师思考他们的教学实践潜在的假设和暗示,以及这些教学实践对学生的学习产生怎样的影响(Cruickshank, 1987; Han, 1995)。简言之,反思型教师通晓教与学的一切。比起用没调好焦距的广角镜头观察课堂的同伴们,通过进行反思来练习分析课堂事件的预备教师在面临课堂教学时会坦然自若得多。(Cruickshank, Kennedy, Williams, Holton, & Fay, 1981)

反思的第三个益处是能**使你的课堂教学更丰富多彩**,帮助你营造一个吸引人的、可预测的、经过深思熟虑的课堂环境。这是因为反思型教师能更好地将课堂所学知识运用于教学实践(Cruickshank, 1987)。反思对你和你的学生都有好处。成百上千名接受调查的教师和管理人员,在被问到较高层次的思考(包括反思)会给个人和职业带来何种好处时,都支持这一观点。他们认为,具有出色思考能力和思考习惯的教师通常更容易接受他人、更能体会他人的感受、更敏感、更宽容、更灵活、更聪明、更理性、更客观、更机警、更有创造力、思想更开放、知识更丰富、消息更灵通,对自己的了解更全面(Cruickshank, 1986)。在第十二章,我们讨论了为什么这类教师的态度和教学方法对营造有吸引力的、可预测的课堂环境是至关重要的。因为在这样的课堂上,学生有安全感、觉得受到尊重、能自由探索和学习知识。

遗憾的是,很多教师不是依赖于反思,而是通过反复试验来创建自己的课堂环境。杜威(1916)认为反复试验和反思是教师使用的两大方法。对于反复试验,他作了如下评论:

> 很简单,我们先去做一件事,失败了,就试试其他方法,再失败,再尝试,直到偶然发现奏效的方法。接着在后来的活动中就把这种方法当成了金科玉律。(169页)

使用反复试验的方法会使课堂变成一个随意、不可预测的环境,会让学生觉得不安、受到威胁。相比之下，如果教师始终如一地使用反思来做决定，学生感受到的是一个可预测的、吸引人的课堂环境，从而激发他们学习的欲望。此外，当反思型教师向学生示范思考和解决问题技巧时，学生也开始思考并且使用这些技巧来解决自己的问题(Martin，1984)。如果学生对可预测的、经过深思熟虑的课堂有所回应，你就一定能使课堂教学更加丰富多彩！

反思的第四个益处是有助于使用反思技巧的教师实行**自我监督**。要为教学生涯中遇到的任何情况做好准备，这是不可能的。而且，不幸的是，在教学生涯的大部分时间里，你得不到任何有关教学优缺点的反馈。然而，通过分析和反思自己的教学，你可以评估你的需求，监督你的教学表现和满意程度。在反思期间，教师通过研究自己来学到新的东西，这就帮助他们加深对自我的了解(Cruickshank，1987)。反思帮助教师更清楚地了解本质上他们是谁，以及在教学世界他们又是谁(Schon，1995)。通过从教学经历中领会个人的意义，他们引导自己更好地实现教学和职业目标。(Cruickshank，1987)

不善于内省和自我监督的教师在工作中往往受惯例、传统和权威的束缚。(Dewey，1916)他们错过了反思的第五个益处，**个人和职业的彻底转变**(图 14－1)。史密斯(Smyth，1989)认为，反思导致教师的“能力螺旋式上升”，这是它最大的益处，也是教师必不可少的特征之一。正如我们在第一章学到的，一个人对教学、学习以及学校目的的看法极大地影响着他对教学经历的理解。不能简单地接受这些信念和价值观，而必须对其进行仔细研究。

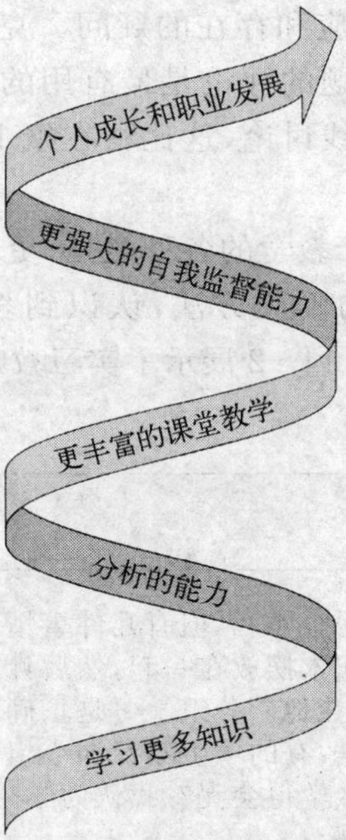

图 14－1　反思的直接益处和长期益处

换句话说，虽然反思帮助教师更有效地开展教学，但这只是一个开始。反思应当超越这个层次，达到对个人和社会的信念和价值观，包括社会公正提出质疑的境界(Fendler, 2003)。这种高层次的反思行为能使教师更好地了解教师和学校在解决社会问题中所起的作用。通过让教师从更深层次去研究教育领域有关道德、公正的事件，反思能促使他们重新设计和改造整个教育世界。

培养反思的能力

要满足当今复杂的课堂的需求，你必须愿意而且能够对课堂事件进行反思。你作为教师的职业发展和满足感也将部分地和这种能力相关联。

那么，如何培养反思的能力？人们建议并尝试过许多种方法。下面向你介绍其中最有成效的五种。

对话日志

记录一次课堂经历能帮助你培养反思能力，因为这样做能使你回顾并重现课堂事件，获得对这些事件的全新看法(Tremmel, 1993; Wallace, 1996)。一本**对话日志**(dialogue journal)则在此基础上更进一步，能够提供人们对该事件以及对你的看法的反馈。在对话日志里，你要记录连续的对话，表达对自己作为教师的角色、责任和教学实践等的想法、问题和疑问。同事、教学导师或大学老师会定期回复你的记录，和你分享他们的想法、反应和存在的疑问。克罗尔(Krol,1996)发现，那些激发你重新研究或更深入思考问题的评论是最有用的。电子对话日志是在一个安全的聊天室或公告版里展开的在线讨论，这比写在纸上的对话日志更便于大家交流，而且往往更及时。

对话日志能帮助你听取关于教学的各种意见，更灵活、更成熟地思考问题。它还能帮助你发现处理课堂事件的不同方法，认识到教师的行为对学生造成的影响(Bolin, 1988; Krol, 1996)。图 14-2 展示了实习教师乙在教完集合概念的数学课后在一本对话日志里的评论。

实习教师乙的评论

今天的数学课学集合，课进行得很顺利，但有几件事情让我感到棘手。我把学生分成了三人一组，让他们把相似特征的积木摆放在一起，然后计算并描述这些集合。他们辨认出了很多集合，这让我很高兴，觉得让他们分组学习是正确的……我觉得比全班一起学习效果要好。不过，让我烦恼的事情是，有的学生不参加小组活动。大概有五名学生脱离了小组……如果他们不参加活动，怎么学得会呢？我认为学生应该更积极地参与小组活动，而不是更少！

续 图

合作教师的评论
你的课上得真不错！教学目标很明确，而且也向学生清楚地传达了这些目标，他们都确切地知道自己在小组里该做些什么。 关于学生在小组中的参与程度这件事，我觉得你对自己太苛刻了一点。因为我一直在观察，所以我可以更近距离地看到每个学生在做什么。在我看来，那些似乎没有参与活动的学生其实只不过是比组里更外向的学生参与得少了一点。比如，西蒙看上去似乎心不在焉的，但要知道他是一个非常善于思考的学生。他总是三思而后行！如果你担心的是分组问题，试着回忆一下你是怎么分组的？学生的个性相同吗？他们的能力水平是否不一样？是否有性别或种族方面的考虑？再想想让所有学生参与小组活动的其他方法。不要放弃……小组教学很有挑战性，但也很有效！
实习教师乙的评论
我从来都没料到给学生分组是这么复杂的事情！竟然会影响到课堂教学！这次课上我是随意分组的。他们看上去关系都很融洽，所以我从来没想到有的人分成小组后不能很好地合作。你能透露给我一些你掌握的“内幕消息”吗？告诉我哪些学生不能分到一起，这样我下次分组时就会更小心了！
教学导师的评论
我明天 3:30 有一个会议，但我们可以放学后抽 15 分钟见个面，讨论一下我“洞察”到的信息。我还有一些来自一个合作学习社团的笔记，你可能会有兴趣读一读。继续努力吧！

图 14-2 实习教师乙的对话日志评论实例

讨论

另一个有意义的方法是讨论你在预备成为教师的过程中的教学经历。假如讨论不是随意的，而是有重点、有目的的，就可以帮助你进行较高层次的思考，甚至导致你发生态度的转变。(Cruickshank，1986，1991；Jadallah，1996)

有的研究者发现，由于你能从同伴那里得到反馈，因此讨论是比记录更有效的一种反思方法(Emery，1996；Jadallah，1996；Pultorak，1996)。在线讨论可以提供及时的反馈，而且让人们摆脱了要在一个教室里开展讨论的空间局限，这种方法更有效。萧恩(Schon，1995)和埃默里(Emery，1996)认为，讨论你的课堂经历，尤其是你在教学中尝试的方法和策略，是最有效的。然而，要真正做到具有反思性，讨论的核心应当是关键的自我反思，我们在史密斯 (1989)提出的讨论步骤基础上进行了修改，将讨论分为以下四个步骤：

1. 通过详细说明一节具体的课或一次课堂事件，**描述**你做了些什么。
2. **告知**你自己及其他人这次课堂事件隐含的内容。这次事件意味着什么？这次事件或教学行为体现了什么原则或理论?

3. **核查**你对前一步骤中确认的教学理论、学习理论和社会理论的了解。自问:我为什么选择这一教学策略?什么原因让我运用这条理论?我的教学实践能满足什么样的利益和目标?

4. 问问自己:你本可以用什么不同的方法处理这次课堂事件?用口述的方法**再现**课堂事件。在这一步,重要的是你将教学理论和学习理论运用到这次具体课堂事件或学校情境中时,要完善对这些理论的理解,同时使你的教学实践更符合这些理论。

或许你可以从实习教师乙对她的数学课的反思中辨认出这些步骤。实习教师甲没有完成哪些步骤?

教学档案

虽然教学档案可以用来收集教学**物件**(artifacts)或有助于求职面试,但如今越来越多地用于促进教师进行反思。**教学档案**(portfolio)为你提供了宝贵机会,让你记录和描述你的教学情况、将记录下来的信息和你已知的教学知识联系起来,让你反思自己为何以这种方式开展教学(Loughran & Corrigan, 1995; Wolf, Whinery, & Hagerty, 1995; Zubizarreta, 1994)。预备教师认为,教学档案是他们反思教学的另一种补充方法。对话日志和讨论帮助他们思考课堂里每天发生的事件,教学档案则能使他们从更广阔的角度回顾理论、实习体验和教学带来的挑战(Borko, Michalec, Timmons, & Siddle, 1997)。如今越来越多的预备教师使用电子教学档案(请参考这个网站:教将来的教师学会运用技术 Preparing Tomorrow's Teachers to Use Technology)对教学进行反思。

组建教学档案,不管是纸质的还是电子版的,都需要三个过程:收集、挑选和深思。例如,你的教学导师可能要求你组建一份档案,来表明你已经意识到并正在关注班上有特殊需要的学生。你立刻想到了一个有视力缺陷的学生安波。于是你开始**收集**一些物件,如记录有她体检情况的登记表;一份座位图,上面标明在对全班同学进行讲课时你安排安波坐在什么位置;体现根据安波的情况有所修改的课程计划实例、作业内容以及活动。接下来,你**挑选**两件到三件最能说明你关注安波的学习需要的物件。最后,**思考**安波的实际情况,思考你了解哪些教学知识可以帮助你有效地教导有特殊需求的学生,思考哪些物件能表明你对安波付出的努力。在这份书面的反思总结中,你分析了自己的教学情况,这是教学档案最重要的一部分。

行动研究

行动研究(action research)是指进行课堂研究来解答有关教学和学习的疑问的过

程，调查对象是在一个特定环境下的一批特定的学生(McKay，1992)。传统研究要求你钻研书本和杂志，寻找信息和解决方法，与此不同的是，行动研究则是在学校里发生的。教师们用行动研究的方法来帮助自己更好地理解教学，解决和学习相关的问题。在行动研究中，教师先确定一个和课堂有关的问题，设计如何从课堂上收集和该问题有关的信息，然后收集这些信息，以便更深入地了解被研究的现象(Eisner，1985；Jenkins，2003)。通过反思收集到的信息，教师增加了他对该事件的理解，并能够提出行动的方向。行动研究已经日益成为教师职业发展的主要形式，对学校的改革起着核心作用(Holly，1991)。

你可以在实习期间进行行动研究，遵循计划、行动、观察和反思这样一个研究周期(Kemmis & McTaggart，1995)。例如，你计划研究一个叫詹尼弗的学习成绩较差的学生。你想知道为什么詹尼弗不努力发挥她的潜力。为了找出原因，你和教学导师设计了一个行动计划：让詹尼弗当她所在阅读小组的组长。要看看她是否更有学习积极性，整堂阅读课你都观察她，每隔几分钟记录她是否专心，是否参与完成学习任务。你还可以采访詹尼弗，问问她对学校、教师和其他学科有什么看法。通过进行谈话和调查她的家庭情况记录，你可以了解她的家庭生活：她父母是否支持教育，是否为她提供了一个安静的学习场所，以及哪些文化因素能解释她积极性不高的理由。所有这些资源应当有利于你分析詹尼弗的学习和行为。认真思考后，你便可以总结出詹尼弗在学校表现不好的原因了，并想出帮助她的办法。

用这个方法开展行动研究的话，你的实习经历会更加有意义，你的反思能力也得到了提高，这对你的职业发展是很有利的。项目支持(Project Site Support)这个网站将带领你温习行动研究的各个步骤。今后，在你教自己的学生时，行动研究能帮助你解开你所在学校的一些独特教学“谜团”。研究聚光灯 14.1 向你展示了教师用四个步骤开展行动研究的例子，《教育行动研究》(*Educational Action Research*)杂志的网站上也有类似的例子。

研究聚光灯 14.1
行动研究的例子

佛罗里达州 Tallahassee 中学教师帕特丽夏·J. 狄克逊认为自己在鼓励学生积极参与自然科学课的学习。可学生的反应并不像她预期的那样。他们不愿意提出问题，作出假设，或参加讨论。她想知道问题是不是出在自己的非语言交流上，于是她决定用行动研究来找出原因。

狄克逊女士选定了一个 23 人的班级，对其进行了为期 5 天的录制。她又让学生回答 5 个问题，来了解他们对她的非语言行为的看法，并记录这些回答。当她分析录像带和学生的回答时，发现了一些令人震惊的事情！这次行动研究帮助她更注意自己对学生说话的内容，更重要的是，自己是怎么说的。

● 当她站立着，举起双手或手心朝上时，学生更坦诚、更愿意回答问题。

● 当她把手放在臀部，学生的参与就少了。但手放在兜里或者放在身后会使气氛比较随意，能鼓励学生回答问题。

● 说的话和非语言行为不匹配时，学生感到困惑。

● 点头，尤其是同时哈哈大笑或脸上还带着微笑，能鼓励学生回答问题。

● 靠近学生能鼓励学生回答问题。不过，比身体距离更重要的是，让学生感到她在认真听他们回答问题，而不是注意力分散到批改试卷、看时间或看资料等事情上。

● 眼神的交流让学生感到她正在倾听。

● 学生更喜欢平稳的、一致的语调，这样让他们有安全感。

来源：P. J. Dixon，《在一个中学课堂上鼓励学生参与》(*Encouraging Participation In a Middle Sschool Classroom*)，[在线] www. enc. org/professional/research/journal/science

在校实验教学

实验教学(laboratory experience)是指在校园里而非真实的课堂环境下对少数学生开展设计好的教学活动。一部分在校实验教学，例如《实践教学手册》第一单元讨论的微格教学，旨在帮助你练习和培养基本教学技巧。还有一些实验教学，如第三单元讨论的模拟教学，则供你练习解决让人烦恼的课堂问题。

第二单元讨论了**反思型教学**(reflective teaching)，这是一个特意为预备教师和在职教师设计的教学项目，旨在帮助他们成为更善于思考的教师(Cruickshank，1991)。反思型教学让你在一个支持性的环境下体验教学，并在此基础上进行反思。在这种教学模式中，你要在较短时间内对少数学生进行讲课，自选讲课内容、要有具体教学目标，从而完成教学周期的各个阶段(设计、实施、评估和反思)。反思型教学的目的是通过小组讨论和大班讨论，促进你对教学过程和学习过程进行分析和思考。

对反思型教学的有效性进行的研究表明，预备教师都很喜欢种模式，其反馈及时而且没有威胁性，从中他们获益良多(Bainer & Cantrell，1992；Peters，1980)。更重要的是，研究表明，反思型教学项目可以使你成为一名更善于反思的教师。参与了这个项目的预备教师对教学的思考更深入、观点更尖锐(Cruickshank，et al.，1981)。特罗耶(Troyer，1988)发现，假如预备教师得知反思的本质和重要性(正如你读了本章也对此有了了解)，他们在分析课堂教学情形时会更加深思熟虑。

要点 14.1
预备教师都思考些什么

《实践教学手册》第二单元讲到的反思教学项目能帮助包括你在内的预备教师对教学进行反思。但预备教师在参加了反思教学活动后都思考些什么?

两位教授让学生在论文里汇报他们的思想。学生要重点思考他们学到的教学知识和学习知识,以及参加了反思教学项目后对自己作为教师有何认识。这些论文让我们深入了解了预备教师思考的内容。

- 几乎一半的思考都集中在教学的实施阶段。具体而言,预备教师思考了教学手段、灵活性、教学过程中的姿态(讲话清晰、建立目光交流等),以及师生的态度对教学的影响。
- 约五分之一的思考是关于教学的计划阶段。预备教师思考了制定教学计划的重要性和所花时间、清晰的教学目标和讲课成功之间的关系,以及上课前熟悉讲课内容的重要性。
- 有些思考集中于个人教学风格和优点、需要等。预备教师意识到他们需要了解更多有关把握课堂节奏、强化组织技巧的知识,以及耐心、热情、自信等特征的知识。
- 预备教师偶尔也思考评估的问题。他们看到了目标、课堂实施及学生进步之间的关系。有人提出,"标准化考试"帮助教师把重点放在提高学生的学习上,但有可能使教师忽视了其他值得注意的学习目标。

不管反思教学项目是针对认知领域、动作技能领域还是情感领域,反思的内容基本上都是一样的。然而,在上完针对认知领域的课后,预备教师往往更多地思考教学方法,在上完较高认知层次的课后则思考如何调整课堂内容以满足个别学生的需要。而只有在上完针对情感领域的课后,预备教师才会思考个人对教学产生的价值。

来源:D. L. Bainer & D. Cantrell,《对论文内容的分析:预备教师的九大反思主题》(*Nine Dominant Reflection Themes Identified for Preservice Teachers by a Content Analysis of Essays*),《教育》(*Education*),112(4),571~578。D. L. Bainer & D. Cantrell,《教学领域和反思内容之间的关系》(*The Relationship Between Instructional Domain and the Content of Reflection*),《教师教育季刊》(*Teacher Education Quarterly*),20(4),65~76,1993。

几点思考

的确,教学是一项复杂的活动。但如果你能培养思考自己的教学及其他人的教学的能力，仍然有可能成为一名有效的教师。希望你参与的教学预备项目及合作教师能帮助你反思自己的教学及你观察到的教学。此外，如果你能采取具体措施形成对反思的积极观点，肯定能获益匪浅。只要你认真反思，把它当成生活中不可或缺的一部分，你的学习和教学就能得到促进。

本章小结

- 教学是一项复杂的活动，需要教师反思自己做的事情。
- 好教师通过对教学进行反思能使教学更有效。
- 反思型教学者具有一些共同特征。
  1. 他们定期、有目的地思考教学。
  2. 他们思想开放，能够质疑自己的观点和对教学实践的反应。
  3. 他们对自己在学习环境中的决策造成的后果承担责任。
  4. 他们充满热情，迫切地寻找促进教学的方法。
  5. 通过探究和教学、学习相关的理论和实践，他们成为"教学的学生"。
- 反思给预备教师带来直接益处和长期益处。
  1. 反思学习经历能促进学习。
  2. 反思提高了分析和理解课堂事件的能力。
  3. 反思帮助教师营造了一个有吸引力的、可预测的、考虑周到的学习环境，从而更加丰富了课堂生活。
  4. 反思型教师能够自我监督，即他们能够指导个人成长的方向。
  5. 反思促进个人成长和职业发展，赋予教师重新设计教学和改变校园文化的力量。
- 教师可以通过很多方法培养反思技巧。
  1. 通过对话日志进行的交流能帮助你吸收多方观点，形成灵活、成熟的教学思路。
  2. 有重点有目的的讨论能培养较高层次的思考技巧，促进态度的转变。
  3. 教学档案是对其他方法的补充，帮助你以更广阔的视角反思教学。
  4. 行动研究是反思教学、解决和学习相关的问题的现场教学方法，能够促进反思技巧的培养。
  5. 在校园里一个支持性环境下开展的教学活动，如反思型教学，能促进反思技巧的培养。

关键词

反思	以探究为导向的教学	对话日志
物件	教学档案	行动教学
实验教学	反思型教学	

待讨论的主题和问题

主题

以下是一些和反思过程相关的主题和问题。你可以在课堂上对它们进行讨论。

1. 为了促进学生的学习，使学生获得满足感，教师必须善于反思吗？为什么？
2. 教师应当反思什么？他们应当被迫思考教育的某些方面，而忽视另一些方面吗？
3. 杜威认为学会反思比掌握教学技巧更重要，你同意这个观点吗？为什么？
4. 哪些因素妨碍了教师进行反思？校长如何鼓励教师变得更善于反思？

问题

教师们在进行反思时经常遇到各种问题。你遇到以下情况会怎么做？

问题 1："我觉得自己好像骑着一辆飞速前进的脚踏车。我知道自己可以成为更优秀的教师，可白天我根本没时间思考上完的课，该怎么改进。到一天课快上完的时候我已经精疲力竭了。"

问题 2："我是个新教师，我特别想把课上好，对学生学习有所帮助。有时我试图和其他老师谈谈我的课，是我讲得很糟糕呢，还是学生没听懂？可结果总让我很失望，因为他们只会对我说'别担心，会好起来的。'我希望能多谈谈我的教学情况，谈谈我怎样才能更出色地完成教学任务。"

理论付诸实践的活动

活动 14.1

问问你的教学导师，对教学进行反思是什么意思？他是否这样做过？如果是的，何时进行反思？他们思考什么内容？思考的结果是什么？

活动 14.2

确认并采访一位你认为是"教学的学生"的教师。将采访结果和你的同学得到的结果作比较。你发现这些教师具有哪些共同特点？

活动 14.3

为一位教师设计一份有利于进行反思的一周时间表。将这份时间表给一位教师或校长过目，看看他们对此有何反应。

活动 14.4

用对话日志连续记录两周你和一位朋友就预备教师教育进行的谈话，书面或电子版均可。回忆这段受教育经历。你学到了什么？你和朋友的交流对你有什么帮助？哪些问题依然存在？

活动 14.5

“和三四名同学一起完成第二单元的一个反思教学活动。讨论以下问题。这次实验教学让你对教学有了什么认识？对学习有了哪方面了解？你对自己作为一名教师有了什么认识？

第四部分

教学实践手册

实践未必总能取得好的效果，但肯定是有帮助的。这本手册为教师在三个重要的领域提供了非常必要的实践机会。在第一单元：《微格教学：实践重要的教学技巧》中，你可以尝试展现个人特征和职业技巧，我们在第十章和十一章讨论过这些对教师来说至关重要的特征和技巧。在第二单元，《反思型教学：实践成为一名善于思考的教学者》中，你将有机会掌握并实践反思型教学者的某些品质；我们在第十四章学过相关内容。最后，在第三单元：《221 教室：模拟教学：解决课堂问题》中，你将登上讲台，遇到一连串真实的课堂事件，并思考如何应对这些事件。

据我们所知，这是第一本将微格教学、反思型教学和模拟教学等实践活动融入教学行为理论的书。我们坚信，通过实践这些技巧，你将为课堂教学做好更充分的准备。

第一单元 微格教学：实践重要的教学技巧

在第十章和十一章，你已了解到有效教师具有某些显著特征和能力。本单元将通过微格教学法帮助你实践和改进你对这些品质和技巧的使用。

微格教学(microteaching)是一种压缩了的教学模式，即不是向一个完整的班级进行完整的授课，而是给一小部分学生上一小段时间的课。微格教学的另一特征是，课堂内容要被拍摄下来，这样你就可以看到自己的教学效果。通过这个方法，你可以尝试许多重要的教学特征或能力，了解自己能做得多好。例如，在第十章你了解到，有效教师热情洋溢，因此在本单元你可以设计一小节课，并在讲课过程中试着体现这一品质。

微格教学法综述

本单元是围绕四堂微格教学课展开的，旨在帮助你运用和提高你的职业特征和能力。每堂课都侧重于教学表现的不同方面。第一课的重点是怎样表现有效教师的职业特征。第二课培养你设置定向的能力。第三课锻炼你的提问技巧。最后，第四课的重点是提高你清晰表达观点或概念的能力。

微格教学模式

尽管这四课的活动都侧重不同的技巧或能力，但每一课都采用类似的模式：(1) 阅读活动内容；(2) 复习前几章学过的有关特定技巧的知识；(3) 根据第六章的原则设计一小节课；(4) 向你的同学授课，授课过程被拍摄；(5) 观看录像以评价你的表现；(6) 时间允许的话，重新设计或修改上课内容并重新上一遍，以求有所提高。

在开始微格教学第一课前，先讨论一下每一活动阶段的原则，这对我们可能会有帮助。

阅读活动内容

本单元将详细描述各个微格教学活动，提供以下重要信息：有待培养的技巧、课时长度、讲课的评价方式。这些信息将使你的计划和讲课更有侧重点，以便从活动中取得更大收获。

复习相关信息

记住，这些微格教学课是为了帮助你实践和改进对职业特征和技巧的使用。在设计微格教学课之前，我们建议你到第十章和十一章复习相关信息。重要的是你要理解有待培养的技巧，这些技巧为何如此重要，以及你可以采用的具体教学行为。这些信息有助于你认真计划教学，专注于具体的技巧，提醒你努力将这些技巧运用于教学。

设计课堂教学

在设计微格教学课时，你可以参照第六章的每日课程计划原则来进行。每节课都要确定课堂目标，不要遗漏课堂计划的任何一个组成部分。由于微格教学时间较短(通常为4分钟到12分钟)，你的计划不要太长。然而，你要保证每一课都设计了完整的计划，这不仅能促进你的课堂表现，也给了你机会练习你的设计技巧。

微格教学中教师遇到的一个常见问题是，他们准备的内容太多而时间太短。一位年轻的英语教师在结束微格教学课时，和朋友低声说道："你觉得规定时间里你能讲多少内容，然后尽量完成其中的五分之一！"尽管这一说法很夸张，但事实上，你应该试着只讲最先想到的概念或话题的一部分内容。例如，在5分钟的课上要讲完科学研究的整个过程，肯定是不可能的。然而，你可以从科学研究的四个步骤中挑选一个(比如提出假设)，然后在5分钟时间里透彻而生动地讲解这一个步骤。切忌试图教太多内容。

讲课

你要在导师规定的那天给同伴们上课。同伴的数量取决于导师的安排，可以是人数相对较少的小组(四五个学生)或整个班。上课内容将被拍摄下来，供你事后观看自己的表现。记住，你不是给摄像机上课，而是给听众上课。

为了帮助你学会控制教学时间，每堂微格教学课都限定了时间。你要至少进行多少分钟的有效教学，但又不能超出规定的最长时间。

轮到你上课时，你会有很短的一段时间来安排教室和教学资料。你可以搬动桌椅，使用悬挂式投影仪、讲义或其他材料。然后，导师会确认摄像机正在工作，示意你开始上课。教学时间达到最低限度时，导师会给你一个信号。到了最长时间，导师会让你停止讲课。因此，接到最低限度的信号时，你需要判断在剩下的时间里还能完成多少有效的讲课内容。(记住，有效教师做事灵活！)通常，最好在这个时候开始进行总结，以便顺利结束，而不是试图将余下的内容匆忙地讲完。

观看你的上课录像

上完课后，你将有机会观看自己的上课录像。导师可能会让你独自观看，或者和一小部分同学一起看，或者两种方式都采用。最好至少看两遍录像。第一遍，对自己的表现质量形成一个总体印象，并大致记一些笔记。然后再看一遍，这一次要使用清单或观察表格，以便注意到自己对一些具体的可取行为的运用情况。然后在每次活动中，你将确认哪些方面的表现可以得到改进，并就如何改进提出具体的建议。

重新上课

如果时间允许，导师可能会给你一次机会让你重新上课，以改进你的表现。即使第一次课已经令人满意了，但如果你得到了这次机会，我们建议你还是要充分利用它。反复实践技巧并评价自己的使用情况，将使你变得更自信，上起课来更驾轻就熟。

微格教学第一课：表现积极的个人特征

基本原理和综述

如前所述，微格教学第一课让你了解自己作为教师是何种形象。尽管我们都想象过自己的教学形象，但我们的实际言行往往和想象有天壤之别。因此，第一课的目的之一就是让你有机会设计和授课并在录像里观看自己。一个更具体的目的是让你将自己的教学形象和有效教师的形象作对比。你或许还记得第十章讲过，有效教师能激励他人，专业化，对成功抱有积极态度。在设计第一堂微格教学课之前，最好先复习第十章关于个人特征的内容。

设计课堂教学

微格教学第一课的长度应当在四五分钟之内。你可以挑选任何话题，但必须是能够真正让大家学有所获的话题。换句话说，你不能假装教给他们一个大多数人都有可能熟悉的概念。如前所述，许多教师在第一节课犯了一个错误，那就是试图在规定的时间里教太多内容。选择一个很小的概念，只要能让你在四五分钟时间里透彻地讲解即可。制定教学目标，并按照第六章建议的计划格式去设计这堂课。

讲课

导师会告诉你何时开始上课，何时达到最低时间限度，何时必须停止讲课。你应当尽量按照教学计划进行——但一定要灵活。如果学生没听懂，不要为了"把准备好的内容都讲完"而对学生强行灌输。

观看你的上课录像

上完你的课后，单独或与一些同学一起观看你的上课录像。最好能看两遍。第一遍看时不要停顿，思考你表现了什么样的职业个性。看完之后停止播放，做一些笔记。如果是和同学一起看的，问问他们的意见。尽量避免把注意力放在你的发型或衣着上，而是集中在你看上去多么自信、乐观、风度翩翩、有职业素养。然后把录像倒回去，再次观看你的表现，并填写《微格教学第一课观察表格》(表 U1－1)，来指导你进行观察。

表 U1－1 微格教学第一课《表现专业特征》的观察表格

根据下面列出的每一项行为，评定教师的表现质量				
	质量评定			
行为	优	良	中	差
1. 这位教师表现得富有热情。	4	3	2	1
2. 这位教师有幽默感，表现得很和蔼。	4	3	2	1
3. 这位教师看上去很可靠，值得信任。	4	3	2	1
4. 这位教师对自己和对学生都表现出很高期望。	4	3	2	1
5. 这位教师鼓励和支持学生。	4	3	2	1
6. 这位教师有专业素养，公事公办。	4	3	2	1
7. 这位教师在有时间需要或学生不理解的情况下调整讲课内容。	4	3	2	1
8. 这位教师看上去对话题、学生和教育学都很了解。	4	3	2	1

具体的改进建议：

重新上课

如果时间允许，导师可能会让你再上四五分钟的课，让你在镜头前表现得更自如。如果你得到这样的机会，你会发现今后的微格教学课不那么可怕了，你不会再注意自己的紧张情绪，而是更集中于专业技巧的发挥。

微格教学第二课：设置定向

基本原理和综述

微格教学第一课侧重于你的专业品质和特征。第二课强调你对专业技巧的使用。具体而言，第二课将训练你在一小节课上有效设置定向的能力。记住，第十一章告诉我们，有效教师能设置三种类型的定向来为即将要上的课设置情境。在这堂课上，你的目标是从三种定向类型中挑选一种，在一小节课上设置这种定向。在开始之前，你应当复习第十一章关于设置定向的建议。

设计课堂教学

微格教学第二课的长度应当在八分钟到十分钟之内。和上次一样，你的课堂设计要遵照第六章的原则。然而，由于第二课只强调设置定向，因此你同样不必上完整节课。回顾第十一章的知识，然后决定要讲什么主题，以及打算设置哪种类型的定向。既然你可以任意挑选主题，就要有创造性，找一个能在规定时间里以有意义的方式导入而且让学生感兴趣的主题。

讲课

第二课的讲课方式和前面基本一样。你会有时间组织材料，导师会通知你开始，到了八分钟时给你提示，满十分钟时让你停止讲课。

观看你的上课录像

和前面一样，你应当至少看两遍你的上课录像。第一遍，就你设置导入的情况给出一个总体印象，和同学们的看法作比较。观看第二遍时使用微格教学第二课的观察表格（表 U1－2）评价你的表现。然后，根据总体印象和观察表格上的评分，对将来授课时设置定向的方式提出一些具体建议。一定要明确指出改进哪些方面，如何改进。

表 U1－2 微格教学第二课《设置定向》的观察表格

第一部分
这位教师在设置定向时使用了哪些行为，在前面的数字上画圈
1. 复习了前一(几)课的内容。 2. 上课一开始提出了一个激发学生好奇心的问题。 3. 综述了本课的要点。 4. 呈现了本课的主要概念。 5. 用图表解释了本课各个概念之间的联系。 6. 提出一个问题让学生进一步理解所学概念。 7. 指出本课和学生的生活及兴趣之间的关联。 8. 用一个独特的问题、疑问或故事激发学生的兴趣。 9. 对主题表现出兴趣、热情和好奇心。 10. 告诉学生本课的教学目标及学生的要完成任务。

续 表

第二部分				
你认为这位教师在以下方面表现如何，评定其表现质量，并在下面空白处解释你的评定				
	质 量 评 定			
行 为	优	良	中	差
1. 吸引了学生的注意力。	4	3	2	1
2. 为本课搭建了框架。	4	3	2	1
3. 将新知识和学生已学知识联系起来。	4	3	2	1
4. 考虑到学生的入门知识水平。	4	3	2	1

具体的改进建议：

重新上课

第二、第三、第四课重新上课的机会恐怕比第一课的机会还要重要，因为你可以相对容易地提高的这三项活动中锻炼到的专业技巧。因此，如果有更多机会进行实践、评价你的表现、熟练你的技巧，今后你将能更有效地加以运用。

微格教学第三课：使用提问

基本原理和综述

在这个活动中，你将设计提问，并在一小节课上使用，最后评价自己的提问能力。有效教师能在课堂上和学生进行高质量的互动，他们提出各种问题使学生积极参与课堂，促进更高层次的思考，监督学生的理解情况，以及使用多样化的教学手段。有效提问是一种非常重要的能力，但也是非常复杂的技巧。在设计微格教学课之前，请复习第十一章对提问技巧的讨论。

设计课堂教学

第三课的长度在 8 分钟到 10 分钟之间。在这堂课上，你要尝试涵盖所有教学部分。因此，注意一下第六章建议的所有教学阶段。由于这堂课的重点是使用提问技巧，因此设计时不要准备大量知识点。相反，应当挑选一个能让你通过提问来帮助学生逐步理解的话题。例如，你可以挑选一个有争议的话题，让学生进行批判性的思考和研究。你还可以通过大量提问推进课堂教学，帮助学生洞悉事件的各个层面，了解各种观点，体会事件的复杂性。在这种课堂上，你会通过提问来引导学生。记住，教学计划中要包括一些课堂结束时的提问，以帮助学生对课堂讨论进行总结。

讲课

微格教学第三课的讲课方式和第二课一样。你将有几分钟时间安排教室和材料，然后导师将通知你开始上课。到 8 分钟时，导师给你信号，到 10 分钟时，让你停止讲课。

观看你的上课录像

在看第一遍录像时，重点看你是否很好地使用各种提问来达到教学目标。你提了很多问题吗？这些问题起到引导学生的作用，还是随意的、毫无关联的？提问时，你是否停顿片刻，并采用有效的非语言行为鼓励学生回答问题？看了录像，你总体感觉自己使用问题的能力如何？看第二遍时，填写微格教学第三课的观察表格（表 U1－3）。请留意自己在哪些方面表现得好，哪些方面还有待提高；然后制定一个完善提问技巧的计划。

表 U1－3　微格教学第三课《使用提问》的观察表格

根据下面列出的每一项行为，评定教师的表现质量				
	质量评定			
行为	优	良	中	差
1. 一开始上课就提出一个问题让学生参与回答。	4	3	2	1
2. 提问的措辞很清晰。	4	3	2	1
3. 只在学生不理解的情况下才重复问题。	4	3	2	1
4. 在提问后留出充足的等候时间。	4	3	2	1
5. 经常问一些恰当的问题。	4	3	2	1
6. 让所有学生回答问题，而不是只叫举手的学生。	4	3	2	1
7. 提出了一些较高认知层次的提问。	4	3	2	1
8. 适当地继续追问学生的回答。	4	3	2	1
9. 的提问很清晰地引导学生实现课堂目标。	4	3	2	1
10. 总的来说有效地使用了提问。	4	3	2	1

具体的改进建议：

重新上课

有效地使用问题是一项艰难的、同时又是重要的职业技巧。新教师一般都不适应提问的方式，较少和学生互动，更喜欢讲解式授课。然而，我们知道互动式教学更可取。既然要做到熟练自如地运用提问不是一件容易的事，我们鼓励你尽可能多地利用一切机会重新上课。每次重新上课时，要根据自己制定的改进计划弥补不足之处。

微格教学第四课：提供清晰的指导

基本原理和综述

第一课的重点是职业特征，第二课是尝试设置导向，第三课则侧重对问题的使用。现在，在第四课，你将再次作一番尝试：教一堂完整的课，包括定向导入、内容的讲授和结束。然而，这堂课的重点是提供清晰的指导的能力。

第十一章告诉我们，讲课的清晰度是帮助学生学习的最重要技巧之一。清晰度所指的具体内容可分为四大类。为了让你的任务更易于完成，你只需留意其中两个方面：(1) 介绍和强调所学内容；(2) 详细阐述重点。在开始之前，请回到第十一章，复习对讲课清晰度的讨论。

设计课堂教学

第四课的长度在八分钟到十分钟。你的首要目标是设计并教好一堂课，帮助学生逐渐清晰地理解课堂的要点。这堂课要包括第六章所讲的一节成功的课的所有环节，你还要采用重复、板书、复习等方法最大化地强调重点。因此，在设计课堂教学时，你必须确定两三个希望学生理解的要点，有条理地加以组织，用例子来解释每个要点，想好提什么问题来确保学生理解了要点，并决定在课堂的哪些环节进行复习。你还可以设计将某些术语或要点写在黑板上，对其进行强调。

讲课

微格教学第四课的讲课方式和第二、第三课基本相同。导师会给你一些时间做课前准备，然后通知你开始上课。讲到第 8 分钟时导师会给你提示，10 分钟时让你停止讲课。记住，成功的一堂课还包括结束部分，这个环节用来帮助学生得出结论。当你得知规定的时间快到时，不要再讲新的内容，而应该开始做总结了。

观看你的上课录像

讲课的清晰度是“旁观者清”。这就是为什么学生处在判断你是否提供了清晰指导的最佳位置。有可能的话，你至少要看三遍录像——和学生一起看两遍，自己单独再看一遍。看第一遍时，记录你是否清晰地指出并强调要点。讲解不同要点时是否一视同仁？要点是否明显？要点和解释之间的区别是否清楚？学生能否说出要点？能否解释要点？总的来说，这堂课是否进展得有条理、逻辑清晰？

看第二遍时，和学生一起填写微格教学第四课的观察表格（表 U1-4），留意你对某些具体澄清技巧的使用情况。然后单独看一遍上课录像，根据学生的评论和你自己的印象，看看你的讲课清晰度存在哪些优缺点。记住，要找出你认为哪些具体方面有待改进，并提出你将尝试使用什么具体方法在今后的课堂上加以改进。

表 U1-4 微格教学第四课《提供清晰的指导》的观察表格

第一部分				
在下面空白处，用数字标出这堂课讲到的要点，并对各个要点进行简单解释				
第二部分				
根据下面列出的每一项行为，评定教师的表现质量				
	质量评定			
行为	优	良	中	差
1. 有条理地组织课堂内容和授课。	4	3	2	1
2. 明确了要点。	4	3	2	1
3. 把要点写在黑板上。	4	3	2	1
4. 重复要点，以示强调。	4	3	2	1
5. 在课上做了总结和复习。	4	3	2	1
6. 清楚地解释要点。	4	3	2	1
7. 通过举例来强化要点。	4	3	2	1
8. 指出事物之间的异同点。	4	3	2	1
9. 在必要时解释学生不熟悉的词。	4	3	2	1
10. 用停顿来强调要点，或允许学生提出疑问。	4	3	2	1

具体的改进建议：

重新上课

讲课的清晰度是一项复杂的技巧，需要你思考并实施各种行为来帮助学生实现教学目标。因此，教师通常需要上好几堂侧重于讲课清晰度的微格教学课。可能的话，尽可能地多重复上几次这样的课，使你的表现更加自如。如果时间允许，而且最初的课已经有了很大改进，你可以尝试换个新的内容，讲解不同的要点，看看自己是否仍然能提供清晰的指导。

附加练习

尽管本单元设计了四堂微格教学课来帮助你改善教学行为，但优秀的教师从来不会停止为提高技巧付出努力。除了上这四堂微格教学课，你还应当继续在实践中提高专业能力。以下建议会对你有所帮助。

拓展微格课堂

要继续培养专业技巧，你还可以通过延长上课时间，或实践更多不同专业技巧，来拓展微格教学模式。例如，下一步可行的方法是将上课时间略为延长，比如变成 15～20 分钟，期间你要设置导向、清晰讲课，并有效提问。或者你还可以尝试上几节较短的微格教学课，在课上尽可能提供学生需要的反馈和强化，监督学生的理解情况，或者使用不同教学方法。根据第十一章针对每种技巧的指导方针，你可以自行设计这些课堂的观察表格。

录制你的课堂教学

另一个继续培养专业技巧的方法是持续地评估你的课堂行为和互动情况。即使给同伴上的一小节课里你能够熟练运用专业技巧，但面对 30 名学生的课堂，你可能就不那么自信了。通过有指导的观察和分析，你可以把真实的课堂教学经历当成微格教学的高级形式来操作。首先，你可以在实习期间录制自己的课堂教学。只需要在教室后面架起摄像机，开始上课前打开机器，上完课关掉。然后，和在微格教学上做的一样，仔细观看你在真实课堂中的表现。这种正式的自我分析将非常有助于你了解自己的课堂行为。

甚至在你结束了实习生涯，真正成为教师后，你也应当尝试录制自己的实际课堂教学。就连经验丰富的老教师在看录像时也会惊讶于自己的课堂行为。他们发现自己对专业技巧的使用不如从前那么有效了。大多数学校都有便于使用的摄像机，可供教师借用。时不时地在教室后面架起摄像机录制几堂课吧，然后用批判性的眼光观察自己。你会惊讶地发现，随着课堂经历日益丰富，你的某些专业技巧得到了提高，而有的技巧则变得不那么有效了。本书的一位作者每学期至少要录制一堂课——而且每次都会感到自己的不足。的确，观看自己的课堂录像有助于我们每个人都更清楚地认识到自己的优缺点。

第二单元 反思型教学:实践成为一名善于思考的教学者

教学犹如一趟充满喜怒哀乐的冒险之旅。现在,你离启程的日子已经不远了。

回想一下你到目前为止完成的教师预备项目。有可能导师已经通过各种方法帮助你轻松自如地扮演教师的角色。这些经历到底是什么?或许你看过或讨论过有关教师日常工作的日记,看过关于教学和学习的录像和网站,观察和分析过教师上课的情况。下一步你就该投入教学实践了。**反思型教学**(Reflective Teaching)就是一个让你实践本书第二部分内容的项目,它要求你设计一节课并实施这些计划。此外,它还让你检测学生的学习情况,以及学生对你教学的满意度。最后,反思型教学让你有机会思考教学和学习、以便成为一名更有效的教师。(Cruickshank,1991)

如题,反思型教学使你能够通过实践成为一位反思型的教学者。在第十四章我们指出,反思型教学者更明智,更善于对教学进行反思。这是因为他们经常有意识地检查自己的特征和技巧是否有效。他们的脑中总是充满各种问题:我为什么要这样做?我的教学会带来什么后果?我本来可以怎样做?我怎样能有所改进?

什么是反思型教学

反思型教学是指在校园里而非真实的课堂环境下开展设计好的教学活动。这一教学经历使你有机会实践教学行为、评价教学成功与否、洞悉教学和学习,使你在将来的教学中成为一名更有效的教师。

尽管你和同学可以单独开展反思型教学,但这个项目通常是大学课程的一部分。把全班同学分为4人到6人的小组,在每一个反思型教学环节,每个组的一名同学要扮演教师的角色,领到上反思型教学课的任务(RTL)。在接下来的环节,这些教师要各自备课,思考用什么最佳方法达到教学目标、让学生尽可能学到更多知识,获得最大满足感。讲完课后,这些教师通过评估学生的学习情况和满意度来评价自己的教学。最后,他们在各自小组中分析并思考教学和学习,然后在导师带领下进行全班范围的讨论。

正如你看到的,反思型教学使你参与教学的所有四个阶段:备课、上课、评价学习和反思教学。

运用反思型教学

每个反思型教学课任务(RTL)中包括一个教学目标、用来达到该目标的资源,以及衡量学生的学习及满意度的方法说明。有的反思型教学课任务是针对职业教育的(例如讲课清晰的教师这一任务),有的则关注各种话题。本章的反思型教学课任务涉及三个教学领域(认知领域、行动技能领域和情感领域)以及三个领域中的各个学习层次。此外,每个反思型教学课任务都侧重教师在课堂上普遍使用的一种行为。例如,在折纸任务中，通过教学生折纸蝴蝶，你的展示技巧得到了锻炼。

为了强调评价和反思，这些课都很短——通常在10～15分钟，因此一个完整的反思型教学过程大概要持续50分钟：

- 教学：10～15分钟。
- 评价：5分钟。
- 小组讨论：15分钟。
- 全班讨论：15分钟。

反思型教学课任务总共大约有41个，本章给出6个，以帮助你成为一名更善于思考、教学更有成效的教师。

反思型教学中的角色

在每个反思型教学过程中，你将根据自己的角色不同（是教师还是学生）而承担各种责任。

扮演教师角色

如果导师让你扮演教师的角色，你的首要责任是给小组同学上一节反思型教学课。具体而言，你要准备上一堂使学生达到课程目标并对你的教学表示满意的课。更重要的是，你将准备带领所在小组反思课堂上发生的教学和学习情况。

尽管所有教师的反思型教学课内容都是一样的，但你可以选择任何教学方法。用学生满意度调查表（见482页和483页）了解学生的满意度。毕竟，你的目标是选择一种你认为能最大限度地促进学生学习和获得满足感的教学策略。你还必须保证上课需要的所有材料都已经准备好，随时待用。你得准备和教学相关的资料，而导师要准备用来检测学生学习情况的测验卷，评分表，以及用来评估学生满意程度的学生满意度调查表。如果你需要使用视听设备或其他资源，提前向导师说明情况。毕竟，提前做好准备工作是教学过程的一部分！

在上反思型教学课的当天，提前到教室布置场地。你打算让学生排排坐还是围成圈？你将如何播放视听资料？你在讲课时是采取站姿还是坐姿？这些都是你作为教师要作出的教学决策。

当学生都到齐了，所有教师都做好了准备，导师会示意大家开始上课。你领到的反思型教学课任务会明确告诉你要上多长时间。在你讲课时，导师可能从头听到尾，也可能只听一部分。到了规定的教学时间，导师必须迅速让所有人停止上课，并发给大家测验卷、评分表和学生满意度调查表。

填好的这些表格给了你及时的反馈，可以帮助你进行反思和讨论问题。然后带领小组成员一起开展讨论。你们提出的问题不应当围绕教学内容，而应当围绕教学和学

习的过程。在这15分钟的反思阶段,可以提出如下问题:

● 作为教师,你需要教给学生什么知识、技巧或让学生形成什么态度?

● 你是如何挑选教学方法以完成教学目标的?哪些因素(例如教学内容、资料有无、座位安排、你当学生的经历、你的学习风格,以及讲课时间)影响了你的选择?

● 你是否按计划上课?你的教学方法有效吗?学生是否同意你的看法?

● 根据事后的测验和学生满意度调查表,学生学习情况如何?他们的满意程度如何?

● 学生对这次上课有何看法?什么因素有助于或妨碍了他们学习?他们有什么改进教学的建议?

● 每个参与者对教学和学习有什么具体发现?

● 这次经历让你增长了教与学的什么知识?让你对自己作为教师有了什么样的认识?

你可能注意到了,部分问题是针对教师的,部分是针对学生或者小组全体成员的。通过仔细挑选问题,让所有人进行反思,你带领大家开展的讨论将帮助你加深对教学的认识。

扮演学生的角色

如果导师没有安排你扮演教师的角色,你就要充当接受教导的学生。你要合作,要专心,要准时来上课。最重要的是,做真实的自己。要知道,角色扮演并不总对教师或对你的学习有帮助。

当你来到上反思型教学课的教室,直接走到指定的上课地点。课后,你需要完成两项评价工作。课后测验将考察你在课上学到了多少内容,学生满意度调查表将检测你对这堂课的满意程度。如果你能就自己的看法等如实提供反馈意见,对教师来说是最有帮助的。

评价过后,教师将带领大家进行15分钟的讨论。讨论过程中,你应当帮助他坦率、诚实、深入地思考这次教与学的过程。这将让小组每个成员都更好地理解有效教学。

小组讨论后,整个班将在导师的带领下进行简单的讨论,进一步探究教与学的过程。在这个反思阶段,如果你乐于交流、有能力开展积极的互动,表明你已经向成为教学的学生迈出了一大步。

反思型教学课

下面是六个反思型教学课的实例。(这些实例是经美国教育家荣誉学会的允许重新整理的)"讲课清晰的教师"和"魔术方阵"两项任务提供了认知领域的学习经历,让你实践指出、描述和演示等教学行为。"打布林结"和"折纸"任务提供了行动技能领域的学习经历，侧重演示这一教学行为。最后，在有关“时间”和“诚实”的任务中，你将尝试改变学生对人、事及所学知识的看法。这两个任务属于情感领域。

参考资料

Cruickshank, D. R.(1991),《反思型教学》(*Reflective Teaching*)，伯明顿，印第安纳州：美国教育家荣誉学会(Phi Delta Kappa)。

附录：几个反思型教学实例

有关讲课清晰的教师的任务

仔细阅读每一部分。

对此项反思型教学任务的描述

你和其他几位同学一起被选中给几个同伴上一小节课。这个练习旨在提供机会让你体验教学并对大家的教与学进行反思。设计课堂教学时要采用你认为既能让学生学到知识又能让学生满意的方法。

你的课是关于________

本堂课简介

教师有时要指出和描述某事物——即向学生直接而具体地指出某事物，而且可能还要描述该事物的特征。以下是指出和描述事物的例子：

1. 一位小学老师指出太阳系中的行星，描述各颗行星的地形和大气情况。

2. 一位社会科学老师指出奴隶为自由而斗争时在“地下铁道”里的各条逃跑路线，然后描述每条路线可能存在的危险。

3. 一位音乐老师指出和弦中的各个音符，然后描述如何演奏这些音符。

下面的目标要求你向几个同伴指出一些事物然后进行详细阐述。选择让你完成这项任务，是因为你的某些学科知识、或之前可能有过的经验在这里恐怕没有用武之地。

你的目标

你的目标是让学生尽可能多地列举讲课清晰的教师的行为。你最多用15分钟时间来达到这个目标。

材料

1. 资源：**讲课清晰的教师的行为**(见附录)；

2. 测验(由导师负责准备)；

3. 评分表(由导师负责准备)；
4. 学生满意度调查表(由导师负责准备)。

特殊条件和限制

无。

结束本堂课

当导师提示你时间到了或学生准备好做测验时，(你有可能在15分钟之内结束上课)，从导师那里领取试卷、评分表和学生满意度调查表。

让学生做试卷。做完后(时间不得超过5分钟)，把正确答案念出来，让学生自己批改，你愿意的话也可以收上来自己批改。将每个学生的测验成绩登录到评分表中。

接下来，发放"学生满意度调查表"，让学生尽可能给你更多反馈意见。将试卷发回给学生，将"满意度调查表"收上来。

开始小组讨论。

这个反思型教学课任务是由俄亥俄州州立大学唐纳德·R. 克里克山克教授提供的。

有关讲课清晰的教师的任务：资源

讲课清晰的教师的行为

俄亥俄州立大学进行的一系列研究显示，讲课清晰的教师的行为有很多，而且都是可辨认的。既然教师有必要做到讲课清晰，那么他们必须知道这些行为并在实践中做出这些行为。一共可能有30种行为，但以下几种行为最能体现教师的讲课清晰度。这些教师

1. 讲课节奏既适合学生的进度又适合话题的难度；
2. 一步一步地开展教学；
3. 用简单的方法解释事物，即用我们能听懂的话进行解释；
4. 试图了解我们是否没有听懂；
5. 反复解释直至我们听懂；
6. 重复我们没听懂的内容；
7. 描述要做什么，如何做；
8. 问我们是否知道要做什么，如何做；
9. 解释事物，然后举例说明。

有关讲课清晰的教师的任务：测验

姓名________

尽可能多地列举讲课清晰的教师的行为。

1.
2.
3.
4.
5.
6.
7.
8.
9.

有关讲课清晰的教师的任务:评分表

说明

学生每列出一条讲课清晰的教师的特征,得 1 分。满分为 9 分。

学 生 姓 名	表现得分(0~9 分)
1	
2	
3	
4	
5	
6	
小组平均分:将所有得分相加,除以学生人数。	

魔术方阵任务

仔细阅读每一部分。

对此项反思型教学任务的描述

你和其他几位同学一起被选中给几个同伴上一小节课。这个练习旨在提供机会让你体验教学并对大家的教与学进行反思。设计课堂教学时要采用你认为既能让学

生学到知识又能让学生满意的方法。

你的课是关于________

本堂课简介

教师要描述事物，也要演示事物——即示范如何做某事。以下是描述和演示事物的行为。

1. 一位小学教师描述和演示如何做除法。
2. 一位化学老师描述和演示如何配制一种溶液。
3. 一位汽车修理老师描述和演示如何换轮胎。
4. 一位体育老师描述和演示如何做前滚翻。

下面的目标要求你向几个同伴描述并演示某事物。选择让你完成这项任务，是因为你的某些学科知识，或之前可能有过的经验在这里恐怕没有用武之地。

你的目标

你的目标是让尽可能多的学生正确设计一个魔术方阵，使纵向、横向、斜向之和均为 7。你要在 15 分钟内达到这个目标。

材料

1. 资源：**一个百年来经久不衰的娱乐项目**（见附录）；
2. 测验（由导师负责准备）；
3. 评分表（由导师负责准备）；
4. 学生满意度调查表（由导师负责准备）。

特殊条件和限制

无。

结束本堂课

学生准备好做测验时通知导师。（你有可能提前结束）从导师那里领取试卷、评分表和学生满意度调查表。

让学生做试卷，做完后（时间不得超过 5 分钟），把正确答案念出来，让学生自己批改。根据评分表所给的标准进行评分。

接下来，发放学生满意度调查表。趁学生填写调查表时，将试卷收上来，把成绩登录到评分表里。将试卷发回给学生，将满意度调查表收上来。

开始小组讨论。

这个反思型教学课任务是由纽约 Syracuse 大学杰瑞·梅格教授提供的。

魔术方阵任务:资源

一个百年来经久不衰的娱乐项目

在一个魔术方阵里,纵向、横向、斜向之和均为一个相同的数字。例如,在这个方阵里,纵向、横向、斜向之和均为 15。

15				15
	8	1	6	15
	3	5	7	15
	4	9	2	15
15	15	15	15	15

魔术方阵的排列组合是几百年来经久不衰的一个娱乐项目。有人说这些方块具有神奇的力量;曾经还有人把一个方阵刻在银器上,随身携带,来使自己免于染上瘟疫。

你可以通过反复试验来编魔术方阵,可那样非常耗费时间。多亏了罗伯(De La Loubere)在 1693 年发现了一个规律,我们才能轻松地编出奇数方阵。编偶数方阵也是有规律的,不过我们在这里先不去考虑。罗伯发现的规律是这样的:

1. 将 1 放在第一行的正中间。

	1	
		2

2. 然后将后继的整数按自然顺序放在右上斜对角线的位置。如果已经在第一行了,就转移到最下面一行,把它当成第一行的上面一行。

	1	
3		
		2

这样,2 就放在了最下面一行的右下角。

3. 如果已经到达最右列,就转移到最左列,把它当成最右列的右边一行。

	1	
3		
4		2

这样，3 就放在了左边第一列的正中间。

4. 如果这样按右上对角线移动时，发现已经有其他数字占据了这个位置，就转移到前一个已填好的数字的正下方。

	1	6
3	5	7
4		2

这样，4 就放在了 3 的下面。

5 放在 4 的右上斜对角线位置，6 放在 5 的右上斜对角线位置

5. 如果已经到达最右上角，将数字放在右上角的正下方。

这样，7 就放在了 6 的下面。

8	1	6
3	5	7
4	9	2

现在你又到了最右列，所以 8 放在了最左列的最上面，好比是放在最右列的右边。

这就到了第一行，所以 9 放在了最下面一行的中间，好比是放在第一行的上面。

下面这幅图总结了规律：

总的来说，将数字沿右上对角线移动。

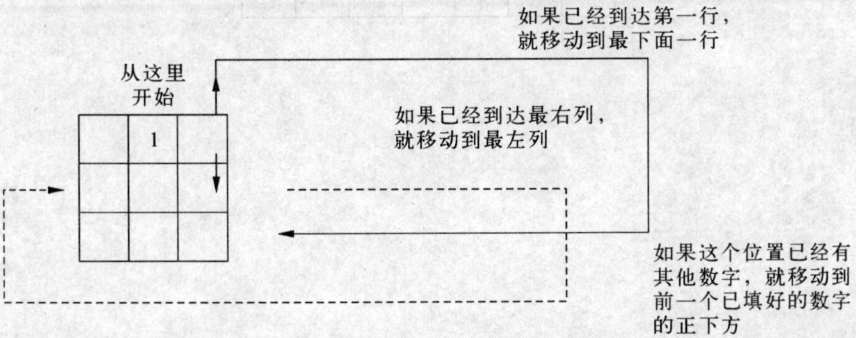

如果任何一个位置已经有其他数字，就移动到前一个已填好的数字的正下方。

现在让我们来运用这个规律编一个五个格的方阵。

65						65
	17	24	1	8	15	65
	23	5	7	14	16	65
	4	6	13	20	22	65
	10	12	19	21	3	65
	11	18	25	2	9	65
65	65	65	65	65	65	65

纵向、横向、斜向数字之和均为 65。

魔术方阵任务：测验

姓名________

这个方阵由奇数格组成。用你所学的规律编一个魔术方阵。

魔术方阵任务:答案

30	39	48	1	10	19	28
38	47	7	9	18	27	29
46	6	8	17	26	35	37
5	14	16	25	34	36	45
13	15	24	33	42	44	4
21	23	32	41	43	3	12
22	31	40	49	2	11	20

评分表

说明

学生每放对一个数字,得 1 分。满分为 49 分。

学生姓名	表现得分
1	
2	
3	
4	
5	
6	
小组平均分:将所有得分相加,除以学生人数。	

打布林结的任务

仔细阅读每一部分。

对此项反思型教学任务的描述

你和其他几位同学一起被选中给几个同伴上一小节课。这个练习旨在提供机会让你体验教学并对大家的教与学进行反思。设计课堂教学时要采用你认为既能让学

生学到知识又能让学生满意的方法。

你的课是关于________

本堂课简介

教师要演示事物——即向学生示范如何做某事。以下是演示事物的例子：

1. 一位自然科学老师演示如何点燃煤气灯；
2. 一位体育老师演示摔跤中的抱摔；
3. 一位英语老师演示如何给独立分句加标点；
4. 一位童子军团长演示如何用指南针和地图找到自己在森林中的位置。

下面的目标要求你向几个同伴演示某事物。选择让你完成这项任务，是因为你的某些学科知识、或之前可能有过的经验在这里恐怕没有用武之地。

你的目标

你的目标是让尽可能多的学生学会打布林结，你要在10分钟内达到这个目标。

材料

1. 资源：**布林结**（见附录）；
2. 为每个学生准备一条2英尺长0.25英寸宽的绳子（由你负责准备）；
3. 学生满意度调查表（由导师负责准备）；
4. 评分表（见附录）。

特殊条件和限制

无。

结束本堂课

你认为所有学生都能演示如何打布林结时，通知导师。（你有可能提前结束）从导师那里领取“学生满意度调查表”。

一次检查一名学生，将成绩记录到评分表里。测验时间为五分钟。每个学生只有一次测验机会。根据评分表里所给的标准进行评分。

接下来，发放“学生满意度调查表”。填写完毕后收上来。

开始小组讨论。

这个反思型教学课任务是由特拉华州 Appoquinimink 学区约翰·霍尔顿教授提供的。

打布林结的任务：资源和评分表

布林结

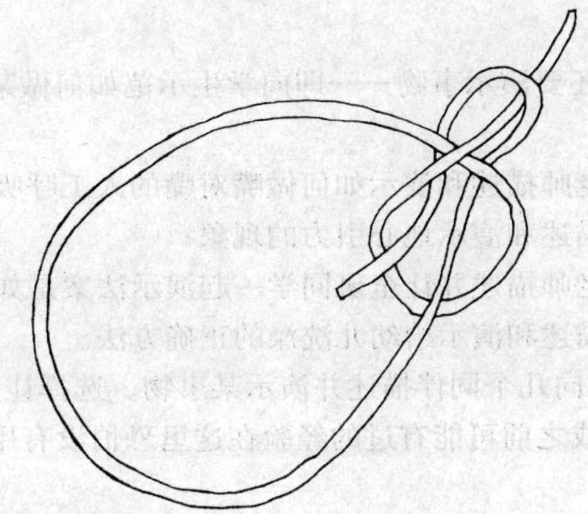

评分表

说明

学生打结时没有犯任何错误，得 1 分。有任何错误则为 0 分。

学 生 姓 名	表现得分(0～1 分)
1	
2	
3	
4	
5	
6	
总分(所有得分相加)	

折纸任务

仔细阅读每一部分。

对此项反思型教学任务的描述

你和其他几位同学一起被选中给几个同伴上一小节课。这个练习旨在提供机会让你体验教学并对大家的教与学进行反思。设计课堂教学时要采用你认为既能让学

生学到知识又能让学生满意的方法。

你的课是关于________

本堂课简介

教师要描述事物，还要演示事物——即向学生示范如何做某事。以下是描述和演示事物的例子：

1. 一位健康教育老师描述和演示如何做嘴对嘴的人工呼吸；
2. 一位物理老师描述和演示地心引力的现象；
3. 一位社会科学老师描述并让全班同学一起演示法案是如何成为法律的；
4. 一位家政教师描述和演示给幼儿洗澡的正确方法。

下面的目标要求你向几个同伴描述并演示某事物。选择让你完成这项任务，是因为你的某些学科知识、或之前可能有过的经验在这里恐怕没有用武之地。

你的目标

你的目标是让尽可能多的学生学会用折纸的技巧折出一只蝴蝶。你要在15分钟内达到这个目标。

材料

1. 资源：**日本的折纸艺术**（见附录）；
2. 可供折叠的较薄的正方形纸张——足够你和学生使用即可（由你负责准备）；
3. 评分表（见附录）；
4. 学生满意度调查表（由导师负责准备）。

特殊条件和限制

你不得帮学生折纸。教完技巧后，让每个学生在没有你指导的情况下自己折一只蝴蝶，来检测他们的学习情况。

结束本堂课

你认为所有学生都准备好接受检查时，通知导师。（你的小组有可能提前结束）从导师那里领取评分表和学生满意度调查表。对学生进行单独测试，让每个学生折一只蝴蝶。根据评分表里所给的标准评价学生折的蝴蝶。

接下来，发放“学生满意度调查表”。学生填写调查表时，将他们的等级分数填写到评分表里。将满意度调查表收上来。

开始小组讨论。

这个反思型教学课任务是由纽约 Syracuse 大学杰瑞·梅格教授提供的。

折纸任务：资源

日本的折纸艺术

蝴蝶

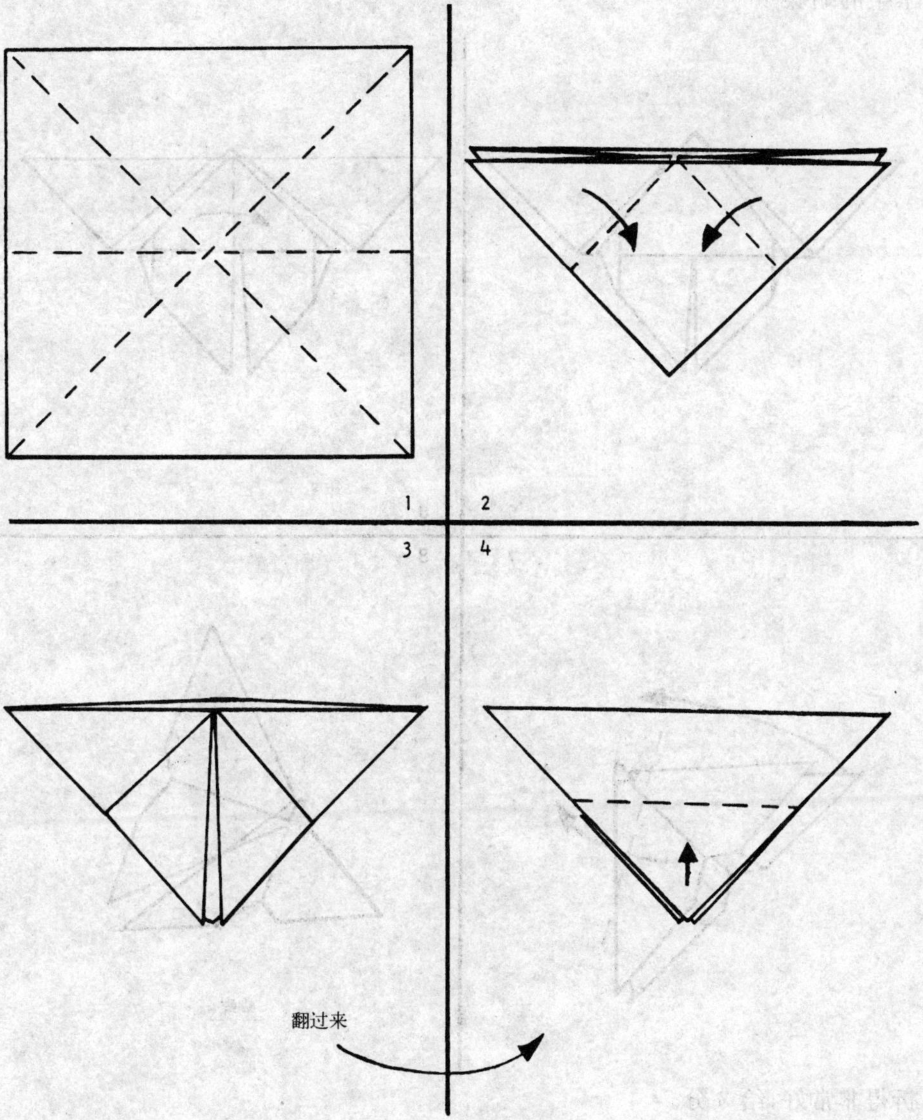

翻过来

蝴蝶

折纸任务:评分表

说明

学生的蝴蝶

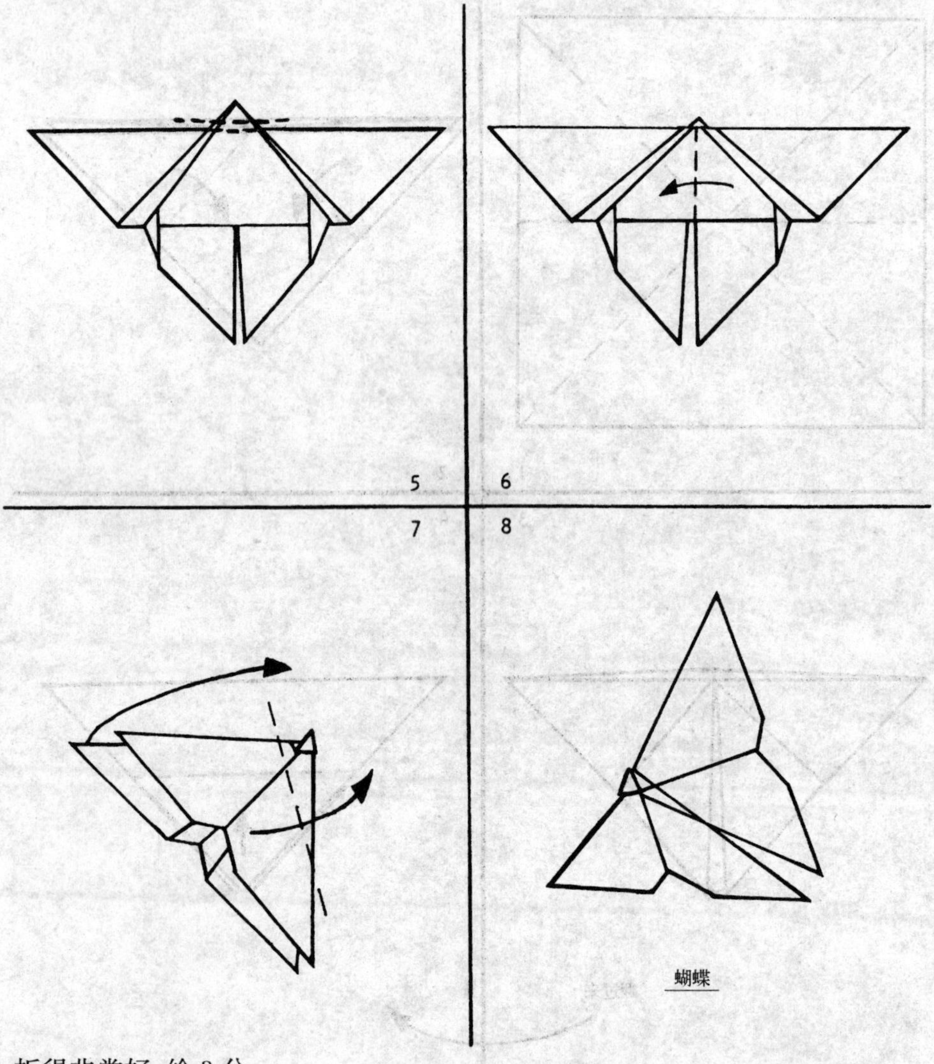

折得非常好,给 3 分。

折得马马虎虎,给 2 分。

折得不好,给 1 分。

学生姓名	等级分数
1	
2	
3	
4	
5	
6	
平均分(等级分数之和除以小组人数)	

有关时间的任务

仔细阅读每一部分。

对此项反思型教学任务的描述

你和其他几位同学一起被选中给几个同伴上一小节课。这个练习旨在提供机会让你体验教学并对大家的教与学进行反思。设计课堂教学时要采用你认为既能让学生学到知识又能让学生满意的方法。

你的课是关于________

本堂课简介

教师要让学生的态度发生改变——即他们尝试让学生改变对人、事、所学内容等的看法。以下是教师如何改变学生态度的例子：

1. 一位社会科学老师让全班同学讨论来自不同国家的人如何对当今美国文化作出贡献；

2. 一位外语老师向学生展示学习一门外语会给他们的日常生活带来什么样的帮助；

3. 一位家政老师鼓励男生考虑承担一些家务活。

下面的目标要求你改变几个同伴的态度。选择让你完成这项任务，是因为你的某些学科知识，或之前可能有过的经验在这里恐怕没有用武之地。

你的目标

你的目标是让尽可能多的学生改变对西方人时间观念的态度。具体而言，你要让学生对下列陈述产生不同意见：

- 时间就是金钱；
- 时不我待；
- 及时修补，避免更大的损失；
- 时间非常重要。

你要在 15 分钟内达到这个目标。

材料

1. 预备测验：（见附录）；
2. 后期测验（见附录）；
3. 评分表（见附录）；
4. 学生满意度调查表（由导师负责准备）。

特殊条件和限制

开始上课前，为每个学生领取一份预备测验试卷。发放试卷，让学生作答。在上课前收上来。

结束本堂课

当学生准备好做后期测验时，给导师提示。（你有可能提前结束）从导师那里领取试卷和学生满意度调查表。

发放试卷让学生做。做完后（时间不得超过 2 分钟），将预备测验试卷发回给学生，让学生对比两次测验，找出他们发生的变化。

接下来，发放学生满意度调查表。学生填写调查表时，将预备测验试卷和后期测验试卷都收上来，把变化记录到评分表里。发回两份试卷，将满意度调查表收上来。

开始小组讨论。

这个反思型教学课任务是由俄亥俄州州立大学唐纳德·R. 克里克山克教授提供的。

有关时间的任务：预备测验

姓名__________

以下是一些有关时间的陈述。根据你的同意程度在每条陈述后面打钩。打钩必须打在格子当中，不能打在横线上。

陈　　述	强烈同意	同　意	不同意	强烈不同意
1. 时间就是金钱				
2. 时不我待				
3. 及时修补,避免更大的损失				
4. 时间非常重要				

给自己评分

在"强烈同意"一栏打钩,得0分。

在同意一栏打钩,得1分。

在不同意一栏打钩,得2分。

在强烈不同意一栏打钩,得3分。

预备测验的个人总分=________

有关时间的任务:后期测验

姓名________

第一部分

以下是一些有关时间的陈述。根据你的同意程度在每条陈述后面打钩。打钩必须打在格子当中,不能打在横线上。

陈　　述	强烈同意	同　意	不同意	强烈不同意
1. 时间就是金钱				
2. 时不我待				
3. 及时修补,避免更大的损失				
4. 时间非常重要				

第二部分

这次反思型教学课是否使你对时间的态度有所改变?(在方格里打钩)

□是的　　　　　　　　　□不是

第三部分

给自己评分

在“强烈同意”一栏打钩，得 0 分。

在“同意”一栏打钩，得 1 分。

在“不同意”一栏打钩，得 2 分。

在“强烈不同意”一栏打钩，得 3 分。

后期测验的个人总分＝________

第四部分

后期测验的个人总分减去预备测验的个人总分＝________

此分数表示个人发生变化的程度（你有可能得负分）。

有关时间的任务：评分表

学生做完后期测验后，将变化分相加（预备测验的第四部分），记录在下面。

学生的总变化分	
没有变化（变化分为 0）的学生数	
朝目标方向变化（变化分为正值）的学生数	
反目标方向变化（变化分为负值）的学生数	

根据预备测验的第二部分

有多少学生觉得这堂课改变了他们对时间的态度？________

有关诚实的任务

仔细阅读每一部分。

对此项反思型教学任务的描述：

你和其他几位同学一起被选中给几个同伴上一小节课。这个练习旨在提供机会让你体验教学并对大家的教与学进行反思。设计课堂教学时要采用你认为既能让学生学到知识又能让学生满意的方法。

你的课是关于________

本堂课简介

教师要让学生的态度发生改变——即他们尝试让学生改变对人、事、所学内容等的看法。以下是教师如何改变学生态度的例子：

1. 加拿大蒙特利尔是一个自古以来英法文化共存的地区。那里的教师试图让学生尊重和包容文化差异。

2. 一些教师试图改变成绩较差的学生的学习态度，以便使他们在学习上取得更大进步。

3. 一位英语老师试图培养学生对阅读的积极态度。

下面的目标要求你改变几个同伴的态度。选择让你完成这项任务，是因为你的某些学科知识，或者之前可能有过的经验在这里恐怕没有用武之地。

你的目标

你的目标是让尽可能多的学生改变对诚实的观念。具体而言，你要让学生对下列陈述产生不同意见：

- 诚实是上策；
- 没有比诚实更珍贵的遗产；
- 诚实者最明智；
- 真相总有水落石出的时候。

你要在 15 分钟内达到这个目标。

材料

1. 预备测验（见附录）；
2. 后期测验（见附录）；
3. 评分表（见附录）；
4. 学生满意度调查表（由导师负责准备）。

特殊条件和限制

开始上课前，为每个学生领取一份预备测验试卷。发放试卷，让学生作答。在上课前收上来。

结束本堂课

当学生准备好做后期测验时，给导师提示（你有可能提前结束）。从导师那里拿到试卷和“学生满意度调查表”。

发放试卷让学生做。做完后（时间不得超过两分钟），将预备测验试卷发回给学生，让学生对比两次测验，找出他们发生的变化。

接下来，发放《学生满意度调查表》。学生填写调查表时，将预备测验试卷和后期测验试卷都收上来，把变化记录到评分表里。发回两份试卷，将满意度调查表收上来。

开始小组讨论。

这个反思型教学课任务是由俄亥俄州州立大学唐纳德·R. 克里克山克教授提

供的。

有关诚实的任务:预备测验

姓名________

以下是一些有关诚实的陈述。根据你的同意程度在每条陈述后面打钩。打钩必须打在格子当中,不能打在横线上。

陈 述	强烈同意	同 意	不同意	强烈不同意
1. 诚实是上策				
2. 没有比诚实更珍贵的遗产				
3. 诚实者最明智				
4. 真相总有水落石出的时候				

给自己评分

在强烈同意一栏打钩,得 0 分。

在同意一栏打钩,得 1 分。

在不同意一栏打钩,得 2 分。

在强烈不同意一栏打钩,得 3 分。

预备测验的个人总分=________

有关诚实的任务:后期测验

姓名________

第一部分

以下是一些有关诚实的陈述,根据你的同意程度在每条陈述后面打钩。打钩必须打在格子当中,不能打在横线上。

陈 述	强烈同意	同 意	不同意	强烈不同意
1. 诚实是上策				
2. 没有比诚实更珍贵的遗产				
3. 诚实者最明智				
4. 真相总有水落石出的时候				

第二部分

这次反思型教学课是否使你对诚实的态度有所改变?(在方格里打钩)

□是的　　　　　　　　□不是

第三部分

给自己评分

在强烈同意一栏打钩,得0分。

在同意一栏打钩,得1分。

在不同意一栏打钩,得2分。

在强烈不同意一栏打钩,得3分。

后期测验的个人总分=________

第四部分

后期测验的个人总分减去预备测验的个人总分=________

此分数表示个人发生变化的程度(你有可能得负分)。

有关诚实的任务:评分表

学生做完后期测验后,将变化分相加(预备测验的第四部分),记录在下面。

学生的总变化分	
没有变化(变化分为0)的学生数	
朝目标方向变化(变化分为正值)的学生数	
反目标方向变化(变化分为负值)的学生数	

根据预备测验的第二部分

有多少学生觉得这堂课改变了他们对诚实的态度? ________

学生满意度调查表

扮演教师角色的学生的姓名________

1. 作为学生,你对这堂课是否感到满意?在评定下面的等级时,考虑这位教师使用的教学手段以及这些手段是否满足你的需要。

4	3	2	1
非常满意	比较满意	有点不满意	非常不满意

2. 这位教师做的哪些事情让你感到满意?
3. 这位教师本来还可以做哪些事情让你更满意?

学生满意度调查表

扮演教师角色的学生的姓名________

1. 作为学生,你对这堂课是否感到满意?在评定下面的等级时,考虑这位教师使用的教学手段以及这些手段是否满足你的需要。

4	3	2	1
非常满意	比较满意	有点不满意	非常不满意

2. 这位教师做的哪些事情让你感到满意?
3. 这位教师本来还可以做哪些事情让你更满意?

第三单元　221 教室：模拟教学——解决课堂问题

有一件事情是可以肯定的，那就是教学绝对不是一件枯燥的事情！这是因为每天你要面对不同的智力挑战和情感挑战。我们猜想你可能会喜欢接触一些更让人烦恼且频繁发生的问题，并通过解决这些问题获得益处。这就是为什么我们编写了这一单元：《221 教室：模拟教学——解决课堂问题》。假设你是林肯公园中学的一名新教师，本单元列出了在你的课上发生的 14 件事。类似事件在小学和高中都时有发生。

我们的模拟教学从你参观新学校、拜访校长帕特·泰勒开始，随着事件的一一解决而展开。顺便说一句，这些事件和本书各个章节都有直接联系，尤其是关于学生多样化、学习、教学、评估等部分。而且还体现了你在第十三章学到的教师的五大关注区域：人际关系、控制、和家长的关系、学生的成功，以及时间。这次模拟教学为你提供了一个运用所学知识的绝佳机会。祝你玩得开心——也祝你好运！

拜访校长

我叫帕特·泰勒，是林肯公园中学的校长。你能在开学前几天就来报到，我很高兴。这样的话，你就有机会熟悉校园、了解你学生的档案信息了。

我来介绍一下我们学校和学区的情况。你知道吧，我们位于郊区，真的，是城市发展让我们有了今天。过去我们这儿都是农场和果园，那时还算不上一个富饶的郊区。我们的收入处于州的中等水平，但比附近大多数学区要低一些。学生家长大都是蓝领工人，只有一小部分经营小企业，个别家长从事专门职业。

70%的学生和亲生父母共同生活，15%和母亲生活，4%和父亲生活；其余学生和亲生父（母）亲及继母（父）生活，和其他亲戚生活，或者和养父母一起生活。极少一部分学生住在一个社区寄宿中心。大家都认为我们学区的居民工作勤劳，对子女抱有很高期望，虽然我们常常达不到他们的预期。但这没什么，有挑战是件好事！

我们的学生都是 5 年级到 8 年级，学生总数 750 人。他们在大多数全国标准化考试中的成绩接近中等水平。每天出勤率很高，在 96%到 98%之间，可见我们某方面肯定做得很好。我觉得是教学。我们的目标是让课堂成为一个令人兴奋的地方，这样孩子们就都愿意来上课。当然，我们也会经常检查出勤和迟到状况。我们还努力保持学校干净整洁，让学生以学校为荣。我眼中的林肯公园中学是一个有序而不乏生动、安静而不过分纵容、让学生集中精力学习的地方。在我看来，我们不仅是学区里最好的学校，而且是全县最好的学校。孩子们知道自己肩负着什么样的期望，他们都尽自己的全力，努力学习，不辜负学校的期望。总的来说，他们都很合作，为来到这里上学而感到高兴和骄傲。

你可能想了解一下你的同事。我们学校共有 39 名教师，其中有 30 名女教师，9 名男教师；四名黑人教师，一名西班牙教师，还有一名韩国教师。他们大多数都是教小学出身的。很少有哪所中学有这种情况，不过在我们看来，这些老师都非常不错。此外，我们还有 1 位副校长戴尔·西摩、1 位教学顾问玛丽安·罗杰、四位专门负责指导有特殊需要的学生的老师、1 位图书馆管理员、1 位家庭——学校协调员，以及 1 名护士。

我们的教学体现了时下流行的中学教育观念，包括集体教学、反分班教学和合作式学习等。集体教学的意思是来自不同学科领域的教师共同设计教学甚至共同讲课。比如，去年，社会科学、英语、音乐和艺术老师共同设计并教了一个关于殖民地时期的美国的单元。反分班教学是指我们正在尝试的合作式学习小组，每个组里的学生差异都非常大。我们还实行了邀请式学习，你可能在课本里学到过这种教学方法。别以为这些就是所有教育问题的答案了，不过现在我们的教职员工都坚信我们在朝着正确的方向努力。

老师们不喜欢的一件事是，这所学校分为四个独立的"区域"。这一问题导致有的老师觉得自己和认识、喜欢的人隔离开了。我们有不同的"区域"教学安排。你现在所在的 Orange 区，教室都是独立的；也就是说一个班的学生一整天都由一名教师负责到底。大多数新教师都喜欢一开始的时候教这样的班，然后再换到其他更有挑战性的岗位上。其他"区域"包括集体教学、多年级教学以及区段排课教学。在区段排课教学区域，每天不是上 8 节 50 分钟的课，而是 3 节两小时的课。

学生家长都对我们学校相当满意。我们去年做了一项调查，87%的家长认为我们很好地满足了学生的教育需求。90%的家长认为教师期望学生尽自己的全力，举止得体。我们理解，这个年龄阶段的学生都很敏感、容易受伤害，所以不能让学生觉得没面子，应当尊重他们。

我们为穷人募捐食物和衣服，偶尔还为社区的慈善事业筹集资金。老师们希望学生有参与社区活动的强烈责任感，对他人要有慈善之心。

我们虽然是所中学，但更像是融合了小学和初中的教育，对此学生家长都举双手赞成。他们认为这样就好比提前开始接受中等教育，但却是在一个安全、温暖的环境下接受教育。这里的学生喜欢把自己看做已经成年、年纪太大不能再上小学的青年人。

好了，就说这么多。我得让你专心做自己的正事了。需要什么帮助随时跟我们说，我和戴尔会帮你的。*

* 对林肯公园中学及学区的描述一部分是根据 J. Lipsitz 的文章《年轻人的成功学校》(*Successful Schools for Young Adolescents*)改编的，27～58，新不伦瑞克(New Brunswick)，新泽西州和伦敦：Transaction Books 出版社，1984 年版。

14 件课堂事件

事件 1:221 教室里的“特困生”

刚才的一个小时里，你的学生在进行小组活动，做一个他们很喜欢的项目。然而你在巡视的时候发现阿什莉·史密斯有点儿懒洋洋的。她什么话都不说，低着头，脑袋搭在胳膊上。你暗自打算课后要找她谈谈。

小组活动结束时，你让学生们回到自己的座位上。他们在教室里走动时，你听到某处传来一阵哈哈大笑。沙伦正在说：“醒醒，阿什莉！阿什莉！醒醒！你坐到我的位子上了。”你走过去，发现阿什莉一副睡眼惺忪的表情，还揉了揉眼睛。

后来你找阿什莉谈她在课上睡觉的事情。她告诉你她父母都要上夜班，她得照顾弟弟妹妹，哄他们睡着，然后看电视看到很晚，因为她喜欢等父母都回家了再睡觉。

你知道阿什莉不能再掉课了。她很多课都是勉强及格，而且缺勤和迟到了很多次。你该怎么帮她？

档案信息

阿什莉·史密斯和母亲、继父以及四个学龄的弟弟妹妹生活在同一个屋檐下。父母在一家制造厂上夜班。除了周末，其他时间家里都没有大人，阿什莉成了家里的小大人。所有孩子都有缺勤和迟到的问题。尽管阿什莉的考试成绩都是刚刚及格，但她的学习能力尚处于中等水平。她两只耳朵都有点儿背，也不太讲个人卫生。同学们对她比较冷淡，她似乎也没什么要好的朋友。

事件 2:安吉洛奋起反抗了

安吉洛长着一头乌黑的卷发，圆溜溜的棕色眼睛，健康的肤色，十足一个美男子。或许是因为他长相俊秀，风度翩翩，才华横溢，班里甚至全校的女生都被他迷住了。他还会弹一手好吉他，歌声动听，舞姿优美。安吉洛让所有女生都一见倾心，这让男孩子们很是恼火。更糟糕的是，他对体育和其他“男人的”活动不感兴趣。

本学年，安吉洛已经成为男生们讥笑的对象。大家时不时地把他推来推去的。今天一大早，有些女生说安吉洛在上学路上挨了一顿打。15 分钟后，安吉洛带着他哥哥冲进了教室，他哥哥朝一名学生叫嚣：“你再动安吉洛一根寒毛试试！”你该怎么办？

档案信息

安吉洛·卡佩尼安和父母、哥哥、姐姐住在一起，有着吉卜赛人的血统。他们家住在学区边上，是一个数代同堂的大家族的一个分支。他父母做二手车生意，还在县里的集市上经营一个游乐场。他们自己说吉卜赛语，而且在外人面前也和孩子说这种语言。一家人都高高兴兴的，生活条件很不错。安吉洛和哥哥姐姐在学校的日子就没这么舒坦了。父母不允许他们和其他孩子自由交往，放学后他们要回家帮父母做生意。

安吉洛是个帅气、体贴的男孩子，因此女生们都很喜欢他。和大家在一起时他也爱开开玩笑。他会弹吉他，会跳舞。

安吉洛几年来的成绩都是刚及格。很多时候似乎都是老师提了他一把他才顺利升级。所有教过安吉洛的老师都觉得他是个幽默风趣的孩子，但却是个让老师头疼的学生。

事件3：上学太无聊了！无聊至极

你很喜欢汤姆。这名学生忠厚老实，个性随和，朋友很多，而且从来不惹麻烦。他是个完美的孩子？不！汤姆不喜欢学习。对于这样一个每天按时来上课的学生，你觉得简直不可思议。

一到学习时间，他就懒懒散散的，手头每件任务都能勉强完成，但到了要交作业时，汤姆就交不出来了；快考试时，他从来不认真准备。你已经和他母亲见了好几次面，她非常想配合你的工作，采纳了你所有建议，包括监督汤姆学习，直到作业全部做完再开电视，等等。可实践证明要真正做到并不容易。因为她不是总能确切地知道汤姆到底要做什么作业；连汤姆自己都不清楚，而且她也不可能整天寸步不离地跟着汤姆。

几个月后，你终于发现汤姆有所转变。当你问他怎么了的时候，他不再只会耸耸肩膀冲你微笑了。今天，他对你抱怨："上学太无聊了！"你该如何应对？

档案信息

汤姆·林德格伦和母亲、继父以及两个同母异父的妹妹生活在一起。他的亲生父亲在他很小的时候就离开了他，此后就音信全无。汤姆的母亲想方设法要找到汤姆的父亲，从他那得到子女抚养费。根据标准化考试的结果，汤姆的学习能力中等偏上。但他考试总是勉强及格，各科成绩波动很大。老师们觉得他是一个外向、乐观、友好的人，需要经常敦促才能认真完成学业任务和其他责任。

事件4：玛娜呀！玛娜

你一向都害怕班里出现一个爱捣乱的学生。不幸的是，真的来了这么一个。玛娜绝对是个捣蛋鬼。你能想到的，她都做到了：没有一刻安静地坐在位子上，在课堂上大喊大叫，总是和同桌讲话，用钢笔戳别人，乱拿别人的东西，把书丢在地上，没事就哼哼，不按顺序排队，等等。以前，其他老师说希望玛娜转到其他学区去的时候，你还觉得这样想有点儿太残忍了，可现在你尴尬地发现自己也开始有同感。学生们不是被玛娜惹恼就是给逗乐：当她招惹**同学**时，同学火冒三丈。当她招惹**老师**时，同学哈哈大笑。你怀疑自己是否太敏感了，可你知道你和全班同学的关系一向都非常融洽。你该怎么办？

档案信息

玛娜·赖特和父母生活在一起。她是个漂亮的女孩，学习能力中等偏上。她在学校一直都表现出很幼稚的社交行为；早在一年级时，她就接受了学校心理医生的辅导。心理报告写得特别详细，说玛娜是父母结婚 17 年才生的独苗，双亲对她要求都很严格，她在家很听话。校方联系了玛娜的父母，当他们得知她在学校的表现，都感到非常失望，发誓要和她谈谈。与此同时，他们也表示这可能是学校的问题，恐怕不是自己管得了的。有一次，他们还质疑玛娜的老师是否称职。校长帕特·泰勒找玛娜谈过很多次话，觉得她总有一天会成熟起来的。

事件 5：老师的职责就是教好书

学生们正在安静地独立完成作业，你在学生中间走动，监督他们的学习情况。这时阿姆斯特朗夫人的一个学生突然走进教室说："我们老师的粉笔用完了，能借几支吗？"今天的课已经是第二次被打断了，学生们开始开小差，唧唧喳喳地讲话。

几分钟后又一名学生出现在教室门口，递给你一张校长帕特·泰勒写的字条："请在十点到十点半之间让学生休息。水管坏了，十点半后会停水。谢谢！"

中午，你仔细阅读办公室布告栏里的通知，提醒自己：学生体检明天开始，要在学生进步卡片上写这一阶段的评语了，每季度出勤表格也该交了，你在学校市场上的任务是和一位家长一起卖爆米花。

你站在那里，紧张地想：我备课和上课的时间哪去了？

事件 6：我怎么能做到

你从来都坚信，要成为一名优秀的教师必须做三件事情：备课、讲课和评估学生的学习情况。至少，在学习师范课程时老师是这么教你的。可每件事情都要花很多时间。时间从哪来？

当然，你必须上课，而且要上得好，必须备好课。所以，你几乎把所有时间和精力都花在这上面，这是可以理解的。与此同时，你又觉得自己在评价方面做得很不够，因为你的评价活动局限于出试卷和批改试卷。你很少进行"非正式评估"，比如系统地观察学生、使用清单和等级量表、收集和评价学生每天完成的作业等。你自问：我该怎么安排时间？

事件 7:我是个好老师吗

你热爱教学。早在下决心当老师之前,你就对未来充满了憧憬,设想自己用各种方式帮助别人。你喜欢上学,热爱学习,当老师似乎是个再合适不过的选择。然而,你越来越明显地感到,有的学生并不像你一样喜欢上学。比如,汤姆·林德格伦觉得上学很无聊,而且当众这么说。有的学生更消极,当一天和尚敲一天钟,老师要求做什么才去做,而且只知道愁眉苦脸地和同学对视。你想起了有关优秀教师的一些流行电影和传记。怎样才能像他们一样呢? 或许那样才能让学生更喜欢学习。

事件 8:有教无类

如果全班学生都是一个模子里刻出来的,教起来会容易得多。遗憾的是(或幸运的是),他们各有千秋。最让你担心的是那些掉队的学生,而安德烈·哈里森就是其中之一。今天他害羞地递给你一张字条:

> 亲爱的老师:
>
> 请原谅安德烈没有按时完成家庭作业,他从吃完晚饭一直到上床睡觉都在拼命写作业,甚至没看他最喜欢的电视节目。你知道,安德烈阅读能力比较差,但他非常努力。我知道作业并不难,所以我们没有任何责怪您的意思。我们衷心感谢您给予我们儿子的任何帮助。
>
> 此致
>
> 敬礼
>
> 艾尔伯塔·哈里森夫人

你将如何使教学更加个人化,以帮助更多的学生学习?

事件 9:惩罚

你最不愿意做的事情之一就是惩罚学生。在你看来,惩罚学生意味着你承认自己做错了事情——承认自己的失败。然而,有些时候惩罚又是必需的。校长帕特·泰勒认为该是整顿惩罚政策的时候了。所有老师都要回答下面的问题,要写满一页纸:

1. 在什么情况下可以对学生实施惩罚措施?
2. 我们学校应当允许哪些惩罚措施?

你会怎么回答?

事件 10:注意了

你认为,老师很难抵挡电影、MTV、电脑软件等娱乐项目给学生带来的诱惑而把学生的注意力转移到自己身上。显然，从学生的角度看，学校肯定是个无聊乏味的地方——日复一日，用同样的方法做同样的事情。你决定想出一些能更好地吸引学生兴趣的方法。你会想到哪些？

事件 11：家长，救救你们的孩子

林肯公园中学年长一些、更有经验的老师经常谈起“过去美好的时光”。坦白地说，你已经听烦了，不过他们说的话也不无道理。事实上，家长对学校不予支持的现象让全体教师深感担忧。你经常能听到家长把孩子捣乱、成绩差、不喜欢上学等都责怪到老师头上。如果哪个学生惹了麻烦，家长很有可能认为问题出在学校和老师身上。有的老师能理解这一现象，指出如今经济状况不景气，越来越多的家长工作时间延长了，甚至遭受婚姻失败。因此，在必要的时候要得到家长的帮助更是难上加难。

作为一名新教师，你对此持保留意见，但同时你又十分希望得到家长的配合。你该怎么办？

事件 12：打破砂锅问到底

评估学生根本没有乐趣可言。要花很多时间才能做好：花好几天时间批改试卷和测验，再花更长时间计算等级分数，再把分数填在成绩报告单上，登分工作也一样的枯燥。昨天你在最后一份成绩报告单上记录下最后一项成绩，然后离开了学校。走出办公室时，你回头看了一眼书桌上一大堆成绩报告单，觉得完成了一件大事，心情好极了。

今天该发成绩报告单了，可报告单却不翼而飞。后来，学校管理员唐·帕森斯走进教室，戴着橡胶手套的手里拿着一堆报告单。“我在小便池里发现了这些东西。”他用平静的语气说道。旁边有几个学生窃笑。回想这次事件，你自问：“怎么会有人做这种事？”你该怎么办？

事件 13：两难境地

有几名学生非常努力，可没什么效果，他们就是学不会。虽然他们认真听讲，完成每次作业，但他们的作业不是做得差就是做错了。你对这些学生深表同情，但却让自己陷入了左右为难的境地。如果你让他们及格，你是在自欺欺人。如果你不让他们及格，他们有可能放弃努力。你对自己说，肯定有解决办法的。于是你给学生家长寄了期中考试不及格通知书。第二天早上，一个学生的母亲在大厅里堵住了你，问道：“你是不是对我儿子有偏见？”你会如何应对？

事件 14：专业人士也不过如此

你认为教师属于专业人士。可在员工休息室里，你耳闻目睹教师相互挑刺、对学生进行人身攻击、散播流言、抱怨校长、取笑家长、不生病的时候却请病假，这番情景实在让你沮丧。你发誓再也不踏进员工休息室一步。可你不能那样做。你该怎么办？

附加事件：你该怎么办

回忆你曾目睹一位教师进退维谷的情况。把它记录下来并和同伴一起想办法解决。

词汇表

A

Academic games	学习游戏
Academic instruction time	教学时间
Academic learning time，ALT	学习时间
Accountability	责任感
Achievement gap	成绩差距
Achievement tests	学业成绩测验
Action research	行动研究
Action zone	行动区域
Active listening	积极倾听
Active teaching	积极教学
Activity reinforces	活动强化
Activity routines	活动惯例
Advance organizers	先行组织者
Affective domain	情感领域
Affiliation need	人际交往需求
Alternative responses	备选项
Anecdotal comments	教师评语
Anticipatory set	预期定向
Applied behavioral analysis，ABA	应用行为分析法
Aptitude tests	能力测验
Artifact	物件
Assessment	评估
At-risk children	危险儿童
Attention deficit disorder，ADD	注意力缺陷症
Authentic learning	实境学习法

B

Baseline	基线
Basic practice	基本实践
Behavior disorders	行为不端
Behavior modification	行为矫正
Behavior learning theory	行为学派学习理论
behaviorist	行为学家

词　汇　表

Benchmarks	基准
Block plan	分段计划
Brainstorming	头脑风暴

C

Case approach	案例研究法
Case study	案例分析
Center of interest	兴趣中心
Child abuse	虐待儿童
Classical conditioning	经典条件反射
Classroom management	课堂管理
Climate	气氛
Cognitive development	认知发展
Cognitive domain	认知领域
Cognitive learning theory	认知学派学习理论
Cognitive style	认知风格
Cognitivists	认知学家
Colloquium	座谈会
Computer-assisted instruction，CAI	计算机辅助教学
Conceptual tempo	概念速度
Concrete operational stage	具体执行期
Conflict resolution	解决冲突
Constructivism	建构主义
Control need	控制的需求
Convergent thinking	集中型思维
Cooperative learning	合作学习
Created response items	主观题
Criterion-referenced scores	标准参照分数
Cumulative record	学生档案
Curriculum alignment	和课程的一致性
Curriculum guides	课程指南

D

Demonstrations	演示
Developmental stages	发展阶段

Dialogue journal	对话日志
Differentiated instruction	差异化指导
Direct teaching or instruction	直接指导
Disabled or challenged children	残疾儿童/受挑战的儿童
Discovery learning	探索学习
Distance education	远程教育
Divergent thinking	发散型思维
Domains of learning	学习领域
Dyslexia	阅读困难

E

Economically disadvantaged children	贫困学生
Efficacy	效能感
Emotional intelligence，EQ	情商
Established structure	既定的规则
Establishing set	设置定向
evaluation set	评价定向
Executive planning routines	行政计划惯例
Explicit instruction	清晰的指导
Expository lesson	讲解课
Expository teaching	讲解式授课
Extended response items	拓展性问答题
Extinction	消退法

F

Field-dependent	场依存型
Field-independent	场独立型
Field observation	实地观察
Follow-up	后续提问
Formal curriculum	正式课程
Formal interview	正式访谈
Formal observation	正式观察
Formal operational stage	正式执行期
Formative assessment	形成性评估

词 汇 表

G

Gender roles	性别角色
Generativity	传承
Gifted and talented learners	资赋优异和有特殊才能的学生
Grade equivalent scores	等级分数

H

Handicapped or challenged children	残疾或受挑战的儿童
Head Start program	起步计划
Higher-level cognitive skills	更高层次的认知技巧
Humanistic learning theory	人本学派学习理论
Hurried children	繁忙的儿童
Hyperactivity	多动症

I

Impulsive learning/thinking style	冲动型学习/思考风格
Independent study	独立学习
Indirect teaching or instruction (learner-centered instruction)	间接教学或指导(以学生为中心的指导)
Individualized Educational Plan，IEP	个别化教育计划(IEP)
Individualized instruction	个别化指导
Individuals with Disabilities Education Act (*Public Law* 105～117)	残疾个体教育法案(公共法第 105～117 条)
Informal observation	非正式观察
Information processing	信息加工
Inquiry learning	调查学习
Inquiry-oriented teaching	以探究为导向的教学
Instructional alternative	教学方法
Instructional clarity	讲课清晰度
Instructional objective	教学目标
Instructional planning	教学计划
Instructional routines	教学惯例
Intervention	干预
Invitational learning	引导式教育

Inviting classroom	吸引人的课堂
Inviting School Success	取得学业成功

L

Laboratory experiences	在校实验教学
Latchkey programs	钥匙儿童
Latchkey programs	钥匙计划
Learning ability	学习能力
Learning module	学习模块
Learning style	学习风格
Learning theory-based direct instruction	基于学习理论的直接指导
Least restrictive environment	限制性最小的环境
Lesson plan	课程计划
Long-term memory	长时记忆

M

Mainstreaming	主流教学
Management routines	管理惯例
Mandated time	规定的时间
Mastery learning	掌握学习
Matching items	搭配题
Meaningful learning	有意义学习
Measurement	测评
Momentum	步调
Microteaching	微格教学
Moral development	道德发展
Moral education	道德教育
Morality of constraint	强制性道德观
Morality of cooperation	合作性道德观
Multiethnic education	多种族教育
Multi-choice items	多项选择题
Multiple intelligence	多元智力理论
Multiple intelligences	多元智力

N

Negative reinforcement	负面强化

Non-grade/ungraded school	不分级学校
Norm-referenced scores	常模参照分数
Normal curve	正态曲线
Norming group	常模实例

O

Observational learning	观察学习
Online schools	在线学校
Operant conditioning	操作条件反射
Orientation set	方向定向
Overcorrection	过度纠正
Overlapping	一心多用

P

Parent relationships and home conditions need	和家长的关系以及家庭条件需求
Peer assisted learning	同伴辅助学习
Percentile rank(PR) score	百分比排名分数
Perceptual modality preferences	感官模式偏好
Performance differences	表现差异
Physical environment	自然环境
Physically challenged or impaired	生理上受到挑战或存在障碍的
Positive expectations	积极期望
Positive reinforcement	积极强化
Precision teaching	精确教学法
Preoperational，prelogical stage	前执行期、前逻辑期
Proactive management	前瞻性管理
Problem solving	解决问题
Proficiency test	水平考试
Programmed instruction(PI)	编程教学法
Project method	通过完成项目来学习的方法
Protocols	实例分析
Proximity	邻近感
Psychological androgyny	心理上的两性同体
Psychological environment	心理环境
Psychomotor domain	动作技能领域
Psychosocial development	社会心理发展

R

Raw score	原始分数
Reactive management	应对性的管理
Receptive learning	接收式学习法
Reciprocal teaching	互动式教学
Reflective teaching	反思型教学
Reinforcement menu	强化菜单
Reinforcement theory	强化理论
Research-based direct teaching or instruction	基于研究的直接教学或指导
Resilient children	具有挫折忍受力的儿童
Resource unit	资源单位
Restricted response items	限制性问答题
Role confusion	角色混淆
Role playing	角色扮演
Rubric	量规

S

Score band	分数群
Selected response item	客观题
Self-directed learning	自我指导的学习法
Self-esteem	自尊
Self-fulfilling prophecy	自我实现的预言
Self-referenced grading system	自我参照等级制度
Sensorimotor stage	感官驱动期
Set induction	定向归纳
Short-term memory	短时记忆
Simulation games	模拟游戏
Smoothness	流畅性
Social learning	社会学习
Social reinforces	社会性强化
Socioeconomic status, SES	社会经济地位
Speech impairment	语言障碍
Standard deviation	标准偏离
Standard scores	标准分数
Standardized tests	标准化考试
Standardized test score	标准化考试分数

Stanine score	九分制分数
State standards	州标准
Student cooperation and accountability	学生合作和责任感
Student misbehavior	学生的不良行为
Student success need	学生的成功需求
Summative assessment	总结性评估
Sustained expectations	可持续期望

T

T score	T分数
Tangible reinforces	实物强化
Task orientation	以任务为导向
Taught curriculum	实际所授课程
Teachable moment	可教的时刻
Teacher centrality	以教师为中心
Teacher sense of efficacy	教师的效能感
Team teaching	集体教学
Test blueprint	命题蓝图
Test sophistication	考试技巧
Time need	时间需求
Time on task	完成任务的时间
Time-out	计时隔离
Transition set	过渡导向
Transitions	过渡

V

Valence and challenge arousal	激发价值观和挑战心
Value clarification	价值澄清
Variety and challenge	多样化和挑战
Virtual, online or e-schools	虚拟的、在线的学校,或者叫电子学校

W

Wait time	等候的时间
Withitness	明察秋毫

参考文献

第一章

Artiles, A. J., Mostert, M. P., & Tankersley, M. (1994). Assessing the link between teacher cognitions, teacher behaviors, and pupil responses to lessons. *Teaching and Teacher Education*, *10*(5), 465 - 481.

Biehler, R., & Snowman, J. (2002). *Psychology applied to teaching*. Boston: Houghton Mifflin.

Bracey, G. (1999, November). Reducing class size. *Phi Beta Kappan*, *81*(3), 246 - 247.

Cole, A., & Knowles, J. (1993). Shattered images. *Teaching and Teacher Education*, *9*(516), 457 - 471.

Cruickshank, D. (1990). *Research that informs teachers and teacher educators*. Bloomington, IN: Phi Delta Kappa.

Cruickshank, D., & Callahan, R. (1983). The other side of the desk: Stages and problems of teacher development. *The Elementary School Journal*, *83*(3), 251 - 258.

Darling-Hammond (2000). Teacher quality and student achievement. *Educational Policy Analysis Archives*, *8* (1) ISSN 1068 - 2341.

Dunkin, M. J., & Biddle, B. J. (1982). *The study of teaching*. Washington, DC: University Press of America.

Ehrenberg, R., Goldhaber, D., & Brewer, D. (1995, April). Do teachers' race, gender, and ethnicity matter? Evidence from the National Educational Longitudinal Study. *Industrial and Labor Relations Review*, *48*(3), 547 - 561.

Finn, J., Gerber, S., Achilles, C., & Boyd-Zaharias, J. (2001, May). The enduring effects of small classes. *Teachers College Record*, *103*(2), 145 - 183.

Fuller, F. F., & Bown, O. H. (1975). Becoming a teacher. In K. Ryan (Ed.), *Teacher education*. 74th Yearbook of the National Society for the Study of Education, Part II (pp. 25 - 52). Chicago: University of Chicago Press.

Garrahy, D. (2003). Speaking louder than words: Teachers' gender beliefs and practices in third grade classrooms. *Equity and Excellence in Education*, *36*(1), 96.

Goddard, R., Hoy, W., & Hoy, A. (2004, April). Collective efficacy beliefs. *Educational Researcher*, *33*(3), 3 - 13.

参考文献

Good, T., & Brophy, J. (2002). *Looking in classrooms*. Ninth Edition. New York: Pearson.

Grossman, P. (1995). Teachers' knowledge. In L. Anderson (Ed.), *International encyclopedia of teaching and teacher education*. Second Edition (pp. 21 - 24). Tarrytown, NY: Elsevier Science.

Housner, L., & Griffey, D. (1985). Teacher cognition. *Research Quarterly for Exercise and Sport*, *56*, 45 - 53.

Kagan, D. M. (1992, Summer). Professional growth among preservice and beginning teachers. *Review of Educational Research*, *62*(2), 129 - 169.

Kalaian, H., & Freeman, D. (1994). Gender differences in self-confidence and educational beliefs. *Teaching and Teacher Education*, *10*(6), 647 - 658.

Kane, R., Sandretto, S., & Heath, C. (2002, Summer). Telling half the story: A critical review of research on the teaching of beliefs and practices. *Review of Educational Research*, *72*(2), 177 - 228.

Li, Quig (1999). Teachers' beliefs and gender differences in mathematics. *Educational Research*, *41*(1), 63 - 76.

McIntyre, L. (1988, June-July). Teacher gender: a predictor of special education referral. *Journal of Learning Disabilities*, *21*(6), 382 - 83.

Morrison, A., & McIntyre, D. (1973). *Teachers and teaching*. Harmondsworth, Middlesex, England: Penguin Education.

Nettle, E. (1998). Stability and change in the beliefs of student teachers during practice teaching. *Teaching and Teacher Education*, *14*(2), 193 - 204.

Ormrod, J. (2002). *Educational Psychology*. Englewood Cliffs, NJ: Prentice Hall.

Perie, M., & Baker, D. (1997). *Job Satisfaction among America's Teachers: Effects of Workplace Conditions, Background Characteristics, and Teacher Compensation*. Washington: National Center for Education Statistics.

Pigge, F., & Marso, R. (1987). Relationships between student characteristics and changes in attitudes, concerns, anxieties, and confidence about teaching during teacher preparation. *Journal of Educational Research*, *81*(2), 109 - 115.

Powell, R. R. (1992, June). The influence of prior experiences on pedagogical constructs of traditional and nontraditional preservice teachers. *Teaching and Teacher Education*, *8*(3), 225 - 238.

Rosenthal, R. (2003, October). Covert communication in laboratories, classrooms, and the truly real world. *Current Directions in Psychological Science*, *12*(5), 151 - 154.

Solomon, D. (1996). Teacher beliefs and practices in schools serving communities that differ in socioeconomic level. *Journal of Experimental Education*, *64*(4), 327 - 47.

Stretcher, B., Bohrnstedt, G., Kirst, M., McRobbie, J., & Williams, T. (2001, May). Class-size reduction in California. *Phi Delta Kappan*, *82*(9), 670 - 674.

Szpiczka, N. A. (1990). Display of self. Unpublished doctoral dissertation, Syracuse

University, Syracuse, NY. U. S. Department of Education (1999). National Center for Education Statistics. *What Happens in Classrooms? Instructional Practices in Elementary and Secondary Schools, 1994 - 1995*, NCES 1999 - 348, by Robin R. Henke, Xianglei Chen, & Gideon Goldman. Project Officers, Mary Rollefson and Kerry Gruber. Washington, DC.

Zahorik, J. A. (1990). Stability and flexibility in teaching. *Teaching and Teacher Education*, *6*(1), 69 - 90.

Zamorski, B., & Haydn, T. (2002). Classroom management and disaffection. *Pedagogy, Culture and Society*, *64* (2), 257 - 278.

第二章

A profile of American 8th graders. (1990). Washington, DC: U. S. Government Printing Office.

Alderman, M. K. (1999). *Motivating for teaching and learning*. Matwah, NJ: Laurence Erlbaum Associates.

American Community Survey (2003). Washington, DC: U. S. Census Bureau.

Biddle, B. (1997, September). Foolishness, dangerous nonsense, and real correlates of state differences in achievement. *Phi Delta Kappan*, *79*(1), 9 - 13.

Bracey, G. (1995, March). The myth of school failure. Paper presented at the Association for Supervision and Curriculum Development Conference. San Francisco, CA.

Bracey, G. (2002, March). What students do in the summer. *Phi Delta Kappan*, *83*(7), 497 -498.

Breckenridge, T. (2003, December 7). Are Asian kids smarter than everyone else? *Cleveland Plain Dealer*, A12.

Brown, B. F. (1980, April). A study of the school needs of children from one-parent families. *Phi Delta Kappan*, *62*(8), 537 - 540.

Caplan, N., Choy, M. H., & Whitmore, J. K. (1991). *Children of the boat people: A study of educational success*. Ann Arbor: University of Michigan Press.

Center for the Study of Social Policy. (1992). *What the 1990 census tells us about children*. Washington, DC: The Center for the Study of Social Policy.

Cohen, D. (1993, September 22). Frequent moves said to boost risk of school problems. *Education Week*, *13*(3), 15.

Coontz, S. (2000). *The way we never were*. New York: Basic Books.

Dionne, E. (2001, February 10). 2 - parent families are in comeback. *Columbus Dispatch*, Al0.

Dowd, F. S. (1990). *Latchkey children in the library and community: Issues, strategies, and programs*. Phoenix, AZ: Oryx Press.

Dwyer, K., Richardson, J., Donley, K., Hansen, W., Sussman, S., Bronnon, D., Dent,

C., Johnson, C., Floy, B. (1990, September). Characteristics of eighth-grade students who initiate self-care in elementary and junior high school. *Pediatrics*, *86*(3), 448-454.

Elkind, D. (2001). *The hurried child: Growing up too fast too soon*. Cambridge, MA: Perseus.

Ferguson, R. (2002). *Addressing racial disparities in high-achieving suburban schools*. Naperville, IL: North Central Regional Education Laboratory.

Fields, J. (2002). Children's living arrangements. Washington, DC: U.S. Census Bureau.

Fraser, A. (1989, Spring). The changing American family. *In Context*, *21*, 2-7.

Fuchs, R. F., & Reklis, D. M. (1992, January). America's children: Economic perspectives and policy options. *Science*, *255*, 41-46.

Gelardo, M. S., & Sanford, E. E. (1987). Child abuse and neglect: A review of the literature. *School Psychology Review*, *16*, 137-155.

Haberman, M. (1995). *Star teachers of children in poverty*. Bloomington, IN: Kappa Delta Pi.

Hacker, A. (1982). Farewell to the family? *New York Review of Books*, *29*, 37-45.

Hamburg, D. A. (1992). *The family crucible and healthy child development*. New York: Carnegie Corporation.

Hamburg, D. A. (1995). *A developmental strategy to prevent lifelong damage*. New York: Carnegie Corporation of America.

Hart, B., & Risley, T. (2003, Spring). The early catastrophe. *American Educator*, *27*(1), 4-9.

Hart, B., & Risley, T. (1999). *Meaningful differences*. Baltimore: Paul Brookes.

Hofferth, S. L., and associates (1998). *Healthy environments, healthy children*. Ann Arbor, MI: Institute of Social Research, University of Michigan.

Jacobson, L. (1998, November 18). Study tracks how children spend their time. *Education Week*, *18*(12), 8.

Jencks, C., Smith, M., Aclond, H., Bane, M., Cohen, D., Gintis, H., Heyns, B., & Michelson, S. (1972). *Inequality: A reassessment of the effect of family and schooling in America*. New York: Basic Books.

Kauffman, J. M. (2000). *Characteristics of emotional and behavioral disorders in children and youth*. Englewood Cliffs, NJ: Prentice Hall.

Louv, R. (1990). *Childhood's Future*. Boston: Houghton Mifflin.

Marzano, R. (2003). *What works in schools*. Alexandria, VA: Association for Supervision and Curriculum Development.

Masten, A. S., Best, K. M., & Garmezy, N. (1991). Resilience and development: Contributions from the study of children who overcome adversity. *Development and Psychopathology*, 2, 425-444.

McWhorter, J. (2001). *Losing the race*. New York: Harper Collins.

Metropolitan Life. (1998). *Survey of the American teacher*. New York: Metropolitan Life Insurance Co.

Molner, A. (ed.) (2002, January). *School reform proposals: The research evidence: Section Seven: Parent-family involvement*. Tempe, AZ: Arizona State University, Educational Policy Research Unit.

National Center for Education Statistics. (1997). *Fathers' involvement in their children's schools*. Washington, DC: Government Printing Office. (Document NCES # 98091).

Ogbu, J., & Davis, A. (2003). *Black American students in an affluent suburb*. Mahwah, NJ: Erlbaum.

Olson, L. (2000, September 7). Children of change. *Education Week*, *20*(4), 31-41.

Page, C. (2003, August 5). *Black parents have too little positive effect on teen-agers*. *Columbus Dispatch*, A11.

Patrikakou, E., & Weissberg, R. (1999, February 3). The seven P's of school-family partnerships. *Education Week*, *18*(21), 34, 36.

Plucker, J., & Omdal, S. (1997, June 18). Beyond boredom. *Education Week*, *16*(38), 32.

Popenoe, D. (1993). American family decline. *Journal of Marriage and Family*, *55*(3), 27-42.

Postman, N. (1994). *The disappearance of childhood*. London: Vintage Books.

Raspberry, W. (1998, June 12). Parenting boost would help schools. *Columbus Dispatch*, 3B.

Raspberry, W. (1993, January 14). Parents must instill kids with will to learn. *Columbus Dispatch/Forum*, 13A.

Reim, S. (1997, April). An underachieving epidemic. *Educational Leadership*, *34*(7), 18-22.

Resnick, M. (1997, September 10). Protecting adolescents from harm. *Journal of the American Medical Association*, *278*(10), 823-832.

Richardson, J. (1993, May 19). Teachers in poll seek greater federal push for parent education. *Education Week*, *12*, p. 10.

Ross, E. (2002, December 24). Kids more prone to later woes. *Columbus Dispatch*, A4.

Smith, K. (2000). *Who's minding the kids? Child Care Arrangements: Fall 1995*. Washington, DC: U.S. Census Bureau.

Sowell, T. (2003, February 28). *Pair of books bluntly expose 2 nimesises of U.S. education*. *Columbus Dispatch*, A15.

Steinberg, L., Brown, B., & Dornbusch, S. (1996). *Beyond the classroom: Why social reform has failed and what parents need to do*. New York: Simon and Schuster.

Stevenson, H. W., Chen, C., & Lee, S. (1993, January 1). Mathematics achievement of Chinese, Japanese, and American children: Ten years later. *Science*, *259*, 53-58.

Suranski Polakow, V. (1992). *The erosion of childhood*. Chicago: University of Chicago Press.

Thernstrom, A., & Thernstrom, S. (2003). *No excuses: Closing the racial gap in learning*. New York, New York: Simon & Schuster.

Thorkildsen, R., & Stein, M. (1998, December). Is parent involvement related to student achievement? Research Bulletin. *News, Notes and Quotes: Newsletter of Phi Delta Kappa International*, *43*(2), 17-20.

Traub, J. (2000, January 30). Schools can't save the urban poor. *Columbus Dispatch*, B1-2.

Turner, J., Midgley, C., Meyer, D., Gheen, M., Anderman, E., & Kang, Y. (2002). The classroom environment and student reports of avoidance strategies in mathematics. *Journal of Educational Psychology*, *94*(1), 88-106.

Urban Institute. (2002). *Primary child care arrangements of employed parents*. Washington, DC: The Institute.

Vail, K. (2003, June). Where the Heart Is. *American School Board Journal*, *190* (6), 1-8.

Viadero, D. (2000, March 22). Lags in minority achievement defy traditional explanations. *Education Week*, *19*(28), 1, 18-22.

Walberg, H., & Fowler, W. (1987, October). Expenditure and size efficiency of public school districts. *Educational Researcher*, *16*, 5-13.

Weisman, J. (1990, September 19). Latchkey 8th graders likely to possess emotional risk factors, study discloses. *Education Week*, *10*(3), 6.

Weitloft, G., Hjern, A., Haglund, B., & Rosen, M. (2003, January). Mortality, severe morbidity and injury in children living with single parents in Sweden. *The Lancet*, *361* (9354), 289-295.

Werner, E. E., & Smith, R. S. (1994). *Overcoming the odds: High-risk children from birth to adulthood*. Ithaca, NY: Cornell University Press.

Winfield, L. F. (1991, November). Resilience, schooling and development in African-American youth: A conceptual framework. *Education & Urban Society*, *24*, 3-14.

Wingert, P., & Kantrowitz, B. (1990, Winter-Spring). The day care generation. *Newsweek Special Issue*, 86-92.

第三章

American Academy of Pediatrics. (1993, October). Homosexuality and adolescence: Policy statement. *Pediatrics*, *92*(4), 631-634.

Beck, J. (1990, June 12). Getting to children early must be stressed. *Columbus Dispatch*, 11A.

Boys' academic slide calls for accelerated attention. (2003, December 22). *USA Today*, p. 17A.

Brandt, R. (1990). On learning styles: A conversation with Pat Guild. *Educational Leadership*, *48*(2), 10 - 13.

Brophy, J. (1985). Interactions of male and female students with male and female teachers. In L. Wilkinson & C. Marrett (Eds.), *Gender differences in classroom interaction* (pp. 115 - 142). Orlando, FL: Academic Press.

Burnette, J. (1999). *Critical behaviors and strategies for teaching culturally diverse students*. (ERIC Clearinghouse on Disabilities and Gifted Education ED 435147).

Carter, D. B. (1987). The role of peers in sex role socialization. In D. B. Carter (Ed.), *Current conceptions of sex roles and sex typing* (pp. 101 - 121). New York: Praeger.

Checkley, K. (1997, September). The first seven and the eighth. *Educational Leadership*, *55*(1), 8 - 13.

Clyde, L., & Lobban, M. (2000). *Out of the closet and into the classroom: Homosexuality in books for young people*. Victoria, Australia (ERIC Document Reproduction Services ED 437 482).

Cruickshank, D. (1990). *Research that informs teachers and teacher educators*. Bloomington, IN: Phi Delta Kappan.

Cushner, K., McClelland, A., & Safford, P. (2003). *Human diversity in education*. New York: McGraw-Hill.

DeFelice, L. (1989, April). The Bibbidibobbidiboo Factor in Teaching. *Phi Delta Kappan*, *70* (8), 639 - 641.

Della-Dora, D., & Blanchard, L. J. (Eds.). (1979). *Moving toward self-directed learning*. Alexandria, VA: Association for Supervision and Curriculum Development.

Dembo, M. H. (2000). *Applying educational psychology in the classroom*. New York: Addison-Wesley Longman.

Donsky, P. (2003, August 21). King Middle School: Splitting-up boys and girls. *Atlanta Constitution*, 8.

Dunn, R., Dunn, K., & Price, G. (2001). *Learning style inventory*. Lawrence, KS: Price Systems.

Dusek, J. (1987). Sex roles and adjustment. In D. B. Carter (Ed.), *Current conceptions of sex roles and sex typing* (pp. 211 - 222). New York: Praeger.

Educational Testing Service. (1997). *ETS gender study: How females and males perform in educational settings*. Princeton, NJ: Educational Testing Service.

Elias, M., Zins, J., Weissberg, R., Fry, K., Greenberg, M., Haynes, N., Kessler, R., Schwab-Stone, M., & Shriver, T. (1997). *Promoting social and emotional learning*. Alexandria, VA: Association for Supervision and Curriculum Development.

Erikson, E. (1993). *Childhood and society*. Second Edition. New York: Norton.

Evans, D. (1999, October 20). The excesses of self-esteem. *Education Week*, *19*(8), 47.

Fritz, R. L. (1992). *A study of gender differences in cognitive style and volition* (ERIC

参考文献

Document Reproduction Services ED 354 379).

Garbarino, J. (2000). *Lost boys: Why our sons turn violent and how we can save them*. New York: Anchor Books/Doubleday.

Gardner, H. (1993). *Frames of mind: The theory of multiple intelligences*. New York: Basic Books.

Gardner, H. (1988). Beyond the IQ: Education and human development. *Harvard Educational Review*, *57*, 187-193.

Gardner, H. (1995). Reflections on multiple intelligences. *Phi Delta Kappan*, *77*(30), 200-209.

Gardner, H., & Hatch, T. (1989). Multiple intelligences go to school. *Educational Researcher*, *18*(8), 4-10.

Gibson, K. (2000, August 5). Poverty is no excuse for a poor education. *Columbus Dispatch*, A11.

Golden, D. (2003, December 29). Brain drain: Initiative to leave no child behind leaves out gifted. *Wall Street Journal*, *CCXLII* (126), pp. A1, A6.

Goleman, D. (1997). *Emotional intelligence*. New York: Bantam Books.

Good, T., & Brophy, J. (1999). *Contemporary educational psychology: A realistic approach*. New York: Longman.

Good, T., & Power, C. (1976). Designing successful classroom environments for different types of students. *Journal of Curriculum Studies*, *8*, 1-16.

Gutierrez, K. & Rogoff, B. (2003, June/ July). Cultural ways of learning. *Education Researcher*, *32*(5), 19-25.

Headden, S. (1997, October 20). The Hispanic dropout mystery. *U. S. News & World Report*, *123*(15), 64-65.

Hoxby, C. (2002, Summer). The power of peers. *Education Next*, *2*(2), 56-63.

Hyde, J., & Linn, M. (1988, April 5-8). Gender differences in verbal ability: A meta-analysis. Paper presented at the annual meeting of the American Educational Research Association. New Orleans, LA.

Johnston, R., & Viadero, D. (2000, March 15). Unmet promise: Raising minority achievement. *Education Week*, *19*(27), 1, 18-23.

Keefe, J. W., & Farrell, B. R. (1990). Developing a defensible learning style paradigm. *Educational Leadership*, *46*(2), 57-61.

Knapp, M. S., Turnbull, B. J., & Shields, P. M. (1990, September). New directions for educating children of poverty. *Educational Leadership*, *48*(1), 4-8.

Kohlberg, L. (1981). *The philosophy of moral development*. New York: Harper and Row.

Kohn, A. (1994). The truth about self-esteem. *Phi Delta Kappan*, *76*(4), 272-283.

Kolb, D. (1985). *Learning style inventory* (*LSI*). Boston: McBer.

Levy, J., den Brok, P., Wubbels, T., & Brecklemans, M. (2003). Students' perceptions of interpersonal aspects of the learning environment. *Learning Environments*, *6*, 5-36.

Meichenbaum, D. (1999). *Cognitive behavior modification: An integrative approach*. New York: Plenum.

O'Neil, J. (1990). Findings of styles research murky at best. *Educational Leadership*, *48*(2), 7.

Osborne, J. A. (1997, December). Race and academic disidentification. *Journal of Educational Psychology*, *89*(4), 728-735.

Piaget, J. (1997). *The moral judgment of the child*. New York: Free Press.

Pipho, C. (1997, September). Reshaping special education. *Phi Delta Kappan*, *79*(1), 5-6.

Quindlin, T. (2002, August). Reaching minority students: Strategies for closing the achievement gap. *Education Update*, *44*(5), 16-8.

Ramerez, M., & Price-Williams, D. (1974). Cognitive styles of children of three ethnic groups in the United States. *Journal of Cross-Cultural Psychology*, *5*(2), 212-219.

Select Committee on Children, Youth and Families. (1989). *U.S. children and their families: Current conditions and recent trends, 1989*. Washington, DC: U.S. Government Printing Office.

Slavin, R. (2002). *Educational psychology: Theory and practice*. Fifth Edition. Boston: Allyn Bacon.

Snowman, J., & Biehler, R. (2002). *Psychology applied to teaching*. Ninth Edition. Boston: Houghton Mifflin.

Tannen, D. (1991, July 19). Teachers' classroom strategies should recognize that men and women use language differently. *Chronicle of Higher Education*, *37*(40), B1, B3.

U.S. Census Bureau (2002). Survey of income and program participation. Washington, DC.

Viadero, D. (2000, March 22). Lags in minority achievement defy traditional explanations. *Education Week*, *19*(28), 1, 18-22.

Wallis, C. (1994, July 18). Life in overdrive. *Time*, *144*(3), 50.

Wang, M. (1998, June 24). Comprehensive school reform. *Education Week*, *17*(41), 52, 39.

Witkin, H. A., Dyke, R., Faterfon, H., Goodenough, D., & Korp, S. (1962). *Psychological differentiation: Studies of development*. New York: Wiley.

Witkin, H. & Goodenough, D. (1981). *Cognitive styles*. Madison, CT: International University Press.

Woolfolk, A. (2003). *Educational psychology*. Boston: Allyn & Bacon.

Wynn, R., & Fletcher, C. (1987). Sex role development and early educational experience. In D. B. Carter (Ed.), *Current conceptions of sex roles and sex typing* (pp. 79-88). New York: Praeger.

You and the system. (1990, April). *Teacher Magazine*, *7*(1), 10.

参考文献

第四章

Anderson, R., Reder, L. & Simon, H. (1996). Situated learning and education. *Educational Researcher*, *25*(4), 5-11.

Bandura, A. (1986). *Social foundations of thought and action: A social cognitive theory*. Englewood Cliffs, NJ: Prentice Hall.

Brophy, J. (2003, June). An interview with Jere Brophy. *Educational Psychology Review*, *15* (2), 195-204.

Bruer, J. (2003/2004). *In search of... brain-based education*. *Annual Editions: Educational Psychology*. Guilford, CT: McGraw-Hill/ Dushkin.

Combs, A. W. (1965). *The professional education of teachers*. Boston: Allyn and Bacon.

Deci, E., & Ryan, R. (1990). In R. Dienstbier (Ed.), A motivational approach to self. *Nebraska symposium on motivation*. (pp. 240-250). Lincoln: University of Nebraska Press.

Ellson, D. (1986, October). Improving productivity in teaching. *Phi Delta Kappan*, *68*, 111-124.

Frederickson, N. (1984). Implications of cognitive theory for instruction in problem solving. *Review of Educational Research*, *54*(3), 363-408.

Guskey, T. (1996). *Implementing mastery learning*. Belmont, CA: Wadsworth.

Leinhardt, G. (1992, April). What research on learning tells us about teaching. *Educational Leadership*, *49*(7), 20-25.

Lickona, T. (2004). *Character matters*. New York: Simon & Schuster.

Maslow, A. H. (1998). *Toward a psychology of being*. Second Edition. New York: John Wiley.

Neill, A. S. (1969). *Summerhill: A radical approach to child rearing*. New York: Hart.

Palincsar, A. (1986). The role of dialogue in providing scaffolding instruction. *Educational Psychologist*, *21*, 73-98.

Palinscar, A., & Brown, A. (1989). Classroom dialogues to promote self-regulated comprehension. In J. Brophy (Ed.), *Advances in research on teaching*. *Vol. 1*: *Teaching for meaningful understanding and self-regulated learning*. Greenwich, CT: JAI.

Purkey, W. W., & Novak, N. (1996). *Inviting school success*. Belmont, CA: Wadsworth.

Rogers, C. R. (1983). *Freedom to learn in the 80's*. Columbus, OH: Merrill.

Seymour, R. & Osana, H. (2003). Reciprocal teaching procedures and principles. *Teaching and Teacher Education*, *19* (3), 325-44.

Simon, S. B., Howe, L. W., & Kerschen-baum, H. (1995). *Values clarification. Practical strategies for teachers and students*. New York: Warner Books.

Strauss, V. (2001, March 13). Brain research oversold, experts say. *Washington Post*, B6.

Viadero, D. (1996, May 22). Debate over how children learn is reignited. *Education Week*, *15* (35), p. 5.

Walberg, H. J. (1984, May). Improving the productivity of America's schools. *Educational Leadership*, *41*, 19-27.

Walberg, H. J. (1986). Synthesis of research on teaching. In M. C. Wittrock (Ed.), *Handbook of research on teaching* (pp. 214-229). New York: Macmillan.

Wittrock, M. C. (1987). Models of heuristic teaching. In M. J. Dunkin (Ed.), *The international encyclopedia of teaching and teacher education* (pp. 69-76). Oxford: Pergamon Press.

Wolfe, P. (2001). *Brain matters: Translating research into classroom practice*. Alexandria, VA: Association for Supervision and Curriculum Development.

第五章

Airasian, P. W. (2001). *Classroom assessment*. New York: McGraw-Hill.

Allen, R. (2003). Different starting points. *Education Update*, *45* (5), 1, 3, 6-8.

American Association of School Administrators. (1992). *The nongraded primary school*. Arlington, VA: The Association.

Anastasi, A. (1997). *Psychological testing*. Sixth Edition. New York: Macmillan.

Berliner, D. C. (1986). In pursuit of expert pedagogy. *Educational Researcher*, *15* (7), 5-13.

Borko, H., & Livingston, C. (1989). Cognition and improvisation: Differences in mathematics instruction by expert and novice teachers. In T. Russell & H. Munby (Eds.), *Teacher and teaching: From classroom to reflection* (pp. 49-70). London: Falmer Press.

Brophy, J. (1998). Motivating students to learn. NewYork: McGraw-Hill.

Brualdi, A. (1998). *Teacher comments on report cards* (ERIC Reproduction Services ED 423 309).

Carter, K., Sabers, D., Cushing, K., Pinnegar, S., & Berliner, D. (1987). Processing and using information about students: A study of expert, novice and postulant teachers. *Teaching and Teacher Education*, *3*, 147-157.

Dusek, J. B., & Joseph, G. (1983). The bases of teacher expectations: A meta-analysis. *Journal of Educational Psychology*, *75* (3), 327-346.

Emmer, E. (1987). Classroom management and discipline. In V. R. Koehler (Ed.), *Educators handbook: A research perspective*. New York: Longman.

Good, T., & Brophy, J. (1994). *Contemporary educational psychology*. New York: Longman.

Hidi, S., & Harackiewicz, J. (2000, Summer). Motivating the academically unmotivated. *Review of Educational Research*, *70* (2), 151-179.

Johnson, O. (1976). *Tests and measurements in child development: Handbook II. Volumes 1 and 2*. San Francisco: Jossey-Bass.

Kidder, T (1989). *Among school children*. Boston: Houghton Mifflin.

TenBrink, T. D. (1974). *Evaluation: A practical guide to teachers*. New York: McGraw-Hill.

Touliatos, J., & Compton, N. H. (1983). *Approaches to child study*. Minneapolis: Burgess.

Wagner, T. (2001, December 5). The case for "New Village Schools": *Education Week*, *21*(14), 42, 56.

Wasley, P. (1999, May). Teaching worth celebrating. *Educational Leadership*, *56* (8), 8-13.

Zayas, A. (2004, Feb. 26). Speaking the language of super heroes helps Blue Lakes Elementary teacher Orlando Martinez reach his third graders. *Miami Herald* heraldsuperteacher@yahoo.com.

第六章

Airasian, P. W. (2001). *Classroom assessment*. New York: McGraw-Hill.

Baltimore Area Committee on Student Teaching. (1991, Spring). *Student teaching field experience handbook*. Baltimore, MD: The Committee.

Bloom, B., (Ed.). (1989). *Taxonomy of educational objectives. Handbook I: Cognitive domain*. Upper Saddle River, NJ: Allyn & Bacon.

Danielson, C. (2002). *Enhancing student achievement*. Alexandria, VA: Association for Supervision and Curriculum Development.

Eby, J. W. (2000). *Reflective planning, teaching and evaluation for the elementary school*. New York: Macmillan.

Gagné, R., Wagner, W., & Briggs, L. (1992). *Principles of instructional design*. Forth Worth, TX: Holt, Rinehart and Winston.

Glatthorn, A. (1987). *Curriculum renewal*. Alexandria, VA: Association for Supervision and Curriculum Development.

Hunter, R. (2004). Mastery teaching. El Segundo, Thousand Oaks, CA: Sage Publications.

Jacobson, D., Eggen, P., Kauchak, D., & Delaney, C. (1985). *Methods for teaching*. Columbus, OH: Charles E. Merrill.

Johnston, R. (1999, October 13). In Chicago, every day brings a new lesson plan. *Education Week*, *19*(7), 1, 10-11.

Kagan, D. M., & Tippins, D. J. (1992). The evolution of functional lesson plans among twelve elementary and secondary student teachers. *The Elementary School Journal*, *92* (4), 477-490.

Kendall, J. & Marzano, R. (2000). *Content knowledge*. Alexandria, VA: Association for Supervision and Curriculum Development.

Marzano, R. (2003). *What works in schools*. Alexandria, VA: Association for Supervision and

Curriculum Development.

Marzano, R., Pickering, D., & Pollock, J. (2001). *Classroom instruction that works*. Alexandria, VA: Association for Supervision and Curriculum Development.

Moore, K. (2000). *Classroom teaching skills*. New York: McGraw-Hill.

Morrison, G., & Lowther, D. (2001). *Integrating computer technology into the classroom*. Upper Saddle River, NJ: Prentice-Hall.

Porter, A. (2003). *Measuring the content of instruction*. Madison, WI: Wisconsin Center for Educational Research.

Renninger, K. A., Hidi, S., & Krapp, A. (1992). *The role of interest in learning and development*. Hillsdale, NJ: Erlbaum.

Simpson, E. (1972). *The classification of educational objectives: Psychomotor domain*. Urbana: University of Illinois Press.

Slavin, R. (2002). *Educational psychology: Theory into practice*. Boston: Allyn & Bacon.

Snowman, J., & Biehler, R. (2002). *Psychology applied to teaching*. Ninth edition. Boston: Houghton Mifflin.

Sternberg, Robert J. (March 1997). What does it mean to be smart? *Educational Leadership*, *54*(6), 20-24.

Yinger, R. (1980). A study of teacher planning. *The Elementary School Journal*, *80*, 114-115.

第七章

Abdullah, M. (2001). *Self-directed learning*. Bloomington, IN: ERIC Clearinghouse on Reading, English and Communication. (ERIC Document Reproduction Services ED 459 458).

Anderson, L., Brubaker, N., Alleman-Brooks, J., & Duffy, G. (1984). *Making seat work work*. *Research Series 142*. East Lansing, MI: College of Education, Michigan State University.

Anderson, L. M. (1981). *Students respond to seat work: Implications for the study of students' cognitive processing*. East Lansing, MI: Institute for Research on Teaching, Michigan State University.

Anderson, L. M. (1995). Assignment and supervision of seatwork. In L. W. Anderson (Ed.), *International encyclopedia of teaching and teacher education* (pp. 264-268), Oxford: Pergamon Press.

Ausubel, D. P. (1977). Facilitation of meaningful verbal learning in the classroom. *Educational Psychologist*, *12*, 162-178.

Battistich, V., Solomon, D., & Delucchi, K. (1993, September). Interaction processes and student outcomes in cooperative learning groups. *The Elementary School Journal*, *94*(1), 19-32.

Bligh, D. (2000). *What's the use of lectures*? San Francisco: Jossey Bass.

Bower, E. M. (1973). *Teachers talk about their feelings*. Rockville, MD: National Institute of Mental Health, Center for Studies of Child and Family Health.

Bridges, D. (1988). *Education, democracy, and discussion*. Blue Ridge Summit, PA: University Press of America.

Brophy, J., & Evertson, C. M. (1976). *Learning from teaching*. Boston: Allyn & Bacon.

Brown, G. A. (1987). Lectures and lecturing. In M. J. Dunkin (Ed.), *The international encyclopedia of teaching and teacher education* (pp. 284 - 287). Oxford: Pergamon Press.

Cruickshank, D., Applegate, J., Holton, J., Mager, G., Myers, B., Novak, C., & Tracey, K. (1980). *Teaching is tough*. Englewood Cliffs, NJ: Prentice Hall.

Dembo, M. H. (1994). *Applying educational psychology in the classroom*. New York: Dembo, Longman.

Dillon, J. T. (1985). Using questions to foil discussion. *Teaching and Teacher Education*, *1*(2), 109 - 121.

Dillon, J. T. (1988). *Questioning and discussion: A multidisciplinary study*. Norwalk, NJ: Ablex.

District Administrator. (2004, February). *Taking a closer look at homework*. *40*(2), 65.

Doherty, O. (2003, November 26). Discussion in class found to boost students' literacy. *Education Week*, *23* (13), 5.

Education Week. (1999, September). *Technology Counts*, *99* (19), 4.

Emmer, E., Everston, C., Sanford, J., & Clements, B. (1982). *Improving classroom management: An experimental study in junior high classrooms*. Austin: The University of Texas (ERIC Document Reproduction Services ED 261 053).

Emmer, E., Sanford, J., Evertson, C., Clements, B., & Martin, J. (1981). *The classroom management improvement study: An experiment in elementary school classrooms*. Austin: The University of Texas (ERIC Document Reproduction Services ED 226 452).

English, C. S. (1984). Measuring teacher effectiveness from the teacher's point of view. *Focus on Exceptional Children*, *17*, 1 - 15.

Feldman, S. (2004, February). The great homework debate. *TeachingPreK - 8*, *34*(5), 1

Fisher, C., Berliner, D., Filby, N., Marliave, R., Cahen, L., & Dishaw, M. (1980). Teaching behaviors, academic learning time, and student achievement: An overview. In C. Denham & A. Lieberman (Eds.), *Time to learn: A review of the beginning teacher evaluation study* (pp. 7 - 32). Washington, DC: National Institute of Education.

Fording, L. (2004, March 30). Education 21st Century style. *Newsweek*.

Freiberg, H., & Driscoll, A. (1996). *Universal teaching strategies*. Boston: Allyn and Bacon.

Gage, N. L., & Berliner, D. C. (1976). The psychology of teaching methods. In N. L. Gage (Ed.), *The psychology of teaching methods* (pp. 1 - 20). Chicago: University of Chicago Press.

Gage, N. L., & Berliner, D. C. (1998). *Educational Psychology*. Sixth Edition. Boston:

Houghton Mifflin.

Gall, J., & Gall, M. (1990). Outcomes of the discussion method. In W. W. Wilen (Ed.), *Teaching and learning through discussion: The theory and practice of the discussion method* (pp. 25-44). Springfield, IL: Charles C. Thomas.

Gibbons, M. (1971). *Individualized instruction: A descriptive analysis*. New York: Teachers College Press, Columbia University.

Gilstrap, R. L., & Martin, W. R. (1975). *Current strategies for teachers*. Pacific Palisades, CA: Goodyear.

Goldenberg, C. (1991). Instructional conversations. National Center for Research on Diversity and Second Language Learning. University of California, Los Angeles.

Good, T., & Grouws, L. (1975). *Process-product relationships in fourth grade mathematics classrooms*. Columbia: University of Missouri.

Gump, P. (1967). *The classroom behavior setting: Its nature and relation to student behavior*. Lawrence: University of Kansas (ERIC Document Reproduction Services ED 015 515).

Gutierrez, R., & Slavin, R. (1992). Achievement effects of the nongraded school. *Review of Educational Research*, *62* (4), 337-761.

Hamilton, R., & Ghatala, E. (1994). *Learning and instruction*. New York: McGraw-Hill.

Heck, S., & Williams, C. R. (1984). *The complex roles of the teacher*. New York: Teachers College, Columbia University.

Henke, K., Weber, B., Kneifel, S., Wiesner, H., & Buck, A. (1999). *Human hippocompus associates information in memory*. Proceedings of the National Academy of Science, USA, 96: 5884-5889.

Hill, W. F. (2000). *Learning through discussion: Guide for leaders and members of discussion groups*. Prospect Heights, IL: Waveland Press.

Jeter, J. (1980). Individualized instruction programs. In J. Jeter (Ed.), *Approaches to individualized education* (pp. 402-407). New York: Bowker.

Keller, J. (2003, February 10). Is powerpoint the devil? *Chicago Tribune*, E1-2.

Kounin, J. (1970). *Discipline and group management in classrooms*. Chicago: Holt, Rinehart, and Winston.

Langer, J., Nystrand, M., & Gameron, A. (2003, Fall). Discussion-Based Approaches to Developing Understanding: Classroom Instruction and Student Performance in Middle and High School English. *American Education Research Journal*, *40* (3), pp. 685-730.

Leinhardt, G. (1992, April). What research on learning tells us about teaching. *Educational Leadership*, *49*(7), 20-25.

Muller, H. (2002, November). Facilitating classroom discussion. Washington, DC: Paper presented at the National Communication Association Meeting. (ERIC Document Reproduction Services ED 450 434).

参 考 文 献

Olson, L. (1993, February 17). Progressive-era conception breaks mold: NASDC schools explore "project learning." *Education Week*, *12*(21), 6.

Parker, W., and Hess, D. (2001). Teaching *with* and *for* discussion. *Teaching and Teacher Education*, *17*, 273-289.

Paulu, N. H. (1998). *Helping your students with homework*. Washington, DC: Office of Educational Research and Improvement, U. S. Department of Education.

Pavin, R. (1992, October). Benefits of nongraded schools. *Educational Leadership*, (2), 22-25.

Phelan, P., Davidson, A. L., & Cao, H. T. (1992, May). Speaking up: Students' perspectives on school. *Phi Delta Kappan*, *73*(9), 695-704.

Roby, T. W. (1981, April). Bull sessions, quiz shows and discussions. Paper presented at the annual meeting of the American Educational Research Association. Los Angeles, CA.

Rohrbeck, C., Ginsburg-Block, M., Fantuzzo, J., & Miller, T. (2003, June). Peer assisted learning interventions with elementary school students. *Journal of Educational Psychology*, *95*(2), 240-257.

Rupley, W., & Blair, T. (1987, January). Assignment and supervision of reading seatwork: Looking in on 12 primary teachers. *The Reading Teacher*, *40*, 391-393.

Seifert, E. H., & Beck, J. J. (1984, September-October). Relationship between task time and learning gains in secondary schools. *Journal of Educational Research*, *78*, 5-10.

Sharp, V. (2005). *Computer education for teachers*. Boston: McGraw-Hill.

Shuell, T. J., Brown, S., Watson, D. G., & Ewing, J. A. (1988, March). Teachers' perceptions of the differential appropriateness of various teaching methods. *The Elementary School Journal*, *88*(4), 339-356.

Simich-Dudgeon, C. (1998). Classroom strategies for encouraging collaborative discussion. In P. DiCerbo (Ed.), *Directions in language and education*. No. 12, Washington, DC: George Washington University.

Slavin, R. E. (2002). *Educational psychology*. Seventh Edition. Boston: Allyn & Bacon.

Slavin, R., & Madden, N. (1989, February). What works for students at risk: A research synthesis. *Educational Leadership*, *46*, 4-13.

Stratton, (1993, February 19). Pupils see computer's classroom potential in action. *The Columbus Dispatch*, p. D1.

Swang, J. (1993, April/May). Ensuring Success in Science. *Learning*, *93*, 24-27.

Toll, D. (1969). *Ghetto*. Indianapolis, IN: Bobbs-Merrill.

Tomlinson, C. (1999). *The differentiated classroom*. Alexandria, VA: Association for Supervision and Curriculum Development.

U. S. Department of Education. (1986, 1987). *What works: Research about teaching and learning*. Washington, DC: U. S. Department of Education.

Van Ments, M. (1981). *Active talk*. London: St. Martin's Press.

Walberg, H. (1984, May). Improving the productivity of America's schools. *Educational Leadership*, *41*, 19-27.

Wasley, P., Hampel, R., & Clark, R. (1997). *Kids and school reform*. San Francisco: Jossey-Bass.

Watson, K. (1983). Some aspects of classroom discourse in English. Paper presented at the annual meeting of the Canadian Council of Teachers of English (ERIC Document Reproduction Services ED 233 365).

Wilen, W., Ishler, M., Hutchinson, J., & Kindsvatter, R. (2002). *Dynamics of effective teaching*. New York: Allyn Bacon.

Willis, S., & Mann, L. (2000, Winter). Differentiating Instruction. *Curriculum Update* (pp. 1-3, 6-7). Alexandria, VA: Association for Supervision and Curriculum Development.

第八章

Anastasi, A., & Urbana, S. (1997). *Psychological testing*. Seventh Edition. Englewood Cliffs, NJ: Prentice Hall.

Augustine, D. K., Gruber, K. D., & Hansen, L. R. (1989/1990, December-January). Cooperation works. *Educational Leadership*, *47*(4), 4-7.

Battistich, V., Solomon, D., & Delucci, K. (1993, September). Interaction processes and student outcomes in cooperative learning groups. *The Elementary School Journal*, *94*(1), 19-32.

Benjamin, R. (1981). *Making schools work*. New York: Continuum.

Berliner, D. (1982). Issue: Should teachers be expected to learn and use direct instruction? *ASCD Update*, *24*, 5.

Biemiller, A. (1993). Lake Wobegon revisited: On diversity and education. *Educational Researcher*, *22*(9), 7-12.

Bransford, J. D. Cited in Hoff, D. J. (1999, January 13). NAS hoping to bridge divide on learning methods. *Education Week 18*(18), 9.

Brooks, J., & Brooks, M. (1993). *The case for constructivist classrooms*. Alexandria, VA: Association for Supervision and Curriculum Development.

Bruner, J. S. (1977). *The process of education*. Cambridge, MA: Harvard University Press.

Bruner, J. S. (1961). The act of discovery. *Harvard Educational Review*, *32*, 21-32.

Dewey, J. (1997). *How we think*. Mineola, NY: Dover.

Doyle, A. C. (1901). *The hound of the Baskervilles*. New York: Grosset & Dunlap.

Fashella, O., & Slavin, R. (1997). Effective and replicable programs for students placed at-risk in elementary and middle schools. Paper prepared for the Office of Research and Development (Grant No. R1170-40005). Washington, DC: U.S. Department of Education.

Gagnon, G., & Collay, M. (2001). *Design for learning: Six elements in constructivist* classrooms. Thousand Oaks, CA: Corwin Press.

Gersten, R., & Keating, T. (1987, March). Long-term benefits from direct instruction. *Educational Leadership*, *44*(6), 28–31.

Gilstrap, R. L., & Martin, W. R. (1975). *Current strategies for teachers*. Pacific Palisades, CA: Goodyear.

Good, T., & Brophy, J. (2002). *Looking into classrooms*. Ramsey, NJ: Allyn & Bacon.

Good, T., & Grouws, D. (1977). Teaching effects: A process-product study in fourth grade classrooms. *Journal of Teacher Education*, *28*, 49–54.

Good, T. L., Grouws, D., & Ebmeier, H. (1983). *Active mathematics teaching*. White Plains, NY: Longman.

Good, T. L., Reys, B. J., Grouws, D. A., & Mulryan, C. M. (1989, December; 1990, January). Using work groups in mathematics instruction. *Educational Leadership*, *47*(4), 56–62.

Hoffer, T. B. (1992, Fall). Middle school ability grouping and student achievement in science and mathematics. *Educational Evaluation and Policy Analysis*, *14*(3), 205–227.

Hunter, R. (2002). *Mastery teaching*. Thousand Oaks, CA: Sage Publications.

Izumi, L. (2002). *They have overcome: High poverty, high performing schools in California*. San Francisco: Pacific Research Institute.

Johnson, D. W., & Johnson, R. T. (1989/1990, December/January). Social skills for successful group work. *Educational Leadership*, *47*(4), 29–33.

Johnson, D. W., Johnson, R. T., & Holubec, E. J. (1998). *Cooperation in the classroom*. Revised Edition. Edina, MN: Interaction.

Johnson, D. W., Maruyama, G., Johnson, R., & Nelson, D. (1981). Effects of cooperative, competitive, and individualistic goal structures on achievement: A meta-analysis. *Psychological Bulletin*, *89*(1), 47–62.

Joyce, B., Weil, M., & Callahan, E. (2003). *Models of teaching*. Boston: Allyn & Bacon.

Kauchak, D. P., & Eggen, P. D. (2003). *Learning and teaching: Research-based methods*. Boston: Allyn & Bacon.

King, L. H. (1993). High and low achievers' perceptions of cooperative learning in two small groups. *Elementary School Journal*, *93*(4), 399–416.

Mayer, R. (2004, January). Should there be a 3 strike rule against pure discovery learning? *American Psychologist*, *59* (1), 14–19.

McCown, R., Driscoll, M., & Roop, P. (1995). *Educational psychology: A learning centered approach*. Boston: Allyn & Bacon.

Merwin, W. C. (1976). The inquiry method. In S. E. Goodman (Ed.), *Handbook on contemporary education*. New York: Bowker.

Meyer, L. A. (1984). Long-term academic effects of the Direct Instruction Project Follow-Through. *Elementary School Journal*, *84*, 380–394.

Michaels, J. W. (1978). Classroom reward structures and academic performance. *Review of Educational Research*, *47*, 87-98.

Murphy, J., Weil, M., & McGreal, T. (1986). The basic practice model of instruction. *The Elementary School Journal*, *87*, 83-95.

National Academy of Sciences. (1999). *How people learn: Brain, mind, experience, and school*. Washington, DC: National Academy Press.

Nuthall, G., & Snook, I. (1973). Contemporary models of teaching. In R. M. Travers (Ed.), *Second handbook of research on teaching* (pp. 47-76). Chicago: Rand McNally.

Orlich, D. C. (2000). *Teaching strategies: A guide to better instruction*. Boston: Houghton Mifflin.

Perkins, D. (1999, November). The many faces of constructivism. *Educational Leadership*, *57*(3), 6-11.

Peterson, P. (1979a, October). Direct instruction: Effective for what and for whom? *Educational Leadership*, *37*, 46-48.

Peterson, P. (1982). Issue: Should teachers be expected to learn and use direct instruction? *ASCD Update*, *24*, 5.

Rosenshine, B. (1986). Synthesis of research on explicit teaching. *Educational Leadership*, *43*(7), 60-69.

Sharon, S., & Sharon, Y. (1976). *Small group teaching*. Englewood Cliffs, NJ: Educational Technology Publications.

Sharon, Y., & Sharon, S. (1989, December; 1990, January). Group investigation expands cooperative learning. *Educational Leadership*, *47*(4), 17-21.

Slavin, R. E. (December 1989/January 1990). Here to stay or gone tomorrow: Guest editorial. *Educational Leadership*, *47*(4), 3.

Slavin, R. E. (1995a). *Cooperative learning: Theory, research, and practice*. Boston: Allyn & Bacon.

Slavin, R. E. (1991, February). Synthesis of research on cooperative learning. *Educational Leadership*, *48*(5), 71-82.

Slavin, R. E. (2002). *Educational psychology*. Fourth Edition. Boston: Allyn & Bacon.

Slavin, R., & Madden, N. (1989, February). What works for students at risk: A research synthesis. *Educational Leadership*, *46*, 4-13.

Slavin, R. E., Karweit, N. L., & Madden, N. A. (1989). *Effective programs for students at risk*. Boston: Allyn & Bacon.

Stallings, J., & Kaskowitz, D. H. (1975, April). A study of follow-through implementation. Paper presented at the annual meeting of the American Education Research Association. Washington, DC.

Strike, K. A. (1975). The logic of learning by discovery. *Review of Educational Research*,

45, 461-483.

Suchman, R. J. (1961). Inquiry training: Builds skills for autonomous discovery. *Merrill Palmer Quarterly*, *7*, 147-171.

Taba, H. (1966). *Teaching strategies and cognitive functioning in elementary school children*. Cooperative Research Project 2404. San Francisco: San Francisco State University.

Viadero, D. (1999, March 17). A direct challenge. *Education Week*, *18*(27), 41-43.

Wallis, C. (1995, Spring). The learning revolution. *Time*, *145* (12), 49-51.

Watson, B., & Konicek, R. (1990, May). Teaching for conceptual change: Confronting children's experience. *Phi Delta Kappan*, *71*, 680-685.

Webb, N. M. (1982). Student interaction and learning in small groups. *Review of Educational Research*, *52*(3), 421-445.

Woolfolk, A. (2003). *Educational psychology*. Upper Saddle River, NJ: Pearson Publishers.

第九章

Airasian, P. (2005). *Classroom assessment*. Fourth Edition. New York: McGraw-Hill.

Anastasi, A., & Urbina, S. (1997). *Psychological testing*. Seventh Edition. Upper Saddle River, NJ: Prentice-Hall.

Arter, J., & McTighe, J. (2001). *Scoring rubrics in the classroom: Using performance criteria for assessing and improving student performance*. London: Corwin Press.

Black, T., & William, D. (1998). Inside the Black Box: Raising Standards through Classroom Assessment. *Phi Delta Kappan*, *80*(2), 154-157.

Bol, L., & Stephenson, P. (1998). Influence of experience, grade level, and subject area on teachers' assessment practices. *Journal of educational research*, 91 (6), 323-331.

Borich, G. (1992). *Effective teaching methods*. Second Edition. New York: Merrill.

Brandt, R. (1992, May). Overview: A fresh focus for curriculum. *Educational leadership*, *7*.

Brookhart, S. (2004). *Grading*. Columbus, Ohio: Pearson.

Burke, K. (1994). *How to assess authentic learning*. Arlington Heights, IL: Skylight.

Burke, K., Fogarty, R., & Belgrad, S. (1994). *The portfolio connection*. Arlington Heights, IL: IRI/Skylight Training and Publishing.

Carr, J., & Harris, D. (2001). *Succeeding with standards: Linking curriculum, assessment, and action planning*. Washington, DC: Association for Supervision and Curriculum Development.

Cross, L., & Frary, R. (1999). Hodgepodge grading: Endorsed by students and teachers alike. *Applied Measurement in Education*, *12*(1), 53-72.

Daniels, V. (1999). The assessment maze: Making instructional decisions about alternative assessment for students. *Preventing school failure*, *43*(4), 171-178.

Eby, J. (1992). *Reflective planning, teaching and evaluation for the elementary school*. New

York: Merrill.

Eisner, E. (1999). The uses and limits of performance assessment. *Phi Delta Kappan*, *80*(9), 658-660.

Elliot, S. (1994). *Creating meaningful performance assessments: Fundamental concepts*. Reston, VA: Council for Exceptional Children.

Gregory, R. (1996). *Psychological testing: History, principles, and applications*. Second Edition. Needham Heights, MA: Allyn and Bacon.

Guskey, T., & Bailey, J. (2001). *Developing grading and reporting systems for student learning*. London: Corwin Press.

Haertel, E. (1999). Performance assessment and education reform. *Phi Delta Kappan*, *80*(9), 662-667.

Hanna, G., & Dettmer, P. (2004). *Assessment for effective teaching: Using context-adaptive planning*. Boston, MA: Pearson.

Isaac, S., & Michael, W. (1997). *Handbook in research and evaluation*. Third Edition. San Diego, CA: Educational and Industrial Testing Services.

Linn, R., & Burton, L. (1994). Performance-based assessment: Implications of task specificity. *Educational measurement: Issues and practice*, *13*, 3-8, 15.

Marzano, R. (2000). *Transforming classroom grading*. Alexandria, VA: Association for Supervision and Curriculum Development.

McMillan, J. (2001). *Essential assessment concepts for teachers and administrators*. London: Corwin Press.

Mertler, C. (1999). Assessing student performance: A descriptive study of the classroom assessment practices of Ohio teachers. *Education*, *120*(2), 285-297.

Moore, K. (1992). *Classroom teaching skills*. Second Edition. New York: McGraw-Hill.

Phelps, R. (2000). Estimating the cost of standardized student testing in the United States. *Journal of Education Finance*, *25*, 343-380.

Popham, W. (2004). *Classroom assessment: What teachers need to know*. Boston, MA: Pearson.

Stanley, J. (1958, April). ABCs of test construction. *NEA Journal*, pp. 224-229.

Stiggins, R. (1997). *Student-centered assessment*. Columbus, OH: Merrill.

Stiggins, R. (1999). Are You Assessment Literate? *High School Magazine*, *6*(5), 20-23.

Walker-Wilson, L. (2002). *Better instruction through assessment: What your students are trying to tell you*. Larchmont, NY: Eye on Education.

WestEd (2000). *The High Stakes of High-Stakes Testing*. San Francisco, CA: WestEd.

Wiggins, G, (1998). *Educative assessment: Developing assessments to inform and improve student performance*. San Francisco, CA: Jossey-Bass.

Willis, S. (September, 1990). Transforming the test: Experts press for new forms of student *assessment. ASCD Update*, 3-6.

Worthen, B., Sanders, J., & Fitzpatrick, J. (1997). *Program evaluation: Alternative approaches and practical guidelines*. Second Edition. New York: Longman.

第十章

Beatty, M., & Zahn, C. (1990). Are student ratings of communication instructors due to "easy" grading practices? An analysis of teacher credibility and student-reported performance levels. *Communication Education*, *39*, 275-282.

Brophy, J. (1982). Successful teaching strategies for the inner-city child. *Phi Delta Kappan*, *63*(8), 5-32.

Brown, W., Tomlin, J., & Fortson, S. (1996). Best and worst university teachers: The opinions of undergraduate students. *College Student Journal*, *30*, 431-434.

Chall, J. (2000). *The academic achievement challenge: What really works in the classroom?* New York: Guilford Press.

Chen, A., & Ennis, C. (1995). Content knowledge transformation: An examination of the relationship between content knowledge and curricula. *Teaching and Teacher Education*, *11*, 389-401.

Coleman, J., Campbell, J., Wood, A., Weinfeld, F., & York, R. (1966). *Equality of educational opportunity*. Washington, DC: U. S. Department of Health, Education, and Welfare, Office of Education.

Cooper, H., & Tom, D. (1984). Teacher expectation research: A review with implications for classroom instruction. *Journal of Educational Psychology 70*(1), 77-89.

Cruickshank, D. (1990). *Research that informs teachers and teacher educators*. Bloomington, IN: Phi Delta Kappan.

Cruickshank, D., & Haefele, D. (2001). Good teachers, plural. *Educational Leadership*, *58*(5), 26-30.

Druva, C., & Anderson, R. (1983). Science teacher characteristics by teacher behavior and student outcome: A meta-analysis of research. *Journal of Research in Science Teaching*, *20*, 467-479.

Ellis, A. (2001). *Teaching, learning, and assessment together: The reflective classroom*. Larchmont, NY: Eye on Education.

Frymier, A., & Thompson, C. (1992). Perceived teacher affinity-seeking in relation to perceived teacher credibility. *Communication Education*, *41*, 388-399.

Gallagher, S. (1994). Middle school classroom predictors of science persistence. *Journal of Research in Science Teaching*, *31*, 721-734.

General Accounting Office. (1984). *New directions for federal programs to aid mathematics and science teaching* (GAO/PEMO-84-5). Washington, DC: General Accounting Office.

Gill, S., & Reynolds, A. (1999). Educational expectations and school achievement of urban African American children. *Journal of School Psychology*, *37*, 403 - 424.

Goleman, D. (1998). *Working with emotional intelligence*. London: Bloomsbury.

Good, T., & Brophy, J. (2000). *Looking in classrooms*. Eighth Edition. New York: Addison-Wesley Longman.

Graeber, A. (1999). Forms of knowing mathematics: What preservice teachers should learn. *Educational Studies in Mathematics*, *38*, 189 - 208.

Hanuschek, E. (1997). Assessing the effects of school resources on student performance: An update. *Educational Evaluation and Policy Analysis*, *19*, 141 - 164.

Hoffman, N. (2001, March 28).

Toughness and caring. *Education Week*, *20*(28), 40, 42.

Kaufman, K., & Aloma, R. (1997). Orchestrating classroom complexity: Interviews with inner city educators. *The High School Journal*, *80*, 218 - 226.

Kolb, K., & Jussim, L. (1994). Teacher expectations and underachieving gifted students. *Roper Review*, *17*, 26 - 30.

Medley, D. (1986). Teacher effectiveness. In H. Mitzel (Ed.), *The encyclopedia of educational research* (pp. 1894 - 1903). New York: Macmillan.

Obiakor, F. (1999). Teacher expectations of minority exceptional learners: Impact on "accuracy" of self-concepts. *Exceptional Children*, *66*(1), 39 - 53.

O'Halloran, C. (1995). Mexican American female students who were successful in high school science courses. *Equity and Excellence in Education*, *28*, 57 - 64.

Ornstein, A. & Lasley, T. (2000). *Strategies for effective teaching*. New York: McGraw-Hill.

Patrick, B., Hisley, J., & Kempler, T. (2000). "What's everyone so excited about?" The effects of teacher enthusiasm on student intrinsic motivation and vitality. *The Journal of Experimental Education*, *68*, 217 - 36.

Peart, N., & Campbell, F. (1999). At-risk students' perceptions of teacher effectiveness. *Journal for a Just and Caring Education*, *5*, 269 - 283.

Porter, A., & Brophy, J. (1988). Synthesis of research on good teaching. *Educational Leadership*, *45*(8), 74 - 85.

Quindlen, T. (2002). Reaching minority students: Strategies for closing the achievement gap. *Education Update*, *44*(5), 1, 6 - 8.

Raspberry, W. (1993, September 27). Children will learn if they're properly taught. *The Columbus Dispatch*, 9.

Rivkin, S., Hanuschek, E., & Kain, J. (2000). *Teachers, schools and academic achievement*. Unpublished research report.

Shulman, L. (1986). Those who understand: A conception of teacher knowledge. *American*

Educator, *10*, 9 - 15, 43 - 44.

Thweatt, K., & McCroskey, J. (1998). The impact of teacher immediacy and misbehaviors on teacher credibility. *Communication Education*, *47*, 348 - 358.

Walberg, H. (1991). Productive teaching and instruction: Assessing the knowledge base. *Phi Delta Kappan*, *71*(6), 470 - 478.

Walberg, H., & Fowler, W. (1987). Expenditure and size efficiency for public school districts. *Educational Researcher*, *16*, 5 - 13.

Wang, M., Haertel, G., & Walberg, H. (1993). What helps students learn? *Educational Leadership*, *51*(4), 74 - 79.

Wayne, A., & Youngs, P. (2003). Teacher characteristics and student achievement gain: A review. *Review of Educational Research*, *73*(1), 89 - 122.

Weiss, I. and Pasley, J. (2004). What is high-quality instruction? *Educational Leadership*, *61*(4), 24 - 28.

Wenglinsky, H. (2000). *How teaching matters: Bringing the classroom back into discussion of teacher quality*. Princeton, NJ: Educational Testing Service.

Wolfe, P. (1998). Revisiting effective teaching. *Educational Leadership*, *53*(3), 61 - 64.

第十一章

Alexander, P., Jetton, T., & Kulikowich, J. (1994). Contrasting instructional and structural importance: The seductive effect of teacher questions. *Journal of Reading Behavior*, *26*(1), 19 - 45.

Arends, R. (2001). *Learning to teach*. Fifth Edition. New York: McGraw-Hill.

Banikowski, A. (1999). Strategies to enhance memory based on brain-research, *Focus on Exceptional Children*, 32(2), 1 - 16.

Barden, L. (1995). Effective questioning and the ever-elusive higher-order question. *American Biology Teacher*, *57*(7), 423 - 426.

Behets, D. (1997). Comparison of more and less effective teaching behaviors in secondary physical education. *Teacher and Teacher Education*, *13*, 215 - 224.

Bellon, J., Bellon, E., & Blank, M. (1992). *Teaching from a research knowledge base: A development and renewal process*. New York: Macmillan.

Berliner, D. (1987). But do they understand? In V. Richardson-Koehler (Ed.), *Educators' handbook: A research perspective* (pp. 259 - 293). New York: Longman.

Blythe, T., Allen, D., & Powell, B. (1999). *Looking together at student work: A window into the classroom* (videotape). New York: Teachers College Press.

Borich, G. (2004). *Effective teaching methods*. Fifth Edition. Upper Saddle River, NJ: Pearson.

Bracey, G. (2001). At the beep, pay attention. *Phi Delta Kappan*, *82*, 555 - 556.

参 考 文 献

Brophy, J. (1981). Teacher praise: A functional analysis. *Review of Educational Research*, *51* (1), 5-32.

Brown, S., & Brown, D. (1999). Making the most of a 30-minute class. *Strategies*, *13*(2), 33-36.

Bruer, T. (1997). Education and the brain: A bridge too far. *Educational Researcher*, *26*(8), 4-16.

Brush, T. (1997). The effects of group composition on achievement and time on task for students completing ILS activities in cooperative pairs. *Journal of Research on Computing in Education*, *30*, 2-17.

Callahan, J., Clark, L., & Kellough, R. (2002). *Teaching in the middle and secondary schools*. Seventh Edition. New York: Prentice Hall.

Camp, W. (1993). Improving your teaching: Set induction. *The Agricultural Education Magazine*, *66*, 20-21.

Cazden, C. (1986). Classroom discourse. In M. Wittrock (Ed.), *The handbook of research on teaching* (pp. 432-469). New York: Macmillan.

Chall, J. (2002). *The academic achievement challenge: What really works in the classroom?* New York: Guilford Press.

Chesebro, J., & McCroskey, J. (2001). The relationship of teacher clarity and immediacy with student state receiver apprehension, affect, and cognitive learning. *Communication Education*, *50*(1), 59-68.

Clare, S., Jenson, W., & Kehle, T. (2000). Self-modeling as a treatment for increasing on-task behavior. *Psychology in the Schools*, *37*, 517-522.

Coladarci, T., & Gage, N. (1984). Effects of a minimal intervention on teacher behavior and student achievement. *American Educational Research Journal*, *21*, 539-555.

Cruickshank, D. (1990). *Research that informs teachers and teacher educators*. Bloomington, IN: Phi Delta Kappa.

Danielson, C. (1996). *Enhancing professional practice: A framework for teaching*. Alexandria, VA: ASCD.

Dillon, J. (1988). *Questioning and teaching*. New York: Teachers College Press.

Eby, J. (2001). *Reflective planning, teaching, and evaluation for the elementary school*. New York: Prentice Hall.

Ellis, A. (2001). *Teaching, learning, and assessment together: The reflective classroom*. Larchmont, NY: Eye on Education.

Feden, P. (1994). About instruction: Powerful new strategies worth knowing. *Educational Horizons*, *74*, 18-24.

Gage, N. (1989). Process-product research on teaching: A review of criticisms. *The Elementary School Journal*, *89*(3), 253-300.

参考文献

Gall, M. (1984). Synthesis of research on teachers' questioning. *Educational Leadership*, *42*, 40-47.

Glatthorn, A. (2000). *The principal as curriculum leader: Shaping what is taught and tested*. Thousand Oaks, CA: Sage Publications.

Glickman, C. (2002). *Leadership for learning: How to help teachers succeed*. Alexandria, VA: Association for Supervision and Curriculum Development.

Good, T. (1988). Research on teacher effects: Uses and abuses. *Elementary School Journal*, *89*(1), 3-21.

Good, T., & Brophy, J. (2000). *Looking in classrooms*. Eighth Edition. New York: Addison-Wesley Longman.

Halpin, R., Easterday, K., & Elrod, J. (1994). A study of teachers' usage of vague terms in the geometry classroom. *International Journal of Mathematical Education in Science and Technology*, *25*, 649-654.

Hargreaves, A. (1994). Time and teachers' work: An analysis of the intensification thesis. *Teachers College Record*, *94*(1), 87-107.

Hativa, N. (1998). Lack of clarity in university teaching: A case study. *Higher Education*, *36*, 353-381.

Hines, C., Kennedy, J., & Cruickshank, D. (1985). Teacher clarity and its relationship to student achievement and satisfaction. *American Educational Research Journal*, *22*, 87-99.

Joyce, B., & Weil, M. (2000). *Models of teaching*. Sixth Edition. Needham Heights, MA: Allyn & Bacon.

Karweit, N. (1984). Time-on-task reconsidered: Synthesis of research on time-on-task. *Educational Leadership*, 32-35.

Kennedy E. (1997). A study of students' fears of seeking academic help from teachers. *Journal of Classroom Interaction*, *32*, 11-17.

Kounin, J. (1970). Observing and delineating technique of managing behavior in classrooms. *Journal of Research and Development in Education*, 4(1), 62-72.

Latham, A. (1997). Asking students the right questions. *Educational Leadership*, *54*, 84-85.

Leather, R. (2000). Concentration skills. *Child Education*, *77*(12), 40-41.

LeNoir, W. (1993). Teacher questions and schema activation. *The Clearinghouse*, *66*, 349-352.

Lock, R., & Prigge, D. (2002). Promote brain-based teaching and learning, *Intervention and School Clinic*, *37*(4), 237-241.

Lunenburg, F. (1998). Techniques in the supervision of teachers: Preservice and inservice applications. *Education*, *118*, 521-525.

Marzano, J. (2002). *Qualities of effective teaching*. Alexandria, VA: Association for

Supervision and Curriculum Development.

Mencke, D., & Pressley, M. (1994). Elaborative interrogation: Using 'why' questions to enhance the learning from text. *Journal of Reading*. *37*(8), 642-645.

Metcalf, K. (1991). Improving problem-solving instruction using research of instructional clarity. *Issues and Trends in Education*, *1*, 6-12.

Metcalf, K. (1992). The effects of a guided laboratory experience on the instructional clarity of preservice teachers. *Teaching and Teacher Education*, *8*(3), 275-286.

Metcalf, K., & Cruickshank, D. (1991). Can teachers be trained to be more clear? *Journal of Educational Research*, *85*, 107-116.

Monk, D., & Walberg, H. (1991). *Improving Educational Productivity*. Greenwich, Connecticut: Information Age Publishing.

Ornstein, A., & Lasley, T. (2000). *Strategies for effective teaching*. New York: McGraw-Hill.

Perkins, D. (1993). Teaching for understanding. *American Educator*, *17*, 28-35.

Rohrkemper, M., & Corno, L. (1988). Success and failure on classroom tasks: Adaptive learning and classroom teaching. *The Elementary School Journal*, *88*(3), 298-312.

Rosenshine, B. (1981). How time is spent in elementary classrooms. *Journal of Classroom Interaction*, *17*(1), 16-25.

Rowe, M. (1987). Wait time: Slowing down may be a way of speeding up. *American Educator*, *11*(1), 38-43, 47.

Schmidt, W., et al. (2001). *Why schools matter: A cross-national comparison of curriculum and learning*. San Francisco: Jossey-Bass.

Schuck, R. (1985). An empirical analysis of the power of set induction and systematic questioning as instructional strategies. *Journal of Teacher Education*, *36*, 38-43.

Smith, B. (2000). Quantity matters: Annual instructional time in an urban school system. *Educational Administration Quarterly*, *36*, 652-682.

Sternberg, R. (1994). Answering questions and questioning answers: Guiding children to intellectual excellence. *Phi Delta Kappan*, *76*, 135-136.

Tobin, K. (1987). The role of wait time in higher cognitive learning. *Review of Educational Research*, *56*, 69-95.

Traver, R. (1998). What is a good guiding question? *Educational Leadership*, *55*(6), 70-73.

Walberg, H. (1988). Synthesis of research on time and learning. *Educational Leadership*, *45*(2), 143-178.

Walberg, H. (1990). Productive teaching and instruction: Assessing the knowledge base. *Phi Delta Kappan*, *71*(6), 470-478.

Wang, M., Haertel, G., & Walberg, H. (1993-94). What helps students learn? *Educational Leadership* *51*(4), 74-79.

参 考 文 献

Waxman, H. (1987 - 88). Effective lesson introductions and pre-instructional activities: A review of recent research. *Journal of Classroom Interaction*, *23*(1), 5 - 7.

Wenglinsky, H. (2000). *How teaching matters: Bringing the classroom back into discussions of teacher quality*. Princeton, NJ: Educational Testing Service.

Wilen, W., & Clegg, A. (1986). Effective questions and questioning: A research review. *Theory and Research in Social Education*, *14*, 153 - 161.

Yair, G. (2000). Not just about time: Instructional practices and productive time in school. *Educational Administration Quarterly*, *36*, 485 - 512.

Zahorik, J. (1987). The effects of planning on teaching. *The Elementary School Journal*, *71*, 143 - 151.

第十二章

Adams, R. S., & Biddle, B. J. (1970). *Realities of teaching: Exploration with videotape*. New York: Holt, Rinehart, and Winston.

Albert, L. (1996). *Cooperative discipline*. Circle Pines, MN: American Guidance Service.

Albert, L. (1995). Discipline: Is it a dirty word? *Learning*. *24*(2), 43 - 46.

Anderson, L. M., Evertson, C. M., & Brophy, J. (1979). An experimental study of effective teaching in first-grade reading groups. *Elementary School Journal*, *79*, 193 - 223.

Anderson, L. W. (1991). Classroom environment and climate. *Increasing teacher effectiveness* (pp. 36 - 53). Paris: UNESCO.

Becker, W. C. (1986). *Applied psychology for teachers: A behavioral cognitive approach*. Chicago: Science Research Associates.

Bellon, J. J., Bellon, E. C., & Blank, M. A. (1996). *Teaching from a research knowledge base*. Englewood Cliffs, NJ: Prentice Hall.

Borich, G. D. (2003). *Effective teaching methods*. Fifth Edition. Boston: Pearson.

Boulton, M. J. (1996). Lunchtime supervisors' attitudes towards playful fighting, and ability to differentiate between playful and aggressive fighting: An intervention study. *British Journal of Educational Psychology*, *66*, 367 - 381.

Brophy, J. E., & Evertson, C. M. (2000). *Learning from teaching: A developmental perspective*. Boston: Allyn & Bacon.

Brophy, J. E., & Rohrkemper, M. M. (1981). The influence of problem ownership on teachers' perceptions of and strategies for coping with student problems. *Journal of Educational Psychology*, *73*, 295 - 311.

Cangelosi, J. S. (2003). *Classroom management strategies: Gaining and maintaining students' cooperation*. Fifth Edition. Somerset, NJ: John Wiley & Sons.

Canter, L. (1996). First, the rapport — then, the rules. *Learning*, *24*(5), 12 - 14.

Cooper, D. & Snell, J. L. (2003). Bullying — Not just a kid thing. *Educational Leadership*,

60(6), 19-21.

Cotton, K. (1990). *School improvement series. Close-up #9: Schoolwide and classroom discipline*. Portland, OR: Northwest Regional Educational Laboratory.

Craig, W. M., Pepler, D. J., & Atlas, R. (2000). Observations of bullying in the playground and in the classroom. *School Psychology International*, *21*, 22-36.

Cruickshank, D. R., & Associates. (1980). *Teaching is tough*. Englewood Cliffs, NJ: Prentice Hall.

Cuban, 1. (1997). *Oversold and underused*. New York: Teachers College Press.

Curwin, R. L., & Mendler, A. N. (1999). *Discipline with dignity*. Alexandria, VA: Association for Supervision and Curriculum Development.

Dellasega, C. (2003). *Girl wars: 12 strategies for ending female bullying*. New York: Simon & Schuster.

DiGiulio, R. (1999). *Positive classroom management*. Thousand Oaks, CA: Corwin. (1999). Second Edition.

Dollard, N. (1996). Constructive classroom management. *Focus on. Exceptional Children*, *29* (2), 1-12.

Doyle, W. (1983). Academic work. *Review of Educational Research*, *53*, 159-199.

Dreikers, R., Pepper, F., & Grunwald, B. (1998). *Maintaining sanity in the classroom: Classroom management techniques*. Second Edition. Florence, KY: Taylor Francis.

Dykman, B., & Reis, H. (1979). Personality correlates of classroom seating position. *Journal of Educational Psychology*, *71*, 346-354.

Eggen, P. D., & Kauchak, D. (2003). *Educational psychology: Windows on classrooms*. Sixth Edition. Englewood Cliffs, NJ: Prentice Hall.

Emmer, E. T., Evertson, C. M., & Anderson, L. M. (1980). Effective classroom management at the beginning of the school year. *The Elementary School Journal*, *80*, 219-231.

Emmer, E. T., Evertson, C. M., & Worsham, M. E. (2003). *Classroom management for secondary teachers*. Sixth Edition. Boston: Allyn & Bacon.

Emmer, E. T., Sanford, J. P., Clements, B. S., & Martin, J. (1982). *Improving classroom management and organization in junior high schools: An experimental investigation*. Austin, TX: Research & Development Center for Teacher Education, University of Texas. (R&D Report No. 6153) (ERIC Document Reproduction Service ED 261 053)

Emmer, E. T., Sanford, J. P., Evertson, C. M., Clements, B. S., & Martin, J. (1981). *The classroom management improvement study: An experiment in elementary school classrooms*. Austin, TX: Research & Development Center for Teacher Education, University of Texas. (R&D Report No. 6050). (ERIC Document Reproduction Service ED 226 452)

Englander, M. E. (1986). *Strategies for classroom discipline*. New York: Praeger.

Evertson, C. M. (1987). Creating conditions for learning: From research to practice. *Theory into Practice*, *26*, 44 - 50.

Evertson, C. M., Emmer, E. T., & Worsham, M. E. (2003). *Classroom management for elementary teachers*. Sixth Edition. Boston: Allyn & Bacon.

Evertson, C. M., & Harris, A. H. (1992). What we know about managing classrooms. *Educational Leadership 49*(7), pp. 74 - 78.

Freiberg, H. J. (1996). From tourists to citizens in the classroom. *Educational Leadership*, *54*(1), 32 - 36.

Frick, T. W. (1990). Analysis of patterns in time: A method of recording and quantifying temporal relations in education. *American Educational Research Journal*, *27*, 180 - 204.

Garner, B. (1989). Southeast Asian cultural and classroom culture. *College Teaching*, *37*, 127 - 130.

Glasser, W. (1998). *The quality school*. New York: Harper Trade.

Goetz, E., Alexander, P. A., & Ash, M. J. (1996). *Education psychology*. Englewood Cliffs, NJ: Allyn & Bacon.

Good, T. L. & Brophy, J. E. (2003). *Looking in classrooms*. Ninth Edition. Boston: Allyn & Bacon.

Grolnick, W. S., Ryan, R. M., & Deci, E. L. (1991). Inner resources for school achievement: Motivational mediators of children's perceptions of their parents. *Journal of Educational Psychology*, *83*, 508 - 517.

Gunter, P. L., Shores, R. E., Jack, S. L., Rasmussen, S. K., & Flowers, J. (1995). On the move: Using teacher/student proximity to improve students' behavior. *Teaching Exceptional Children*, *28*(1), 12 - 14.

Hawley, W. D., & Rosenholtz, S. J. (1984). Good schools: What research says about improving student achievement. *Peabody Journal of Education*, *61*(4), 15 - 52.

Hunter, M. (1990). *Discipline that develops self-discipline*. Thousand Oaks, CA: Corwin.

Jackson, P. (1990). *Life in classrooms*. New York: Teachers' College Press.

Jones, V. F., & Jones, L. S. (2000). *Comprehensive classroom management: Creating communities of support and problem solving*. Sixth Edition. Needham Heights, MA: Allyn & Bacon.

Kazdin, A. E. (2000). *Behavior modification in applied settings*. Florence, KY: Brooks and Cole.

Kazdin, A. E. (1982). The token economy: A decade later. *Journal of Applied Behavior Analysis*, *15*, 431 - 455.

Kohn, A. (1996). *Beyond discipline: From compliance to community*. Alexandria, VA: Association for Supervision and Curriculum Development.

Kohn, A. (1999). *Punished by rewards: The trouble with gold stars, incentive plans, A's, praise, and other bribes*. Boston: Houghton Mifflin.

Kounin, J. S. (1977). *Discipline and group management in classrooms*. New York: Krieger Publishing Co.

Leinhardt, G., Weldman, C., & Hammond, K. M. (1987). Introduction and integration of classroom routines by expert teachers. *Curriculum Inquiry*, *17*, 135 - 175.

Lewin, K., Lippitt, R., & White, R. (1939). Patterns of aggressive behavior in experimentally created social climates. *Journal of Social Psychology*, *10*, 271 - 299.

Lyman, L., & Foyle, H. C. (1990). *Cooperative grouping for interactive learning: Students, teachers and administrators*. Washington, DC: National Education Association.

Marzano, R. J., Marzano, J. S., & Pickering, D. J. (2003). *Classroom management that works: Research-based strategies for every teacher*. Alexandria, VA: Association for Supervision & Curriculum Development.

Maslow, A., & Laury, K. (Ed.). (1998). *Toward a psychology of being*. Somerset, NJ: John Wiley & Sons.

McCaslin, M., & Good, T. L. (1992). Compliant cognition: The misalliance of management and instructional goals in current school reform. *Educational Researcher*, *21*(3), 4 - 17.

McGinnis, J. C., Frederick, B. P., & Edwards, R. (1995). Enhancing classroom management through proactive rules and procedures. *Psychology in the Schools*, *32*, 220 - 224.

Miller, A. M., Ferguson, E., & Simpson, R. (1998). The perceived effectiveness of rewards and sanctions in primary schools: Adding in the parental perspective. *Educational Psychology*, *18*(1), 55 - 64.

Mueller, C. M., & Dweck, C. S. (1998). Intelligence praise can undermine motivation and performance. *Journal of Personality and Social Psychology*, *75*, 33 - 52.

Oliviero, H. (2004, August 26). Bully girls. *The Atlanta Journal-Constitution*, pp. B1, B8.

Olweus, D. (1993). *Bullying at school*. Cambridge, MA: Blackwell.

Perry, D. G., Kusel, S. J., & Perry, L. C. (1988). Victims of peer aggression. *Developmental Psychology*, *24*, 807 - 814.

Raviv, A., Raviv, A., & Reisel, E. (1990). Teachers and students: Two different perspectives?! Measuring social climate in the classroom. *American Educational Research Journal*, *27*, 141 - 157.

Reynolds, A. (1992). What is competent beginning teaching? A review of the literature. *Review of Educational Research*, *62*(1), 1 - 35.

Rogers, C. R., & Freiberg, H. J. (1994). *Freedom to learn*, Third Edition. Columbus, OH: Merrill.

Savage, T. V. (1991). *Discipline for self-control*. Englewood Cliffs, NJ: Prentice Hall.

Shade, B. J. (1982). Afro-American cognitive style: A variable in school success? *Review of Educational Research*, *52*, 219 - 244.

Sheets, R. H. & Gay, G. (1996, May). Student perceptions of disciplinary conflict in ethnically diverse classrooms. *NASSP Bulletin*, pp. 84 - 93.

Sommer, R., & Olsen, J. (1980). The soft classroom. *Environment & Behavior*, *12*(1), 3 - 16.

Stage, S. A., & Quiroz, D. R. (1997). A meta-analysis of interventions to decrease disruptive classroom behavior in public education settings. *School Psychology Review*, *26* (3), 333 - 368.

Steele, B. F. (1988). *Becoming an effective classroom manager: A resource for teachers*. Albany: State University of New York.

Stipek, D. J. (1997). *Motivation to learn: From theory to practice*. Boston: Pearson.

Swick, K. J. (1985). *Disruptive student behavior in the classroom*. Washington, DC: National Education Association.

Sylwester, R. (1971). *The elementary teacher and pupil behavior*. West Nyack, NY: Parker.

Wang, M. C., Haertel, G. D., & Walberg, H. J. (1993 - 94). What helps students learn? *Educational Leadership*, *51*(4), 74 - 79.

Weinstein, C. S., & Mignano, A. J., Jr. (2003). *Elementary classroom management: Lessons from research and practice*. Third Edition. New York: McGraw-Hill.

Wheldall, K., Morris, M., Vaughan, P., & Ng, Y. Y. (1981). Rows vs. tables: An example of the use of behavioral ecology in two classes of eleven-year-old children. *Journal of Educational Psychology*, *1*, 171 - 184.

White, K. A. (1996, October 2). New teaching methods, technology add to space crunch. *Educational Week*, *16*, p. 12.

White, M. A. (1975). Natural rates of teacher approach and disapproval in the classroom. *Journal of Applied Behavior Analysis*, *8*, 367 - 372.

Wolfgang, C. H., & Kelsay, K. L. (1995). Discipline and the social studies classroom, grades K - 12. *Social Studies*, *86*, 175 - 182.

Woolfolk, A. E. (2003). *Educational psychology*. Ninth Edition. Boston: Allyn & Bacon.

Wubbels, T., & Levy, J. (1993). *Do you know what you look like? Interpersonal relationships in education*. London: Falmer Press.

Yinger, R. J. (1979). Routines in teacher planning. *Theory Into Practice*, *18*(3), 163 - 169.

第十三章

Baker, A. & Soden, L. (1998). *The challenges of parent involvement*. New York, NY: ERIC Clearinghouse on Urban Education. ERIC Digest No. 134.

Cruickshank, D. R., & Associates. (1980). *Teaching is tough*. Englewood Cliffs, NJ: Prentice Hall.

DePaul, A. (2000, May). *Survival guide for new teachers*. Washington, DC: U. S. Department of Education. Office of Educational Research and Improvement.

Gibbons, S. (2002). *Urban elementary and middle school teachers' perceptions of stress associated with standards-based curriculum reforms and mandated statewide testing*. New Brunswick, NJ: Rutgers University. Doctoral dissertation.

Haynes, N. M., Comer, J. P., & Hamilton-Lee, M. (1989). School climate enhancement through parent involvement. *Journal of School Psychology*, *27*, 87-90.

Henderson, A. T. (1987). *The evidence continues to grow: Parent involvement improves student achievement*. Columbia, MD: National Committee for Citizens in Education.

Holland, J. (1997). *Making vocational choices: A theory of careers*. Englewood Cliffs, NJ: Prentice Hall.

Katz, L. and others (no names given). (1996). Preventing and resolving parent-teacher differences. ERIC Digests. Urbana, IL: ERIC Clearinghouse on Elementary and Early Childhood Education. (ERIC Document Reproduction Services ED 401 048)

Roehig, A., Telotta, D., & Pressley, M. (2002). *Stories of beginning teachers*. South Bend, IN: University of Notre Dame Press.

Super, D. E. (2002). *Work values inventory*. Boston: Houghton Mifflin.

Word, E., Johnston, J., Fulton, B., Zaharias, J., Lintz, N., Achilles, C., Folger, J., Breda, C. (1990). *Student/teacher achievement ratio (STAR): Tennessee's K-12 class size study. Final report and final report summary*. Nashville, TN: Tennessee State Department of Education.

第十四章

Bainer, D. L., & Cantrell, D. (1992). Nine dominant reflection themes identified for preservice teachers by a content analysis of essays. *Education*, *112*(4), 571-578.

Bainer, D. L., & Cantrell, D. (1993). The relationship between instructional domain and the content of reflection. *Teacher Education Quarterly*, *20*(4), 65-76.

Bolin, F. S. (1988). Helping student teachers think about teaching. *Journal of Teacher Education*, *39*(2), 48-54.

Borko, H., Michalec, P., Timmons, M., & Siddle, J. (1997). Student teaching portfolios: A tool for promoting reflective practice. *Journal of Teacher Education*, *48*, 345-357.

Boud, D., Keogh, R., & Walker, D. (Eds.). (1985). *Reflection: Turning experiences into learning*. New York: Nichols.

Brookhart, S. M., & Freeman, D. J. (1992). Characteristics of entering teacher candidates. *Review of Educational Research*, *62*, 26-60.

Cruickshank, D. R. (1986). Critical thinking skills for teachers. *Teacher Education Quarterly*, *13*(1), 82-89.

Cruickshank, D. R. (1987). *Reflective teaching: The preparation of students of teaching*. Reston, VA: Association of Teacher Educators.

Cruickshank, D. R. (1991). *Reflective teaching*. Revised Edition. Bloomington, IN: Phi

参考文献

Delta Kappa.

Cruickshank, D. R., Kennedy, J. J., Williams, E. J., Holton, J., & Fay, D. E. (1981). Evaluation of reflective teaching outcomes. *Journal of Educational Research*, *75*(1), 26-32.

Dewey, J. (1916). *Democracy and education: An introduction to the philosophy of education*. New York: Macmillan.

Dewey, J. (1933). *How we think*. Boston: Heath.

Emery, W. G. (1996). Teachers' critical reflection through expert talk. *Journal of Teacher Education*, *47*, 110-119.

Fendler, L. (2003). Teacher reflection in a hall of mirrors: Historical influences and political reverberations. *Educational Researcher*, *32*(3), 16-19.

Fien, J. (1996). Reflective practice: A case study of professional development for environmental education. *Journal of Environmental Education*, *27*, 11-20.

Giovannelli, M. (2003). Relationship between reflective disposition toward teaching and effective teaching. *Journal of Educational Research*, *96*, 293-309.

Goodman, J. (1984). Reflection and teacher education: A case study and theoretical analysis. *Interchange*, *15*(3), 9-26.

Han, E. P. (1995). Reflection is essential in teacher education. *Childhood Education*, *71*, 228-230.

Jadallah, E. (1996). Reflective theory and practice: A constructivist process for curriculum and instructional decisions. *Action in Teacher Education*, *18*, 73-85.

Jenkins, D. B. (2003). Action research with impact. *ENC Focus*, *10*(1), 35-37.

Kemmis, S., & McTaggart, R. (1995). *The action research planner*. Victoria, Australia: Deakin University Press.

Liston, D. P., & Zeichner, K. M. (1987). Reflective teacher education and moral deliberation. *Journal of Teacher Education*, *38*(6), 2-8.

Loughran, J., & Corrigan, D. (1995). Teaching portfolios: A strategy for developing learning and teaching in pre-service teacher education. *Teacher and Teacher Education*, *1*, 565-577.

Martin, D. (1984). Infusing cognitive strategies into teacher preparation programs. *Educational Leadership*, *42*(3), 68-72.

McKay, J. A. (1992). Professional development through action research. *Journal of Staff Development*, *13*(1), 18-21.

Peters, J. L. (1980). The effects of laboratory teaching experience (Microteaching and Reflective Teaching) in an introductory teacher education course on students' views of themselves as teachers and their perceptions of teaching. Doctoral dissertation, The Ohio State University. Columbus, OH.

Pultorak, E. G. (1996). Following the development process of reflection in novice teachers: Three years of investigation. *Journal of Teacher Education*, *47*, 283-291.

Richert, A. (1990). Teaching teachers to reflect: A consideration of programme structure. *Journal of Curriculum Studies*, *22*, 509-527.

Schön, D. A. (1995). *The reflective practitioner: How professionals think in action*. San Francisco: Jossey-Bass.

Schön, D. A. (1990). *Educating the reflective practitioner*. San Francisco: Jossey-Bass.

Smyth, J. (1989). Developing and sustaining critical reflection in teacher education. *Journal of Teacher Education*, *40*(2), 2-9.

Tremmel, R. (1993). Zen and the art of reflective practice in teacher education. *Harvard Education Review*, *63*, 434-458.

Troyer, M. B. (1988). The effects of reflective teaching and a supplemental theoretical component on preservice teachers' reflectivity in analyzing classroom teaching situations. Doctoral dissertation, The Ohio State University. Columbus, OH.

Wallace, J. (1996). Words, words, words ... *Science and Children*, *33*(5), 16-19.

Wellington, B. (1991). The promise of reflective practice. *Educational Leadership*, *48*(6), 4-5.

Wolf, K., Whinery, B., & Hagerty, P. (1995). Teaching portfolios and portfolio conversations for teacher educators and teachers. *Action in Teacher Education*, *17*(1), 30-39.

Zubizarreta, J. (1994). Teaching portfolios and the beginning teachers. *Phi Delta Kappan*, *76*, 323-326.

译后记

韩愈在《师说》中写道:"师者,所以传道授业解惑也。"在传统教学中,教师一直扮演着课堂单一知识传授者的角色,教师教什么,学生就学什么,教师教多少,学生就学多少。而社会的发展要求教师提高素质,更新观念,转变教师角色,优化教学行为。在现在的课堂上,更多的是提倡以学生为主,教师为辅,最大程度地发挥学生的主观能动性,让学习成为学生自己要承担的责任,而不是像以往那样学生被老师牵着鼻子走。如何实现这种转变,是当今很多教育学家探讨和研究的话题。

本书就是这样一本理论和实践结合、带有很强的指导性的教学指南。它在第一部分探讨了影响教学方法的各个因素,结合社会变化,充分考虑到学生的多样性,系统地阐述了教学和学习的三大理论学派,论证了激励学生学习的重要性。本书第二部分则突出实践功能,讲解了如何进行教学设计,如何灵活运用八大教学方法对学生因材施教,以及如何对学生的学习效果作出正确的评价。第三部分围绕"有效教师"这一概念,阐述了对有效教学至关重要的讲课技巧以及管理课堂的技巧。最后的《教学实践手册》更是为读者提供了运用本书提及的理论的实战场景。每一章结尾都有一个全面的小结,帮助读者温故而知新。

本书还有以下这些特点:

首先,本书作者为美国的教育学家,其写作是以美国当代国情为背景的,带有鲜明的美国教育特色。这一点在第二章《社会变化给教学带来的挑战》中尤为突出。阅读这一部分有助于中国读者了解西方教学在新时代下的变迁,从而反思自己应当做出的调整和改变。

其次,本书涉及的案例和研究针对的人群主要是美国的幼儿园到12年级(K-12 students)的学生,相当于中国的中小学生阶段。但这并不是说本书对更高层次的教学就没有任何指导作用。书中很多理论对大学教师来说或许也是很新鲜的，也值得在课堂教学中进行积极的尝试。

最后，书中穿插着生动的案例研究，这使得阅读本书成为一种乐趣。正是这些故事使得原本严肃的理论变得有人情味，为本书增添了不少文学色彩，也使我漫长的翻译过程变得不那么枯燥。

由于本书是第四版，较之前三版有了更多内容的更新，因此在翻译过程中我也发现了一些章节号或图表序号的错误，这些错误在译文中均已改正。

翻译此书历时九个月，在这九个月中，我除了要正常的备课、上课，还要辅导学生参加大学英语四级考试，参与编写教材，利用周末读在职研究生的课程，参加各门课的考试。可以说，这是繁忙而充实的一段时间。即便如此，我还是圆满地完成了全书的翻译，回头看看，当初的付出汗水都是值得的。

在此，我要特别感谢在翻译过程中专门抽出宝贵时间为我答疑解惑的托马斯·博克(Thomas Bork)先生，他曾是我的大学老师，如今成为了我的好朋友。还要感谢支持我把这项庞大工程坚持到底的我的丈夫，他一直是我的坚实后盾。

最后，请允许我引用原书的话作为总结："要成为一名优秀的教师，只了解所教学科的知识还远远不够。"如果你刚刚走上教学岗位，如果你想成为一名优秀的教师，就请认真读一读这本书吧！

译 者

2007 年 7 月